나의 문학,
나의 철학

박이문 인문학 전집
02

나의 문학,
나의 철학

문학과 철학 넘나들기

미다스북스

문학과 철학 넘나들기

_정수복(사회학자, 작가)

호기심과 탐구심이 서로를 강화시킬 때 학문과 예술의 길을 쉬지 않고 걸을 수 있다. 박이문의 경우가 그렇다. 일본에 유학했던 형님이 고향집 골방에 쌓아놓은 인문학 서적과 문예사전 등을 호기심에 가득 차 숨죽여 들추어보면서 소년 박이문은 지금 여기 자기 주변의 가시적 세계를 넘어 더 큰 세계가 있다는 것을 어렴풋이 알게 되었다. 이후 그의 삶의 목표는 다른 무엇보다도 그 커다란 세상을 투명하게 인식하는 것이었다. 그가 문학을 전공하다가 그에 만족하지 않고 철학을 공부하게 된 것도 그런 내적 요구의 외적 표현일 뿐이다. 그렇다고 그가 문학을 저버린 것은 아니었다. 그는 철학 논문을 쓰는 틈틈이 시와 수필을 썼고 문학이란 무엇인가를 철학적으로 탐구했다. 『나의 문학, 나의 철학』에 실린 글들은 그의 이런 지적 이력의 면모를 생생하게 보여준다. 문학을 전공하는 교수들 가운데 어느 한 작가를 전공 삼아 평생 연구하는 경우가 많았고, 스스로의 철학을 구축하기보다는 유명한 철학자 한 사람의 사상을 이해하기 위해 평생을 바치는 것이 한국 철학계의 일반적인 관행이었던 시절에 박이문은 문학과 철학의 경계를 넘나들며 수많은 시인, 작가, 철학자들의 저작을 읽으며 자신이 던진 근본적인 질문에 대한 궁극의 답을 찾기에 몰두했다.

그는 한국 전쟁 직후 척박한 지적 풍토에서 기대하기 어려웠던 대담한 지적 행보를 시작했다. 1960년대 초 파리 유학시절 그는 알베레스와 같은 비평가와 교류했고, 나탈리 사로트나 알랭 로브그리예 같은 작가들을 인터뷰했으며, 자크 데리다와 장 지오노의 강의를 듣고 프랑스의 철학 전문지와 문학 잡지에 자신의 글을 실었고 박사학위 논문을 프랑스 현지에서 출간하기도 했다. 프랑스어로 쓴 발레리에 대한 석사학위 논문과 말라르메에 대한 박사학위 논문 안에는 이미 철학적 관심의 씨앗이 들어 있었다. 그는 철학자이자 작가인 사르트르의 실존철학으로부터 깊은 영향을 받았고 프랑스를 떠나 미국으로 건너가서 쓴 철학박사학위 논문은 메를로 퐁티에 대한 것이었다. 미국에서 그의 관심은 실존철학과 현상학을 넘어 분석철학으로 나아갔다. 그는 어느 철학사조나 어떤 지적 유행에도 만족하지 않고 자신의 질문에 대한 자신의 답을 찾기 위한 학문적 여정을 계속했다.『나의 문학, 나의 철학』에는 1960년대에 쓴 발레리, 말라르메, 사르트르는 말할 것도 없고 아나톨 프랑스, 앙드레 지드, 프랑시스 잠, 아폴리네르, 앙드레 브르통, 폴 엘뤼아르, 카뮈, 앙드레 말로, 생텍쥐페리, 장 지오노 등 프랑스의 시인과 작가들에 대한 글들이 실려 있다. 그러나 그의 관심은 프랑스 문학에 머무르지 않고 러시아 문학, 독문학, 영문학 등 서구 근현대 문학으로 널리 확산되었다. 1970년대에 들어서 박이문은 문학작품 속에 담긴 철학적 의미를 탐구하면서 카프카와 헤세, 톨스토이와 도스토옙스키, 제임스 조이스와 로렌스 등의 작품을 분석했다. 그는 문학작품 속에 들어 있는 인생의 의미, 윤리적 판단의 규준, 선과 악, 인간의 본질, 궁극적 실체, 지식과 지혜의 구분, 목적과 수단의 관계 등 여러 철학적 주제를 탐구했다. 구체적 상황에서 개별적 사건을 표현하는 문학과 보편적 인식과 추상적 논의를 전개하는 철학 사이를 오가면서 박이문은 자신의 내면적 삶의 지평을 최대한으로 확장했다. 그는 세상과 우주는 왜 존재하며 그 안에서 인간의 존재는 어떤 의미를 가지며 산다는 것은 무엇이고, 말하고 쓰고 표현하고 사고하고 행위하는 것은 무엇인가를 묻고 또 물었다. 그는 늘 세상을 최대한으로 투명하게 인식하고 싶었고, 그렇게 인식한 세상을 문학적으로 표현하려고 했다. 그러면서 또다시 문학이란 무엇인가를 물었다. 이 책에 실린 글들은 그의 관심이 문학에서 철학으로, 그리고 문학에 대한 철학적 논의로 전개되는 변화의 과정을 보여준다.

몇 해 전 일산의 어느 카페에서 만난 만년의 박이문은 파스칼의 말을 빌려 자신은 무한한 우주의 작은 부스러기에 불과하지만 그 우주의 의미를 파악하는 기쁨을 누린다고 술회한 바 있다. 『나의 문학, 나의 철학』을 읽다 보면 문학의 길과 철학의 길 사이를 오가며 박이문이 걸었던 끝없는 의미추구와 탐구의 초창기 여정이 선명하게 느껴진다. 젊은 시절부터 박이문의 저서를 탐독했던 나로서는 좀더 많은 교양층 독자들과 함께 박이문 선생의 지적 편력이 풍기는 인문학의 향기를 공유하고 싶다.

3부　나와 실존주의 철학

일러두기

1. 『박이문 인문학 전집』은 박이문 선생의 모든 저서 가운데 인문학적 저작을 주제별·시간대별로 분류하여 열 권으로 묶은 것이다. 『박이문 인문학 전집』은 무엇보다 선생의 뜻을 존중하여 저작 가운데 중복된 것은 제외하고 저자의 의도를 최대한 살리고자 노력하였다. 열 권의 제목과 목차도 현 세대 독자와의 교감을 고려하여 편집했지만, 최초 발표 시기 단행본의 제목과 방향을 최대한 존중하였다. 세계적인 석학이자 20세기 이후 한국 최고의 인문학자로 평가받는 박이문 선생의 『인문학 전집』에 한국어로 된 주요하고 핵심적인 인문학적 저작과 논문은 모두 수록함을 원칙으로 하였다. 이번 『인문학 전집』에서 빠진 에세이와 기행은 모아서 따로 출간될 것이며, 아울러 박이문 선생의 모든 저작을 망라한 영인본 박이문 아카이브 전집은 추후 미다스북스에서 출간 예정이다.

2. 제2권 『나의 문학, 나의 철학』은 박이문 인문학의 시발점이었던 문학과, 거기서 더 나아가 철학의 물음들을 한 권으로 엮은 것이다. 1부의 글들은 박이문 선생이 프랑스로 떠나기 전 약 5년 동안 신문이나 《사상계》 등과 같은 잡지에 프랑스 문학을 소개했던 글을 숙명여대 박은수 교수가 오랫동안 보관해오다가 출간을 권유해 1976년 『파리의 작가들』이라는 제목의 단행본으로 출간된 것이다. 2부는 1975년 6월 16일자 《연세춘추》에 실렸던 「서술과 분석」을 제외하면 모두 1973년 《문학사상》 창간호부터 연재된 글들로, 나중에 단행본 『문학 속의 철학』(1975)으로 출간된 것이다. 3부는 실존주의와 철학, 그리고 철학과 문학의 관련 문제에 관한 글들로 구성했다.

3. 전집을 발간하면서 기출간된 단행본의 형태를 가능한 한 지키려 노력했지만, 박이문 선생의 많은 저작이 절판되면서 다른 책에 재수록되었기에, 중복된 글이 수정된 경우에는 가장 마지막 책을 기준으로 삼았으며, 글의 말미에 출전을 표기했다. 그리고 전체 열 권을 묶으면서 각 권별로 실린 주요 단행본의 초판 서문 및 개정판 서문을 각 부 끝에 게재하여 출간시 박이문 선생의 의도를 아는 데 도움이 되도록 하였다.

4. 이 책에 실린 글들은 모두 원래 발간된 원고를 기준으로 했지만, 원문의 오식과 오자들은 바로잡고, 표기법과 맞춤법은 지금의 것을 기준으로 새로 교정·교열하였다. 출간 당시의 시대적 차이와 출판사별 기준의 차이도 있기 때문에 전집으로 정리하면서 새로운 기준을 정해서 이에 맞추어 새로이 고쳤다.

『박이문 인문학 전집』 간행·편집위원회

1부

—

나와 프랑스 문학

현대 프랑스 문학의 배경

프랑스의 행동적 휴머니즘

르네상스의 거인 라블레Rabelais는 그의 작품 속에 기독교 승원과 대치되는 '텔렘 대수도원Abbaye de Thélème'을 창설했다. 그것은 분명히 불경한 야인들의 승원이었다. 그는 이 승원에 들어오고자 하는 사람에게 세 가지 서약을 요구한다. 결혼의 서약, 부의 서약, 자유의 서약이 그것이다. 세 가지 서약을 하고 난 신입자가 지켜야 할 규율은 오직 "네가 하고 싶은 대로 하라Fais ce que voudras"는 것뿐이다.

모든 기독교적 제약으로부터의 인간적 해방과 개화는 르네상스의 지배적 사상이었으며 근대 서구문화의 터전이 된 것이다.

이교도의 나라 그리스·로마의 고대문화를 아끼고 연구하는 학자들이 휴머니스트라고 불린 것은 그 두 문화가 신이 아닌 인간에 모든 행위의 기반을 두고 있었기 때문이다.

휴머니즘이란 단적으로 말해서 인간은 행위의 척도이며 세계와 우주의 중심이라는 사상이다. 프랑스에서 이 휴머니즘은 그리스·로마 문화에 눈을 뜸으로써 싹이 트고 17, 18세기를 거쳐 발전하였고 19세기를 지배하게 된다.

그리스·로마에서 물려받은 휴머니즘은 이스라엘의 신비로운 힘과 기독교를 어느 의미에선 부정하고 나왔고, 많은 곳에 상반되는 점도 없지 않으나 휴머니즘과 기독교는 본질적인 의미에서 행복한 조화를 이루고 있었다. 휴머니즘은 앞서 언급한 것처럼 우주에서의 인간의 특권, 나아가선 인간의 의지와 지성의 특권을 믿고, 인간의 의지와 지성은 또한 본능과 자연의 법칙으로부터 벗어날 수 있다는 생각을 바탕으로 한다. 한편 기독교도 신의 창조물인 인간은 우주의 중심이고, 우주의 의미라고 생각한다. 인간이 천당에 가든가 지옥에 떨어지든가 하는 것은 결국 인간에 달려 있음을 주장한다.

유럽의 문화는 인간에 신뢰를 갖고 특권을 부여하는 기독교와 휴머니즘 위에 입각해서 인간중심의 윤리와 가치의 척도를 마련했다. 우리들은 확고부동한 그 윤리에 입각해 살고, 그 가치를 발견해나가면 그만인 것이었다.

몇 세기 동안 인간은 그러한 윤리와 가치의 전통을 세워가며 살아왔다.

그러나 이성의 발달과 더불어 기독교적 신앙은 그의 보편성을 상실하고 흔들리기 시작했으며, 한편 19세기 말에 이르러서는 기독교의 메시아를 대신할 것 같았던 합리주의의 진보와 인류 행복에 대한 신앙까지도 과학과 지성의 발달로 말미암아 무너지기 시작했다.

이리하여 전통적인 모든 윤리와 가치의 개념은 위협받고 흔들리고, 마침내는 붕괴할 운명에 부딪히고 만 것이다. 역사와 모든 문명의 연구는 하나의 절대적 가치를 인정하지 않게 되었으며, 과학과 모든 사실은 신도 인간과 우주의 중심이 아닐 뿐만 아니라 인간 속에 의지나 지성보다 더 무서운 것이 존재함을 밝히게 된 것이다. 니체나 도스토옙스키의 어둡고 뜨거운 디오니소스적 불길이 폭발해나왔다. 정신분석학자 프로이트Freud는 잠재의식이란 빙산을 밝혀내고, 마르크스Marx는 개인에게 자유·정의 등의 부르주아적 전통적 가치 속에 자본가들의 감추어진 이해심利害心이 있음을 들추어냈다. 이제 인간은 우주의 주인이라기보다도 하나의 가련한 미아에 지나지 않게 되었다. 새로운 지식과 새로운 발견은 다 같이 인간중심의 전통적 휴머니즘의 가치를 비난하는 것이 되고 말았다.

인간의 행위를 제약했던 가치들이 마치 새를 가둬놓은 새장의 창살처럼 부서질 때 거기서 첫째로 생기는 결과는 해방감일 것이다. 종래의 가치들의 창살에 갇혀 있던 새는 이제 제 마음껏, 제 기분대로 하늘로, 들로, 그리고 산으로 날 수 있을 것이다. 해방된 인간이라는 새는 이제 속박을 모르는 '삶'의 도취에 젖는다. 작가 지드Gide는 바로 전통적 가치의 붕괴를 확인하는 증인이 되었던 것이다.

행동이 좋다, 나쁘다 '판단하지' 말고 행동하라. 선인가 악인가를 근심하지 말고 사랑하라. 나타나엘이여, 나는 네게 정열을 가르쳐주마.

그러나 창살 없는 자유로운 세계에서 느끼는 기쁨은 오래 지속되지 못했다. 피로 물들이는 역사와 사회는 더욱 비참한 양상을 나타냈다. 어느 때보다도 절망적인 인간의 이미지에 우리는 어디서고 더 많이 부딪치게 된 것이다. 스스로를 속이지 않는 정직한 정신은 문화와 인간의 위

기만을 알게 된다. 시인 발레리Valéry는 「정신의 위기」에서 다음과 같이
경고한다.

> 우리들의 문명이 사멸하리라는 것을 지금 우리는 알고 있다. …… 물론 희
> 망이 남아 있다. 그러나 희망은 정신의 명확한 예견에 대한 인간의 불신에
> 지나지 않는다. 희망은 인간에게 불리한 모든 결론을 인간 정신의 과오여
> 야만 한다는 것을 암시하려 하는 것이다. …… 배는 너무나 심히 흔들렸기
> 때문에 아무리 잘 달아놓은 램프들도 마침내는 뒤집히고 말았다.

발레리는 슈펭글러Spengler와 마찬가지로 문명의 몰락을 말했지만 말
로Malraux에 와서는 인간 자체의 존재에 회의를 던진다.

> 오늘날 인간은 그가 하려고 했던 것, 그가 하려고 하는 것에 책임을 져
> 야 할 뿐만 아니라, 그가 존재함을 그 자신이 믿는 것에 대해서 책임져야
> 한다.

이와 같이 20세기에 들어와서 인간이 우주의 중심이라는 자랑스러
운 휴머니즘은 그 원인이 어디 있든 간에 실상 완전히 파괴되고 만 것이
다. 현대는 신의 죽음이 아니라 인간의 죽음이 가까워온 시대이다. 인간
의 모든 행위가 전혀 무의미한 꼭두각시처럼 느껴지는 허무의 시대이
다. 인간의 의식은 스스로를 속이지 않을 때 무의미가 어떠한 가치보다
도 월등하다는 것을 인정해야만 하는 세대이다. 실상 현대는 가치가 없
다. 가치가 없는 곳에 인간의 행위는 굴러다니는 시체, 말하고 움직이는
시체와 다를 바 없다. 그러나 그러한 것이 사실이라 해도, 이러한 것이

우리 이성의 솔직한 고백이라 해도 인간의 살고자 하는 본능은 이성보다도 강하다.

인간의 존재에 새로운 의미를 주고 새로운 가치를 주자는 노력이 싹튼다. 전통적 휴머니즘, 기독교와 합리주의에 세워진 가치의 체계가 무너졌다면 오늘의 노력은 새로운 휴머니즘의 이름을 갖게 될 것이다.

새로운 현대의 휴머니즘의 한 양상은 첫째로 시적 양상을 띠고 있는 것이 특색이다. 그것은 예술적 활동 속에서, 특히 시적 활동 속에 생존의 유일한 의미를 보고자 하는 태도이다. 왜냐하면 예술은 다른 방법으로는 접근할 수 없는 숨은 진리와 접할 수 있게 하고, 완전히 자유로운 활동의 느낌을 주기 때문이다. 이리하여 종교와 합리주의가 빼앗아간 순수성과 환희와 자유 속에 살아가고자 한다. 지드, 프루스트Proust, 그리고 초현실주의가 그것이다.

그러나 시적 휴머니즘은 특수한 사람에 적용될 수 있을 뿐, 보편성을 띨 수는 없다. 그것은 사회적·역사적 현실에 적용되기에는 너무도 개인적이고, 막연하며 약하다.

사회에 대한 배려와 역사와 인간의 비극을 자각하고 나선 또 하나의 휴머니즘을 발견해야 할 것이다.

1차 대전을 치른 드리외 라 로셸Drieu La Rochelle, 몽테를랑Montherlant, 현대의 모든 비극을 스스로 체험한 말로, 생텍쥐페리Saint-Exupery, 카뮈Camus, 그리고 사르트르Sartre 같은 작가들로 대표되는 정신 속에서 찾아볼 수 있는, 비극을 극복하고자 하는 투쟁을 우리는 '행동적 휴머니즘'이라 부른다.

그들은 모두 현대의 비극을 체험했다. 그러나 그 비극을 피하려 하지는 않는다. "우주가 인간을 으깨버리더라도 그것을 아는 인간은 그를 으깨버리는 우주보다도 강하다"라고 말한 파스칼Pascal처럼 환상 없는 지성의 명석성을 첫째의 가치로 삼는다. 그들에게는 있는 사실대로 보는 것이 중요하며, 종교나 재래 휴머니즘적 환상의 아편을 거부하는 것이 무엇보다도 중요하다.

그런데 그들의 비극은 역사 속에, 행동 속에 부딪힌 것이기 때문에 그 비극과의 대결도 행동 속에서 이루어져야 할 것이다.

행동을 통한 체험은 사상의 추상적 구축과는 다른 것이다. 그들의 가치는 명석성에 뒤이어 모험·투쟁·용기·반항 속에서 찾게 된다. 이 행동적 휴머니즘은 무엇보다도 먼저 행동에 가치를 두는 데 있다. 왜냐하면 인간을 지키는 휴머니즘의 가능성은 그것을 부정하고 위협하는 것과 싸워야 하기 때문이며, 언제나 서로 창조되어야 하기 때문이다.

전통적 휴머니즘이 그들의 가치를 확고부동한 것으로 생각하는 데 반하여, 행동적 휴머니즘은 정복해야 하는 가치만을 인정한다. 그래서 또한 비극적 성격을 띤다. 이리하여 비극적 휴머니즘이 전통적 낙관주의의 휴머니즘을 계승하는 것이다.

그런데 이 행동적 휴머니즘은 역사적 비극 속에서 나타난 것인 동시에 본질적인 인간의 모순과 혼돈의 의식, 인간의 형이상학적 부조리와 비극의 의식에서 생겨나온 것임을 잊어서는 안 된다.

또한 이 휴머니즘은 인간과 역사를 분리하지 않고, 타자에 공헌하고자 한다. 그는 개인주의적 이상주의적 모럴을 규탄한다. 말로, 몽테를랑 혹은 가뮈 등의 모든 작품은 바로 위에서 말한 인간의 근본적 모순·부조리라는 비극성과 싸워가는 인간의 모습을 나타내고 있음을 우리는 이미 알고 있는 터이다.

"하나의 균열을 중요한 것으로 개조하고, 무의미처럼 보이는 것을 높은 의미로 개조하는 것, 이것이 교체적 윤리의 원칙이다"라고 말하는 몽테를랑은 이미 이성만으로 사는 인간이 아니라 의지와 행동으로 비극과 무의미를 극복하려는 태도를 갖는 투사이다.

생텍쥐페리도 인간과 세계와 사상과 가치의 모순을 인정한다. 그러나 그는 그러한 모순은 하나의 월등한 원칙의 도움을 요청하고 있음을 안다. 그 원칙은 다름 아닌 '인간에 대한 경의'여야 한다고 그는 생각한다.

아무리 행동이 급급하다 할지라도 그 행동을 통솔할 사명을 잊어서는 안 된다. 만약 사명을 잊게 되면 그 행동은 무의미하게 될 것이다. 우리는 인간에 대한 경의를 세우고자 한다. 똑같은 진영 내에 있는 우리는 무엇 때문에 서로 증오할 것인가? 인간에 대한 경의를! 인간에 대한 경의를!

이 작가의 이러한 호소가 합리주의적 가치의 계산과는 얼마나 먼 것인가. 여기에는 벌써 일종의 지혜와 기도의 자세가 숨어 있다. 그러기에 이 작가는 스스로 비행사라는 직업을 통해서 자신의 가치를 죽을 때까지 실천한 것이었다. 실천적 가치가 생겨난다.

이른바 행동적 휴머니즘의 성격의 하나는 역사와 사회의식에 있다고 했으나 그보다도 더 근본적인 성격은 인간 조건의 비극적인 의식에 있다. 이 점을 특히 잘 대변해준 작가는 생텍쥐페리였다. 그는 인간의 완전한 멸망을 확인한다. 그러나 생명과 창조의 본능이 그와 같은 슬픈 확인 이상으로 강함을 그는 또한 체득한 것이다.

휴머니즘이란 어떠한 동물도 할 수 없었던 것을 내가 했다는 것을 의미하지는 않는다. 그것은 우리들 속에 있는 짐승이 원했던 것을 우리가 거절했음을 의미하고, 인간을 으깨버리는 것을 보았던 어느 곳에서든지 인간을 다시금 발견하고자 함을 의미한다.

휴머니즘이라곤 하지만 이미 정해진 윤리나 가치에 맞춰가는 것이 아니라 그러한 것을 항상 발견한다는 데 행동적 휴머니즘의 비극성과 특징이 있고, 현대적 의미가 있는 것이다.

카뮈나 사르트르의 경우에는 흔히 실존주의적 휴머니즘이라고 불리지만, 그러한 명칭은 전자의 경우 작가의 입장에서 본 바에 반하여, 후자가 철학가적 입장에 서 있기 때문이고 본질적으로는 아무런 차이가 없다.

"나는 생각한다. 고로 나는 존재한다"라는 데카르트의 명제가 전통적 휴머니즘을 말해주는 것이라면, 카뮈의 "나는 반항한다. 고로 나는 존재한다"라는 선언은 우리가 보아온 행동적 휴머니즘을 대변해주는 것이다. 카뮈는 세계와 인간을 부조리한 것으로 보지만 그러한 것과 싸우고 반항하는 데서 삶의 가치를 발견하고자 한다. 가치는 항상 싸움 혹은 행위 속에서 탄생한다는 점을 잊어서는 안 된다.

보다 철학적인 사르트르에게는 허무가 발견되지만 그 허무가 오히려 가치의 원천이 된다. 그러나 그 가치는 주어지는 것도 아니며, 그저 있는 것도 아니다. 그것은 인간이 발견하고 창조하는 것이다. 인간에 의해서만 가치는 존재한다는 결론에 도달한 사르트르도 역시 허무를 극복하려는 노력을 나타내 보인다.

나는 먼저 휴머니즘의 본질은 인간이 우주의 중심이라는 사상에서 출발한다고 말했다. 그러한 사상에 기초를 둔 전통적 휴머니즘은 프랑스에서는 르네상스 때 건축되기 시작했고 19세기 중엽에는 절정에 달했다. 나는 뒤이어 그 휴머니즘은 20세기에 이르러 파산했음을 지적했다. 우주의 주인이 인간이라는 신념이 무너졌다면 어떻게 새로운 휴머니즘이 가능할 것인가? 무너진 전통적 휴머니즘 위에 새로운 휴머니즘이 가능한가? 그렇다. 우리는 행동적 휴머니즘을 살펴보았다. 그것 역시 근본적으로는 인간이 주체임을 확인하고 있다. 그렇기 때문에 휴머니즘이란 용어가 허용된다. 사르트르의 말을 다시 되풀이하자. 가치는 인간에 의해서 성립된다. 새로운 휴머니즘이 전통적 휴머니즘과 다른 점은 행동적이란 형용사에 있다. 전자가 일정한 가치에 적응시키고자 했다면, 후자는 인간이 시시각각으로 가치를 발견해야 한다는 데 있다. 발견하는 행위, 그것이 중요하다.

이미 휴머니즘은 논리를 넘어선다. 그러나 세계가 혼돈하면 할수록, 인간이 위협받으면 받을수록, 허무의 동혈洞穴이 깊으면 깊을수록 인간의 삶에 대한 본능은 더욱 뜨거워진다. 인간은 진정 위기에 놓여 있다. 프랑스의 행동적 휴머니즘은 위기에 선 역사와 인간의 비극적 자각인 것이며, 그것을 이겨나가려는 반항이요 투쟁이다.

프랑스는 어느 의미에서 가장 휴머니즘적인 나라다. 르네상스가 가장 찬란한 꽃을 피운 것도 프랑스였고, 세계사에서 인간의 자유와 권리가 가장 먼저 선언된 것도 프랑스였다. 프랑스 문학만큼 윤리의 문제에 집착한 문학도 드물다. 말하자면 어떻게 살아야 하느냐의 문제가 문학의 중심테마로 자리 잡고 있다.

그렇기 때문에 시인 페기Péguy는 1차 대전 때 일선에서 전사하였고, 2차 대전 때 대부분의 작가들은 진정한 행동으로써 인간의 편에 서서 저항했다. 또한 최근 지식인들의 '불복할 권리의 선언'도 프랑스 정신의 밑바닥에 흐르는 휴머니즘을 행동으로써 웅변적으로 증명하는 것이다.

나날이 수수께끼로 변해가는 세계에서 우리의 주위에는 나날이 허무의식이 짙어가는 것 같다. 어떠한 근거에서 인간은 가치를 찾아야 하고, 어떠한 것을 위해서 인간은 살아야만 하는가에 대한 결정적 해답은 아무도 줄 수 없다. 그러나 인간은 살고 싶고 살아야 한다. 그러면서도 인간의 존재는 나날이 위협받고 있다. 인간이 장차 어떻게 변해갈 것인가는 아무도 예언하지 못하리라. 그러나 어떠한 이유를 넘어서라도 인간은 구제되어야 하고, 살아야 하며 존재하는 의미를 가져야만 한다면, 프랑스의 행동적 휴머니즘은 그것을 요청하는 용감하고 비극적인 호소이며, 아마도 우리가 가질 수 있는 마지막 불꽃일지도 모르며, 또 불꽃은 지혜라는 빛을 인간의 마음에 던질지도 모른다. 우리는 그것을 기대하고, 또 우리 스스로 더불어 노력해야 할 것이다.

프랑스 문학에서의 구원의 문제

오 주여 염오없이 내 마음과 육체를 바라볼 힘과 용기를 주옵소서.

—보들레르Baudelaire

명상적이라기보다는 비판적이며 분석적인 골(Gaule, 프랑스 민족) 족속의 명석한 정신의 기질은 독일 낭만주의의 신비스러운 분위기의 문학에 앞서 17세기에 이미 고전주의를 완성시켰고, 영국의 우울한 서정시에 앞서 18세기 참여문학을 산출했다.

16세기 프랑스의 문예부흥은 비기독교적인 그리스·로마의 헬레니즘문학을 열광적으로 섭취했다. 신의 자리에 인간을 대치시켜놓은 이 시대에 근대 유럽문명의 원동력이라고 말할 수 있는 휴머니즘의 개화를 본다. "네가 하고 싶은 것을 하라"고 외친 문예부흥기의 거인 라블레와 더불어 인간은 처음으로 자신의 찬란한 모습에 경탄하고 자신의 무한한 가능성을 발굴했으며 자신의 끝없는 발전과 행복을 믿게 되었다. 만질 수도 없고 볼 수도 없는 신의 속박을 뿌리치고 난 인간은 자신에 충만한 스스로에 흥분했다. 죽음 너머의 세계 같은 것은 생각할 여유도 없는 그들은 지상에서의 한없는 자신의 개발에 전력을 기울이고 지상에서 행복을 누리기에 바빴던 것이다.

이렇게 신이 아닌 자기를 신뢰하고 있는 이 시기에 인간이 존재하는 스스로에 불안을 느낀다든가, 혹은 절대자를 희구하지 않았던 것은 당연하다. 오히려 현재 여기서 그처럼 삶의 의욕에 찬 그들은 그것으로 행복하였고, 따라서 그들이 지향한 것이 초월의 세계에 뛰어들지 않고 인간이란 모습을 관찰하고 탐구하는 것으로 족하게 된다.

인간의 호기심과 신뢰감을 지켜온 프랑스 정신은 이른바 모럴리스트moralist의 문학전통을 세우기에 이른다. 그것은 라블레에서 몽테뉴Montaigne를 비롯해서 찬란한 17세기 고전주의문학을 거쳐 19세기 발자크Balzac, 스탕달Stendhal 등의 대가들에 이어 부르제Bourget, 아나톨 프랑스Anatole France, 그리고 지드, 프루스트를 위시한 20세기의 많은 작가들에게 계승되어왔다. 모럴리스트의 정신은 단독적으로 말해서 인간의 궁극적 구원의 문제에 앞서 인간의 갖가지 모습을 발견하고, 나아가서는 인간이 살아가는 척도를 제시하려고 하는 데 있다.

이같은 모럴리스트의 전통이 프랑스 문학에 있어서 지배적인 요소의 하나라고 말할 수 있더라도 우리는 또 하나의 특징과 정신의 흐름을 무시할 수 없다. 그것은 지상적인 것에서의 만족을 모르고 지금과, 이곳을 비약하여 영원적인 것과의 접촉을 꿈꾸는 혼의 부르짖음인 것이다.

지상에서 모든 것에 만족하고 행복했다고 느껴온 자도 때로는 무서운 의문에 사로잡히지 않을 수 없다. 이 행복엔 무슨 뜻이 있는가? 나는 무엇 때문에 존재하는가? 죽음에 의해서 모든 것이 기어이 종결된다면 우리의 존재와 행복 혹은 고통은 너무나도 허무하지 않은가?

죽음과 허무에 부딪힐 때의 우리 의식은 인간으로 하여금 자신에 대한 신뢰를 위태롭게 만든다. 우리는 근본적인 의미를 찾아야 할 필요가 있다. 그것을 종교적 정신이라고 해도 좋다. 어쨌든 이같은 혼의 요청은 실상 어떠한 시대의 어떠한 인간 속에도 스며 있는 것이다.

프랑스 문학에 있어서 이 극한적 문제에 처음으로 절실히 부딪친 시인은 프랑소와 비용François Villon일 것이다.

"지난 날의 미희美姬들은 어디갔느냐?"를 되풀어 읊은 시 「지난 날의 미희들에 대한 발라드」에서 비용은 인생의 허무를 뼈저리게 체험하였고, 「비문碑文」에서도 무섭도록 현실적으로 인간 사후의 모습을 그리면서 '신에게 우리 모두 용서를 구하자'고 되풀이했다. 파란에 중첩하고 마침내는 살인죄로 몰리다가 영영 행적을 감춘 그의 비극적 생애와 마찬가지로, 비용의 작품은 아름다운 감정과 풍경을 노래하는 시인을 보여주는 것이 아니었다. 그의 시는 진정 인생의 비극적 체험과 비전에서 피어나온 장미꽃이라 할 것이며, 또는 혼과 혈육에서 배어나온 결정체로 보아야 한다. 비평가 아베 브레몽Abbé Brémond은 시를 하나의 기도에 비교했지만 '기도'의 경건한 자세는 비용에서부터 16세기 말 몽테뉴의 점잖은 회의를 뛰어넘어, 17세기 파스칼에서 다시금 절실한 양상으로까지 승화된 것으로 나타나게 된다.

어느 누구보다도 날카로운 기하학적 정신의 소유자인 파스칼이었지만 아무리 날카로운 이성도 도달할 수 없는 진리를 직감한 파스칼은 '심연 앞에서의 현기증'이란 실존의식에서 출발하여 신 없는 인간의 비참한 모습을 확인하고 신 쪽으로 패를 던지기를 주장한다.

우리는 투명하지만 좁은 이성의 세계에서 초라하게 갇혀 있을 것이 아니라 그것을 뛰어넘을 용기를 갖추어야 한다. 왜냐하면 실상 '심정은 이성이 이해할 수 없는 스스로의 이치를 갖고 있기 때문이다'.

기하학에서도 놀라운 천재를 발휘한 파스칼이었지만 결국 그의 전 생애는 오직 신에게 귀의함으로써만 얻어질 수 있는 '구원'의 문제에 바쳐졌다. 그의 유명한 문학적 의미를 지닌 작품 『프로뱅시알les Provinciales』과 『사색록』도 그 의도부터 전혀 문학적 작품을 쓴다는 것과는 먼 지점에서 싹튼 것이다. 그것은 그가 신의 '사도'로서 무지몽매한 인간을 향해 부르짖은 가르침이요, 절규에 지나지 않았다. 시인 비용이 시를 기도에까지 높였다고 한다면, 사색가 파스칼은 문학을 하나의 복음의 경지에까지 정화했다고 볼 것이다.

시나 산문작품이 함께 작품을 완성한다는 목적을 훨씬 넘어서서 오직 인간 존재의 미를 탐구하는 피비린내 나는 기록의 양상을 띠게 하고, 본질적 구원에 도달하는 수단의 자세를 갖춘 프랑스 문학의 침울하나 심오한 전통은 다시금 19세기 중엽 고독했던 시인 보들레르에 계승되어갔다.

18세기 이른바 자유주의자libertin들의 '광명의 사상'에서 우리는 구원이란 문제가 전혀 무관심한 상태로 버려지고 인간의 이성에 대한 철없는 신앙이 싹틈을 본다. 물론 이 놀라운 낙천주의자들이 근대문명에 이바지한 공로는 적지 않다. '백과사전' 사상은 인간의 이성을 개발한 점에서 높이 평가되어야 한다. 오늘날 우리가 체험하는 놀라운 자연의 개발과 물질적 진보는 실상 그 합리주의 사상에 뒷받침되는 것이었음을 잊을 수는 없다. 그러나 파스칼이 이미 지적한 것처럼 이성의 개화만으로 진정한 인간의 행복이 있을 수 있으며, 진정한 발전이라고 말할 수 있을까?

개성의 해방을 부르짖은 낭만주의자들도 인간의 진보를 믿고 미래에 대한 신앙을 구가했다. 한편 시인 고티에Gautier는 인생의 의미를 묻기에 앞서 '미美'만을 추구하기에 바빴다. 이처럼 백과사전파나 낭만주의자나 고답파의 시인들은 진정 혼의 갈등을 전혀 체험하지 않은 행복하고 평온한 사람들이다.

불안을 모르는 또 하나의 흐름은 사실주의문학에서도 역력히 나타난다. 물론『보바리 부인』의 작가 플로베르Flaubert는 행복한 사람이 아니었다.

프랑스의 한 도시 루앙에 살면서 그는 차라리 인생의 범속성에 권태를 느꼈고, 그러한 생활 속에 끼어 무척 고독에 사로잡힌 작가이긴 했다. 그러나 그는 그러한 권태와 인생에 대한 혐오와 고독을 뛰어넘을 용기도 없었고 영혼의 갈증을 그처럼 느끼지도 못했다. 그는 그의 권태와 고독을 망각하는 방법으로써 눈앞에 너무나도 평범하고 무의미한 인생을 복사하는 일을 선택했다. 그는 자신의 구원에 관심을 갖지 않고 남들을 냉철히 바라보는 순수한 관람자로서 머물러 권태와 고독을 잊을 뿐만 아니라, 나아가서는 거기서 일종의 즐거움을 느끼게까지에 이른다. 인생의 허무의식에서 탈출할 길을 찾지 못한 채 마침내는 정신병으로 죽어야 할 운명을 타고난 플로베르의 제자 모파상Maupassant도 당대의 사실주의적 거센 흐름에서 헤어날 수 없었다. 작가로서의 그는 냉혈적인 눈으로 인생의 가혹하고 무의미하고 천박한 조각들을 수없이 부각해 놓지 않을 수 없었던 것이다. 아마도 모파상의 비극적 종말은 혼을 가진 작가로서의 기질과 그가 호흡하지 않을 수 없었던 당시의 과학적 사조와의 갈등이 빚어낸 것인지도 모른다.

본질적인 것에 대해서 너무나도 우둔하리만큼 무감각했던 합리주의 사상은 문학에선 사실주의에 뒤이어 자연주의를 탄생케 했다. 졸라Zola는 과학자들이 자료를 모집하고 통계를 내서 어떤 진리를 캐어내는 것처럼 언제나 인간의 정신·감정·모럴이 주제가 될 수밖에 없는 문학까지도 과학적인 자료수집과 통계로써 기록해내려 했다.

그는 그의 이른바 실험소설을 통해서 그가 살고 있던 사회를 정확히 기록한다고까지 생각했던 것이다.

그러나 이처럼 단순한 낙천적 조류에 어쩔 수 없는 외로운 혼이 있었다. 보들레르의 짤막한 생애에 새겨진 그 많은 상처와 핏자국은 그가 단순히 시류를 타고 흘러가는 유행적인 안이한 인간이었던들, 일찍 아버지를 잃고 개가한 어머니 슬하에서 자라긴 했지만 평온한 행복을 충분히 누릴 수 있었을 것이다.

그러나 그는 아무리 해도 '병원과 같은 인생'에서 행복을 발견할 수 없었다. 그는 싱싱하고 푸르고 끝없는 하늘을 병원의 창문만으로 바라보고 그리워하면서 그것을 향해 비약하려고 몸부림치는 환자였다. 인생의 환자인 그였기에 탈출하고 비약하려면 할수록 더욱 자신의 무력한 생태를 뼈저리게 느끼며 종래는 인생으로서 타고난 원죄를 깨닫게 된다. "문명의 발전은 원죄를 조금이라도 속죄하는 데 있다"고 외친 이 시인은 모두가 과학의 발달과 진보만을 구가한 당대에 있어서 너무나도 앞서 있었던 것이다.

잔인할 정도로 인생의 진실을 파헤쳐내면서, 하나하나가 모두 혼의 밑바닥에서 솟아나는 절규와 같은 그의 시는, 그가 빵과 돈에 열중하고 현재에 만족을 찾을 수 없어 오직 절망적으로 구원을 찾아간 발자국이요, 손톱을 움켜쥐고 영원한 의미의 산정을 올라가다 남긴 손톱자국이다.

단 한 권의 『악의 꽃』이 그처럼 오랜 시대를 격한 오늘의 뭇 인간들의 가슴 속에 깊고 은은한 메아리를 남기며 감동을 주는 까닭은 그것이 '아름다운 시'를 넘어서서 진정한 인생의 심연을 들여다보게 해주고, 우리 가슴 깊숙이 잠들고 있던 절대에 대한 향수를 깨워주었기 때문일 것이다.

『악의 꽃』의 시인이 열어놓은 초월의 세계를 보다 용감히 찾아간 시인이 나타난다. 악동에 가까운 기재 랭보Rimbaud는 스스로 견자見者, voyant가 됐다고 했다. 여기서 견자는 '조직적인 착란'을 함으로 이성에 가리운 현란한 피안의 세계를 보는 자를 의미한다. 「지옥의 계절」을 쓴 랭보는 참다운 우주의 본질이 이성을 넘어선 곳에 있음을 알고 지상에서의 생활을 넘어서야만 한다는 것을 깨달았던 것이다. 물론 그의 과감한 모험과 탐구가 결국에는 좌절되고 말았지만 그의 생애와 작품은 현세를 초월함으로써 본질적인 인생의 의미를 찾으려 했던 의지의 뚜렷한 증거인 것이다.

한편 졸라·모파상 같은 사실주의 작가들의 태양도 19세기 말에 이르러 황혼을 맞지 않을 수 없었다. 물질적 안이 속에 병든 부르주아적 정신은 불꽃에 타는 가톨릭 작가 레옹 블루아Léon Bloy의 칼날 같은 고발과 절대와 영원 속에서 참된 생의 모습을 찾으려는 릴 라당L'isle-Adam에 의해서 부정되고 공격받게 되었다.

이에 20세기에 들어와서 페기, 클로델Claudel 등의 작가들에 의해 문학에 기독교적 정신이 크게 꽃피게 된다. 클로델 같은 작가에게서 우리가 이해하기 어려울 만큼 신비적 사상에 물들어 있는 작품을 보게 되는데, 이 작가의 모든 작품은 오직 절대자의 광채를 우리에게 보이기 위한 수단에 불과하다고 생각될 만하다. 오늘날 이처럼 과학이 발달한 시대에도 신에 대한 클로델의 부르짖음은 가끔 우리의 경박한 머리를 갸우뚱하게까지 한다. 실상 물질의 개발과 과학의 발달이 곧 인간의 발전과 인생의 의미를 정비례해서 보장해주지는 않는 것 같다.

오히려 그러한 발달은 종래의 모든 윤리적 가치를 파괴함으로써 더욱 심각한 혼란과 허무감을 초래하기도 했다. 따라서 오늘날 베르나노스Bernanos, 모리아크Mauriac, 그린Green 같은 가톨릭 작가의 무게가 커지는 것도 우연만은 아닐 것이다.

이와 같이 영혼과 절대와 영원을 문학의 중심테마로 삼은 조류는 앞서 말한 모럴리스트적 전통과 함께 프랑스 문학의 특징을 이루고 있다. 그러나 위에서 언급한 영혼의 작가들이 기독교 혹은 신비사상 속에 인간의 궁극적 구원을 찾으려 하고 있는 데 대하여, 신비적인 것도 아니며 기독교적인 것도 아닌 이른바 비기독교적 작가들에서도, 인간의 의미와 구원이 항상 문제되는 작가들이 있음을 잊어서는 안 될 것이다.

이 조류를 대표하는 것은 말로, 생텍쥐페리, 그리고 사르트르, 카뮈로 대표되는, 2차 대전 후 약 10년 동안 프랑스문단은 물론이고 세계문단을 휩쓸던 이른바 실존주의 작가들이다.

이 문학이 클로즈업된 데는 무엇보다도 2차 대전을 치른 세계가 모든 면에 있어서 가치 기준을 상실한 데 원인이 있다. 수많은 살육과 무서운 포화 속에서 유럽은 삽시간에 모든 가치와 윤리의 기준이 파괴되는 것을 목격하였고, 그리하여 물질적·정신적 폐허에 선 인간은 표현을 넘어선 허무의식 혹은 부조리의 의식을 갖게 된 것이다. 그것은 문자 그대로 상실된 세대였다.

말로는 이미 대전에 앞서 영웅적 모험과 격렬한 행동을 찾아 이미 잃어버린 유럽을 등지고 극동을 향해 나섰다. 그의 작품 속 주인공들이 유럽을 등져야만 했던 것은 유럽의 전통적 가치 속에 자기들의 존재의미를 구할 수 없었기 때문이요, 격렬한 행동 속에 아슬아슬하게 살기를 택한 까닭은 행동을 통해서 어떤 목적을 이룩하려고 했기 때문이 아니라, 행동 자체 안에서 생을 재확인하기 위해서였다. 이리하여 그들은 행동에서 자신의 생에 의미를 부여하는 유일한 계기를 찾는다. 그들은 행동 속에서 잃어버린 신, 신앙을 대신 찾으려 한 것이다. 행동에서 생존의 의미를 의식하려는 말로의 주인공들은 죽음이라는 종말, 그 운명에 항상 부딪힌다. 말로는 그것을 극복하는 길을 먼저 행동에서 찾으려 했으며, 후에는 예술 속에서 운명적 죽음이라는 허무를 하나의 인간적 개가 凱歌로 환원하려고 한다. "모든 인간은 신이 되고자 한다"라고 말한 말로의 문학은 결국 운명과의 투쟁의 기록이요, 현대인이 부딪힌 허무라는 절벽을 넘어서 그에게 삶의 의미를 주려는 구원에 대한 의지의 발자취에 불과하다.

『인간의 대지』를 쓴 비행사인 작가 생텍쥐페리도, 잃어버리고 그릇되고 채색된 생의 대지를 되찾는 데에 시종한 작가이다. 우주에 대해서 시적 비전을 가진 그는 참된 인간의 길이 무엇이며, 이지러진 인간의 생명의 존엄이 무엇이며, 인간이 본질적으로 찾아야 할 것이 무엇인가를 진정 엄숙하고 경건한 자세로 탐구하려 한다. 그는 신을 부르지도 않았다. 그러나 생명에 대한 신앙에서, 정신에 대한 신앙에서 현대인의 삶의 의미를 찾아내고자 한다. "성도여, 나는 내 가슴속에 너를 건설하마"라고 결론을 맺은 이 비행사 작가도 말로와 다름없이 허무의 심연에 허우적거리는 현대인에게 삶의 지주를 찾아주고자 한 작가임이 틀림없는 것이다.

처음부터 신이 없다고 선언하고 나오는 투사적 작가 사르트르는 구원에 대해선 소홀한가? 물론 그는 사후의 문제는 건드리지 않으며 사후의 세계를 찾으려 하지도 않는다. 그러면서도 그의 관심은 오직 허무를 바탕으로 하고 태어난 인간의 참된 살길, 참된 가치를 탐구하는 데 집중되어 있다. 다시 말하자면 죽음 너머에는 무관심할지라도 결국 지금 살아 있는 인간을 어떻게 해서 허무로부터 구출하고 삶의 의미를 부여하는가라는 문제만은 파고든다. 그렇기 때문에 무신론자 사르트르는 어느 누구에 못지않게 윤리적인 작가이며, 현대인의 운명과 구원에 열중한 작가이다. 사실 그는 스스로 기진맥진하는 현대의 기수로 행세하고 있다.

마지막으로 카뮈를 보자. 그는 세계와 인간의 존재를 부조리한 것으로 본다. 이러한 세계에서 인간은 살아갈 보람이 있는가 하는 질문이 시작된다. 그러나 그는 절망하기를 거부하고 반항이라는 행위를 함으로써 살아가는 기쁨과 의미를 발견하려고 한다. 이같은 가치와 행동 자체가 물론 허망한 것으로 보인다. 그러나 우리들은 카뮈의 논리를 넘어선 거의 성스러운 생애의 구도적 태도에서 경건한 무엇을 느끼지 않을 수 없다.

말로에서 카뮈에 이르는 작가들의 자세가 전적으로 우리를 납득시키지는 못한다. 그러나 이 모든 작가들은 한결같이 작품을 내기 위해서 소설을 쓰지는 않는다. 둘 사이의 한 가지 공통적 요소는 그들이 모두 신을 잃고 가치체계를 잃고 허무에 허덕이는 현대인을 구하는 길을 모색하고 있다는 점에 있음을 우리는 쉽사리 알고 공감한다.

비용에서 카뮈에 이르는 이 구원의 모색이 수백 년에 걸쳐 문학전통 속에 나타났음을 보긴 했지만 모든 사람의 생명이요, 진리요, 길이 될 수 있는 것을 아직까지 찾아볼 수 없다. 더욱이 전후의 작가들에서 보듯이 신의 밖에 서서, 종교의 밖에 머물러 서서 진정한 구원이 있을 수 있는지는 퍽 의심스럽다.

그러나 그들은 어떤 점에서는 누구보다도 정직한 인간들이었다. 그러기에 그들 중 하나인 사르트르의 소설 속 주인공 로캉탱 혹은 마뛰의 고민 속에서 우리는 골고다 산상에 올라가 "주여 나를 버리시나이까"라고 한 예수의 외침과 "오 주여, 염오 없이 마음과 육체를 바라볼 힘과 용기를 주옵소서"라고 한 보들레르의 모습을 찾아보게 되는 것이다.

근대에는 앙티로망anti-roman의 새로운 문학사조가 나타나서 인간의 의미를 캐는 이전의 일에 열중하고 있어 전후 실존주의 문학을 부정하고 나오는 것 같기도 한다. 그러나 그 고비를 한번 넘어가면 필경은 새로이 인생의 의미를 묻고 구원의 길을 모색하는 문학이 나타나리라 믿는다.

수백 년에 걸쳐 많은 작가들이 인생의 근원적 의미를 찾으려 무진 노력을 아끼지 않았음에도 불구하고 연약하고 수수께끼 같은 인간은 항상 출발점으로 되돌아온다. 정말 인생에는 뜻이 있으며 정말 우리의 구원은 가능한가? 아마도 우리 시대의 인간들은 쉽사리 무인가를 믿기엔 너무나도 비판적이요, 한편 생의 허무를 그대로 받아들이고 죽음을 기다리기엔 너무나도 비참함을 의식하고 그만큼 더 생명에 대한 애착이 부풂을 느낀다.

윤리적 모험의 결산

한때 프랑스문단은 『무희 타이스』의 작가 아나톨 프랑스와 그의 제자 폴 부르제를 다시 없는 스승으로 섬겨왔다. 그러나 이 세기의 초엽에 들어서자 아나톨 프랑스의 시니컬한 회의의 미소를 언제까지나 재미스럽게만 즐길 수 없었고, 부르제의 훈장 티 나는 설교에만 귀를 기울일 수 없게 되었다. 이때에 앙드레 지드의 해방에 대한 갈증이 나타나기 시작했던 것이다. 앞선 세대의 관조적 태도는 이제 불안을 동반한 탐구적 의욕으로 변모하게 된다.

"모든 것을 버리고 나서라"는 지드의 나타나엘에 대한 간곡한 권유는 편안한 의자에 앉아서 멋없는 세상을 바라보는 것으로 자족하고 있던 모든 정신을 그 의자로부터 끌어내어 방향도 없고 지표도 없는 황막한 대지에 첫 발걸음을 디딜 것을 요구한 것이었다. 이리하여 방에서 쫓겨난 인간은 넓은 의미에서 모험의 도정道程을 좋건 싫건 밟아가게 된다.

현대의 이 모험은 문학상에서 보면 역시 지드에서 시작한다고 생각해도 무방하리라. 이렇게 시작한 프랑스 문학의 모험은 여러 방향에서 관찰된다. 인습과 전통의 굴레에서 벗어나서 새로운 생명이 환희의 도취를 찾아 순전히 '나' 자신의 진실한 생의 규율을 마련하고자 했던 지드가 있었다. 아니, 규율 없는 생의 척도를 세우려는 지드의 윤리적 모험이 있는가 하면, 무의식의 하층을 파헤치고 인간의 의식을 개혁하며 '인간을 변경한다'는 것을 역설하는 초현실주의의 지적 모험이 있다. 한편 신비롭고 불가지한 절대의 세계에 대한 모험이 베르나노스, 그린 등에 의해서 추구되는가 하면, 말로와 사르트르에 의해서 강조된 이른바 형이상학적 모험이 있었다. 이처럼 현대 프랑스 문학은 끊임없이 모험으로 새로운 조류를 형성해왔다고 봄이 타당하다.

그런데 지적 모험이건 종교적 모험이건 혹은 형이상학적 모험이건, 그 모두가 진정한 인생의 현실을 캐며 의미를 찾자는 데 있어서 서로 일치하는 것이다. 좁은 합리주의의 초극이나, 절대와 영원에 대한 갈망이나, 실존적 생의 파악에 대한 육박은 지금 함께 주어지고 지금 놓여 있는 상황을 부정하고 넘어서, 보다 높은 의미와 가치를 가질 수 있는 생에 대한 지향이라 하겠다. 이런 의미에서 우리는 위에 들은 가지가지 모험을 넓은 의미에서 윤리적인 것으로 한 묶음하여 관찰할 수 있겠다.

1차 대전이 끝났을 때를 즈음하여 당시의 문학을 불안의 문학이라 일컫는다. 사회적으로는 물론, 정신적으로도 수년간의 세계대전의 포화는 크게 그 세대를 동요시켜놓고 말았던 것이다. 초현실주의는 물론, 지드를 비롯한 작가들은 그들이 체험한 불안과, 방향이나 기준을 찾지 못한 정열의 방황을 상징했다. 작가들은 그들이 앉아 있는 소위 부르주아적 의자의 다리가 흔들리고 그들의 머리 위에 불길한 암운이 끼어드는 것을 느꼈다. 이래서 지드는 나타나엘을 유혹하며 아프리카의 사막으로 모험의 길을 떠난다. 그러나 다시 모험에서 돌아온 지드는 뒤흔들린 전통의 가치를 다시 세우려고 애쓴다. 초현실주의를 제외하고 지드를 비롯하여 거의 동일한 불안한 연대의 대가들인 프루스트·클로델·발레리 등은 이른바 가치의 재건을 위하여 필사적인 노력을 아끼지 않는다. 조금 뒤늦게 나온 몽테를랑·라 로셀·뒤아멜Duhamel·쥘 로맹Jules Romains·모루와Maurois 같은 작가들도 고전적 의미에서 휴머니스트였다. 말하자면 그들은 인간성이라는 것, 진실의 보편성, 이성적 방법 등을 함께 믿고 있었던 것이다.

그러나 이미 지드에게서 싹튼 모험의 싹은 선배들이 타협의 지혜를 찾고 있었음에도 불구하고, 뿌리 깊으나 쉽사리 눈에 띄지 않는 혁명적인 징후로 나타나기 시작했다. 1900년을 전후해서 출생한 젊은 작가들은 기독교인이건, 유물론자이건 간에 새로운 정신에 동요됐던 것이다. 그들은 앞선 세대의 작가들보다도 한결 철저한 요구에 사로잡힌 사람들로서, 이른바 부르주아적 문화가 드러낸 어떤 특정한 결점을 비판하는 것으로만 만족할 수 없었다. 그들은 그 문화를 근본적으로 재검토하기 시작한다. 그들은 전통적 문화를 재건하거나 확장시키려 하지 않고, 니체적 히로이즘, 혁명적 신앙, 기독교적 초자연주의 등 비합리주의에 마음이 끌린다. 그런데 잊어서는 안 될 것은 이 비합리주의야말로 휴머니즘적 전통과 부르주아적 질서를 부정하고, 나아가서는 파괴하는 요인이 되었다는 점이다. 이와 같은 파괴는 말할 나위도 없이 불안은 물론, 큰 위험을 무릅쓰고 절대를 찾아가는 모험의 징조가 아니겠는가? 이 정신적 특징은 신비주의적인 쥘리앵 그린Julien Green, 자연주의적인 말로와 생텍쥐페리, 실존적인 아누이Anouilh에게서 역력히 나타난다.

자연으로의 복귀에 열중한 지오노Giono까지도 종교적 비약에 대한 희구는 특징적이다. 이러한 희구는 인간이 크게 말해서 절대에 목마른 세대에 부합하는 것이다. 부르주아적 지반이 흔들린 다음, 인간은 인생에서 하나의 의미를 찾으려는 갈증과 물질적 안일, 딜레탕티즘dilettantism, 회의주의의 일시적 만족을 넘어서 본질적인 현실의 질서를 찾고자 하는 갈망에 사로잡혔다. 시에 있어서도 마찬가지다. 랭보의 예를 따라 사람들은 시를 절대에 접근하는 하나의 길로 간주하게 되었다. 쥘리앵 그린이 영국적 정신과 프랑스적 정신을 비교한 다음의 말은 그가 무엇을 말하고자 함을 쉽사리 이해할 수 있다.

프랑스인들은 너무나 빨리 사고한다. 그들은 한 길을 가는 가장 짧은 통로
는 반드시 직선이 아님을 전혀 알지 못한다. 그들은 밝은 햇볕 속에서만 볼
줄 알지 황혼이 되면 거의 소경이 된다.

그는 합리정신의 좁은 한계를 고발하고자 했던 것이다. "인생의 신
비가 밝혀진 세계에서만 인간은 행복할 수 있다"고 말한 극작가 살라크
루Salacrou나, '불가능한 순수'를 향해 손을 뻗치는 아누이도 우리가 살고
있는 눈에 보이는 현실을 넘어서 절대적이고 영원한 초월의 세계가 있
다고 믿는 것이며, 그렇지 않더라도 그러한 세계가 있어야 함을 뼈저리
게 갈망하고 있는 것이다. 여기서 우리는 현실과 그 너머의 세계를 가려
놓은 벽, 영원히 넘을 수 없을지도 모를 벽 앞에서 그것을 뛰어넘으려는
결의를 굳게 하고, 모험의 준비를 갖춘 자세를 볼 수 있을 것이다.

이 모험의 가장 적합한 길을 행동 속에서 찾으려는 작가들이 나타나
기 시작하는데, 그들은 몽테를랑, 라 로셸을 비롯하여 말로, 그리고 생
텍쥐페리 등이다. 여기서 행동에 대한 욕구가 얼마큼 강했으며, 이 경
향이 그 시대의 주조가 되었음은 초현실주의의 많은 시인들이 공산주
의에 가담하게 되었다는 것을 보더라도 능히 알 수 있는 것이다. 행동의
예찬, 그리하여 히로이즘에 기울어진 이 새로운 문학이 주장코자 했던
것은 인간은 불안을 만지작거리고만 있을 게 아니라 그의 힘을 확인해
야 한다는 것, 인간은 니체가 말하는 바 스스로를 초월하며 참여와 행동
속에 스스로를 개화시켜야 한다는 것이었다.

"결국 나는 무엇을 바라는가…… 내가 할 일은 어떠한 것에도 구애받
지 않는 것이며, 모든 의무를 걷어치우고 내 욕망과 시에 오로지 열중하
는 일이다. 내 소원은? 그것은 마치 화살이 떠나가듯 기꺼이 자살할 수

있는 어떤 종류의 결의이다"라고 말한 몽테를랑은 근본적인 회의주의에 파산된 지성을 반증하는 것이다. 그는 그의 니힐리즘nihilism을 생명의 앙양昻揚 속에서 구하고자 한다. 2차 대전 중 나치에 협력했다가 프랑스가 해방되자 자결한 라 로셸의 운명도 그의 벗어날 수 없는 절망을 행동 속에서 찾아보려다가 좌절된 비극의 한 예였다. "아! 마땅히 죽어야 한다. 한 민족은 마땅히 죽어야 한다. 도시 속에서 모든 것이 탕진되어야 한다. 내 피는 이 더러운 제단에서 증발한다." 퇴폐한 도시와 현대에 대한 절망 속에 유일한 탈출의 길은 파괴적 행동 속에 있었던 것이다. 라 로셸은 계속해서 말한다. "내가 파시스트가 된 까닭은 유럽에서 퇴폐의 발전을 측량했기 때문이며, 파시즘에서 그 퇴폐를 약화시키고 축소시키는 유일한 방법을 보았기 때문이다."

행동에 매혹된 작가들 중에서도 생텍쥐페리와 말로는 가장 뚜렷한 존재임이 틀림없다. 이 두 작가는 마음속의, 혹은 상상 속에서의 행동이 아니라 문학행위를 그대로 행동으로 옮긴다.

생텍쥐페리는 하나의 항공사에 지나지 않는다. 비행기를 조종하면서 실제로 수많은 모험을 체험한 사람이다. 그의 문학은 다만 그의 생생한 체험의 기록에 불과하다. 그에게서 직업적 작가와는 완전히 다른 문학이 생기게 된다. 생텍쥐페리에게서 지적 도시문화에 대한 불신이 싹튼다. "대지의 시를 가장 잘 느끼는 사람은 소설가가 아니라 농부이다"라고 말하는 그는 추상적 지성에서 벗어나 인간을 그의 원천인 대지의 시에 접하게 한다. 그리고 그는 직업, 다시 말하자면 '사물의 저항에 대한 의지의 조직적 적용'에 충실함으로써 하나의 새로운 윤리를 세울 수 있다고 생각한다. "직업의 위대성은 무엇보다도 먼저 인간을 결합시키는 데 있는 것 같다. …… 우리 외부에 있는 공통적인 목적으로 우리 형제들과 결합될 때 비로소 우리는 숨을 돌린다. 그리고 사랑한다는 것은 서로가 쳐다보는 것이 전혀 아니고, 동일한 방향을 함께 바라보는 것임을 우리는 경험을 통해서 알 수 있다." 이미 작가는 무제한한 자유에만 집착하지 않는다. 대지에 굳게 발을 디디고 거기에 하나의 규율을 지킴으로써 인간은 참된 자기 모습을 보고 자기를 완성시켜갈 수 있게 된다. "우리는 인간적 노력을 치른 후에 비로소 인간의 고민을 안다. 우리는 새벽을 기다리고 있다. 마치 정원사가 봄을 기다리듯이, 우리는 기항지인 비행장을 기다리고 있다. 마치 약속된 어느 악사를 기다리듯이. 그리고 우리는 자기 본연의 자태를 별들 속에서 찾고 있다." 이처럼 작가는 인간을 벌거벗기고 주어진 사회적 안락에서 스스로 뛰쳐나와 인생의 심오한 진실에 정면으로 대결하는 고행정신에 이르게 한다. 이것이 바로 위험과 때로는 죽음까지도 두려워하지 않는 모험인 것이다. 이 비행사 작가에게서 지드의 정서적 불안, 초현실주의자들의 지적 혹은 시적 위기는 운명에 대한 더 폭넓은 비극적 감정으로 바뀌어가고 있었다. 문학이 환기시키는 대상은 여기에 이르러 사회적 외모라든가, 어느 개인의 심리의 움직임이라든가에 존재하지 않는다. 문학은 구체적 개개의 사실이 아니라 그것을 넘어서 있는 현실, 이른바 운명이라고 불릴 수 있는 것을 발견하고자 하는 것이다.

이같은 모험의 정신은 말로에 와서 형이상학적이고 격렬한 형태로 한결 명확히 나타나 있다. "신도, 그리스도도 없다면 영혼을 갖고 무엇을 할 것인가?" 말로의 전 작품은 바로 이와 같은 생의 의미에 대한 질의로 시종한다. 그는 신이 없는 세계에서 허무와 죽음에 직면한 인간의 자세를 응시한다. 그는 마침내 인간의 행동을 통해서 그를 멸시하고 무시하는 운명과 죽음에 도전하고자 한다. 이리하여 갈대보다도 약한 인간은 그의 운명보다도 강함을 확인하기에 이른다. 말로는 여기에 현대의 중심주제가 된 비극적 '인간 조건'을 뒷걸음 없이 인식하고 그것을 정복하는 모험을 계속하는 것이다.

이 비극적 운명을 향한 도전은 2차 대전이 끝난 후 이른바 실존주의 문학에서 한층 철학적으로 나타나게 된다. 인간의 존재를 부조리하고 비극적인 것으로만 바라보게 된 이 문학은 출발점에서부터 허무주의적 nihilistic이다. 그러나 신의 죽음을 출발점으로 하고 세계의 우연성과 부조리를 확인하면서도, 이 문학은 그의 세계와 인간에 대한 절망을 벗어남으로써 새로운 휴머니즘의 것을 더듬는다. 세상의 모든 위선적 가치를 내동댕이치면서 인간의식의 용기를 북돋아 절망으로부터의 탈출을 꾀하는 시도였다.

모든 불안을 무릅쓰고라도 오로지 진정한 것만을 택하려는 이 문학은 결국 현대에 새로운 윤리, 부조리한 이 세계에 부합하는 윤리를 찾으려는 것이다. 사르트르, 카뮈, 아누이가 개발한 전후문학은 바로 그와 같은 노력의 자취를 말하는 것이었다.

이처럼 현대 프랑스 문학은 1950년대를 끊어 생각해볼 때 대체적으로 전통의 여러 가치가 무너진 폐허에 뒤흔들리는 영토에 서서 현대가 직접 체험한 불안을 표박하고, 직접 그 세대에 맞는 윤리를 세우려는 끈질긴 모험이었다고 말할 수 있다. 새 작가들은 스토리나 인물의 성격, 혹은 인간의 심리에는 거의 관심을 두지 않았다. 문체라든가 문학 자체도 그들에게는 별로 중요한 일거리가 아니었다. 그들에게 중요한 단 하나는 생의 진실한 의미를 발견하는 일이었다. 그러므로 이 반세기에 걸친 문학은 인생의 문학이라 보아도 마땅하다. 문학은 발 디딜 곳을 잃어 서성대는 비극적이고 비참한 인간이 걸어가는 모험의 도구요, 흔적에 지나지 않게 되었다. 이 시대처럼 인생의, 그리고 더 적절히 말하여 전체적인 운명의 문제가 문학을 점유한 적은 일찍이 한 번도 없었다.

그러나 실상 인간의 근본적인 문제는 그리스를 비롯해서 수천 년을 두고 의식하는 인간이 스스로 던져왔던 것임을 우리는 알고 있다. 지드에서 카뮈에 이르는 약 반세기에 걸친 질의에 대해 무슨 답변을 찾을 수 있었던가? 물론 명작가는 각자 고유한 답변을 갖고 있다. 그러나 그 갖가지 답변과 발굴물은 모두가 보편성을 가질 수 없다는 것에 지나지 않는다. 결국 오늘의 세대는 그 많은 모험 끝에도 이렇다 할 윤리를 발견하지 못하고 있다.

모두가 피로했다. 허망한 모험에 지친 사람들이 빈 가방을 든 채 귀환한다. 실질적으로는 무익했던 선배들의 고행을 본 1950년 이후에 새로운 '반소설' 혹은 '비문학'의 작가들이 나타난다. 여기서 우리는 20세기 전엽의 문학을 19세기 후엽과는 전혀 다른 관점에서 보아야 하듯이, '비문학'을 대할 때 사르트르나 말로의 문학을 대하듯 해서는 안 된다. 왜냐하면 우리는 전혀 다른 문학적 풍토에 놓여 있기 때문이다. 이 문학은 윤리의 문제에는 귀를 기울이지 않는다. 그는 우선 무진장한 넓은 미지의 영토를 간직하고 있는 인간의 모든 현실을 명백히 '관찰'하고 '해부'하려 한다. 수술에 앞서 검진이 필요했던 것이다. 작가는 이제 절망을 문제 삼지도 않고, 생에 대한 뜨거운 정열에 격렬하지도 않고, 마치 주체가 없는 사진기처럼 아무리 하찮은 현실도 정확히 반영하는 작업에 만족하고자 한다. 물론 이 '비문학'은 일부의 경향을 말해주는 것에 지나지 않는다. 그러나 실존주의 문학 이후 어떤 뚜렷한 새 경향을 찾아본다면 이 '비문학'만이 드러난다.

결국 돌이켜보면 격렬했던 약 50년간의 윤리적 모험의 결산은 완전히 실패가 아니었다 하더라도 좌절된 셈이다. 그래서 생에 대한 너무나도 심한 무관심한 '무격동'의 시대가 들어서려 하고 있는 것 같다. 그러나 과연 이같은 태도가 문학의 근본적인 동력이 될 수 있을는지는 의심스럽다. 최근 문학지를 보면 보다 젊은 많은 작가들은 '비문학'에는 아랑곳하지 않고 인생의 무의미를 계속 고발하고 있는 것 같다. 과연 장차의 문학이 어떤 뚜렷한 경향을 택하게 될 것인가는 아무도 예기豫期할 수 없으나, 오늘 우리가 처해 있는 정치적·정신적 심각한 암운이 걷히기 전에는 결국 다시 생의 의미가 문학적 문제의 중심이 되며, 윤리적 모험이 아니면 적어도 윤리설정의 욕구가 지배적으로 나타나는 방향을 걷게 되리라는 것을 짐작할 수 있을 뿐만 아니라, 우리는 또한 문학이 그러한 일을 과감히 담당해주기를 바라지 않을 수 없다.

모색하는 현대 시―본질로의 귀환

1

지금 프랑스 현대 시를 일괄해볼 때 먼저 우리는 그것의 다양성에 놀랄 것이다. 무엇 하나 똑바르고 명확한 주류를 잡기가 곤란하다. 혼돈된다는 인상이 더해갈 뿐이다. 거기에는 확실한 아무것도, 명백한 아무것도, 그리고 일정한 아무것도 눈에 띄지 않는다. 주축도 균형도 없는 관념과 이미지의 물결이 소용돌이치고 있을 뿐이다. 문학예술의 여러 분야에서 반세기를 통하여 많은 혁명이 있어왔다. 소설에 있어서는 그리 과격한 것이 아니었으나, 현대 시는 혁명의 거센 바람을 경험한다. 거의 전혀 새로운 세계가 머리를 들고 나선 것이다.

19세기 말에 태어난 사람일지라도 과히 당황함이 없이 현대에 가장 문제시되어 있는 소설을 아직도 읽어내릴 수 있을 것이다. 그러나 그 독자에게 있어서 현대 시의 대부분은 마치 알 수 없는 염불처럼 보이리라. 르베르디Reverdy의 창조적 세계도, 르네 샤르René Char의 신비로운 모험도 그에게는 전혀 관계가 없고, 이해할 수도 없는 영토처럼 느껴지리라.

이같은 시의 생장과 혁명은 이미 낭만주의에서 싹이 튼 것으로 보아야 한다. 시인은 외부를 묘사하기를 포기하고 시인의 '자아'를 널리 바라보기 시작했다. 낭만주의는 심정의 외침을 해방하고, 시들어가는 사랑을 노래하고, 고독과 고민을 부르짖었다. 보들레르는 인간 조건의 불행함을 의식하고 위에서 본 바와 같은 심정을 악마에 바쳐진 '악의 꽃'으로 봤다.

이같이 비극적 인간 조건을 극복하고 초인간적 세계에 도달하려는 꿈에 사로잡힌 랭보는 모든 언어가 그의 의미를 잃게 되는 인생의 극단적 대안에까지 간다. 이리하여 우리는 랭보의 시에서 반항적 시의 원천을 찾아본다. 교직생활로 일생을 보낸 말라르메Mallarmé의 생애는 격동과 모험으로 시종한 랭보의 운명에 비하면 안이하였다. 그렇지만 「창窓」의 시인은 「지옥의 계절」을 쓴 시인보다 더 먼 모험의 길에 이른다. 부재와 고독과 허무를 경험한 말라르메는 시의 질서가 대치하는 폐쇄된 세계를 창조했다.

이같은 상징주의적 시인들의 초월적 비인간적 모험에 뒤이어 초현실주의surrealism는 보다 현실적인 혁명을 시도한다. 상징주의처럼 현실을 무시하고 그것을 초월하려 하는 것이 아니라 현실 그 자체를 보다 근본적으로 변형시키고자 하는 것이었다. 초현실주의는 우선 이성의 모든 통제를 벗어난 원상태의 생각을 기록하고, 프로이트가 분석해놓은 무의식의 자장磁場을 개척하려든다. 초현실주의는 미지의 인간 광맥을 캐내는 일에 멈추지 않고, 그러한 토대 위에서 인간과 세계를 새로이 만들고 인생을 변경시키려는 크나큰 야심을 갖는다.

그러나 이같이 과격한 시의 혁명운동이 전개되었음에도 불구하고 20세기 프랑스 시의 가장 높은 절정에 도달하고 가장 긴 시의 수명을 가진 시인들은 새롭게 밀려온 조류에서 떨어진 사람들이었다. '초현실주의'라는 새로운 정신을 명명했던 가장 발랄하고 신선한 시인 아폴리네르 Apollinaire도 자기 스스로가 새로운 정신의 소용돌이에 완전히 빠져들어가기에는 너무나 현명했다. 발레리는 시적 영감의 무절제한 자유를 적극적으로 배격하는 점에서는 초현실주의와 대척적 입장에 서 있다. 클로델은 오히려 그리스 비극시의 세계로 역상한다. 초현실주의의 창도자였던 아라공Aragon, 엘뤼아르Eluard는 일상생활 가운데서 시를 찾고 그러한 생활의 괴로움과 즐거움을 노래하기 위하여 이해할 수 있는 생활의 용어를 사용한다.

2차 대전은 실제로 이러한 노력의 뒷받침을 해주는 것이었다. 말하자면 초현실주의의 비이성적 노력은 가치를 잃게 되었다. 1940년대에는 이미 대중 속에 되는 대로 피스톨을 쏠 수는 없었다. 전쟁이 터지자 시인들은 사랑에 유린되고 잃어버린 조국을 다시금 노래하기에 이른 것이다. 과거 위고Hugo가 그랬듯이 아라공은 위기에 선 프랑스를 노래하고 사랑했으며, 엘뤼아르는 우리들의 자유를 노래했다. 이렇게 주제가 다시금 전통적인 양상을 띠게 됐을 뿐만 아니라 시의 운韻에 있어서까지 전통의 부활상을 나타냈다.

그러나 이같은 전쟁시, 참여의 시, 대중의 시의 찬란한 개화는 오래 가지 못했다. 전쟁이 끝나 흥분이 가라앉고 냉정한 정신으로 돌아오게 되자 효용을 주장하는 참여의 시는 언어가 제 권리를 다시 주장하는 항의에 부딪히지 않으면 안 되었다. 이렇게 항의를 제시한 시인들은 그것이 기독교적이건 마르크스주의적이건 간에, 어떤 시를 막론하고 전통으로 돌아가려는 시를 배격한다. 시는 전달이기에 앞서 그 자체가 창조임을 다시금 자각했던 것이다. 이리하여 오늘의 시가 초현실주의의 혁명정신에서 이어받은 것은 하나의 근본적 항의, 즉 시는 일반적으로 말해서 그의 특수성을 갖고 있다는 의식이 생긴 것이다.

2

발레리는 말하기를 "시는 어떠한 실재의 인간보다도 더욱 순수하고 그의 사상에 있어서 더욱 강하고 깊으며, 그의 생에 있어서 더욱 밀도 있고, 그의 말言語에 있어서 더욱 우아하고 적절한 화술이다"라고 하였고, 순수하면 순수할수록, '일상의 표면적인 생활의 전달 방법'과 혼돈하지 않으면 않을수록 그만큼 더 유효한 '언어 가운데의 한 언어'라고 했다. 또한 피콩Picon은 그의 저서 『현대 사상의 전망』 속에서 "현대 시와 더불어 표현언어에 창조언어가 대치된다. …… 시의 본질은 이미 그 내용상 운율형태에 있지 않게 되었다. 시의 본질은 그 자체가 목적이 되며, 독창적 창조가 되고자 하는 시어 자체 속에 있다"라고 밝혔다. 이리하여 상징주의에서 초현실주의를 거쳐 갖가지 시 사조의 지면에 흐르는 근본적인 움직임은 '절대'의 탐구에 있는 것이다. 이밖에도 시는 또한 정신분석학적 역할마저 담당하려 든다. 피에르 장 주브Pierre Jean Jouve의 말을 빌리자면, "인간은 우리들이 믿어왔던 이 양복을 입거나 제복을 입은 자가 아니다. 인간은 차라리 하나의 고민에 찬 심연이다. …… 현대인은 무의식과 그것의 구조를 발견했다. 거기에서 서로 얽힌 에로스와 죽음의 충동을 현대인은 보았던 것이다⋯⋯. 우리는 이제 아무리 해도 우리들의 혼돈임을 망각할 수 없게 되었다.”

2차 대전을 전후해서 프랑스 문학은 잠시 동안 대중을 향해서 뒤돌아가며 이른바 사회에, 그리고 현실에 직접 참여하려고 하는 느낌을 주었으나, 오늘날 대부분의 시인들은 시가 도구나 방법으로 사용되기를 무엇보다도 먼저 거부하며 절대를 탐구하기에 여념이 없고, 무의식의 심연을 더듬어감으로써 시가 도구가 아닌 창조가 되기를 바란다. 말하자면 시는 그 본질을 향한 귀환의 도상에 있다고 하겠다.

그러므로 언어에 대해서 어떠한 자리를 부여하느냐에 따라 오늘의 시인들은 구별될 수 있는데, 첫째는 시를 표현의 문제로 보는, 즉 전통파에 속한다고 생각되는 쉬페르비엘Supervielle, 후기의 아라공, 엘뤼아르, 자크 프레베르Jacquse Prévert, 마리 노엘Marie Noél 같은 시인이 있으며, 둘째는 언어를 표현이 아니라 창조 자체로 생각하는 시인들, 즉 시를 어떤 시대에도 저항하게 하고자 하는 피에르 르베르디, 앙리 미쇼Henri Michaux, 르네 샤르 등의 시인들이 있다. 물론 우리들의 관심은 시적 혁명을 추진하고 시의 본질에 밀착하고자 하는 후자에 더욱 끌리게 된다.

3

거듭 말하거니와 현재 시적 ‘혁명’의 가장 대표적 증인들을 몇 가지 예로 들어보기 전에 그들이 언어를 도구로는 이미 생각하지 않고, 시의 목적으로 간주하고 있음을 잊어서는 안 될 것이다.

초현실주의의 훈련을 경험하고 나타난 르베르디는 평범한 ‘현실’이 아니라 관습의 눈아 볼 수 없는 깊은 현실에 도달하려고 한다.

　밤이 퇴색하는 색깔
　그들이 앉아 있던 테이블
　벽로 위 술잔
　램프는 속 빈 가슴
　그것은 지난 해의
　새로운 주름살이다.

이해하기 어려운 이같은 시 속에서 명확히 접촉할 수 없는 어두운 세계에 사로잡힌 시인의 괴로움을 느낄 수 있으며, 마침내는 허무와 맞부딪친 시인의 명상을 알 수 있게 된다.

　모든 것은 지쳤다.
　바람이 노래하며 지나가면
　나무들이 떤다.
　동물들이 죽었다.
　이제 아무도 없다.
　보아라!
　마지막 꼿꼿이 남아 있는 종이
　지정을 올린다.

르베르디에게 있어서 시는 외계의 어느 사실을 서술하고 미화하는 노래일 수는 없다. 현실과 정신의 접촉이 있은 뒤에 이룩된 결정이 시인 것이다. 시의 현실 내부에까지 투시해야만 하는 것이다.

눈앞에 나타난 인간과 세계를 넘어 그 심부를 파고들어가 비밀을 캐내려는 의지는 르네 샤르에게서도 찾아볼 수 있다.

> 너는(강물) 여러 해부터 나의
> 사랑
> 아무것도 늙게 할 수도 없고
> 냉각할 수도 없는 나의 환희
> 우리들의 죽음을 기다리던 것조차도
> 우리들에게 낯선 것조차도
> 어쩔 수 없는……
>
> ……우리 각자는 그
> 비밀 퍼뜨리지 않고서도
> 타자의 신비의 일부를 받을
> 수 있다……

그는 참으로 알 수 없는 '비밀'을 찾아내고자 한다. 이리하여 시는 하나의 발견으로서 정의된다.

젊은 시인 앙리 미쇼 역시 불가사의한 힘을 느끼는 사람이다.

밤중에 나는 내 '왕'을 포위한다. 나는 조금씩 일어서서 그의 목을 비튼다. ……나는 그를 흔든다. 마치 늙은 자두나무처럼 그를 흔든다. 그의 왕관이 머리 위에서 떨린다.

그렇지만 그는 내 '왕'이다. 난 그걸 안다. 그도 그걸 안다, 그리고 물론 나는 그에게 봉사한다.

하지만 밤에 격렬한 내 손이 끊임없이 그의 목을 비튼다. 하지만 전혀 비겁치 않다. 나는 빈손으로 '왕'의 목을 꼭 누른다. ……

나는 이처럼 그와 지낸다. 내 어두운 인생의 끝없는 시작……

나는 그의 뺨을 친다 ─ 나는 그의 뺨을 친다. 그다음 나는 마치 어린애처럼 미친듯이 그를 야단친다.

그렇지만 그가 '왕'이고 내가 그의 신하 그의 유일한 신하임은 확실하다.

이와 같이 억눌린 인생을 의식하며 그러면서도 어쩔 수 없는 왕의 힘이 알지 못하는 가운데 작용하고 있음을 이 시인은 느끼고 있다. 시인은 생명의 원리에까지 파고들어 인간존재양식의 심층을 알아낸다.

시풍을 달리하는 프랑시스 퐁주Francis Ponge에게서도 동일한 지향을 우리는 볼 수 있게 된다.

그는 항상 물체에 접근하면서도 그것을 인습적인 관점으로부터 해방시켜 순수한 본연의 모습으로 환원시키려고 했다.

물론 오늘날 프랑스 시인 가운데 전통을 답습하고 있는 이도 없진 않지만, 대부분의 중요한 자리에 서 있는 시인들은 시를 장식이나 미화의 한 방법이 되는 것으로부터 해방시켜 하나의 시를 하나의 독창적 발견으로 보고 있다. 그러므로 그들에게는 시가 어떤 정치이념의 찬가나 애국심의 고취일 수 없으며, 여하한 도구로도 이용될 수 없다.

시는 오로지 모든 타산을 떠난 탐구이며, 창조 그 자체가 되고자 한다.

이런 점에서 보면 현대 프랑스 시, 2차 대전 후의 흥분이 가신 지금에 와서는 시가 다시금 시 본래의 사명을 자각하기에 이른 것 같다. 물론 오늘의 프랑스 시는 지극히 난해하다. 그러나 물론 난해성이 그것의 시적 예술성을 말소하지 못함을 잊어서는 안 된다.

절망과의 투쟁─실존주의 문학의 풍토

1

현대문학, 특히 전후 프랑스 문학은 어떠한 특질과 의미를 가지고 있는가? 이른바 실존주의 문학은 과연 현대문학의 주류를 형성할 수 있을까? 실존주의라는 용어가 암시해주듯이 현대문학의 영역은 전통적인 문학과는 그 출발점에서부터 판이한 성격을 갖고 있다.

고전주의·낭만주의 혹은 1차 대전 후의 초현실주의 문학운동은 그들의 주의와 강령이 앞섰고, 또한 그것들의 주의와 강령의 입각점은 무엇보다도 미학적이고 문학적 방법에 있었던 것이었다. 형식을 존중해야 한다든가, 잠재의식의 심층을 파내어야 한다는 주장이 그것이다. 그러나 오늘의 문학은 그 출발점부터 전혀 다르다. 실존주의 문학이 현대문학의 주류를 형성하고, 또 이 사조가 현대에 탄생된 것이라고는 하되 낭만주의나 초현실주의와 같은 종래의 문학운동과는 상이하다.

실존주의 문학은 그 시발지에 있어서는 엄밀한 의미에서 문학운동이 아니었던 것이다. '고전'·'낭만'·'초현실'은 철학용어가 아니다. 이에 비하면 '실존'이란 현대철학의 대표적인 철학용어이다.

현대문학은 문학의 좁은 장르에 머무르지 않고, 인간의 보다 근원적인 해결에 대한 유혹에서 문학과 철학을 접근시켰고, 형이상학적인 영역에 침입했던 것이다. 재래의 문학적 안목으로 도달할 수 없는 문학 영토를 앞에 놓고서도 그 고루한 안목을 유일한 것으로 고집하는 독선 때문에, 서구의 현대문학을 이해하지 못하는 무식과 오해가 특히 우리나라 같은 데서는 허다하게 노출되었다.

비린내 나는 권위와 터무니없는 독선으로 현대문학을 성급히 판정하려고 할 것이 아니라, 무엇보다도 먼저 우리는 솔직하고 진실한 태도로써 이해하는 데 힘써야 할 것이다. 종래와는 다른 문학적 각도와 안목을 현대문학은 고대하고 있는 것이다.

2

포탄과 전차, 시체와 파괴된 도시가 누적되어 있는 유럽 정신의 허망한 세계, 이 무섭고도 고독한 세계가 감춰두었던 화려한 의상과 아름다운 장식을 벗고, 마치 어느 악몽에 나타나는 유령과 같이 서성거리고 있다. 이 유령 앞에 떠는 것은 실로 적나라한 현대 인간이다.

그러나 이 유령 앞에서 악몽에 사로잡혀 떠는 인간은 그의 전율과 공포와 위기가 불행히도 악몽이 아니라 속일 수 없는 현실임을 자각하게 되었다.

이 절박한 정신적 역사의 상황에서 떠는 인간이, 그곳에 생존하는 인간의 손에 이룩되는 문학이 안이한 미학과 형식과 유희에 만족하지도 못할 것임은 자명하다. 이리하여 인간의 근본적인 문제, 특히 이 세대의 위기에 선 인간의 문제가 클로즈업되는 것은 당연한 일이며, 사르트르에게서와 같이 철학과 문학이 밀착되는 이유는 쉽사리 이해된다.

'거추장스러움'과 '낯섬', '부조리'로 인한 '구역嘔逆'과 '반항'의 반응이 현대인의 영상으로 나타나고, 이 추악하고 무의미한 세계로부터의 탈출을 가로막는 인간 조건의 '벽'은 가련한 현대인의 주위에 높이 쌓여 있다. 이와 같은 세계와 인간은 양식과 지성에 뚜렷이 비쳐오는 진실이다. 실로 모든 의미로서의 폐허가 현대를 상징해준다.

폐허 위에 고독을 자각한 인간은 필연적으로 자기 자신을 재고하기에 이른다. 인간 조건이 문제될 수 있었고 실존이 무엇보다도 중요한 사색의 주제가 되는 것도 우연은 아니며, 그 인간 실존의 상황을 살피게 됨은 차라리 필연적이라 할 것이다. 이 노력은 현대인이 오늘의 위치를 정확히 판단함으로써 새로운 생존의 방향을 찾기 위함에 지나지 않는다. 학살과 치욕과 모든 인간적 위엄을 박탈당하고 인간 생존의 근본적 의미마저 잃어버린 우리의 생존권리와 의미와 가치를 재건하려는 피비린내 나는 투쟁적 정신이 바로 그것이다. 어떠한 가장과 연막도 용납할 수 없으며 도피적인 자위도 있을 수 없는 냉철한 지성의 빛은 위선을 향하여 그의 첫 화살을 쏜다. 비록 절망과 죽음에 이름을 자각할지라도 인간의 지성은 어떠한 종류의 허위도 용서할 수 없는 양심의 덕과 진실에 대한 줄기찬 의욕을 잃지 않는다.

폐허에 선 고독, 그 고독이 바라보는 위장 지대, 이렇게 하여 현대문학의 이른바 실존주의적 영토가 준비되고, 이 문학은 때 묻고 비겁하고 추한 세계를 그려내게 된다.

실존주의 문학 표면에 나타난 추잡한 상을 보고서 그 문학을 문학의 외도라고 독단을 내리거나 일종의 유행병적 정신이상증으로 진단함은 얼마나 위험하고 독선적인 권위의 남용인가. 말로의 에로티즘이나 사르트르의 매춘부의 인간상은 바로 현대인 전반의 인간상의 일면을 예증하고 남음이 있다. 허위 위에 이루어진 건설이 얼마나 위험한 것인가는 짐작하고도 남음이 있다. 우선 인간적 진실을 파악하자는 것이 현대 문학, 특히 넓은 의미에서의 실존주의 문학의 주제를 이루고 있다. 이리하여 이들 작품 속에서 우리들은 종래에 보아왔듯이 어떤 이야기 줄거리의 흥미도, 심리묘사의 미묘성도, 표현의 아름다움도 문학 가치의 작품 테마의 중요한 위치를 점령할 수 없음을 알게 되는 것이다. 물론 그들의 작품 속에는 모파상도, 플로베르도, 프루스트도 있으리라. 그러나 그러한 모든 요소는 실로 의미를 잃어가는 인간을 조명하고, 또 그 인간을 허무와 죽음으로부터 가치와 삶의 세계로 이끌어가려는 노력에 집중되고 동원될 뿐이다. 또한 진실을 향한 의욕은 그들에게 날카로운 지성과 객관성을 부여한다. 그리하여 실존주의 문학을 '형이상학적 자연주의'라고 명명할 수도 있게 된다.

그러나 명석한 지성이 발견하고 캐어낸 악몽과 고독과 허무의 지역에서 우리는 두 개의 인간 태도를 구별해낼 수 있고, 또 그러한 구별이 있음을 보았다. 그 하나는 이 절망의 영토에서 방황하면서 아무런 노력 없이 위장과 허위로서 평화와 행복과 가치를 분장하려는 태도이며, 또 하나는 그러한 절망 속에서도 인간의 위엄을 지키고, 진실을 살리며 고독과 절망을 위장하지 않고 그것들에 대항하여, 잃어버린 인간 가치를 재건하려는 의지적 투쟁이 그것이다.

만일에 이른바 실존주의 작가들에게 이와 같은 노력, 다시 말하면 선의와 덕과 윤리의식이 결핍하였더라면 실존주의 문학은 문자 그대로 무의미한 자학에 그치고 말았을 것이다.

감옥과 매음굴과 죽음의 어두운 상황에서 실존주의 문학은 인간의 비굴성과 함께 엄숙성을 증명하는 실로 증인의 문학이 될 수 있고, 사형과 침묵을 바꾸는 그 태도에서 인간의 빛과 미래를 발견하고 그에게 가치를 부여하는 가치의 문학이 될 수도 있다. 절망과 죽음의 엄숙한 대결에서 인간의 한계와 허무와 무의미의 정신적 폐허 속에서 인간을 구출하려는 생존의 문학이 될 수 있다.

실존주의 문학은 현대가 놓여 있는 역사적·사회적·정신적 모습을 액면 그대로 우리들에게 밝히고 제시하며, 그 한계 내에서 살아가는 인간의 방향과 태도를 암시한다.

실존주의 철학체계를 갖고 있는 작가는 사르트르나 보부아르Beauvoir에 지나지 않는다고는 하지만, 상술한 바와 같은 정신적 풍토를 갖고 있는 점에서 우리는 프랑스 문학 내에서 말로를 비롯하여 카뮈, 베르나노스, 생텍쥐페리, 주네Genet 또는 모리아크까지를 들어 실존주의 문학을 형성해가는 작가라고 할 수 있을 것이다.

이들은 각자 그들의 개성을 잃지 않으면서 현대라는 절망의 세대에 참여한다는 점에서 서로 일치한다. 그들은 허무와 고독과 절망에서 나타난 고아들이었다. 그러나 이 비극에 패배하지 않는 강인한 정신의 소유자였고, 그것들과의 비극적인 싸움에 용감한 병사들이다. 그들에게는 어떠한 환상이나 자기포기도 있을 수 없으며, 현실을 넘어 있는 초월의 세계가 아니라 그들이 놓여 있는 현실을 직시하며 그 대결 속에서 희망과 빛을 찾으려 한다. 찾는다기보다는 차라리 빛과 희망을 창조하려한다.

'희망은 절망의 옆구리에서 나온다.' 이 신조가 비단 역설적이면서도 그들의 정신적·문학적 힘이 되어 있는 것이며, 그것은 또한 현대를 살아가는 정신적 주춧돌이 될 수 있으리라. 그들은 인간의 자유를 믿기에 그 절망으로부터 창조와 건설의 동력을 마련한다. 다시 말하면 절망적 인간으로부터 창조적 인간을, 허무와 죽음과 동침하는 인간의 무의미,

역사적 상황에 의해 억압되는 무력한 인간으로부터 그의 자율성과 주체성을 색출하고 거기에 숭고한 가치와 희망을 건다.

이러한 영토에 자리 잡고 꽃피는 실존주의 문학은 흔히 오해되는 바와는 달리 퇴폐적인 문학적 외도가 아니라 차라리 새로운 문학적 가능성을 보인다.

그것은 결코 퇴폐의 문학도, 상아탑의 문학도, 유희의 문학도 아니다. 허물어져가는 인간을 구출하고 퇴폐해가는 세계에 광명과 희망을 주려는 성스러운 정신이 이룩한 문학이다. 잠자는 인류와 마취된 정신을 일깨우며, 선량한 양식에 호소하는 부르짖음이기도 하다. 그것은 또한 악과 불의와 불륜과 비겁과 무기력에 항거하고 도전하는 병사이기도 하다.

이 문학이 발기발기 찢어진 정신과 폭발 전야의 야만과 위선과 절망한 자들의 폭력을 과연 조정할 것이며, 또 그의 모색과 탐구의 고귀하면서도 절망적인 노력이 산산이 흩어져 있는 인간성을 새로 잡아주고, 또 인간의 앞날에 탄탄대로를 마련할 것인가는 아직도 과제로 남았다고 하겠으나, 그 문학의 진지함과 노력과 정열에 우리는 공감하지 않을 수 없을 것이며 가치를 인정하지 않을 수도 없을 것이다.

실존주의 문학만이 문학의 전부는 물론 아니다. 그러나 고전주의나 낭만주의, 혹은 사실주의 등만이 높은 문학이 아닐뿐더러 문학이 인간 생활에서 나왔을진대 그것은 역사와 사회와 함께 호흡해야 할 것이다. 실존주의는 현대의 비극적 인간 조건 속에서 정신적 절망과 싸워 그것을 극복하려는 가장 성실한 현대적 정신의 표현이다.

의미의 발견─현대문학의 한 차원

모든 존재와 같이 무의미한 존재인 인간은 그가 무의미하다는 사실을 의식할 수 있기에 다른 어느 존재, 초목이나 금수보다도 큰 비극을 경험하지 않으면 안 된다. 인간은 이러한 '의식'에서 무서운 전율을 느낀다. 그러나 이러한 의식이 가져오는 비극은 그것으로 그치는 것이 아니요, 생명력의 끝없는 몸부림에 의하여 배가되는 것이다. 무의미 속에서 살아야 한다는 이 고역이야말로 '생각하는 우월감'에 대한 체형體刑인지도 모른다.

"인간은 생각하는 갈대다"라는 말은 벌써 수백 년 전 파스칼이 한 말이다.

그 정의가 어떠했던 것은 고사하고 그는 '생각하는' 기능을 가짐으로써 자기가 무엇보다도 우위에 있고 존엄한 것으로 생각했던 것이다.

'생각하는 갈대'인 인간은 생각하는 힘을 통해 약한 갈대의 존재가 아니라 자연을 정복하는 강한 동물이 된 것이다. 그러나 불행히 우리들은 '생각'하는 힘으로써 '영원'이란 부질없는 유혹을 버릴 수가 없게 되었다. 영원이라는 측량할 수 없는 하늘을 바라보면서 인간의 뭇 노력은 끝나고 만다.

그런데 생각할 수 있는 힘, 즉 의식을 지님으로써 인간이 무엇보다도 우월하다는 논리는 모순에 부딪치게 된다.

의식이 있음으로써 우리들은 영원과 죽음 사이에 허덕이지마는 우리는 그런 행위의 종극적인 무의미를 자각하게 된다.

영원의 하늘에다 무릇 사다리를 걸어놓고, 허우적거리며 올라가다 떨어져 땅에 묻히고 썩고 말아야 하는 끝없는 반복을 인간 '나르시스'

는 의식이라는 자기 연못 속에 비춰봐야 하는 것이다. 이러한 자기 모습을 자기뿐만 아니라 끝없는 역사를 통해서 바라볼 때, 우리는 무엇을 느끼게 되는가? 좋든 싫든 존재의 무의미를 느낀다 하여 그를 가리켜 지나친 감상이라고 속단하지는 못하리라. 강력한 행위의 인간에게도 이러한 일면은 누구나 갖고 있으리라.

이와 같은 인간의 비극은 비단 현대에 와서 비롯된 것이 아님은 물론이다. '에덴'의 신화를 빌리자면 인간과 더불어 인간 자체 내에 비극의 씨가 붙어나고 있었던 것이다. 파스칼의 '침묵 앞에 선 전율'은 이와 같은 인간적 조건을 명확히 말해준다.

그러나 이와 같은 비극 의식이 우리들 생활 속에 항상 깃들어 있지는 않다. 우리들은 대개 이른바 전통과 인습 속에 그러한 비극으로부터 도피해서 산다. 우리는 이와 같은 삶을 실존에 직면하지 않은, 혹은 실존하지 않은 잠자는 생활이라고 불러도 좋을 것이다.

과학이 발달해 우주의 모든 비밀이 설명된다는 가정이 성립해도 우리들의 근원적인 존재에 대한 경이와 우리 존재의 수수께끼는 풀리지 않을 것이며, 생명과 존재의 형이상학적 신비성은 수학이 풀리듯이 정확한 해답을 바랄 수는 결코 없으리라. 여기서 문학의 세계가 열린다.

인간에게는 과학적 방법으로, 또 어떠한 다른 방법으로도 해결할 수 없는 차원이 있음을 어찌하랴. 그러므로 아무리 과학이 발전된다 해도 예술 내지는 문학이 인간 생활에서 뗄 수 없는 것이 될 뿐 아니라, 그럴수록 예술과 문학은 인간에게 더욱 절실히 요청되는 것이다. 인간 발견의 수단이란 입장에서 고전주의·낭만주의·자연주의 혹은 심리주의 등 여러 가지 문학발달의 과정은 설명될 수 있다. 문학과 예술은 인간 감정의 세계, 인간의 사회적 또는 동물적인 양상, 인간 내부의 심리적인 발견 등 인간의 여러 차원을 밝혀내는 것으로 보인다.

그런데 소위 현대문학이 싹트기 전까지의 문학은 발견에서 흥미의 기쁨을 느꼈고, 더 구체적으로 말하자면 자연의 찬미와 인간관계의 과학성, 또는 심리구조의 묘문妙紋에서 흥미를 찾았다. 인간 인식이라는 '놀음'에 그쳤던 것이다.

그러나 정확한 선을 그어서 설명하지는 못한다 해도 현대문학의 싹은 철학자 니체에서 키르케고르Kierkegaard에 이르러 시작되었고, 그것이 도스토옙스키까지 역급하여 카프카Kafka나 말로, 사르트르에 이르는 코스를 밟아왔다고 할 수 있다. 그러면 이와 같은 현대문학의 특질은 어디에 둘 것인가?

현대문학의 특징은 한마디로 의미를 잃은 인간의 절규라고 할 수 있다. 다시 말하자면 되풀이되고 반복되는 인간 생활의 무의미 속에 자기 존재의 '의미를 발견'하려는 데 있다.

그러나 의미는 존재하지 않는다. 존재하는 것은 오직 사물과 현상뿐이다. 존재의 의미를 호소해도 신의 침묵은 밤처럼 두텁다. 의미는 오직 인간에 달려 있다.

그래서 현대문학의 특징의 하나가 '의미의 발견'이라고 말했거니와, 더 정확히 말해서 '있는 의미'의 발견이 아니요, '의미를 창조'하려는 데 있다. 왜냐하면 인간은 단순히 '생각하는 갈대'일 뿐만 아니라 의미에 목마른 영혼적 존재이기 때문이다. 인간은 정말 인간적으로 될 때 자기 존재의 의미를 찾지 않을 수 없는 동물이다. 비록 그의 목적이 이루어지지 않는다 해도 그는 의미를 찾아 마치 시시포스처럼 산정을 향해 간다.

말로는 지성의 계산으로 풀 수 없는 인간의 궁극적 조건에서 인간이

할 수 있는 존재의 의미를 찾기 위해 끝없는 모험을 계속해야 하고, 또 사르트르는 '자유의 고수'를 외치면서 인간의 무한한 자주성과 창조성을 설명하고, 카뮈는 약한 인간이 모순된 인간 조건에 반항함으로써 우정과 진실성을 호소하거니와, 이와 같은 여러 경향은 다 함께 인간적 의미의 재발견 내지는 재건에 대한 비통한 고투임을 알 수 있다. 역사 속에 연출되는 인간상이 아주 비참하고 초라하고 또 뜻 없는 것으로 의식의 거울에 비칠 때, 존재를 끝까지 고집하는 생명과 그것을 합리화시키려는 의식의 필연적인 요청으로 인간 존재의 가치를 재건하려는, 즉 인간의 '존재의 의미'의 발견이라는 경향을 걷게 된다.

그런데 최근 우리나라에서 신윤리주의 문학론이 대두되고 있는 것은 어떤 의미를 갖는가. 신윤리가 아니더라도 윤리는 문학에 무엇을 의미했던가? 문학이 설교나 교훈이 아닌 이상 어떤 문학작품 속에 윤리적인 문제와 모색이 발견된다 해도 문학이 처음부터 어떤 윤리를 설정해놓고 그 윤리를 계몽시키려고만 한다면, 그것은 문학의 본래 가치를 해치기 때문에 새삼스럽게 '신' 자를 부가해서 어느 윤리문학을 제창한다는 것은 무의미한 것이다. 그것은 마치 사회주의 리얼리즘의 문학이론에서 볼 수 있는 '목적의식'을 강조하기 때문이다. 문학은 목적의식이 없다는 점에서 무상성을 다른 어느 예술과 함께 그 자신에 내포하고 있으며, 그럼으로써 설교나 선전문과 다르다.

물론 신윤리주의 문학이 뜻하는 바가 새로운 가치를 세워서 절망적인 현대의 허무를 극복하려는 데 있음을 모르는 것은 아니다. 어떤 목적의식을 강조할 때 문학은 도구로 전락한다.

따라서 신윤리주의 문학의 제창은 처음부터 그 출발에서 잘못을 범하고 있다. 시대유행에 따른다는 스노비즘snobbism에서가 아니라 현대는 이미 그러한 문학 태도를 훨씬 넘어서고 말았다. 먼저 말한 바와 같이 '인간의 재건', '인간 의미의 발견'이라는 극점에 이른 현대 의식은 언뜻 보아 신윤리주의 문학의 밑바닥에 깔린 정신과 일치할 것 같다. 그러나 '의미의 발견'에 대한 의욕은 오히려 모든 윤리적 규범 가치를 인정할 수 없는 데서 생긴다. 이러한 가치의 창조가 바로 문학의 기능이다. 문학에 윤리성이 있다면 그것은 신윤리주의 문학이 주장하는 윤리규범을 일단 부정하는 데서 생긴다. 문학은 보다 근원적인 가치를 위해서 존재한다.

신윤리주의 문학을 제창하기 전에 우리들은 우리들의 조건 내에서 어떤 '생활의 의미, 인간의 의미'를 발견하고 창조할 것인가를 알아보는 것이 중대한 문제이다. 이 문제의 출발은 현실과 그 위에 움직이는 인간상을 모색하고 발굴하는 데 있는 것이지, 어떤 윤리규범을 조작하는 데 있지는 않다.

문예사조로서의 앙티로망

잃어버린 가치의 폐허에서 절망과 허무라는 황무지에 던져진 전후의 이른바 실존주의 문학이 인간이 살아갈 수 있는 진정한 가치와 윤리를 재건하려는데 집중되었다고 한다면, 1950년대를 조금 지나서 프랑스에는 전후의 윤리적 문학과는 전혀 성격이 다른 새로운 소설Nouveau Roman이 나타나기 시작했다. 이같은 움직임은 소설에서뿐만 아니라 시나 연극에서도 찾아볼 수 있는 경향이다. 그러므로 우리는 1950년대 이후의 독특한 문학을 전체적으로 '새로운 문학'이라고 부르게 된다.

그런데 새로운 문학이라는 이름 대신에 우리는 이같은 경향의 문학을 '비문학'이라고 흔히 부르고 있으며, 새로운 소설을 반소설anti-roman 이라고 일컬어짐을 알고 있다.

문학을 부정하는 '非'와 소설을 부정하는 '反'이 붙는 이 아이러니컬한 이름의 '자기부정'의 문학을 우리는 상상할 수 있을 것인가? 여기서 우선 위와 같은 명명이 생긴 원인과 이유를 생각해볼 필요가 있다.

클로드 모리아크는 그의 저서 『현대의 비문학』의 서두에서 다음과 같이 말하고 있다.

비문학(즉 문학이라는 말에 멸시적 의미를 갖게 했던 안이성으로부터 해방된 문학)은 여지껏 한 번도 도달하지 못한 하나의 극점이다. 그러나 인류가 있은 이래로 성실한 작가들은 그와 같은 방향을 향해서 작품을 쓰고 있는 것이다. 그러므로 문학사와 비문학사는 병행하는 것이다.

달콤하고 감상적이고 혹은 낭만적인 것을 문학적인 것으로 착각하기에 익숙한 우리들은 벅찬 현실생활과 동떨어진 이야기나 사건을 보고할 때 '그것은 너무나 문학적이다'라고 빈축한다. 다시 말하면 문학은 현실에 뿌리박지 못한 일종의 꿈 같은 생각에 불과하며 현실과 동떨어졌다는 것이다. 철모르는 소녀나 혹은 배가 부른 팔자 좋은 사람이나 가지고 놀 수 있는 것이 문학이지, 철이 들고 현실생활에 쫓기고 또 쫓아야 하는 절박한 환경에 있는 사람에게 아무런 의미도 없는 '남의 이야기'에 불과하다는 생각이다. 이러한 생각이 옳건 그르건 간에 문학이 있어온 이래로 어느덧 일반적으로 인정되어 있음이 틀림없다. 이같은 현상이 나타나게 된 이유는 수많은 작가들의 타락이나 더 많은 수효의 독자들의 태만에서도 찾아볼 수 있겠지만, 그것은 지금에 와서 부정할 수 없는 사실이기도 하다.

그러나 문학은 원래 한낱 감상적인 문학의 나열을 통해서, 혹은 달콤한 이야기의 전개를 통해서 현실과 이탈하는 수단에 지나지 않았던 것일까? 아니다. 진정한 문학의 본래의 의도는 현실의 보다 깊고 명석한 파악에 있었을 것이며, 또 그래야만 했다.

프랑스에서 나타난 새로운 문학의 조류를 '비문학'이라고 부르는 까닭도 바로 이와 같은 원인에서 생긴 것임을 알아야 한다. 종래의 문학이 현실과 동떨어져 있다면 새로운 문학은 현실에 밀착하는 문학, 종래의 문학과는 반대로 달콤한 문학을 부정하는 비문학이 되고자 한다. 그러나 아이러니컬하지만 비문학이야말로 진정한 문학이 된다. 그러기 때문에 많은 작가의 타락과 오해가 수백 년에 걸쳐 조정되어오긴 했지만, 안이성에서 해방된 비문학은 결코 도달되지 못한 하나의 극점으로서, 비단 오늘의 작가들뿐만 아니라 성실한 작가들이 수백 년 동안 탐구해왔던 것이다. 클로드 모리아크가 그의 비평론의 표제에 각별히 '현대의'라는 형용사를 붙인 까닭도 여기에 있는 것이다.

이처럼 비문학은 근본적인 부정이 아니라 오히려 정반대로 문학의 본질로의 환원을 지향하는 '진정한 문학'을 뜻하는 것임과 마찬가지로 반소설도 그 의도에 있어서는 소설 자체에 대한 부정이 아니라 종래의 그릇된 관념에 지배되어온 소설을 부정함으로써 진정한 의미로서의 소설을 뜻하고자 하는 것이다.

앙티로망이 종래의 소설을 부정하고 나오니만큼 앙티로망 자체의 사조로서의 성격을 따지기에 앞서 문학사에 나타난 소설의 몇몇 사조를 대강 생각할 필요가 있다.

소설다운 이야기를 18세기 말 아베 프레보Abbé Prévost의 『마농 레스코 Manon Lescaut』에서 찾아볼 수 있을 것이다. 젊고 아름다운 부녀에 반한 젊은 사나이의 뜨거운 사랑 이야기가 숱한 모험 속에 그려진 작품이다. 우리는 이 작품 속에서 현실 속에서는 이루어지기 어렵지만 우리가 은근히 동경을 갖고 있는 열렬한 사랑의 이야기만 따라감으로써 우리들의 잠재적 욕망을 만족시키면 그만이다. 이렇게 해서 이른바 로맨틱한 세계가 작품화됨을 볼 수 있다. 생피에르Saint-Pierre의 『폴과 비르지니Paul et Virginie』는 유럽의 고향을 떠나 인도양의 웅장하고 순수한 자연 속에서 이루어지는 꿈 같은 사랑 이야기다. 거기에는 아름다운 자연과 영원과 순수에 대한 공이 꽂힌다. 로맨티시즘의 거장의 하나인 샤토브리앙 Chateaubriand의 『아탈라』, 『르네』도 역시 우리의 생활과는 너무나 먼 자연과 꿈으로 엮어진 이야기이다. 이처럼 로맨티시즘은 실현성 없는 꿈과 동경과 향수의 세계를 그렸다. 그러기에 그러한 소설, 그러한 문학은 너무나 '문학적'이었던 것이다.

꿈에 대한 환멸이 나타나기 시작한다. 작가의 눈은 흘러가는 구름이나 떠나가는 초승달을 노래할 수만 없게 된다. 내가 사는 사회, 내 옆에 사는 갖가지 이웃 사람들을 관찰하게 된다. 거인 발자크는 자기가 살아왔던 시대와 사회를 총망라해서 묘사하려 한다. 소설은 상상에서부터 묘사로 바뀌었다. 『고리오 영감』에서 우리는 잔인한 부녀 관계, 가혹한 인정을 보고 발자크의 전체 작품 속에서 '인간의 희극'을 구경한다. 우리는 그의 소설 속에서 갖가지 성격과 인간의 전형을 또한 발견하기도 한다. 『적과 흑』에서 스탕달은 무엇을 그렸던가? 거기에는 그때의 한 시대상이 있으며, 한 젊은 야심가의 비극이 있으며, 사랑의 뒤얽힌 심리가 있으며 인간상이 있다.

플로베르에 와서 로맨티시즘은 완전히 부정된다. 로맨틱한 여성의 파멸을 그렸다는 점에서, 시시한 생활과 평범한 인간을 그렸다는 점에서, 과장도 달콤함도 눈물도 없이 그러한 여성을 그렸다는 점에서『보바리 부인』은 반로맨티시즘이다. 플로베르나 모파상의 사실주의 속에는 마농 레스코 같은 창녀도, 비르지니 같은 소녀도, 르네 같은 젊은이도, 줄리앙 소렐 같은 능란한 야심가도 없다. 요컨대 히어로가 없다. 꿈도 환상도 용납되지 않는 시시한 현실 그대로의 인간이 있을 뿐이다. 모파상의『여자의 일생』을 보라. 로맨티시즘이 깨져가는 철없는 여자의 비참한 일생이 있을 뿐이다. 이와 같이 사실주의 작가들은 꿈이 아닌 인간의 현실생활을 액면 그대로 부각하려 했다.

한편 사실주의를 넘어서 자연주의 문학이 있었음을 알고 있는 터이다. 에밀 졸라의 문학이 그러한 시도였다.

그는 자료를 수집해서 과학적으로 사회를 묘사해내려 했다. 그의 눈에 비친 사회는 특히 노동자와 농민, 농부들의 것이다.『목로주점』,『농민』등에서 우리는 작가가 얼마큼이나 여태까지 작품화된 일이 없었던 하층계급의 세계와 인간의 추잡한 면을 그리려고 애썼는가를 알 수 있는 것이다.

그다음에 과학적인 것과 객관주의에 대한 이와 같은 광신을 조롱하는 소리가 들리기 시작한다. 추잡한 것들만을 객관적으로 그려서 무엇하겠느냐? 이리하여 아나톨 프랑스의 풍자문학이 나타난다.『무희 타이스』,『신들은 목마르다』가 그러한 계열의 것이며, 폴 부르제의『제자』가 역시 같은 성격을 띤 작품이라 할 것이다.

한편 20세기 초엽의 작품은 대체적으로 휴머니즘에 뿌리박고 있는 것임을 알 수 있다. 앙드레 지드, 로제 마르탱 뒤 가르, 쥘 로맹같은 작가들은 각기 과거로부터 이탈된 다음, 새로운 모럴과 가치를 휴머니즘의 정신 속에서 재건하려고 했다. 그들의 중심 테마는 삶의 문제에 있었던 것이다. 이같은 흐름이 더욱 극단적인 성격을 갖게 될 때 실존주의 문학이 싹틀 수 있었던 것이다.

이와 같이 소설 발전의 발자취를 언뜻 훑어볼 때 우리는 각 시대 혹은 조류의 소설가들은 그들의 소설의 대상을 바꾸어왔음을 알 수 있다. 로맨티스트들은 꿈과 영원의 상공을, 사실주의자들은 꿈에서 깨어난 거친 사회와 시시한 현실생활을, 자연주의자들은 인간사회의 추잡하고 천한 면을, 자연주의를 반대한 아나톨 프랑스 같은 작가들은 인간의 희극적인 모습을, 또한 지드 같은 휴머니스트들은 의지하고 살아갈 수 있는 모럴을, 실존주의자들은 인간의 본질적인 조건을 묘사하거나 분석하고 탐구하고자 했던 것이다.

이처럼 작품의 대상이 달라졌다고는 하지만 갖가지 주의를 통틀어서 우리는 다음과 같은 공통점을 추출해낼 수 있을 것이다.

첫째로 설화성이다. 어떠한 주의에 속하는 소설이건 거기에서 우리는 일관된 어느 이야기를 알게 된다. 그 이야기가 달콤하건, 슬프건, 처참하건 혹은 화려하건 간에 전후가 정연히 연결된 스토리에 의해서 구축되고 있음을 보게 된다.

둘째로 그러한 설화성의 밑받침은 헤겔류의 이른바 세계와 현실의 체계에 대한 신앙인 것이다. 인간은 말하자면 자기의 관념 속에 미리 세워놓은 체계를 체계나 법칙에 의해서만 지배되지 않는 내상들에 뒤집어 씌워왔던 것이다. 즉 지금까지 모든 소설은 그대로의 대상을 발견하고 묘사한 것이 아니라 대상을 인간화, 더 정확히 말하자면 주관화한 것이다.

셋째로 지금까지의 모든 소설은 그 속에 작가의 이념이나 감정 또는 사상을 나타내고 있다.

이와 같은 공통점이 있음을 알 때 우리들이 종래의 소설사 속에서 어떤 사조를 말할 수 있는 근거는 오직 주관을 가진 작가가 어떤 대상에 더욱 관심을 두었던가에 의해서 결정될 수 있는 것이다. 물론 대상이 달라짐에 따라 소설 수법이 달라짐은 말할 필요도 없다. 사실주의라는 말은 대상이 달라짐에 따라 수단의 개혁이 얼마나 중요한 것인가를 말해준다.

어떠한 소설도 스토리를 짜내는 데 근본적인 목적을 두지 않았음은 구태여 말할 나위도 없다. 어떠한 작가도 그 본질에 있어서는 세계와 인간의 참된 현실과 진리를 발견하는 데 있다. 그러나 클로드 모리아크의 말마따나 본질적 목적에 도달한 작가는 정도의 차는 있을지라도 한 명도 없다. 대부분의 경우 진리의 주변에서 작가는 있는 그대로의 현실을 캐내지 못하고, 자신의 관념을 표준으로 해서 하나의 허구를 만들어놓곤 했을 뿐이다.

그러나 20세기에 와서 조이스Joyce, 도스토옙스키, 프루스트, 카프카, 포크너Faulkner 같은 작가가 발견되기 시작했다. 이 작가들의 괴물과 같은 소설 속에서 우리는 일관성 있는 세계와 논리에 의해서 구축된 인간의 모습만을 볼 수 있는가? 그들의 작품 속에서 우리는 이미 과거의 어느 소설의 척도로도 이해할 수 없는 비논리적이고 부조리한 세계와 인간에 부딪히게 된다.

인식에 대한 반성은 비단 위에서 들은 작가들에 의해서만 눈을 뜨기 시작한 것은 아니다. 우리는 근래에 철학에서 현상학이라는 말을 자주 듣게 된다. 한마디로 말해서 현상학은 데카르트와 헤겔류의 세계나 현실의 논리적 인식에 대한 불신인 것이다. 그의 눈에는 세계나 현실은 이미 통일성(혹은 일관성)을 상실하고 만 것이다. "오직 현상만이 있는 것일까? 그렇지 않으면 그 자체로서 존재하는 것들, 물질의 세계이건 정신의 세계이건 그러한 즉자적 세계가 있는 것인가"라는 의문에서 출발한 현상학은 우선 눈에 보이는 구체적 현상에만 인식의 근거를 두어보려 한다. 후설Husserl은 다음과 같이 말한다. "반성적인 생활에 비쳐 보이는 세계는 어느 의미에서 나에게는 언제나 거기에 있다. 그 세계는 전과 다름없이 어느 경우에도 그에게 고유한 내용을 지닌 채 인식된다. 그 세계는 그때까지 나에게 보였던 그대로 여전히 내게 나타나 보인다. 그러나 철학가로서 내게 독특한 반성적 입장에서 본다면, 나는 이미 자연적 경험의 실존적 신앙을 갖고 일하지 않는다. 나는 이미 그 신앙이 여전히 거기 존재하고 주의 깊게 눈에 띈다 할지라도 가치 있는 것으로서 그것을 인식할 수는 없다." 이리하여 불변하는 실재를 인정하지 않고 현상학은 '직접 경험에 주어진 대로의 현상을 기술하는' 연구이고자 한다.

현상학이 불변하는 실재나 일관된 논리적 세계를 믿지 않는 데서 나타나듯이 비문학과 반소설들도 역시 재래의 철학에 근거를 둔 세계나 인간의 합리성을 거절한 데서 시작된 것이다. 인간이나 인간을 둘러싸고 있는 세계는 어떤 이야기처럼 짜인 것이 아니요, 보다 복잡하고 무질서하며 일관성이 없다. 어떤 논리 위에 구축된 인간이나 세계의 의미나 가치 따위도 거짓이 아니냐? 그러므로 소설도 참된 인간과 세계를 표현하려면 일관된 스토리, 연결이 잘되어가는 심리의 조작, 어떤 감정, 윤리사상의 덧붙임을 해서는 안 되지 않느냐? 인간은 실제에 있어서 일관된 이론을 따라서 생활하지도 않고, 어떤 가치나 윤리의 척도로만 생활하지 않으며, 한편 인간을 둘러싸고 있는 세계도 지리멸렬한 것인데,

소설이 정연한 심리에 끌려가는 인간, 일정한 가치를 위해서 꾸준히 살아가는 인간을 그리며 이론적인 세계를 묘사한다는 것은 전혀 허위가 아니냐? 이러한 의문에서 싹튼 것이 이른바 비문학·반소설일 것이다. 그렇기 때문에 이 새로운 문학은 특히 인간과 세계를 보는 눈에 있어서, 근본적으로 보아서는 지금까지의 모든 문학, 특히 허구적 문학과 테크닉을 거부하는 데 특징을 두고 있다.

그렇다면 비문학·반소설은 과연 뚜렷한 문학이론을 갖고 있는가? 로맨티시즘이 위고를 구중점求中點으로 해서 형성되고, 사실주의가 플로베르를 선두로 이루어지고, 자연주의가 졸라를 두목으로 만들고, 상징주의가 말라르메의 후계자들에 의해서 주장되고, 초현실주의가 브르통Breton에 의해서 선언됐듯이, 반소설도 로브그리예Robbe-Grillet에 의해서 조성되고 있는가? 반소설은 위에서 열거한 것과 같이 '이즘ism'을 표방하고 있는가?

반소설의 풍토가 형성되고 있는 것만은 확실하나 아직은 어떤 합치된 서클로서의 '이즘'을 갖고 있지는 못하다.

몇몇 새로운 전위적 반소설의 작가로 함께 불리는 작가들 사이에는 너무도 큰 기질과 풍토의 차이가 가로놓여 있다. 그러나 그들 가운데를 가로지르는 공통분모는 쉽사리 발견할 수 있을 것이다. 그러므로 나는 최근 반소설이라는 말과 함께 가장 자주 인용되는 나탈리 사로트Nathalie Sarraute, 미셸 뷔토르Michel Butor, 그리고 로브그리예를 요약해서 검토해봄으로써 반소설이 지향하는 바를 알아내고자 한다.

뷔토르는 어느 인터뷰에서 이렇게 말했다. "나는 철학을 공부하는 동안에 부득이 현상학을 찾게 되었다. 즉 모든 문제를 구체적인 예에서 출발하고 모든 문제를 기술에서 찾고자 하는 현상학을 발견하게 된 것이다.” 뷔토르의 말에 따르면 그가 소설을 쓰게 된 것은 철학에서 찾는 논리와 현실에서 부딪치는 착잡함과 무질서와의 통일에 대한 참을 수 없는 갈망 때문이었다고 한다. 그에게 있어서 소설은 세계를 옳게 보는 하나의 수단이었던 것이다. 그의 눈에 현실은 논리적인 것이 아니며, 인간의 마음은 일관된 심리의 줄기를 따라 살아가는 것이 아니었다. 그래서 작가는 소설적 기술을 통해서 그가 본 세계와 인간을 있는 그대로 나타내보이고자 한다. 논리가 없는 세계와 일정한 심리대로 움직이지 않는 인간을 그린 그의 소설에는 뚜렷한 스토리도, 심리묘사도 있을 수 없다. 모든 인간은 혼돈한 가운데에서 불연속적인 세계 속에 존재한다. 따라서 종래의 주인공 같은 인물도 없다. 주인공이 있다 해도 그것은 현실을 관찰하는 한낱 구실에 지나지 않는다. 그의 작품 『변심Modification』을 보라. 미스트레스를 가진 주인공이 파리-로마 간의 기차 안에서 겪는 심리적 과정을 그린 것이지만, 작가의 관심은 사랑에 대한 철학이라든가 남녀 간의 윤리에 있는 것은 전혀 아니고 인간 속에 잠재해 있는 얽히고 설킨 심리의 ‘변화’ 자체에 쏠리고 있는 것이다.

뷔토르의 작품에서 주인공이나 철학이나 윤리나 스토리가 문제시되지 않는 것과 마찬가지로 사로트 부인의 작품에서도 그러한 것들은 중요한 의미를 갖지 못한다.

“내 생각에는 작가의 사명은 아직도 알려지지 않은 영토를 개척하는 데 있다”라고 말하는 사로트 부인의 소설은 가장 어두운 의식의 투명하게 표현할 수 없는 미지의 영역으로 우리들을 끌고 들어가는 것이다. 그에게 있어서 소설의 본질적인 흥미는 사상이나 성격 혹은 풍습의 묘사에 있지 않고, 움직이는 심리적 상태를 그려내는 데 있다. 그에게 있어서 미지의 영역이란 인습화한 개념을 벗어나서 우리들의 잠재적 의식 속에 존재하는 것들인 것이다. 문학에서 흔히 심리의 움직임이라는 용어가 나오지만 실상 인간이 행위를 표면에 나타내서 쉽사리 이해할 수 있는 행동은 그 심층 속에 파묻힌 알 수 없는 심리적 동기에 의해서 좌우된다는 소신을 갖고 있기 때문인 것이다. 그렇기 때문에 사로트 부인에게도 뷔토르의 경우와 마찬가지로 앞뒤가 정연한 줄거리나 어떤 인간의 전형 같은 것은 없어지고, 그 대신 언제나 새로운 미지의 영역을 발굴하는 것이 문제가 될 뿐이다.

지금 보아온 두 작가는 다 같이 스토리를 중요시하지 않고, 주인공을 무시하고 관습적 생각이나 이미 규범화된 윤리기준을 벗어나서 존재하는 미지의 착잡한 현실(특히 심리적인)을 찾아내려는 데에서 일치점을 갖고 있으며, 그러한 것을 발견하는 수단으로서 소설을 생각하고 있기 때문에 소설의 테크닉도 달라짐을 알 수 있다.

소설의 혁신을 누구보다도 극단에까지 실험하고 있는 작가로는 아무래도 로브그리예를 들지 않을 수 없다. 로브그리예는 보이지 않는 움직이는 심리상태를 그리려는 생각까지 단념하고 있는 것 같다. 그에게는 오직 눈에 보이는 세계가 있을 뿐이다. 그는 현상학자들과 마찬가지로 눈에 보이는 '다만 실재하는 세계'를 믿는다. 그는 모든 의미가 베껴진 다음에 있는 그대로의 세계를 소설 속에 반영하고자 한다. 우리는 보통 사물을 있는 그대로 보는 것이 아니라 실상은 우리의 관념이 채색한 면만을 보고 있는 것이다. 작가 로브그리예는 이렇게 해서 우리가 믿고 있는 세계가 허위의 세계임을 뼈저리게 자각한 작가라고 볼 수 있다. 그렇기 때문에 그는 "심리적 논리, 사회의 기능적 의미로 덮인 세계보다 더 견고하고 더 직접적인 세계를 건축해야 할 것이다"라고 주장한다. 그 세계란 비평가 롤랑 바르트Roland Barthes의 말을 빌리자면 '특성 없는 세계'를 말한다.

인간적 시간에서 벗어나서 아무런 의미도 붙어 있지 않은 물질 그대로의 세계이다. 즉 모든 인간적인 것이 삭제된 표면이다. 따라서 그의 소설은 인간적인 설명 이전의 대상을 측량하고 설명하고 한정하고 규정하는 것으로 시종한다. 로브그리예의 처녀작 『고무 지우개Les Gommes』에서 예를 든다면 다음과 같은 묘사를 본다. "살찌고 짧은 여덟 개의 손가락이 섬세하게 서로 왔다 갔다 한다. …… 왼쪽 엄지손가락이 처음에는 살짝 바른 엄지손가락 손톱을 어루만진다. 다른 손가락들은 그들의 위치를 바꾼다. ……" 또는 『질투La Jalousie』라는 작품 속에서도 비슷한 예가 얼마든지 있다. "지금 기둥 그림자가 침실 앞에 있는 테라스의 중심 부분을 지나 타일 위에 뻗는다. 침침한 선의 경사적인 그 선을 벽에까지 연장하여 복도에서 제일 가까운 첫 번째 창문의 오른쪽에서부터 수직 벽의 판자를 따라 흐른 불그레한 물방울들을 가리킨다." 그의 소설의 대부분은 이와 같이 지금 여기서 눈에 보이는 물질현상만을 묘사하는 것으로 거의 시종하고 있다. 이러한 작업에 대해서 작가는 다음과 같이 설명한다. "사람들이 즐겨 되풀이하듯이 내 책에는 오직 물질만이 있는 것은 아니다. 그러나 물질은 우리들의 생활에 있어서와 마찬가지로 내 책 속에 큰 부분을 차지하고 있다. 우리들은 물질의 세계에 살고 있다. 감정이나 사랑, 고민의 경우일지라도 그러한 것들을 뒷받침하는 물질적 대상이 거의 언제나 있는 것이다. 세상에는 추상적 상태로의 '미'가 있는 것이 아니라 '아름다운 것들'이 있는 것이다. '무서움'이 있는 것이 아니라 '무서운 것들'이 있다." 작가는 자신의 감정이나 사상·윤리를 어떤 대상을 통해서 표현하는 사람임을 그치고, 하나의 투명한 눈, 즉 인간적인 것이 완전히 없어진 정밀한 '렌즈'로 변신한다. 작가,

즉 렌즈는 오직 눈에 비치는 대상을 반영하면 그만이다. 어디까지나 렌즈이기 때문에 그것에 비친 대상에는 논리성과 일관성이 있을 리 없는 것이다. 게다가 그 렌즈는 보통 렌즈가 아니라 오히려 현미경에 가까운 것이라 할 것이다. 이렇게 해서 인간의 주관을 거부하는 로브그리예에게 인간은 어떠한 위치를 갖고 있는 것일까? "내가 보기에 인간을 모든 것의 열쇠로 만들고자 했던 전통적 휴머니즘은 실상 때를 잃은 구물舊物인 것 같다. 그러나 인간은 내 작품의 중심에 남아 있다. 말하고, 듣고, 보는 것은 언제나 인간이다……"라고 그는 말한다. 그러나 여기서 주의해야 할 것은 인간은 이미 말하고, 듣고, 보는 인간이 아니라 마치 마이크나 청음기나 렌즈와 같은 존재라는 점이다. 달리 말해서 순수한 의식으로서의 인간이다.

그렇다면 위와 같은 문학의 의미는 무엇인가?

그것은 철저하게 객관적 눈으로 작가가 종래의 보는 관점을 탈피해서 새로운 대상을 정말로 생생하게 경험하게 한 데 있다. 우리들은 세계를 여러 가지 인간적 착색을 해서 보는 데 익숙해왔다. 그러나 우리가 살고 있는 생생한 현실은 전형, 스토리, 일관된 심리로만 지속되지 않음을 깨닫게 되고, 우리가 찾고 주장하려고 하는 철학이며, 혹은 윤리적 호소도 한낱 근거 없는 헛소리가 아니냐는 의심을 차츰 갖게 된 것이다. 우리의 살길을 제시하려고 그렇게도 애썼던 실존주의 문학은 과연 우리의 생을 어느 정도 해결해주었는가? 너무나도 냉철한 지성을 갖고 있는 새로운 작가들은 실존문학 속에서도 크나큰 환멸을 느꼈을 뿐이다. 로브그리예는 이같은 현대인의 환멸을 각성케 한 다음 무엇보다도 먼저 속임 없이 보다 견고한 실재를 봐야 한다는 것을 우리에게 가르쳐주게 되었다. 다시 말하면 '무엇이라고 이름을 붙이기 전에 거기에 있는 그대로의 대상'을 섬세히 그려나가려는 태도는, 모든 것에 환멸을 느낀 오늘의 인간에게 새로운 각도에서 아주 원초적인 상태로 사물을 보는 것이 가능함을 의미해주는 것이라고 하겠다. 그 결과가 어떤 것이 될 것인지는 속단하지 못하겠으나, 어쨌든 사실을 먼저 정확히 파악한다는 것은 가장 중요한 첫째의 과제가 아닐 수 없다. 작가 로브그리예는 그러한 목적을 달성하기 위해서 새로운 문학적 테크닉을 발명해냈다.

새로운 눈(렌즈)을 우리 앞에 설정했다는 점에서 우리는 로브그리예 문학의 중요한 가치를 찾을 수 있을 것이다. 그러나 이같은 그의 문학적 목적이 만족스러운 결과를 가져오진 못할 것이다. 그의 섬세한 기술은 오히려 대상의 참된 모습을 혼돈할 우려가 많다. 세부만을 관찰함으로써 그 대상의 전체적 특질은 파악될 수 없는 것이다. 또한 모든 창조의 출발점에는 조직적 결의가 있는 법이다. 선택 없는 곳에 예술은 없다. 작가는 어떻게 작품을 구성하고 대상을 그릴 수 있는가? 로브그리예가 쓴 작품의 대상은 완전히 우연한 것일까? 그는 자기 나름대로 무엇인가를 선택하고 있다는 것임은 확실한 사실이다. 그는 이같은 모순을 어떻게 해결할 것인가? 비단 예술뿐만 아니라 인류가 만들어낸 문화는 인류의 아이디어에 의해 조직된 선택의 체계에 지나지 않으며 어떤 대상도 인간 없이는 적어도 인간에게는 의미를 갖지 못할 것이다. 모든 인간적인 체온과 색채를 배제하려는 로브그리예의 입장은 결국 반휴머니즘이요, 문화 자체를 부정하는 결과를 가져오는 것이 아닐까? 반소설의 이론가로 나선 로브그리예는 이러한 질문에 대답해야 할 것이다.

발레리는 일찍이 『테스트 씨Monsieur Teste』를 통해서 문학뿐만 아니라 철학까지도 '막연한 것', '불순한 것'이라고 동댕이쳐버렸던 것이다. 현대의 모든 사상, 모든 윤리 속에서 오직 환멸만을 체험하고 냉철한 지성을 유일한 재산으로 삼고 있는 반소설 작가들은 참된 것, 정말 틀림없는 것에서 문학을 다시 시작하려는 의욕을 나타내고 있다. 그리고 그들의 궁극적 목적은 인간의 사고방식까지를 변형시키려 한다. 왜냐하면 영원하고 보편적인 것일지라도 인간이 만든 개념들은 믿을 수 없기 때문이다.

요컨대 비문학·반소설은 지금까지 인간이 알았다고 하는 것이나, 옳다고 생각했던 것이나, 가치 있다고 했던 것이 허위가 아니었나 하는 반성을 소설 자체뿐만 아니라 사고방식에 적용하려는 욕구에서 생긴 문학의 움직임임을 알 수 있다. 현실은 어떠한 개념으로도 포착할 수 없을 만큼 복잡하고 인간의 생활은 어떠한 윤리로도 인도할 수 없을 만큼 혼돈돼 있고 복잡하다. 우리는 이러한 사실에서 재출발해야 한다는 자각이 또한 그들을 밑받침하고 있다고 할 것이다. 그렇기 때문에 비문학은 지극히 지적인 문학이다.

반소설을 무슨 '이즘'에 집어넣을 수 있을까? 로맨티시즘은 로맨틱한 분위기 때문에, 사실주의는 사실적 태도 때문에, 자연주의는 과학적인 방법 때문에, 상징주의는 상징적인 표현방식 때문에 각기 고유한 '이즘'을 갖게 되었다. 따라서 위의 모든 '이즘'은 같은 관점에서 붙여진 것은 결코 아니다. 그러므로 새로운 소설이 종래의 소설을 거부하고 나오는 만큼 '앙티로망(반소설)'이라고 불리는 데는 아무 잘못이 없다.

로맨티시즘의 사상적 배경이 개인주의에 있었고, 사실주의와 자연주의의 배경에는 합리주의와 과학주의가 밑받침되어 있고, 상징주의가 이상주의에서 자란 것이라 한다면, 반소설은 모든 이즘, 즉 모든 인간적 사고에 대한 회의와 환멸과 반성에 뿌리박고 있는 것으로 보인다.

실상 우리는 현재와 미래에 대한 환멸과 세계에 관한 '혼미' 속에 빠져 있으며, 인간과 세계는 나날이 수수께끼처럼 되어가고 있음을 누구나 느끼고 있지 않은가?

초월에 대한 정열—아르튀르 랭보

문학사상을 통해서뿐만 아니라 정신사상에서도 드물게 보이는 찬란한 기적이 나타났다. 15세에서 19세에 걸친 짧은 기간 동안에 기록된 소년 시인 랭보의 불 같은 반항과 모험의 행적은 문학에 새로운 미지의 세계를 개척했고, 우리가 넘을 수 없는 초월의 저편에 인간 향수의 횃불을 달았다. 분명히 랭보는 문학적 기적이 아닐 수 없다.

반항하는 소년

랭보는 어머니의 사랑과 학교 선생님의 칭찬 속에서 행복에 젖어 달콤한 꿈속에 잠드는 우등생이 아니었다. 그는 아주 일찍부터 그가 성장한 시골의 몰이해한 가정의 분위기와 주위 사람들에게 분노와 반항심을 느꼈다. 천성적으로 보헤미안이며 모험가인 소년 랭보는 따분하고 평범한 그의 환경 속에서 질식하면서도 생명력에 넘친 대자연의 매력에 이끌려가고 있었던 것이다. 가장과 사회의 좁은 테두리를 넘어선 곳에 무한히 넓고 생동하는 자연, 그리고 미지의 세계가 있음을 그는 감지했던 것이다.

그리고 나는 마치 보헤미안처럼
멀리 아주 멀리 자연을 따라가리라.

마치 여인과 함께 있을 때처럼 행복에 젖어.

어린 랭보의 반항의 대상은 비단 가정에 국한된 것이 아니다. 범속한 행복에 안주하는 소시민petit-bourgeois의 생활에 대해서, 그리고 종교·정치·애국심·사랑·여인, 이 모든 것에 대해서도 불길 같은 경멸과 반항의 화살을 쏜다. 그를 둘러싸고 있는 모든 보수적 정신에 대한 그의 증오와 반항은 인간에 대한 이 시인의 염오심, 너무나 인간적인 것에 대한 권태를 보여주는 것이었으며 인간 조건을 넘어선 어느 초월적인, 그리고 절대적인 세계에 대한 향수를 입증하고 남음이 있는 것이었다. 「음악에 부쳐서」라는 시를 비롯한 초기 작품들은 권태와 염오와 증오에 찬 소년의 반항의 기록이었다. 그는 그가 살고 있는 사회 속에서 오로지 격분만을 느낄 따름이었다.

너무나 인간적인 행복을 거부한 소년이 오늘의 증오와 지금의 절망에서 탈출하려 함은 오히려 당연하다.

지옥인들 천상인들 상관있으랴?
심연 깊숙이 들어가자.
새로움을 찾아 '미지'의 안쪽으로.

현실에 절망한 소년 랭보의 갈 길은 다만 하나만이 남아 있다. 그것은 『악의 꽃』의 시인 보들레르처럼 미지의 새로운 세계로 향하는 길이며, 그 길을 따라 모험에 나서는 것이다.

실제로 모험의 도정에 오르기 전에 랭보는 이미 자기의 앞으로 걸어갈 모험의 자취를 예견한다. 장시 「취정선醉酊船」은 그의 예감을 상징적으로 그려놓은 작품이다.

한 명의 선원도 없고, 키와 닻마저도 없어진 배, 나는 미국의 무감각한(인간적인 현실) 강을 빠져나와 그 현실로부터 완전히 해방되어 적도의 대양, 미지의 험악한 북극의 물결을 따라 떠다닌다. 나인 배는 「바다의 시」에 도취하여 찬란하고 험악한 세계를 경험한다. 취정선인 나는 "인간이 본다고 생각했던 것을 때때로 보았다". 거기서 인간적인 인습의 굴레에서 해방된 시인은 남들이 아직 못 본 참다움이 숨어 있던 현실을 본다.

견자

본다. 보기만을 원하는 시인에 있어서 시는 이미 감정을 수식하는 아름답고 따뜻한 장식품일 순 없다. 시 자체가 이 문제 밖으로 내동댕이쳐지고 있다. 그에게는 시란 하나의 초월적인 현실, 숨은 현실, 참된 현실을 보는 수단에 지나지 않는다. 그는 거절한다. 종래의 시의 개념을, 선배들의 시에 대한 태도를. 시의 개념은 그와 더불어 근본적으로 바뀐다. 시는 보는 수단이므로 시인은 모름지기 보는 사람, 즉 '견자'가 되어야 하는 것이다. 그러므로 랭보의 유일한 욕망은 견자가 되는 것에 있었다.

시인이 되고자 하는 사람이 할 제일 첫 번의 일은 자기 자신에 대한 완전한 지식이다. 그는 자기의 혼을 찾고 관찰한다…… 내가 말하고자 하는 점은 시인은 견자가 되어야 한다는 것이다. 스스로를 견자로 만들어야 한다는 것이다.

'견자'가 된 시인의 신비롭고 눈부신 체험은 이미 「취정선」에 기록되어 있거니와 시집『지옥의 계절』속에는 더욱 놀랍고 찬란한 세계로 기록되어간다.

나는 단순한 환각에 익숙해 있었다. 나는 아주 똑똑히 공장이 있는 장소에 이슬람 사원을, 천사들이 북鼓을 배우는 학교를, 천상의 길을 지나가는 사륜마차를, 호수 밑바닥의 살롱을 보곤 했었다……
　나는 마침내 내 정신의 착란이 신성한 것임을 알았다.

시인은 견자가 되어 이 환각과 미지의 세계를 인식해야 한다. 시는 이미 인식의 도구로 변해버렸다. 랭보의 시가 난해한 것도 무리가 아니다. 견자 랭보의 시는 우리가 알지도 못하고 느끼지도 못한 '것'을 기록한 것이기 때문이다. 그러면 어떻게 해서 견자가 될 수 있는가? '시인은 오랫동안 꾸준히 냉철하게 모든 감각을 착란시킴으로써 견자가 된다.' 시는 인간의 굴레, 인간적인 모든 척도를 벗어버리고 정말로 디오니소스처럼 '불의 도적Voleur de feu'이 된다. 그가 이같이 되기를 원하는 이유와 필요는 오로지 본질만을 장악하기 위함에 있다.
　『지옥의 계절』에서, 그리고『천계』를 끝으로 19세에 문학과 시를 경멸한 나머지 그것들을 버리고 말 때까지 랭보의 시인으로서의 업적이 있다면, 그것은 그가 시를 도구로 삼아서 우리에게 하나의 '계시'를 통해 미지의 세계를 보여준 데 있다.

계시

비평가 알레베스는 "오늘날 시인이 되려면 하나의 신앙을 가져야 한다. 미지의 세계에 대한 신앙을, 본질적인 무엇에 대한 신앙을"이라고 말했다. 시를 하나의 인식 도구로밖에는 생각할 수 없었던 미지의 세계, 초월의 세계를 본 견자 랭보는 바로 그와 같은 신앙의 용감한 소유자가 아닐 수 없었다.

니체의 말마따나 너무나 인간적이고 너무나 계산에 빠른 현대인은 이성적·논리적으로 타당한 것만을 보고 믿는다. 그러나 파스칼이 말했듯이 이성이 그의 이성을 갖고 있는 것에 못지않게 심정도 그의 이치를 갖고 있지 않은가. 설사 어떤 환각 속에서 어지럽고 눈부시게 착란된 현실을 보더라도 우리는 그것을 믿고 찾을 만큼 용감하지 못하다. 왜냐하면 환각의 세계는 어디까지나 미지의 세계이니만큼 그것을 찾아간다는 일은 하나의 모험이 아닐 수 없기 때문이다. 우리는 우리가 웅숭그리고 있는 좁은 인습의 세계와 이성의 세계가 동요되는 것을 두려워하기 때문이다. 우리는 너무나 인간적인 것에서 안주하려 한다. 그리고 안주한다. 인습은 우리를 소경으로 만든다.

그러나 랭보는 대담한 모험가이다. 그는 그가 갇혀 있는 인생의 행복을 동댕이친다. '금단의 위대한 세계', '참된 인생'을 계시받고, 그러한 현실에 대한 신앙을 등질 수 없는 그는 인간적이 아닌, 일반적이 아닌 자기 고유의 법칙을 따라 그가 본 환각의 세계 속에 모험의 길을 떠난다. 그는 그가 살던 현실, 우리가 말하는 현실을 경멸하고 포기한다. 그는 우리들의 시간과 공간의 관념, 우리들의 생활의 울타리를 형성하는 모든 관념을 넘어서서 우주의 중심에 선다. 그의 시선은 도시에도, 행복에도, 그리고 어떠한 인간적인 현실에도 가려지지 않는다. 그는 인간의 눈으로 보거나 인간의 머리로 사고하지도 않게 되어간다. 그는 혼자다. 그러나 그는 강하다. '나는 타자'가 되어 '나만이 야성적인 진행의 열쇠를 갖는다'.

여기에 이르러 견자 랭보는 무엇인가 명확히 정의할 수 없는 어느 '실재'의 계시를 받은 정신의 소유자이며, 그의 시는 그것의 증인이 된다. 여기서 '계시'란 말은 인간화된 현실, 인간의 인습과 이성에 갇히지 않고, 그 너머에 실재 그대로 존재하는 현실과 우주의 법칙, 그리고 여러 사물의 참된 관계를 보게 됨을 뜻한다.

초월과 신기루

견자 랭보는 찬란한 계시를 받고 인간적 벽을 넘어섰다. 그는 '남들이 보았다고 생각하는 것을 정말로 보고', '표현할 수 없는 것', '황홀을 기록했다'. 이와 같은 견자의 경험은 이미 「취정선」에서 예감할 수 있었고, 마침내는 『지옥의 계절』과 『환각』 속에서 볼 수 있다. 그가 보고 체험한 그 계시의 세계와 초월의 세계는 단순한 환상이 아니었다. 랭보가 낭만주의자들과 다른 점은 전자의 경험이 훨씬 더 객관성을 갖고 있다는 데 있다. 낭만주의 역시 초월적인 것에 대한 향수를 나타낸다. 그러나 그들의 향수는 아득한 무엇을 그리워하는 마음속에서 느끼는 달콤한 향수에 지나지 않았다. 그러나 랭보는 향수하는 것으로 그치지 않고 그 세계에 실제로 들어가서 (적어도 그 자신에 있어선) 황홀한 세계, 환각의 실체에 접할 수 있었다. 그의 초월적인 세계는 다만 몽상에 그쳤던 것이 아니라 체험된 현실이었음을 잊어서는 안 된다. 그는 진실한 의미로 우리에겐 미지의 세계, 그런 실재하는 초월의 세계와 통하고 있었다. '통하다', 즉 이미 보들레르와 네르발Nerval이 예지한 '교감correspondance'의 세계에 랭보는 들어갔던 것이다.

실체에 접한 견자 랭보는 초월의 세계에 숨어 있는 비밀을 알아냄으로써 인간에게 새로운 '법칙과 습관'을 마련하고 마침내는 '인생을 변화시키려' 했다.

그러나 초월적 실체에 대한 신념과 '인생을 변화시키려는' 야심을 가진 견자 랭보는 어찌하여 시작(위와 같은 체험의 기록)을 19세라는 어린 나이에 완전히 버리고 말았던가? 그는 어찌하여 견자의 의무에서 돌아서서, 아프리카 열대지방에서 초라한 무역상인으로 끝을 맺었던 것인가? 그가 본 초월의 세계는 역시 다만 하나의 환상에 지나지 않았던 것인가? 그가 도달했다고 생각한 황홀한 세계는 단순히 하나의 신기루에 지나지 않음을 새삼 알았던 것일까? 왜냐하면 견자 랭보로서는 숨은 실체를 스스로 확인하고 그것을 우리에게 밝혀줌으로써 견자로서의 의무를 다했다고 믿었기 때문이다.

그가 시작을 포기했다고 해서 그를 탓할 수도 없는 이유는 그에게 시는 하나의 견자로서의 인식의 방법이었고, 견자의 체험을 기록하는 수단에 지나지 않았던 까닭에, 그가 그런 임무를 다하고 났을 때 시를 버리고 만다는 것은 차라리 당연했기 때문이며, 그에게 중요한 것은 초월적 세계와 접하는 데 있었기 때문이다. 랭보는 적어도 얼마 동안은 인간적인 맹목의 세계에서 해방되어 참된 생명에 접할 수 있었던 것이다.

파스칼에서 니체, 도스토옙스키, 그리고 말로나 사르트르로 통하는 일련의 인습에 대한, 좁은 이성의 세계에 대한 반항아들과 더불어 우리는 아무리 과학이 발달하고 우주가 스푸트니크Sputnik로 정복되어가고 있을지라도, 이 모든 과학의 세계와 기호의 세계 너머에는 어떤 미지의 참된 현실이 있다는 신념을 갖고 있다. 설사 그것을 알지 못할지라도 우리는 적어도 그런 세계가 존재한다는 것을 믿고 싶다. 여기서 말한 반항아들이란 끊임없이 구각을 벗어버리고 인간적이란 것으로부터 해방되어, 우리를 소경으로 만드는 인습에 반기를 든 모험가가 아니고 무엇이겠는가?

짧은 기간에 이루어진 소년 시인, 견자 랭보의 정신적 모험은 위에서 든 어느 반항아들보다도 가장 정열적이고 가장 감격적으로 끝마쳐진, 인습에 대한 도전이었으며 실재에 대한 신앙의 뜨거운 고백이었으며, 인간의 가슴 한구석에서 영원히 꺼지지 않는 초월에 대한 정열이었다. 이리하여 견자 랭보는 우리의 세계를 밝히고 확대시킨다.

회의와 지혜—아나톨 프랑스

『실베스트르 보나르의 죄』의 주인공인 늙은 고문서 학자 보나르는 자기의 서재를 '책의 도시'라 부른다.

센강가 마라께 가에서 서점을 경영하던 아버지를 가진 작가 아나톨 프랑스도 역시 책 속에 둘러싸여 성장하였고, 상원의 도서관에서 일을 보았으며 어느 출판사의 일을 도와주면서 또한 책 틈에서 늙었다.

이와 같은 환경 속에서 프랑스는 일찍부터 좋은 서적과 문학에 대한 취미를 한가롭게 키울 수 있었고, 특히 그리스·로마의 고대 문화를 탐닉하게 되었다. 그는 고대의 아름다운 정신의 꽃들을 어루만지고 감상하는 데 열중했지만, 그외의 생활이나 사회문제 등에 대해서는 거의 무관심했다.

그래서 "아나톨 프랑스의 관심사는 언제나 과거였을 뿐, 현재도 미래도 아니었고, 그를 형성해놓은 것은 생생한 현실이 아니라 서적이었다"라고 발레리는 말했다.

고대의 미를 감상하는 데 기쁨을 느끼는 어린 딜레탕트dilettante는 스

타니슬라스 고등학교를 마치고 바칼로레아Baccalaureate(대입자격시험)에
선 낙제하고 말았으나, 전혀 실망을 느끼는 기색도 없었던 태평한 소년
이었다. 그는 아버지의 서점에서 고서를 광범위하게 읽었으며, 어느 출
판사의 교정계에서 일도 하면서, 한편 당시 고적파 시인들과 알게 되어
시와 평론 등을 발표하기 시작하였다. 그가 처음으로 책을 낸 것은 평론
「알프레드 드 비니론」이었으며, 1873년에는 처녀시집 『황금시집』을 내
놓았다. 그러나 그는 그때까지도 확고한 명성을 얻지 못했다.

그는 루콩드 드 릴르를 관장으로 하는 상원도서관에서 일하는 한편
어느 고대문학선집의 해설을 쓰기도 하고, 시집 『크린트의 결혼』과 단
편을 쓰기도 했다. 그러나 그가 작가로서의 기반을 닦는 데는 『실베스
트르 보나르의 죄』를 기다려야 했다.

일단 인정을 받은 그는 『무희 타이스』, 『신들은 목마르다』, 『현대사』
를 비롯하여 수많은 장편과 단편을 계속해서 발표했을 뿐 아니라, 『문
학생활』 네 권의 평론집을 내놓았다. 그리하여 그의 작가적 지위는 날
로 높아져 80세의 고령에 이르는 동안 그의 명성은 세계에 떨치고, 작
가로서의 최고 영광인 노벨문학상을 탔을 뿐 아니라 프랑스 한림원 회
원에도 선출되었다.

드레퓌스 사건이 일어났을 때 그는 정치적 관심보다도 정의를 사랑
하는 심정에서 에밀 졸라를 일파로 함께 드레퓌스를 편들어 발언하여
사회에 참가하고, 데모에도 가담하곤 했다. 이리하여 그는 한때 사회정
의파의 대표자격인 대우를 받은 일도 있었다. 그러면서도 그는 파리 교
외에 호화로운 가옥을 사서 사치스러운 생활도 하고, 시골에 토지를 사
서 마지막 인생을 보내기도 했다.

이미 대가의 자리를 차지하고 있었던 그는 80세의 장수를 마친 작별

의 순간에 이르기까지 극장이란 영예에 싸여 세상을 떠났다.

아나톨 프랑스는 그가 생각했던 대로 어느 모로 보나 지상의 모든 아름다움과 맛을 충분히 맛보고 영광을 끝까지 누릴 수 있었던 행복한 에피큐리언epicurean의 일생을 마쳤던 것이다.

박학다식한 딜레탕트였던 아나톨 프랑스는 섬세한 감수성과 굴곡 있고 유동성 있는 지성인으로서 극단을 피하는 세련되고 가냘픈 지성의 소유자였다. 그는 어느 하나의 문제를 캐고 들어가는 학자가 아니라, 모든 것을 다양성 가운데서 맛보고 핥는 취미를 가진 인간이다.

그러기에 그는 체계적 이론이나 사상을 주장하지도, 추구하지도 않았으며, 오히려 그러한 태도를 스스로 멀리하는 사람이었다. "나에게는 인생을 하나의 풍경으로 바라보는 경향이 있었다. 그러나 나는 진정한 관찰자인 적은 한 번도 없었다. 왜냐하면 관찰에는 관찰을 결정하는 체계가 있어야 하는 것인데 나는 그러한 것을 갖고 있지 않다. 관찰자는 스스로의 시력을 통제하지만 구경꾼은 그저 자기 눈에 띄는 것을 바라볼 뿐이다. 나는 타고난 구경꾼으로서, 더구나 평생을 통해서 무엇이든 재미있어하는 대도시의 구경꾼들의 솔직성을 잃지 않고 있다. 가령 야심에 찬 나이가 되어도 나는 역시 소년들의 이해를 떠난 호기심을 가진 사람으로 스스로 생각한다"고 프랑스는 자기의 성격에 대해서 말했다.

이와 같은 작가·평론가 아나톨 프랑스가 플로베르의 사실주의, 졸라의 자연주의에 갇혀 있을 수도 없었고, 테느Taine 류의 자연과학적 비평을 감수할 수 없었던 것은 차라리 당연하다고 하겠다.

19세기의 자신에 찬 합리주의에 대한 반기가 소설 작품을 통하여 자각된 것은 프랑스의 『실베스트르 보나르의 죄』에서 비로소 시작되었다고 하는 것은 무리가 없는 평가라 하겠다. 아나톨 프랑스에서 자연주의 소설이 극복될 뿐만 아니라 아나톨 프랑스에서 도식적 비평도 지양되었다.

작가 프랑스의 위치를 확립시켜준 최초의 걸작 『실베스트르 보나르의 죄』는 이 작가의 선의 있고 유머러스한 정신을 증명해주는 좋은 예가 될 것이다.

줄거리는 극히 간단하다. 학사원 회원인 고문서 학자이며 고고학자인 실베스트르 보나르는 늙은 식모 테레즈와 함께 살면서 자신의 학문 연구에 열중한다. 그에게 고문서를 팔러 오는 가난한 사나이가 있었는데, 어느 날 그가 가난한 아내를 남긴 채 세상을 떠난다. 호의에 가득 찬 학자는 아내를 자기 뒷방에 와서 살게 해준다. 그후 젊은 여인은 어디론가 사라진다.

노학자는 연구자료를 구하러 시실리아까지 갔으나 그가 구하던 고본은 파리에 있다는 사실을 알고 헛되이 먼 여행에서 돌아온다. 파리로 돌아와서 그 고본을 사려고 했으나 갖고 있는 돈을 전부 내도 살 수 없어서 실망하게 된다. 그런데 노학자가 도와준 바 있던 과부가 어느 부호 귀족과 결혼해 있었는데, 노학자의 그러한 사정을 알고 그가 사려고 애썼던 고본을 대신 사서 선사한다. 여기에 따뜻한 보은의 열매를 맺게 된 것이다.

어떤 기회에 노학자는 귀족이 된 가보리 부인의 집에서 어느 소녀를 만나게 된다. 그 소녀의 이름은 잔 알렉산드르로서, 노학자 보나르가 젊었을 때 지극히 사랑한 바 있었으나 사랑을 이루지 못하고 만 옛 애인 클레망틴의 손녀였던 것이다. 클레망틴도 또 그의 딸도 이미 타계의 사람이 되고 옛 애인의 추억을 더듬게 하는 것은 지금은 불우하게 된 손녀 잔 알렉산드르뿐이다. 잔 알렉산드르는 마음씨 나쁜 보호자의 감독과 기숙학교의 변덕스럽고 냉랭한 처녀선생 밑에서 가난하고 괴롭게 지내고 있다.

늙은 보나르 학자는 옛 애인을 생각한 나머지, 고아 잔 알렉산드르를 불행에서 구출해낼 결심을 하고 갖은 노력을 한다. 그는 마침 그의 목적을 위해서 소녀를 몰래 유괴한다. 그의 이런 짓은 법률에 저촉되는 것이었다. 그는 난처한 처지에 서게 되나 가보리 부인의 조력으로 무사히 되어 자기의 학문적 후계자가 될 젊은 고문서 학자 제리스 군과 잔 알렉산드르 양을 결혼시킴으로써 다소 허전한 느낌도 없지 않으나 드디어 만족감을 느낀다.

이 간단한 이야기 속에서 우리는 인생의 선의와 거기에 둘러싸인 서글프지만 아름다운 인정에 끌려간것이다. 지성이 투사해 보이는 온정 짙은 아이러니컬한 인생의 희극의 이모저모에서 우리들은 삶의 싸늘하면서도 흐뭇한 웃음을 맛보고, 인생의 지혜와 어리석음 속에 숨어 있는 아름다운 모습을 알게 된다. 졸라나 모파상 등의 딱딱하고 도전적인, 이른바 자연주의가 도저히 이해하지 못했던 가장 구체적이며 가장 절실한 생의 다양한 진실을 우리는 이 작가 속에서 찾아보게 되었다.

인간의 슬픔과 온도와 웃음을 감각할 수 있었던 프랑스는 허황스러운 야심을 아예 포기한다. 그러기에 그는 관념적인, 형이상학적인 세계의 영웅적 혹은 초인적 비약을 비웃고, 오히려 어디까지나 형이하학적이고 지상적인 세계, 다시 말하면 가장 평범한 인간의 세계에서 고락을 함께 맛보며 그곳에 머물러 있고자 한다. 그는 스스로의 한계를 알기에 어떠한 확신을 주장하지 않는 회의주의자임을 스스로 인정한다. 이같은 프랑스의 세계는『무희 타이스』에서 더욱 두드러지게 나타난다.

6세기의 기독교 수도사들의 세계를 무대로 한 이 작품의 줄거리는 다음과 같다.

이집트 사막의 안티오네 수도원에서 금욕 고행의 수도생활을 하고 있는 파후뉘스는 나이는 젊지만 그의 신앙생활로써 이미 명성을 얻은 수도사였다. 그러던 중에 그는 그가 젊었을 때 보고 매력을 느끼고 마음이 끌려 연정까지 느낀 바 있던 알렉산드리아의 유명한 미모의 무희 타이스를 회상하게 된다. 타이스는 알렉산드리아의 선원들을 상대로 하는 가난한 술집의 딸로 태어나 어려서부터 타락하고 비참한 생활에 시달린다. 그러다가 소녀는 얼굴이 남달리 아름다웠기 때문에 다행히 광대 혹은 무희로서 생활할 수 있게 된다. 소녀는 성장하면서 마침내 무희로서, 그의 미모로서 음탕한 온 남성의 이목을 끌게 되어 그런 가운데서 타락한 생활에 빠진다. 그 여자는 어느덧 둘도 없는 애욕의 표적이 되어 음탕한 윤리적 시궁창에 빠지게 된다. 수도사 파후뉘스는 생각을 거듭한 나머지 만난萬難을 무릅쓰고 타이스를 영혼의 길로 구출할 결심을 하고 사막을 지나 알렉산드리아로 간다. 타이스는 마침내 호화로운 생활을 깨끗이 청산하고 사막을 찾아와 고행을 하고 진정한 기독교인으로서 영적 구제를 받고 죽어가게 된다. 그러나 얄궂게도 그렇게 성실한 파후뉘스는 반대로 무진 노력을 했음에도 불구하고 신앙심을 완전히 상실하게 되어 속세의 즐거움과 아름다운 관능의 유혹에 이끌려, 마침내 모든 제자들의 모욕적인 규탄을 받으며 타락의 길에 빠지고 만다.

어떤 이는 이 작품을 관능의 승리라고도 말한다. 하지만 우리들이 느낄 수 있는 것은 작가 프랑스의 종교적 혹은 신비주의가 갖고 있는 피내티시즘fanaticism에 대한 야유이며, 종교적 신념의 허점과 모순에 대한 비판인 성싶다. 또한 작가 아나톨 프랑스의 지상적·관능적 미에 대한 은근한 환희를 느끼며 향락주의자로서의, 탐미주의자로서의 이 작가의 모습을 보는 듯하다. 이 작품이 작가 프랑스의 사상의 여정에서 차지하는 비중을 차치하고서라도 우리는 특히『향연』의 대화에서 다양다색한 사람들이 갖고 있는 여러 사상들이 서로 모순되면서 각기 갖고 있는 각자의 진실성에 마음이 끌리지 않을 수 없게 된다.

확실히 프랑스는 책이 가득 쌓인 서재의 창가에 서서 세상을 웃음으로 바라보는 사람이었다. 이같은 소극적 프랑스도 이미 보았듯이 그의 따뜻하고 평화로운 방에서 고본이나 뒤적거리며 소일할 수는 없었다. 은근한 의심을 유희하던 그에게 새로운 심적 변화가 있었으니 그것은 드레퓌스 사건을 계기로 한 사회에 대한 관심, 행동에 대한 자극이 있었기 때문이었다.『신들은 목마르다』은 그러한 프랑스의 변모를 말해주는 작품이리라.

무대는 프랑스 대혁명의 파리. 젊은 화가 가믈랭은 강직하고 진실한 애국자이며 공화파를 열렬히 지지하는 정의파였다. 그에게는 아무런 사심도 없었다. 그는 과부가 된 어머니와 함께 사는 가난한 젊은이였으나, 혁명에 대한 광신은 그를 사회적 행동으로 몰아넣게 된다. 확실하지 않은 미래의 평화와 행복이라는 명목 아래서 둘도 없는 잔인한 인간으로 변하여, 마침내는 친구들과 누이동생의 애인까지를 합해서 무고한 수많은 인간들을 피로 물들이고 헛되이 제물로 바친다. 그러나 종말에는 자기 스스로가 '흡혈귀'라는 저주를 받으면서 교수대로 가는 마차에 실려간다. 여기서 우리들은 가믈랭의 모순되고 가련한 생애를 볼 뿐 아니라 프랑스 혁명의 한 역사적 파노라마를 선명히 볼 수 있으며, 그런 가운데 부각되는 갖가지 인간상을 알게 된다. 특히『뤼크레스』의 애독자 브로토 노인, 가믈랭의 애인인 엘로디, 판화가 데마이, 정의파인 로슈모르 부인 등은 독자의 머리에서 쉽사리 사라지지 않으리라.

새로운 사회를 희망하고 정의를 사랑했던 프랑스였으나, 여기서 그
는 모순에 찬 광신을 비판하고 있는 것이다. 지나친 광신은 우리들을
공포로 몰아넣게 되기가 일쑤이다. 한때 열렬한 정치적 관심을 나타내
보였던 프랑스이긴 했지만, 이 작품 속에서 우리들은 그의 회의주의와
절도 있는 지성의 빛을 다시 보게 된다. 더욱이 무서운 정치적 파동과
6·25의 쓰라린 시련을 겪었던 우리 한국인으로서는 이 작품 속에서 공
감하고 배우는 바가 많을 것 같다. 스스로를 영웅으로, 신으로 자처하는
자들은 흔히 피에 목말라 함을 우리는 안다. 우리도 피에 목마른 광신자
들을 6·25를 통해서 목격했다.

작가 프랑스의 정신적 세계는 회의주의를 벗어날 수 없었다. 그는 언
제나 '구경꾼'으로 머물러 있으면서 인생이란 풍경과 곡예를 지혜의 눈
으로 바라보고자 한다. 프랑스는 "내가 무엇을 알랴"라는 질문을 던진
16세기 몽테뉴와 어느 의미에서 똑같은 정신의 혈통을 이어받고 있는
것 같다.

발레리는 프랑스가 사망한 뒤 그의 후임으로 한림원 회원에 취임하
는 취임사에서 이렇게 말한다.

법률도, 제도도, 풍속도, 옛날부터 끊임없이 비평의 대상이 되었다. 그것
들을 반어적으로 야유하고 조소하는 것은 가장 즐겁고 쉬운 유희이지만,
그것은 동시에 가장 위험한 유희이다……. 법률, 제도, 풍속과 같은 것은
언제나 박식한 자유사상가들의 경멸의 대상이 되고 있었지만, 만약 그리
한 것들이 존재하지 않았던들 지식도 자유도 그 세력을 극히 약화시키지
않으면 안 된다. 더욱이 지식과 자유는 결코 자연의 산물이 아니리라. 자연
에는 자유도 없고 자연은 지식의 편을 들지 않는다. 지식은 자연과 싸워 자

연을 극복한 인간을 만드는 힘이다……. 질서가 없는 곳에는 평화도 안식도 없다. 그러므로 문학도 또한 하나의 질서에 지나지 않는다.

우리는 인생을, 그리고 인간이 이룩한 모든 것과 행위를 방관하고 즐길 수만은 없다. 광신과 인간의 우열성을 조롱하는 것도 재미롭긴 하지만 우리에게 필요한 것은 무엇인가 건설적이고 적극적인 것이라야 한다.

특히 현대는 세계와 인간을 방관할 수 없을 정도로 절박하다. 우리는 거부하고 주장하고 행동해야 한다. 이런 점에서 행복한 회의주의자이자 박식한 딜레탕트였던 아나톨 프랑스의 사상과 그의 태도는 현대의 뒷받침이 되기 어려우리라. 이러한 결함을 가지면서도 우리들은 프랑스에게서, 그리고 그의 작품 속에서 인간의 여러 진실을 배운다. 그는 체제를 가진 철학자는 아니나, 마주 앉아 우리에게 수많은 '생각들'을 이야기해주는 인생의 지혜로운 한담가이다. 그는 모든 광신을 야유하고, 또 인생 자체를 무의미한 것으로 보았고, 모든 것을 믿지는 않지만, 그러한 가운데서도 인간의 자유를 아끼고, 가련하고 약한 인간 상호간의 자비심을 장려한 휴머니스트이며 모럴리스트이다.

그의 문학은 굴곡 있는 감성과 따뜻한 아이러니에 가득 차서 자연주의 문학의 거친 감수성을 기름지게 한다. 사회악과 인간의 추악만을 고발하기에 여념이 없었던 자연주의 문학에서 우리는 얼마나 피로감을 느꼈던 것인가? 아나톨 프랑스에게서 문학은 다시 예술성을 찾는다.

사상적으로는 합리주의를 바탕으로 하는 전통주의와 내셔널리즘의 중간에 서서 아나톨 프랑스는 지혜로운 회의주의로 고르와의 비판적 지성의 일면을 대표하고, 문학사적으로는 자연주의를 극복하고 개성을 존중하는 새로운 문학의 길을 열어놓았다. 그리하여 그는 부르제, 로티Loti와 더불어, 아니 그들보다도 더 뚜렷이 20세기 초엽의 문학을 대변하였고, 지드를 비롯한 현대작가들의 문학 풍토를 마련하였다. 아나톨 프랑스에서 이미 합리주의의 둑은 무너지고, 20세기 실존적 문학의 어렴풋한 터전이 마련되었다 해도 과언은 아닌 성싶다. 주어진 인생을 그대로 즐기고 맛볼 수 있었던 그는 우리에게 부러운 존재이긴 하나, 불행한 오늘의 체질에는 맞지 않는다. 그러나 그가 인간의 무지를 자각시키고 체계와 지성의 굴레로부터 문학을, 그리고 인간을 해방시켜준 공로는 큰 것이다. 오늘날의 열정적인 현대문학이 흘러간 후에도 따뜻한 지혜에 빛나는 그의 문학은 우리들 서재에서 미소를 짓고 우리들의 다정한 정신의 즐거운 벗이 되며 스승이 되리라.

초현실주의 전시회—앙드레 브르통

'다다Dada' 혹은 '초현실주의Suréalisme' 하면 우리에게 거의 아랑곳없는 낡은 한때의 유행어같이 보이나, 1920년대에 폭발한 그 정신의 진동은 어느덧 무의식중에서나마 우리의 정신과 감수성의 일부가 되어 있다.

아폴리네르가 터전을 마련하고 브르통을 비롯하여 우리에게는 잘 알려진 엘뤼아르, 아라공 같은 시인들이 새로운 세간을 마련했던 시 운동은 결과적으로 잘 읽히는 '시 작품'을 남기지는 못했을 뿐 아니라 마침내는 파산을 하게 된다. 다만 브르통만이 독불장군 격으로 아직도 그의 신조를 고집하고 있다.

그럼에도 불구하고 초현실주의가 오늘날까지 암암리에 우리 생활에 영향을 계속해서 미치고 있는 까닭은 그것이 어떤 시대에 발생했다가 사라지는 문학 운동 혹은 시 운동에 그치지 않고 하나의 혁명적 정신이나 새로운 인간관과 세계관을 보여주기 때문이다.

브르통은 "마르크스는 '세계를 개혁'하려고 했으며, 랭보는 '인생을 개혁'하고자 했다. 그러나 초현실주의에 있어서는 위의 두 가지가 일치한다"라고 말했다.

초현실주의는 이런 의미에서 본질적으로 혁명적이며 창조적이다. 세계와 인생을 개혁하고자 하는 것은 보다 많은 자유를 찾고 인생의 가능성을 넓히고자 하는 데 있다. 아폴리네르의 말을 빌리자면 '새롭고 넓은 영토'를 찾기 위하여 초현실주의가 착수한 작업은 일단 기성적인 것에 대한 전적인 부정을 시작한다. 왜냐하면 인습과 습관에 의해서 우리들의 정신의 눈이 왜곡되고 경화되어 '참다운 현실'을 보지 못함을 알았기 때문이다. 그래서 그는 먼저 '해방과 자유'를 절규하면서 기성적인 것을 우선 파괴하고자 한다. 틈틈이 파괴된 틈바구니로 '무의식' 혹은 잠재의식이 우리의 눈을 황홀케 하고, 어떤 신비로운 인간의 풍경이 우리의 감성을 몰두시킨다. 이리하여 우리들은 불과 20여 년 동안에 회화에 있어서는 물론 건축양식, 의상, 장치에 이르기까지 우리들의 감각과 사고가 놀라울 만큼 변했음을 보았다. 이러한 오늘의 변화가 비록 초현실주의에서 직접 영향을 받지 않았다 하더라도 그것은 어느 점에 있어서는 초현실주의의 정신적 모드와 일맥상통하는 것이라고 볼 수 있다.

처음으로 초현실주의 시가 발표되고 선언서가 전해지며, 그들의 이른바 자동기록적 시 작법이 알려졌을 때 대부분의 사람들은 호기심이 아니면 놀람과 그저 하나의 '작란作亂'으로 생각했으며, 1938년과 1947년 두 차례에 걸친 '초현실주의 전시회'를 보았을 때는 다만 얼떨떨했을 뿐이었다. 그리고 우리들은 그후 그 운동이 그만 식어버린 줄로 생각해왔었다.

그러나 파리시민들은 파리의 미로메스닐가에서 '1959~1960년 초현실주의 국제전시회'라는 간판을 다시 보았다.

직접 보지 못해서 잘라 말하기는 어려우나 내부 진열은 참으로 기이한 듯하다. 철쇄꾸러미에 해골바가지에다 이른바 초현실주의적 회화, 이상야릇한 색깔에 모래가 가득 들은 자루가 놓여 있었으며, 그리고 복도에 모래를 깔아놓아 관람객들이 지나가면 자연 자국이 나게 됐는데, 그 자국을 어여쁜 아가씨가 괴상한 옷을 입고 여전히 지우곤 했다는 것이다. 물론 거기에는 주체자인 앙드레 브르통과 마르셀 뒤샹은 물론 수많은 관객, 특히 젊은 관객들이 몰려왔었다는 것이다.

'초현실주의는 죽었나?' 하고 모두들 생각해왔었지만 위와 같은 사실만을 보더라도 그에 대한 관심과 흥미는 오늘에 이르기까지, 특히 감수성을 가진 젊은이에게 크나큰 것임을 확언할 수 있다. 초현실주의는 언제나 인간과 세계, 나아가서는 우주에 대한 새로운 이미지를 우리들에게 환기시킴으로써 우리가 살고 있는 좁고 답답한 인습의 세계로부터 우리들을 해방시켜주는 것 같다.

초현실주의는 많은 에피소드와 웃음거리를 만든 동기가 되기도 했지만, 단순한 기벽이거나 유행의 불장난이 아니요, 그것을 훨씬 넘어서 근본적으로 인간 정신의 해방의 기도이며, 인간 '자유'의 쟁취였기 때문에 오늘날 그 의의와 역할이 큰 것이다.

그것은 종래의 어떠한 정신적 무브먼트보다도 대담하고 더욱 큰 야심을 간직하고 있다. 그것은 어떤 괴벽한 개인의 유희가 아니라 적어도 이론상으로는 모든 정신활동을 총괄하려는 싸움이다. "개인적인 동시에 그 개인과 인간 전체의 관계 속에서 개인 간에 가치 있는 세계의 이미지, 우리가 찾고 있는 것은 바로 그러한 신화이다"라고 그들은 그들의 목적을 밝힌다.

날이 갈수록 모든 인간의 사고나 정서에까지 획일정신이 침투하고 있는 현대에 있어서 정신경화에 대한 반기를 들고 참된 자유와 현실을 찾으려는 역할을 스스로 맡은 초현실주의가 다시금 전시회를 개최하여 활동하고 있음을 보여주고, 또 수많은 관객의 주의를 끌었다는 것은 주목할 만한 일이다. 현대 초현실주의가 많은 동지를 잃고 회화에 있어서도 살바도르 달리의 이탈을 중심으로 어느 영토를 상실하긴 했지만, 그의 영향은 시에 있어서는 더욱더 크다고 할 수 있으며, 오늘의 젊은 시인 쳐놓고 초현실주의에 다소라도 부채를 지지 않는 자는 거의 없을 것이다. 이 사실이 오히려 당연한 것은 초현실주의가 브르통의 말과 같이 대중 속에 잠재적으로 태동하고 있는 공동의 신화를 발굴하는 자이며, 새로운 세계의 개척자이자 창조자이기 때문이다.

문학비평은 가능한가

문학비평이론은 프랑스에서만 하더라도 16세기에까지 역급할 수 있다. 플레이야드 시파의 시론에서 롱사르Ronsard의 몇몇 주장도 소박한 점은 없지 않으나 역시 문학비평이론이다.

I7세기의 부알로Boileau도 그 시대의 문학을 영도하려는 야심을 갖고 문학의 심판자로 행세했다. 그러나 비평이 하나의 문학장르로까지 되기에는 19세기 로맨티시즘의 이론적 뒷받침을 했었다고 볼 수 있는 생

트뵈브Sainte-Beuve를 기다려야만 했다. 생트뵈브가 비평을 문학장르에까지 올릴 수 있었던 것은 그가 지금까지의 어떤 수사학이나 규칙에 입각한 모든 종류의 독단적 비평 태도를 지양하고 문학작품에서 객관적으로 독자적 가치를 발굴해내는 방법을 세움으로써였다.

그는 모든 독단적 방법을 배격하고 예술작품으로서 문학의 다양한 형식과 특질을 받아들이려고 애썼던 것이다. 그래서 그는 한 작품의 가치를 그 작품의 여건에서 큰 부분을 차지할 수 있는 작가의 교육과정이나 생애, 혈통을 통해서 밝혀내려 했다. 그는 '정신의 박물학자Naturaliste des esprits'가 되고자 한다.

이같은 생트뵈브의 객관적 정신을 계승하고 그것을 극한까지 발전시킨 것이 테느의 결정론적 이론이었다. 그는 모든 여건으로부터 자유로울 수 있는 작가의 자율적 창조력을 부정한다. 그는 작가와 그 작가가 표현해놓은 작품을 그의 유명한 세 개의 '지배적 여건la faculté maitresse'으로 설명하려 한다. 즉 '인종race', '환경milieu', '시대moment'라는 세 개의 지배적 여건에 의해서, 예를 들어 프랑스의 위대한 시인 라 퐁텐la Fontaine, 영국의 셰익스피어를 비롯한 모든 작가의 문학작품을 설명하려 한다. 과학과 체계를 너무나 중시한 테느의 결정론은 예술가의 독자성과 천재성을 인정하지 않게 된다. 그러나 우리들은 체험을 통해서뿐만 아니라 구체적인 작품을 보더라도 예술품이나 예술가가 그의 인종과 환경과 시대에 전적으로 지배되거나 결정되지 않음을 알 수 있다. 체계직인 비평태도에 대해서 소위 인상비평이 생기게 됐던 것은 잘 알려진 터이다. 르메트르, 아나톨 프랑스 등은 과학만능주의와 독단론자들이 객관적, 즉 작가의 의도와 독립해서 작품의 가치판단에 도달하려는 데 반하여 작품과 비평가의 '주관'을 정착하려 했다. 그리하여 마침내 인상비평은 작품이 독자에게 주는 쾌락을 작품의 우열을 재는 유일한 척도로 삼으려 한다.

물론 테느 류의 객관적 태도와 르메트르나 프랑스 등의 인상비평 사이에는 티보데Thibaudet, 뒤보스DuBos 혹은 보들레르 등의 중용적 입장이 있었을 뿐만 아니라 객관성에 대한 애착을 버리지 못하는 랑송Lanson식의 강단비평이 없지도 않았다. 현대비평가들의 태도를 보면 대략 문학 작품 속에서 새로운 윤리적 가치를 찾아내려고 애쓰는 것 같기도 하다. 사르트르, 시몽Simon, 알베레스Albérès 등에서 이러한 경향을 짐작할 수 있을 것이다.

그러나 과연 독단론적 비평이 라 퐁텐 작품의 참된 가치를 발견할 수 있었으며, 인상비평이 발자크의 예술적 가치를 이해할 수 있었으며, 사르트르의 문학의 척도로 보들레르의 혼의 드라마의 깊이를 측량할 수 있었을까?

과연 비평가는 하나의 예술품을 대상으로 하여 그것의 가치를 참되게 이해하고 판단하는 능력을 가졌다고 자부할 수 있을까? 과연 문학비평은 하나의 문학장르로서 존재할 수 있는가? 피콩은 그의 예술론『작가와 그의 그림자』속에서 비평가가 작가에게 미치는 영향이 거의 전무함을 지적하고 있다. 비평에 대한 회의와 존재가치에 대한 논의는 이제 새삼스러운 것이 아니다. 그러나 그것은 아직도 풀리지 않은 채 수수께끼 같은 흥미로운 대상으로 남아 있는 것 같다.

《예술》이라는 최근의 주간지를 보면 모로Moreau가 이 문제를『프랑스의 문학비평』이란 저서에서 재검토해보려 하고 있는 것 같다.

그는 우선 비평의 성격과 한계를 살핀다. 비평은 문학사와 밀접한 관계를 갖고 있으면서도 그것과 구별되어야 하며, 미학과도 혼돈해서는 안 된다. 한편 비평은 이미 이루어진 작품이 아니고 현재 창조되고 있는 작품에도 작용될 수 있는가 없는가, 혹은 작품에 선행하는가 작품의 뒤만을 따라다니는가, 혹은 작품을 지도하는가 그렇지 않으면 작품에 의해서 인도되는가에 대해서 그는 의문을 던진다.

한편 비평가의 기능만 하더라도 애매하기 짝이 없다. 우리가 비평가에게 기대하는 것은 설명인가? 판단은 주관적이어야 하는가, 객관적이어야 하는가? 작품을 검토하는 비평의 기능은 작품을 상상하며 창조하는 작가들의 기능과 다른가? 비평가는 보들레르와 같이 창조적인가, 그렇지 않으면 독자적 장르에 속하는 전문가인가?

비평의 대상을 따지지 않고 비평의 형식만 하더라도 정의를 내리기가 용이하지 않다. 비평은 작품의 설명일 수도 있고 작품의 원천 탐색이 될 수도 있다. 또한 비평은 강의를 통해서, 강연을 통해서, 대화에서 이루어지는 경우도 있기 때문이다.

이같은 비평의 애매성을 인정하면서 저자 모로는 각 시대와 각계의 비평의 특질을 더듬어가고 역시 비평의 기능과 방법을 명확히 규정지을 수 없음을 시인하고 있는 것 같다.

어떤 비평은 작품을 만들게 한 필연적인 원인만을 추구하고, 어떤 비평은 작품의 원인보다도 작품이 지니고 있는 예술성이나 논리성을 발견하려고 하는가 하면, 사회비평이, 철학이 혹은 또 정신분석학이 되고자 한다. 비평이 '설명'에 그치려고도 하는가 하면 가치의 '판단'이 되고자 하기도 한다. 그러나 한 작품의 원인을 규명하는 일이 또는 예술성·논리성·사회성·철학성을 알아내는 것이 한 예술품으로서의 작품을 완전히 밝혔다고 볼 수 있는가? 문학사를 정리하려는 생각에서 문학을 재산 목록 속에 무슨 해부나 하듯이 분류하는 것으로 한 예술작품의 의미는 그치는 것인가? 특히 영국과 미국의 뉴크리티즘이 추구하는 지나친 분석으로 작품의 가치가 완전히 이해될 수 있을까?

현대의 저명한 비평가 모리스 블랑쇼Maurice Blanchot는 말한다. "우리가 문학비평에 대해서 진지하게 생각할 때 우리들의 생각이 아무런 중요한 문제도 해결할 수 없는 것 같은 인상을 받는다. 대학과 저널리즘이 비평의 역할을 맡고 있다. 그런데 이같은 비평은 문학을 대상으로 삼지만 비평에 문학이 좌우되지는 않는다. 문학비평은 문학작품과 독자가 조정을 하는 데 있다. 그러므로 비평가는 하나의 정직한 중매인과 같은 것이다."

해변가에는 무수한 조개껍데기가 있다. 그 많은 조개껍데기는 저마다 독특한 형태와 색채를 자랑하고 주장한다. 내가 좋다고 택한 하나의 조개껍데기를 내 친구가 똑같이 좋다고 탐을 낼 의무는 없다. 내 친구는 전혀 다른 형태와 다른 빛깔을 가진 것을 골라잡을 수 있다. 오랜 역사의 문학작품 속에서 아껴지고 선택된 문학사의 자랑스러운 고전들을 오늘의 독자가 반드시 아껴야 할 의무도 없지 않을까? 또한 한 개의 아름다운 조개껍데기를 대할 때 어떤 사람은 그 빛깔에 먼저 황홀해할 수도 있고, 또 어떤 사람은 그 형태의 묘함에 탄복할 수도 있을 것이며, 또 어떤 사람은 그렇게 이루어진 과정에 흥미가 끌리는 수도 있을지 모른다. 한 개의 조개껍데기 앞에서 어떤 사람은 생명의 상징을 볼 수도 있고, 어떤 사람은 지질학의 자료를 찾아낼 수도 있을 것이다. 그러나 하나의 조개껍데기는 그 색채나 형태나 상징 혹은 지질학의 자료로 끝나는 것만은 아니다. 그것은 어디까지나 하나의 '조개껍데기'이다. 이와 마찬가지로 문학작품들이 선택과 판단을 기다리는 조개껍데기라면, 선택하고 판단하는 비평의 기능과 척도가 지극히 애매함을 알 수 있게 된다. 그러기에 우리는 위대한 하나의 작가를 둘러싸고 수많은 비평이 나왔고, 또 나오고 있음을 흔히 보게 된다.

한 비평가가 어느 작품을 논할 때 그는 이미 그 작품을 선택한 것이며 그 작품의 가치를 판단할 때 그는 암암리에 작품의 척도를 전제하고 있는 것이다. 그러나 선택이 선택인 이상, 가치 척도의 객관성이 명백하지 않은 이상 그 비평가는 어디까지나 '주관'을 탈피할 수 없게 되는 것이다. 이렇게 생각할 때 문학사에 확고부동하게 자리잡은 위대한 작품들도 문학사가들, 그리고 그것을 뒷받침하는 비평가, 나아가서는 수천, 수백 년에 걸친 독자들의 '주관의 일치'를 말해줌에 지나지 않는다고 볼 수 있을 것이다. 다시 말해서 인류가 문학의 해변에서 느낀 인류의 이상과 가치관을 반영하는 것이다.

그렇다면 인류는 무엇을 이상으로 했으며, 무엇을 가치로 판단했을까?

이러한 의문은 문학의 본질, 인간의 본질적 가치에까지 관계되는 문제일 것이며, 설사 이러한 문제의 해답을 갖고 있다 하더라도 한 문학작품의 가치에 대한 평가가 시대와 장소에 따라서 변화하고 전복됨을 종종 볼 때 문학비평의 애매성을 더욱 느끼게 된다.

독자가 바라는 가치가 무엇인가를 독자 자신에게 깨우쳐주고 독자들이 문학을 통해서 할 선택을 대신해주는 사람으로 생각할 수 있는 비평가는 과연 그러한 일을 맡을 능력을 갖고 있는가? 작품을 분석하고 설명하며 가치를 결정하려 드는 비평가는 문학의 본질을 혼자 독점하고 있다는 자부심을 가질 수 있는가? 블랑쇼의 말마따나 비평가는 작가와 독자를 연결하는 중매자로서만 만족을 느끼고 있어야 할 것인가? 테느는 성을 낼지도 모른다. 그러나 보들레르의 단 한 편의 시도 인종·환경·시대만으로는 설명되지 않는다. 완전한 심판자로서의 비평, 지도자로서의 비평은 거의 가능할 수 없게 된 오늘, 문학비평의 본질과 문학비평의 참된 가능성에 대한 문제는 아직도 풀리지 않은 문제로서 남아 있지 않는가?

열 편의 비평을 읽기보다도 하나의 구체적인 작품을 읽을 때 우리는 보다 더 한 작품의 예술에 접한다고 믿는다. 그러나 독자는 물론 때로는 작가 자신이 비평가의 설명과 판단을 기다린다. 왜냐하면 우리는 감동하는 동물일 뿐만 아니라 해명이 필요한 동물이기 때문이다, 그러므로 문학비평은 결코 완전한 객관성을 갖지 못할지 모르나 그것은 창작활동·감상활동과 떼어버릴 수 없는 규정 짓기 어려운 기능을 담당한다.

시인은 아웃사이더인가

플라톤은 그의 『국가』에서 시인을 추방했다. 철학자만이 가려낼 수 있는 실체의 세계를 시인들은 왜곡해 나타내기 때문이라는 것이다. 방랑시인 김삿갓은 시인의 운명을 다음과 같이 표현했다.

읍호개성하폐문邑號開城何閉門

산명송악기무신山名松岳其無薪

이처럼 시인은 예로부터 흔히 사회에서 학대를 받거나 가혹한 추방까지 당해왔다. 한 되의 쌀을 더 긁어모으고 한 조각 황금에 보다 가치를 두는 현실에서 당장에 쌀이 될 수 없고 황금으로 화할 수도 없는 '꿈'

을 추구하기에 여념이 없는 시인 따위는 오히려 거북한 존재로밖엔 여겨지지 않을 수 없었다.

시인은 사회의 아웃사이더의 운명을 지니게 마련이다. 그렇다고 해서 시인이 없어지고 시인의 꿈이 사그러질 수는 없었다. 실상 시인과 그의 꿈은 어떤 사회에 사는 어떠한 인간의 마음 한구석에 숨어서 피는 불꽃과 같이 꺼지지 않는다. 시와 사회의 갈등은 항상 남아 있다.

용감히 떠나라. 모든 도시를 뒤에 두고
네 발을 더 이상 거리의 먼지로 더럽히지 말라.
우리의 높은 사상의 언덕에서
인간 노예의 숙명적 바위 같은 굴욕적 도시를 내려보자.

비니에서 볼 수 있듯이 사회와 시 사이에는 대개 언제나 균열이 있다. 여기서 시인은 이미 피동적으로 추방을 당하는 존재가 아니라 스스로 사회를 부정하는 반역아로 바뀌게 된다. "이 세상 밖에라면 어디라도!"라고 외친 보들레르처럼 시인은 그가 살고 있는 사회, 그가 처해 있는 현실에 그냥 만족할 수 없는 존재다. 그렇다면 그가 용납할 수 없는 사회에서의 시인은 무엇인가?

시인은 폭풍우를 무릅쓰고 날으며
사수를 비웃는 구름의 왕자(신천옹信天翁)와 같다
그러나 땅에 유형流刑되어 조롱에 싸이면
거대한 그의 날개 때문에 걸음을
걸을 수 없다.

소크라테스처럼 옳은 것을 위해서 굴복하지 않았기 때문에 희생당하고 너무나 위대했기 때문에 학대받고 추방당한 많은 사람들이 있듯이, 보들레르에 있어서 시인은 높은 정신을 갖고 있기 때문에 천박한 사회에서는 학대받기 마련이다. 시인에게 있어서 사회는 일종의 유형받은 고장에 불과하다.

보들레르가 시인의 유형을 강조한 데 비해서 뮈세Musset는 시인의 비장성을 강조한다. 그가 시인에 비유한 펠리컨새는 자기 새끼를 위해 먹이를 구하러 대양으로 나섰다. 그러나 바람과 파도를 무릅쓰고 하루 종일 대양을 헤맸지만 어미 펠리컨새는 새우 한 마리의 먹이도 잡을 수 없었다. 해는 저물고 보람 없이 지치기만 한 펠리컨은 새끼들이 기다리고 있는 쓸쓸한 해변으로 돌아와 우뚝 솟은 바위 위에 앉는다. 어미의 그러한 모습을 멀리서 본 새끼들은 먹이가 생긴 줄 알고 좋아서 소리치며 어미한테 달려간다. 하는 수 없이 어미는 자기의 심장을 꺼내어 새끼들에게 나누어 먹이고 마지막으로 비장한 소리를 지르며 죽는다.

뮈세에 의하면 위대한 시인은 모두 이 펠리컨새와 같다는 것이다. 동물이 해낼 수 없는 것을 시인은 이룩한다. 그러나 그가 성취하는 일은 비장한 대가를 치러야 한다.

비니가 '노예적 도시를 용감히 버려야' 했고, 보들레르가 유형당한 거대한 해조 신천옹으로서 이 세상 밖에라면 어디라도 떠나가고 싶었고, 뮈세가 펠리컨새의 장고하나 역시 비참한 운명을 받아들여야 하는 까닭은 무엇인가? 이 시인들의 마음속에서 찾을 수 있는 공통적인 요소는 그들이 놓여 있는 시대와 사회, 나아가서는 그들이 타고난 인간으로서의 조건에 안이할 수 없다는 데 있다. 따라서 이 시인들의 '도피'와 '유형'과 '비장한 죽음'은 그들이 살던 사회의 부정이요, 시대에 대한 반역이요, 운명에 대한 도전이라는 의미를 갖게 되는 것이다.

허나 오, 나의 가슴이여, 저 수부水夫들의 노래를 들어라!

말라르메는 듣지 않으려 해도 듣지 않을 수 없는 '수부들의 노래'(참된 세계)에 대해서, 시인을 사로잡고 괴롭히는 '창공'(순수한 세계)에 대해서 애절한 그리움의 절규를 되풀이 한다. 철두철미한 반역아 랭보는 모든 참된 시인은 견자가 되어야 한다고 말하고 스스로가 견자라 했다. '봐이양voyant', 그것은 문자 그대로 보는 사람이다. 그러나 그가 본 것은 현상이 아니라 진정한 실례인 것이다. 우리들이 멀쩡한 눈을 갖고도 보지 못하는 참된 세계를 시인들은 보았던 것이다. 대부분의 사람들에게 견자들이 본 것이 하나의 허황한 꿈처럼 보이고 환상이라 생각되는 것은 차라리 당연하다. 실상 시인들은 이처럼 꿈의 인간인 것이다.

시인들의 반역적 의식의 싹은 바로 이와 같은 '꿈'에서 탄생한다. 우리들에게는 '꿈'이라고 생각되는 것이 그들에게는 진정한 '현실'이요, 우리들의 '현실'은 그들에게는 하나의 '악몽'에 지나지 않는다.

200년 전에 제트기 여행을 생각한다는 것은 광상에 지나지 않았을 것이요, 100년 전 우주여행이란 광인의 백일몽에 지나지 않았을 것이다. 그러나 이 미친놈들의 이 꿈은 오늘날에 와선 꿈이 아니라 아주 뚜렷한 현실이 되고 말았다. 꿈이 없는 곳에 인류의 발전이 있을 수 없다. 꿈은 문명과 생명의 동력이다. 꿈이 없는 곳엔 죽음이 있다.

위대한 몽상가들인 시인들은 과연 용감했다. 종국에 가서 그들은 펠리컨새의 운명을 영광으로서 달게 받아들였다. 꿈을 갖고 참된 길을 '보았기' 때문에 그들은 현실에 적용하고 만족할 수 없었다. 그들은 부득이 몽매한 사회에서 불행하고 학대받는 아웃사이더의 슬픈 운명을 받아야만 했다. 콜린 윌슨Colin Wilson의 말마따나 아웃사이더는 생의 문제와 결부되어 있다. 그는 진정한 생의 의미, 진정한 생의 구원에 집착한 인간이다. 생의 진정한 구원을 제외한 모든 것은 그에게는 아무 의미도 줄 수 없고, 그의 애착심을 끌 수도 없다. 대부분의 속인들이 헛된 현실에 얽매인 영어囹圄의 신분, 자유를 상실한 노예임을 불평 없이 받아들이는 데 반하여, 아웃사이더는 어떠한 대가를 치르고서라도 영어를 부수려하고 자유를 쟁취하여 생의 원천에서 호흡하고 목을 축이려 한다.

현실을 거부하고 대중으로부터 스스로 이탈한 이 고독한 시인, 아웃사이더는 오직 자신의 구원에만 집착해 있는 이기주의자인가? 그는 사회와 대중에 무슨 공헌을 할 수 있는가?

생각 깊은 칠현금에 몸을 꾸부린 시인에게
대중들은 또한 묻는다 — 몽상가여 너는 무엇에 쓰이는가?
시인은 이번에 대중에게 대답한다.
— 내 창백한 이마를 손으로 받치게 내버려두렴.
내 영혼이 흘러나오는 내 옆구리에서
인간들이 마시는 물을 샘솟게 하지 않았던가?

이것은 고답파의 선구자 고티에의 「시인과 대중」이라는 시의 한 구절이다. 이쯤되면 「국가」에서 쫓겨난 시인에게도 변명은 있게 되고 선원들의 조롱을 받고 한낱 장난감으로 전락한 시인 신천옹의 위신도 회복되고 창자와 심장을 찢어 새끼들에게 먹이고 죽은 펠리컨새의 의미도 찾게 된 셈이다. 거부와 반항 속에 살아온 아웃사이더의 불행의 의미도 발견된 셈이다.

그러나 지금 내 이웃 사람이, 내 벗이 당장 굶주림에 죽고 질병에 쓰러지는 판에 고답파 시인의 '인간들이 마시는 샘물'이란 하나의 사치가 아니겠는가? 아웃사이더는 다시금 시와 현실의 관계를 다시 생각해야 한다.

카뮈는 '예술가와 그의 시대'라는 강연에서 이러한 문제에 언급했다.

현대에 있어서 예술가는 부득이 대중의 비참한 상황 앞에서 예술을 할 수 있는 자신의 특권에 대해서 '부끄러움'을 의식하게 됐다는 것이다. 그러나 카뮈는 예술이 단순한 사치나 허위가 아니라는 결론에 도달한다. 사르트르처럼 예술의 목적은 당장에 사회를 개조하고 발전시키는 데만 있는 것이 아니라고 그는 생각한다. 예술가도 쌀과 돈 없이는 살 수 없지만, 예술은 쌀을 금방 생산하고 돈을 즉시로 벌어들이는 데 있지 않다는 것이다. 예술은 현실과 떨어져서는 존재할 수 없지만, 그렇다고 현실에 밀착하고만 있어도 안 된다는 것이다. 예술은 시대에 승선하고 있는데, 한편 그가 타고 있는 현실이라는 돛단배를 거부하고 그것을 넘어서는 역할을 갖고 있다고 말한다. 말하자면 예술은 현실을 긍정해야 하지만 그와 동시에 그것을 부정해야 한다는 것이다.

시대에 편승하는 예술가란 카뮈의 말을 빌린다면 예술가가 아니라 예술제작공이다. 우리가 살고 있는 시대, 사회, 우리가 처해 있는 인간 조건이 이상적인 것이 아님이 명백한 이상, 그가 참된 시인이라면, 오늘의 시인도 역시 좋은 의미로서의 몽상가 아웃사이더의 운명에서 제외될 수는 없다.

프랑스 지식인의 고민—알제리 문제와 불복할 권리의 선언

'프랑소와 장송' 사건을 계기로 하여 사르트르를 위시한 프랑스 지식인의 반항은 고조되어 있었다. 이러한 반항에 드골 장군은 집권 이래 가장 큰 장애와 위기에 직면한 것으로 알려져 있다. 일전의 시내 일간신문들은 '반항하는 지식인'들에게 드골 정부가 공공보도기관의 이용을 금지했다는 소식을 전하는가 하면 프랑스의 가장 지성적 신문《르몽드》도 계속 이 사건을 대대적으로 취급하고 있다. 이 사건을 계기로 겨우 궤도에 올라선 듯한 드골 정부가 무너지느냐 아니냐 하는 것이 프랑스국가 자체뿐만 아니라 세계적으로도 지극히 중대한 문제성을 내포하고 있음은 물론이지만, 더 나아가서 그것은 인간의 근본적인 행동의 윤리에까지 관여하는 문제성을 띠고 있는 것 같다.

사건의 발단은 대략 이렇다. 사르트르와 거의 같은 사상적 노선을 걷고《현대》지의 편집자이기도 하며 카뮈와 사르트르와의 '논쟁'에 있어서 중심적인 역할을 맡았던 저명한 비평가 프랑소와 장송은 스스로 주동이 되어 이른바 '장송의 지하조직'을 꾸렸고 이어 알제리에서 싸우고 있는 프랑스군의 탈출과 징병기피를 선동하는 '불복종할 권리의 선언'의 서명운동을 작가, 예술가, 대학교수 등을 대상으로 하여 비밀리에 전개했었다.

거기에는 사르트르, 레지스탕스 작가로 이름난 베르코르Vercors, 초현실주의자 앙드레 브르통, 철학자이며 소설가이고 평론가인 모리스 블랑쇼가 있는가 하면, 사강Sagan이 한몫 끼고 실존주의 여류작가 시몬 드 보부아르도 서명을 하고 있었다.

뿐만 아니라 거기에는 알제리 전쟁에서 전사한 아들을 가진 어머니가 있는가 하면 2차 대전 때 누구 못지않게 싸운 퇴역 군인이 들어 있었다.

《타임》지는 아이러니컬하게도 앙드레 말로의 전 아내와 큰딸도 들어 있다고 하면서 지금은 정부의 공보장관이지만 작가 말로도 젊었더라면 누구보다도 먼저 '사인'했으리라는 말을 던진다.

이래서 221명의 작가, 예술가, 교수들의 협력을 얻었고 지금도 동조자들은 늘어가고 있는 것 같다.

불길은 붙었다. 이미 몇 명은 국가에 대한 '배반' 혐의를 받고 군재軍裁를 받는가 하면 아직 남미에 머무르고 있는 사르트르는 자기의 정당성을 서한으로 답변하고 여론은 찬반으로 갈라지고 있다.

그렇다면 '지식인들의 반항'의 근거는 어디 있는가?

왜 지지하나

사르트르는 "알제리인들이여, 알제리는 당신들의 것이다"라는 것이 자명한 것임을 전제하면서 다음과 같이 말한다.

되풀어 말하자면 알제리 독립이 자명하냐, 자명하지 않느냐 하는 문제는 프랑스의 장래의 민주와 관련된다. 왜냐하면 알제리 전쟁은 우리나라를 부패시켰다. 차츰 자유가 소실되고 정치생활이 사라지고 시민권에 대한 끊임없는 군부의 반역이 있음으로 해서 이러한 현실을 우리는 아무런 과장도 없이 '파시즘'이라고 판정할 수 있게 됐다.

알제리인의 자유와 프랑스인의 자유에 대한 공동의 적과 오늘날 구체적으로 싸우는 유일한 힘이 있다. 그 힘은 알제리 민족해방전선이다. 그 연맹과 우리들을 분리시키려 해도 안 된다. 우리 프랑스인들을 '길 잃은 자',

'절망자' 혹은 '로맨티시스트'로 취급해보았자 그것도 헛일일 것이다. 우리에 동조하는 남녀들은 프랑스의 장래를 대표하고 있지만 그들을 재판하려 드는 하루살이 권력은 이미 아무것도 대표하지 못한다.

그들의 주장에 의하면 그들의 국가에 대한 배반은 파시즘을 막고 프랑스의 앞날의 민주주의와 자유를 위한 지극히 '애국적'인 행동이라는 것이다.

그리하여 그들은 그들의 배반이 나치즘에 대해 싸운 '레지스탕스운동'과 동일한 성질의 것임을 역설한다. 그러나 프랑스 정부가 6년간에 걸려 막대한 돈과 수많은 생명을 버리면서 반역도로서, 적으로서 싸우고 있는 FLN(민족해방전선)을 "자유에 대한 공동의 적과 오늘날 구체적으로 싸우는 유일한 힘"으로 생각한다는 것은 현실적으로는 프랑스의 적의 편에 서 있음을 긍정하는 것이며, "그들을 재판하려드는 하루살이 권력은 이미 아무것도 대표하지 못한다"는 말은 결국 오늘의 프랑스를 정면으로 부정하는 급진적인 혁명적 태도가 아닐 수 없다.

이 반역자들은 그들의 정당성을 '레지스탕스'와 결부시켜 말한다. '레지스탕스'는 나치가 프랑스를 점령하고 비시Vichy를 세웠을 때, 오늘 그들의 반역의 대상이 되고 있는 드골 장군을 따라서 나치즘과 싸우고 자유를 찾으려는 지식인이 주동이 되었던 운동이었다. 그들은 비시정권을 부정하고 나치즘을 타도하여 자유를 찾는 것이 곧 프랑스의 자유를 위한 것이며, 조국을 위한 애국적 행동과 결부된다고 믿었었다.

이와 마찬가지로 알제리인이 민족적 자유를 쟁취하는 FLN과 함께 파시즘에 대항하는 그들의 행동은 곧 조국 프랑스를 위하는 애국적인 행동이라고 주장한다.

왜 반대하나

이같은 주장에 대해서 이 반역인들을 반박하는 검사는 말한다. '레지스탕스'는 남녀노소가 동일한 이상과 동일한 투쟁 속에 결합되었던 것이며 '테러리즘'의 수단을 썼던 것도 아니며 어느 당파의 싸움도 아니었다. 나치즘과 싸운 것은 그것이 인류 전체의 재난이었기 때문이다. 나치즘이 독일국민이 아닌 것처럼 FLN도 알제리 국민이 아니다. 그러므로 '반역인들'은 나치즘과 협조하는 결과가 된다. FLN을 협조하는 것은 다 같이 인류에 대한 배신이다.

위와 같은 상반된 의견은 나치즘과 프랑스에 반역하는 FLN의 행동이 정당하냐 그렇지 않느냐 하는 문제에 대한 관점의 차이에서 오는 것이다. 정부와 관계없는 사람 가운데도 반역인들에 반대하는 입장도 적지 않다. 자크 파스칼은 말한다. 국가를 위해서 배반하며 싸우는 것도 성스러운 일이다. 그러나 그 국가가 외국일 경우에만 그렇다. 자기 나라를 버리고 자기 나라의 적과 협력할 수는 없다는 것이다.

폴 리쾨르라는 사회주의 기독교인이자 유명한 철학자는 다음과 같이 반대한다.

국가와의 완전한 균열은 근본적으로 국가가 타락했을 때 취하는 태도이다. 그런데 알제리전쟁의 부정한 면은 없지 않으나 아직도 프랑스는 법적 기반이 있고 헌법이 있고 여론의 여지가 충분히 있어서 합법적 행동을 할 수 있으며, 나아가서는 반역이 아니라도 비합법적 행동까지를 할 수 있다. 그리고 우리의 목적은 전쟁 없이 평화를 갖는 일인데 문제는 FLN을 돕는 것이 아니라 프랑스인으로 하여금 전쟁으로부터 손을 떼게 하여 알제리인과 협상하는 데 있다.

마지막으로 기독교적 입장의 유명한 문학평론가 피에르 앙리 시몽도 특히 사르트르를 두고 다음과 같이 반문한다.

사르트르의 반항적 태도에서 그의 사상의 선을 따라 위험을 무릅쓰는 철학가의 용기를 인정해야 한다. 그러나 용기만이 전부는 아니다. 용기는 행동을 그릇된 방향으로 택했을 때 모든 것을 상실할 수도 있다. 나는 사르트르가 법을 무시하는 태도를 비난한다……. 우리에게 '상황을 따라' 사고할 것을 그렇게도 잘 가르쳐주었던 그가 프랑스의 젊은이와 프랑스의 자유주의자들에게 프랑스의 상황을 완전히 추상화하는 정치적 결정을 종용하는 데 대해서 나는 반대한다. 나는 프랑스인으로서 국가적 기만에서 해방되고 싶으며 FLN이 모욕받은 민족을 위해 싸우는 정당성을 충분히 느낀다. 그러나 폭력이 존재하는 한, FLN이 전쟁의 수단과 무엇보다도 가장 타기할 암살과 '테러리즘'을 쓰는 한, 그들이 프랑스인의 피를 흘리게 하는 한, 프랑스시민으로서 나는 그들의 전쟁을 도울 수 없고 계획적으로 내 나라와 대항해서 그들의 승리를 위해 일할 수도 없으며, 아마도 우리 시민들의 죽음을 내포하고 있을 '그들의 가방을 들 수도 없다'…… 알랭도 사르트르만큼이나 전쟁을 경멸하고 군부에 공감을 보이지 않았었다. 그렇지만 조국이 시련에 부딪쳤을 때 그것이 불합리한 것을 알면서도 50의 나이에 아무 군소리 없이 종군했다. 그러나 그것은 '히로이즘'을 보이기 위해서가 아니라 조국의 운명 속에 전신적으로 참여하기 위해서였으며 정치를 논할 권리를 갖기 위해서였다.

이렇게 말하는 시몽은 모리스 바레스Maurice Barres의 말을 인용하여 '우리의 외부에서 움직이는 얕은 지성'을 경계하고 있다.

한편 이 재향군인회 같은 데선 반역하는 지식인들이며 '퇴폐적'이라고 규탄받고 그들에게 엄한 처형을 내리도록 요구하고 있다.

조국이냐 정의냐의 선택

이처럼 지식인들이 두 개의 상반되는 태도 중에서 하나의 선택을 해야하게끔 되어 있는 '장송 사건'은 1차 대전 직전인 1878년에서 1899년에 걸쳐 프랑스를 혼란케 했던 '드레퓌스 사건'을 회상시킨다. 프랑스의 국방성에서 기밀서류가 도난당했을 때 거기에 장교로 있던 드레퓌스는 유태인이었던 관계로 의심을 받고, 본인이 그의 범죄 사실을 극력 반대했음에도 불구하고 처형을 받게 되었다. 그러나 진범이 따로 있다는 것이 차츰 드러났을 때 에밀 졸라, 아나톨 프랑스 같은 작가들을 선두로 하여 많은 지식인들은 진실을 위해서 새로 재판을 하고 무죄를 내릴 것을 극력 주장했다. 한편 바레스 같은 이는 국가의 위신과 질서를 위해서 판단의 잘못을 은닉할 것을 주장했다.

지금 앞서 말한 지식인들이 자유와 정의의 이름으로 국가를 배반하고 적과 결합하는 길이 정의의 길이라고 생각하는 태도를 졸라나 프랑스의 입장과 비교할 수 있을 것이며, 혁명적 방법으로서가 아니라 국가의 위신과 조국을 위해서 질서를 지켜가며 싸우되 어디까지나 조국을 배신해서는 안 된다는 주장은 바레스의 애국심과 비교될 수 있을 것이다.

'드레퓌스 사건' 때와 마찬가지로 현재 프랑스는 '장송 사건'으로 동요되고 있는 것 같다. 앞서 말했듯이 이 사건이 우리에게 주는 문제는 그들이 조국을 배반했다거나 혹은 조국에 봉사하고 있다거나 하는 의미를 넘어서 지성의 딜레마, 지식인의 행동적 윤리의 척도를 생각케 하고 있다는 점에 있다.

'양심'과 '정의'를 위해 질서와 조국을 버릴 것인가, 혹은 '질서'와 '조국'의 안정을 위해서 '양심'과 '정의'가 잠시 양보되고 미루어져야 하는가? 다급한 현실은 우리에게 즉각적인 '선택'을 요구한다. 여기에 우리는 다시금 그리스 시대의 극작가 소포클레스의 비극 『안티고네』를 회상케 된다.

반항아 안티고네의 법칙이 옳았듯이 왕 크레옹의 법칙이 옳기도 했다. 그러므로 남은 것은 선택뿐이다.

나는 내 자신의 선택에 앞서 다만 프랑스의 지식인들의 반항이 허영심이나 영웅심에서가 아니라 오직 그들의 '옳은 길'을 위해서 싸우는 '나태하지 않은 지성'의 한 표현임을 한국의 지식인에게 환기시키며, 동시에 동요하는 프랑스에 안정이 있기를 바랄 뿐이다.

발표지 미상, 『파리의 작가들』(1976) 재수록

현대의 시인들

에스프리 누보의 선구자—기욤 아폴리네르

작품과 새로운 감수성

"에스프리 누보Esprit Nouveau, 즉 신정신이 그 이전의 문학적, 예술적 여러 운동과 구별되는 것은 경이를 중요시하는 데 있다. 에스프리 누보는 하나의 문학정신을 말한다. 그것은 미학이 아니며 미학이 될 수도 없다. 그것은 여러 공식과 스노비즘의 적일 뿐이다. 그것은 어떤 파가 되려는 것이 아니고, 상징주의나 자연주의 이후의 모든 파를 포괄하는 하나의 문학정신이 되고자 한다. 이런 문학은 창의적 정신을 자극하기 위해서 싸우며, 시대를 분명히 이해하려고 애쓰며 내적·외적 우주에 대한 새로운 관점을 열어주려고 싸운다. 그러한 관점은 여러 분야의 학자들이 매일 새로이 발견하고 경이를 가져오는 새로운 관점보다 못하지 않은 것이다." 이것은 시인 아폴리네르의 말이다.

아직도 그의 출세에 대해선 명확치 않으나 이탈리아 왕실의 어느 장교를 아버지로 하고 로마에서 태어난 것으로 전해지는 그는 일찍이 아버지와 헤어지게 되어, 재혼한 어머니를 따라 모나코를 비롯하여 파리 등지에서 유랑생활을 했다. 이같은 생활은 시인 아폴리네르에게 일종의 보헤미안의 자유자재한 정신과 코즈모폴리턴적인 폭넓은 기질을 갖추게 했다. 그는 어느 테두리를 벗어나서 시간과 세계를 새로운 눈으로 볼 수 있었으며, 거기서 수없는 놀라운 것들과 희한한 것들을 발견하게 된다. 20세기의 문턱에서 우리들은 놀라운 속도로 과학의 발달에 따르는 새로운 세계가 눈앞에 발견됨을 보았다. 이같은 새로운 세계에서 황홀감을 먼저 느낀 사람도 바로 시인 아폴리네르였다. 이 시인의 선각자다운 힘과 빛이 된 것이 바로 앞서 말한 신정신이었다. 새로운 것, 신기하고 신선한 것이 시인의 흥미를 집중시킨다. 이러한 예감을 믿은 그는 낡고, 너무나 눈에 익은 세계를 벗어나려 한다. "나는 내용에 있어서나 형식에 있어서나 새로운 시인이 되고 싶다"라고 그는 말한다.

그래서 그는

내 술잔은 폭소처럼 깨졌다.

와 같은 시구에서 아주 신선하고 '모던한' 이미지를 포착했을 뿐만 아니라, 시집 『알코올Alcools』이나 『칼리그람Calligrammes』에서 볼 수 있는 바 다음과 같은 대담한 시(?)를 써보기도 했다.

우리는 이제 마차가 달리는 거리에 있는 것도 아니며, 살롱에서 귀부인들과 수사학을 논하지도 않는다. 멋진 자동차를 굴리며 카페에 앉아 보헤미안들의 노래를 드높이 부르며 가리웠던 비밀을 보여주기 시작한다.

새로운 세대를 보고 거기에 아주 자유로이 해방된 정신이 할 일은 무한한 위험을 무릅쓰고 그의 자유를 즐기는 것이다. 그에게는 새로 발전되는 눈앞의 세계가 모두 신기한 것이며, 시의 소재일 수 있다. 새로운 세계는 시인 아폴리네르 혼자만을 위해서 있었던 것은 아니었으니 이 시인이 현대의 선구자가 될 수 있었던 것은 오로지 그가 그러한 세계를 감지하고 이해할 수 있었다는 데 있다.

그는 갖가지 시험을 거듭하면서 이른바 '회화시Poème-Conversation'를 창조함으로써 새로운 감성과 정신에 어울리는 시형을 창조하여 상징주의가 걸어간 막다른 골목을 터놓고, 초현실주의Surréalisme(이 낱말도 바로 아폴리네르가 만든 것이다)의 문을 열어주었다. 그의 허다한 시가 극히 자연스러운 감(재래의 우리는 형식 속에서 시를 보는 습관이 있었다)을 주는 자유시거니와, 그가 루브르박물관의 어느 초상을 훔쳤다는 혐의로 얼마 동안 감옥에 들어갔을 때의 다음과 같은 구절이 특히 눈에 띈다.

감방에 들어가기 전
옷을 홀딱 벗어야 했다.
근데 그 무슨 불길한 소리가 들리는가
기욤이여 넌 어찌 된 판이냐.

또 그가 전장에 갔을 때 그의 친구한테 보낸 다음의 시도 좋은 예이다.

제일 포수
난 지금 일선에서 네게 인사한다.

아니, 아니, 너 혼돈하지 않겠지,

내 부대59

시인 아폴리네르는 적어도 새로운 세계를 내다보는 예언자였으며, 새로운 전망을 마련하는 하나의 '언덕'이었다.

그럼 내 젊음은 어디 떨어졌더냐

앞날이 불꽃처럼 타오름을 알겠지

내가 오늘 말하는 것은

마침내 예언하는 예술이 탄생했음을

전세계에 고하려고 하는 것임을 알아라.

몇몇 사람들은 인간들 사이에

높이 솟은 언덕들이나

그리고 그들은 멀리 모든 앞날을 보는데

그것이 현재일 땐 더욱 잘 보고

그것이 과거일 땐 더욱 똑똑히 본다.

………….

아폴리네르는 비단 시에 있어서만 개척자가 아니다. 우연이라고 말하면 너무 이상하지만, 그는 현대 회화의 제1인자인 피카소를 파리의 어느 카페에서 알게 되고, 대표적인 초현실주의 시인을 한 사람 알게 됐다. 그들과 더불어 이름 없는 아폴리네르는 회화 면에서는 입체파의 이론을, 시에 있어선 초현실주의를 마련해놓았다. 입체파, 초현실주의를 마련했다고 말하는 것보다 그 이상으로 아폴리네르는 우리에게 새로운 눈과 코와 피부를 마련해주었다고 함이 더 적절하다. 오늘날 우리들의 감수성은 가난했던 위의 선구자들에 의해서 조성된 것이라 해도 좋을 성싶다. 그러므로 아폴리네르는 시에서뿐만 아니라 현대문화에 있어서 크나큰 의의를 차지하게 된다.

그러나 그는 무질서한 모험꾼도 아니었고 신기를 위한 신기를 찾는 방랑아만은 아니었다. "신정신은 무엇보다도 먼저 위대한 고전적 특질인 질서와 의무를 주장한다. 그러한 특질에 의해서 프랑스의 정신은 가장 높이 나타나고 있다. 그러므로 신정신은 그러한 특질에 자유를 첨가할 뿐이다"라고 그는 다시 에스프리 누보에 대해서 설명을 덧붙인다.

각지를 돌아다니며 얻은 교양과 밤을 새워가며 중세를 비롯한 알려지지 않은 고전을 공부해서 지식을 갖춘 아폴리네르는 카페를 쏘다니면서 신기한 것만을 보이려고 하는 경박한 유행시인이 아니었다.

그리고 너는 네 생명처럼 타는 이 술을 마신다.
마치 화주같이 네가 마시는 너의 생명

그는 뜨거운 생명의 가치를 알았고 그러한 날을 살아가기를 원했던 그이기에 인생의 무상성에 어찌할 수 없는 '시간'의 강박감을 느낀다.

미라보다리 밑에 센강이 흐르고
또 우리들의 사랑도…….
생각해야 하랴
기쁨은 언제나 고통 다음에 온다는 걸
밤은 오고 종이 울며

세월은 흐르는데 나는 남고
손에 손을 잡고 마주 서 있으면
그동안 우리 팔 다리橋
밑으로 지난다.
영원한 시선의 이렇게 지친 물결이

밤은 오고 종이 울며
세월은 흐르는데 나는 남고

사랑은 흐르는 이 물처럼 간다.

사랑은 가는데
인생은 참으로 느리구나
또 희망이 이렇게도 가혹할 줄이야

밤은 오고 종이 울며
세월은 흐르는데 나는 남고

하루가 지난다. 주일이 지난다.
흘러간 시간도
사랑도 돌아오진 않는데
미라보다리 밑으로 센강이 흐른다.

밤은 오고 종이 울며

세월은 흐르는데 나는 남고.

생의 무상을 센강의 흐름에 비유해보며 흐뭇한 우울에 젖은 이 시인의 세계야말로 우리들의 심정에 깃들인 세계가 아니겠는가. 그러나 그는 흘러가는 장식 없는 인생의 모습 앞에서 지혜로운 사람으로서 그것을 감수하는 폭을 보이고 있다.

지나가자 지나가자 모든 것이 지나가니
나는 가끔 뒤돌아보리

추억은 사냥꾼의 피리인데
그 피리 소리는 바람 속에 죽는다.

무작정 감정을 폭발시키지 않고 인생의 유한성과 슬픔을 노래할 때 가장 모던했던 시인 아폴리네르의 율조는 더없이 따스한 서정의 고전적 색조를 띠게 됐다.
시「아름다운 빨강머리 여인」은 그의 시 생활의 결산과 같은 것으로서 일종의 유언이라고 생각되는데, 우리들은 그 시 가운데서 그가 가장 현대성을 가지면서 또한 가장 고전적 바탕을 건전히 이해하고 있음과 그가 지극히 인간적인 온도를 품고 있음을 알게 된다.

모든 사람 앞, 센스가 많은 남자 내가 여기 있다.
나는 인생을 알고, 죽음에 대해서도 살아 알 수 있는 한의 모든 걸 안다.
사랑의 괴로움과 기쁨을 경험했고

때로는 내 생각을 강요할 줄도 알았었고

몇 가지 언어를 쓸 줄 알며

적지 않은 여행도 했다.

포병대와 보병대에서 전쟁을 보았고

머리에 부상을 입어 클로로포름으로 수술을 받았으며

무시무시한 싸움에서 내 좋은 친구들을 잃었다.

단 한 사람이 알 수 있는 한도에선 고대나 현대 것을 나는 안다.

그리고 지금 그 전쟁을 걱정함이 없이

우리들끼리 그리고 내 친구들, 우리들을 위해서

나는 '질서'와 '모험'

전통과 발명의 기나긴 이 싸움을 판단한다.

신의 입모양을 따서 만들어진 입을 가진 그대를

바로 질서가 되는 입

그대들은 조심하십시오, 그대들이 우리

어디서나 모험을 찾는 우리들을

완전한 질서인 그런 그대들과 비교할 때엔

우리들은 그대들의 적이 아닙니다.

우린 그대들에게 광대하고 색다른 영토를 주렵니다.

그 영토에선 누구나 꽃처럼 피는 신비를 얻을 수 있습니다.

거기엔 보지도 못한 가지가지 색깔의 새로운 불이 있고

천 가지 펴낼 수 없는 환영도 있습니다.

그런 것들에 현실성은 줘야 합니다.

우린 모든 것이 잠자고 있는 거대한 선의의 땅을 탐험하렵니다.

쫓아낼 수도 있고 다시 되돌아오게 할 수도 있는 시간이 또한 있습니다.

무제한과 미래의

일선에서 항상 싸우고 있는 우리를 측은히 여겨주십시오.

우리의 잘못을 가엾게 여기고 우리의 죄를 가엾게 여겨주십시오.

여기 뜨거운 계절 여름이 옵니다.

그런데 내 청춘은 봄과 같이 죽었습니다.

오 태양이여 지금은 뜨거운 '이성'의 시절이다.

그래서 나는 기다린다.

내가 그것만을 사랑하도록 이성이 취하는

고상하고 부드러운 형태를 항상 따라가려고

이성은 와서 마치 철이 자석을 당기듯 날 끌어간다.

이성은 매혹적인 빨강머리

여인의 모습을 갖추고 있다.

그의 금발 머리털은

쉽사리 꺼지지 않는 아름다운 번개

혹은 시들어가는 갈색 장미꽃 속

번쩍이는 불꽃 같기도 하고.

하지만 날 비웃어주십시오. 웃어주십시오.

모든 사람들 특히 이 고장 사람들이여

내가 감히 그대들에 말 못할 많은 것이

그대들이 나로 하여금 말 못하게 한 많은 것이 있으니까요.

나를 가엾게 여겨주십시오.

아폴리네르는 체계적인 사상가는 아니었다. 합리주의자도 아니요 신비주의자도 아닌 그의 사상의 바탕은 인간 운명과 우주의 비밀을 느낄 수 있었던 융통성을 갖고 있었다. 말하자면 어떤 도그마에 응고되지 않고 모든 것을 감수할 태세를 갖춘 '자유정신'이었다. 그는 합리주의의 결함을 알았던 동시에 이성의 빛을 잃지 않았던 것이다.

그리하여 그의 에스프리 누보는 모든 예술분야, 현대의 감수성 전체에 새롭고 '광대한 영토'를 마련하고 '현대 정신'의 한 패턴을 만들어주었다 할 것이다. 그는 이런 의미에서 40년이 지난 오늘에 이르기까지 아폴리네르 신정신의 왕자의 자리를 그대로 지켜오고 있는 듯하다.

사랑과 모험의 생애

아폴리네르는 1880년 8월 26일 로마에서 태어났다. 아직도 여러 가지 구구한 설이 있어 수수께끼에 싸여 있지만, 대체로는 망명한 폴란드 태생의 어머니와 이탈리아 왕실 소속 장교인 아버지 사이에서 태어난 것 같다. 그는 모나코에서 초등교육을 받았는데, 뛰어난 성적을 나타냈을 뿐만 아니라 일찍부터 종교에 대한 열렬한 관심을 보였으나 이미 성숙한 지성은 그에게 독립심을 지켜주었다. 그동안 그는 몇몇 친구들과 《복수자》라는 무정부주의적 신문을 편집했다.

아버지와 헤어져서 개가한 어머니만을 따라 1901년 그는 파리에 와서 살게 되었는데, 한 귀족의 딸 가브리엘 양의 가정교사가 되어, 그 집안이 소유하고 있는 독일 라인강의 별장지에 가서 살게 되었다. 그동안 그는 거의 독일 전체와 오스트리아 등을 여행했다. 이런 생활에서 그는 로맨틱한 일면을 갖게 되고, 거기에서 몇몇 시를 얻게 됐다. 그는 역시 그 귀족의 식모 격으로 있었던 애니라는 영국 여성을 사랑하게 되어 런

던에 가서 그 여자의 부모에게 청혼했다가 거절당하고, 사랑하는 애니는 미국으로 떠나고 말았다. 이 실연의 상처는 그의 가슴 깊이 남아 있었는데, 1903년 그는 유명한 시 「사랑받지 못한 사람의 노래」를 남기게 되었다.

파리에 돌아온 그는 앙드레 살몽André Salmon, 툴레J.P. Toulet, 레옹-폴 파르그Léon-Paul Fargue 등이 모인 무명 시인의 그룹에 끼게 되었고, 한편 폴 포르Paul Fort, 모레아스Moréas 등이 모이는 카페에도 자주 드나들며, 몇 개월 후 폐간된 《이솝의 향연Le Festin d'Esope》지의 주간이 됐다. 뿐만 아니라 젊은 화가 피카소 등과 알게 되고, 피카소의 소개로 막스 자코브Max Jacob를 알게 됐다. 그의 재치와 쾌활한 성격과 따뜻한 인간성은 모든 동료들의 두터운 우정을 얻게 된다. 그는 모든 종류의 전위적 운동에 한몫 끼면서 야수파Fauvisme에 관심을 기울이고, 이름 없는 화가 루소Rousseau의 회화를 떠받치며 피카소와 함께 입체파Cubisme의 미학을 세우며, 흑인들의 조각에 열중하게 된다. 그러면서도 그 자신의 독창적인 단편을 발표하고, 1913년 그는 시인으로서의 자리를 확보한 시집 『알코올』을 냈다.

1914년 1차 대전이 발발하자 그는 포병대에 입대하고 있었는데, 어느 기차 안에서 퍽 요염한 루Lou라는 여자를 알게 됐고 그 여자로 인해 많은 고통을 받았던 것 같다. 그는 자원해서 일선에 나가 소위로 임명되었으나 1916년 독일군이 쏜 포탄의 파편으로 인해 머리에 부상을 입었다. 파편을 빼낸 다음 파리로 이송되어, 그후 초현실주의적인 「Le Poète assassiné」와 같은 시를 발표했고, 1918년 전쟁과 루에 대한 사랑을 소재로 한 시집 『칼리그람』을 내놓게 되었는데, 그 시집은 문단에서 큰 화제를 일으켰다. 신기한 글자의 배열을 한 시도 함께 수록되어 있었다. 그러나 그는 부상에서 기인한 마비상태 때문에 그의 대담한 시적, 미학적 모험은 중단되고 말았다.

1919년 5월 4일에 그는 처음으로 재클린과 결혼했으나 그의 행복은 얼마 지속되지 못하고, 10월 9일 파리의 유명한 거리인 생제르맹 거리 202번지 아파트에서 짧지만 빛나고 아름다운 생애를 마쳤다.

사랑과 모험의 시인이자, 어딘가 모르게 따뜻하며 참신한 정신을 가진 아폴리네르는 단순한 정신의 개혁가가 아니라 사랑스러운 인간이었다. 이제 우리는 다음과 같은 그의 고백이 필요 없지 않은가?

내 무지를 용서하시오
시의 옛 기법을 더 모르는 날 용서하시오.

그러기에 우리는 언제까지고 그를 찬양하고 우러러 보며 더욱 사랑하고 싶어지게 될 뿐이다.

당나귀의 시인─프랑시스 잠

……이 세상에서 그랬듯이 내 마음에 드는
천당에 가기 위해 나는 한 길을 택하리,
대낮에도 별이 가득 비치는 길을
단장을 집고 큰 길을 따라가리
그리고 난 말하리 내 동무 당나귀들 보고
내 이름은 프랑시스 잠이란다라고,

난 지금 천당에 가는 길이지라고

나는 그들에게 말하리 이리 오너라라고.

푸른 하늘의 따뜻한 동무

가난하나 사랑스런 짐승들

큰 귀를 갑자기 흔들어 납작한

파리떼와 벌꿀들을 쫓는 짐승들 하고

파리는 오래도록 모든 예술분야에서와 마찬가지로 문학의 중심지가 되어왔다. 특히 20세기에 들어와 우리들은 새로운 시의 갖가지 운동과 선언서를 파리라는 부산스러운 도시에서 들어오고 읽어왔다. 그러나 바로 그렇게 찬란한 파리에서 멀지 않은 피레네산맥의 고요하고 소박한 시골에서 일생을 파묻혀서 거기서부터 현대의 억센 소음과 섞이지 않은, 마치 어느 고요한 계곡의 샘물 같은, 혹은 어느 산비탈 목장의 노을에 우는 어린 양떼의 아른한 울음소리 같은 것이 들려오니, 그것은 시인 프랑시스 잠Francis Jammes의 따뜻한 시의 읊음소리이다.

소박한 시골시인. 그러나 그는 결코 시골의 둔탁성을 버리지 못한 그저 소박한 시인만은 아니다. 도시에선 초현실주의들을 비롯한 극히 야심에 찬 젊은이들이 유행적 고함과 시위에 바쁠 때 시인 잠은 가난한 한 마리의 당나귀와 연약한 한 마리의 종달새와, 혹은 무식하나 성실한 시골 구둣방 아저씨와 또는 순박한 시골소녀들과 황혼에 들려오는 미사의 그윽하고 경건한 종소리를 들으며 이야기할 수 있었던 순수한 사랑의 시인으로 머문다.

그의 시는 거추장스러운 과장이나 수식을 벗어버린 극히 단순한 언어로 된 결정이다. 그러나 그 단순성은 무지에서 나온 단순성과는 달리 가장 세련된 정신의 순수한 바탕을 보여준다. 그의 시에는 이와 같이 순수하면서도 마치 5월의 햇빛이 쪼이는 동산과 같은 따뜻한 사랑의 향기가 곳곳에 배어 있다. 시골 아침과 같은 신선미와 함께 그의 시가 풍기는 사랑의 풍토는 현대의 피로한 마음에겐 마치 소박한 어머니의 치맛자락과 같은 은근하고 깊은 사랑을 느끼게 한다. 거기에는 인간이 잃어버린 천당과 에덴 동산에 대한 향수가 또한 있다. 시인은 본래적인 순수성을 찾음으로써 당나귀의 벗이 될 수도 있고 이름 없는 구둣방 아저씨의 동무가 될 수도 있다.

나는 아무것도 모른다.
나는 아무것도 몰라
난 아무것도 바라지 않는다.
장미빛 포플러 나무 위에 혹은
하얀 길 위에
새의 보금자리가 흔들리는 것을
상처 많은 무거운 발을 끌고 가는
거지가 지나는 것을
때때로 보고 싶을 뿐
하나님이시여 좀더 나로부터 오만을 없애주십시오
오 나를 단조로운 양떼와 같게 해주십시오.
슬픈 '가을'을 지나
담牆을 푸르게 물들이는 그 봄의 축제를 위해
얌전히 지나가는 양떼와 같게.

우리들이 저버린 모든 생활주변의 초라한 것에도 모든 노래와 시의 맑은 샘물을 마실 수 있었던 잠은 자연의 시인이었으며, 당나귀의 손을 잡고 가는 그는 또한 사랑의 시인이기도 하였다. 그러나 그것이 그의 전부는 아니다.

그는 인간의 허영과 자만심을 고발하는 것이다. "나는 아무것도 모른다." 그렇다. 우리는 '너무나도 안다'고 생각해왔지 않았던가? "오만심을 없애주시오"라고 말할 수 있기에 그는 마음으로부터 "나는 아무것도 모른다"라고 다시 말할 수 있는 것이다. 이와 같이 높은 자기탈피의 순수성에 도달한 이 시인은 보들레르의 이른바 '나심裸心'의 성스러운 혼의 경지에 도달하게 되는 것이다.

"진실은 신을 찬양하는 데 있다. 시가 순수하기 위해선 우리들은 시 속의 신을 찬양하며 축복해야 한다"라고 말한 잠은 마침내 숭고한 정신의 고지로 높이 올라간 것이다.

이같이 높은 인간애·생명애를 갖고 있기에 시인 잠은 다음과 같이 시골의 한 무식한 구두장이에게서도 역시 숭고한 혼을 발견할 수 있는 것이리라.

소박하고 작은 꼽추 구두장이가 있다.

그는 푸른빛 다정스러운 유리창 앞에서 일한다.

일요일마다 그는 일어나서 몸을 닦고

깨끗한 옷을 입고 창문을 열어놓는디.

그는 하도 아는 게 없어서 장가는 들었지만 한 주일이 지나도 아무 말도 하지 않는 것 같다.

나는 생각한다. 그가 주일날 산보할 때

그가 아주 꼬부랑 늙은 마누라한테

무슨 말을 할 것인가라고.

잘 다니지도 않으면서 무엇 때문에

그는 구두를 짓는담?

아! 그는 자기 의무를 다해서

다른 사람들이 걸어다닐 수 있게 하는 거지.

그의 집에 마치 금처럼 반짝이는

작은 등불에도 또한 순수성이 있다.

그의 시에는 아무런 허풍도, 기교도 없다. 아무런 '체'가 없다는 것이다. 그의 시가 그러한 이유는 결국 그의 시의 바탕인 그의 정신과 혼이 역시 그렇기 때문이다. 우리들은 이리하여 숭고한 그의 시 속에서도 무한한 친근감을 느끼게 된다.

어느 시대를 막론하고 특히 우리 시대에 있어서 시인 잠만큼 우리에게 따뜻한 온도를 품어주고 다정한 친밀감을 주는 시인도 없다. 오늘에 있어서 그의 시는 차라리 시 정신의 맑고도 한없는 샘물을 솟게 하는 기적에 가깝다. 확실히 시인 잠의 세계에서는 모든 것이 아름답게 되고 선하게 된다. 그의 시 세계에 들어설 때 우리가 때로 원죄 이전의 잃어버린 인간의 파라다이스에 있는 듯한 착각을 갖게 됨도 무리는 아닌 성싶다.

순수하면서도 깊고 사랑하고 친근할 수 있는 이 시인을 '우리 아저씨' 혹은 '친절한 할아버지'라 부르고 싶은 충동을 우리는 가끔 느낀다.

시인 잠의 짙은 턱수염에는 지금이라도 종달새가 날아와 둥우리를 지을 것이며, 그의 기름한 소매를 잡고 당나귀는 들길을 따를 것이며,

시골의 꼽추 구두장이는 시인의 뒤를 따라 일요일마다 성당을 찾아가
리라.

　우리도 저물어가는 시골 성당의 만종이 맑은 고요를 더욱 깊게 할 때
포근하고 따뜻한 마음으로 이 시인과 당나귀와 종달새, 그리고 구두장
이들 틈에 끼어 시골 저녁길을 한없이 걷고 싶어진다.

로맨티시즘의 소등—페르낭 그레그

카뮈의 뜻하지 않은 죽음과 더불어 여든이 넘은 고령의 시인 페르낭 그
레그Fernand Gregh, 1837~1960의 죽음은 같은 의미에서 프랑스 문학계가 요
사이 치른 큰 슬픔이었다.

　지난 세기말 상징주의symbolisme 문학, 특히 시의 절정은 사실상 베를
렌Verlaine, 랭보, 말라르메에서 끝난다. 그러나 문학사적으로 보아 구체
적으로 상징주의라는 시파를 이론적으로 전개하고 선언한 것은 오늘날
에는 작품 자체로서보다도 문학사적 의미에서 살아남아 있는 시인들,
즉 귀스타브 칸Gustave Kahn, 비에레 그리펀Viélé-Griffin을 비롯한 6, 7명의
시인들로서, 말라르메 같은 시인에 비하면 눈에 띄지 않는 그림자에 불
과했다. 이미 상징주의는 상징주의를 주장하고 나온 시인들 속에서 시
들어가고 있었던 것이다.

　시인 페르낭 그레그는 이러한 19세기 말의 시단에 살면서 말라르메
나 랭보 같은 지나치게 야심적이며 난해한 시의 결점을 극복하고, 시를
대중 속에 이끌어가려고 노력하였으며, 그럼으로써 현대 시가 상징주
의의 밀실에서 해방되어 나올 수 있는 바탕을 마련했다.

시인이 모든 인간의 형제가 되며 동무가 될 수 있음을 단념하지 않은 그는 말라르메, 그리고 베를렌에서 떨어져나와 오히려 로맨티시스트들인 빅토르 위고Victor Hugo, 알프레드 드 비니Alfred de Vigny의 뜨거운 인간의 심정과 그 깊은 심정에서 솟는 시의 세계에 더욱 가까워진다. 그렇다고 그는 시를 통속적인 감상이나 유행가적 가락으로 생각하는 사람은 전혀 아니었다. 오히려 그는 시를 보다 높은, 아니 최고의 결정인 인간 감정의 표현양식으로 생각한다. 그는 결정된 언어 속에 인간을 노래하고 인간의 모든 행위를 시의 중심에 놓음으로써 인간에게 온 세계의 특권을, 잃어버린 우위를 부여하려 한다. 그의 한 시집 제목『살아가는 아름다움』이 말해주듯이 그는 인간의 황무지에 다시 아름답고 따뜻한 인간의 꽃을 심어놓고 가원을 마련하려는 오늘날 드물게 찾아봐야 할 로맨틱한 휴머니스트이기도 하다.

행복하기도 하고 슬프기도 한 인생은 아름답다.
세상 풍경에 황홀한 혼으로 그것을 받아들여라.
인생은 아주 아름다운 것,
그 너머 죽음은 보다 감격적이고 보다 아름다움이 된다.
환희와 슬픔을 받아들여라.
맑은 아침이 지난 다음 창백한
저녁에 놀라는 참하면서도 용감한 마음으로.
사월에 피는 꽃보다 가을 바람에 지는 황금빛 낙엽보다
더 아름다운 것은 없다.

이처럼 인생의 아름다움을 체험하고 그러한 아름다움을 아무런 과장도 없고 난해한 말을 쓰지도 않고 실로 담담히 노래할 수 있는 데에 시인 그레그의 가치가 있다. 그렇다고 그를 소박한 인생찬미자, 낙관주의자로 착각해서는 안 된다.

눈을 돌려 얼마 후 타버릴 책이며
동상이며 사원을 바라보면서
야만인들이 소리를 합쳐 부수어버릴
말 없고 엄숙한 목소리의 메아리를 생각하면서.

부조리를 법칙으로 삼는 바로크의 가수들과
월계관을 다툴 생각조차도 하지 않고
맑은 꿈과 가라앉은 절망을 가득 안고,
나는 바라본다. 내 속에서 유럽이 죽어감을.

그는 아름다운 꿈을 갖고 있을 뿐만 아니라 현실을 투명하게 보는 명석한 정신을 갖고 있다. 그러기에 그를 단순한 위고나 비니의 후계자로만 생각할 수 없는 것이며, 그에게서 잠이나 쉬페르비엘Supervielle 같은 의미로서의 현대성을 충분히 발견할 수 있는 것이다.

그의 육체는 꺼지고 그의 붓끝은 움직이지 않게 되었으니 우리는 그의 죽음을 아름다운 낭만의 소등이라 부를까? 그러나 불이 꺼졌을 때 잠자는 육체 속에서는 더 많은 꿈이 익어가는 법이다.

그는 어떻게 살았으며 또 죽어갔을까? 그의 다음에 드는 시는 이같은 의문을 풀어주리라.

나는 살아 있다……

나는 인생의 소용돌이 속에 들어갔다.

나는 무섭고 얼떨떨하고 다치고 긴장하고 신경이 날카롭다.

나는 후회와 욕망과 소망에 가득 찼다.

추억과 희망과 선망에 가득 찼다.

나는 내가 바라는 것이 뭔지 이제 모르겠다.

나는 걸어온 길모퉁이에서 비틀댄다.

나는 불안정하고 흩어지고 다양하고 수많음을 느낀다.

나는 내가 행복한지 어떤지도 모른다.

나는 그저 살아 있다.

나는 사랑하지만 어떻게 내가 사랑하는지는 모른다.

나는 소름이 끼친다. 나는 사랑받는 사람처럼 겁이 난다.

나는 검고 따사롭고 주의 깊은 긴 눈을

그리고 점잖고도 쾌활한 눈을 사랑한다.

그 눈, 눈썹은 감을 때면 그늘이 진다.

마치 시선처럼 보일 만큼 부드러운 그늘이.

나는 사랑한다. 신선한 입 향기로운 입과

마치 연기같이 가늘고도 파도치는 머리와

가는 보석반지가 웃고 있는 가벼운 손가락을

그러나 나는 알려고 애쓰지 않는다.

어떻게 내가 사랑하고 어떻게 내가 사랑받는가를.

나는 그저 사랑한다.

─그리고 나는 죽으리라. 얼마 후에

아주 오랜 후에 혹은 아마 금방.

난 알 수 없다.

아마 나는 가리라

저기 저기 미지의 세계로

마치 창문으로 취한 새가 날아가듯이!

아마 나는 가리라.

신이 재생하는 밝은 태양

저기 신비로운 미지의 세계로!

나는 알 수 없다.

그렇지 않으면 나는 가서 잠들리라 영원히 썩으리라.

내가 사랑했던 나무들, 하늘, 눈眼들로부터 멀리 떨어져

독毒 있는 밤

땅 몇길 밑에서……

그러나 나는 나대로 인생의 맛을 알게 되리라.

나는 내 눈꺼풀 속에 비쳐보리라.

영원한 큰 빛을.

그러나 나는 기쁨을 마시리라. 신성한 큰 축제에서.

그외에 또 무엇을 내 바라랴?

나는 실으리라.

그리고 나는 죽으리라.

고독과 사랑과 시인 ─ 폴 엘뤼아르

시는 삶에 대한 끊임없는 목마름이며, 사랑에 대한 끊임없는 갈증이다. 상징주의는 말라르메에 이르러 그 정상에 이르렀다. 시는 거기서 새로운 샘물을 찾아야 한다. 뜻하지 않은 시의 오아시스가 어린 초현실주의자들의 눈앞에 아물거린다. 타고난 시인 폴 엘뤼아르가 그 오아시스를 찾는다. 브르통이 이론을 세우고 있을 때, 시인 엘뤼아르는 시 작품을 가지고 초현실주의의 샘물을 담는다. 이리하여 엘뤼아르는 현대 시의 뛰어난 기수가 되어 현대문학의 찬란한 잔치를 준비한다.

그는 무엇보다도, 누구보다도 '시인'이었다. 처음부터 그는 초현실주의의 철학적 혹은 사회적인 거대한 슬로건을 가졌던 것은 아니다. 그는 다만 초현실주의에서 그가 예감한 오아시스에 도달할 수 있는 하나의 뛰어난 방법을 보았을 뿐이다. 필요한 것을 배우고 난 엘뤼아르는 머지 않아 초현실주의로부터 서서히 물러난다.

그는 심정의 시인이다. 5월의 사람 없는 정원에 지는 그늘처럼 고독의 그림자가 시인 엘뤼아르의 고요한 마음의 뜰 안에 항상 지고 있다.

저녁은 제비들을 끌어오고 있었다.
부엉이들은 햇빛을 나눠 갖고 대지에 무겁게 내리고 있었다.
자연보다 창백하고 꼿꼿이 서 잠든
고독한 사람의 지쳐버린 발걸음처럼…….

그의 시적 이미지의 대담성은 확실히 초현실주의자 엘뤼아르를 말하고 있거니와 그 이미지는 투명하고 정론되어 있으며 단순하기까지 하다. 이 단순성과 투명성은 그의 마음을 비치는 거울이다. 눈부시도록 깨끗하고 아름다운 자연을 보고 있는 그는 한 인간으로서의 고독을 느끼며 그 주위를 둘러싸고 있는 모든 것과 이야기하기를 고대한다. 하나의 고독한 마음이 세계와 맞서 있는, 지극히 내적이고 절실한 세계는 엘뤼아르 시의 세계를 형성하며, 또한 그의 정신세계이기도 하다. 고독을 체험하는 이 시인은 '사고'하기보다는 '느끼는' 인간이다. 고독에는 죽음의 그림자가 따른다. 죽음을 극복하는 문을 두드리고 희망의 원천을 향해 그는 걷기 시작하는 것이다.

그에게 있어서 생의 원천은 사랑에 있었으며 따뜻한 여인의 마음, 애인들이 주고받는 애무 속에 숨어 있었다.

내 생명 전체가 그대 말을 듣는다.
세계 전체가 순수한 그대 두 눈에 달려 있고,
그리고 내 피는 그대 시선 속으로 흐른다.

"내 생명 전체가" 귀를 기울여 들을 만큼 귀중한 애인, 그리고 사랑은 고독한 이 시인에게 유일한 생의 의미로 나타난다. "세계 전체가 순수한 그대 두 눈에 달려 있다"는 말은 그 얼마나 순수하고 진실한 고백인가!

난 한 번 애무해서
난 그 별 내 모든 빛으로 빛나게 한다…….

아무런 기교도 아무런 과장도 없이, 차라리 소박하기까지 한 엘뤼아르의 시 속에서 보다 깊은 진실성과 그 어떠한 것보다도 따뜻한 온도를 체험한다. 그에게 있어서 이처럼 사랑이 생의 전부를 차지하기 때문에 "그대가 거기 없을 때 나는 내가 잠자는 꿈을 꾼다. 내가 꿈꾸는 꿈을 꾼다"라고 말한다.

이처럼 갖가지 꿈에 잡혀 있는 고독한 시인 엘뤼아르는 사랑이란 오아시스를 발견해서 차츰 고독을 이겨내고 광명과 희망을 찾게 된다. 그러나 이러한 엘뤼아르는 아직도 어디까지나 한 사람의 시인, 한 사람의 인간으로서 내적이고 극히 개인적인 세계에 머물러 있는 것이다.

내 개인의 생활이 귀중하다면 또 다른 '나'의 개인이 존중되어야 할 것이다. 우리는 타인을 발견하고 공동의 '나', 즉 우리가 함께 살고 있는 사회와 역사를 둘러봐야 한다. 여기에 대중으로의 길이 열린다. 2차 대전 때 프랑스의 시련 속에서 저항운동은 어디까지나 내적 시인 엘뤼아르에게 보다 폭넓은 '사랑'의 도로를 마련해준 좋은 계기가 되었다. 그는 그 개인의 자유가 사회와 역사에 짓밟힘을 앎으로써, 개인의 자유가 대중의 그것과 떨어질 수 없음을 안다. 이리하여 그는 '자유'를 호소하는 시인으로 변한다.

내 학습장 위에
내 책상과 나무들 위에
모래 위에 눈 위에
나는 쓴다 너의 이름을.

읽었던 모든 책장 위에
책장의 모든 빈틈 위에

돌과 피와 종이와 혹은 재 위에
나는 쓴다 너의 이름을.

금빛 나는 조상 위에
병사들의 무기 위에
왕들의 왕관 위에
나는 쓴다 너의 이름을.
…………
파괴된 내 피난처 위에
무너진 내 등대 위에
내 권태의 벽들 위에
나는 쓴다 너의 이름을.

욕망 없는 방심 위에
벌거벗은 고독 위에
죽음의 행진 위에
나는 쓴다 너의 이름을.

다시 회복된 건강 위에
사라진 위험 위에
추억 없는 희망 위에
나는 쓴다 너의 이름을.

그리고 말의 힘으로

나는 내 인생을 다시 시작한다.

나는 태어났다 너를 알기 위해서

너의 이름을 짓기 위해서

자유여.

이 시가 발표되자마자 자유를 잃은 모든 프랑스인들의 입에선 어느덧 이 시가 유일한 희망의 노래처럼 불리고 있었다.

이 시는 그들에게 있어서 내일을 약속하는 하나의 상징이었던 것이다. 시는 이미 시인만이 가지는 특권자의 독점물이 아니요, 대중과 함께 사는 생의 노래가 된다. 사실 우리는 얼마 동안 이러한 시를 잃고 있지 않았던가?

자유를 부르는 시인의, 그리고 그 당시 프랑스인들의 현실은 더 절실한 구체적 악과 싸워야 했다.

어쩌란 말이요 문은 닫혀 있었습니다.

어쩌란 말이요 우리들은 갇혀 있었습니다.

어쩌란 말이요 길은 막혀 있었습니다.

어쩌란 말이요 도시는 포위되어 있었습니다.

어쩌란 말이요 도시는 굶주려 있었습니다.

어쩌란 말이요 우리들은 무장해제됐었습니다.

어쩌란 말이요 밤이 깊어 있었습니다.

어쩌란 말이요 우린 서로 사랑했었습니다.

이 어두운 절망적 현실을 고발하지만 결코 그는 절망진 않는다. "우린 서로 사랑했었습니다." 여인의 사랑에서 고독을 풀었던 시인 엘뤼아르는 대중 속에서 상호간의 우정과 사랑을 통하여 우리들 모두의 고독과 고통을 이겨나가리라는 것을 안다. 그는 이미 대중의 한복판에 서 있다. 그러나 한 여인의 사랑을 노래했던 그가 달라진 것은 결코 아니다. 여인에 대한, 한 개인에 대한 사랑이 대중에게로 확대되어가고 있었을 뿐이다. 사랑은 한 개인의 소유물이 아니요, 공공의 보물이 된다.

이러한 엘뤼아르의 사랑은 그가 불의에 분노하고 악과 대결할 때 더욱 강하게 더욱 직선적으로 나타난다.

이젠 거의 전사적인 사회인으로서, 한 현실적 인간으로서의 시인을 그에게서 본다.

무기라고는 삶을 향해 열린 두 팔밖에 없었던
어디나 있는 그들 형제들을
그들은 아주 귀중히 꿈꾸고 있었다.
그리고 산은 들판으로 바닷가로 뻗쳐서
그들의 꿈과 그들의 미친 듯한 정복을 재생했었다.
마치 생물이 바다를 잡듯이 손에 손을 잡고서.

'손에 손을 잡고' 노래하고 춤추는 젊음 가운데 "오늘날 시인의 고독은 극복된다. 저기 인간들 가운데의 인간들이 있고, 여기 형제들 가운데의 형제들이 있다". 그리하여 고독했던 심정의 시인 엘뤼아르는 "시는 실천적 진리를 목적으로 해야 한다"고 주장하게 된다.

들은 갈려 있고 공장들은 빛이 난다.

밀밭은 거대한 물결 속에 그의 보금자리 만들고

곡식과 포도 수확의 수많은 증인들이 있다.

단순하고 기이한 것은 아무것도 없다.

나는 하늘과 밤의 눈 속에 있고

숲은 나무들을 보존한다.

집들의 벽은 다 같은 피부를 갖고

거리는 항상 서로 교착한다.

서로 알아 듣고 이해하기 위하여

사람들은 태어난 것이다.

아버지가 될 아이들은

불도 땅도 없지만

불을 다시 발명할 아이들은

인간들을 다시 발명할 아이들. 그들은 가졌다.

자연과 그들의 조국을

모든 사람의 조국을

모든 시대의 조국을

이리하여 불행한 오늘의 인간, "인간을 다시 발견할 아이들"인 오늘의 젊은 세대는 크나큰 미래의 희망 속에 살 수 있는 것이다. 인간은 피닉스새처럼 영원히 재생하리라는 신념이 또한 시인 엘뤼아르의 시적 바탕이 된다. 결국 휴머니즘의 승리가 왔다.

희망의 누나 오! 용감한 여인들

죽음과 대항해서 그대들은 약속을 했다

사랑의 덕을 결합하는 약속을…….

　고독한 시인이 인류의 힘찬 노래를 부르게 되는 힘, 개인에서 사회로 통하는 길, 그 밑바닥에는 언제나 사랑이 안내하는 샘물이 있음을 잊어서는 안 된다. 대중 속에 섞여 춤추고 노래하는 엘뤼아르의 마음의 뜰 안에는 언제나 아름다운 여인의 옥색 치맛자락이 보드랍게 스치고 있는 것이다.

　고독에서 출발한 시인 엘뤼아르는 이와 같이 사랑을 매개로 하여 사회, 더 나아가서는 대중 속에서 전투적 시인으로 옮겨가고 내적 독백을 시민의 노래로 전환시킨다. 이러한 사랑의 발전과 더불어 어두운 꿈에 가득찬 초현실주의자 엘뤼아르의 시는 행복과 희망의 빛인 밝은 시로 발전했던 것이다. 이 꾸준한 사랑의 성장이야말로 이 시인을 이해하는 열쇠가 되리라.

　한편 그의 시는 상징주의가 주장하는 의미와는 다른 의미에서 그 어느 시인보다도 '순수'하다. 이 순수성은 그의 '사랑'에서 오는 것이기도 하거니와 그의 시는 비할 곳 없는 투명성을 부여해준다. 우리는 이 시인의 작품을 마치 맑은 '거울'과 같이 바라보아도 좋으리라.

　그는 한때 초현실주의시인의 기수였지만, 전위적이고 모험적인 시인이라기보다도 오히려 오랜 세월을 지나고서 피어난 하나의 탐스럽고 우아한 꽃이었다. 그는 현대 시의 새로운 출발점이 아니었고, 휴머니즘에서 받아내려온 에센스를 긍정하는 하나의 완성된 시인이었다.

　그가 오늘날 현대의 시성詩聖처럼 받들여지고 있음도 우연이나 요행은 결단코 아니다.

우주와의 회화—쥘 쉬페르비엘

쥘 쉬페르비엘Jules Supervielle은 1884년 남아메리카의 우루과이에서 태어났다. 일찍이 부모를 잃고 아저씨와 아주머니의 슬하에서 자라났다. 초등교육을 그 지방에서, 고등학교를 파리에서 마쳤다. 그는 법학과 어학을 공부했다. 그는 그의 전공과목을 중단하고 고독한 가운데 혼자 문학공부를 하였다. 이와 같은 그는 상징주의와 초현실주의 등 갖가지 '주의'가 창조되는 파리에서 멀리 떨어져, 독자적인 시의 세계를 형성하고 있었다. "내가 파리의 문학에 속한다고 생각해선 안됩니다. 나는 무서울 정도로 외롭게 있었습니다. 나는 아무도 만나지 않았습니다. 25세가 돼서 나는 겨우 말라르메의 이름을 알았을 뿐이지요. 우리집에서 《NRF(신 프랑스 평론)》를 구독하고 있었지만, 난 그 잡지를 읽지도 않았습니다. 잡지가 너무 어려운 것 같았어요"라고 비평가 부아데프르Boisdeffre와의 한 인터뷰에서 그는 말하고 있다.

이른바 문학운동의 외곽에 떨어져 있었을 뿐만 아니라, 아무런 직업에도 종사한 일이 없이 고요한 가운데 자신의 시 세계에 파묻힐 수 있었던 그였기에, 그의 시 속에는 말할 수 없는 신선미와 순백함과 투명함이 담겨 있다. 『중력』, 『죄 없는 죄수』, 『세계의 우화』, 『미지의 동무들』 등 그의 시집의 이름이 암시하듯이 미지의 세계에 대한 따뜻하고 맑은 사랑이 그의 수식 없는 시 속에 있다. 우리들은 그의 어렵지 않은 언어의 마술을 통하여 알 수 없는, 그러나 느낄 수 있는 사랑의 속삭임을 듣는 듯하다.

이와 같은 시의 풍토를 우리는 프랑스의 시사 가운데에 라 퐁텐, 베를렌, 사맹Samain, 잠Jammes, 그리고 가까이는 엘뤼아르 등의 계열에서 찾아볼 수 있지만, 쉬페르비엘에서처럼 그렇게 맑고도 깊고 따뜻한 체온을 느끼기란 어려운 일이다. 우리들은 그의 시에서 수정과 같은 감성을 통하여 우주의 비밀을 알고 우주와 호흡을 함께 할 수 있을 것만 같다.

상징주의, 그리고 발레리에 이르는 극히 지성적 시인들을 위시하여 클로델, 페기Péguy에서 찾아볼 수 있는 웅변, 또한 초현실주의에서 볼 수 있는 혁명적 정신, 이렇게 다양한 경향이 현대 시의 다채로운 지도를 꾸미고 있는 데 반하여, 쉬페르비엘은 깊고 높고 또 가라앉은 서정시를 대표하고 있다.

불안한 현대에 와서, 특히 저항의 시기에 있어서 많은 사람들은 '문학의 참여', '시의 참여'를 주장해왔다. 그러나 그는 대답한다. "나는 비참여의 편이다. 인간은 스스로와 직면해서 그 자신에 참여할 수 있을 것이다. 그것만으로도 이미 벅차다"라고.

이리하여 그는 비밀에 가득찬 우주에 귀를 기울이며 나무와 동물, 생물 등 모든 것들과 따뜻한 회화를 고요히 나누고 인간과 우주의 깊은 의미를 찾으려 한다. 그는 우주의 생물에서 생명을 마신다. 이 시인이야말로 생존해 있는 현대 시인 중에서 가장 뚜렷한 사랑과 순수의 시인이라 하겠다. 그러나 이같은 순수성은 그의 안이함을 의미하지는 않는다. 그는 누구보다도 놀라운 언어의 마술사이기 때문이다.

　나뭇잎과 나무통을 좀 갖고서도
　내가 말 못하는 것을 너는 하도 잘 말해.
　나는 영원히 글 쓰지 않을 것을
　조금이라도 내게 사리事理가 남아 있다면
　그리고 보이지 않는 미지의 무엇을 위해

내 잠자코 있지 않으려는 모든 것은
내 그걸 밝혀낼 값도 거의 없는 것 같아
내 한 뿌리를 벗긴 채로 둘 때엔
그의 침묵과 그의 흙 묻은 눈물 속에.

시인은 한 '나무'를 바라본다. 아니 이미 바라보고만 있는 것은 아니다. 말 없는 '나무'와 시인의 설명할 수 없는 고요한 마음 사이에 이미 침묵의 대화가 시작된다.

나뭇잎과 나무통을 좀 갖고서도
내 말 못하는 것을 너는 하도 잘 말해.

나무는 이미 잎이 있고 갈라서 뗄 수도 있는 그러한 나무가 아니다. 그것은 '내가 말로 설명할 수 없는' 무엇을 무한히 얘기해주는 말없는 이야기, 끝없는 비밀과 신비를 갖고 있는 우주의 한 생명체이다. 그리하여 시인은 '쓴다는 것'이 얼마나 엉터리없는 것임을 안다. 왜냐하면 우리들은 언어로서는 도저히 그 심오한 비밀을 밝힐 수가 없기 때문이다.

……보이지 않는 미지의 무엇을 위해
내 잠자코 있지 않으려는 모든 것은
내 그걸 밝혀낼 값도 없는 것 같아.

그러나 시인은 나무가 갖고 있는 보이지 않는 무엇을 느끼고 그것을 밝혀내기 위하여 말하고 싶지만 그러한 욕심이 무익한 허영임을 아는 데, 그것은 그가 말없는 나무 뿌리를 있는 그대로 바라볼 때이다. 왜냐하면 말은 하지 않지만 마치 흙 묻은 눈물이 배인 것 같은, 한 나무 뿌리는 시인이 밝히지 않아도 더 많은 무엇을 분명히 말해주기 때문이다.

이와 같이 사람이 하는 이상의 이야기를 우리는 나무에게서 듣는다. 그런데 중요한 것은 마지막 행에서 볼 수 있는 "나무의 침묵 속에서"라는 구절이다. 이 구절은 나무라는 이미지를 명확히 해줌과 동시에, 고요한 우주의 속삭임을 우리로 하여금 느끼게 한다. 또한 그것은 시인 쉬페르비엘의 시의 침전되고 깊은 세계를 설명해주고도 남음이 있다.

이 짧은 시는 그의 다른 시에서와 마찬가지로 어려운 낱말도 야릇한 이미지도 괴팍한 문장도 없이 극히 평범한 문체로 쓰여 있다. 그리고 철학적인 설명도, 어떤 웅변적인 요소도 전혀 찾아볼 수 없다. 그러나 우리들이 이 한 편의 시 가운데서 시인의 순수성과 아울러 우주의 깊은 무엇과 접하고, 나아가서는 그것과 이야기까지 할 수 있을 것 같게 하는 것은 이 시인의 시적 마술과 동시에 깊이를 보여주는 열쇠이기도 하다.

이 시인의 세계에서 우리들은 나무와 인간 사이의 장벽을 무너뜨리고 서로 융합되어감을 느끼게 된다. 그것은 비단 인간과 그 외부의 것(나무)과의 비밀을 서로 보여주는 데 그치지 않고, 그러한 대화를 통하여 인간 자신의 더 깊은 이해를 얻게 한다.

이같이 우주 속에 있는 무릇 생명체 간의 회화는 다음과 같이 구체적인 새와의 대화 형식의 시 속에서 더욱 분명해진다.

새야, 그댄 뭘 찾는거냐, 내 책 위를 파닥파닥 날면서.
그대에겐 이 좁은 방의 모든 것이 신기한거지.

──난 당신 방을 모르는걸,

그리고 난 당신과 멀리 떨어져 있는 걸요.

난 내 숲을 한 번도 떠난 적이 없지요,

난 나무 위에 살고

그 나무 위에 난 내 보금자리를 숨겨두었지요.

달리 이해하시오.

당신에게 일어나는 모든 것을,

한 마리 새를 생각지 마시오.

──하지만 아주 가까이 그대의 발과 뿌리가 보이는데요.

──물론 당신 눈이 날 보았다면

당신은 거리를 탈출할 수 있겠지만,

내가 잘못하진 않았지요.

──그래도 그대는 거기 있지 뭐,

그대가 지금 대답하고 있는 것만 봐도 알지요.

──언제나 사람에 대해 내가 갖고 있는 공포에 난 답답합니다.

난 내 애기들을 기릅니다. 다른 여자가 없어요.

당신 방의 벽처럼 울창하게 생각됐던

어느 나무의 가장 깊은 그늘 속에

나는 내 애기들을 보호하지요.

나로 하여금 내 나뭇가지 위에 있게 내버려두시고,

그런 말씀 그만두시지요.
나에겐 당신의 생각이 마치 총알같이 두렵습니다.

──그럼 진정시키시오,
날개 밑에 내 음성을 듣는 그대의 가슴을.

──그러나 당신의 알 수 없는 정다움은
그 얼마나 큰 두려움을 숨기고 있었던 것인가요.
아! 당신은 날 죽였습니다. 난 내 나무에서 떨어졌어요.

──난 혼자 있고 싶어요, 새의 한 시선조차도……

──그러나 난 멀리 있었는데요, 나의 짙은 안춤에!

시인은 그의 방에 들어 와 있는 새(혹은 그의 방이 마치 숲과 같이 상상되었기에 새를 보는 듯한 이미지를 가질 수도 있다)에게 마치 오래전부터 알고 있는 동무처럼 대한다. '새'야, 하고 부를 때 그곳에는 '내 동무' 혹은 '내 형제인 새'라는 뜻이 이미 내포되고 있다고 보아 좋을 것이다.

그대에겐 이 좁은 방의 모든 것이 신기한거지.

새가 사람이 사는 방에 처음 들어 왔을 때 모든 것이 그 새에게는 신기하게 보인다는 것은 극히 자연스럽고 당연한 일이다. 그러나 이러한 자연스러운 사실을 통하여 우리가 인습의 눈을 씻고 세계를 바라볼 때,

우리에게 세계는 한없이 신기한 것이 된다. 벌써 우리는 여기서 동심의 세계, 아니 그 이전, 인간 역사 이전의 순수한 세계에 이미 돌아왔다 할 것이다.

　난 당신 방을 모르는걸

　새는 시인의 방에 들어왔음에도 불구하고 방을 마치 숲과 같이 생각하는 아름다운 착각을 하고 있다. 이러한 착각은 서로 다른 두 개의 세계, 인간과 나무와 거리를 좁히고 그럼으로써 새로운 커뮤니케이션을 갖게 된다. 이 착각의 이미지는 다음의 "당신 방 벽의 하나처럼 그렇게 짙은 나무"라고 하는 새의 말에 의해서 더욱 그 의미가 뚜렷하게 된다. 순진한 새에게는 방에 있는 벽까지 마치 자기가 살고 있는 나무같이 상상된다. 이같이 하여 우리들의 세계는 마치 동화의 역사적 이전의 세계로 환원하는 듯하다.

　당신은 거리를 탈출할 수 있겠지만,

　이 동화의 세계는 우리들을 분리시키는 거리관념까지도 없어진 세계이다. 이렇게 거리가 없어진 융화된 곳이기에 멀리 있는 것과의 대화가 가능하며, 그러한 대화는 포근한 애정으로 싸이게 된다.

　그럼 진정시키시오, 날개 밑에 내 음성을 듣는 그대의 가슴을.

　인간의 야릇한 생각을 마치 총탄처럼 두려워하는 새에 대해서 시인

(인간)은 이제 그러한 공포를 갖지 말고 서로가 정을 통할 수 있다는 것을 새에게 타이를 수 있는 것이다.

그러나 당신의 알 수 없는 정다움은 그 얼마나 큰 두려움을 숨기고 있었던 것인가요.

새가 시인을 인간으로 확인했을 때 그는 공포를 갖지 않을 수 없다. 우리는 다시 현실의 세계에 떨어진다. 그러나 "나는 혼자 있고 싶어요"라는 시인의 요청과 "나는 멀리, 내 큰 숲 속에 있는 걸"이라는 새의 대답으로서 지양된다. 인간과 인간, 인간과 새 사이의 고독, 각자 혼자만이 갖고 있어야 하는 고독을 우리는 알고 있다. 이러한 고독을 인정하지마는 그렇다고 인간과 새와의 관계가 포기된 것은 아니다. 서로가 그러한 남의 고독을 자기의 것으로 인정함으로써 말없는 대화가 계속될 수 있는 것이다.

쉬페르비엘의 시는 투명성과 순수성, 소박성을 느끼게 하면서도 말할 수 없는 신선미가 있다.

그리고 그러한 요소들은 따뜻한 '정'을 무한히 느끼게 하는 언어로 승화한다. 동심과 같은 그의 신선미는 소박한 어린애의 그것은 물론 아니다. 그는 말한다. "내가 그 신선미를 갖게 되기까지는 한없는 노력이 드는 겁니다. 나는 수없이 나의 시상을 고쳐보고 모색하는 오랜 정복 끝에 겨우 그런 신선미에 도달할 수 있었던 것입니다"라고. 그러기에 그의 신선한 동심의 세계를 안이한 것으로 속단해서는 안 된다. 물론 그의 시의 낱말도 단순하고 문장도 평범하다. 그러나 좀더 살펴보면 그런 평범함 속에 헤아릴 수 없는 환상, 즉 우주에 대한 환상이 드러나는 것이다. 여기에 바로 그의 시적 마술이 있다. 이러한 환상을 통하여 우리들은 때 묻지 않고 거짓 없는, 무릇 우주 속에 존재하는 것들과 소근거리는 회화를 주고받을 수 있고 들을 수 있으며, 또 그럼으로써 그 속에 숨겨진 우주의 아름다운 비밀에 접할 수 있게 된다.

젊은 세대의 찬가—자크 프레베르

현대 시 전체가 그러하듯이 상징주의 이래 프랑스 시 역시 차츰 어느 특수한 사람들만이 접근할 수 있을 정도로 난해해졌다. 말라르메에서 그 절정에 이르는 형이상학적 경향에 의해서, 그리고 초현실주의의 과격한 혁명과 무질서의 착란에 의해서 시는 일반대중과 소외되는 현상을 자아내고 말았다. 시가 시인, 아니 하나하나의 시인 혼자만이 이해할 수 있는 특수하고 고립된 영토에 은퇴하게 되었다는 것도 현대 시의 특징이라 하겠다. 확실히 현대 시는 알 수 없는 것, 난해한 예술로 변하고 시인과 독자 사이의 소통이 깨어지고 서로 무관심하게 될 만큼 떨어지고 말았다. 여기에 현대 시의 고민과 또한 위기가 있다. 이것들을 다시 결합해줄 수 있는 어떤 기적은 없을까? 우리는 지금 자크 프레베르Jacques Prévert를 기다리고 있는 것이다.

티에리 모니에Thierry Maulnier는 그의 『프랑스 시 서설』에서 민중시가 프랑스에서는 불가능하다고 말했지만 프레베르는 그의 그런 이론에 대한 좋은 반증이라 하겠다고 말한다. 『말Paroles』이란 시집을 냄으로써 공전의 인기를 얻고 성공을 거둔 익살꾼 프레베르야말로 시와 독자의 재혼을 마련한 둘도 없는 민중시인이다. 현대 시에 있어서 그는 기적에 가깝다.

프레베르는 초기에 초현실주의의 영향을 받고 있었으나 그의 천재는 초현실주의의 뒤죽박죽한 시로부터 하나의 정연한 시의 실마리를 유도해낼 수 있었던 것이다. 그가 상징주의나 초현실주의가 아닌 전통시에서 얻을 수 있었던 것은, 물론 전통 시의 설명성을 경멸하지만 시원스러운 회화적 유동성이란 형태에 대한 암시였을 뿐이다. 그는 시를 '쓴다'기보다도 오히려 '말한다'. 문체가 있다기보다도 화법이 있다. 이같은 수법은 속도가 빠르고 변동이 심한 현대적 감각의 일면을 충분히 표현해줄 수 있었다. 현대인은 지나친 수사학, 지나친 문학성에 지치고 만 것 같다.

또 하나의 그의 공로는 현대 시인들이 대개는 페시미즘pessimism에 빠지기 쉬우며 어둡고 우울한 분위기를 벗어나고 있지 못하는 데 비해서, 프레베르는 생의 '기쁨'을 확신하는 오히려 옵티미즘optimism을 지니고 있다는 데 있다. 도달할 수 없는 '천국'을 우러러보고 비애를 느끼는 시인이 아니요, 어디까지나 지상에서 기쁨을 찾고 부족한 인간 세계에 머무르기를 택한 시인이다.

그러나 프레베르가 이 사회, 이 세계에 만족하는 것은 결코 아니다. 그는 어디까지나 현대의 악과 결함을 알고 있으며 그러한 것들에 대해서, 어느 누구보다도 많은 분노를 느끼며, 그것들을 고발하고 경멸하고 야유한다.

경건히…… 하는 사람들이

푸짐히…… 하는 사람들이

색기色旗를 휘두르는 사람들이

취임식을 하는 사람들이

믿는 사람들이

믿는다고 믿는 사람들이

믿는 시늉하는 사람들이

붓대를 가진 사람들이

잔소리하는 사람들이

　그는 현대문학이 규탄하는 이른바 안이와 타협, 즉 양식 없는 사람들을 하나하나 열거하며 희화하고 있는 것이다. 놀랍도록 언어를 구사하면서 그것에서 능란한 유희성을 드러낸다. 가령 'Ceux qui croient croire'에 뒤이어 또다시 그 음만을 따서 'ceux qui croa-croa'라는 신어를 만듦으로써 '끄화 끄화'라는 '어리석음'을 연상시키는 '음'을 살리며, 그가 야유하려는 사람들을 '어리석은' 것으로 보이게 하는 것이다.

　프레베르의 이같은 고발과 조소의 대상은 누구인가? '삼색기를 휘두르는 사람들'이며, '취임식을 하는 사람들'이며 '믿는다고 믿는 사람들', '끄화 끄화 소리 내는 사람들'이며 '붓대를 가진 사람들', 즉 기성적 권위와 특권을 가지고 '안이한' 생활의식을 가진 사람들이다. 그는 기성세대를 대표하는 '판사님들', '법왕님들', '학사원 회원님들' 등등의 괴상하고 불길한 사육제를 보고, 그들 모두를 함께 '쓰레기통'에다 버리자고 주장한다.

추려 모으시오 늙은 뼈와

사라다 담은 바구니를

돈 많은 사람들의 영구차는 앞에 있습니다.

성聖 누가의 아들들은 하늘로 올라가시오.

의회는 다 끝났습니다.

그 모든 아름다운 세계는 저 높은

하늘에서 다시 찾게 되겠지요.

크나큰 유치소의 뜰 안

순경들의 신 곁에서

물러가시오 할아버지여

물러가시오 아버지 어머니여

물러가시오 선조들이여

물러가시오 늙은 병정들이여

물러가시오 늙은 목사님들이여

물러가시오 늙은 여자 목사님들이여

회의는 다 끝났습니다.

지금 어린애들을 위해

구경거리가 시작되려 합니다.

쓰레기통에 버려 마땅한 사람들을 이 시인이 고발하는 이유는 그가 다만 증오에 가득 차 있기 때문은 아니다. "나는 한번도 '증오'라는 말을 쓴 일이 없다"고 그는 스스로 말하고 있다. 그가 그들을 몰아내려 하는 것은 다만, 그들이 '둥글게 돌아서서 춤추는 것을 방해하는 사람들'이라고 생각되기 때문이다. 인간은 기쁨을 갖도록 운명 지워졌다고 생각되는데, 이 사회에는 그 인생의 기쁨에 대항한 끊임없는 음모가 있다고 시인 프레베르는 생각한다. 그리하여 이 시인은 그러한 음모를 고발하고자 할 뿐이다.

이처럼 우리는 고발하고 추방하는 시인을 보았지만, 인생의 기쁨을 믿는 그가 그것으로 그치는 것은 결코 아니다. 그는 새로운 세대, 새로운 시대, 젊은이들의 세계를 믿기 때문에, 그가 위와 같은 고발을 하는 까닭은 새로운 세대를 마련하기 위해서이다.

그는 낡은 세대를 부정하고, 그것을 고집하는 낡은 사람들을 두들긴다. 그러나 그는 믿는다, 현대를, 그리고 거기 싹트는 젊은이들의 시대가 있으리라는 것을.

"물러가시오, 물러가시오……" 모두가 물러가게 한 다음, 그는 '지금 어린이들을 위한 구경거리가 시작하려는 것'을 안다. 이 얼마나 희망에 찬 노래인가.

지금까지 보아온 프레베르는 확실히 비판적이며 전투적이다. 그러나 여기 또 하나의 시인 프레베르가 나타난다. 그것은 따뜻하고, 사랑과 슬픔을 느끼는 인간 프레베르이다. 어쩐지 센티멘털한 것도 같은 시인이다.

회상해보렴 바바라여

그날 브레스트시에 쉬지 않고 비 내리고 있었다.

비를 맞으며

그댄 걷고 있었다. 미소를 띠고

기쁨에 얼굴이 환하게 빛나며.

회상해보렴 바바라여

브레스트시에 쉬지 않고 비 내리고 있었다.

그리고 나는 사이암가에서 그대와 스쳐갔었는데

그댄 미소했었고

나도 똑같이 미소했었지.

회상하렴 바바라여

그댈 나는 몰랐었고

그댄 나를 몰랐었지

회상하렴

어쨌든 그 날을 회상하렴

잊지 말렴

추녀 밑에서 비를 피해 있던 한 남자를

그런데 그 남자는 그대 이름을 불렀었지.

바바라여

그리고 그댄 비 맞으며 그에게 달려갔었지.

기쁨에 얼굴이 환하게 빛나며

그리곤 그댄 그 남자의 팔 안에 뛰어들었다.

그걸 회상하렴, 바바라여

내가 그대에게 반말을 쓴다고 욕하지 마오.

나는 내가 사랑하는 모든 사람에겐 반말을 쓰니까요.

내가 처음 보는 사람일지라도

서로 사랑하는 모든 사람에겐 나는 반말을 쓰지

내가 그들을 알지 못할지라도.

회상하렴 바바라여

잊지 마오

행복한 그 얼굴 위에 내리던

행복한 그 도시 위에 내리던

행복한 그 보슬비를

바다 위에 내리막

병기창고에 내리던

그리고 우에상선 위에 내리던 비를.

오 바바라여

전쟁은 정말 더러운 것

지금 그댄 어떻게 됐나

싸늘하고

피섞인 포화의 비를 맞고

그리고 상스럽게

두 팔 안에 그댈 꼭 포옹하던

그 남자는 죽어 없어졌는가 혹은 아직 살아 있는가.

오 바바라여

지금도 쉬지 않고 브레스트시에 비가 내린다.

마치 그 전에 비가 왔듯이

하지만 그때와는 다르다 모든 것이 부서져 있다.

지금 오는 비는 무섭고도 슬픈 무덤이다.

그것은 이미

피 섞인 포화의 소낙비도 아니다.

아주 단순히 마치 강아지들처럼

찢어지는 구름 조각들뿐

브레스트시에 내리는 빗물을 따라

사라지며 멀리

멀리 브레스트시에서 아주 멀리

가서 썩으려는 강아지들처럼

그런데 지금 브레스트시에는 아무 남은 것이 없구나.

프랑스의 남서쪽에 위치한 브레스트시는 군항이며 해군사관학교를
비롯하여 병기창고, 조선소 등이 있었는데 전시에 파괴되었었다. 비단
사관생이 아니라도 젊은이들이 많이 모인 그 도시에 흔히 있을 수 있는
로맨스를 우리는 쉽사리 상상할 수 있다. 시인 프레베르는 바바라Barbara
라는 흔히 있는 이름의 여인상을 그림으로써 잃어버린 젊음의 행복에
대한 향수를 그리고 있다. 이 사랑과 행복이 상실된 원인이 어리석은 전
쟁 때문임을 또한 상기시킨다.

특히 비 내리는 도시에서의 로맨스를 지금 다시 비 내리는 폐허의 바
로 그 도시에서 회상할 때 그리움과 우울과 슬픔은 더욱 절실해진다.

"회상하렴 바바라여!" 어떻게 우리가 '미소 짓고 환히 빛나는 얼굴로
꽃처럼 피던 연인', '추녀 밑에 비를 피하고 그의 이름을 부르던 남자의
팔 안에 뛰어들던' 사랑을 회상하지 않을 수 있겠는가? "잊지 말아라"
어떻게 우리가 우리의 사랑을 포근히 해주던 그날 그 항구에 내리던 '행
복스러운 보슬비'를 잊을 수 있겠는가? 그러나 지금 '아무것도 남지 않
은 브레스트의 항구에' 와 보면, 역사의 '피 섞인 포화'를 겪고난 지금
다시 와보면, 그날의 행복스러운 비는 다시 내리건만 옛날의 애인 바바
라가 '어떻게 됐는지'도 모르고 그날의 젊은이가 '죽었는지 혹은 살았
는지'도 모른다. '마치 멀리 아주 끌려가서 강아지들처럼 찢어지는 구
름조각 같을 뿐'이다.

잘 알진 못해도 서로 사랑만 하면 반말을 곧 쓸 수 있는 이 단순하고
따뜻한 사람들의 사랑은 시대의 회오리바람과 함께 사라졌다. "회상
하렴—어찌 우리가 그러한 사람들의 사랑을 회상하지 않을 수 있겠

는가?"

그처럼 도전적인 시인 프레베르의 가슴에도 인생의 잃어버린 행복, 인생의 슬픔과 그늘을 느끼는 약한 그러나 따뜻한 정이 숨어 있는 것이다.

우리는 두 개의 프레베르를 보았다.

하나는 낡은 것들과 능글맞은 사람들을 조소하고, 정의감에 분노하고, 가난한 사람들과 순진한 사람들, '젊은 세대의 찬가'를 부르는 시인 프레베르.

또 하나는 그러한 젊은 세대의 사람들이, 아니 모든 사람들이 느끼는 슬픔과 우울, 따뜻한 감정에 정을 보내는 눈물 어린 시인 프레베르를.

그러나 시인 프레베르의 의미는 그것에 그치는 것은 아니다. 그는 무엇보다도 시인이다. 그는 새로운 시의 정신과 참신한 수법을 창조한 독창적인 시인이다. 그는 현대 시의 난해성을 극복하는 데 성공했다. 그는 상아탑의 혹은 형이상학적인 혹은 초현실주의 시인들과 같은 야심의 시인이 아니다.

그는 기교를 버리고 우리 생활 주변의 아주 구체적이고 단순한 것들 속에서 시를 찾아내는 '거리'의 시인, 현실의 시인, 민중의 시인이다. 그는 엄숙한 시어, 시구를 '만든다'기보다는 거리의 단순한 대화 속에서 시를 건지는 '회화의 시인'이다. 그는 제작하지도 '쓰지도' 않고 '말'하는 시인이다.

그리고 그의 시적 이미지는 로맨티시스트나 상징주의자에서와 같이 난삽한 것, 너무나도 시적인 것이 아니다.

돌 하나

집 두 채

세 개의 폐허

땅 파는 사람 넷

정원 하나

꽃 몇 포기

곰 한 마리

굴 한 다스, 시트론 하나, 빵 하나

보통 두 개의 언어를 대립시킴으로써 하나의 신기한 이미지를 만들어내는 것이 시적 언어의 기교이지만, 프레베르는 그러한 수법을 쓰지 않고 단순히 명사들을 나열함으로써 거기서 우리에게는 낯익지 않은 신선미와 자연스러운 단순미를 맛보게 한다. 이것을 영화적 수법이라고 부를 수 있다. 이러한 수법은 먼저 예로 들은 시들을 비롯하여 그의 모든 시에서도 사용되고 있다. 그리하여 그는 잃어버린 시의 넓은 영토와 민중을 다시 찾고, 막다른 골목으로부터 현대 시를 구해내는 것이다.

그의 시는 젊음을 노래했고, 시의 젊음을 부활시켰고, 젊은이의 편에 언제나 속하는 시원하고 활기찬 찬가라 하겠다.

대상으로의 접근—프랑시스 퐁주

현대 시의 한 공통적인 특징은 반反서정에 대한 꾸준한 의지이고, 시적 리얼리즘에 대한 지향이다. 미쇼나 프레베르에게서도 이러한 요소는 두드러지게 나타난다. 그러나 미쇼의 환상과 내적 비통성, 그리고 프레베르의 분노와 감격은 역시 주체적 원천과 더불어 시적 서정성을 완전히 벗어나지는 못하고 있음을 드러낸다. 그러한 주관성을 완전히 거절해버린 순수한 리얼리즘의 시는 없을까? 지금 우리들은 프랑시스 퐁주의 시적 세계 속에 들어가고 있다.

퐁주는 시의 대상으로서 오렌지, 굴, 빵, 불, 달팽이, 조개, 카네이션, 미모사 등과 같은 정물을 선택한다. 그에 의하면 시인의 역할은 그의 시선을 위와 같은 대상에 돌려서 명철히 관찰하고, 그 대상을 똑바로 기록하는 데 있다. 시인은 있는 그대로의 사물을 밝혀내야 한다. 이러한 일이 시인의 전부이다. 종래엔 시 하면 흔히 어떤 대상을 미화하거나 장식하는 것, 즉 어떤 대상을 한 시인의 주관으로 분을 발라주는 것으로 생각해왔다. 이러한 점에서 볼 때 시인 퐁주는 전통적 서정성의 정반대 지점에 있다. 서정적 세계란 인간화된 세계를 뜻하며, 그러므로 그 세계는 완전히 순수한 것이 못 된다. 퐁주의 의도는 이렇게 불순수한 대상을 극히 객관적으로 바라보고, 우리들이 인습적으로 생각해온 어떤 대상들을 변형시켜 있는 그대로의 순수한 것으로 환원시키고자 하는 데 있다. 따라서 퐁주의 시는 우리들이 배워온 의미로서의 시는 아니다. 그에게 있어서 시는 한 사물이나 물체에 접근하는 방법에 지나지 않는다.

……그러나 바다가 그 적석礎石을 보통 밀어제치는 그 장소는 어떤 승인을 받기에도 가장 적당치 않다. 그의 주민들은 단 하나의 영토의 승인을 받고서 거기에 존재하고 있다. 하나하나가 모두 이곳에서 길을 잃었다고 생각한다. 왜냐하면 그 하나하나는 수를 갖고 있지 않을 뿐만 아니라 그에게서 고려할 만한 것은 다만 맹목적 힘밖엔 없기 때문이다.

결국 이와 같은 무리들이 쉬고 있는 어느 곳에서나 이 무리들은 실질적으로 모든 지면을 덮는다.

새들은 없다. 풀 잎사귀들이 때로는 적석들 사이에서 나타난다. 도마뱀들은 풀 잎사귀들을 아무렇게나 뛰어넘어 다니고 그 주위를 돌아다닌다. 딸딱딸딱 뛰는 메뚜기들은 그 적석들을 재어본다느니보다도 저희들 사이에서 잼질한다. 때로는 사람들이 방심한 채로 적석의 하나를 멀리 던진다.

메마른 풀잎, 해초, 낡은 병마개, 그리고 모든 종류의 사람이 쓰는 일상품의 부스러기—그 분위기의 가장 심한 동요 가운데서 냉정하게—등에게 침범된 고독의 한복판 속에 무질서하게 잃은 아주 작은 이 물건들은 모든 이성의 밖으로부터의 철저한 추격에 의해 숨이 찬 채로 아주 맹목적으로 달리는, 이 갖가지 힘들의 광경을 말없이 와서 구경한다.

하지만 그 적석들은 아무 데도 매어지지 않은 채, 그들 영토 속에서 그들의 자리에 남아 있다. 나무 뿌리를 뽑아놓고 한 건물을 무너뜨리는 강풍이 불어와도 하나의 적석의 자리도 바꾸지 못한다. 그러나 그 바람이 주위에 먼지를 일으키므로 그 때문에 이처럼 무시무시한 강풍은 몇 세기 이래로 그들의 어느 자리에 생긴 우연의 경계선 중의 어느 하나를 모래의 불투명하고 일시적인 지층 밑에 파내는 것이다.
…………

위와 같은 모양의 기록으로 일관된 시집 『사물들에 대한 편견』은 감정에 호소하는 종래의 시에 대한 관념으로 볼 때 물론 시집이 아니다. 시집 『사물들에 대한 편견』의 모든 작품들은 그 하나하나가 사물에 접근하려는 노력의 순수한 서술에 불과하다.

시인 퐁주는 자기의 감정을 나타내지 않고, '적석'을 마치 박물학자가 관찰하듯이 아주 세밀히 관찰한다. 그럼으로써 그는 우리가 한 개념으로 덮어씌웠던 하나의 적석의 참된 모습을 드러내 보인다. 퐁주에게 중요한 것은 '대상 자체'이지 대상의 '의미'가 아니다. 그러므로 시가 하나의 발견이라는 입장에서 본다면 퐁주의 작품은 역시 시이다. 그리고 그의 시는 주관과 감상을 완전히 탈피한 점에서 어떤 시보다 순수하다 할 것이다. 이와 같이 하여 퐁주의 시는 시인의 '감성' 이전에 무엇보다도 먼저 하나의 '눈視線'이다. 그는 그의 이와 같은 태도를 다음과 같이 설명하고 있다.

우리들은 녹음의 내실(자연) 속에 들어가서 그것과 친근하게 되었고, 그 자연의 물질들이 언어로 표현될 기회를 얻게 되었는데, 그것은 우리들에게 자연의 육감적 기쁨을 인간적으로 우리들에게 들려주기 위해서가 아니다. 그것은 그렇게 함으로써 참된 '공생'을 얻을 수 있기 때문이다. 그러므로 보다 더 깊이 들어가보자.

퐁주의 시가 지향하는 것은 인간화되기 이전의 있는 그대로의 물체의 참된 모습을 밝히고 나서 인간과 자연의 새로운 관계와 위치를 찾아내려는 데 있다. 어째서 퐁주는 하나의 적석, 하나의 달팽이, 하나의 조개에 보다 더 흥미를 갖게 되는 것일까? 어째서 다른 물체보다도 하나의 해골에 더 마음이 끌리는 것일까? 그것은 그가 사랑하는 것이 생명보다는 '생명의 결실', 즉 생명이 남기고 간 물체이기 때문이다. 하나의 조개껍데기, 하나의 적석, 하나의 해골 등은 퐁주에게 형이상학적 괴로움을 주기보다는 오히려 일종의 만족감과 안정감을 준다. 그 까닭은 언제가는 인간도 그와 같은 물체처럼 되어 안정감을 얻게 된다는 심리적 위안을 얻기 때문이 아니라, 하나의 해골에서 일종의 '걸작품'을 발견하기 때문이다. 인간은 그 자신이 하나의 물체가 되거나, 혹은 물체의 제작자가 됨에 따라서 인간으로서의 가치를 얻는다고 퐁주는 믿는다. 인간이 위대한 것은 그가 자연처럼 부정할 수 없고 불변하는 물체의 어느 하나에 도달할 수 있기 때문이다. 아름다운 조개껍데기가 남고, 적석이 자연 속에 남듯이 인간은 한 폭의 그림, 한 편의 시, 하나의 집을 남기는 것이다.

이리하여 적석, 조개껍데기, 달팽이 같은 것들은 인간이 가져야 할 한 형체의 이미지를 제공하는 것이다. 그것들은 인간의 참된 가능성을 비춰보이는 거울이다. 우리들은 자연 속에 있어서의 우리의 위치를 다시 생각해봐야 한다.

인간을 자연 속에 있는 그의 자리에 다시 돌려놓아야 한다. 그 자리는 퍽 명예로운 위치를 차지하고 있다. 인간을 자연 속 그의 자리에 다시 놓아두어야 한다. 그 자리는 퍽 높은 위치를 차지하고 있다. 인간은 자연을 부조리하고 신비롭고 나약하다고 생각한다. 그래도 좋다. 그런데 자연은 인간에 의해서만 존재한다.

이와 같이 말한 즉물주의자 퐁주의 핵심이 어디 있음을 우리는 일아야 한다. 그는 물체에 접근하지만 그렇다고 유물주의자는 아닌 것이다. 그가 물체에 날카롭고 투명한 시선을 끊임없이 던지고 있는 까닭은 우리를 둘러싸고 있는 물체의 참된 모습을 발견하여 인간의 참된 존재양식을 시사하고자 하기 때문이다. 퐁주의 시는 세계와 자연, 그리고 인간에 대한 하나의 새로운 '관점'과 '시각'이다.

달팽이들은 습지를 좋아한다. 그들은 땅에 전신을 찰딱 붙이고 전진한다. 그들은 땅을 약탈하고, 그것을 먹고 또 그것을 배설해낸다. 땅은 달팽이들을 횡단하고, 달팽이들은 땅을 횡단한다.

건조기 동안에 그는 웅덩이 속에 들어 있음으로써 습기를 유지하는 것 같다. 물론 달팽이들은 두꺼비나 개구리 같은 다른 냉혈동물을 이웃으로 삼고 있다. 그러나 그곳에서 나올 때에는 같은 보조로 하지 않는다. 그곳에서 나오는 데에 더 많은 고통을 느끼게 되기 때문에 달팽이들이 그곳에 돌아온다는 것은 보다 많은 가치를 갖게 되는 것이다.

더욱이 달팽이들이 습기를 좋아함을 주의할 수 있다 해도, 그들은 늪과 연못과 같이 물을 위해서 균형을 갖고 있는 장소를 즐기지 않는다. 확실히 그들은 육지를 즐기지 않는다. 확실히 그들은 육지를 좋아한다. 그러나 그것은 그 육지가 기름지고 축축하다는 조건에서이다.

물론 달팽이는 혼자, 아주 혼자이다. 그는 많은 벗을 필요로 하지 않는다. 그는 자연에 아주 잘 붙어 있다. 달팽이는 자연과 그렇게 가까이 있음을 즐겁게 생각한다. 그는 그의 전신을 붙이고 있는 대지의 벗이며, 나뭇잎의 벗이다. 퍽 예민한 그의 눈동자를 가지고 그렇게도 자랑스럽게 하늘을 향해 머리를 들고 있다. 그는 그 하늘의 벗이다. 달팽이는 고귀하고, 묵중하고, 현명하고, 자존심이 있고, 허영심이 있으며 또 고결하다.

그렇게도 느리고 확실하고 신중하게 전진하는 태도보다 더 아름다운 것은 아무것도 없다. 달팽이들이 대지에 인사하는 완전히 미끄러지는 걸음걸이를 하기 위해서 얼마나 많은 노력을 했을까! 은빛 항적을 남기고 가는 긴 배와 아주 똑같다. 그의 전진하는 모습은 당당하다. 특히 그 달팽이가 다치기 쉬운 버러지라는 사실과 아주 예민한 그의 눈동자를 또 한 번 생각할 때엔 더욱 그렇다.

그러나 여기서 그들이 주는 여러 교훈 가운데서도 나를 특히 감동케 하는 것은 다음과 같은 것이다. 그 교훈은 하기야 그들에게만 특별한 것이 아니고 깍지(殼)를 갖고 있는 모든 생물들이 다 같이 소유하고 있는 것이다. 그것은 그들에게 있어서 그들의 존재의 일부인 그 깍지가 예술품인 동시에 기념비라는 것이다. 그 깍지는 그들 자체보다 더 오랫동안 남게 된다.

이리하여 달팽이들은 인간들에게 그들의 의무를 밝혀준다. 위대만 사상은 심정에서 나온다. 모럴의 차원에서 그대를 완성시켜라. 그러면 그대는 아름다운 시구를 만들 것이다. 모럴과 미학은 현자의 야심과 욕망 속에서 다시 결합한다.

그러나 자신들의 천성에 따라 똑바로 살아감으로써 성인이 된 사람들이여, 자, 먼저 그대들 자신을 알라. 그리고 있는 그대로의 그대들을 받아들여라. 그대들의 견해와 화합하라. 그대들의 척도와 균형을 가져라. 그러면 인간의 고유한 본질은 무엇일가? 그것은 언어와 모럴, 즉 휴머니즘이다.

이처럼 퐁주는 하나의 대상을 새로운 각도에서 아주 치밀하게 묘사한다. 그는 모든 주관성을 벗어나려고 애쓰는데, 이 객관성에 대한 노력, 그리고 대상을 인간화에서 벗어나게 하며 대상 본연의 상태로 대하고자 하는 의지는 최근 소설의 새로운 운동으로서 나타나고 있는, 이른바 '비문학', '비소설'을 상기시킨다. 그러나 퐁주는 인간의 문제를 전혀 도외시하는 것은 아니다. 그에게 있어서 대상에 대한 엄격한 통찰은 오히려 참되게 인간이 있을 바를 찾아내기 위한 하나의 방법에 지나지 않는다. 「달팽이」라는 시에서 시인 퐁주가 찾은 것은 무엇인가? 그는 「달팽이」에서 인간이 명심해야 할 교훈을 발견했다. 하나의 달팽이, 하나의 조개껍데기, 하나의 미모사는 인간에게 하나의 '교훈'을 가르쳐준다. 인간도 자신의 본연의 자세로 돌아가서 스스로를 완성해야 한다는 것이다. 물질의 시인 퐁주는 이리하여 인간의 시인이 된다. 마치 조개가 그 생명의 결과를 그 생명보다 지구성에 있고, 아름다운 조개껍데기란 예술작품으로 남기듯이 인간은 아름다운 시, 아름다운 회화, 아름다운 작품을 남기는 데 가치가 있다는 것이다.

퐁주에게는 과학자의 냉철한 관찰의 눈과 철학자의 깊은 사색이 있다. 그는 한 화가론에서 말한다. "예술가들(그리고 혁명가들)도 세계를 변형한다. 그들은 인간의 주거를 변형한다. 그들은 변형한다. 자연을, 사회를, 인간 자신을." 화가가 과학자도 철학가도 아니고 어디까지나 예술가이듯이, '세계와 인간을 개혁하고' 시 자체를 변형해가는 퐁주는 어디까지나 하나의 뚜렷한 시인이다.

발표지 미상, 『파리의 작가들』(1976) 재수록

03

영웅들의 편모

모욕된 영웅—앙드레 말로의 세계

인간에 대한 비극성은 비록 오늘에 와서 의식되기 시작한 것은 아니다. 17세기 파스칼은 프랑스에 있어서 인간 조건의 비극성을 최초로 의식한 사람이었다. 그는 영혼의 막다른 골목에서 마침내 신을 선택하고 말았지만, 유럽의 사조는 인간 조건의 비극적 의식에 덮인 채 오히려 무신론적 흐름을 따르고 있었다. 그의 비극에 대한 유럽에서의 최초의 대답이 니체에서 보는 니힐리즘이었다.

신을 잃은 인간이 시간과 역사 밖에서가 아니면 어디서 살 수 있겠는가? 인간 자신이 스스로 주인임을 선언하고, 자기로부터 정말 자기 자신에게서만 신의 죽음에 의해서 없어진 인간의 의미를 부여할 수 있는 가치와 행위를 위해 노력하지 않는다면 어떤 길이 있을까? "작가인 내가 인간의 문제가 아니고 무엇에 집념할 수 있겠는가"라고 작가 말로는 말한다.

인간이 의미를 박탈당했다는 이 허무의식과 죽음으로 몰아넣는 운명 앞에서 스스로를 의식한 인간의 분노와 분발이 있다. 그리하여 힘, 신이 가질 수 있는 완전한 힘을 요구하는 그 인간은 본질적으로 모욕받은 자기 운명에 도전하게 된다. 왜냐하면 그는 모든 인간이 신이 되기를 원하고 있음을 알기 때문이다.

말로는 동양어학교를 마친 후에 대부분의 작가들이 도시의 안락한 의자에서 원고지에 글자를 메우고 있는 동안 스스로의 힘을 실천에 옮기기 위하여 모험에 나선다. 그를 위하여 무한히 크고 미지인 세계가 기다리고 있었다. 동양, 거기 하나의 인간을 시련시켜줄 인도차이나에 갔다. 거기서 하나의 미개의 세계를 경험하고 그는 다시 중국혁명의 피비린내 나는 소용돌이 속으로 뛰어든다. 이와 같은 거센 체험의 결실은 바로 『인간의 조건』이었다. 그의 작품이 고국에, 그리고 유럽에 나타났을 때 독자들은 물론 평론가들도 처음엔 이 색다른 세계에 어리둥절해했다. 이와 같이 해서 하나의 문학장르인 '행동의 문학'이 탄생하게 되었다.

『정복자』, 『왕도로 가는 길』을 비롯해서 과연 우리들은 『인간의 조건』에서 치열하고 절박한 모험과 행동의 스릴을 느끼며 중국정치사의 드라마를 본다. 말로는 스스로가 모험과 행동인의 산 체험을 통해 그러한 일련의 작품을 썼다. 인간의 가장 처참한 혁명의 드라마 속에서 작가는 운명과 대결하고 싸우며, 그의 모욕적인 운명을 정복하는 인간의 힘과 '위엄'의 증인이 되려 한다. 그리하여 정치나 혁명이나 역사는 작가 말로에 있어선 하나의 구실에 지나지 않는다. 말로의 화살은 언제나 인간의 자존심을 모욕하는 운명에 향한다. 따라서 그의 문학은 철학적인 의미를 띠게 된다.

말로는 그의 작가적 성공에 만족하여 파리의 생활에 만족할 사람이
아니다. 그는 솔선하여 지원병으로서 스페인혁명에 뛰어든다. 왜냐하
면 그는 그 혁명에서 새로운 인간의 엄숙한 증인이 될 수 있는 기회를
발견했기 때문이다. 그는 '지식인의 회의'에 참석해서 현대인의 기수가
되고자 한다. 그는 모험과 행동의 기회를 놓치지 않는다.

나치가 조국을 침략했을 때 그는 로렌스 대령이라는 가명으로 직접
전투에 참가한다. 드골 장군을 도우면서 조국이 해방됐을 때 그는 뜻하
지 않게 정치인으로 활약한다.

이와 같은 말로의 일련의 눈부시고 강렬한 행동과 모험의 경력에서
우리는 일종의 영웅주의를 발견할지도 모른다. 그러나 그의 깊은 관심
의 초점은 단순한 영웅심을 얻기 위한 행동에 그침이 아니요, 그 강렬한
체험 속에 운명에 굴복하지 않는 '인간'을, 운명을 정복한 인간을 추구
하기 위해서였다.

그러나 작가 말로는 행동의 작가로서 만족을 찾지 못했다. "가장 큰
신비는 우리들이 우연히 수많은 물체와 타자들 속에 던져져 있다는 데
있지 않다. 그것은 이와 같은 인간의 감옥 속에서 우리들은 우리들 자신
으로부터 우리들의 허무를 부정하기에 충분한 강한 이미지를 이끌어낼
수 있다는 데 있다." 이러한 일을 가장 잘 만족시킬 수 있는 것은 행동보
다도 예술에 있음을 그는 믿는다.

오랫동안 작품을 생산하지 않고 침묵을 지켜온 그는 예술심리학을
논술한 『침묵의 소리』, 그리고 『제신의 변모』를 세상에 내놓는다. 그는
그러한 저서를 통해서 현대 예술이론가로서의 독창적인 견해를 편다.
이 저서들을 계기로 그에게 하나의 전환이 나타난다. 행동에 『침묵의
소리』라는 예술이 대치된다. 어느 면에서 행동은 한 개인의 개인적 고

뇌의 피난처였다. 거기서 얻은 인간의 공통적 강력한 힘의 의식은 행동의 하나의 해결수단이 된다.

그러나 이렇게 일시적인 개인의 승리에 만족할 수 없는 말로는 역사를 넘어 절대적인 승리에 도달할 수 있는 길을 모색한다.

그가 발견한 것은 예술의 위대성이었다. 예술 속에서 세계와 운명은 그의 무게를 잃게 된다.

그리하여 신이 없는 고독한 말로는 예술을 통해서 마침내 인간의 개가를 올린다. 예술이 신을 대치하게 된다.

1930년 말로가 던진 운명, 인간 조건에 대한 도전적 불꽃이 현대문학, 그리고 현대인의 의식을 깨우쳐주고, 인간의 자존심과 의미를 탈환하려는 현대 인간을 패배로부터 정복을 향한 길로 던져준다. 사르트르, 카뮈, 아니 가톨릭 작가인 베르나노스, 그리고 생텍쥐페리가 들고 나온 야단스러운 인간의 봉화는 바로 말로의 뒤를 따르는 현대의 영웅들을 상징한다.

그는 확실히 소용돌이치는 현대에 모욕을 받은 인간의 영웅적 정신의 기수이다.

우리는 우리의 허무를 극복해서 우리의 존재에 의미를 줘야 하지 않겠는가. 이것은 말로뿐만이 아닌 현대인의 가장 중요하고 가장 긴급한 과제이리라.

고독한 지성—사르트르의 길

1933년 말로의 『인간의 조건』의 문학사적 의의는 컸다. 그 작품은 이미 싹트기 시작한 서양문화에 대한 반성과 회의가 필연적인 것이었으며 불가피한 것임을 밝혀주었다. 그는 물려받은 가치를 청산해볼 여유도 없이 숨가쁜 행위 속에, 불 붙는 행동의 도취 속에 생을 새롭게 바라보고 의의를 찾아보려 시험했었다.

'인간의 조건'이라는 표제는 그 세대가 초조히 찾고 있던 언어였고, 하나의 해결을 위한 귀중한 열쇠가 되어주었다. 우리들은 이 작품을 통해서 우리들의 가장 긴급하면서도 본질적 문제가 어디에 있는가를 깨달았던 것이다.

한 세대는 열광적인 갈채로 말로를 받아들이고 정신적 모험, 아니 차라리 생의 도취 속에 인간의 의미와 기쁨을 맛보려 했다. 그 세대는 서양을 버린 것도 서양적 인간상을 거부한 것도 아니다. 다만 정열은 새로운 서양을 개척하는 데 집중되었었다. 전통은 회의의 그늘 속에 그대로 보존되었다. 모험이란 우회를 거친 다음 전통의 귀중성이 재평가되었다.

그러나 어떤 하나의 회답이나 발견이 영속성을 갖기에는 그런 것들의 터가 되는 역사의 속도가 너무도 빨랐다. 눈부시게 변화하여가는 세계는 말로의 회답이 극히 임시적이거나 과거의 것임을 차츰 느끼게 되었다. 장제스의 혁명으로 인해 역사는 해결된 것도 아니며, 첸이나 기요의 죽음으로써 현대 우리들의 죽음의 뜻을 갖게 되지는 못하게 되었다.

그리하여 오랫동안 우리들을 괴롭히던 막연한 불안과 공포는 스스로의 정체를 찾으려 하였고, 그것의 병명을 알려고 하였다. 『구토』의 작가 사르트르는 하나의 준비하고 있던 언어를 찾아내고 더 명확성을 갖춘 현대 세계의, 아니 인간의 절실한 언어를 발명하려고 했다.

전쟁에 패배한 프랑스, 무한한 파괴와 시체를 보고 야만적 행위 속에 신음하였고, 또한 앞으로 더욱 큰 비극을 예감하지 않으면 안 될 오늘의 세계는 실존주의의 뜻을 적어도 직감하고 그것에 관심을 갖지 않을 수 없었다.

2차 대전을 겨우 치르고 난 젊은 세대는 물론, 온 세계는 고통스러우면서도 자신에 찬 사르트르의 지성을 조명하게 되었다.

그리하여 사르트르는 그의 날카로운 지성의 메스를 가지고 현대를, 역사를, 정신을, 그리고 인간을 해부하고, 그의 구조와 그의 가치를 설명하며 마치 불안한 현대의 선각자처럼 세계사상의 높은 무대 위에 각광을 받고 나타났다.

우리들은 굶주린 사람처럼 그의 『구토』와 『실존주의는 휴머니즘이다』와 『자유의 길』과 『닫힌 방』과 『악마와 선한 신』을 읽었고 『더러운 손』을 보았으며, 로캉탱과 위고에 공명하여 마쥬의 뒤를 따를까도 생각했다.

그러나 마쥬를 즉각적으로 따르기에는 우리들의 문제가 너무나 복잡하며 인간의 깊이와 넓이, 생의 가치가 있음을 의식하고 마쥬를 따를 수 없음을 안다.

사르트르는 오늘날 어느 누구보다도 잘 우리들의 세계, 아니 인간의 퍽 중요하고 큰 부분에 대한 회답을 발견해주긴 했지만 우리들의 세계, 그리고 인간의 '전체'를 밝혀주기에는 그의 회답은 역시 불명백하고 불완전한 것임을 알게 되었다.

프랑스 학생들은 사르트르의 작품을 많이 읽고 있지 않았다. 그리고 일반적인 그들의 사르트르에 대한 대답은 그에 대한 불만이거나 불신인 것같이 느껴졌다. 사르트르가 끼친 이른바 '그릇된 실존주의자들'에 대한 불평이며 비평인 것 같았다. 그만큼 소위 실존주의 문학은 많은 악

영향(?)을 준 것도 사실이다. 어떤 사람들은 그의 문장과 문체가 돼먹지 않았다고도 한다.

그러나 이러한 생각은 무의식적인 반발 혹은 새로운 것에 대한 저항을 의미하지 않는다고 단정할 수 없는 것 같다. 중년층 어떤 부인들이 더욱 조소하고 있는 것 같았지만, 이러한 조소를 좋게 생각하여 경박스럽고 천한 젊은 세대에 대한 혐오라고만 단정할 수 있을까.

어쨌든 10여 년이 지난 현재 사르트르, 아니 실존주의와 실존주의 문학의 물가가 떨어지고 있는 인상임은 틀림없다.

말로나 카뮈 혹은 몽테를랑이나 모리아크보다도 사르트르의 '인기'는 더욱 떨어진 것 같다. 그러나 한편 이러한 분위기 속에서도 다른 누구보다도 사르트르를 알려고 애쓰는 경향은 암암리에 아직도 크다.

말로나 카뮈가 예술과 생활을 앞에 놓고 한 작가로서, 한 예술가로서 마침내는 예술을 택할 때 사르트르는 '생활'을 선택한다. 그는 종래의 의미로서의 문학을 받아들이지 않을 뿐 아니라 문학 이전의 더 근본적이고 다급한 문제가 그를 기다리고 있음을 깨닫는다. 그는 후대에 남을 '예술작품'을 남기기보다는 극히 심각한 위기에 있는 현대를 '구체적'으로 구출하며, 나아가서는 본질적으로 인간을 구원하려고 노력한다. 그의 작품은 결국 문학작품을 쓰기 위해서 '창작'된 것이라고 보기보다는 그의 사상을 문학이란 도구를 빌려서 전달하려는 수단에 지나지 않았다. 따라서 그러한 작품의 효용이 거의 그쳤다고 생각했을 때 그는 문학과 쉽사리 작별할 수도 있는 것이다.

그 대신 그는 끊임없이 정치적·사회적 발언을 계속한다. 알제리의 정치에 대하여 독설을 퍼붓는가 하면 드골정권에 대하여 앞장서서 반발한다. 그가 헝가리 사건에 신랄한 비판을 던졌던 것도 우리는 이미 잘 알고 있다. 정당을 조직한 일이 있으면서도 정치가가 될 수 없었고, 되길 원할 수도 없었던 그는 직접 정치에는 실패도 했다.

말로가 드골 내각의 장관 자리에 앉을 때 드골을 맹렬히 반대하면서, 또는 젊은 카뮈가 노벨상을 탈 때 『자유의 길』의 마지막 권을 쓰지 못한 채 그는 작가로서의 고독을 느꼈을 것이다. 작가가 되기보다는 사회의 정신적 지도자가 되려고 스스로 선택했다가 정치엔 실패한 그는 적지 않은 쓸쓸함을 느꼈으리라.

현대의 누구보다도 날카로운 그의 지성 때문에 이와 같이 철저한 고독을 느끼면서도 그에게는 무한한 신념과 그 신념에 대한 자부심이 있으리라는 것을 나는 믿는다.

지금 다소 의로운 고난의 길을 꾸준히 걷고 있는 사르트르에게는 오늘의 세계를 구출하려는 무거운 의무감과, 무서운 허무 속에서 인간에게 다시 의미를 주려고 '자유'를 호소하는 인간에 대한 끝없는 애정과 신뢰가 있다고 보아야 할 것이다.

사르트르가 현대에 미친 영향은 누가 뭐라 해도 거의 절대적이다. 우리들 한 사람 한 사람의 머리 혹은 가슴 속에는 직간접으로 그의 그늘이 지고 있다 할 것이며, 그의 인간에 대한 깊은 신뢰는 앞으로도 인간을 찾자는 사람들에게 크나큰 격려가 되리라.

인간에 대한 신앙—카뮈 서거의 비보를 듣고

아무리 완전한 사회에 있어서일지라도 아이들은 언제나 부당하게 죽으리라. 그러나 드미트리 카라마조프의 '어째서'라는 반문의 소리는 계속해서

울릴 것이다. 예술과 반항은 마지막 인간이 있는 한 사멸하지 않으리라.

『반항하는 인간』 중에서

　내가 알고 있는 유난히 고운 어느 소녀가 죽어 즉시 화장했다는 얘기를 들었을 때 "그럴 수가 있을까"라는 평범한 생각을 해본 일이 있다. 카뮈가 뜻하지 않은 사고로 죽었다는 비보를 들었을 때도 나는 거의 동일한 느낌을 가졌었다. 우리는 이런 것을 믿고 싶지 않은 것이다. 이미 죽은 소녀에게서 우리는 아무런 미소도 기대할 수 없으며, 이미 사라진 카뮈에게 다시 무엇을 물어볼 수는 없는 것인가? 나는 또한 발레리의 시 구절을 생각한다.

　　간지럼타는 소녀들의 째지는 소리
　　그의 눈들, 이 젖은 눈꺼풀.
　　정화情火에 놀던 매혹하는 젖가슴,
　　돌려주는 입술에 번쩍이는 핏기,
　　최고의 선물, 그것을 보호하던 손가락,
　　이 모든 것은 땅 밑에 들어가고 유희로 돌아간다.

　그렇다면 카뮈의 줄기찬 선의의 호소도 그저 유희로 돌아가고 말았을까? 잔인하고 가혹한 운명을 말하여 반항의 우렁찬 소리를 치던 우리 시대의 용감한 인간 카뮈도 역시 운명의 희롱거리가 되고 말았는가? 아니 끝내 신에 대한 굴복을 거절하던 그는 마침내 신의 질투와 분노를 사서 보복을 당했는지도 모른다.
　그러나 카뮈는 아직도 생명에 대한 애정과 행복에 대한 향수를 가슴 깊이 간직한 우리들 속에 살아 있다. 그가 가기 전까지 보여준 가르침은 아직도 우리의 정신적 재산이 되어 있지 않을까?

북아프리카의 뜨거운 태양 아래서 태어나 가난한 어머니를 모시고 성장한 카뮈는 머리로 따지고 증명하는 재주꾼이 아니라 인생을 어디까지나 가슴으로 느끼고 생각하는 체험의 인간이었다. 그러기에 그는 무엇보다도 선의를 잃지 않은 사람이다. 이미 그 많은 애독자와 숭배자를 갖고 전 세계의 정신적 영도자의 한 사람이 될 수 있었고, 40여 세의 약관에 발레리와 클로델 혹은 말로 같은 작가도 누릴 수 없었던 노벨상의 영광을 얻게 되었던 것은 오로지 그의 굽힐 줄 모르는 선의와 인간에 대한 깊은 애정과 신앙 때문이었을 것이다.

작품『이방인』을 통해서 그는 세계의 부조리의 이미지를 창조하였고 평론『시시포스의 신화』에서 부조리의 철학을 전개했다. 초기의 이 두 작품은 환각 혹은 광신에 대한 철저한 거부였으며, 인간의 명석한 의식에 마지막 가치를 부여해주자는 것이었다. 세계가 흥분에 들끓고 있을 때 그가 의식의 등불을 들고 찾아가는 것은 세계와 인생의 참된 모습이었다. 그러한 정신의 행력을 밑받침해준 것은 인생의 가치에 대한 철두철미한 집념이다. 그러나 불행히 그가 발견한 것은 인생의 무의미뿐이었다. "이 인생은 살 가치가 있는가?" 카뮈는 "아니다"라고 대답한다. 그러나 그는 뒤이어 말한다. "희망이 없다는 것은 절망을 의미하지 않는다"라고.

의식이 발견한 부조리, 지성이 부딪친 니힐리즘의 극복을 그는 반항에서 찾는다. 그에게는 '꼭 지키고 아껴야 할 아름답고 고귀한 것'이 있는 것이다. 그러므로 그는 비록 종말을 보지 못하는 한이 있더라도 세계와 인생의 부조리를 거부하고 반항하고자 한다.

그러나 그는 어떠한 환상도 거부하는 겸손한 인간이었다. "인간의 구원은 내게는 너무나 큰 문제이다. 내게 흥미로운 것은 인간의 건강이다"라고 그는 솔직히 말한다.『페스트』의 '불행을 덜기 위한' 리유의 윤리는 카뮈가 도달하는 마지막 최선의 길이었다. 오늘날 우리는 여러모로 불신의 시대에 살고 있다. 그러나 카뮈의 그 겸손한 '의사'의 윤리는 우리에게는 '약점'을 갖고 한계를 자각한 우리들이 택할 마지막 유일한 길이 될지도 모른다.

"신 없이 성인이 될 수 있을까? 이것이 내가 지금 알고 있는 유일한 구체적인 문제이다"라고 그는 말했다.

그는 신 없는 세계에서 성인이 될 수 있는 선한 인간을 대표한다.

20세기 정신의 기수―알베레스

가장 치열한 현대의 불안과 무질서를 우리는 정신에 앞서 혈육으로 체험하였고 이해에 앞서 직접 살았었다. 6·25 사변의 피비린내 나는 몇 년을 포화와 죽음 속에서 지내온 것이다. 확실히 세계는 변했다는 것을 막연히 느끼고 있었으나 우리는 그러한 것을 명확히 의식하지 못하는 괴로움을 또한 경험했다. 정전이 되어 폐허의 도시 서울을 서성대고 있을 때 나는 문리대 앞 판잣집 책방에서 일역판『20세기의 지적 모험』을 어느 친구와 구해 보게 되었다. 전연 낯선(그만큼 우리는 두절되었던 것이다) 이 저자의 이름을 기억할 겨를도 없이 격렬하고 찬란한 새로운 세계에 나는 어느덧 끌려가는 흥분을 느꼈다. 나는 위험스러운 모험을 하면서도 '이것이야말로 알아야 할 세계다'라는 흥분을 금할 수 없었다. 검게 낀 구름이 갑자기 개고 맑고 뜨거운 광선이 내 정신을 비쳐주는 것 같았다. 나는 역시 낭만적인 소년에 불과했었으리라. 그러나 나는 그 책을 통해서 다소나마 현대 세계사조와 프랑스 문학의 고민에 찬, 그러나 화려한 윤곽을 추측할 수 있을 것 같았고, 현대 인간상을 보는 듯했고, 또한 내가 살아갈 태도와 찾아야 할 삶의 의미를 계시받은 것 같기도 했다. 이에 앞서 나는 부산에서 피콩의 『새로운 프랑스 문학의 파노라마』도 좀 뒤적거려본 적도 있긴 했으나, 내게 더 많은 흥분과 가르침을 준 것은 역시 알베레스의 저서였다고 솔직히 말하고 싶다. 이같은 나의 고백이 유식한 독자들의 웃음거리가 될지도 모르나 한국의 문단을 비롯하여 젊은이들이 어느 정도나마 동일한 무엇을 체험했으리라고 추측해도 과히 오산은 아닐 것 같다. 물론 알베레스 아니고도 세계에는 많은 작가와 학자들이 있음을 알지만, 우연이라고 할까, 알베레스를 우리가 먼저 접할 수 있었기 때문이기도 하다.

그러나 지금 보더라도 그 많은 문예비평가 가운데서 알베레스는 적어도 프랑스에 있어서 신진으로서는 제1인자급에 속하는 비평가의 한 사람임은 누구나가 다 인정하고 있는 것 같다.

우연한 계기에 나는 그와 서신을 왕래하게 되고, 또 그의 『20세기 문학의 결산』 일부를 번역해도 좋다는 양해를 받게 되는 동안, 알베레스는 그전부터 한국에 와보고 싶다는 뜻을 보이고 있었는데, 작년 초 구체적으로 한국 방문을 제의해온 일이 있었다.

알베레스Albérès는 1921년에 페르피냥Perpignan에서 태어나 파리의 고등사범학교를 나온 후 부에노스아이레스의 프랑스 학원의 총무(1946~1954)로 있다가, 현재는 그레노블대학의 파견교수로서 이탈리아 플로렌스의 프랑스 학원에서 교편을 잡고 있으며, 1957년에는 지로두

Giraudoux에 관한 연구로 문학박사학위를 받은 바 있다.

『베레다』라는 평론을 비롯하여 그는 몇 권의 소설을 이미 발표하기도 하고 교단에서 일하고 있지만, 그의 활동영토는 아카데믹한 교수라기보다 현대문학의 제일선에 서서 새로운 정신과 가치를 발견하고 해명하는 일에 앞장서고 있다.

전후 이른바 실존주의 문학의 검고 거센 조류가 밀려들어올 때, 그 조류의 본질과 의도와 가치를 명확히 밝힌 것도 역시 그의 저서 『우리 영웅의 초상화』라 한다. 그후부터 그의 활동은 눈부실 정도여서 유럽문학을 통해 본 『20세기의 지적 모험』(이것은 개정판이 나와, 소위 비문학의 문제까지 다루어지고 있다)이 발표되고, 『현대작가의 반항』은 생트 뵈브 비평상을 받은 바 있고, 현대의 인간상을 다룬 『막다른 골목의 인간』을, 그리고 현대문학의 다각적 정리를 꾀한 『20세기 문학의 결산』을 속속 내놓았다. 종합적인 평론 외에 그는 『사르트르론』, 『네르발론』, 『우나무노론』과 『지드론』, 그리고 『생텍쥐페리론』 등을 비롯하여 많은 평론을 썼고, 작년 말에 두 권의 저서를 다시 냈다.

이같은 저서 외에 그는 프랑스의 전위적 주간지인 《예술과 문학》의 소설평란을 맡고 있다.

일반적으로 보아 현재 프랑스 비평의 경향은 카를로니가 그의 저서 『문학비평』에서 말했듯이 철학적 비평인 것 같다. 테느 류의 과학적 비평도 아니요, 프랑스식의 인상비평도 아니며 그렇다고 랑송적인 문헌비평도 아니다.

비평가는 작품의 아름다운 형식이나 이야기를 맛보기에 앞서 그 작품이 갖고 있는 인간과 세계의 이미지를 찾고자 하며, 어느 인물의 심리에 흥미를 느끼고 호기심을 채우기보다 그 인물이 세계에 대하여 취하고 있는 형이상학적 태도를 밝히고자 한다. 그리하여 그의 비평은 작품 속에서 인간에 부여하는 의미, 작가가 모색하는 모럴이 무엇인가를 탐구하고자 한다. 봐테 후르나 장송이나, 가톨릭적인 베갱Beguin이나 씨므농 같은 이나, 혹은 마니 여사 같은 비평가도 이런 점에서 어떤 공통점을 갖고 있는 듯하다. 이러한 여러 사람들 가운데서도 젊은 알베레스의 존재가 가장 뚜렷한 것 같다.

그의 관심의 초점은 작품의 주인공들, 첸(말로), 마뛰(사르트르), 리유(카뮈) 등이 인생과 우주에 대해 갖고 있는 비전이 어떠한 것인가를 밝히는 것이다. 이와 같이 정신적 모험의 발자취를 더듬어가면서 그가 현대문학에서 본 결론은 현대문학이 '인생의 의미의 부재'를 제시하고 그 반대로 '이같은 신념이 요청하는 미친 듯한 용기'를 돋우고 있다는 데 이른 듯하다.

그리하여 그는 이러한 정신을 찬양하고 그 일선에서 엄격하고 성실한 휴머니즘의 기수가 되고자 하는 것 같다. 그의 논조는 때로는 너무나 격동하고, 흔히는 반복이 많고 수선스러운 감이 없지 않으나, 정곡을 찌르는 논리와 통찰력의 상쾌한 맛을 누구보다도 잘 전달하는 비평가의 그 박학에 독자들은 압도감과 아울러 감탄하게 된다.

그의 정신은 젊다. 그리하여 그는 구세대를 박차고 20세기 지성의 앞장에 서서 뜨거운 횃불을 들고가는 프로메테우스 같은 인상을 준다.

발표지 미상, 『파리의 작가들』(1976) 재수록

『파리의 작가들』 초판 서문

지금 뒤돌아보아도 나의 20대는 결코 행복한 것은 아니었다. 육체적으로 늘 남모를 고통에 시달렸고 정신적으로는 그 아무것도 구해줄 수 없는 허무의식 속에 빠져 있었다. 나는 폭풍으로 성난 대양에 떠도는 난파선 같았다. 이러한 가운데서 더러는 술로 도피하려 했고, 때로는 문학에서 구원을 찾으려고 애써봤다.

그러한 시기에 나는 프랑스 문학, 특히 실존주의 문학에 심취했다. 그것은 이 문학의 이른바 예술성 혹은 문학성에 매혹되었기 때문이 아니라 그 속에서 내가 고민하고 있던 인간 운명의 문제, 내가 찾고 있던 인생의 의미의 문제와 그에 대한 대답을 보았기 때문이다.

나는 문학을 객관적으로 설명하고 이해하려고 하기에 앞서 그 속에 나오는 많은 주인공들과 더불어 흥분하고 분노하고 갈채했다. 나는 그 당시 문학, 그리고 예술 일반을 삶의 문제와 떠나서는 생각할 수 없었다. 나에게 있어서 문학은 결코 감상의 대상이 아니라 나의 삶을 비춰보는 거울이었고, 나의 고민을 얘기하고 나와 더불어 몸부림치는 스승이요 벗이었다. 나는 문학을 근본적으로 넓은 의미에서 윤리적인 각도에서만 대하고 있었다.

프랑스 문학과의 위와 같은 만남 가운데서 얻은 대화를 나는 기회가 있는 대로 더러 적어 놓았었다. 여기에 모은 글들은 위와 같은 나의 문학과의 만남의 일면을 반영해준다. 그러므로 그 글들은 그 어떤 것 하나도 '논문'이라는 무게를 갖지 못한다. 그것들은 다만 나의 그때그때의 아주 직감적이고 정리되지 않은 단편적 반응을 기록해줄 따름이다.

1961년 30세가 막 넘던 해 나는 나를 퍽 감싸준 이화여자대학이라는 직장을 버리고 두 번째로 막연히 다시 파리로 떠나기로 결정했다. '막연히'라는 말에는 거짓이 없다. 어떤 뚜렷한 목표도 없었기 때문이다. 그저 문학에서 찾을 수 없는 정신적 구원을 방랑 속에서 찾을 수 있을지 모른다는 생각에서뿐이었다. 그래서 나는 프랑스 문학, 그리고 교직생활과 아주 작별한다는 심정이었다.

그러나 내가 20대에 심취했던 프랑스 문학에 대한 미련 때문에 파리로 떠나기 전 약 5년 동안 신문 혹은 잡지에 발표했던 것들 가운데서 얼마를 추려 책으로 모아두고 싶었다. 그런 생각에는 물론 허영심도 적지 않았지만 현재 숙명여자대학에 계시는 박은수 교수의 권고가 있었기 때문이다.

그런데 그 원고는 정리된 채로 15년 동안 박 교수의 금고에 잠자고만 있었다. 처음 나는 그걸 태워버리고자 했었다. 그러다가 박 교수와 민음사의 박맹호 사장의 권유를 받고 만용을 부려 여기 다시 세상에 내놓는다.

약 20년이 지난 지금 나는 아직도 구원을 받지 못했다. 나는 아직도 뭐가 뭔지 분명치 않다. 나는 아직도 별 하나 없는 밤의 바다를 항해하는 쪽배처럼만 느껴진다. 다만 다른 것은 그 전과는 달리 폭풍이 가라앉고 다소 파도가 잔잔해졌다는 것뿐이다. 나는 나의 항구를 아직 못 찾았다. 그러나 나는 적어도 당분간 난파만은 면할 성싶다. 나는 거기서 다소의 행복을 느끼고 있다.

지금 이 글들을 다시 읽어보면 문자 그대로 된소리 안 된소리가 많을 뿐 아니라 여러 글에서 같은 얘기가 자꾸 되풀이됨을 느낀다. 그러한 큰 결함을 알면서도 이 글들을 다시 세상에 내놓기로 결정한 이유는, 그런 가운데서도 그 당시 나는 다시는 경험하지 못할 정열과 성의를 갖고 썼던 것이어서 지금 다소의 애착을 느끼고 있기 때문이다. 나를 키워주신 손우성, 이휘영, 김붕구 교수, 늘 보호해준 고인이 된 이진구 교수, 그리고 나를 항상 도와준 정명환, 이환 두 동학들께서는 각별히 너그러운 마음으로 계속 날 대해주리라 믿는다.

「파리 수첩」은 1957~1958년 사이에 내가 처음으로 파리에 다녀왔던 경험에서 얻은 것임을 첨부해둔다.

1976년 8월 서울에서

2부

문학 속의 철학

01
서술과 분석

철학이론을 앞에 놓고 문학적인 중요성을 따지는 경우는 극히 예외적이지만 문학작품을 놓고 철학적 의미, 특히 윤리적 의미를 생각해보려는 태도는 독자의 입장에서나 작가 자신의 입장에서 볼 때 오랜 전통이 되어왔다. 작가는 흔히 의식적으로 인생에 대한, 선악에 대한, 혹은 우주에 대한 어떤 견해를 문학작품을 통해 나타내려고 노력하며 독자는 문학작품을 통해서 이런 문제에 대한 철학적 견해, 가능하면 새로운 견해를 얻기를 기대하게 된다. 그뿐만 아니라 많은 문학비평도 도덕적 혹은 사회적 입장에서 이루어지는 경향이 있다. 이처럼 문학과 철학의 관계는 그 구별이 확실치 않다.

이러한 사실은 문학이 철학과 직결되지만 과학은 철학과 관계가 없다는 보편적인 믿음에서도 나타난다. 그럼에도 불구하고 좀더 자세히 고찰해볼 때 문학과 철학 사이에는 과학과 철학 사이보다 긴 거리가 가로 놓여 있음을 알게 된다. 문학과 철학은 서로 가까우면서도 결코 비교할 수 없는 서로의 차원에 존재한다.

만약 문학과 철학이 근본적으로 다르지 않다면 철학이 문학과 별도로 있을 이유가 없다. 만약 철학이 문학에 있어서 철학적 사고의 표현수단이라면 구태여 허구적으로 복잡하고 긴 문학작품을 쓸 필요가 없을 것이고, 간단하고 명확한 철학적 표현이 더 바람직할 것임은 두말할 필요 없다.

어째서 그런가를 따지기 전에 철학이론을 읽는 것과 소설을 읽는 것은 근본적으로 다르다는 사실에 주의해보자. 아무리 도스토옙스키가 칸트의 철학사상을 작품 속에 나타낸다 해도 그의 소설과 칸트의『순수이성비판』사이에는 엄청난 거리가 있다. 그렇다면 그 차이는 무엇인가? 그것들 사이에 어떠한 관계가 있는가를 파악하게 될 때 우리들은 보다 정확한 문학의 기능, 보다 정확한 철학의 기능을 깨닫게 될 것이다.

문학과 철학의 근본적인 차이는 똑같은 언어로 표현되어 있음에도 전자의 언어가 서술적 언어인 데 반하여 후자의 언어는 분석적 언어라는 데 있다.

문학은 어떤 대상을 묘사하는 데 목적이 있고, 철학은 어떤 대상을 묘사하는 서술언어의 의미, 그리고 그 서술언어와 그것이 지시하는 대상과의 관계를 분석한다. 그렇기 때문에 철학은 '언어에 대한 언어', 2차적 언어라고 말할 수 있게 되는 것이다. 바꿔 말하자면 철학적 언어는 어떤 구체적인 대상과 아무런 직접적 관계도 갖고 있지 않다. 한편 문학이나 철학은 다 같이 과학과 구별된다. 문학이 어떤 대상을 직접 시술하는 것이라고 했는데, 이런 면에서 문학은 철학보다도 오히려 과학에 가깝다.

왜냐하면 과학의 목적도 어떤 대상을 서술하는 데 있기 때문이다. 그러나 문학적 서술대상은 과학적 서술대상과 다르다. 과학은 지각을 통한 앎과 의식으로 인식된 객관적 대상을 전제로 하지만, 문학이 다루는 대상은 객관적으로 그냥 존재하는 대상이 아니라 그런 대상으로 살아야만 하는 인간의 체험을 대상으로 하고 있다.

사람은 살아가는 동안에 느끼고 보고 알고 생각한다. 체험이란 위와 같은 여러 형태의 의식상태를 가리키는 것으로 그것들은 달리 표현해서 감각·감정·지각·과학·철학이라 불리는 삶의 형태이다.

우리는 이것을 통틀어 '인생 경험', 혹은 그냥 '인생'이라고 부르기도 한다. 다시 말해서 문학이 서술하고자 하는 대상은 한마디로 인생이다. 이에 반해서 과학적 서술의 대상은 대체로 체험과는 직접 관계가 없는 물리현상이나 때로는 인간의 체험 자체, 그리고 그러한 것을 서술하는 문학 자체를 대상으로 삼을 수 있다. 그러나 이런 경우 과학적 입장에 설 때 체험이나 문학도 오직 하나의 사물 혹은 사건으로서만 다루어진다. 단순한 물체가 과학의 대상이 될 때 우리는 그것을 자연과학이라 부르고, 체험이나 문학 등이 과학의 대상이 될 때 우리는 그것을 사회심리학 혹은 인문과학이라 부른다.

문학과 과학은 비단 그것들이 다루는 대상의 성격이나 관점뿐만 아니라, 한 대상이 서술되는 형식도 다르다. 과학적 서술은 설명적이지만, 문학적 서술은 묘사적이다. 예를 들어 사과가 땅에 떨어지는 현상은 뉴턴의 만유인력의 법칙에 의해서 과학적으로 서술될 수 있지만, 한 시인 혹은 어떤 사람에 의해 여러 가지로 서술될 수도 있다. 설명적 서술은 이론적 서술이라고도 할 수 있는데 그것은 어떤 원리의 역할을 하는 가설을 세워서, 눈으로 볼 수 있는 현상이 그 가설적 원리로부터 추출될 수 있는 하나의 예라는 것을 경험이나 실험을 거쳐서 증명할 때만 가능하다. 그래서 아인슈타인의 $E=mc^2$이라는 수식은 물리현상에 대한 설명적 서술이 된다. 반면에 문학적 서술은 어떤 현상을 보고 느끼는 대로 그냥 그림을 그리듯 혹은 사진을 찍듯 기록하는 서술이다.

이와 같은 문학이 이차적 언어 또는 개념분석으로서의 철학과 다르다는 것은 명백하다. 다시 말하자면 철학은 어떤 지각된 현상을 기록하는 것도 아니고, 어떤 현상을 과학자처럼 직접 설명하려 하지는 않는다. 누가 어떤 대상을 "무엇은 무엇이다" 혹은 "어떠어떠한 것이 옳다"라고 할 때 철학은 그 말이 정확히 무엇을 의미하며 어떤 근거에서 어떠어떠하다는 주장이 성립될 수 있는가를 논리적으로 따지는, 즉 분석하는 작업이다. 따라서 "문학이 무엇인가", "어떻게 해서 한 작품이 좋고 나쁘다고 결정될 수 있는가"라고 물을 때 우리는 이미 문학적인 이야기를 하는 것이 아니라 철학적 차원에 들어가고 있는 것이다. 이런 점에서 문학비평은 철학에 가까워질 수 있다.

요약하자면 문학과 철학은 전혀 다르다. 그러므로 문학의 가치를 철학의 그것과 비교하려 한다면, 마치 물과 불을 비교하는 것과 마찬가지의 범주적 오류를 저지르는 것이다.

그렇지만 우리는 문학을 이야기할 때 자연히 철학적 이야기, 철학적인 문제를 건드리게 마련이다. 사실 많은 문학작품, 특히 위대한 작품일수록 우리들을 철학적인 분위기 속으로 이끌어가고야 만다. 도스토옙스키는 신의 존재에 대한 문제를 제기하고, 프루스트는 시간에 대한 그의 새로운 철학적 견해를 작품에 나타내고 있다. 앞서 이론적으로 문학과 철학을 흑백으로 나누듯 갈라놓았지만, 적어도 문학 속에는 철학이 떼어버릴 수 없이 녹아 있다는 사실에 부딪힌다. 다시 말해서 문학과 철학은 구체적인 작품 속에서는 떨어질 수 없는 근본적인 관계를 맺고 있는 것 같다.

이런 사실은 문학의 서술대상의 내용을 분석해볼 때 설명될 수 있다. 문학의 서술대상은 인간의 모든 체험, 즉 인생이다. 우리는 살아가는 동안 먹고, 자고, 느끼고, 보고, 떠들 뿐만 아니라 누구라도 어떤 생각, 더 나아가서는 철학을 하게 마련이다. 어째서 사람들은 죽어가야 하는가? 우주의 기원은 무엇인가? 어째서 A라는 행위가 '선善'이라 불리고, 어째서 K라는 믿음이 옳다고 인정되는가? 인생의 의미는 무엇인가? 어떻게 살면 진정 뜻있고 충만한 올바른 일생이 될 것인가? 우리들은 누구나 이러한 철학적 문제들이 인생을 잘 살아가는 데 있어서 극히 중요하다는 것을 느낀다.

문학이 인생을 서술하는 이상, 그리고 인생의 근본적으로 중요한 문제의 하나가 철학일 수밖에 없는 이상, 한 문학작품이 인생을 진지하게 서술하려 할수록 철학적인 문제가 그 작품의 테마가 될 것임은 간단히 알 수 있다. 바꿔 말해 문학은 철학이 아니지만 철학적 사고를 하지 않을 수 없는 인간의 생활을 서술하기 위해 사람들이 살아가는 동안 어떻게 철학적 문제와 마주치고 어떻게 해결하려고 애쓰는가를 그릴 수밖에 없다. 철학이 아닌 문학은 그 작품 속에 철학을 내포하고 철학에 대한 이야기를 하게 마련이다.

어떤 문학도 그 자체가 바로 철학일 수 없다. 그러나 우리들은 '문학 속의 철학'을 얘기할 수 있다. 한편 문학은 철학 속에 흡수될 수 없지만 우리는 '문학철학', 즉 문학에 관한 철학에 대해 생각해볼 수 있다. 이때 문학철학은 예술철학의 일부가 된다.

문학이 인생의 기록이어서 우리들이 살아가는 데 있어서 인생의 둘도 없는 거울이 된다면 철학은 문학활동 자체를 포함한 모든 인간들의 의식활동을 체계적으로 분석함으로써 우리가 인생에 대한 보다 깊은 이해를 가질 수 있도록 도와줄 것이다.

《연세춘추》, 1975. 6. 16.

02

주체성 혹은 정체성의 문제—카프카 『변신』

그레고르 잠자는 어느 회사의 착실한 평사원이었다. 미혼인 그는 은퇴한 노부모와 역시 미혼인 누이동생과 산다. 그의 수입으로 나머지 식구들은 아무 걱정 없이 지내며, 잠자는 자신의 누이동생이 피아니스트가 되도록 도와줄 생각까지 하고 있는 따뜻한 오빠이기도 하다. 그러나 어느 날 아침 그는 뜻하지 않게 벌레로 변신해버리고, 이로 인해 그의 따뜻한 가정, 가족들의 행복은 산산이 부서진다. 약 한 달 동안 그는 벌레로 살아 있다가 죽게 되는데, 그동안 그가 벌레로 변신한 것처럼 그의 가정생활도 가족들의 그에 대한 태도도 변한다.

프란츠 카프카Franz Kafka, 1883~1924의 한없이 기발하고 허무맹랑한 이 단순한 이야기는 극히 상징적이라고밖에 생각할 수 없다.

이 작품은 예측할 수 없는 만물의, 특히 인생의 변화를 통해 느끼게 되는 무상에 대한 의식이며 놀라움이라 하겠다. 이 놀라움은 잠자가 어느 아침 어수선한 꿈에서 깨어, 자기가 한 마리의 거대한 벌레로 변신하여 침대 위에 누워 있음을 깨달았을 때 그 스스로 '난 어찌된 영문인가'

라고 자문한 것으로 요약된다.

그렇다면 가엾고 불쌍한 잠자의 변신은 무엇을 상징하는가? 어떠한 종류의 무상을 작가 카프카는 우리에게 의식시키려 했는가? 이 작품은 무엇을 의미하는가? 많은 훌륭한 작품이 획일적인 해석을 불허하듯이 『변신』도 논자에 따라 갖가지 의미를 생각해볼 수 있다.

첫째, 오랜 세월에 걸쳐 유럽 각처에 흩어져서 많은 학대를 받으며 다음날의 운명을 예측할 수 없이 살아가던 유대인의 운명을 상징한 것으로 해석할 수 있다. 둘째, 이와 같은 유대인의 운명은 한 인간의 존엄성보다도 한 인간의 사회적 기능이 중요시되고 있는 물질적 기계화 속에 살아가는 인간의 상황을 상징한다고도 볼 수 있다. 셋째, 이와 같은 상황은 시대와 장소를 떠난 보편적 인간 상황의 상징으로도 해석된다. 오늘은 부유한 유대인이지만, 내일 아침에는 개처럼 비참하게 학살당할 수도 있다. 오늘의 도둑이 내일의 영웅이 될 수도 있고, 오늘의 매국노가 내일 아침엔 애국자가 될 수도 있는 것이 우리가 살아가야 하는 대부분의 사회이다. 그와 마찬가지로 인간은 항상 내일 자기의 운명이 예측하지 못하는 기괴하고 비참한 것으로 변할 수 있는 가능성 아래 살고 있다. 무엇보다 우리들은 죽음이란 가장 큰 변화를 눈앞에 놓고 살고 있다.

이처럼 작품 『변신』을 통해 대략 세 가지 상징적 의미를 찾을 수 있다고 보는데, 세 가지 중 어떤 해석을 택하든지 근본적이고 공통적인 부분은 예기치 않은 인간 운명의 변화, 혹은 무상이다. 다시 말하자면, 주인공의 변신은 주체의 상실 내지는 주체성의 위기를 상징한다는 것이다. 주체란 '복돌이'가 '복돌이'라고 불릴 수 있는 요소 혹은 속성을 가리키는데, 특히 기능적 인간으로 행위해야만 하는 오늘의 사회에서는 정말 무엇이 인간으로서의 복돌이인가를 알 수 없게 되었다. 복돌이는 주체성을 잃게 되고 자기 상실이란 심리적 위기를 경험하게 된 것이다. 카프카는 작품『변신』을 통해서 특히 현대인이 처하고 있는 이와 같은 상황을 간결하지만 명석하고 재미있게 묘사하는 데 성공했고, 우리들의 정신적 위기를 의식시키는『변신』은 그것만으로도 충분히 가치가 있다고 봐야 한다.

주체성의 상실이 무엇 때문에 한 인간에게 불안감을 주는가? 어째서 인간은 주체성을 찾으려 하는가? 이런 문제는 심리적 문제에 속한다. 사회심리학적으로 볼 때 사람은 흔히 고립, 고독, 그리고 자유로부터 도피해 어떤 단체·국가 등 사회의 어느 부분에 속함으로써 독립된 개인으로서의 자기 행동에 대한 책임을 벗으려는 심리를 가지고 있다. 그러나 이것은 동시에 자아의 부정을 의미한다.

실존정신분석학의 입장에서 볼 때, 인간은 주체의 확립을 통해서 '자신'을 내세우고, 그럼으로써 자신의 독립과 자유를 유지하려는 심리를 지니고 있다. 그러나 이런 심리적 문제는 철학적 문제와는 완전히 일치하지 않는다.

작품『변신』이 주체성에 관한 문제를 제기한다고 본다면 어떤 점에서 주체성이 철학적 문제인가를 살펴볼 필요가 있다. 왜냐하면 이와 같은 철학적 문제는 문학작품으로서의『변신』의 가치를 결정하는 데는 직접 관계가 없지만, 하나의 흥미 있는 철학적 문제를 의식하게 하기 때문이다. 어떤 점에서 그렇게 볼 수 있는가? 잠자는 가엾게도 벌레로 변신했다. 그러나 그가 방바닥과 천장을 기어다니는 벌레가 됐음에도 불구하고 가족을 비롯한 주위의 모든 사람들은 그 벌레가 이전과 같은 인간 잠자라는 것을 한 번도 의심조차 하지 않고 그를 대한다. 약 한 달이 지난 후, 벌레로 변한 오빠의 치다꺼리에 짜증이 날 대로 난 잠자의 누이동생이 벌레 잠자를 사람 취급하기를 거절하기 시작하는 태도를 보이지만, 그녀의 이와 같은 태도는 오직 그녀의 이기주의적 심사에서 발생한 것이라 볼 수 있다. 왜냐하면 처음에는 그녀도 다른 사람들과 마찬가지로 벌레 잠자가 오빠임을 의심하지 않았고, 그녀가 태도를 바꾸게 된 시점에도 벌레 잠자의 형태나 태도에는 아무런 변화가 없었기 때문이다.

그렇다면 어찌해서 모든 사람들은 벌레로 변해서 방 안을 기어다니게 된 잠자를 이전과 근본적으로 다르지 않은 인간 잠자로 대하기를 의심하지 않았는가? 만일 내가 갑자기 도깨비로 변신한다면 나는 역시 인간인 나, 조금 전과 같은 나라고 할 수 있는가? 다시 말해서 변신 전의 잠자나 그후의 잠자를 같은 잠자, 즉 같은 주체로 여길 근거는 어디 있는가? 요컨대 어떻게 주체성을 결정할 수 있는가? 주체성의 기준은 무엇인가? 이런 문제는 극히 흥미롭고 중요한 철학적 문제이다. 우리들은 보통 아무런 의심도 하지 않고 어렸을 때의 '나'와 나이 들었을 때의 '나'를 하나의 '나', 즉 '자아'라고 생각하는데, 이 문제는 그 '자아'가 무엇인가를 어느 정도 설명해줄 것이기 때문이다.

먼저 어떤 근거로 잠자의 가족들이 벌레로 변신하기 전후의 잠자를 동일한 잠자로 믿었는지 검토해보자. 잠자에 대한 그의 가족들의 태도는 인간 주체성의 본질에 대한 그들의 의심 없는 믿음에서 비롯된다. 그것은 다름 아닌 복돌이가 가진 복돌이로서의 본질은 복돌이의 외면적이거나 육체적 형태에 있지 않고 복돌이의 '자아'라고 불리는 어떤 정신에 있다는 믿음이다. 따라서 복돌이가 어렸을 때나 나이 든 뒤에나, 그가 남루한 옷을 입거나 멋진 옷을 입거나, 혹은 그가 장관이 되거나

거지가 되거나를 막론하고 이 여러 가지 형태로 나타나는 복돌이에게
는 하나의 일정한 정신적 본질인 복돌이의 자아가 있다는 것이다. 여러
가지 복돌이의 모습은 오로지 복돌이의 유일무이한 자아의 표현으로
볼 수 있다. 잠자의 가족이 벌레인 잠자를 그들이 알던 바로 그 잠자라
고 믿는 까닭은 잠자의 의식생활이 중단되지 않았기 때문이다.

　그러나 의식 혹은 정신만이 그들의 믿음의 모든 근거가 될 순 없다.
아마도 더 근본적인 이유는 만물의 인과관계에 대한 믿음이다. 즉 어떤
사건에는 반드시 원인과 결과가 있다는 것이며, 한 사물은 어떤 외부의
힘이 주어지지 않는 한 일정불변하게 남아 있다는 것이다. 잠자는 언제
나와 마찬가지로 자기 방에서 잠을 자고 있었고, 아무도 그의 방문을 연
사람이 없었는데, 그 방 안에 살아 있던 잠자가 다른 곳으로 빠져나갔을
리 만무하고, 또 사람 모양의 잠자 대신 벌레 모양의 잠자가 유일한 생
물체이자 유일한 의식체로서 살아 있으니 설사 겉모양이 달라졌다 하
더라도 벌레이든 사람 꼴의 잠자든 똑같은 잠자로 생각할 수밖에 없다.

　그러나 과학적 상식에 입각한 이 두 가지 근거에는 모순이 있다. 만물
이 인과관계를 갖고 있다는 것은 과학적 전제이지만 사람의 형태를 가
진 생물이 벌레란 하등곤충으로 변한 다음에도 역시 사람으로서의 근
본적인 기능을 지속하고 있다는 것은 과학성을 띨 수가 없다. 사람이 별
안간 벌레로 변해도 정신적 기능을 잃지 않고 있음이 사실이라면 그 사
실은 과학적 인과관계를 벗어나는 것으로 그 이유를 과학이 아닌 어떤
신비 속에서 찾아야 할 것이다. 마지막에 가서 벌레가 된 오빠를 돌보기
에 짜증이 난 누이동생이 이렇게 말한 데는 깊은 뜻이 있다.

　"저것이 그레고르 잠자 오빠란 생각을 버리면 돼요. 저 벌레를 그렇
게 오랫동안 오빠 줄로 믿었던 것이 불행의 씨였어요. 하지만 어떻게 저

걸 그레고르 잠자 오빠라고 믿을 수 있단 말이에요. 만일 저것이 그레고르 잠자 오빠라면 사람들이 이런 벌레와 함께 산다는 것은 불가능하다는 걸 벌써 알아차렸을 게 아니에요……."

벌레로 변하기 전후의 잠자를 똑같은 하나의 잠자로 취급해야 하느냐, 그렇지 않느냐의 문제가 아직도 남아 있다. 사실일 수 없는 이 소설 속의 잠자의 경우에는 그의 누이동생의 태도를 취하기 쉽다. 사람의 형태는 어느 정도 정확하게 규정할 수 있고, 벌레의 형태는 확실히 사람과는 다르다. 그렇다면 사람이 곤충으로 변한다는 것은 과학적으로나 상식적으로 있을 수 없는 일이니, 벌레가 되어 말을 한다 하지만 그 벌레는 사람, 그레고르 잠자가 될 수 없을 것이다. 곤충이 사람처럼 말하지 못함은 상식적인 것이니, 곤충이 잠자처럼 말을 하는 것같이 보인다면 그것은 듣는 사람의 착각이거나 혹은 곤충에 귀신이 붙었다고 보는 것이 타당할 것이다.

그렇지만 주체성 혹은 정체성의 문제는 그렇게 단순하지가 않다. 잠자의 경우는 극단적인 예외적 사실로 그가 변신 전이나 후나 같은 잠자인지 아닌지를 결정을 내릴 근거가 어느 정도 있다. 그러나 잠자의 변신은 정도의 차이는 있다 할지라도 모든 사물, 모든 사람들에게도 적용되는 문제이다. 그러므로 작품 『변신』은 우리들이 보통 의문을 가져보지 않았던 주체성의 문제를 의식 혹은 재고하게 한다.

사물이나 사람을 비롯한 모든 생물체의 경우는 주체성을 알아내고 규정하는 것이 개념을 결정하는 경우처럼 단순하지 않다. 특히 사람의 경우가 그렇다.

예를 들어 'A'라는 글자의 개념은 발음을 잘하거나 못하거나를 막론하고 또 큰 글씨로 쓰거나 작은 글씨로 쓰거나 마찬가지다. '사람'이나

'복돌이'라는 단어의 개념도 언제나 마찬가지다. 따라서 'A', '사람' 혹은 '복돌이'라고 말하거나 글로 쓸 때, 그것을 내가 하든 또 누가 하든 어제 썼든 오늘 썼든 간에 그 개념, 즉 그 말의 '뜻'을 알 때 그것이 동일한 뜻인가 아닌가는 간단히 결정될 수 있다.

그러나 개념이 아니라 사물의 주체성 또는 동일성을 따질 때 문제는 좀 복잡해진다. 일주일 전에 친구에게 빌려준 책 『변신』을 돌려받았다고 하자. 어째서 나는 그 책이 내가 일주일 전에 빌려준 바로 그 책이라고 확신할 수 있는가? 일주일 동안 극히 적은 양이라고 하겠지만, 그 책에 물리적 변화가 있었음은 틀림없다. 그럼에도 불구하고 나는 그 책이 똑같은 책임을 믿는다. 동일성을 따질 때의 기준은 한 사물이 갖고 있고 또 갖고 있어야 하는 구성요소이다. 물론 다소의 변화가 있을지라도 한 사물의 본질을 구성하는 요소가 변하지 않고 유지되어 있다면 우리는 그 사물을 동일한 것으로 취급한다. 따라서 엄격한 의미에서 볼 때 개념 아닌 사물의 동일성 혹은 주체성은 성립이 불가능하다. 파리의 어느 곳에 '미터meter'의 기준이 되는 물건이 물리적 변화를 일으키지 않도록, 다시 말하면 동일성이 유지되도록 오랜 시간 간직되었다 해도 그 미터의 기준이 되는 사물에 전혀 물리적 변화가 없었다고는 할 수 없다. 그러나 대개의 경우 이러한 기준으로도 실제 생활에 있어서 사물의 동일성은 충분히 보장된다.

식물 혹은 동물의 경우에 있어서는 문제가 보다 복잡해진다. 한 달 전에 심었던 장미가 퍽 자랐고, 따라서 그 나무 모양도 알아보지 못하게 달라졌지만 우리는 그것을 하나의 똑같은 장미로 취급한다. 2년 전에는 강아지였지만 이제 제법 점잖은 개로 변했음에도 불구하고 우리는 그 양쪽을 똑같은 복돌이네 개로 취급한다. 무슨 근거로 우리들은 이와 같이 생각할 수 있는가?

이 경우에 있어서 장미나 강아지는 그 크기나 형태에 있어서 달라졌으니, 사물의 경우처럼 장미나 강아지를 구성하는 속성이 달라졌음이 분명하다. 따라서 한 식물 혹은 동물의 주체성의 기준은 사물의 경우처럼 그것들을 구성하는 속성이 될 수 없음은 뻔하다. 다른 기준이 필요하다. 크기나 외모가 달라졌는데도 같은 장미, 같은 복돌이네 개로 보는 근거는 모든 생명체는 유기적 존재로서 어떤 조건하에 마땅히 성장하고 변화한다는 사실을 믿기 때문이다. 따라서 시간적으로 다른 두 개의 장미와 강아지를 같다고 볼 때 '같다'의 의미는 크기나 형태가 '같다'는 말이 아니요, 두 경우가 다 같이 다른 것과 바꿀 수 없는 하나의 독자적이며 고유한 같은 유기체임을 말한다. 만약 하나의 유기체인 장미가 기적적으로 신비스럽게 하루아침에 소나무로 변했을 때, 우리는 그 소나무를 장미와 같은 것으로 취급하지 않을 것이다. 이와 같은 신비스러운 변화에 놀라고, 가능한 한 합리적인 해석을 찾으려 할 것이다. 가령 우리들은 자신의 눈을 의심하며 장미에서 소나무로 변한 것같이 보이지만 사실은 우리가 환각을 보는 것이 아닌가, 또는 어떤 장난꾸러기가 장미와 소나무를 바꾸어 심어놓은 것이 아닌가 하고 생각해볼 것이다. 만약 이와 같은 가정이 성립될 도리가 없게 되면 생물현상의 특수한 경우로 해석하게 될 것이다. 후자의 추측을 따르는 경우 우리들은 어느 의미에서 소나무는 장미와 똑같은 것으로 봐야 한다. 그러나 이런 경우의 동일성은 장미와 소나무가 나무로서 성질상으로 같다는 것이 아니라, 오직 그것들을 구성하는 물리적 혹은 화학 성분상으로 볼 때 동일한 성분임을 말한다. 따라서 장미와 소나무는 보는 관점에 따라 같다고 할 수도 있고 다르다고도 할 수 있다. 실제로 일상생활에서 우리들은 이와 같은 태도를 취한다. 식물학자는 소나무로 바뀐 장미는 이미 장미로 취급하지 않고 장미와는 다른 소나무로 취급할 것이다. 그런 반면에 화학자는 장미의 화학적 성분과 소나무의 화학적 성분을 분석·검토함으로써, 그 둘이 같을 때 그 두 개의 식물이 결국은 동일한 것이라고 단정을 내릴 것이다.

그러나 사람의 경우에는 더욱더 복잡해진다. 가엾은 그레고르 잠자처럼 하루아침에 외모상으로는 벌레로 변했지만 의식을 갖고 변신 이전의 잠자와 똑같이 말을 한다면, 우리는 그 두 경우를 동일한 자아인 그레고르 잠자로 취급해야 할 것인가, 그렇다면 그 근거는 무엇인가, 인간에게 있어서 자아란 무엇인가 하는 문제가 나오게 된다.

생물학자의 입장에서 볼 때 인간일 때의 잠자와 벌레로 변한 잠자를 같은 잠자, 즉 동일한 생물체로 볼 수 없다. 왜냐하면 사람이란 범주와 벌레란 범주는 완전히 다르기 때문이다. 한편 화학자의 입장에서 볼 때도 변신 전후의 잠자를 똑같은 잠자로 보지 못할 것이다. 왜냐하면 사람으로서의 화학적 성분과 벌레로서의 화학적 성분은 명백히 다를 것이기 때문이다.

이 작품 안에서 적어도 얼마 동안 잠자의 가족이나 친지들은 벌레가 된 잠자가 아들임을, 오빠임을, 그리고 회사원임을 의심하지 않는다. 그 까닭은 무엇보다도 잠자가 벌레가 됐음에도 불구하고 의식적인 면에서는 예전과 다름없는 행동을 했기 때문이다. 만약 방 안에 인간 형태의 잠자가 없고 전혀 의식이 없는 생물학상으로 알려진 벌레 그대로의 모습으로 있었다면, 잠자의 가족들은 그를 아들이나 오빠라고는 믿지 않음은 물론이요, 아들이나 오빠로서의 잠자가 없어진 경위와 닫아둔 방 안에 난데없이 벌레가 기어다니게 된 곡절을 상식과 과학적 근거에 입각해서 찾아내려 했을 것이다.

　그러나 잠자는 벌레로 변한 뒤에도 말이나 마음가짐, 즉 의식활동에 있어서는 변신 이전과 같았다. 그래서 그 자신은 물론 가족들도 그 벌레와 사람 꼴의 그레고르 잠자는 근본적으로 동일한 존재이며, 그 동일성을 뒷받침하는 근거, 즉 주체성은 그의 의식에 있다고 보는 것이다. 의식상으로 볼 때 변신 전후의 잠자는 동일한 주체를 갖고 있다는 생각이다. 따라서 변신 전후의 잠자는 하나의 인간으로서의 자아를 갖고 있다. 그렇다면 엄격히 말해서 자아란 무엇인가?

　잠자처럼 극단적인 경우를 들지 않더라도 보편적인 한 인간의 경우를 생각해볼 때 평생 일관해서 있다고 믿어지는 자아에 대한, 즉 주체에 대한 문제를 무시할 수 없다. 어렸을 때나 나이 들었을 때, 혹은 다쳤을 때나 건강했을 때를 막론하고 복돌이는 그 일생의 시간과 공간을 일관해 존재하는 자신인 '나'를 믿는다. 그렇다면 복돌이가 말하는 '나', 즉 그의 주체는 무엇을 의미하는가? 육체적 관점에서 볼 때 어렸을 때의 복돌이와 나이 들었을 때의 복돌이는 엄청나게 다르다. 따라서 복돌이의 주체, 즉 '나'는 위의 두 경우에 같을 수 없다. 의식의 관점에선 어떠한가? 어렸을 때나 나이 들었을 때 한 인간으로서의 복돌이는 다른 동물과 달리 의식을 갖고 있고, 생각하는 능력이 있다. 그러나 어린 시절의 복돌이의 의식상태나 사고력은 나이 들었을 때의 그의 의식상태나 사고력과 동일할 수 없다. 따라서 복돌이의 일생을 통해서 존재한다고 믿어지는 그의 주체, 즉 일관된 '나'는 있을 수 없다.

　그럼에도 불구하고 우리들은 모두 이와 같은 것을 의심하지 않고, 호적에 쓰인 이름 석 자로 상징되는 '내'가 있는 것으로 행세하게 마련이며 그것이 존재함을 의심하지 않는다. 그렇다면 정말 나는 무엇을 가리키며, 무엇을 가지고 '나'라고 부르는가? 현대철학의 굳건한 기반을 닦은 프랑스의 철학자 데카르트는 모든 철학적 이론을 '에고(자아)' 위에 세우려 했다. 그는 모든 것을 의심할 수 있되 자아만은 의심할 수 없는 존재라고 믿었고 주장했다. 데카르트의 자아는 말할 나위도 없이 육체적인 것이 아니요 순수한 정신적인 것이다. 그러나 데카르트는 정신적 성격을 가진 자아가 무엇인지를 정확히 지적하는 데는 실패했다. 데카르트의 실패는 그가 한 인간의 정신성(의식)과 육체성을 완전히 두 개의 다른 존재로 보고, 의식하는 인간과 살아 있는 인간을 서로 본질적으로 다르다고 보았기 때문이다. 그러나 정신활동은 그의 육체적·생물학적 기능을 떼놓고는 실제로 발견할 수 없다. 따라서 정신이 육체의 주인이라고 보기보다는 오히려 정신을 생물체로서의 육체가 가진 고도로 발달된 기능으로 보는 것이 정확할 것이다. 이와 같은 내 이론이 옳다면 주체, 혹은 에고란 실제로 존재할 수 없으며 일종의 신화에 불과하다. 왜냐하면 생물체로서의 인간은 한순간도 쉬지 않고 변화작용을 하기 때문이다. 영국의 철인 흄이 "자아란 감각의 꾸러미일 뿐이다"라고 했는데 이와 같은 관점이 데카르트의 관점보다 더 실증성이 있다고 본다.

자아가 실제로 존재하지 않는 일종의 허구적 신화라면 어찌하여 우리는 누구나 빠짐없이 이와 같은 신화를 만들고 그것을 믿는가? 나의 소박한 소견을 말한다면 첫째는 사회활동을 해야만 하는 인간으로서 필요했기 때문이다. 즉 인간은 타인과의 관계 속에 살아가야만 하는데 항상 변하는 생물체로서의 인간에게 불변하는 일정한 존재, 자아가 있다고 간주할 때 인간관계는 훨씬 간소화되고 편리해진다. 인간 아닌 많은 생물, 동물들도 타자와의 관계 속에서 살고 따라서 극히 원시적이긴 하지만 일종의 사회생활을 하고 있다. 그러나 인간 이외의 다른 동물은 자아를 모르고 자의식을 갖지 않는다. 따라서 우리들은 두 번째 이유로서 인간이 사고력을 가진, 즉 사물·사건을 개념화할 줄 아는 사회적 동물임을 들어야 할 것이다. 동물들의 관계는 일종의 본능에 의해서 맺어지는 감각에 의한 관계이다. 한 동물과 다른 동물의 관계는 감각의 차원을 넘어서지 못한다. 그런데 감각은 시시각각으로 변하고, 감각적 차원에서는 어떤 경험이 개념화되지는 않는다. 비유해서 말하면 동물들의 서로의 관계는 마치 두 물질이 부딪치든가 떨어지든가 할 때와 마찬가지로 거의 물리적 차원에 머물고 있다. 어떤 돌 한 개가 굴러서 다른 돌과 부딪치고 다시 멀어진다고 할 때 그 돌은 물리학적 원칙에 의해서 그렇게 된 것이지, 그 돌이 '내'가 다른 돌과 부딪쳤다고 하지 않으며 그렇게 표현할 필요도 없다.

그러나 인간은 어느 연령에 이르면 의식을 갖게 되고 생각하는 힘을 소유함으로써 단순히 남과의 관계를 가질 뿐 아니라 그런 관계를 '의식'하게 된다. 따라서 나의 의식과 타인, 즉 또 다른 '나'를 의식하게 된다. 나는 육체적으로 어느 정도 항상 변하는 생물체이지만 어느 때고 타인과의 관계를 가질 수 있는 하나의 '나'를 개념화하게 된다. 이와 같은 개념화는 복잡한 타인과의 관계를 다소나마 간소화하고 용이하게 한다. 이런 생물체의 개념화, 즉 자아의 존재를 개념상 믿음으로써 사회활동에서 필요한 책임·벌·보상 등등의 사회제도가 성립될 수 있다. 만약 어렸을 때의 나와 나이 들었을 때의 내가 개념화를 통해서 하나의 동일한 주체, 혹은 자아로 볼 수 없다면, 내가 어릴 때 저지른 어떤 잘못을 나이 들어서라도 책임을 질 수 없음이 명백하다. 왜냐하면 생리학적으로나 심리학적으로 볼 때 어릴 때의 나와 나이 들었을 때의 나는 판연히 다른 두 개의 존재이기 때문이다.

생각하는 동물로서의 인간이, 사회생활을 하는 데 필요한 자아란 주체의 신화, 즉 허구적 존재를 만들고 믿을 필요가 있게 된 까닭을 알게됐다. 보통의 경우 '나'란 자아, 즉 주체를 지적하는 근거는 과히 문제를 일으키지 않는다.

어렸을 때의 나나 성장한 지금의 나를 하나의 '박이문'이란 자아, 혹은 주체로 생각하는 이유는 앞서도 말했듯이 하나의 유기체로서의 나의 전체적 모습이라든가 성격이 유사한 구조를 유지하고 있기 때문이다. 내 팔이 잘리고 코가 문드러지게 됐다 해도 나는 유기체로서의 근본적인 속성을 잃지 않고 있다.

그러나 보통의 경우 이와 같은 형태상으로 본 유사성의 기준은 경우에 따라 문제를 낳는다. 특히 극도로 의학기술이 발달함에 따라 팔·다리·심장 등 모든 유기체의 구성 부분을 이식하거나 인공으로 만들게된 지금에 와선 수술 이전의 나를 수술 이후의 나로 믿을 근거가 있는가? 예를 들어 유기체의 가장 중요한 부분이라고 생각하는 심장·뇌 등을 이식수술해서 성공했다고 가정한다면, 지금의 나는 수술 이전의 나와 같은 '박이문'이라고 할 수 있을까?

한편 낙태에 관계되는 윤리적 문제도 동일한 성격을 갖고 있으며, 불치의 병으로 고통받는 환자를 앞에 둔 의사의 윤리적 문제도 같은 성격을 갖고 있다. 엄마 배 속의 한 달이 된 태아를 인간인 '나'로 생각할 수 있을까? 인간의 규정, '나'의 규정의 한계는 어디에 있는가? 겨우 심장만이 실오라기만큼 뛰고 있는 뇌사 상태의 환자나 병들어 전혀 움직이지 못하는 늙은 육체를 역시 살아 있는 인간 아무개 아무개로 취급할 수 있는가?

현대 문명의 발달, 특히 의학의 발달에 수반되는 위와 같은 많은 문제는 심각한 사회적·윤리적 문제이다. 이러한 문제의 근본적인 성격은 결국 어떻게 '자아' 혹은 '주체'의 기준을 세워야 하느냐 하는 철학적 문제와 연결된다.

약 100여 년 전 이와 같은 문제가 생기리라고 예측한 사람은 거의 없었다고 믿는다. 그러나 고독한 카프카가 의식했든 그렇지 않았든 간에 그의 작품 『변신』은 크게 보면 인간 운명의 영원한 변천과 그에 대한 놀라움을 상징적으로 그렸을 뿐 아니라, 더 가까이는 극도로 발달해가는 오늘날의 과학과 더불어 빠른 속도로 변천해가는 사회, 그리고 인간 자체, 그것에 수반해서 나타나는 인간 자아 검토의 문제를 생각하게 하는 예언적 작품이다.

우리는 다시금 스스로에게 물어봐야 한다.

'나는 누구인가?'라고.

우리는 다시 생각해봐야 한다.

'나는 무엇을 위해서 사는가? 내가 정말 바라는 것은 무엇인가?'

'하나의 민족으로서 우리는 무엇을 지향할 것인가?'라고.

《문학사상》, 1973년 10월 창간호~1974년 12월호

03
인생의 의미
─톨스토이 『이반 일리치의 죽음』

대부분의 우리들 삶은 사소한 걱정과 욕망에 가득 차 있고 그 하나하나를 해소하고 만족시키는 데 급급하다가 죽고 만다. 먹어야 하고, 공부해야 하고, 일자리를 구해야 한다. 장가를 가서 자식을 낳아야 하고, 자식을 낳으면 길러야 한다. 맛있는 음식을 먹음으로써, 좋은 집에 사는 것으로써, 그리고 예쁜 여인의 마음을 꾐으로써 우리들의 삶은 많은 기쁨으로 차고 행복하게 된다.

그러나 이와 같은 괴로움·걱정 혹은 행복 가운데서도 우리들은 더러 발길을 멈추고 고개를 갸우뚱 기울이며 생각하는 때가 있다. '이렇게 태어나서 노력하고 만족을 얻고 죽는 인생의 의미는 무엇인가' 하고. 생각하는 힘을 가진 유일한 동물인 인간은 다른 생명체나 동물과는 달리 주어진 삶을 살면서 삶 속에 흡수되지 않고 그 삶 자체와 거리를 두고 그것을 관찰·비판하는 사고의 힘을 갖고 있다. 이와 같은 인간의 특수한 사고력은 인간이 다른 동물과 유별하게 불행감을 느끼게 되는 원인이 되는 동시에 다른 동물이 갖지 못하는 행복감의 원천이 되기도 한다.

많은 사람, 많은 작가 가운데서도 레프 니콜라예비치 톨스토이Lev Nikolaevich Tolstoi, 1828~1910만큼 '인생의 의미'에 집착한 사람도 드물다. 또 톨스토이의 많은 작품 가운데서도 그의 소설 『이반 일리치의 죽음』만큼 이 문제를 명백히 제시한 작품도 없다. 톨스토이는 이 작품을 통해서 그가 평생을 두고 스스로 질문하고 답변을 찾으려 했던 '인생의 의미'란 문제에 마침내 해답을 찾았다고 생각했다.

『이반 일리치의 죽음』에서 톨스토이는 과연 어떻게 이 문제를 다루고 또 어떠한 답변을 찾았다고 볼 수 있는가? '인생의 의미'를 탐구한 입장에서 볼 때 이 작품은 다음과 같은 이야기로 요약된다.

우리들 주변에서 흔히 볼 수 있는 많은 사람처럼 약삭빠른 사회인인 지방법원 재판관 이반 일리치는 관계官界에서의 출세와 사교계에서의 영예, 그리고 물질적 안락만을 오로지 인생의 목적으로 삼는다. 그에게는 친구도 아내도 자식도 오로지 자기 자신의 욕망을 만족시키기 위한 수단이요 편리한 도구에 불과하다. 그는 무슨 일이든지 자기가 정말 좋아서 해본 적이 없다. 그의 모든 태도나 생활방식은 자기의 자유로운 의사나 기호에 의해서 결정되지 않고 그가 부러워하는 상류사회 사람들의 기준에 의해서 결정된다. 이반 일리치는 남 보기에는 성공한 인물이다. 그는 가정적으로도 남들이 탐내는 상류계급의 여자와 결혼해서 가정을 꾸렸고, 사회적으로도 관계官界에서 무척 빠르게 출세한다. 다른 사람들의 눈에는 아주 행복한 인생이 아닐 수 없다. 감각적이고 피상적이며 세속적 성공을 통해서 그 자신도 인생을 즐기고 그러한 인생에 만족스러움을 느낀다.

그는 아홉 시에 일어나 커피를 마시고 신문을 읽은 다음 항상 제복을 입고 재판소에 나간다. 거기에는 이미 그가 쓰고 일을 하는 굴레가 마련되어 있어 그것은 이내 그에게 씌워지고 만다. 청원자, 사무실에서의 조사, 회의—공판과 공판 준비 회의, 이러한 모든 것 속에서 언제나 직무의 올바른 흐름을 파괴하는 회색의 생활적인 분자를 모두 제거해나갈 줄 알아야 한다—사람을 대할 경우 직무 이외의 어떠한 관계도 허용해서는 안 된다. 그리고 모든 관계에 대한 동기는 오직 직무상의 것이어야 하며, 관계 자체도 오직 직무상의 것이지 않으면 안 된다. 이를테면 한 사람이 와서 무엇인가를 알고자 한다. 직무를 떠난 한 개인으로서의 이반 일리치는 이러한 사람에 대해서 어떠한 관계도 가질 수 없지만, 만일 그 사람의 관계가 관리에 대한 그것이고 표제가 붙은 용지에 표현될 수 있는 것이라면, 이반 일리치는 관계의 범위에 있어서 온갖 짓, 단호히 할 수 있는 데까지의 짓을 한다. …… 그 틈틈이 그는 담배를 피우기도 하고 차를 마시기도 하고 정치에 대해서 조금, 카드에 대해서 조금, 그리고 무엇보다 많이 임명에 대해서 담소하기도 한다. 그리고 지쳐서, 그러나 제 파트를 잘해낸 명수, 이를테면 오케스트라의 제1바이올리니스트의 한 사람 같은 느낌을 안고 집으로 돌아간다.

그러나 뜻하지 않게 그의 이와 같은 행복이 부서지고 만족스럽게 생각했던 '인생'에 대해서 회의가 시작되는 계기가 생긴다. 그 계기는 다름 아닌 죽음의 의식이다. 그가 불치의 병에 걸린 것이다. 병에 걸리자 그의 인생의 즐거움은 꿈같이 사라지고, 그는 병에서 오는 육체적 고통과 싸워가면서 자기의 생에 종지부를 찍을 죽음의 검은 그림자가 눈앞에 가까워지는 것을 느낀다. 육체적 고통, 그리고 죽음과 투쟁하는 가운데서 그는 두 가지 사실을 처음으로 의식하게 된다.

그가 여태까지 남들에게 했던 것처럼 모든 주위 사람들, 자기의 아내까지도 진실로 자기의 고통을 동정하거나 자기에게 다가오는 죽음을 위로해주지 않고 오직 각자의 이기적 타산에 따라 자기를 대한다는 것과 모든 인간의 생활이 진실하지 않고 허위 속에 있다는 것이다. 이런 깨달음은 그를 견딜 수 없이 고독하게 만든다.

한편 그에게 모든 것의 종말을 의미하는 죽음은 그로 하여금 지금까지 자기가 살아온 인생을 돌이켜 생각해보게 하고, 그는 말할 수 없는 죽음의 공포를 느낀다. 그는 이 공포의 이유를 깨닫게 된다. 그것은 지금까지 자신이 성공적이고, 행복하다고 여겨왔던 인생이 실상 허위였고 지금까지의 행복했던 자기의 삶을 부정할 수밖에 없는 심리적 상태에 빠져 있기 때문이다. 그는 죽음에 임박하여 모든 사람들이 얼마나 이기심에 의해서만 살아가고 있는가를 깨닫고 그들에 대해서 야속한 생각과 증오에 가까운 경멸심을 갖게 된다. 그러나 실상 자기 자신도 이기심으로만 살아왔음을 깨닫는다. 그는 오직 자기만 알고 살아왔으므로 동물적인 본능을 넘어서지 못했던 것이다. 그가 자기의 인생이 허무했음과 아울러 죽음에 대한 말할 수 없는 공포를 느끼는 까닭은 그에게 동물적인 본능을 초월한 정신적 생활이 없었기 때문이다. 이미 늦었지만 그는 자기가 인생을 잘못 살아왔음을 고통스럽게 인식한다.

그는 동물적인 생활, 물질의 충족만을 추구한 생활이 헛된 생활이라는 사실을 깨닫는다. 그는 이기주의를 초월해서 거짓이 없고 남을 진심으로 생각할 수도 있고, 남을 위해서 자기의 이기심을 꺾을 수 있는 참다운 의미에서의 윤리적 생활에 진정한 인생의 의미가 있을 수 있음을, 자기의 희생적이고 솔직한 하인 게라심을 통해서 발견한다. 그는 임종

두 시간 전, 인생의 진리를 깨닫는다. 그는 생전 처음으로 마음속에서부터 자신의 손에 키스하는 어린 아들을 불쌍히 여기고, 진정한 의미에서 자기 자신만이 아닌, 자신을 초월해서 가족들의 괴로움과 행복을 생각한다. 그는 처음으로 다소나마 이기심을 넘어서 남을 생각한 것이고, 동물적 본능을 극복하고 윤리적 영역에 발을 디딘 것이다.

그러자 여태까지 그를 괴롭히며 나가려고 하지 않던 모든 것들이, 갑자기 모두 한꺼번에 나가려고 하는 것을, 그것도 사방팔방 온갖 군데서 나가려고 하고 있는 것이 그에게 명확해졌다. 저들이 불쌍하다. 저들을 슬퍼하지 않으면 안 된다. '정말 기분이 좋다, 정말 간단한 일이다' 하고 그는 생각했다. '아픔은?' 하고 그는 자문했다. '도대체 어디로 갔느냐? 응, 너는 어디 있느냐, 아픔은?' 그는 귀를 기울이기 시작했다. '옳아, 여기 그게 있군. 뭐 일없다. 아프겠으면 아프라지.' '그런데 죽음은?' '죽음은 어디 있지?' 그는 전부터 길들어온 죽음의 공포를 찾았지만 찾아내지 못했다. 죽음은 어디에 있단 말인가? 죽음이란 무엇인가? 공포는 전혀 없었다. 왜냐하면 죽음이 없었기 때문이다. 죽음 대신 빛이 있었다.

이와 같은 정신적 체험을 하는 순간 그는 육체적 괴로움과 죽음의 공포에서 해방된다. 이 순간 무서운 어둠이었던 죽음은 빛으로 변하고, 고통은 즐거움으로 변한다. 임종을 지키고 있던 사람들 눈에는 이반 일리치의 죽음은 모든 것이 고통스럽고 슬픈 마지막이지만 죽어가는 이반 일리치 자신에게는 이미 그러한 죽음은 물리적 변화에 불과하며 정신적인 죽음은 없다. 진정한 삶이 시작되는 순간인 것이다. 그의 인생은 허무하지 않다.

톨스토이는 이 작품을 통해서 '인생의 의미는 무엇인가'라는 철학적 문제를 제기하고 그 문제에 하나의 자신 있는 답변을 찾았다고 믿었다. 단적으로 말해서 그의 해답은 간단하다. 물질적인 욕망을 넘어서 정신적인 생활을 함으로써만 동물 아닌 인간다운 생의 의미가 있다는 것이다. 정신적 생활은 동물적인 본능을 따르는 이기심을 떠나서 자기가 아닌 남을 위해서 봉사할 수 있고 진실할 수 있는 것으로, 넓은 의미에 있어서의 윤리적 생활이다. 다시 말하자면 선한 생활이 인생의 의미이다. 우리는 여기서 톨스토이의 결론이 옳은가 어떠한가를 생각할 필요가 있는데, 그러자면 어떠한 논리로 이와 같은 결론에 도달했는가를 먼저 검토해야 한다. 한편 톨스토이의 주장을 보다 잘 이해하기 위해서 그가 제기하고 해답을 찾으려 했던 '인생의 의미'란 문제의 성격을 분석해볼 필요가 있다.

단도직입적으로 말해서 톨스토이의 '인생의 의미'에 대한 결론은 논리에 입각해서 연역된 철학적 결론이 아니고 대부분의 구체적인 인간이 삶과 죽음이란 경험을 통해서 도달할 것으로 보이는 인간의 심리상태를 기록한 것에 불과하다.

동물로서의 인간은 자기 자신만을 위해 산다. 사람은 각양각색이라 여러 가지 서로 다른 목적을 추구하고 그 목적을 충족시킴으로써 행복감을 느끼게 마련이지만 대부분 사람들의 행복의 여건이란 대체로 단순하고 공통된 것으로 보인다. 물질적 만족, 사회적 성공과 명예 등이 그것이다. 불행히도 이런 행복의 조건을 마련하려면 남을 속이고 자기를 속여야만 되는 경우가 또한 대부분이다. 자기가 생각하는 대로 말해서는 안 되고, 자기 좋아하는 것만을 주장해서는 안 된다. 오히려 자기의 개성이나 가치의 원칙을 꺾고 남들이, 그리고 사회가 요구하는 대로

순응해야 한다. 결국 가장 이기적일수록 가장 자기의 줏대가 없는 생으로 바뀌게 마련이다.

이반 일리치는 위와 같은 종류의 가장 대표적인 사람으로 세속적인 목적을 달성한 사람이다. 이반 일리치는 틀림없이 똑똑한 젊은이다. 그러나 그의 생의 목적은 물질적 향락과 그것을 마련해주는 사회적 위치에 있다. 그는 근본적으로 다른 것에는 아무 관심이 없고 오로지 자신의 극히 세속적인 만족을 위해서만 살아간다. 그렇기 때문에 그의 결혼도 그의 이기적이며 물질적인 인생관에 의해서 결정됐다.

이반 일리치가 결혼한 것은 그가 자신의 신부를 사랑했거나 그녀와 자신의 인생관에 대한 공통점을 발견했기 때문이 아니라, 상류사회의 사람들이 이 배우자가 좋다고 인정했기 때문이다. 그는 이러한 아내를 얻음으로써 자기 기분대로 즐길 수 있다는 것과, 또 한편 상류사회에 속하는 사람들이 마땅하다고 여긴다는 이유로 그녀를 아내로 삼았다. 결혼 후 1년이 못 되어 부부생활에서 기대했던 꿈이 산산이 깨진 후에도 그는 이혼을 하려는 생각은 꿈도 꾸지 않았고, 가정생활을 하나의 필요한 사회적 의무의 수행으로 여기고 사회에서 공인된 예의범절을 시행하는 것을 일과로 삼았다. 따라서 그는 아내에게 그저 집에서의 식사·주부로서의 역할·잠자리 등 아내가 그에게 베풀 수 있는 편의와 주로 세론世論이 결정하는 외면적 형식의 예절만을 요구했다.

결국 그는 자기 자신의 물질적 쾌락과 사회적 성공을 위해서 자신의 가치나 원칙이 없이 남들의 가치에 의해서 살아가는 줏대 없는 인간으로서의 인생을 산다.

톨스토이는 이러한 인생을 의문하고 부정한다. 그는 이반 일리치를 불치의 병에 몰아넣음으로써 이반 일리치가 살아왔던 인생의 행복이 얼마만큼 허무한 것이었나를 보여준다. 병에 걸리자 이반 일리치의 행복은 오로지 고통과 고독, 그리고 허무감으로 변한다. 왜냐하면 그가 추구했던 행복은 오직 물질적이고 육체적인 것에 국한되어 있는데 동물로서의 그, 즉 물질적인 그의 몸에 병이 났기 때문이다. 육체의 고장, 육체의 죽음은 그가 추구했던 인생에서 얻을 수 있는 가치의 마지막을 의미한다. 그뿐 아니라 이반 일리치의 고통이나 죽음은 그 자신이 아닌 어떠한 사람도 대신할 수 없고 남들에 의해서 결정될 수 없는 것이다. 죽음이란 것을 눈앞에 두고 육체적 고통을 겪으면서 이반 일리치는 삶과 죽음이란 가장 근본적 문제는 오로지 스스로의 의지에 의해서 처리될 수밖에 없음을 처음으로 깨닫는다. 그것은 그가 지금껏 살아오면서 모든 일을 처리했듯이 이 문제를 적당히 남들의 가치기준이나 안목에 의해서 결정되도록 맡길 수는 없다는 사실을 뜻한다. 그는 또한 모든 사람들이 자신의 이익을 위해서만 살고, 남들에게 진정한 마음으로 관심을 갖지 않고 있음을 알게 된다. 이로 인해 그는 심한 고독감을 느껴야만 했고, 그러한 인간의 태도에서 가치를 발견하지 못한다. 그러나 그 자신이 바로 그러한 태도로 살아왔던 것이 아닌가? 그는 지금까지 자기가 살아온 인생과 자기가 소유했다고 여겼던 행복에 대한 말할 수 없는 허무함, 즉 무의미함을 깨달음으로써 육체적인 고통 이상으로 정신적 고통을 느낀다. 그는 처음으로 이기적인 인간의 행복이 더럽고 가치 없는 것인 데 비해서 자기를 희생하면서 남을 위하는 삶의 아름다움과 가치를 깨닫는다. 하인인 농부 게라심의 진정에서 우러나오는, 이해타산을 떠난 봉사적 태도는 그의 마음을 움직인다.

물론 이반 일리치는 죽음이 가까워짐을 의식하고 동물적인 공포를 갖는다. 그러나 그가 몹시 괴로워하는 이유는 육체적 소멸에 대한 동물적인 본능을 넘어서는 것이다. 그에게는 꼭 꼬집어 지적할 수 없는 무엇인가가 필요했다. 그는 스스로 물어본다. '도대체 너에게는 무엇이 필요한가, 무엇이 필요한 것인가'라고. 그는 또 묻는다. '고통, 죽음……. 도대체 무엇 때문인가'라고. 가만히 생각하면 그가 원하고 아쉬워하는 것은 지금까지 그가 찾고 가졌던 물질적 혹은 육체적 쾌락이 아니다. 예전에 기쁨으로 여겨졌던 모든 것이 지금의 그의 눈에는 덧없이 사라져버릴 무엇인가 하잘것없고 때로는 더러운 것으로 바뀌어버린 것이다. 그럼 그에게 지금 필요한 것, 그가 찾지 못하고 괴로워하는 진정한 대상은 무엇인가? 그것은 다름 아닌 인생의 '의미'다. 그는 자기가 살아왔던, 남들의 눈에는 행복했던 과거의 생활에서 아무런 의미를 발견하지 못한다.

문제는 어떠한 삶이 인생의 의미가 될 수 있는가를 아는 데 있다. 톨스토이는 이와 같은 의미를 발견할 때 죽음이 무서운 것이 아니라 오히려 빛이 될 수 있다고 생각한다. 인생의 의미가 어디에 있느냐는 물음에 대한 톨스토이의 대답은 간단하다. 그것은 이기심을 극복하고 자기 자신만의 이해나 행복만이 아니라, 오히려 자기를 희생하면서 남들의 행복을 고려하는 마음의 상태를 갖는 것이다. 다시 말하면 동물적인 자기중심의 본능을 초월해서 인간적인 미의 심정을 갖추는 데 있다. 톨스토이의 결론은 다음과 같이 다소는 너무도 안이하고 유치하다고 느껴질 만큼 쉽게 처리되었다. '아, 이것이었던가? 이게 무슨 기쁨이란 말인가!'

대략 이런 논법으로 톨스토이는 인생의 의미를 발견했다고 믿었고, 우리들에게 어떻게 살아야 할 것인가를 제시해준 셈이다. 그렇지만 톨스토이의 논리에는 무리가 많다.

첫째, 톨스토이는 이반 일리치가 임종을 앞두고 경험하고 느낀 바를 모든 사람들에게 적용될 수 있는 보편적인 체험인 것처럼 생각하고 있다. 그렇지만 사실 많은 사람의 경우에 오직 생존하고 싶은 본능에 매달리거나 혹은 자신이 살아왔던 인생이 무의미하다고 고민하는 것보다 오히려 톨스토이가 무의미하다고 생각하는 바로 그런 인생을 더 갖고 즐기고 싶어 하는 것이 더 진리에 가깝다고 믿는다. 둘째, 사실상 한 인간이 자신의 쾌락만을 추구하며 살았다고 해서 그가 죽는 순간 그와 같이 살아온 과거의 인생을 허무하다고 생각해야 할 논리적 근거는 없다.

결국 톨스토이는 자기를 희생할 줄 아는 기독교적 박애주의에 따라 살지 않은 인생은 허무하고 무의미하다는 논리를 작품 『이반 일리치의 죽음』을 통해서 말하는 듯하지만, 사실상 톨스토이의 주장은 이론적 뒷받침을 가진 하나의 주장이 아니라, 이반 일리치라는 죽음을 앞둔 한 인간의 심리를 그린 데 불과하다. 비록 대부분의 인간, 아니 모든 인간이 똑같이 이반 일리치와 같은 체험을 하고 인생에 대해서 또한 죽음에 대해서 같은 의견을 갖게 된다 하더라도 그것은 오직 인간의 보편적인 심리상태에 불과하지, 모든 인간이 톨스토이가 작품 속에서 암시하는 바와 같은 인생의 의미에 대한 결론을 얻게 된다는 아무런 필연성도 없다. 다시 말하자면 작품 『이반 일리치의 죽음』은 많은 사람들이 죽음에 임박할 때 느끼게 되는 보편적 심리상태를 그린 작품으로 우리들에게 깊은 감명을 남기고 있음은 부정할 수 없는 사실이지만, 이 작품 속에서 톨스토이가 암시하고 있는 인생에 대한 태도만 옳고, 그렇게 살아야만 '인생의 의미'를 발견한다는 주장은 성립될 수 없다.

톨스토이가 이와 같은 주장을 이 작품 속에서 드러낸 이유는 그가 논리의 전개와 심리상태의 묘사를 혼돈한 데 있으며 더 근본적 입장에서 볼 때 톨스토이가 '인생의 의미가 무엇인가'란 문제에 일종의 집념을 갖고 해답을 찾으려 했기 때문에 문제의 성격 자체에 대해 인식의 혼돈을 일으킨 것이다. 다시 말하면 그는 문제를 잘못 제시한 것이다. 그가 해결하려는 문제는 실상 성립될 수 없는 문제, 즉 문제로 삼을 수 없는 문제이다.

'인생의 의미가 무엇인가'란 문제에 대한 해답은 있을 수 없다. 실은 앞서 말한 대로 '인생의 의미'는 비단 톨스토이만이 알려고 했던 문제가 아니라 대부분의 사람들이 고민하는 문제이다. 그렇다면 어째서 우리들은 이와 같은 문제를 내고 그 답을 찾으려 하며, 어찌하여 그 문제는 사실상 문제로 성립될 수 없는가를 알아봐야 할 것이다. 그 까닭을 알려면 '인생의 의미'와 '인생에 있어서의 의미'를 구별할 필요가 있고, 이 두 가지 경우의 질문에 쓰인 '의미'란 말이 무엇을 뜻하는 것인가를 분석해볼 필요가 있다.

우리말의 경우 '의미'란 말은 대체로 두 가지 다른 뜻을 갖고 있는 듯하다. 어떤 말(언어)의 의미를 말하는 경우와 언어가 아닌 어떤 사물 혹은 사건의 의미를 말하는 경우가 그것이다. 전자의 경우 '의미'는 동의어를 말하며, 후자의 경우의 '의미'는 목적을 말한다.

'상전벽해'의 '의미'는 다름 아닌 같은 뜻을 가진 다른 말의 표현을 말한다. 즉 동의어이다. 한편 교육의 '의미'라 할 때의 '의미'는 교육의 목적을 말한다.

그렇다면 어떤 경우에 목적이라는 의미가 성립될 수 있는가? 어떤 사건이나 사실 자체만으로 목적이 될 순 없다. 따라서 교육 자체만으로는 목적이 될 수 없다. 목적은 주체가 있는 한 존재한다. 더 엄격히 말해서 한 주체의 욕망이 있을 때 목적이란 말은 뜻을 갖는다. 그렇기 때문에 그저 존재하는 텔레비전이나 백만 원짜리 수표엔 목적이 있을 수 없다. 텔레비전이나 값진 수표는 그것을 원하는 어떤 주체의 욕망이 있음으로써 목적이 될 수 있다. 한마디로 무엇인가를 언제나 욕구하는 인간이 살아 있음으로써 목적, 즉 의미가 생기고 또 그것이 충족된다.

따라서 인생에 있어선 많은 목적, 즉 의미가 있다. 배가 고플 때 좋은 음식을 먹는 것은 그것대로 의미가 있는 것이요, 배우고 싶을 때 교육을 받는다면 그것대로 의미가 있다. 국회의원이 되고 싶어서 갖은 수단을 쓰는 노력에는 의미가 있고, 학자가 되고자 남 보기에는 바보같이 책만을 들여다본다면 그 바보 같은 생활에도 의미가 있다. 사실 우리에게는 각기 추구하는 목적, 즉 인생에 있어서의 의미가 각양각색이지만, 그 누구를 막론하고 항상 무엇인가 목적을 추구할 수밖에 없다. 살아가는 동안 추구하는 여러 목적, 즉 의미들 가운데서 어떤 것이 더 귀중한가 아닌가의 문제를 별문제로 한다면, 우리의 인생은 좋건 싫건 간에 단 하나의 의미가 아니라 무수한 의미로 가득 차 있다. 따라서 '인생의 의미'는 누구나 갖고 있는 것이다.

내가 여기서 명백히 해두고 싶은 것은, 여러 가지 가능한 의미 가운데서 어떤 것이 더 귀중하고, 따라서 어떤 의미를 중점적으로 추구해야 하느냐는 전혀 별개의 문제라는 것이다.

그렇다면 흔히 우리가 물어보는, 그리고 특히 톨스토이가 해답을 찾으려 했던 '인생의 의미'는 무엇일까? '인생의 의미'가 있을 수 있을까? '인생의 의미'란 살아가는 동안 일어나는 여러 가지 일·노력·사건 등의 갖가지 의미를 말하는 것이 아니고 크게 하나로 본 인생 자체의 의미, 즉 목적을 뜻한다.

예를 들어 내가 죽은 A라는 사람의 인생의 의미를 물어본다고 하자.

만일 내가 애국자라서 나의 살아가는 목적이 내 나라의 독립과 번영에 있다고 치고 A라는 사람이 평생 조국의 독립을 위해서 싸우다가 죽었다고 가정한다면 나의 입장에서 볼 때 A라는 사람의 인생은 의미가 있다.

그러나 죽은 다음의 A라는 사람 자신이 스스로 인생의 의미를 물을 수 없음은 자명하다. 그러한 질문을 하려면 그 자신이 아직도 살아 있고 의식이 있어야 하는데 그는 이미 죽은 사람으로서 의식을 완전히 잃고 있기 때문이다. 그렇다면 죽은 후의 A가 아니라 죽기 직전의 A가 이반 일리치의 경우처럼 자기 자신의 인생의 의미를 물을 수 있을까? A가 자신의 인생의 의미를 물으려면 A 자신의 인생을 하나의 전체로 바라보아야 하며 동시에 그는 자신의 인생 전체를 하나의 객관적 대상으로 볼 수 있는 주체로 남아 있어야 한다. 이러한 조건들은 어쩔 수 없는 모순을 갖게 된다. 만약 A가 자신의 인생을 크게 하나로 다루려면 그는 이미 인생을 완전히 살고 난 후여야 한다. 즉 그는 죽어 있어야만 한다. 그러나 죽은 사람 A에게 의식이 없는 것은 자명한 사실이고, 따라서 A가 자신의 인생을 하나의 전체로 바라본다는 것은 논리적으로 불가능하다. 같은 사실을 뒤집어 생각해보아도 마찬가지다. 만약 A가 자기 인생의 의미를 묻는다면 그는 벌써 자기의 인생을 관찰하는 주체적 입장에 서게 되는데, 그렇다면 그 주체 자신도 역시 A의 일부분인 고로 자기가 검토하는 자기의 인생은 하나의 완전한 전체가 될 수 없고, 다만 자기 인생에 있어서의 어떤 사건·행위에 한정될 수밖에 없다. 따라서 그는 자신의 인생 전체를 바라보고 그 생의 의미를 살펴볼 수 없게 된다. 요컨대 한 개인이 자신의 '인생의 의미'를 묻는다는 것은 난센스에 불과하다.

그렇다면 어째서 우리들은 끊임없이 '인생의 의미'를 묻고 그 해답을 얻으려 하는가? 생존에 대한 본능을 떼어버릴 수 없는 인간은 다른 동물과 달리 자신의 죽음을 의식하며, 따라서 죽음에 대한 공포를 떠날 수 없다. 왜냐하면 죽음은 모든 것의 마지막이기 때문이다. 이 공포를 없애기 위해서 죽음을 합리화할 심리적 필요성에 마주치게 된다. 다시 말하면 인생의 의미가 필요한 것이다. 이렇게 제기된 '인생의 의미'는 오직 종교적인 입장에서만 찾을 수 있다. 기독교는 지상에서의 인생을 내세를 위한 하나의 준비로 봄으로써 의미를 붙이고, 불교에서는 인생을 우주적 원리의 필연적 과정으로 해석함으로써 인생에 의미를 붙인다. 그러나 이와 같은 시도는 이미 논리의 한계를 벗어나는 것이다. 왜냐하면 신의 존재를 믿거나 우주적 원리를 믿는 그 자체는 인간의 의식을 전제로 해야 하는데, 그러려면 그 인간은 살아 있어야 하고, 의식이라는 관점은 신이나 우주적 원리의 밖에 있어야 한다.

전체로서의 인생은 의미를 따진다는 것이 논리적으로 불가능하다. 긴 역사를 통해서 과거 어느 사회에 있어서도 어떤 식으로든 종교가 있었던 까닭은 비합리적이나마 인간의 어쩔 수 없는 심리적 필요에 응답해야 했기 때문이라고 봐야 한다. 톨스토이의 경우는 이와 같은 공통된 인간의 심리상태를 작품으로 대변해준 것에 지나지 않으며, 그의 해답을 기록한 것으로 보이는 작품 『이반 일리치의 죽음』은 실상 그러한 답변을 주는 데 성공한 작품이 아니다. 왜냐하면 톨스토이는 처음부터 성립될 수 없는 문제를 제기했기 때문이다.

그러나 이 작품은 인간의 보편적인 심리상태를 그리는 데 성공함으로서 훌륭한 문학적 가치를 지니고 있다. 우리가 보편적으로 갖고 있는 죽음에 대한 공포가 냉정히 생각할 때 종교를 통해 해소될 수 없다고 해서 우리들은 인생을 부정하거나 인생을 즐길 수 없을 것인가?

우주의 형성, 여러 만물의 현상, 그리고 인간의 존재까지도 우연의 소산이라고 보는 것이 가장 합리적인 해석이라고 나는 생각한다. 우리는 죽음과 함께 모든 것을 종결짓게 마련이다. 다시 말하면 인생의 목적이나 의미가 없다. 그러나 우리는 인생에 있어서 무한히 많은 작은 목적을 갖고 그것에 의미를 붙일 수도 있고, 죽기 전까지 우리에게는 사소하지만 무한한 즐거움도 가능하다. 그리스신화의 시시포스와 같이 우리가 살아가면서 애써 찾고 있는 즐거움의 바윗덩어리가 내일 아침 죽음이 되어 굴러떨어질지라도, 그리고 그 점을 명백히 의식하더라도 우리는 목숨이 끊어지는 날까지 가지가지 행복을 체험할 수 있다. 다시 말하자면 우리는 '인생의 의미'가 아니라 '인생에 있어서의 여러 가지 의미'를 가질 수 있다.

그리고 그것으로 족하다.

《문학사상》, 1973년 10월 창간호~1974년 12월호

04
윤리 판단의 규준 ― 소포클레스 『안티고네』

고대 그리스 3대 비극 작가 중에 가장 뛰어났다고 인정받는 소포클레스 Sophocles, B.C. 496~B.C. 406의 『안티고네』와 그것을 새롭게 해석한 전후 프랑스의 실존주의 작가 장 아누이Jean Anouilh, 1910~1987의 동명작품 『안티고네』는 각기 강조하는 부분은 다소 다르지만 둘 다 인간의 보편적인 윤리적 갈등을 요령 있고 간결하게 가장 극적으로 다룬 작품으로 언제나 독자들에게 깊은 감명을 남기는 걸작이다.

이 작품의 이야기는 오래된 그리스의 전설에서 비롯된다. 정신분석학의 창시자 프로이트의 오이디푸스 콤플렉스로 더 알려진 그리스의 도시 국가 테베의 뛰어난 왕 오이디푸스는 자신도 모르는 가운데 운명의 장난으로 자신의 아버지를 죽이고 자신의 어머니와 동거하고 있음이 밝혀지자 그것을 속죄하기 위해서, 스스로 눈을 빼내고 왕위를 버린다. 그러자 그의 두 왕자 에테오클레스와 폴리네이케스는 국가의 이익보다도 자신들의 권리를 위해서 왕권을 놓고 싸운다. 이런 상황에서 퇴위한 왕 오이디푸스의 동생 크레온은 자신의 영화나 권력 때문이 아니라 오직 위기에 선 국가를 구하기 위해 왕위에 오른다.

왕위에 오른 크레온에게 가장 중요한 것은 국가의 안정과 번영이다. 그는 모든 것을 희생하고라도 국가를 위해 일하기로 굳은 결심을 내린다. 이럴 즈음 권력 다툼을 하던 오이디푸스의 두 아들, 즉 크레온의 두 조카인 에테오클레스와 폴리네이케스는 모두 죽게 된다. 크레온의 판단에 의하면 에테오클레스는 애국심이 있었으나 폴리네이케스는 오직 이기심에만 사로잡혀 있었다. 다시 말하자면 크레온은 전자는 선을 대표하고 후자는 악을 대표한다고 생각한다. 당시의 관례와 믿음은 악한 자를 처벌하는 의미로 사체를 매장하지 않고 들판에 내버려두는 것이었다. 이런 관례에 따라 크레온은 명령을 내려 악인으로 낙인 찍은 폴리네이케스의 매장을 허락하지 않고, 이 명령을 거역하는 자를 엄중히 처벌할 것을 결심한다. 그는 이와 같은 관례가 하잘것없는 미신인 줄 알면서도 이러한 자기의 명령은 국가의 안정과 권위, 그리고 가치가 무엇보다도 중요하다는 것을 보이기 위해서라고 믿는다.

크레온은 '국가지상주의'란 하나의 가치관을 대표한다. 이에 반해서 이 작품의 주인공 안티고네는 또 하나의 다른 가치관을 대표한다. 안티고네는 그 이유가 무엇이든 간에 그녀의 오빠들 중 하나인 폴리네이케스가 죽은 후까지도 그렇게 저주받는 것을 누이동생으로서 그대로 볼 수 없다고 생각한다. 그녀는 누이동생으로서의 윤리적 의무를 절실히 느낀다. 그녀의 숙부이자 국왕인 크레온이 국가에 대한 의무를 지상으로 생각하는 것과 같이, 그녀는 누이동생으로서 죽은 오빠에 대한 혈연적 의무를 지상으로 여기고 있는 것이다. 따라서 '그녀는 모든 반대를 무릅쓰고 국왕의 지엄한 명령을 거역하면서, 자신의 죽음을 각오하고서까지 오빠에 대한 누이동생의 의무를 다할 것을 결심한다. 어떤 것에도 굽히지 않는 삼촌 크레온과 조카딸 안티고네, 이 두 인간, 더 정확히 말해서 두 개의 강한 결단과 의지는 충돌하고 이 충돌은 비극의 근원이 된다. 여기서 두 개의 의지의 충돌은 다름 아닌 두 가치 체계, 두 개의 모순되는 윤리 판단 규준의 마찰에 기인한다.

마침내 안티고네는 끝까지 자기의 의지를 관철함으로써 또 다른 굽히지 않는 크레온의 의지에 의해 사형을 받게 된다. 이에 크레온의 아들이자 안티고네의 애인이며 약혼자인 하이몬은 안티고네를 따라 죽게 되고, 또 하이몬의 어머니, 즉 왕후인 에우리디케는 아들의 참사에 뒤따라 죽게 된다. 그리하여 작품『안티고네』는 모든 인물들이 죽음으로 파멸의 종말을 고하는 비극의 대표적인 이야기가 된다.

보통의 독자들은 이 작품을 통해서 작은 규모로나마 흔히 우리들의 정신적 생활에서 마주치는 가치의 갈등을 재삼 의식하고 체험함으로써 이 작품에 감명을 받지만, 실상 소포클레스의『안티고네』와 아누이의『안티고네』에서 각별한 차이를 발견할 수는 없다. 따라서 무엇 때문에 아누이는 모두가 다 알고 있는 이야기를 다시금 자신의 작품으로 세상에 내놓았는가 하고 물어보게 될 것이다. 즉 소포클레스는 그의 작품『안티고네』를 통해서 무슨 이야기를, 무슨 메시지를 우리에게 전달하려 했으며, 아누이는 그 자신의『안티고네』를 통해서 어떤 새로운 이야기, 어떤 새로운 메시지를 독자들에게 전하려 했는지를 규명해볼 필요가 있다.

고대 그리스의 소포클레스는 이 이야기에서 그린 인간의 비극을 통해서, 인간의 어리석음과 인간 의지의 하잘것없음을 강조한다고 생각한다. 소포클레스의 시대를 지배하고 있던 하나의 주류 사상은 숙명론이었다. 이 학설에 의하면 이른바 인간의 자유의지나 노력은 오직 인간의 무지에서 나오는 환상에 불과하며, 인간이나 그밖의 만물현상은 우주가 시작되는 날부터 어떤 엄격한 법칙에 의해서 움직여지는 필연적 결과이다. 따라서 한 개인이 자신의 생각에 따라 자유의지에 의해서 행동한다는 것은 선의에 따른 것이건 악의에 따른 것이건 간에 가소로운 환상 속에서 일어나는 소용없는 장난에 불과하다는 것이다. 따라서 소포클레스는 우리에게 자존심이나 의지 또는 고집 대신 지혜와 평화를 갖추도록 일러준다. 지혜는 숙명을 하나의 필연으로 곱게 받아들이는 데 있다. 그의 이와 같은 최종적 관점은 흔히 비극의 갈등을 풀어주는 역할을 하는 코러스를 통해서 『안티고네』의 마지막에 다음과 같이 나타난다.

행복의 왕관,
행복의
절정은 지혜로다.
신들을 두려워할지로다.
자존심이 꺾임을 알게 되지만
그땐 이미 우린 늙은 때이다.
이것이 천리天理로다.

소포클레스는 자신의 작품 『안티고네』에서 인간의 소용없는 비극을 피하는 방편으로 숙명을 달게 받아들이고 운명과 타협하며, 아량 있는 지혜를 가질 것을 강조하고 있다. 반면에 아누이는 같은 『안티고네』의 이야기 속에서 모든 것을 무릅쓰고 자기 자신의 신념을 펼쳐나가는 강한 여인 안티고네, 즉 한 인간의 자유의 힘을 보여준다. 한 개인, 연약한 여인 안티고네의 자유로운 자기대로의 가치의 주장은 그 누구도, 그 무엇도 꺾을 수 없다. 이 이야기의 비극은 숙명이나 운명이 아니라 자유로운 인간들에 의해서 조작된 사건에 불과하다.

『안티고네』를 통해서 본, 시대를 달리하는 두 작가의 입장은 형이상학적 견해도 그 자체로 철학적으로 흥미롭고 중요한 문제임은 틀림없으나, 이 작품에서 볼 수 있는 보다 더 흥미롭고, 또 보다 더 우리들 실생활과 직접적으로 관련되는 중요한 철학적 문제는 다음과 같다. 즉 서로 모순되는 크레온과 안티고네의 행동의 규준을 어떻게 분석하고 그들 속에 갈등하는 두 개의 윤리를 어떻게 옳고 그른 것으로 판단해야 할 것인가이다. 다시 말하면 크레온의 태도는 옳았는가, 안티고네의 태도는 옳았는가를 결정할 필요가 있다는 것이다. 두 개의 태도가 모순되는 이상 두 사람의 태도를 모두 옳다고는 볼 수 없게 마련인 데 문제가 있다. 더 구체적으로 말해서, 우리가 크레온이나 안티고네였더라면 어떻게 행동을 해야 할 것인가를 분석하고 알아내야 한다. 우리는 항상 선악을 구별해야 할 입장에 서게 되는데, 그렇다면 어떠한 합리적인 근거를 밑받침으로 해서 선악이란 윤리적 판단을 내리고 그에 따라 행동해야 할 것인가를 생각해볼 필요가 있다.

먼저 윤리적 문제의 성격을 살펴보자. 단적으로 말해 윤리적 문제는 특히 행동의 선악을 구별하는 문제이다. 일상생활에서 우리들은 이런 구별을 해야 한다는, 혹은 하고 있다는 의식조차 하지 않는 경우가 많다. 왜냐하면 우리들의 일상생활에서 대부분의 행동은 거의 자동적으로 무의식 속에서 선악을 자명한 사실처럼 구별하기 때문이다. 그러나 때때로 종래 습관적으로 해왔던 자연스러운 선악의 규준에만 따를 수 없게 되는 경우가 생긴다. 예를 들자면 사람을 죽이는 것은 가장 큰 악의 하나인데도 불구하고 국토방위를 위해 전쟁터에서는 사람을 죽이면 죽일수록 선한 행동을 하는 것으로 여겨지는 경우가 있다. 한 인간으로, 그리고 한 국민으로서와 '나'는 이런 경우 어떻게 행동을 취하는 것이 윤리적인 것일까? 바꿔 말하면 윤리적 문제, 윤리의식은 가치의 갈등 혹은 충돌 속에서 나타난다. 이러한 행동의 갈등이나 충돌은 수학 문제를 풀 때 모르는 문제가 나오면 그것을 풀지 않고, 다른 문제로 넘어가는 경우와는 달리 미해결인 채로 남겨둘 수 없는 긴박함과 절실함을 갖고 있다. 내가 싫건 좋건, 내가 찬양을 받건 벌을 받건 간에 나는 전쟁에 나가서 사람을 죽이든가, 그렇지 않으면 병역을 거절함으로써 국가의 요청을 저버리는 결단을 내려야만 한다.

『안티고네』의 경우, 안티고네는 국가의 안녕을 위해 자기 오빠 폴리네이케스를 저버리든지, 혹은 그 반대의 태도를 취해야 한다. 크레온은 자기의 조카딸과 자기 아들을 죽음으로 몰아넣든지, 그렇지 않으면 국법을 저버려야 한다. 한 가치를 취하면 또 하나의 가치를 부정하게 되는 이율배반의 상황 속에서 어떠한 합리적 근거를 갖고 행동을 택해야 하는가? 문제는 가치의 양자택일을 어떻게 할 것인가를 아는 데 있다. 안티고네나 크레온의 경우를 들어 말하자면, 어떻게 선악을 판단하는가, 윤리적 규준을 어디에 두고 결정을 내려야 하는가에 있다.

모든 판단이 그러하듯이 하나의 가치판단인 윤리적 판단, 즉 선악의 판단도 반드시 하나의 판단 규준을 전제로 한다. 크레온과 안티고네의 태도, 그리고 그들의 결심에 따르는 갈등과 충돌은 그들이 각기 정반대의 윤리적 규준을 갖고 있는 데 기인한다.

크레온의 선의 규준과 안티고네의 선의 규준은 같지 않다. 크레온에게 있어서 최상의 가치는 국가의 안정과 번영에 있으며, 안티고네에게

있어서 최상의 가치는 누이동생으로서의 혈연적 의무를 수행하는 데
있다. 따라서 크레온에 있어서는 국가의 안정이 선의 규준이 되지만 안
티고네에 있어서는 각자 자기 자신의 소신대로의 행동이 선의 규준이
된다. 크레온은 다음과 같은 선언으로 자기의 태도를 분명히 한다.

> 내 생각엔 옛날이나 지금이나 변함이 없다.
> 공포에 떨거나 충고를 듣지 않으려는
> 왕은 끝장이다.
> 또 이에 못지않게 분명히 해야 할 것은
> 한 벗의 이익을 국가의 이익 위에 놓는 그런 왕이다.
> 내가 그런 왕도 좋아하지 않는다는 사실이다.
> 모든 것을 내려다보시는 하늘 위 신이 내 증인이지만,
> 내 백성을 위협한다면
> 그것이 무엇이건 간에 난 그것에 도전하리라.
> 국가의 적이 되는 어떤 자도
> 나의 벗은 될 수 없으리라.
> 의심의 여지없이, 우리의 나라는 우리의 생명이다.
> 나라가 평온할 때야 비로소
> 우린 친구를 생각할 수 있다.

크레온의 원칙에 대립되는 안테고네의 원칙은 다음과 같은 크레온에
대한 그녀의 답변에서 명백히 나타난다.

> 그렇습니다. 저는 당신의 어명을 거역합니다.

당신의 어명은 하느님으로부터 온 것이 아닙니다.

하늘 아래 제신과 더불어 살고 있는 정의에는 그런 법이 없습니다.

당신의 칙령은 쓰지 않았으나

변할 수 없는 하느님과 하늘의 법을 능가할 수는 없다고 믿습니다.

왜냐하면 당신은 오직 하나의 인간에 불과하니까요.

신의 법은 어제와 오늘로 변하는 법이 아니라 영구한 법입니다.

하기야 그 법이 어디서 왔는지 말할 사람은 아무도 없지만요.

크레온과 안티고네의 싸움은 논리적 대화를 통해서 해결할 수 없는 성질의 것으로 오직 힘과 힘의 갈등이며 충돌이다. 이 싸움은 한쪽의 힘이 또 한쪽의 힘에 의해서 제거됨으로써만 해결될 수 있다. 왜냐하면 그들은 각기 두 개의 다른 가치와 원칙을 전제하고 있기 때문이다. 결국 어느 쪽이 옳았는가 하는 판단은 크레온이나 안티고네와 똑같은 차원에서 똑같은 규준을 가질 때만 가능하다. 그렇다면 윤리적 판단, 즉 선악은 이성을 통해서 결정될 수 있는 것일까?

먼저 우리가 명백히 해두어야 할 것은 '선' 혹은 '악'의 뜻일 것이다. 선과 악이 정반대의 개념이라면 '선'의 뜻을 알 때 '악'의 뜻도 자동적으로 밝혀진다.

"꽃은 무엇인가"라고 할 때, 내가 꽃의 뜻을 알고 모름은 내가 '꽃'이 지적하는 사물이 무엇인가를 아느냐 모르느냐에 달렸다. 혹은 "꽃은 붉다" 할 때 내가 붉다라는 뜻을 알고 모름은 그 '붉다'라는 말이 어떤 현상 혹은 상태를 가리키는가를 알고 모름에 달렸다. 이와 마찬가지로 "선善을 따라야 한다"고 말할 때, 우리들은 마치 '선'이 어떤 사물 혹은 보이지 않는 실체를 지적하는 말이라고 생각하게 되고, 또는 "복돌이는 착하다"라고 할 때 '착하다'라는 말은 어떤 신비스러운 착한 상태를 묘사하거나 지적하는 것으로 생각하기 쉽다. 실상 수천 년을 두고 평범한 사람들은 물론이고, 위대한 많은 철학가들 가운데는 오늘에 이르기까지 '선'이 물질적 현상이나 실체가 아닐지라도 어떤 신비스러운 객관적인 실체로 존재하고 있는 것으로 믿어왔다. 그리스의 플라톤이나 독일의 현대철학자 하르트만Hartmann이나 후설Husserl 같은 이들이 위와 같은 예에 속하는 사람들이다.

그러나 이들의 견해는 잘못된 것으로, 이 잘못은 문법적 구조와 논리적 의미를 착각 내지 혼돈한 데 기인한다. '꽃은 무엇인가'라는 표현과 '선은 무엇인가'라는 표현, 혹은 '꽃은 붉다'라는 표현과 '선은 아름답다'라는 표현은 문법구조상 같지만, 의미의 관점에서 볼 때 판이하다. '꽃'이나 '붉다'라는 말은 객관적인 무엇인가를 서술하는 기능을 갖고 있지만, '선'이나 '착하다'라는 말은 말하는 사람의 태도를 나타내는 데 그치고 만다. 우주 어느 구석에서도 '선'이나 '착함'의 실체를 찾아볼 수 없다. '선'은 존재하지 않는다.

그렇다면 '선'은 어떤 태도를 의미하는가? '선'이 단순한 한 개인의 태도를 말한다면 객관적인 '선'의 규준은 설 수 없지 않은가? 따라서 아무도 무엇이 선인지 악인지를 분간할 수 없지 않은가?

선은 사물이나 사실을 가리키는 것이 아니라 사람의 행동을 평가하는 말이다. 모든 평가가 그렇듯이 선의 평가도 어떤 평가의 규준에 의해야 하는데, 철학사를 통해서 볼 때 전통적으로 대개 두 개의 서로 다른 규준이 주장되어왔다.

첫째, 실용주의적 관점이다. 이는 영국의 철학자 밀Mill에 의해서 대표되는 관점이다. 그에 의하면 선이란 별것이 아니라 '최대다수의 사람들에게 최대한 행복을 가져오는 행동'에 불과하다. 다시 말하면 가장 많은 수의 사람들의 욕망을 가장 잘 채워줄 수 있는 행동이 선이다. 가령 전쟁의 예를 다시 들어 말한다면, 만일 전쟁을 함으로써 최대다수의 사람들에게 최대한의 기쁨을 가져온다면 다소 희생자가 나오는 것이 확실해도 그러한 희생을 내는 것이 선한 행동이 될 것이다. 따라서 어떤 것이 선한 행동인가는 경우에 따라 달라지게 마련이다.

왕위에 오른 크레온의 태도는 실용주의의 관점에 있다. 그는 국가라는 전체의 안정과 국민 전체의 행복을 위해서 폴리네이케스를 매장하지 않는 것이 하나의 미신에 근거한 우매한 처벌이라는 것을 알면서도, 그리고 또 조카딸 안티고네를 개인적으로 미워할 아무런 이유도 없으면서 그는 자기의 의지와 원칙을 굽히지 않고 반항하는 안티고네를 처형한다.

밀이나 크레온이 택한 실용주의적 선의 관점에는 어쩔 수 없는 맹점이 있다. 모든 동물은 본능적으로 자신이나 혹은 자기 종족의 보호와 번영을 위해 행동한다. 그러나 우리는 그들의 행동을 윤리적인 차원에서 따지지 않는다. 왜냐하면 그들의 행동은 본능에 기인하는 것이고 의식적인 것이 못 되기 때문이다. 의식이 없는 곳에 원칙이 있을 수 없다. 다시 말하자면 윤리적 행동, 선악을 구별하는 행동은 반드시 어떤 원칙을 전제로 해야만 한다. 원칙 없는 원칙을 의식 없이 따를 때, 아무리 좋은 결과를 낳는 행동도 윤리적인 행동이 될 수는 없다. 이런 의미에서 처음부터 원칙이 부정되는 실용주의에서는 하나의 윤리체계를 세울 수 없다.

둘째로 철학에 있어서 또 하나의 선善의 규준은 실용주의와 반대되는 칸트주의로 나타난다. 이 주의를 원칙주의 혹은 형식주의라 불러도 좋을 것이다. 이 주의의 요점을 말하자면 선이나 악은 어떤 결과에 의해서 결정되지 않고 어떤 행동이 한 절대적인 원칙, 즉 어떤 신비스러운 윤리적 법칙에 맞느냐 안 맞느냐에 따라 결정된다는 것이다. 독일의 위대한 철학자 칸트에 의하면, 우주를 다스리는 물질세계에 만물의 법칙이 있는 것과 똑같이 인간에게도 옳고 그른 행동의 신성한 윤리의 법칙이 존재한다. 따라서 내 행동의 결과가 나 자신에게 혹은 내 국가에 혹은 인류 전체에 해로운 결과를 가져오는 한이 있다 하더라도, 만약 내 행동이 윤리의 법칙에 맞는 것이라면 내 행동은 선한 것이다. 크레온과는 반대로 안티고네는 이런 원칙주의라고 부를 수 있는 칸트와 똑같은 윤리관을 갖고 있다. 그녀는 그녀의 반항이, 그녀의 여동생 이스메네의 말마따나 아무런 소용이 없을뿐더러, 오히려 더 많은 불행을 갖고 올 것을 알면서도 '영구불변의 신이 만든 윤리적 법칙'을 따른다. 안티고네는 이 지상에서의 관점을 초월하여 더 높은 관점에서 볼 때, 비록 이 지상에선 '악'처럼 보일지라도 실상은 '선'인 행동의 법칙을 따르는 것으로 믿고 있다. 그리고 그녀는 그런 행동만이 참다운 윤리적 행동이라고 본다.

칸트의 이론, 그리고 안티고네의 태도로 대표되는 원칙주의는 버릴 수 없는 진리의 일면이 있긴 하지만 실용주의에 못지않게 큰 약점을 가지고 있다. 첫째, 그들이 존재한다고 믿고 있는 신성한 윤리법칙(룰)은 결코 인간을 떠날 수도 없고, 인간 아닌 어떤 존재도 인간의 행동을 규정하는 법칙을 만들었다고 생각할 수 없다. 이른바 칸트의 절대적 윤리법칙은 인간 이성의 소산이며, 이른바 기독교에서 말하는 하나님의 십계명도 인간이 '신'이란 가상물을 통해서 만들어낸 인간 이성의 투영에 불과한 것으로 보인다. 또 한편으로 생각해볼 때 이른바 윤리법칙이 어떤 성질이든 행동은 무엇인가를 위한 행동, 즉 어떤 효과를 목적으로 하는 행동이 아니고는 선이 될 수 없고 악이 될 수도 없다. 목적의식 없는 행동이란 이른바 무의식의 행동이나 혹은 무상적 행동에 불과할 것이기 때문이다. 더 구체적으로 말해서 어떤 행동이든 인간을 위한 목적의식이 없다면 그 행동은 결코 선한 행동이라고 생각될 수 없다.

원칙을 도외시하고 언제나 결과만을 맹목적으로 노리는 행동이 윤리성을 가질 수 없는 것과 똑같이 원칙만을 위해서 결과를 고려하지 않는 행동도 윤리적인 행동일 수 없다. 크레온의 태도는 전자의 극단적 예이며 안티고네의 태도는 후자의 극단적 예이다. 따라서 크레온과 안티고네의 태도는 윤리적으로 비판받을 수밖에 없다. 행동의 원칙과 결과를 동시에 고려하고, 그에 따른 논리적 판단에 입각한 행동을 취할 때 그 행동은 윤리적 행동으로 발전한다.

그렇다면 행동의 원칙과 그 결과는 어떠한 관계를 갖고 있는가? 모든 가치와 마찬가지로 윤리 판단도 어떤 규준 혹은 원칙을 전제로 해야 하는데, 그 원칙은 어떤 초월적인 세계에 처음부터 존재하는 것이 아니라 인간이 사회생활을 하는 데 필요하다고 느꼈기 때문에 인간에 의해서 만들어진 규율 혹은 법, 즉 사회적 룰에 불과하다. 다시 말하면 윤리적 법칙 혹은 원칙은 사회에 대한 효과 혹은 실용성에 의해서 결정되는 것으로 봐야 한다. 따라서 시대가 바뀌고 장소가 바뀔 때 윤리적 법칙도 달라진다.

반면에 행동의 가치는 반드시 원칙에 의해서 평가되게 마련이다. 아무리 많은 효과를 가져오는 행동일지라도 어떤 원칙에 의거하지 않은 행동, 즉 맹목적인 행동은 윤리적 판단의 대상이 될 수 없다. 바꿔서 말하자면 행동의 원칙과 결과는 이른바 변증법적 관계를 갖고 있다.

결과, 즉 행동이 가져올 효과에 의해서 원칙은 결정되고, 행동의 결과는 이미 세워진 원칙에 의해서 결정된다. 따라서 원칙은 언제나 바뀔수 있어야 하며, 한편 행동은 언제나 합리적인 뒷받침을 받을 수 있어야한다. 베르그송Bergson이 말한 '열린 윤리'와 '닫힌 윤리'의 관계는 특별한 것이 아닌 이런 원칙과 결과의 변증법적 관계를 말하는 것이다. 베르그송에 의하면 '열린 윤리'는 이미 존재하는 윤리의 법칙 혹은 원칙을부정함으로써만 가능하다. 기성적 윤리관으로 볼 때 '열린 윤리'는 비윤리, 혹은 악에 속한다. '열린 윤리'는 이미 존재하는 윤리 원칙을 부정함으로써만 가능하기 때문이다. 이와 같은 '열린 윤리'는 성인이나 영웅 같은 위대한 반역자들로 대표되고, 이런 반역자들에 의해서 새로운가치, 새로운 논리가 성립된다. 예수·루소·루터·마르크스·링컨 같은사상적 반역자들에 의해서 인류의 윤리관은 성장한 것으로 보아야 한다. 반면에 '닫힌 윤리' 속에 사는 사람은 대부분의 사람들로, 예를 들어말하자면 이전 시대의 구습을 고집하는 인물들에게서 나타나는 여러가지 윤리관이라 하겠다. 그들은 전통적 윤리기준을 재검토하고 비판할 생각을 전혀 해보지도 않고 모든 행동의 선악을 그들이 절대적인 것으로 생각하는 기성의 윤리원칙에 의해서만 판단하려 한다. 윤리 판단에 있어서 원칙과 결과의 관계가 확실해질 때 우리들은 보다 더 올바르게 선악을 구별할 수 있을 것이며, 그러므로 우리들의 윤리적 행동은 보다 더 질서 있고 합리적인 것이 될 수 있다.

안티고네가 크레온의 윤리관으로 대표되는 기성 윤리를 부정하고 나서면서, 그보다 높은 차원에서 선악의 규준을 주장한 점으로 보아, 그녀는 확실히 이른바 '열린 윤리'를 대표하고, 크레온은 기성 가치를 의심하지 않고 그것을 고집하는 점에서 볼 때 '닫힌 윤리'를 대표하는 것으로 생각된다. 그러나 윤리가 오로지 사회적인 필요에서 나왔다는 것을 고려할 때, 한 사회의 안녕을 무시하고 그것을 넘어선 차원의 윤리는 위험천만한 경우가 많다. 예수나 마르크스가 기성 윤리를 뒤집고 나옴으로써 반사회적인 태도를 취한 것 같지만, 사실 그들은 보다 더 넓은 의미에서의 사회적 안녕을 잊지 않았던 것이다. 안티고네의 폴리네이케스에 대한 의무감과 희생에는 인간적으로 장하고 아름다운 바가 없지 않다. 그러나 그녀의 행동이 살아 있는 구체적 인간으로 이룩된 사회를 전혀 고려하지 않았다는 점 때문에 그녀의 태도는 윤리적인 것이 될 수 없고, 그녀의 결론은 합리성을 결여하고 있다고 봐야 한다. 이런 의미에서 크레온의 논리에는 매력이 적을지도 모르지만 그의 논리가 훨씬 옳고 그의 윤리관이 안티고네의 그것에 비해서 정당한 것으로 보인다. 인간을 떠난 윤리법칙이나 가치는 있을 수 없다. 인간을 떠난, 인간 전체의 복지를 떠난 선이나 악은 있지 않다. 한편 원칙이나 규준 없는 행동은 선악, 즉 윤리적 판단의 밖에 있다. 윤리적인 판단은 직관이 아니라 논리적인 작업이어야 한다.

《문학사상》, 1973년 10월 창간호~1974년 12월호

05

악이란 무엇인가—볼테르『캉디드』

18세기 유럽 문단을 주름잡던 지성의 거인, 프랑스가 낳은 문인이자 철학가인 볼테르Voltaire, 1694~1778는 또 다른 지성 루소와는 달리 어디까지나 이성만을 믿고 이성으로써 인간 생활을 보다 높일 수 있다고 확신한 합리주의자이다. 그는 또한 모든 미신이나 종교, 실증할 수 없는 형이상학은 환상에 지나지 않는 것으로 일축하고, 당대의 몽매한 사람들을 일깨우는 데 온갖 역량을 쏟은 계몽주의자이기도 하다. 볼테르는 당시의 모든 지성인들이 겁을 먹을 정도로 신랄했던 독설가이며 모든 문제를 다룬 귀재이기도 하다.

그러나 3세기가 흐른 지금 되돌아볼 때 그의 많은 저서 가운데서 현재에도 깊이 있는 문제작이라고 내세울 것은 거의 없다. 당시에는 그의 사상과 감수성이 기발하고 독창적이었지만, 현대의 관점에서 보면 상식적인 것이 되었기 때문이다.

단편소설『캉디드』도 내용으로 보면 퍽 상식적이지만, 이 작품의 신랄하고 폭소를 자아내는 철학적 이론에 대한 풍자성은 이 작품을 영원히 살아 있게 하고 빛나게 한다. 이 작품은 당시나 지금이나 많은 사람들이 애독하는 걸작이다.

작품 『캉디드』의 주제는 극히 단순하고 명확하다. 볼테르는 이 책을 통해 합리주의철학의 대표적인 이론을 세운 철학자 라이프니츠Leibniz의 철학, 특히 그의 악에 대한 철학적 해석을 풍자하려는 것이다. 라이프니츠는 절대적 낙관주의를 대표한다. 그의 이론에 의하면 모든 존재와 사건은 이른바 '충족 이유'를 갖고 필연성을 벗어날 수 없다. 그는 이와 같이 이루어진 우주는 "가장 조화로운 우주, 즉 가장 완전할 수 있는 우주"라고 주장했다. 따라서 우리가 살면서 만나게 되는 모든 재난, 모든 악도 이러한 조화로운 우주를 위해서 없어선 안 될 요소라고 봐야 한다. 라이프니츠의 철학에 의하면 모든 악은 멀리할 것이 아니라 오히려 반겨야 한다. 왜냐하면 그것은 가장 조화로운 세계에 필요한 요소가 되기 때문이다. 이 철학에 의하면 모든 것은 정당화되고 어떤 사건과 존재로 당연한 것으로 봐야 한다. 다시 말하면 라이프니츠는 철저한 낙관주의의 절대적 결정론을 대표한다.

이 세상에는 고통이 있고 질병이 있고 부정이 있고 악인이 있고 재난이 있다. 이 모든 것들은 인간 생활에 불행을 안겨준다. 보통의 상식적인 눈에는 이같은 세상, 이같은 인생이 조화롭고 완전한 것같이 보이지 않는다. 우리는 인간 생활에 부정적인 요소가 되는 존재와 사건을 '악'이라고 부른다. 세상에는 악이 있고, 인생은 악에 의해서 괴로워진다. 볼테르는 작품 『캉디드』를 통해서 이런 상식적인 관점에서, 라이프니츠의 철학을 야유한다.

어느 귀족의 성에 아주 착한 성격을 갖고 태어난 젊은이가 살고 있었는데 그는 마음이 단순하고 생각이 곧았기 때문에 순박하다는 의미의

'캉디드candide'라고 불렸다. 캉디드는 팡그로스라는 가정교사 밑에서 교육을 받게 된다. 팡그로스는 캉디드에게 '형이상학적 신학과 우주학'을 가르치는데, 그는 철두철미하게 라이프니츠의 철학이론을 믿고 있는 자이다. 따라서 그는 모든 것을 있을 수 있는 가장 좋은 상태라고 믿고 있다. 순박한 제자 캉디드는 가정교사의 얘기를 모두 믿는다. 그사이 캉디드는 성에서 함께 교육을 받던 영주의 아름다운 딸 큐네공드와 사랑에 빠져 첫 키스를 하다가 영주에게 들켜 성에서 쫓겨난다.

소설은 순진한 캉디드가 성에서 쫓겨난 후 강도들에게 걸려 사경을 헤매는 사건에서 시작하여 리스본 항에서, 남아메리카에서, 영국에서, 프랑스에서, 그리고 마지막으로는 터키에서 스스로 겪고 목격하고 듣게 되는 사람들의 악독함과 자연적인 재난, 즉 모든 악의 기록으로 시종한다. 이와 같은 세상의 불행을 경험함으로써 순진한 캉디드의 마음은 차츰 흔들리고 그가 믿었던 가정교사 팡그로스의 낙관주의에 회의를 갖게 된다.

한편 캉디드는 또 하나의 극단적 세계관을 갖고 있는 학자 마르탱을 만나게 되었는데, 그는 모든 것이 최악의 상태에 있다고 믿는 인물이다. 결국 캉디드는 헤어졌던 애인 큐네공드와 터키에서 재회하고, 지혜로운 터키 농부를 만나 팡그로스와 마르탱의 극단적인 세계관을 버리고 농부의 중용적 세계관을 따르게 된다. 이 소설의 마지막 결론은 "제 분수를 알고 살아라" 하는 것이다. 세상은 모든 것이 완전한 것도 아니요 모든 것이 최악의 상태에 있는 것도 아니다. 세상 사람은 모두가 악한 것도 아니요 모두가 착한 것도 아니다. 인생에는 행복도 있고 슬픔이나 고통도 있다.

볼테르는 극단적 낙관주의에 대해서 주인공 캉디드의 입을 통하여 다음과 같이 질문한다. "당신의 목을 매달고 팔다리를 잘라내고 잔인하게 두드려 박고 미소를 강제로 짓게 해도 모든 것이 최선의 상태에 있다고 보겠어요?" 캉디드는 라이프니츠의 낙관주의를 다음과 같이 비판한다. "모든 것이 잘되지 않는데 모든 것이 다 잘된다고 우기는 것은 일종의 광증이다."

한편 볼테르는 다른 한 개의 극단론도 비판한다. 낙관주의와 정반대되는 철저한 비관주의를 대표하는 학자 마르탱은 "아무도 갈 수 없는 지상 천국에 존재하는 이들을 빼놓고는 이 세상엔 덕 있는 사람도 행복한 사람도 거의 없다"는 것을 열심히 캉디드에게 증명하려 한다. 비관주의자 마르탱은 지구가 생긴 이유가 "우리들을 미치게 만들기 위해서"라고 믿고 있다. 이에 대해서 캉디드는 "하지만 세상엔 그래도 좀 좋은 것이 있지 않아요?"라고 대응한다.

결국 캉디드의 결론은 일종의 중용의 미덕을 찾는 것이다. 다시 말하자면 세상과 우리들의 인생은 라이프니츠적 낙관주의와는 달리 완전히 만족스럽지 않다. 그렇다고 세상과 인생은 완전히 절망해야 할 것도 아니다. 인생은 괴로움도 있지만 즐거움도 있다. 우리들은 분수에 맞게 괴로움을 극복함으로써 조금씩 이나마 즐거움을 찾을 수 있다.

볼테르는 작품 『캉디드』를 통해서 라이프니츠의 악에 대한 이론을 몰아세우려는 것은 아니다. 그가 이 작품에서 보여주려는 것은 중용의 미덕이요, 생을 살아가는 지혜다. 그러나 볼테르가 문제 삼는 라이프니츠의 낙관주의가 악에 대한 철학적 이론을 바탕으로 하는 만큼, 악에 대한 철학적 고찰은 그대로의 흥밋거리이고 중요한 문제이기도 하다.

악이란 무엇인가? 우리는 무엇을, 어떤 경우에 악이라고 부르는가? 자연으로부터 오는 재난, 병, 심리적 고통, 악독한 마음, 죽음 등 인간에게 슬픔이나 괴로움을 가져오는 존재·사건·상태 등을 우리들은 악이라고 부른다. 세상과 인생은 이런 것으로 가득 차 있는 것이 사실이다. 불행한 처지에 놓이면 우리들은 우리의 삶에 왜 이러한 '악'이 존재하는지 회의에 빠질 때가 있다. 우리들은 마치 이웃 사람들에게 말하듯이, '왜 장마가 와서 날 괴롭히나', '왜 내가 넘어져서 코를 다치게 됐나', '왜 나는 암에 걸려 죽어야 하나'라고 생각하며 하늘을, 하느님을, 암을 야속하게 여기게 된다. 그러나 악은 나무나 책과 같이 정말 존재하는 무엇인가? 정확히 우리는 무엇을 악이라고 부르는가? 예를 들어 죽음을 생각해보자. 한 사람의 죽음은 그의 가족이나 친구에게 슬픔을 가져온다. 그러나 그 죽음은 장의사 집에는 즐거움을 가져올 수도 있고, 그의 죽음을 계기로 유산을 얻거나 출세를 하는 사람들에게는 즐거움이 될 수 있다. 따라서 죽음 자체가 반드시 악이 될 수는 없다. 이와 같은 사실은 악에 대한 문제를 어렵게 만든다. 무엇이 악인지 더욱 혼란스럽게 된다.

악의 문제가 철학적인 문제가 된 것은 종교, 특히 기독교와 밀접한 관계를 갖고 있다. 기독교는 전능하고 무한히 착한 신의 존재를 전제로 한다. 그렇다면 어떻게 해서 그러한 신이, 많은 인간에게 헤아릴 수 없는 고통을 주는가가 문제가 된다. 전능하고 무한히 자비로운 신의 개념과 불행이 가득한 속세의 불완전한 현실 사이에 모순이 생긴다. 이 모순은 기독교가 안고 있는 큰 문제이고, 이 모순으로 인해 기독교는 많은 신자를 잃고 있다고 볼 수 있다. 이에 대한 기독교적 해결 방식은 특히 키르케고르가 명확히 한 것처럼 신의 차원과 인간의 차원, 즉 종교의 차원과 윤리의 차원이 다르다는 것을 믿는 것이다. 창세기에서 믿음이 깊은 아브라함이 아무 이유도 없이 자기의 사랑하는 아들 이삭을 제물로 바치라는 신의 명령을 들었을 때 아브라함은 종교의 차원과 윤리의 차원 사이에서 갈등을 겪는다. 신의 명령인 이상 무조건 들어야 하지만, 만약 신의 명령을 따른다면 윤리적으로 악을 범하게 된다. 왜냐하면 신의 명령은 자기의 아들을 아무 이유도 없이 희생하라는 것이기 때문이다. 아브라함은 자기의 아들을 사랑한다. 그러나 아브라함은 윤리를 종교에 종속시킴으로써 아들을 희생하려 했고 그럼으로써 마침내 신의 은총을 받아 아들을 다시 찾게 된다. 이와 같은 기독교의 해석과 문제의 해결은 더 큰 문제를 남기게 된다. 이런 방식은 우리가 기독교의 진리를 무조건 믿는다는 것을 전제할 때만 해결이 가능하다. 그러나 모순이 있는 어떤 진리를 믿는다는 것은 그 자체가 큰 문제다. 기독교의 교리는 정상적인 건전한 이성으로는 이해가 되지 않고 받아들일 수 없는 점을 내포하고 있다.

기독교가 아니라도 악이 철학적인 문제로 제기되는 것은 앞서 말한 것처럼 라이프니츠와 같은 절대적인 결정론에서이다. 되풀이되지만 라이프니츠는 우리가 알고, 보고 있는 세상을 무한한 가능성 중에서 가능한 하나의 세계로 보았을 뿐만 아니라 이 세상을 그중에서도 가장 완전한 세상으로 보았다. 모든 사건과 존재는 반드시 필연적인 충족 이유를 갖고 있고, 그러므로 모든 것은 정당한 것으로 보았다. 그에 의하면 우리가 체험하고 있는 악이라는 것도 정당한 이유가 있는 것이다. 라이프니츠는 "만약 악이 존재하지 않는다면 세상은 그만큼 덜 완전한 것이 될 것이다"라고 주장한다. 왜냐하면 그러한 세상은 무엇인가 하나가 부족한 것이기 때문이다. 따라서 악도 완전한 세상을 이루는 데 불가피한 요소가 된다. 이와 같은 악의 정당화는 볼테르의 작품 『캉디드』에서 충분한 희롱의 근거가 된다.

기독교의 교리가 절대적으로 착하고 전능한 신을 전제로 악의 문제를 해결해 더 큰 문제를 일으키는 것과 같이 라이프니츠적 절대적 낙관주의는 우주를 '완전'한 것으로 생각하는 데서 문제가 시작된다. 더 단적으로 말해서 두 관점은 우주를 하나의 전체로 '선' 또는 '사랑'이라든가 혹은 '완전'이라든가 하는 개념으로 보는 데 문제가 있다. 기독교의 근본 개념 '사랑' 또는 '선'이나 라이프니츠에 있어서의 기본적 형이상학적 개념인 '완전'이라는 개념은 사실 혹은 사물, 즉 존재를 기술하는 객관적 또는 인식적 개념이 아니라, 존재에 대한 주체로서의 인간의 심리적 태도를 나타내는 가치의 개념이다. 일단 우주 전체의 존재를 '사랑'이라고 보든가 혹은 '완전'이라고 볼 때, '사랑'이나 '완전'이란 개념은 '증오' 혹은 '결함', 즉 '악'이란 개념과 대립된다. 우리는 살아가는 동안 '증오' 혹은 '결함'과 같은 이른바 악을 자주 체험하게 된다. 그렇다면 이러한 부분적으로 보는 '악'과 모든 존재가 '사랑'이나 '완전'이라고 보는 관점은 서로 충돌이 생기게 된다. 이러한 모순의 해결에는 두 가지의 길이 열려 있다. 우리가 경험하는 악이 실제로는 존재하지 않는 것으로, 일종의 인간적 착각에서 오는 것이라고 보든가, 혹은 우주 전체의 존재를 '사랑'이나 '완전'이라고 보는 생각을 버려야 할 것이다. 기독교와 라이프니츠의 해결책은 전자의 방법을 택하고 있다. 그러나 우리에게나 혹은 볼테르에게는 악의 존재가 환상이 아니라 부정할 수 없는 사실로만 나타나기 때문에 기독교의 입장과 라이프니츠의 절대적 낙관주의를 버려야만 할 것이다.

위와 같은 문제는 오랫동안 많은 철학가들의 머리를 괴롭히고 그밖의 많은 사람들에게 해결할 수 없는 문젯거리로 여겨지고 있음에도 불구하고 사실, 좀더 생각하면 헛문제, 사이비문제임을 알 수 있다. 위와 같은 문제가 문제로 보였던 까닭은 존재에 대한 개념과 가치에 대한 개념을 확실히 구별하지 못한 데 기인한다. 좀더 구체적으로 말하자면, 악에 대해 잘못된 해석을 하고 있었기 때문이다.

존재하는 것은 그 자체로 보면 '완전'하지도 않고 '선'하지도 않다. 존재하는 것은 그냥 그대로 존재하고 있을 따름이다. '완전'이라든가 '선'이라는 개념은 다만 우리들이 존재하는 것에 대하여 평가하는 태도를 나타낸다. 이와 마찬가지로 악은 존재하지 않는다. 악은 인간이 사물·사건에 대해 취하는 태도를 나타낼 뿐이다. 다시 말하면 어떤 사물이나 사건 또는 사태나 행동이 경우에 따라서 악으로 나타나게 되는데, 그것은 사건·사물 혹은 사태·행동 그 자체가 악이라는 것이 아니라 그러한 것들이 우리들에게 좋지 않은, 즉 싫은 것이나 부정적인 것으로 보인다는 것이다. 따라서 악은 선과 마찬가지로 상대적인 것이다. 각 개인의 그때그때의 상황에 따라 어떤 것은 악으로도 보이고, 어떤 것은 선으로도 보인다. 다시 말하자면 악이나 선, 그리고 그밖의 모든 가치평가적 개념은 한 개인의 좋아하고 싫어함을 나타내는 것이다. 예를 들면 여름 장마 때 특정 지역이 겪게 되는 수해를 '자연의 악'이라고 부르는 것은, 다른 말로 하면 그때 그 지역에서 살고 있던 사람들이 그러한 폭우를 싫어했다는 말에 지나지 않는다. 악을 비롯해서 모든 가치는 언제나 필연적으로 인간적인 태도를 벗어나지 못하는 것으로 산이나 암과 같이 객관적인 존재가 아니다. 따라서 악의 문제는 형이상학적이거나 종교적인 것이 될 수 없고 인간적인 해석으로 해결을 얻어야 한다. 자연의 재화나 암, 도둑, 사기꾼은 우리들을 괴롭히고 불행하게 한다. 죽음은 우리들을 슬프게 한다. 이렇게 '악'이라고 불리는 것들은 형이상학적이거나 종교적 합리화가 가능한 성질의 것도 아니고, 또 그래서는 안 된다.

우리들은 가장 현실적이고 합리적인 방법으로 우리를 괴롭히는 사물·사건·행동을 제거해야 할 뿐이다. 따라서 악은 비단 개인적인 문제일 뿐 아니라 사회적이고 정치적인 문제이기도 하다.

악은 인간의 태도를 나타내는 데 불과하고, 따라서 어떤 사건이나 존재가 악이냐 아니냐의 문제는 경우와 장소, 그리고 개인에 따라 달라지는 것이고 상대적인 것에 지나지 않는다. 그렇다면 한 개인은 자기 마음대로 어떤 것을 악 혹은 선으로 가를 수 있는가? 이론적으로는 그렇다. 왜냐하면 만인이 좋아하는 어떤 사물 혹은 사건 또는 사태를 내가 증오한다고 해도 그 아무도 막을 수 없기 때문이다. 그러나 이와 같은 예는 이론상으로만 가능한 것이지 대부분의 경우 인간이 원하는 것은 근본적으로 비슷하고, 따라서 인간이 싫어하는 것, 즉 악이라고 부르는 것은 대동소이하다. 다시 말하면 악과 선의 기준은 각각 어떤 공통성을 갖고 있으며 어느 정도 객관성을 띠고 있다. 이것은 인간 역사의 장구한 경험을 통해서 도출해낼 수 있는 어느 정도 보편적인 이른바 '인간성'의 발견이라는 근거 때문이다.

동물로서의 인간은 무엇보다도 먼저 계속해서 생존하고자 한다. 따라서 인간에게 생존에서의 본능을 방해하는 모든 사건과 행동은 악으로 여겨진다. 또한 생존에 대한 본능 이외에도 인간에게는 명예욕이 있다. 이러한 욕망을 장해하는 것도 악으로 나타난다. 죽음·병·재난 등은 이와 같은 인간의 공통된 욕망을 장해하는 악으로 설명될 것이다. 또한 니체가 말했듯이 인간에겐 힘, 권력을 향한 욕망이 있다. 이와 같은 욕망을 방해하는 것도 당연히 악이 될 것이다.

악에 대한 설명은 다만 이것만으로 그치지 않는다. 각 개인은 누구나 똑같이 욕망을 갖고 있기 때문에 많은 경우 각 개인의 욕망 간에 알력이 생기게 마련이다. 개인의 입장에서 볼 때 나의 생존욕·명예욕·권력욕을 채우기 위해서 남들의 똑같은 욕망을 부정하고 제거해야 할 것이며, 그러한 행동은 자신의 욕망을 만족시키는 한에 있어서 '선'이 될 것이다. 그러나 우리는 불행히도 혼자만 살 수는 없다. 내 욕망이 강한 만큼 남들의 욕망도 강하고, 내 욕망이 존중되고 충족되어야 하는 만큼 남들의 욕망도 또한 존중되고 충족되어야 할 것이다. 이와 같이 각 개인간 이해의 갈등을 조절하기 위해서 규율이 필요하다. 그리고 그 규율에 따라서 악과 선이 결정되게 마련이다. 부정·살인·부도덕·불성실 등과 같은 행위가 악한 것으로 취급되는 이유는 여기에 있다. 때문에 우리가 악으로 부르는 대부분의 것들은 사회적인 설명을 필요로 한다. 인간의 욕망에 어긋나는 사건·사물·사태가 존재하는 것이 사실이고 그것을 우리가 악이라고 부른다면, 어째서 무엇 때문에 그러한 악이 존재하느냐 하는 의문이 철학에서도 더러 문제된 경우가 있었고, 우리도 흔히 자문해볼 수 있다. 볼테르의 야유를 받은 라이프니츠의 철학적 체계에 의하면 악은 가장 조화롭고 완전한 세계에 불가피한 요소로 설명이 되고, 기독교에 의하면 그것은 신이 인간에게 준 하나의 시련으로 합리화되고, 불교에 의하면 악은 우주의 인과관계를 모르기 때문에 나타나게 되는 인간의 환상에 지나지 않는 것으로 해석되고 있다.

그러나 악이, 존재하는 물건이나 사건이 아니라 인간의 사물과 사건에 대한 태도라는 것을 알게 된다면 위와 같은 문제가 성립될 수 없고 악에 대한 여러 가지 해석들이 공허한 논쟁임을 알게 된다. 하나의 나무가 어떤 목적이 있어 존재하지 않는 것과 같이 내 몸을 괴롭히는 암이나 내 생명을 앗아가는 죽음, 또는 내 마음을 괴롭히는 남들의 불성실은 무슨 목적이 있어 존재하는 것이 아니다. 죽음이나 암은 자연의 한 현상으로 나타나는 것이요, 남들의 불성실은 그들이 자신의 욕망을 채우기 위해 저지르는 행동의 결과에 불과하다. 이러한 꾀를 생각해내게 된 동기가 되는 그들의 욕망에는 무슨 목적이 있는 것이 아니다. 자연의 현상에 대해서 흔히 우리가 야속하게 생각하고 자연을 저주하는 것은 인간이 얼마만큼 자기중심에서 모든 것을 해석하고 있는가를 말할 뿐이다. 그러나 냉정한 입장에서 볼 때 서운할 수 있겠지만, 인간은 우주나 대자연의 극히 작은 현상에 불과하다는 것을 깨닫게 될 것이다. 볼테르는 위와 같은 견해를 다음과 같은 대화를 통해서 말한다.

캉디드는 터키에서 만난 그곳 수도사에게 묻는다. "우리가 여기까지 찾아온 것은 무슨 까닭으로 인간이라고 하는 괴상한 동물이 만들어졌는지를 당신에게 묻고 싶어서입니다." "왜 당신들은 그런 걱정을 합니까? 그런 문제가 당신들과 무슨 상관이 있느냔 말이오?" "하지만 수도사님" 하고 캉디드가 말을 잇는다. "세상에는 끔찍이 악이 많아요." "악이 있든 선이 있든 무슨 상관이오?" 하고 수도사는 이렇게 말한다. "왕께서 이집트에 선박을 보낼 때 그 왕이 선박 안에 끼어든 생쥐가 불편할지 아닐지를 걱정하시겠소?"

인간은 우연히 이집트로 떠나는 선박 속에 끼어들게 된 생쥐와도 같다. 생쥐는 그 선박 속에서 곡식알도 얻어먹을 수 있겠지만, 답답한 공기와 뜨거운 열기에 가슴이 터질 수도 있다. 그가 '어째서 이렇게 햇볕이 뜨겁고, 먹을 것도 별로 없는 것일까' 생각해도 답은 없다. 생쥐가 할 일은 흘린 곡식알과 가마니 속에 든 곡식알을 요령껏 몰래 갉아먹는 일이다.

우리는 모두가 행복하기를 원한다. 우리는 살아 있는 동안 생쥐처럼 꾀를 내서 모두가 최대한 행복할 수 있는 방법을 찾아야 한다. 우리에게는 어떻게 하면 악을 피하고 즐거움을 찾느냐 하는 문제만이 남아 있다. 그리고 이것은 신의 문제가 아니라 오로지 인간의 문제일 뿐이다.

《문학사상》, 1973년 10월 창간호~1974년 12월호

06
인간의 본질
—도스토옙스키 『지하생활자의 수기』

모든 사람은 성격상 크게 두 가지 범주로 나눌 수 있다. 그 하나는 현실
에 적응하는 부류이며 또 다른 하나는 현실에 불만인 부류라고 할 수 있
다. 이 각각의 기질이 긍정적으로 발전했을 때, 기존의 전통을 이어가
는 사람이 되거나, 혹은 이미 있는 것과는 다른 것을 창조하는 사람이
된다. 본질적으로 모든 예술가는 후자의 경우에 속한다. 창조적 인간
도 그 성격을 또다시 두 가지 부류로 나누어볼 수 있다. 어떤 작가는 기
존의 전통을 이어 그것을 완성하는가 하면 어떤 작가는 주어진 전통을
부정하거나 넘어서 새로운 전통을 세운다. 소포클레스나 톨스토이 같
은 작가는 전자에 속하고 라블레나 표도르 도스토옙스키Fyodor Dostoevskii,
1821~1881는 후자에 속한다.

　　모든 도스토옙스키의 작품이 그러하지만, 특히 그의 『지하생활자의
수기』는 마치 야수의 포효가 깊은 산야를 흔들듯이 우리들의 잠자고 있
는 마음에 심산의 메아리가 되어 울린다. 반항적이고 절실하고 통쾌하

고 엄청나게 힘찬 이 야성의 음성에 잠이 깬 우리가 다시 안이한 행복의 잠에 빠질 수 있을까? 큰 파도같이 밀려오고 천둥같이 사나운 이 야성의 목소리는 무엇을 의미하는가? 몸부림치는 야수의 메시지는 무엇인가? 읽으면 읽을수록 더욱 압도되고 거칠게 그러면서도 지극히 아름답게 느껴지는 작품 『지하생활자의 수기』에 담겨 있는 철학적 언어를 찾고 그것을 통해서 하나의 철학적 의미를 찾아보기로 하자.

1864년에 처음으로 발표된 이 작품은 두 부로 나뉘어 있다. 나뉜 두 부분은 서로 다른 두 개의 테마를 다룬 것이 아니다. 작품 전체는 독백의 수기 형식으로 되어 있고, 1부가 작가의 인간 본질에 대한 주장인 데 반해서 2부는 이러한 주장을 뒷받침하는 주인공의 경험의 기록이다. 우리는 본 작품의 구성과는 반대로 2부를 먼저 검토하기로 한다. 왜냐하면 그렇게 함으로써 1부에 나타난 작가의 인간에 대한 주장이 더 잘 이해될 수 있을 것이기 때문이다. 1부에서 주인공이 '인간론'을 늘어놓을 때는 40세의 나이가 되어서지만 이러한 이론은 2부에 나타난 것처럼 그의 24세 때의 경험에 의한 것이다.

이름을 알 수 없는 주인공 '나'는 못생긴 고아로 불우한 환경에서 자라났다. 나는 대학을 나온 후 관청의 말직에 앉게 되었고, 24세가 되었을 때도 독신으로 쓸쓸하고 고독한 은거생활을 하고 있었으며, 될수록 사람들을 피하고 남들과 말도 하지 않고 지내면서 쥐구멍 같은 나의 집에서 무질서한 생활을 고수했다. 내 성격은 고약하다고 할까, 괴짜라고 할까, 어쨌든 남들을 경멸하는 동시에 나 자신에 대한 열등감을 갖는 복잡한 성격이었다. 사무실에서도 나는 동료들에게 경멸의 태도를 나타내고 동시에 내 위신을 세우려고 애써보지만 자신이 동료들보다 열등하다는 생각을 억제할 수 없었다. 나는 내가 남들과 다르다는 것, 누구도 나와 같은 사람이 없다는 것을 알게 되고 이런 자신이 걱정스러웠다. "많은 사람들이 있는데도 나는 정말 외톨이구나"라고 중얼거리곤 했다. 집에서 독서하는 소일은 내 마음에 기쁨도 주고 고통도 주곤 하여 자극적이었다. 그러나 나는 독서에 지친 밤이면 무섭고 추잡한 악덕에 파묻히곤 하였다.

어느 날 술집 앞을 지나가려니까 그 집 당구대 앞에서 싸움이 벌어지고 있었다. 나는 이상스럽게도 그 사람들 틈에 끼어들고 싶어 그 곁에서 우물쭈물하고 있었는데 한 장교가 내 어깨를 꽉 잡더니 말 한마디도 없이 집어들어 옆에 내려놓고 마치 나라는 사람은 존재하지도 않는 것처럼 취급하고 지나가는 것이었다. 약해빠진 내가 거인과 같은 그 장교에게 이런 모욕을 당했다고 해도 당장에는 어쩔 수 없었지만, 언젠가는 복수를 함으로써 모욕감에서 해방되고 싶은 마음을 버릴 수 없었다. 나는 어느 날 계획적으로 그 장교가 지나가는 길목에 기다리고 있다가 마주오는 그에게 한 치도 길을 양보하지 않음으로써 그와 부딪치고 말았다. 물론 결과는 몸이 약하고 작은 내가 더 혼이 났지만 이로써 나는 내가 그 장교와 동등하다는 것을 느꼈고 목적을 이루었다.

그러나 어떻게 해도 근원적인 열등감에서 완전히 해방될 수 없어 고통을 받던 나는 내 괴로움의 해결을 현실이 아닌 꿈속에서 찾으려고도 애써봤다. 나는 상상을 통해서 '숭고와 미美' 속으로 피신하기로 했다.

가령 나는 모든 사람 위에 서서 그들을 내려다보고 모든 사람은 먼지 속에서 나의 우월함을 인정한다. 나는 모든 것을 용서할 만큼 관용을 베풀고, 위대한 시인이 되고, 궁내 대신이 되고, 사랑에 빠진다. 나는 수백만 루블의 유산을 갖게 되지만 그것을 복지사업을 위해 기증해버린다.

모든 사람이 감격에 겨워 울며 나에게 키스해준다. 그러면 나는 새로운 사상을 전파하기 위해서 모든 것을 버리고 맨발로 내 집을 나선다.

불행히도 이런 엄청난 꿈에 잠기는 것도 한계가 있다. 현실 밖으로 나와서 구체적인 행복을 찾고 사람들의 목을 껴안고 싶어지기 때문이었다. 생각 끝에 내 직장 상관인 안토니치를 찾아가려 했으나 아무래도 반가이 대해줄 것 같지 않아 주저하고 있던 차에 대학 동창인 시모노프가 생각났다. 대학 재학 때는 세 친구를 빼놓고는 모든 동창들과 사이가 나빴지만 세 친구와도 과히 좋은 편은 아니었다. 시모노프는 그 세 사람 중의 하나인데 벌써 만난 지가 일 년이 넘었다. 그가 날 반가워할지는 잘 모르지만 어느 목요일 고독함을 참지 못한 나머지 그를 찾아가기로 작정했다.

혹 떼러 갔다가 또 하나의 혹을 붙이고 오는 식으로, 괴로움과 외로움을 풀려고 시모노프를 찾아간 것을 계기로 나는 더 심한 모욕과 고독을 경험하게 되었다. 시모노프의 아파트에 가니 옛날 동창이 둘이나 와 있었다. 그들은 최근 장교로 승진했는데, 한 명의 동창인 즈베르코프가 지방으로 전근하게 되어 그의 송별회에 관해 의논하는 중이었다. 나는 학교에 다닐 때 공부는 잘 했지만 다른 학생들과는 달리 내성적이고 친구 사귀는 데 서툴러서 친구들에게 인기가 없었다. 나는 그때부터 이미 인생의 의미가 무엇인가 하는 식의 심각한 문제를 생각하기 시작했는데, 그 애들은 열여섯 살에 벌써 안전한 직업, 돈 벌 생각만을 하고 있어 나는 그들을 퍽 멸시했었다. 결국 나는 외톨이가 되어 몇 년 동안 괴로워하다가 인간적 동반, 친구의 필요를 느끼고 친구들을 사귀려 했지만 사교에 어색했던 까닭에 언제나 허탕이었다. 특히 지금 장교가 되어 지방으로 전근하게 된 즈베르코프와 사이가 나빴다. 이런 사정을 알고 있는 나머지 두 친구는 나를 그의 송별회에 끼워주지 않으려 했다. 그러나 나는 억지를 써서 돈이 들지만 그 송별회에 참가하게 되었다. 내가 그렇게 송별회에 끼이고 싶었던 까닭은 나도 그들과 동등하다는 것을 스스로 입증하고 싶었기 때문이었다. 그 동창회가 내 인생의 새로운 출발과 같다고 여겼기 때문에 동창회가 있던 날 나는 유달리 일찍 일어나서 하인을 시켜 구두를 닦게 하고 몸치장을 갖춘 후 약속된 호텔로 서둘러 갔다. 호텔에서의 송별회에서 나는 또다시 신경질을 내고 미욱하게 굴어서 친구와 말싸움이 붙게 되고 더욱 창피함을 느끼게 되었다. 그들은 이제 날 따돌려놓은 듯했다. 한 잔 먹고 얼근한 그들은 사창가로 가기로 했는데 날 떼놓고 가려 했다. 나는 함께 끼워줄 것을 애원하다시피 했다. 그들이 앞서 떠났고 얼마 후 그들이 가기로 한 장소에 가보니 그들은 어디론가 이미 없어졌고 젊은 창녀 '리자'가 나타나 반겨주었다.

리자의 나이는 스무 살이었는데 실연하고 집에 있기가 답답한 나머지 집을 뛰쳐나와 창녀로 나서게 된 것이라 했다. 창녀의 신세와 만년이 어떻다는 것을 잘 알았던 나는 리자에게 깊은 동정을 갖게 되었고 이런 생활을 하느니보다는 차라리 죽는 것이 나을 것이라고까지 말했지만, 그녀는 "어째서 당신은 책에서 하는 것처럼 설교를 해요?"라고 대응했다. 나는 진정으로 리자에게 마음이 갔는데 그것은 그녀에게서 나의 그림자를 보는 것 같았기 때문이었다. 그녀가 인생을 고통스럽게 사는 것처럼 나의 인생도 극히 슬픈 것이었다. 나의 진정한 동정에서 나온 설교에 리자도 드디어 감동을 받게 되었고 우리는 자연스럽게 사랑을 나누었다. 나는 그 집을 떠나면서 내 주소를 리자에게 주고 놀러 오라고 했다. 이 말을 들은 리자의 얼굴은 부끄러워하는 듯했으며 동시에 생기에 넘쳤다. 그러나 집에 돌아와 리자와 있었던 시간을 생각하고 내가 늙은 할아범처럼 값싼 감상에 빠져 있었던 것에 불쾌감을 느꼈고, 혹시 리자가 정말 찾아오면 어떻게 하나 걱정되었다. 리자와의 일이 있었음에도 불구하고 실상 그때까지도 내가 가장 중요하게 생각했던 일은 내게 모욕을 준 두 동창생 시모노프와 즈베르코프로부터 어떻게 해서 명예를 회복하느냐 하는 문제였다. 이 목적을 달성하려 여러 꾀를 꾸미고 있던 중 어느 날 리자가 정신적으로 비참한 꼴을 하고 문 앞에 나타났다. 당황한 나는 그녀가 사창가를 완전히 떠날 생각이라는 말을 했을 때도 그녀에게 무엇 때문에 날 찾아왔느냐고 물어댔다. 그리고 그날 밤 내가 그녀와 시간을 보낸 것은 그녀를 구하기 위해서가 아니라 내가 한 인간에게 모욕을 줌으로써 나 자신의 힘을 느껴보려고 했던 장난이라고 말했다. 나같이 비참하고 무력한 자가 어떻게 남을 구할 수 있겠느냐고도 말해주었다. 그러나 날 진정으로 사랑하고 있었던 그녀는 나의 이와 같은 엉뚱하고 고약한 태도를 보고 나 자신도 그녀 이상으로 불행에 빠져 있는 것을 직감적으로 깨달았다. 나는 그녀를 더욱 비참하게 학대했지만 그녀는 자신을 내 품 안에 던지는 것이었다. 잠시 후 다시 침대에서 나온 나는 여자의 사랑에 구원이 있음을 알고 있으면서도 그녀를 비참하게 만든 채 그녀가 정처 없이 어딘가로 떠나게 내버려두었다. 나는 어디론가 사라지는 그녀를 집 밖으로 나와 쏟아지는 눈을 맞으면서 멍하니 바라보았다. 그녀는 날 사랑했고, 나도 그녀를 사랑했다. 나도 고독했고 그녀도 고독했다. 나는 사랑을 찾고 고독에서 벗어나고 싶었다. 그녀에게 고약하게 굴지 않았더라면 그녀와 나는 행복할 수 있었을 것이었다. 그러나 나는 물어보고 싶었다. "값싼 행복과 고귀한 고통 중에서 어떤 것이 더 귀중한가"라고. 평범한 사람들은 행복 속에서 거의 산송장처럼 살고 싶어 하지만 나는 고통을 겪음으로써 결국 평범한 사람들보다 더 생생히 살아 있다 할 것이다. 우린 이제 우리들 자신의 몸을 가진, 살과 피로 된 정말 인간이 된다는 것의 어려움을 알게 되었다.

이제 내 나이 마흔이 됐지만 난 병자다. 마음이 고약한 놈이다. 나는 아무것에도 의미를 갖지 않고 있다. 난 심한 간장병을 앓고 있고 의학과 의사들을 존경은 하면서도 이상한 미신이 많아 약을 쓰지 않는다. 그것이 내 자신을 해롭게 하는 줄을 알면서도 어쩔 수 없다. 내가 의사의 도움을 거절하는 것은 악의적이다. 나는 같이 일하는 동료들이 보기 싫어 죽겠다. 결국 나는 고약한 놈이다. 나의 모든 태도는 부조리하고 언제나 이단적이다. 내가 살아온 인생의 체험을 통해서 나는 인생에 대해 결국 이런 결론을 얻은 것이다.

19세기는 과학이 종교를 대신할 수 있을 것 같이 기세를 편 시대이다. 사람들은 과학의 힘을 믿었고 과학의 발전은 마침내 인간 문제를 포함한 모든 것을 해결하리라는 신앙에 가까운 신념을 갖고 있었다. 과학의 힘에 의해서, 지식의 힘에 의해서, 그리고 이성의 힘에 의해서 유토피아가 가능하고, 따라서 모든 인간은 진정 행복할 수 있게 될 것이라 믿었다. 한 세기가 지나고 그동안 과학은 상상할 수 없을 만큼 발달했다. 그러나 백 년 전의 꿈은 깨어지고 이제는 과학이 모든 것을 해결하기는 커녕 오히려 인간 존재 자체를 크게 위협하고 있음을 차츰 깨닫게 됐다.

과학이 인간의 모든 문제를 해결하리라고 믿고 지상천국을 이룰 수 있다고 믿었던 까닭은 인간의 문제, 사물뿐만 아니라 인간도 과학직으로 해석할 수 있다고 생각했기 때문이다. 이와 같은 인간관, 즉 과학적 인간관의 기초는 만물이 완전한 인과관계로 연결되어 있고, 인간도 만물 가운데 한 현상에 불과하며 따라서 인간의 모든 현상도 결정론을 전제한 합리적인 해석을 할 수 있다는 믿음에 있다. 생화학·심리학의 급진적인 발달로 인해 오늘날에도 물리적 혹은 기계적 설명을 인간에게 적용하고자 하는 주장이 있다. 심리학의 대표적인 학자인 스키너Skinner의 행동주의 이론은 위와 같은 기계적 인간관을 보여주고 있다.

인간론, 즉 '인간이 무엇이냐' 하는 문제는 두 가지 관점에서 볼 수 있다. 첫째는 인간의 기본적인 구성요소를 알고자 하는 문제요, 둘째는 인간이 근본적으로 원하는 것이 무엇이냐 하는 문제이다. 첫째 문제는 전통적으로 의식과 육체와의 관계를 둘러싼 일원론이나 이원론으로 나타나고, 둘째 문제는 동물로서의 인간에게 과연 다른 동물과 구별되는 어떤 요소가 있는지 없는지의 시비로 나타난다.

인간을 둘러싼 의식과 육체와의 문제는 흔히 결정론적인 형이상학을 둘러싼 문제로 바뀐다. 결정론의 입장에서 볼 때 언뜻 생각하기에는 인간에게 자유가 있기 때문에 자연의 식물은 물론 모든 동물과도 완전히 구별되는 것 같지만, 사실 인간도 자연의 일부에 불과하다. 따라서 인간도 자연현상의 원리가 되는 철통 같은 인과법칙에 의해서 움직여지고 있다. 우리들이 정신이니 자유니 하고 부르는 인간의 특징은 사실상 착각에 불과하다. 프로이트의 이른바 정신분석학도 위와 같은 결정론을 전제로 할 때 가능하다고 보아야 할 것이다.

그러나 이와 같은 형이상학적 문제는 오늘날까지도 논쟁의 대상이 되고 있고, 이른바 실존주의자들은 한결같이 결정론적인 관점을 부정하고 인간에게는 다른 모든 자연현상과는 달리 자유가 있다고 믿는다. 한마디로 실존주의는 결정론적 형이상학, 과학주의적 인간관에 대한 항의라고도 볼 수 있다. 우리들의 작가 도스토옙스키는 비록 의식적으로 실존주의를 주장한 것도 아니요 철학자도 아니었지만, 그의 대부분의 작품에서처럼 『지하생활자의 수기』를 통해 당시 지배적이었던 과학적 인간관, 결정론적 형이상학을 강력히 부정하고 있다. 결정론적 형이상학은 헤겔의 절대적 합리주의가 철학적 표현으로 나타난 것인데, 도스토옙스키는 헤겔에서 절정을 이루는 합리주의에 반기를 든 셈이다.

과학적인 해석 방법은 언제나 어떤 가설적 이론을 세워놓고 우리가 체험하는 구체적인 세계를 그 이론에 끼워 맞추는 식이다. 그러나 이런 시도에는 흔히 억지가 생기게 마련이다. 참된 현실의 파악은 이론에 앞서 경험에 토대를 두어야 할 것이다. 결정론적 형이상학을 그대로 받아들일 수 없는 이유가 여기에 있다.

결정론자들은 다음과 같이 주장할 것이다. 즉 인간에게는 의지도 기본도 움직일 힘도 없다. 인간이 그런 것을 가진 적은 한 번도 없다. 인간은 피아노 건반이나 오르간 페달과 비슷한 물건에 불과하다. 한편 우주는 자연의 법칙에 의해서 움직이고 있으며 인간에게 무슨 일이 생긴다 해도 자연의 법칙에 따라 생기는 현상이지 그 인간의 자유의지와는 아무런 관계도 없다. 따라서 우리가 할 수 있는 일이라고는 자연법칙을 발견하는 일이다. 인간은 그가 하는 행위에 대해서 책임이 없다. 그렇게 되면 인생은 퍽 수월해질 것이다. 모든 인간의 행위는 마치 로가리듬 도표처럼 기록될 것이다. 그러나 사실상 모든 인간이 필요로 하는 것은 어떤 대가를 치르고라도, 무슨 결과가 생기더라도 가지려는 독립된 의지이다.

결정론을 주장하는 형이상학자들, 합리주의자들, 그리고 과학주의자들은 과학을 발달시키고 이성을 동원함으로써 모든 문제가 잘 풀리는 수학 문제처럼 논리적으로 해결되어 완전한 조화를 이루는 이상적 사회, 즉 파괴할 수 없는 투명한 궁전이 이루어질 것이라 믿고 있지만, 인간은 그런 사회나 생활을 견디지 못할 것이다. 왜냐하면 진짜 인간이 원하는 것은 '값싼 행복이 아니라 고귀한 고통'이기 때문이다. 인간에게 무엇보다 중요한 것은 피아노 건반이 되는 게 아니라 '우리들의 개성'을 지키는 데 있기 때문이다. "인간은 결과를 뻔히 알고 있으면서도 의식적으로 자기에게 해로운, 정말 바보 같은 행동을 하는 경우가 있다. 그 까닭은 인간은 가장 바보 같은 것을 바랄 수 있고 오직 합당한 것만을 바라지 않아도 된다는 자신의 권리를 입증하기 위해서이다." 인간에게 이와 같은 욕망이 있다는 사실 자체는 그가 사물이나 동물과는 달리 자유가 있다는 것을 증명하며, 자유가 있다는 것은 그가 실상 "질병과 같은 존재인 의식"을 갖고 있다는 뜻이다. 또한 의식이 단순한 가상적 존재가 아니라 실제로 존재한다면 살아 있는 인간은 인과법칙으로 설명될 수 있는 만물의 현상과는 어딘가 다르다는 것을 의미하며, 인간은 인과법칙만으로는 완전히 이해될 수 없음을 뜻한다. 따라서 "인생의 의미는 항상 자기가 인간이라는 것, 단순히 피아노 건반이 아니라는 것을 증명하는 데 있다".

결국 한마디로 말해서 인간은 과학적인 법칙이나 논리만으로는 설명할 수 없는 비합리적인 동물이며 부조리한 존재다. 따라서 그가 궁극적으로 원하는 것, 그리고 그의 행위는 합리적으로 설명이 될 수 없다. 결정론에 의하면 인간은 자기의 이익만을 추구하기 위해서 행동하는 존재다. 이것이 사실이라면 누구나 어떤 행동이 자기에게 해로워 보일 땐 그런 행동을 버리는 것이 합리적일 것이다. 그러나 현실은 다르다.

수많은 사실은 인간들이 자기의 이익을 위해서 어떤 행동을 하면 안 되는 줄을 알면서도 자기의 이익과 전혀 상반되는 행동을 택하고 있음을 보여 준다.

만약 인간이 자기의 이익을 위해서만 행동한다면 그가 합리적이 되면 될수록 모든 문제를 자기의 이익에 따라 합리적으로 처리하려 하고, 따라서 더 폭력에 호소하게 될 것임이 당연하다. 그러나 우리가 알고 있는 사실은 그와는 정반대다.

문명은 비록 인간이 언제나 피를 탐하게끔 하진 않았다 하더라도 적어도 더욱 악독스럽고 더욱 흉악하게 피를 탐하게 만들었다. 과거에 인간은 피를 흘리게 만드는 폭력을 정의를 실현하는 방법으로 간주하고 마땅히 죽여야 한다고 믿어지는 사람들을 아무런 양심의 가책도 없이 학살했다. 그러나 오늘날에 이르기까지 피를 흘리게 하는 것이 끔찍한 짓이라 생각하면서도, 우리는 아직도 인간을 죽일 뿐만 아니라 어느 때보다도 큰 규모로 피를 흘리게 한다.

결국 인간이 원하는 것, 인간의 행위에는 이성으로는 이해할 수 없는 부조리한 것들이 허다하다. 도스토옙스키는 다음과 같이 말한다. "이성은 그것대로 좋은 것이다. 난 이 점에 관해서 시비하지 않는다. 그러나 이성은 오직 이성일 따름이다. 이성은 오직 인간의 합리적 욕구를 만족시킬 뿐이다."

반면에 욕망은 생명 자체의 표현이다. 그것은 생물의 모든 것의 표현으로 이성을 비롯한 모든 것을 포괄한다. 예를 들면 나는 본능적으로 전체의 20분의 1밖에 안 되는 이성뿐만 아니라 내가 갖고 있는 모든 생명의 기능을 행사하면서 살기를 원한다. 모든 인간은 자기의 욕망을 채우려 부단히 노력한다. 이런 점으로 보아 인간은 여타의 동물들과 마찬가지이다. 그러나 인간은 실상, 어떤 목적을 달성하는 데 만족하지 않고 오히려 그 목적을 향해 노력하는 자체를 목적으로 삼는다. 결국 인간의 목적하는 바, 인간의 노력 자체는 부조리하다. 이런 점에서 부지런히 노력하는 인간과 그만큼 부지런히 노력하는 개미와는 다르다.

그렇다면 어찌해서 인간은 이와 같이 부조리한 노력을 계속하는가? 그 까닭은 "고통을 겪음으로써만 의식상태를 유지할 수 있다고 할 때, 의식함으로써 인간은 가장 큰 고통을 겪어야 한다. 그럼에도 불구하고 인간은 그런 고통스러운 의식상태를 가장 귀중히 여기고 무엇과도 바꾸려 하지 않는다. 왜냐하면 의식이 인간다운 생명의 본질이 되기" 때문이다.

도스토옙스키의 인간에 대한 주장은 작품 속에 복잡하게 나타났지만 다음과 같이 요약될 수 있고 또 검토될 수 있다.

첫째, 모든 편견을 떠나서 살아 있는 그대로의, 체험하는 그대로의 인간은 어떠한 과학적 설명으로도 충분하지 않다. 다시 말하면 인간은 결정론적 혹은 유물론적인 해석을 초월한다. 그 까닭은 인간이 다른 어떤 물체나 동물과도 달리 본능을 넘어서 '의식하는 존재'이기 때문이다. 인간이 결정론의 설명을 벗어난 존재라는 것은 결국 인간에게 선택의 자유, 논리나 법칙을 어길 수 있는 자유가 어느 정도 있다는 것을 뜻한다. 앞에서도 말했지만 인간에게 정말 그런 자유가 있는지 없는지는 몇 백 년을 두고 논쟁이 계속된 철학적 문제이다.

이 문제는 지금도 해결이 되지 않은 채 흔히 철학 논문의 주제가 되곤 한다. 자유가 존재하느냐 하지 않느냐는 문제는 형이상학적 문제로, 하나에 하나를 보태면 둘이 된다는 것을 증명하듯이 혹은 소금을 입에 넣으면 짜다는 것을 증명하듯이 증명될 수 없는 문제이다. 형이상학적인 해답은 그 성질상 필연적으로 하나의 가설로 남을 수밖에 없다.

실험심리학·생화학 등이 차츰 더 인간의 자유를 부정하는 증거를 보여주는 것 같기도 하고, 많은 철학자들이 이런 관점을 지지하는 주장을 세우고 있긴 하나, 필자가 보는 바로는 자유가 실제로 존재한다는 가설이 더 지당할 것 같다. 이 자리에서 긴 이론을 세울 수는 없으나, 자유를 부정하고서는 자유가 없다고 주장하는 과학적 또는 철학적 시도 자체를 이해할 수 없게 되기 때문이다.

비록 도스토옙스키의 주장의 진위 여부가 확실하지 않음을 전제로 하더라도 철학사의 입장에서 보면 그의 인간에 대한 관점은 지극히 중요하다. 사르트르에서 시작된 이른바 실존주의는 하나의 중요한 철학 이론으로 나타났고, 그 사상은 비단 철학 자체뿐만 아니라 20세기 후반의 세계 사조 전반에 걸쳐 막대한 영향을 끼쳤다. 도스토옙스키의 작품은 비록 그 자체가 철학이론이 아니긴 하지만, 새로운 실존주의 사상을 앞서 감각적으로 체험하고, 그러한 체험을 통한 인간에 대한 진리를 독자로 하여금 느끼게 했다는 점에서 큰 가치가 있다.

둘째, 도스토옙스키는 인간이 근본적으로 불합리하다고 본다. 그에 의하면 인간의 근본적 욕망은 이성의 이해를 넘어선다고 한다. 상식적으로 인간은 그 무엇을 성취함으로써 행복을 얻기 위해 노력하는 존재라고 봐야 한다. 그러나 도스토옙스키가 본 인간은 이와 같은 상식을 벗어나고 있다.

그에 의하면 인간이 목적을 세우는 것은 그것을 얻기 위해 필연적으로 따르게 되는 노력과 고충을 겪기 위해서이다. 결국 궁극적인 목적은 의식상태를 유지함으로써 자기가 다른 물체와는 다른 존재, 살아 있는 존재임을 증명하기 위한 기도라고 보았다. 이와 같은 인간의 궁극적 목적에 관한 도스토옙스키의 관점은 사르트르의 동일 문제에 대한 관점과 극히 흡사한 데가 있다.

인간의 궁극적 소원이 무엇이냐, 즉 인간 행위의 가장 근본적 동기가 무엇이냐 하는 점에 대해서는 구구한 이론이 있다. 그중에서 행복이 궁극적 동기라고 믿는 것이 가장 상식적이고 보편적인 견해이다. 프로이트의 정신분석학의 근본적 전제는 행복에 있다. 그의 이론이 독창적인 이유는 행복의 요소가 '성性의 만족'에 있다고 본 데 있을 뿐이다.

반면에 니체는 인간의 궁극적 욕망이 '권력에 대한 의지'라고 보았다. 그에 의하면 우리는 평안과 만족감, 휴식상태를 의미하는 행복을 원하는 것이 아니라 끊임없이 자신의 강한 '힘'을 체험하고자 한다는 것이다. 분명히 도스토옙스키가 보는 인간의 궁극적 목적은 '성의 만족'도 '권력에 대한 의지'도 아니다.

한편 사르트르에 의하면 인간에게는 모든 현상과는 완전히 구별되는 의식을 갖고 있는 '즉자'라고 불리는 존재양식이 있는데, 그 존재 구조상으로 보아서 필연적으로 자신을 '타자'라고 불리는 다른 모든 존재 형태로 끊임없이 변신시키고 싶어 하면서도 그러한 욕망을 만족시키기 위해 '즉자'로서의 형태를 동시에 유지하고자 하는 근본적으로 모순된 목적을 갖고 있다고 주장한다. 다시 말하면 인간의 궁극적 목적은 근본적으로 모순된다. 이와 같은 점은 도스토옙스키의 생각과 일치한다고 봐야 한다. 물론 모순당착이며 언제나 고통을 벗어날 수 없는 인간이 어떻게 구제될 수 있느냐는 문제에 대해서는 기독교를 믿었던 도스토옙스키와 무신론자인 사르트르와의 사이에는 엄청난 거리가 있다. 그러나 사르트르의 관점이 철학적으로 극히 중요한 관점의 하나라고 친다면, 거의 한 세기를 앞서 살았던 도스토옙스키의 인간관은 사상사적으로 보아 사르트르에 못지않은 중요성을 갖고 있다 해도 틀린 말이 아닐 것이다.

도스토옙스키나 사르트르의 인간관의 진위 여부는 아직 결판을 기다려야 할 문제이고, 아마도 영원히 결판을 낼 수 없는 문제로 남기 쉽지만, 이 야성적인 작가는 그의 작품을 통해서 우리로 하여금 인간의 본질에 대한 무엇인가를 체험하게 하고, 또한 우리로 하여금 인간이 무엇이냐, 우리가 누구이냐 하는 질문을 던지지 않고서는 견딜 수 없게 만든다.

《문학사상》, 1973년 10월 창간호~1974년 12월호

07

부조리한 존재—사르트르『구토』

일부 분석철학자들은 이른바 '실존주의'를 엄격한 의미로서의 철학이 아니라고 주장한다. 왜냐하면 철학은 무엇보다도 체계가 명확한 원칙 혹은 이론에 관한 이론이기 때문이다. 이론이 세워지려면 그 이론은 명확하고 물샐틈없는 논리에 의해서 밑받침되어야 한다. 실상 대부분의 실존주의자들의 주장은 대체로 소설이나 수필 형식을 빌려 표현되고, 설사 철학적 저서로 나타나는 경우에도 표현이 막연하고 논리가 흐리멍덩한 경우가 대부분이다. 파스칼, 도스토옙스키, 카프카, 카뮈 등의 실존주의 사상은 문학 형식을 빌려 나타남으로써 실존주의적 분위기는 있다손 치더라도 그 어떤 작품도 이론이 정연한 주장을 찾기가 힘들다.

작가가 아니고 철학가라고 불리는 키르케고르, 니체 또는 마르셀 Marcel, 야스퍼스Jaspers 등의 철학가들도 대부분 그들이 주장하는 것이 무엇인지 그 자체로선 명료하지 않을 뿐만 아니라, 그 주장을 위한 이론성·논리성이 극히 흐리멍덩하고 혼돈되어 있는 경우가 대부분이다.

따라서 엄밀한 의미에서 실존주의 철학의 기조 확립은, 하이데거의 영향을 많이 받은 장 폴 사르트르Jean Paul Sartre, 1905~1980가 완성했다고 봐야 타당할 것이다. 사르트르가 1943년 발표한 『존재와 무』는 실존주의의 바이블로 지칭할 만한 중요한 작품이다. 이 저서는 꽤 깊은 철학적 교양이 없으면 도저히 읽을 수도, 이해할 수도 없는 전문적인 철학적 이론을 전개한 논문이다. 사르트르의 철학은 이 저서 속에서 거의 완성되었고 다만 후에 『변증법적 이성비판』을 통해서 이미 세운 실존주의의 정치·사회 철학을 전개하고 있을 뿐이다.

사르트르는 『존재와 무』에서 몇 가지 근본적인 철학적 문제를 취급하고 그 각각의 문제에 독자적인 이론과 해답을 제시한다. 이 저서에서 나타난 여러 가지 철학적 견해는 근본적으로 인간의 존재에 관한 그의 독창적인 철학적 견해에 기반을 두고 있다. 그의 이와 같은 견해가 『존재와 무』라는 방대하고 치밀하면서도 극히 전문적인 이론으로 정리되었는데, 모든 실존주의자들이 그러하듯이 이 이론의 밑바닥에는 그가 절실하게 체험한 구체적 경험이 있다. 다시 말하면 실존주의 철학은 인간이 살아가면서 겪게 되는, 있는 그대로의 경험을 정리한 것, 체계화한 것에 지나지 않는다. 이런 점에서 실존주의는 분석철학과 철학적 방법이나 태도에 있어서 극히 다르다. 분석철학은 경험의 기록인, 이미 존재하는 표현된 언어 기록 혹은 언어 사용의 논리적 분석을 통해서 언어의 철학적 의미를 찾고 그 경험을 통해 철학적 해석이 가능하다고 주장한다. 실존주의가 구체적인 체험의 기록을 강조하는 데 반해 분석철학은 경험이 기록되어 있다고 보는 언어 표현의 논리이다.

1938년, 즉 『존재와 무』보다 5년 앞서 발표된 극히 자극적인 일기 형식의 소설 『구토』는 『존재와 무』에서 이론화하기 이전에 그가 구체적으로 산 철학적 체험의 생생한 기록이 된다. 따라서 이 문학작품에 대해서 철학적 고찰을 시도하는 것은 유의미한 일이다. 이 작품이 처음 나왔을 때 당시의 평범한 문학작품과의 이질적인 점이 일부 사람의 주목을 받긴 했으나, 크게 성공한 것은 아니었다. 물론 이 작품이 많은 독자들에게 큰 감명과 충격을 주고 인생에 대한 계시처럼 여겨졌던 것은 사르트르의 자서전 『말』을 통해서 알 수 있지만, 크게 대중의 주목을 끌고 문학계의 화젯거리가 된 것은 『존재와 무』가 발표된 후였다. 현재도 이 작품의 문학적 가치에 대한 시비가 많다. 그러나 여기서 우리들의 관심은 오직 철학적인 데 그쳐야 할 것이다.

사르트르의 철학은 다음과 같이 요약될 수 있다.

모든 존재는 근본적으로 다른 두 개의 범주에 속하는데 그것은 각각 '즉자'와 '대자'라고 불린다. '즉자'적 존재는 사람을 제외한 모든 존재를 가리키며, '대자'적 존재는 인간으로서의 존재를 가리킨다. 사르트르는 고등동물을 포함한 만물은 의식, 더 정확히 말해서 자의식이 없다고 보았고, 따라서 이와 같은 즉자적 존재의 특징은 의식이 없다는 점에 있다고 했다. 이에 반해 인간, 즉 대자적 존재는 의식이 있다는 데 그 특징이 있다고 보았다. 의식이 없는 존재는 현재를 넘어서 미래를 계획하고 추구하고자 하는 욕망이 없으므로 언제나 현 상태에 전적으로 만족하는 존재이다. 사르트르는 이런 상태를 '충족된 상태'라고 부른다. 내가 지금 글을 쓰고 있는 책상은 그 자체로는 부족한 것이 없다. 이 책상은 무엇인가를 바라지 않는다. 물론 생물, 특히 고등동물은 책상과는 달리 항상 무엇인가를 추구하고 있는 것 같지만, 사실상 그 동물들은 단순히 본능에 따라 기계적으로 움직이고 있을 뿐이다. 따라서 사르트르에 의하면 동물도 존재양식상으로 정물과 근본적으로 다를 바가 없다.

의식이 없는 존재, 즉 즉자적 존재가 그 자체로 충족된 데 반해서 의식 있는 존재, 즉 대자적 존재는 그 자체 내에 부족 혹은 결함을 내포하고 있는 존재이다. 다시 말하면 의식이 있기 때문에 인간은 자신에 대해서 언제나 불만과 공허함을 느낀다. 우리는 어쩔 수 없이 이 불만을 채우려고 하는 노력을 항상 동반하게 되는데, 이러한 노력을 사르트르는 '자유'라고 부른다. 그래서 사르트르에게 있어서 자유는 의식과 동의어가 된다. 사르트르에 의하면, 불만이 있다는 것은 어떤 가능성을 내포하며 가능성이 있다는 것은 자유가 있다는 것을 말하는데, 또한 자유가 있다는 것은 선택의 여지가 있다는 것이다. 우리의 이와 같은 존재학적 구조상으로 보아, 태어나면서부터 죽을 때까지 우리가 싫든 좋든, 우리는 우리의 행동, 인생, 가치를 선택해야 한다.

이상과 같은 인간의 존재학적 구조, 그리고 이러한 구조를 가진 인간과 그가 살고 있는 자연 혹은 사회적 여건과의 관계를 알고 그것에 입각해, 사르트르는 몇 개의 근본적인 철학적 문제에 다음과 같은 결론을 내리게 된다.

첫째, 결정론자 혹은 숙명론자들이 주장하는 것과는 달리 인간에게는 자유가 있고 자기의 인생을 선택할 가능성을 갖고 있기 때문에 한 인간에게는 이미 주어진 어떤 본질이 있는 것이 아니라, 각 인간은 자기의 인생을 자기가 창조할 수 있다.

둘째, 이와 같은 창조적 인간, 즉 자유를 가진 인간이 있음으로 해서 선악 혹은 아름답고 미운 것, 혹은 좋고 나쁜 것과 같은 가치의 문제가 생긴다. 다시 말하면 가치는 한 인간의 밖에 존재하는 것이 아니라 인간이 부여하고 결정하는 것이다. 인간은 이와 같이 가치를 창조함으로써 자기 자신의 행위와 모든 대상에 의미를 부여한다. 인간을 떠나서는 어디서도 가치와 의미를 찾을 수 없다. 인간 존재 자체의 가치나 의미는 논리적으로 생각조차 불가능하다. 왜냐하면 인간 자신을 떠나서는 그런 것을 생각할 수 없고, 그런 인간의 가치나 의미를 생각하려면 인간 아닌 인간, 의식 없는 의식을 전제해야 하는데 이것은 물론 자기모순이 된다. 따라서 인간 존재 자체, 인간이 의미를 주기 이전의 세계는 무의미, 즉 부조리하다는 결론이 나온다.

셋째, 항상 자유를 행사함으로써 자의에 의하여 모든 행위를 결정해야만 하는 인간은 자기가 행한 행동의 모든 결과, 자신의 인생 자체가 자신의 손에 달려 있게 마련이며, 따라서 그는 모든 자신의 행위에 대해서 오직 자신만이 책임을 져야 한다는 결론이 나온다. 당연히 누구나 이 무거운 책임에 두려움을 느끼고 가능하면 그 책임을 회피하려고 하게 된다. 그런데 책임 회피의 방법은 자신이 어떤 행동을 택했을 때 자기 자신의 선택이 자의에 의해서가 아니라 어쩔 수 없는 선택이었다고 생각하는 것이다. 결국 자신의 자유를 부정하는 것이다. 사르트르에 의하면 겉보기와는 달리 실상 우리는 모두 무의식중에 자유로부터 도피하고, 따라서 자유가 없는 존재를 동경한다. 그러나 이러한 꾀는 결국 실패하게 마련이다. 왜냐하면 인간은 존재학적 구조상 자유에서 완전히 벗어나는 것은 불가능하기 때문이다. 어쨌든 이런 자유로부터의 도피는 자기기만을 통해서 가장 잘 나타나는데, 사르트르는 이런 태도를 맹렬히 공격한다. 사르트르를 비롯해서 모든 실존주의자들이 주장하는 가장 귀중한 윤리적 가치는 '오탕티시테authen-ticité'(정직성)이다. 그것은 다시 말해서 인간의 타고난 특성으로서의 자유를 행사하는 데 있다.

작품 『구토』에서 독자들은 위에서 본 몇 가지 사르트르의 철학적 견해를 이미 찾아낼 수 있다. 그러나 이 작품은 앞서 지적한 바와 같이 사르트르의 철학적 사고가 『존재와 무』와 『변증법적 이성비판』으로 발전하고 하나의 긍정적 출구를 찾기 이전의 그의 사상을 문학화한 것으로, 이 철학자의 부정적 단면만이 부각되어 나타나 있다. 『구토』는 존재, 특히 인간 존재의 부조리에 대한 퍽 놀랍고도 절실한 어둠을 보여주는 부정의 기록이다. 그것은 소설 속에 있는 상상의 주인공 '로캉탱'의 하잘것없어 보이는 일상생활을 통해서 사르트르 자신의 절실한 체험을 보여주는 철학적 사고의 고백이기도 하다.

나이 서른이 넘은 총각 로캉탱은 18세기의 어느 인물에 대한 연구 논문을 준비 중인데 그 때문에 부빌이란 지방의 소도시에 잠시 머무르게 된다. 그런데 이 고독한 연구가는 어느 날 그곳의 한 공원에서 뜻하지 않은 새로운 체험을 하게 된다. 그 체험은 실상 새로운 사물의 체험이 아니고 같은 사물에 대한 새로운 체험이다. 이 새로운 체험을 통해서 그는, 그가, 그리고 모든 사람이 언제나 갖고 있는 것과는 전혀 다른 각도에서 사물을 보게 된다. 그것은 다름이 아니라 사물에 대한 실존적 경험이었던 것이다. 로캉탱은 공원의 마로니에나무 뿌리에서 얻은 계시와 같은 경험을 이렇게 기록한다.

조금 전에 난 공원에 있었다. 마로니에나무 뿌리가 내가 앉아 있던 걸상 밑 땅에 묻혀 있었다. 난 그것이 나무뿌리라는 걸 미처 생각하지 못했다. 적당한 낱말이 생각이 나지 않았고, 그와 더불어 그 낱말이 가리키는 사물의 의미, 그리고 그 낱말들의 유용성, 즉 인간이 사물의 표면에 긁적거려놓은 흐리멍덩한 수준규표水準規標 등도 사라져버렸다. 나는 좀 허리를 구부리고 고개를 수그린 채 혼자서 이 거무충충한 거친 매듭이 툭툭 솟은 끔찍한 나무뿌리를 마주보고 있었는데, 그걸 보다가 겁에 질리고 말았다.

나는 깜짝 놀랐다. 요 며칠 전까지는 '실존한다'의 참된 의미를 난 모르고 있었다. 나는 남들과 마찬가지였다. 여름옷을 입고 해변을 산책하는 그런 사람들과 다를 것이 없었다. 나는 그들처럼 "바다는 푸르다" 또는 "바다 위의 흰 점은 물새이다"라고 말했다. 그러나 난 그것이 존재하고 있다고도, 물새가 존재하는 물새라고도 느끼지 않았다. 흔히 우리는 실존을 인식하지 못한다. 그런데 실존은 바로 저기, 우리들의 주변, 우리들 속에 있다. 아니 그것은 바로 우리들 자신인 것이다. 무슨 말을 하게 되어도 우리는 실존과 관련을 갖게 되지만, 그럼에도 우리들은 그것을 만져볼 순 없다. 내가 그것을 생각해보려고 하면 난 아무 것도 생각해낼 수 없고 머리가 텅 빈 것 같아진다. 그렇지 않으면 내 머릿속에 한 낱말, 즉 '존재'란 낱말만이 떠오른다. …… 내가 사물을 관찰할 때도 나는 그것들이 실존했다고는 전혀 생각하지 않았다. …… 이론으로 설명된 세계는 실존의 세계와 일치하지 않는다. 원형은 부조리하지 않다. 그것은 한 직선을 동그랗게 돌린 것으로 완전히 설명될 수 있다. 그러나 그것은 원형 이외엔 아무것도 없다. 한데 이 나무뿌리는 나의 설명을 벗어나 존재한다. 마디가 심하고 죽은 채 이름 없는 이 뿌리는 내 마음을 빼앗고, 내 두 눈을 꽉 채웠다. 그것은 계속 날 실존의 세계로 끌어갔다. …… 색깔과 모양이 있고, 일정하게 움직이는 이 마로니에나무 뿌리는 모든 설명을 넘어서 존재하고 있다.

로캉탱은 이와 같이 모든 사물이 설명할 수 없는 채 그저 존재하고 있음을 의식한다. 설명할 수 없다는 것은 부조리하다는 뜻이다. 존재의 부조리는 단지 사물에만 있지 않다. 로캉탱은 자기 자신의 존재, 모든 인간의 존재 자체도 부조리함을 깨닫는다. 어느 날 그는 자주 가는 카페에서 다음과 같이 놀란다.

여기서 내가 뭘 하고 있는 거냐? 내가 무엇 때문에 휴머니즘 논쟁에 가담했던가? 왜 이 사람들은 여기에 있는가? 왜 그들은 음식을 먹고 있나? 그들은 그들 자신이 실존하고 있음을 모르고 있다. 나는 그곳을 떠나서 어디론가 가고 싶었다. 내게 꼭 들어맞는 장소, 정말 나 자신의 보금자리라고 느낄 수 있는 장소로 가고 싶었다. 그러나 내가 갈 곳은 아무 데도 없다. 나는 불필요한 존재이다. 나는 '드 트로de trop'(잉여물)이다.

즉자로서의 존재나 자유와 의식을 가진 대자로서의 인간 존재에 아무런 설명을 가하지 않고, 그 존재 이유를 찾을 수도 없다. 그것들은 그저 우연히 혹은 이유 없이 존재하는 것이다. 즉 그들의 존재는 부조리하다. 로캉탱은 이와 같은 사물과 자신에 대해 '구토'를 느낀다. 구토는 확실히 포착할 수 없고, 이해할 수 없는 사물에 대한 미끈미끈하고 흐물흐물한 존재에서 오는 자연스러운 감각이다. 그것은 결국 의미를 박탈당하고, 설명의 한계를 넘어서 존재하는, 즉 부조리한 존재에 대한 본능적인 반응이다. 다시 말하면 사르트르는 그가 크게 영향을 받은 현상학자 후설이나 데카르트 혹은 칸트와는 정반대로 사물의 본질이 없을 뿐아니라 인간의 본질, 즉 자아라고 불리는 존재도 실상 포착할 수 없는 것이라고 주장한다. 우리가 이해하고 실제로 존재하는 것처럼 취급하는 자아란 것도 오직 낱말에 지나지 않고 그것이 의미하는 실체를 지적할 수 없다고 보는 것이다.

그러나 여기서 우리가 유의할 것은 실상 사물 그 자체가 부조리하거나 구토가 나는 것은 아니라는 사실이다. 부조리, 그에 따른 구토의 감정은 오직 인간이 의식을 갖고 의미를 찾는 데서 생긴다. 앞서 말했듯이 사르트르는 의식체인 대자를 존재학적으로 불완전한 존재라고 했다.

그리고 이 존재는 자유를 갖지 않을 수 없으므로 필연적으로 자기 자신의 행동에 책임을 져야 하는데, 이런 책임에서 오는 괴로움으로부터 해방되기 위해서 즉자가 되기를 원하게 된다. 즉 근본적으로 인간은 나무나 돌과 같은 사물을 부러워한다. 따라서 자기가 자유로운 존재임을, 자기의 인생이 오직 자기 자신에게만 달려 있음을 알게 된 로캉탱은 다음과 같이 말하게 된다.

그리고 나도 또한 그냥 사물처럼 존재하고자 했다. 그것이 내가 바라던 전부였다. 이것이 나의 마지막 말이다. 아무 연관이 없는 나의 모든 시도의 밑바닥에서 나는 똑같은 욕망을 발견하게 됐다. 그것은 다름 아니라 나를 실존으로부터 해방시키고 지나가는 기름진 순간들을 그 실존으로부터 없어지게 하고 그 순간들을 비틀고 건조시켜버리고 나 자신을 순화해가는 일이었다.

이제 우리는 어찌해서 소설의 마지막에 로캉탱이 카페에서 들려오는 유행가의 음률 속에 희미한 구원의 희망을 갖게 되는지를 알 수 있다. 음악은 다른 존재에서 볼 수 있는 구역질나게 하는 물질적 면을 갖고 있지 않기 때문이다. 죽은 음악은 마치 존재하지 않는 존재로 볼 수 있기 때문이다. 『구토』 속에서는 아직도 사르트르의 윤리적 입장이 확실히 나타나고 있지 않다. 그러나 그는 『존재와 무』에서 이 문제에 대한 그의 입장을 거의 확실히 하고 있다. 그에 의하면 자유로운 우리는 그것 때문에 겪어야 할 고통에서 도피하기 위해서 자기기만 속에 숨는다. 이러한 태도는 사르트르가 가장 증오하는 대상이 되었다. 그는 자기의 정직한 삶, 즉 자기의 자유를 인정하고 그것에 따라 자기 행동에 모든 책임을 지는 삶을 가져야 한다는 결론을 내린다. 소설『구토』에서 이와 같은 결론까지는 나타나지 않았지만 벌써 그것을 예측하게 하는 그의 자기기만에 대한 경멸과 증오심을 보여준다.

로캉탱이 관찰하는 바에 의하면 대부분의 경우 "한 사회 속에 사는 사람들은 그들이 남들에게 어떻게 보이는가에 따라서 마치 거울 속에서처럼 자기 자신들을 배워왔다. 다시 말하면 대부분의 사람들은 정말 자기가 생각하고 선택한 대로의 인생을 사는 것이 아니고 남들 때문에 마치 마네킹이나 허깨비처럼 움직이고 있을 뿐이다. 사르트르에 의하면 특히 부르주아의 사고방식이 대표적인 자기기만의 사고방식이다. 그들은 이미 존재하는 격식, 혹은 가치들이 마치 절대적인 진리로 존재하는 것인 양하며 그것에 맞추어 행동하면 훌륭하고 뜻있는 인생이라고 생각한다. 사르트르는 로캉탱을 통해서 이러한 부르주아적 자기기만의 태도를 야유한다. 로캉탱은 부빌의 미술관에서 어느 귀족의 초상화를 보고 다음과 같이 느낀다. '이런 놈들은 모든 것에 대한 권리를 갖고 있었다. 인생에 대한, 직업에 대한, 부에 대한, 복종에 대한, 존경에 대한, 그리고 마지막으로 영생에 대한 권리를!' 다시 말하면 많은 부르주아는 자기들이 태어날 때부터 어떤 절대 부동의 권리를, 그리고 삶의 양식을 갖고 있음을 믿고 그것대로 살아감으로써 옳은 삶을 영위한다고 생각하는 것이다.

그러나 이와 같은 태도는, 인간은 처음부터 어떤 본질이 있는 것이 아니라 각자 하루하루 창조해야 한다는 것을 부정함으로써만 일어질 수 있는 것이다.

이렇게 소설『구토』속에서 제기된 몇 가지 철학적 문제와 그에 대한 사르트르의 견해를 추출해보았다. 이미 사르트르는 이 처녀작에서 자신의 철학적 출발점은 물론 그후에 전개될 그의 철학적 입장을 대부분 암시했다. 그러나 이 작품에서 가장 중심이 되어 있고 사르트르가 강조하려는 철학적 견해는 모든 존재, 특히 인간 존재에 대한 그의 관점이다. 그것은 책의 제목이 표현하는바, 구토를 느끼게 하는 존재의 부조리이다. 그에 의하면 그 어떤 것도 그 자체로는 의미가 없다. 다시 바꾸어 설명하자면 내가 지금 쓰고 있는 펜, 이 원고, 내가 책을 읽는 행위 등은 오직 나의 어떤 목적과 관련됨으로써만 뜻이 있거나 혹은 무의미한 것이다. 이와 마찬가지로 학교를 짓고, 잡지를 내고 하는 행위도 오직 한 사회 속에서 사는 사람들의 목적에 의해서 의미가 있다거나 없다고 결정된다. 더 간단히 말하자면 사물 혹은 행위의 의미는 오직 어떤 목적과 상대적인 관계를 갖고 있을 때만 성립된다. 한편 목적은 의식을 가진 사람을 떠나서는 생각할 수 없다. 그렇다면 그러한 의식을 갖고 있는 인간의 존재 의미를 생각할 길이 논리적으로 불가능하다.

따라서 인간 존재 자체를 두고 볼 때 그것은 부조리, 즉 아무 목적 혹은 의미가 없다는 결론이 나온다. 여기서 우리는 다음과 같은 점을 물어볼 수 있다. 사르트르의 견해는 옳은 견해인가? 어떤 의미에서 이와 같은 사르트르의 철학적 견해가 중요한 것인가? 우선 두 번째 문제부터 생각해보기로 하자.

존재, 특히 인생이 무의미하다는 견해는 언뜻 보아서 불교와 도교, 그리고 기독교 등에서 발견할 수 있을 것 같다. 인생을 한낱 꿈으로 본 불교에서의 '회귀' 사상, 도교에서의 '무위'의 개념, 기독교에서 말하는 '만 가지 행위의 허영성'은 인생에 대한 부정적 태도요, 인생의 무의미를 말하는 것이다. 그러나 좀더 고찰하면 이런 종교들이 주장하는 인생의 무의미는 실상, 인생 자체의 무의미를 말하는 것이 아니다. 여기에서의 무의미는 오직 우주의 진리, 신의 섭리를 모르는 데서 나타나는 모든 인간 행위가 무의미하다는 것을 뜻한다.

이 종교들은 우주 전체, 모든 존재가 하나의 신성한 법칙 혹은 질서를 갖고 있다고 보았다. 따라서 그 질서에 맞게 인간이 처세한다면, 인간 존재의 의미도 확립된다. 다시 말하면 인간에게는 의미가 주어질 수 있고 구원이 가능하다. 따라서 위의 종교적 사상은 사르트르의 견해와는 근본적으로 다르다. 왜냐하면 사르트르는 어떤 신이나 우주의 법칙도 믿지 않을 뿐 아니라, 그런 것을 생각하는 자체가 논리적으로 불가능하다고 보기 때문이다. 사르트르는 그의 모든 견해의 출발점을 오직 인간의 구체적인 직관적 경험에 둘 수밖에 없다고 믿으며 신 혹은 우주의 법칙 같은 초월적인 존재도 인간의, 아니 나의 의식을 통과하고 나의 판단을 얻음으로써만 진리 혹은 허구로 판정될 수 있다고 믿는다.

사르트르의 인간 존재에 대한 견해와 더 비슷한 생각을 가진 선구자로는 니체를 들 수 있다. 니체는 아주 딱 잘라서 말하기를 "웬만큼 정신이 멀쩡한 사람이면 인생이 살 만한 가치가 없고 헛된 난센스라는 것을 알 것이다"라고 했다. 인간을 무의미한 존재로 보았다는 점에서는 니체도 사르트르와 같으나, 니체의 철학은 사르트르의 그것과는 크게 다른 바가 있다. 니체는 '모든 만물의 본질은 권력에 대한 의지'라고 보았던 것이다. 따라서 사르트르의 인간관은 독창적이었다고 볼 수 있다. 뿐만 아니라 니체의 주장은 강력한 이론이 뒷받침되지 않은 직관에서 얻은 견해인 데 비하여 사르트르는 극히 세밀한 현미경적 분석을 통해서 자기의 주장을 뒷받침했다는 점에서 철학적인 공적이 크다.

사르트르의 철학적 가치는 서양철학의 핵심이 되고 있는 합리주의 사상을 배경으로 하고 관찰할 때 더욱 뚜렷해진다. 플라톤은 모든 사물에는 그가 '이데아'라고 부르는 원형이 있고, 그것은 모든 사물의 본질이라고 주장하였다. 따라서 본질의 세계, 즉 '이데아'의 세계는 질서 정연한 세계이고 모든 것이 합리적으로 이해될 수 있다고 믿었다. 또한 서양철학에서 형이상학의 절정을 이루는 헤겔은 모든 존재가 실상 '정신' 혹은 '이데아'라고 하는 절대적 존재의 변증법적 논리에 따른 전개의 과정에 있는 것으로, 인간의 의식뿐 아니라 모든 존재도 합리적이라고 믿었다. 그는 말하기를, 합리적인 것만이 실재하고 실재하는 모든 것은 필연적으로 합리적이라고 했다. 이와 같은 합리주의자들의 관점을 따른다면 결국 인간도 합리적으로 구성된 우주의 한 기능을 담당하는 것으로 해석할 수 있고, 따라서 하나의 전체로 본 우주 안에서 인간의 위치, 인간의 행동이 의미를 갖게 된다. 즉 인간의 존재는 다른 사물의 존재와 마찬가지로 모든 것과 합리적인 연관을 갖고 의미를 갖게 된다. 모든 행동, 모든 존재, 그리고 모든 사건에는 뜻이 있게 되는 것이다. 그러나 이와 같은 주장은 전혀 증명할 수 없는 가설이다. 그뿐 아니라 여기서 고찰해볼 것도 아니요 그럴 필요도 없지만, 이와 같은 이론은 논리상으로 보아 내재적 모순을 갖고 있다.

수천 년을 두고 인간은 종교를 통해서 혹은 형이상학을 통해서 그의 존재, 즉 그가 관찰하는 사물의 존재가 부조리하지 않고 의미가 있다고 보려는 심리적인 필요에 따라 살아왔고, 사실상 그렇게 설명해왔다. 인간은 그렇게 함으로써 생에 뜻을 부여하고 즐거움을 느낄 수 있으며, 따라서 계속 생명을 긍정해나갈 수 있다. 그러나 사람들이 바라는 세계는 있는 그대로의 세계와 다르다. 냉정한 입장에서 관찰하고 생각해보면 궁극적으로 모든 존재의 이유에 대한 설명이 불가능하다. 따라서 형이상학적인 입장에서 보면 모든 것은 본질적으로 부조리하고 무의미할 수밖에 없다.

　그렇다면 이와 같은 사르트르의 인간관 자체는 증명될 수 있는 진리인가? 물론 철학적 문제는 수학문제를 증명하듯이 혹은 실험실에서 어떤 물리현상처럼 증명될 수는 없다. 그렇지만 어떤 철학적 이론은 다른 이론에 비해서 긍정할 수 있는 근거가 있다. 사르트르의 인간에 대한 철학적 견해는 대략 다음과 같은 논리를 통해서 결론지을 수 있다.

　대부분의 경우 우리들은 사물을 관찰할 때 있는 사실 그대로의, 우리들의 눈에 비치는 그대로의 사물을 보지 않고, 기존의 어떤 사물에 대한 견해 혹은 개념의 색안경을 통해서 보게 마련이다. 따라서 우리는 사실을 왜곡하게 되는 경우가 많다. 사르트르는 현상학적인 방법에 따라 이러한 색안경에서 해방되어 있는 그대로의 사실을 드러내고자 한다. 그것은 각 개인의 의식에 직접 비치는 대로의 사실을 받아들임으로써 가능하다. 『구토』에서 로캉탱의 일기는 이와 같은 현상학적 경험의 기록이다. 특히 앞서 인용했던 로캉탱의 공원에서의 마로니에나무에 대한 묘사는 그 좋은 예가 된다. 로캉탱의 펜을 통해서 사르트르는 우리가 이해하고 있는 사물의 모양이나 의미는 사실 그대로가 아니라 이미 우리들에 의해서 해석되고 설명된 것에 불과하며, 있는 그대로의 사물은 모든 설명을 넘어서는 부조리한 것으로밖에 보이지 않는다는 것을 말하고자 한다. 부조리한 것은 비단, 인간 의식의 대상이 되는 사물뿐만 아니라 그러한 사물을 의식하는 인간 자체의 존재도 마찬가지로 부조리하다는 결론이 나온다. 왜냐하면 어떤 것이 조리가 있고 없는 것은 반드시 의식에 비추어서만 생각할 수 있는 것인데, 그렇다면 그 의식 자체는 '조리가 있다거나 없다거나'라고는 할 수 없다. 의식의 존재가 의심할 수 없이 확실한 사실이라면 그 의식의 존재는 아무 의미 없는, 즉 아무 설명이 닿지 않는 것으로 볼 수밖에 없다.

　사르트르의 이와 같은 이론은 여간해서 꺾을 수 없는 설득력 있는 것이라고 필자는 생각한다. 그의 인간에 대한 철학적 해석이 비록 우리에게 충격을 주고 반발을 살지 모르겠으나 우리가 구체적으로 체험하는 인간과 인생에 훨씬 가깝고 정직한 것임을 나는 믿는다. 이와 같은 인간관에서 어떤 결론을 끌어낼 수 있을까? 사르트르의 철학은 많은 사람들에 의해서 절망적이고, 모든 것을 비관적으로만 보는 허무주의라고 비난받고 있다. 이에 대응해서 사르트르는 자신의 철학이야말로 가장 인본주의적이며 인간의 긍지를 높이는 낙관적인 철학이라고 했다. 왜냐하면 비록 인간은 그 자체로는 아무런 목적도 생각할 수 없이 주어진 존재이지만, 자유로운 그는 살아가는 동안에 자기 자신이 선택하는 바에 따라 얼마든지 자기 행위에 목적을 설정하고 모든 사물에 의미를 붙일 수 있기 때문이다. 사르트르 자신으로 말하자면 고독한 실존주의를 바탕으로 인류 전체의 복지가 공평하게 이루어질 수 있는 사회를 꿈꾸면서 사회주의적 사회의 건설에서 의미를 찾았다. 다시 말하면 그는 서재에 앉아서 인생의 부조리를 한탄만 하는 수동적인 인간이 아니라 그가 택한 이상, 그가 택한 가치의 실현을 위해서 극히 능동적으로 싸우는 투사이기도 했다.

　그저 복종만 하면 만사가 해결되는 초월적 우주의 의미나 법칙도 없이, 우리들에게 절대적 가치를 설명해주는 전지전능한 신도 없이 고독한 채 자신밖엔 그 아무것에도 의지하지 못하고, 자신의 힘으로만 살아가야 하는 인간에겐 그런 만큼 더 살아가는 환희와 보람이 가능하다.

　『구토』를 읽는 독자는 충격을 받는다. 그는 달콤했던 꿈에서 깨어나는 놀라움을 경험하게 된다. 그는 별안간 고독하고 벌거벗은 그대로의 인간 존재의 모습을 경험한다. 우리는 이 소설을 통해서 인생에 대한 모든 대답을 얻지 못한다 하더라도 인간과 사물에 대한 우리들의 생각을 근본적으로 재검토하게 된다. 사르트르가 이론으로가 아니라 로캉탱의 구체적 체험을 통해서 우리로 하여금 의식하게 한 것은 인간과 사물에 대한 너무나도 적나라해서 무섭고, 놀랍도록 새로운 본질적인 진리, 인간에 대한 냉철한 진리이다.

《문학사상》, 1973년 10월 창간호~1974년 12월호

08

윤리와 동물의 한계 — 생텍쥐페리 『인간의 대지』

모든 문학은 직접 혹은 간접적으로 인간적 드라마의 표현이다. 인간의 문제를 떠난 문학은 생각할 수 없다. 그중에서도 인간의 드라마를 가장 집요하게 다룬 문학은 실존주의 문학이라고 할 수 있다. 대부분의 실존 주의 문학에 나타난 인간의 드라마는 극히 도시적이며 실내적이고 지적인 드라마이다. 여기서 나타난 인간의 고통과 비극은 병실에서의 고통, 도시 내에서의 지성이 느끼는 고통이다.

이에 반해 실존주의 작가로서 전후 많은 독자에게 사랑받은 비행사 작가 앙투안 드 생텍쥐페리Antoine de Saint-Exupery, 1900~1944의 문학은 대자연 속에서 전개되는 논리적 드라마이며, 그의 문학에서 엿보이는 인간의 비극·고통·즐거움은 실내에서의 지적인 드라마가 아니라 사막에서, 하늘에서 전개되는 전인간적 드라마이다.

생텍쥐페리의 대부분의 작품이 그러하듯이 그의 대표작『인간의 대지』는 구성에 있어서 치밀하지 못하고 내용도 너무 교훈적이다. 자칫하면 독자들에게 마치 훈육주임 같은 인상을 줄 수도 있고, 읽고 나면 도덕 교과서와도 같은 느낌을 남기기 쉽다. 그럼에도 불구하고 『인간의 대지』는 더 잘 알려진 『어린왕자』와 함께 많은 독자의 기억에 깊이 남아 있는 작품이다. 그것은 『인간의 대지』가 우리들을 좁은 실내에서 끌어내 신선한 대지를 호흡하게 하고, 신경질적이고 병적인 인간이 아니라 숭고하고 건강한 인간상을 보여주기 때문이다. 작가 생텍쥐페리의 한결같은 주제는 인간의 본질을 찾아내는 데 있다. 하나의 물체, 하나의 동물로서의 인간이 개나 돼지와 근본적으로 다른 점이 무엇인가? 만약 인간이 추구하는 바가 개나 돼지와 같은 생존의 본능을 넘어서지 못한다면 아무리 물질적으로 본능을 충족시키고 다른 생물 혹은 동물을 지배한다 해도 인간에게 특별한 가치나 존엄성이 있을 수 없다. 인류는 문명을 이룩하고 자연을 정복했지만 오늘날의 인간은 차츰 물질주의로 흘러가고 있지 않은가. 물질주의를 넘어서지 못한다면 인간이 동물과 다른 것은 오직 양적인 면에서이지 질적인 면에서는 다를 바가 없을 것이다.

『인간의 대지』는 이와 같은 회의에 긍정적인 답변을 던진다. 이 작품 속에서 생텍쥐페리는 비행사로서의 자기 자신의 체험을 통해서, 그리고 동료나 선임비행사들의 구체적인 경험을 통해서 인간이 어느 동물과도 다르다는 것, 인간은 어느 동물도 가질 수 없는 고귀함을 갖고 있음을 보여준다. 인간을 동물보다도 높은 차원으로 이끌어가는 요소, 즉 인간의 고귀성 혹은 위대성은 인간이 동물적인 자기 생존에 대한 본능을 초월하고 동물로서의 자아를 극복하는 힘에 있다. 이러한 인간의 힘은 그가 동료를 위해 희생하고 어떤 일에 책임감을 갖고 윤리적인 판단을 내릴 수 있다는 사실 속에서 발견된다. 한마디로 말해서 인간이 인간다운 점, 인간의 고귀성은 인간이 나타낼 수 있는 정신력에 있다. 여기서 말하는 정신은 지적인 것보다는 윤리적 정신이다.

　작가 생텍쥐페리는 프랑스의 우편 비행사로서 스페인·아프리카·남미의 초창기 항로 개척에 참여했다. 지금은 항공 기술이 고도로 발달되어 달나라까지 가게 됐지만 불과 몇십 년 전만 해도 비행기는 마치 장난감처럼 기술적으로 빈약했다. 이러한 비행기를 타고 피레네 산맥을 넘어 스페인으로 간다든가 아프리카를 비행한다는 것은 여간한 모험이 아니었다.

　이러한 모험을 처음 하게 된 생텍쥐페리는 첫째로는 비행기, 즉 기계의 깊은 의미와, 둘째로는 위태로운 비행기를 타고 항공하는 사람들의 깊은 동기를 깨닫는다. 기계는 언뜻 보기에 인간을 자연으로부터 이탈시키고 고립시키는 것 같지만 실상 그것은 '인간과 자연의 새롭고 참된 관계를 맺어주는' 기구이다. 비행기를 타고 하늘을 날아오르면서 인간과 자연의 관계는 보다 높고 새로운 전망을 갖게 된다. 한편 비행사들이 날라야 하는 우편물들은 폭우의 위험을 무릅쓰고까지 전달할 만한 가치가 없는 것이 대부분이다.

　"그러나 비행사들은 일단 그들에게 책임이 주어지면 그 하잘것없는 우편물들이 어떤 의미를 갖고 있는지를 안다. 그들에게 문제가 되는 것은 은행가나 무역가들이 결코 아니다. 만약 언젠가 비행사들이 산봉우리에 걸려 죽게 된다면 그것은 누군가의 이익을 위해서가 아니라, 일단 비행기에 실리게 된 우편 보따리를 값있는 것으로 만드는 명령에 대한 복종을 위해서일 것이다." 즉 생텍쥐페리는 비행사들이 지닌 정신의 위대함을 발견하게 된 것이다.

　생텍쥐페리보다 선배인 비행사 멜모즈와 기요메는 이런 인간의 고귀성을 구체적으로 보여준 실례이다. 멜모즈는 사하라사막을 횡단하는 항로를 개척한 항공사의 한 사람인데, 그는 사막에 추락해서 원주민들의 포로가 되었다가 돈을 주고 살아난 경험이 있다. 그후 남미의 항로를 개척할 때 그는 다시 항로 개척을 자원, 남미의 안데스산맥 어느 구석에서 사고가 나서 희생되었다. 그러나 그는 새로운 항로의 선구자가 되었고 후세대를 위해 길을 닦아놓았다.

또 한편 기요메로 말하자면 남미의 안데스산맥을 날다가 폭풍을 만나 추락하게 되었다. 그는 며칠 동안 추운 산속에서 굶게 되어 생존의 본능마저도 잃을 것 같았으나 정신력을 잃지 않고, "어떠한 동물도 견뎌낼 수 없는 것을 견뎌냈다". 그러면 이와 같은 기요메의 용기를 어떻게 평가할 수 있을까? 생텍쥐페리는 다음과 같이 설명한다.

그의 정신적 위대성은 그의 책임감에 있다. 그는 자신의 운명, 우편물, 친구들의 기대에 대한 충족 등이 모두 자기 자신의 손에 달려 있음을 알고 있었던 것이다……. 인간의 인간다운 점은 오직 인간만이 책임질 수 있다는 데 있다. 인간의 인간다운 점은 부당하고 비참한 광경을 보고 부끄러움을 느끼는 데 있다. 친구가 얻은 승리에 자랑스러움을 느끼는 데 있다. 그것은 또한 돌 한 개 위에 앉아 있으면서 세계적인 빌딩을 짓는 일에 자기도 이바지하고 있다고 느끼는 데 있다.

참다운 용기는 인간만이 보일 수 있는 힘으로, 반드시 책임감을 동반한다. 그렇기 때문에 투우사나 도박꾼들의 용기는 참다운 용기가 아니다. 왜냐하면 투우사는 죽음에 도전하는 것이지만 그 자체로서는 아무런 책임감도 없는 행위이기 때문이다. 이와 마찬가지로 정사情死는 용기 있는 행동이 되지 못한다. 또한 실연을 해서 자살하는 행위에도 아무런 고귀함이나 위엄이 있을 수 없다. 왜냐하면 자살한 젊은이의 머릿속에는 다른 소녀들과 구별할 수 없는 어느 바보 같은 소녀의 모습을 빼놓고는 그 아무것도, 정말 아무것도 없을 것이기 때문이다.

정신의 힘을 가짐으로써 인간이 동물을 넘어설 수 있다는 사실은 이 책에 등장하는 사막에서 생활하는 아랍인의 경우에서도 찾아볼 수 있다. 사하라사막 한 기슭에 프랑스 군인들이 주둔하고 있었다. 엘마문이라는 아랍인이 프랑스 장교들의 종으로 일하고 있었는데 충성스러웠다. 따라서 그는 여느 아랍인에 비해 훨씬 많은 물질적 향락을 누릴 수 있었다.

그러나 그는 아무런 징조도 없이 별안간 모든 프랑스 장교들을 학살하고 원주민들이 사는 사막으로 도망치고 말았다. 이런 일은 언뜻 보기에는 이해가 가지 않는 행동이지만, 실상 이 사건은 이 아랍인도 누구나와 마찬가지로 인간성을 갖고 있음을 증명하는 것이다. 그는 물질적으로는 자신의 부족민들이 부러울 바가 없었지만 나이를 먹어감에 따라 자기가 이슬람의 신을 배반하고 기독교인들에게 봉사함으로써 자신을 더럽혔음을 깨달았다. "그는 그가 학살한 프랑스 장교들을 좋아했다. 그러나 알라신에 대한 사랑이 앞섰던 것이다." 사람은 빵으로만 살지 못하는 것이다.

생텍쥐페리는 인간은 경우에 따라 물질적인 한계를 넘어서 정신적인 존재로서 행위하고, 이러한 정신성 속에 참다운 인간성, 인간의 본질을 발견할 수 있다고 보았다. 그러나 이 작가가 말하는 인간성은 어떤 개인의 인간성이 아니라 시간과 공간, 인종과 종교를 초월한 인간 자신의 본질을 말하는 것이다. 작가의 이와 같은 인간성에 대한 신뢰는 그의 구체적인 체험을 통해서 얻어진 것이다. 생텍쥐페리는 동료 비행사 프레보와 파리·사이공 간의 처녀비행을 하다가 북아프리카의 리비아사막에 추락한 적이 있다. 뜨거운 태양이 내리쬐는 무인지경에서 그들이 며칠 동안 죽음과 싸우고 있을 때 뜻하지 않게 낙타를 몰고 지나가던 리비아의 원주原住 유목민을 만나 말도 통하지 않고 인종과 종교가 다른 그로부터 구원을 받게 되었다. 이름도 모르고 얼굴도 기억나지 않는 유목민에 대해서 생텍쥐페리는 말한다.

우리들의 생명을 구한 리비아의 베두인족 당신이여, 당신의 모습을 영원히 기억할 수 없겠지만 당신은 영원히 내 기억에 남을 겁니다. 당신은 휴머니스트입니다. 당신의 얼굴은 다만 인간의 구현으로 내 마음에 나타납니다. 당신, 우리들의 사랑하는 인간 동포인 당신은 우리들이 어떤 사람인지를 몰랐을 것임에도 불구하고 우리들을 쉽게 알아봤습니다. 나로 말하자면 나는 당신을 온 인류의 얼굴 속에서 알아낼 것입니다.

생텍쥐페리는 한 개인을 초월해서 인간이 다 함께 지향해나갈 방향이 있음을 역설한다. 가령 스페인 내란 때 주변 사람들을 위하여 자신의 목숨을 희생하는 경우처럼 생텍쥐페리는 인간의 갈 길이 정신적인 데 있음을 더욱 강조한다. 그러면서도 그는 실제로 인간들이 서로 증오하고 타락해감을 한탄한다. 그는 인간의 숭고성·정신성을 상징하는 많은 모차르트들이 학살당함을 개탄하고, 무수한 어린 모차르트들이 제대로 성숙할 수 있도록 아끼고 가다듬어야 한다고 설명한다. 우리는 모차르트가 상징하는 정신성, 즉 인간성을 잃지 않도록 해야 한다. "오직 정신만이 찰흙에 숨을 돌게 하고, 그럼으로써 인간을 창조할 수 있다"라고 생텍쥐페리는 결론짓는다.

인간의 본질, 혹은 인간성에 관한 시비는 대체로 자유의지에 대한 시비와 더불어 종교적인 입장에서 논의된다.

정신적 동물로서 인간의 유일성을 주장한 것은 생텍쥐페리만이 아니다. 플라톤을 비롯해서 데카르트, 파스칼, 베르그송에 이르기까지 인간의 정신성은 언제나 강조되어왔다. 기독교는 말할 나위도 없고, 유교의 근본이념 중 하나도 바로 '인仁'이라는 인간의 정신성이다. 그러나 앞서도 암시했지만, 흔히 말하는 정신력은 대개 두 가지로 구분된다. 그 하나는 지력을 말하고 또 하나는 논리적 기능을 말한다. 플라톤이나 데카르트, 그리고 파스칼 같은 사상가들은 지력에서 인간의 유일성이 나타난다고 보았고, 이에 반하여 공자나 생텍쥐페리는 정신력이란 윤리적 행동을 할 수 있는 능력이라 말한다.

이와 같은 주장은 인간이 하나의 살아 있는 생명체로서 물질적 육체와 독립된 심리적 요소를 갖고 있음을 전제로 하는 한편, 마음(정신)으로서의 인간은 동물로서의 인간과는 달리 자유롭다는 것을 밑받침으로 한다. 인간의 자유를 전제하지 않고서는 책임이네 선택이네 가치네 하는 따위의 윤리적 개념은 무의미하게 된다. 전통적으로 철학자가 아닌 보통 사람들도 모든 인간에게는 자유가 있다는 것을 암암리에 믿고 있다.

그럼에도 불구하고 예를 들어 대표적인 행동주의 심리학자 스키너 같은 사람은 우리가 믿고 있는 자유가 하나의 환상에 불과하다고 주장하고, 인간도 비록 복잡하긴 하지만 물질과 같이 완전한 결정론에 입각한 인과관계에 의해서 지배된다고 주장한다. 이와 같은 자유의지의 부정은 현대에 극히 발달하고 있는 미생물학에 의해서 더욱 뒷받침되고 있는 듯하다. 미생물학은 우리들이 이른바 자유로운 정신의 표현이라고 보는 어떤 행위 내지 심리상태도 결국에는 우리들 두뇌의 신경조직 내지 그 상태와 직접 관련이 있음을 보여주고, 이 신경조직이 우리들의 행위 내지는 심리상태를 결정짓는 것으로 설명한다. 사실 우리들이 배가 고프면 우리들의 마음도 그 사실에 따라 지배된다. 아무리 나 자신이 담배를 끊으려 해도 이미 중독된 나는 담배를 끊을 수 없다. 다시 말하면 나의 행위는 내 육체적 조건에 의해서 결정된다. 따라서 위의 학설에 의하면 인류가 다른 동물보다 지적으로 발달하고, 언어를 만들고, 문화를 이룩하고, 소설을 쓰고, 철학적 사고를 하는 것이 사실이지만, 이와 같은 모든 현상은 인류가 가진 어떤 신기한 능력, 자유의 힘에 의해서 이룩된 것이 아니고, 다만 한없이 복잡한 물질로 이루어진 인과관계의 결과에 불과하다는 결론에 이른다. 결국 인간성이네 인간의 본질이네 하는 어떤 특수한 요소를 찾는다는 것은 어리석은 짓이라는 주장에 이르게 된다. 다시 말하면 인간은 개나 돼지와 근본적으로 다른 점이 없고, 개나 돼지도 나무나 돌멩이와 근본적으로 다른 점이 없다는 이론이 되는 것이다.

이런 행동주의 심리학 또는 생물학적 인간의 해석에 대한 맹렬한 반발이 이른바 실존주의, 또는 실존주의 심리학에 의해서 나타나기 시작했다. 실존주의 또는 실존주의 심리학자들은 행동주의 심리학 또는 생물학적 인간 해석의 방법론 자체를 공격한다. 행동주의 심리학이나 생물학은 인간을 다룰 때 처음부터 인간을 여러 부분의 총화 또는 여러 가지 복잡한 기능으로 분해할 수 있는 단순한 생리기관으로 보게 된다. 그들은 인간을 분석하고 분해할 수 있다고 전제한다. 그러나 실존주의자에 의하면 인간은 하나의 살아 있는 완전한 유기체로 그것을 각 기능으로 분석하고 분해할 수는 없다. 인간을 생리학적으로 분해할 수는 있지만 이렇게 분해되어 관찰한 인간은 진정한 의미에서의 살아 있는 인간과는 다르고 오직 생물학적 관점에서 본 생물체로서의 인간에 불과하다는 것이다. 다시 말하면 그러한 인간 해석은 하나의 관점에서 본 인간이지, 살아 있는 인간을 나타내지 못한다. 이미 키르케고르, 니체, 그리고 도스토옙스키는 인간을 합리적으로 완전히 이해할 수 없음을 강력히 주장하였고, 야스퍼스, 마르셀, 하이데거 같은 최근의 사상가도 과학적이며 실증적인 인간 해석에 강력히 반기를 들고 나섰다. 한편 위와 같은 철학자들의 영향을 받은 메이May, 매슬로Maslow, 빈스방거Binswanger 같은 심리학자들은 스키너류의 행동주의 심리학을 강력하게 부정한다.

행동주의 심리학에서는 인간을 어떤 일정한 관점이나 각도에서 보지 않고 살아 있는 전체로 보아야 한다지만 구체적으로 그러한 인간관이 과연 어떻게 가능한지 그 점이 문제가 된다. 나는 이 자리에서 그러한 복잡한 문제를 따지고 판단을 내릴 수도 없고 그런 문제에 파고들기도 용이하지 않다. 그러나 내 관점에서 볼 때 행동주의 심리학이나 생물학의 인간관에는 근본적인 난점이 있다. 어떠한 논리도 인간적 관점을 떠나서는 설명할 수 없기 때문이다. 행동주의 심리학이나 생물학이 보여주는 인간관도 인간적 관점을 벗어나지 못한다. 따라서 어떠한 지식도 절대적 지식, 즉 인간을 떠나서 성립할 수 있는 지식이 아니게 마련이다. 행동주의 심리학이 인간의 정신적, 독자적 능력을 부정하고 모든 인간의 정신활동을 궁극적으로 물리적 인과관계에 귀결시키지만, 그러한 학설 자체는 이미 사고하고 판단하는 인간의 의식을 전제로 하지 않으면 안 된다. 사르트르가 실존주의를 가장 간략하게 표현한 것이 인간에게 있어선 "실존이 본질을 앞선다"라는 표현이다.

필자의 얕은 소견으로도 인간과 원숭이가 같은 조상으로부터 진화된 것이라고 하더라도 인간은 때와 장소를 가리지 않고 원숭이와 강아지와는 근본적으로 다르다고 생각한다. 다시 말하자면 인간에게는 다른 모든 물건·식물·동물이 갖지 못한 특수한 능력이 있다고 본다. 구조주의 인류학자 레비 스트로스Levi-Strauss의 남미 원시인들에 대한 실증적 연구 결과나 역시 구조주의 언어학자 촘스키Chomsky의 언어 연구는 인간이 근본적으로 모든 다른 존재물과 다르다는 것을 입증하는 것으로 해석된다.

레비 스트로스에 의하면 남미의 원시림 속에 사는 원시인들은 언뜻 보기에 동물과 별로 다를 바가 없다. 그들이 갖고 있는 물질의 양이나 그들의 기술은 극히 제한되어 있다. 그러면서도 그들은 어느 문명인과도 근본적으로 다를 바가 없는 능력을 갖고 있다.

비록 그들이 그들 자신의 능력을 의식하고 있지 못해도 그들의 능력은 퍽 고도의 지력이다. 그 능력이란 조직력을 말하는데, 그들의 언어나 관습, 그리고 혈연의 관계는 조직력을 구체적으로 나타내는 것이다. 이는 그들이 자신들만의 사회관계, 즉 자연과는 다른 세계 속에 살고 있음을 뜻한다. 그들은 단순히 자연을 지배하는 인과관계 속에서만 사는 것이 아니라 자연과 대립되는 조직의 세계, 즉 '규율(룰)'의 세계에서 살고 있다. 조직이나 룰은 순전히 인간적인 것이다. 왜냐하면 인과관계가 자연에 속하는 데 반해서 룰은 근본적으로 인위적인 것이기 때문이다.

이러한 사실은 무엇을 증명해주는가 하면, 인간은 하나의 '종'으로서 모든 생물이나 동물과는 다른 특수한 능력을 선천적으로 갖고 있다는 것이다. 그 특수한 능력은 다름 아니라 때로는 자연의 법칙에서 다소라도 벗어날 수 있는 힘을 말한다.

한편 언어학자 촘스키는 전통적인 언어능력에 대한 학설을 깨뜨리고 이른바 '카르테지안(데카르트 철학의 신봉자) 언어학'의 학설을 세웠다. 전통적인 학설에 의하면 우리들의 언어 기능은 오로지 경험을 통해서 후천적으로 얻어지는 것이라고 주장되었다. 가령 17세기 영국의 경험주의 철학자 로크Locke에 의하면 우리가 태어날 때 우리들의 의식 기능은 마치 백지와 같은 상태이며 후천적으로 경험을 통해서 그 백지 위에 기록을 하고 기억함으로써 언어활동을 할 수 있게 된다고 했다. 그러나 촘스키는 주장하기를, 모든 인간은 시간이나 장소를 가릴 것 없이 선천적으로 이미 근본적인 언어의 문법을 습득하고 있다고 주장한다. 그에 의하면 이와 같은 학설만이 다양한 언어 속에서 근본적으로 동일한 문법이 발견된다는 사실과 우리들이 전혀 다른 외국어를 습득할 수 있다는 사실, 또한 어떤 기초적인 언어를 앎으로써 전혀 배워보지 못한 많은 언어 표현을 단번에 이해할 수 있는 사실을 설명할 수 있다고 주장한다.

촘스키의 학설이 옳다면 그것은 인간이 선천적으로 모든 다른 동물과 완전히 구별됨을 의미한다. 즉 인간의 본질이 있음을 말한다.

그렇다면 이러한 인간의 본질, 혹은 인간성을 어떻게 규정지을 수 있을까? 레비 스트로스나 촘스키의 학설이 나오기 앞서 동서고금을 막론하고 인간은 자신의 유일성·특수성을 인식하지 않을 수 없었다. 이와 같은 자신의 유일성에 대한 인식은 종교적 혹은 형이상학적인 해석으로 표현되었다. 기독교에서는 인간은 신의 영상映像으로 해석되었고, 인간에게 자연의 모든 것을 정복·소유·향락할 수 있는 신성한 권리가 부여된 것으로 되어 있다. 한편 인간은 어떤 의미에서 반신·반동물이다. 우주 내에서의 이러한 인간의 위치를 가리켜 파스칼은 인간을 "중간적 존재"라고 말했다. 그는 하나의 육체로서의 인간은 갈대보다도 약하지만 생각하는 동물로서의 인간은 물질로서의 우주보다도 위대하다고 주장했다. 왜냐하면 그 인간은 사고를 통해서 우주를 머릿속에 생각하고 이해할 수 있기 때문이다. 또한 맹자도 말하기를, 윤리적인 행위를 할 수 있는 인간은 만물 중에서 가장 귀한 것이라고 주장했다. 또한 독일의 형이상학적 철학자 헤겔은 의식을 가진 인간은 '절대 관념'의 변증법적 전개를 통한 정신적 우주 역사의 가장 첨단에 위치한 존재라고 보았다.

위와 같은 가지가지의 종교적 혹은 형이상학적 인간에 대한 해석은 다만 어떻게 해서든지 특수하게 보지 않을 수 없는 존재로서의 인간의 존재를 증명해보려는 시도라고는 할 수 있으나, 그 시도가 아무리 아름답고 또는 우리들의 인간으로서의 자존심을 만족시킨다 하더라도 그 설명은 진위가 가려질 수 없고, 근거 없는 사변적 설명에 불과하다. 더구나 다윈 이후 부정하기 어렵게 된 진화론이나, 프로이트의 정신분석학, 그리고 갈릴레오 이후 우리가 더 구체적으로 알게 된 우주학은 앞에서의 종교적 내지는 형이상학적 설명을 거의 근거 없는 신화로 보이게 한다.

달리 말하자면 인간은 하나님의 특수한 뜻으로 창조된 것 같지도 않고, 어떤 목적을 가진 정신적 우주 역사의 제일 첨단에 놓여 있다는 것도 믿기 어려운 설명이다.

그렇다면 인간 본질을 규정하고 설명할 수 없을 것인가? 우리들은 겸손한 태도로 겸손한 범위 내에서 겸손한 규정을 내릴 수밖에 없다. 앞서 본 것처럼 인간은 단순히 생물학적으로만 설명되지 않는다. 다시 말하자면 다른 모든 물질이나 생물이 인과관계에 의해서 설명될지라도 인간은 그러한 설명의 테두리를 넘어서 있다.

이러한 인간의 특수성, 즉 본질은 그가 자연을 초월해서 윤리적인 차원에서 살고 있다는 사실에서 찾아볼 수 있고, 이러한 세계를 가능하게 한 것은 그가 어떤 의미에선가 '자유'롭다는 것이다. "인간은 이성적 동물이다"라고 한 아리스토텔레스의 정의도 결국은 인간이 자연의 법칙을 어느 정도 떠나 자유롭다는 것을 의미한다. 자유를 가짐으로써 비로소 인간은 가치를 떠나서 살 수 없게 되고, 윤리적인 동물이 될 수밖에 없었다. 인간이 다른 만물과 다르다면 그것은 결국 그가 자유를 가졌기 때문이요, 인간이 만물보다도 귀하고 위대하다면 그것은 그가 자유로운 동물이기 때문이다.

인간은 한 개의 갈대에 불과하지만 역시 생각하는 갈대이다. 모든 앎은 마침내 언젠가는 암흑에 부딪치게 마련이고, 모든 설명에는 한계가 있게 마련이니 인간에 대한 앎, 인간에 대한 설명도 겸손한 태도로 어느 한계 내에서만 가능하다. 따라서 앞서 본 바와 같이 구체적인 현실을 떠난 종교적 혹은 형이상학적 설명은 확실성이 있는 것으로는 볼 수 없다.

그럼에도 불구하고 바로 인간은 생각하는 갈대이기 때문에 설명의 설명을, 설명의 설명 또한 설명을 갈구하지 않을 수 없게 마련이다. 만약 인간과 원숭이가 같은 조상으로부터 진화되었다면 어찌해서 원숭이에서 볼 수 없는 자유와 사고력을 갖게 되었는가? 이 무한한 우주에 유독 인간만이 그러한 사고력을 갖고 태어난 것에는 어떠한 의미와 목적이 있는가? 모든 것이 '우연'의 결과라고 하자. 아마도 우리들로서는 우연의 결과라는 설명으로 만족해야만 할 것 같다. 그럼에도 불구하고 우리는 또 생각하게 된다. 어째서 그런 우연이 생기게 됐는가? 이쯤에 이르면 우리들은 자연 '신비'라는 말을 하게 마련이고, 우연이란 말은 '기적'이라는 말로 바뀌게 된다.

다시 한 번 물어보자. 인간의 본질은 무엇인가? 그것은 자신의 생각에서 신비를 보고, 기적을 느끼며, 그렇게 느끼는 스스로의 생각에 황홀해지는, 생각하는 갈대이다. 생텍쥐페리의 『인간의 대지』는 좁은 일상생활에 흡수되어 살다시피 하는 우리들로 하여금 자신을 한 번 더 생각하게 한다. 높은 하늘과 별, 그리고 사막을 헤치며 산맥을 바라볼 수 있는 보다 넓고 큰 시야를 통해 생각하는 동물, 정신적인 동물인 우리 자신을 다시금 의식할 수 있도록. 우리들은 다음과 같은 생텍쥐페리의 말과 함께 우리들 자신의 사고력의 신비로움에 다시금 황홀함과 더불어 긍지를 갖게 된다.

신기한 가운데서 가장 신기한 것은 저기 둥근 지구의 등성 위, 이 자리와 저 별들 사이에 인간의 의식이 존재하고, 그 의식 속에 마치 거울 속에서처럼 저 빗방울이 반영될 수 있다는 사실이다.

《문학사상》, 1973년 10월 창간호~1974년 12월호

09

비극적 인간—앙드레 말로『인간의 조건』

현대 서구문학의 가장 뚜렷한 성격의 하나는 인간에 대한 철학적인 문제를 제기하는 것이다. 도스토옙스키를 비롯해서 전후작가 장 주네Jean Genet에 이르기까지, 이른바 이미 고전이 되어 있는 이 작가들 작품의 한결같은 테마는 인간의 존재양식, 가능성 내지는 의미에 있다. 아름다운 이야기나 감정을 이야기한다든가, 풍속을 묘사한다든가, 사회악을 고발한다든가 혹은 인간의 심리를 분석하는 문학은 어느덧 작가들의 관심사에서 벗어나게 되었다. 카프카, 톨스토이, 도스토옙스키, 사르트르 등의 문학적 테마는 한결같이 인간의 근본적인 존재양식과 의미 등에 귀착한다. 더 구체적으로 말하자면 작가들은 작품 속에서 '인간은 무엇인가', '인간의 궁극적인 목적은 무엇인가', '인간은 무엇을 할 수 있는가', '인간의 의미를 어디에서 찾을 수 있는가' 등의 극히 일반적이며 형이상학적인 문제들을 제기하고 그런 문제의 철학적인 해답을 찾아보려고 했다.

앙드레 말로Andre Malraux, 1901~1976의 대표작『인간의 조건』도 그 제목이 웅변하듯이 앞서 지적한 대로의 철학적인 문제를 테마로 하고 있다. 그럼에도 불구하고 1933년 이 작품이 처음으로 발표되었을 때 비평가는 물론 일반 독자들도 이 젊은 작가에게서 새로운 문학을 발견했고 즉각적으로 흥분하고 매혹됐다. 말로 문학의 새로운 점은 어디 있었던가? 도스토옙스키, 톨스토이, 카프카, 그리고 사르트르 같은 작가들이 의식을 통해서 본 인간을 그렸다면, 말로 문학의 주제는 인간의 격렬한 행동을 통해서 본 의식이었다. 전자의 작가들이 두뇌적·지적·내향적이라면 말로는 육체적이고 행동적이고 외향적이다. 전자의 문학이 창백한 도시인의 것이라면 후자의 문학은 억세고 거친 야생인의 것이다. 속되게 말해서 위의 두 문학은 철학가의 문학과 모험가의 문학으로 비유될 수 있을 것이다.

방대한 중국 대륙을 무대로 혁명이란 거창하고 격렬한 사건을 담은 소설 『인간의 조건』은 중국인과 각국의 유럽인들로 뒤얽힌 속에서 나타나는 '인간상'과 '인간성'을 그리고 있다. 약 20일간 일어나는 사건을 그린 숨 막히는 인간 드라마에서 우리는 작가 말로의 비극적 인간관을 접할 수 있다.

1920년대 후반 중국 상하이, 장제스가 이끄는 국민당과 공산당의 통일전선은 군벌 토벌이 끝난 후 내부적으로 분열에 시달린다. 이에 장제스는 공산당파를 잔인하게 숙청했는데 분노한 일부 공산당파는 반기를 들고 장제스에 맞서게 된다. 『인간의 조건』은 이 역사의 피나는 정치극이 폭발하기 직전부터 반란이 실패로 돌아가기까지의 과정에 참여했던 인간들의 여러 인간상에 초점을 맞추고 있다. 따라서 이 작품의 가치는 소설이 그리는 역사적 사건에 있지 않고 그 사건을 통해 드러나는 적나라한 인간상과 그런 인간상을 통해 나타나는 말로의 인간관에 있다.

죽음과 삶 사이의 아슬아슬한 외줄 위를 걸어야 하는 이 정치극에 참여한 주요 배역들은 중국인 테러리스트 첸, 프랑스인 북경대학 교수 지조르, 그리고 그의 일본인 부인과의 사이에서 난 아들인 공산주의자 기요, 기요의 애인 의사 메이, 프랑스 남작으로 아편 밀수자인 클라피크, 상하이의 프랑스 상공회의소 소장인 페랄, 페랄의 정부 바렐리, 소련계 반란조직 주동자 카토프, 독일계 골동품 가게 주인 에밀리크, 마지막으로 독일계 장제스 군대 책임자인 쾨니히 등으로, 그들은 출신이나 교양이나 직업이나 목적하는 바에 있어서 각양각색이다. 등장인물들의 면모가 이와 같이 다양함에도 불구하고 이 모든 인간들이 혁명의 도가니 속에서 한결같이 근본적으로 추구하는 것은 자기 자신이 그저 살아 있는 두 발로 걷는 동물에 불과한 존재가 아니라 진정으로 인간이란 것을 증명하고자 하는 것이다.

지조르의 제자로 서구 교육을 받은 첸은 공산주의에 가담한 허무주의자이지만, 강렬한 행동을 통해서 인생에 대한 고뇌로부터 해방되고자 한다. 그는 정보를 수집하기 위해서 개인적으로는 아무런 상관도 없는 무고한 사람을 암살하고 그후에도 장제스를 두 번이나 살해하려다 실패한 나머지 자신은 개처럼 죽어간다. 그러나 그는 그러한 죽음에서 일종의 저항할 수 없는 매력과 환희를 체험한다. 그는 '하나의 이상을 위해 죽음'과 맞서는 데서 일종의 종교적인 의미, 동물을 넘어서는 인간의 고귀함을 체험하는 것이다. 첸의 구원은 오직 모든 타협을 넘어서 절대를 포착하는 데 있었고, 그러한 절대는 오직 어느 비극적 순간에서만 얻을 수 있는 것이었다. 첸은 지금 골목길에서 폭탄을 안고 두 번째로 장제스를 암살하려고 기다리는 중이다. 그는 이번에 자기가 죽으리라는 것을 안다. 그는 이와 같은 테러리즘을 통하여 '완전한 자기의 소유, 절대적 자기 소유'를 체험하려는 것이다. 그럼으로써 그는 '인생의 의미'를 얻는다고 믿는다. 다시 말하면, 그는 자기의 행동이 어떤 실질적 이익을 사회에 가져올 것이라는 인도주의에 앞서, 동물들은 실천할 수 없는, 스스로 자기의 죽음에 맞서고 또 죽음을 초월하는 데서 인간의 보람을 느낄 수 있다고 믿는 것이다. 마침내 "그는 우유병 같은 폭탄을 몸에 안고 다가오는 장제스 차를 향해 눈을 감고 몸을 던지며 일종의 황홀한 희열을 느꼈다".

체이 죽음과 대치하는 데서 유일한 절대적 자기 소유, 인간으로서의 자유와 긍지를 느꼈기 때문에 혁명에 참가하고 테러를 하고 스스로 자신을 희생하는 데 반해서, 지조르 교수의 아들 기요는 그의 애인 메이와 함께 부패한 사회를 고치고 수억의 신음하는 중국인에게 희망적 미래를 가져올 것이라고 믿는 사회주의의 이상을 실현하기 위해서 혁명에 참가한다. 기요는 체과는 달리 허무주의자가 아니다. 그는 장제스를 향한 테러에 목숨을 걸고 참여하는 두 노동자 출신의 페이나 수안과 같이 건실하고 구체적인 목표가 있고 그런 목표의 달성을 위해 헌신하는 건실한 사회주의자다. 페이나 수안과 기요의 목표는 거의 동일하다고 볼 수 있다. 수안의 목표는 다음과 같은 체과의 대화를 통해서 분명히 드러난다.

나는 당신보다 배운 게 없습니다. 체, 그러나 내 입장은, 내 입장은 다르지요. 우리 아버지가 주인한테 훔치지도 않은 돈을 내놓으라고 손을 묶인 채 꼬챙이가 달린 막대기로 배때기를 얻어맞는 걸 내 눈으로 봤었지요. 내가 투쟁하는 것은 나 자신의 구원을 위해서가 아니라 우리와 같은 사정에 처해 있는 사람들을 위해서입니다.

한편 기요의 목표는 그가 체포되어 군대 책임자의 신문을 당할 때에 잘 나타난다. 그는 자기가 투쟁하는 이유는 비인간적 굴욕을 받고 있는 허다한 대중들에게 긍지를 갖게 하기 위해서라고 말한다. 그리고 기요의 인간으로서의 위대함과 승리는, 그가 인생은 수단을 가려서 살아야 한다는 신념을 갖고, 죽음을 무릅쓰더라도 비겁하지 않았던 데 있으며, 특히 긍지를 갖고 개처럼 죽지 않기 위해서 그가 항상 몸에 갖고 다니던 청산가리로 자살하는 순간에 나타난다.

그(기요)는 그가 살던 시대에 가장 뜻이 깊은 것, 가장 위대한 희망을 위해서 싸웠던 것이다. 그는 더불어 살고 싶었던 사람들 가운데서 죽어가고 있었다. 그는 거기 있는 모든 사람들처럼 그의 인생에 의미를 주었기 때문에 죽어가고 있는 것이다. 그가 목숨을 버리기를 아끼지 않고 지킨 인생의 가치가 무엇이었겠는가? 고독하게 죽지 않을 땐 죽음도 어렵지 않다. …… 그는 혁대의 버클을 열고 손에 청산가리를 들고 있었다. 그는 자기가 쉽사리 죽을까 어떨까를 흔히 생각해본 적이 있었다. 그는 결심만 하면 죽을 수 있다는 것을 알고 있었다.

첸이나 기요, 카로프나 수안 같은 인물들은 일단 확고한 인생의 목적과 이상을 스스로 선택하고 그것을 위해서는 무엇에도 굴복하지 않고 실행하는 의지와 행동의 인간들이다. 그들은 비록 죽음이라는 대가를 치르고서라도 그러한 의지를 지켜나감으로써 인생을 승리로 이끈다. 그러나 같은 이상이나 의지를 갖고서도 자기의 목적을 달성하기 위해서 행동에 옮길 수 없는 딱한 입장도 있다. 독일계 에밀리크가 바로 그러한 사람이다. 그는 아내가 중국인이기 때문에 첸이나 기요와 같이 행동하지 못하고 고민만 할 뿐이다. 그는 마치 고문을 당한 나머지 비밀을 폭로한 사람처럼 고민한다. 그는 그의 젊음과 그의 욕망과 그의 꿈을 배반했던 것이다. 그는 첸과 기요에게 은신처를 제공하는 것으로 만족할 수밖에 없다. 비록 이상을 직접 행동에 옮기지는 못하는 딱한 에밀리크지만 그도 역시 첸이나 기요 못지않게 자신이 하나의 인간다운 인간임을, 동물의 경계선을 초월할 수 있는 인간이 됨으로써 참다운 삶의 뜻을 찾으려 하는 자이다.

지금까지 고찰한 인물들은 어느 정도 개성이 다르긴 하지만 존경할 만한 인도주의에 몸을 바치고 자기를 희생해서라도 높은 이상을 위한 의지와 행동으로 살고, 거기서 인간의 긍지와 위신과 의미를 찾는다. 옳다고 믿는 하나의 정치적 이념을 위해 목숨을 바치고 싸움으로써 인생의 개가를 올리는 인간형들이다. 그러나 이와는 반대로 정치적 이념, 확실한 인생의 목적을 세워 그 원칙에 따라 살지 못하면서, 역시 근본적으로는 앞서 말한 인간형들과 똑같이 자신이 정말 인간이라는 것을 스스로 증명하고자 하는 흥미로운 인물들 역시 『인간의 조건』 안에 있다.

첫째, 쾨니히는 중요하게 다루어지는 인물은 아니지만 장제스의 군대 책임자로서 흥미로운 면을 보여준다. 그는 군대의 책임을 맡음으로써 기요를 비롯한 공산주의자들을 무자비하게 처벌하고 공산주의자의 소멸을 위해 몸을 바치며 공산주의자를 철두철미 증오한다. 언뜻 보기에 그는 흔히 볼 수 있는 전형적인 군인이다. 그는 "인간의 위신 따위가 무슨 말라비틀어진 잠꼬대 같은 소리냐"고 반발하는 짐승 같은 사람처럼 보인다. 그러나 그의 깊은 내면은 심각한 데가 있다. 그는 소련 혁명 당시 독일인으로서 백계 러시아군의 포로 통역관으로 있었는데, 그에게는 백군이나 적군, 어느 쪽이 이겨도 아무런 상관이 없었다. 그가 원했던 것은 어서 독일로 돌아가는 것이었다. 그러나 그는 적군의 포로가 되어 잔인한 고문을 받게 되었다. 그는 이후, 그때 적군에게서 받은 인간적 모욕을 뼈에 사무치게 새기고 있었다. 그가 장제스의 군대 책임자가 된 것은 권력을 위해서나 돈을 위해서도 아니요, 중국인을 티끌만큼이라도 생각해서도 아니요, 어떤 정치적 이념을 위해서도 전혀 아니다. 그가 공산주의자를 증오하고 탄압하는 것은 공산주의가 나쁜 사상이라고 생각해서도 전혀 아니다. 단 하나의 이유는 그가 인간으로서 적군에게서 받은 모욕에 대한 도전이요, 저항이다. 그는 공산주의자들을 탄압하고 그들에게 복수함으로써 인간으로서 받은 모욕에 복수를 하고자 하는 것이다. 그럼으로써 자신도 동물이나 노예가 아닌 떳떳한 인간, 위신이 있는 인간임을 증명하려는 것일 뿐이다. 그는 체포된 기요의 석방 운동을 하러 온 프랑스의 유지인 클라피크에게 다음과 같이 쏘아붙인다.

여보시오, 당신 나한텐 너무 위신 따위 얘기는 안 하는 게 좋겠소. …… 나의 위신은 그 빨갱이 놈들을 죽여버리는 데 있는 거요. 내가 중국에 대해서 눈곱만큼의 관심이라도 갖고 있는 줄 아오! 흥 , 중국이라고. 정신 빠진 생각은 하지도 마오. 내가 장제스의 국민당에서 일하는 건 오직 그 빨갱이 놈들을 죽여 없애기 위해서요!

둘째, 이 쾨니히와는 달리 프랑스 남작 클라피크는 아편 밀수, 무기 밀수 등 갖은 수완을 다해서 오로지 돈만을 벌려고 하는 상인에 불과하다. 그러나 그의 깊은 내면은 역시 다른 정치적 영웅들이나 쾨니히와 마찬가지로 근본적인 인생의 문제와 싸움을 하고 있는 것이다. 그는 인간의 운명과 결투하고 주어진 인간의 조건을 초월함으로써 인생에서 느끼는 허무함을 극복하려 한다. 따라서 그는 돈을 모으기 위해서 돈을 버는 샤일록과는 정반대다. 그는 전 재산을 걸고 도박함으로써 '자기의 운명'을 걸어보는가 하면, 창녀를 통해서나마 단 한순간이라도 로맨틱하고 참된 인간적 결합을 죽기 전에 느껴보고자 한다. 그는 무엇에서든지 순간적이나마 절대의 도취를 찾으려 한다. 그는 인간의 허무를 절실히 느끼고 그것에서 해방되려고 몸부림치는 비극적인 인간이다. 따라서 그는 창녀를 껴안고 이렇게 생각해보기도 한다. '나는 새로 생긴 애인이 자기를 저버리고 가려고 하는 것도 모르고 있는 여자와 같다. …… 가자, 이 여자와 정사라도 하자.'

마지막으로 흥미로운 인물은 프랑스 상공회의소 소장인 페랄과 그의 잠깐 동안의 정부 바렐리이다. 페랄은 좋은 가정에서 태어나 두뇌가 우수하며, 파리에서 일류 교육을 받고 이미 장래가 보장된 야심만만하고 자부심이 강한 프랑스 정부의 관리이다. 그는 '세계 역사의 운명이 매달린' 중국혁명 무대에서, 장래 중국을 프랑스가 경제적으로 지배하기를 꿈꾸고 있으며, 더 나아가서는 이곳에서의 성공을 계기로 본국에 가서 정치적 야심을 실현하고자 하는 자이다. 그는 니체가 말하는 '권력에 대한 의지'에 집념을 갖고 있으며, 어쩔 수 없는 자부심에 가득 찬 인물이다. 그는 권력과 성공을 통해서 인간의 힘이 미칠 수 있는 극한까지 가고자 하는, 앞서 본 혁명가들의 것과 똑같은 강도의 의지에 차 있다. 혼돈스러운 정치 상태에서 그는 그가 책임지고 있는 프랑스의 상황과 징치적 권력이 장제스의 성공에 달려 있다고 판단하고 모험을 감수하고 적극적으로 거대한 액수의 군사 원조를 함으로써 장제스의 승리를 도모한다. 이러한 활동 속에서 그는 운명에 대한 도전을 체험하는 것이다.

페랄의 자부심과 운명과의 싸움은 그의 정부 바렐리와의 관계에서 역력히 볼 수 있다. 바렐리는 큰 규모의 옷 가게를 하고 있는 여자로 성적으로 자유롭고 자부심이 강한 여자다. 페랄은 자기 못지않게 자부심을 가진 이 여자를 완전히 정복하고자 한다. 그는 이 여자와 세 번째의 잠자리를 앞두고 있는데, 이번 이 여자와의 관계 속에서 그의 '인생에서 가장 중요한 것, 즉 자신의 자존심이 걸려 있다'고 생각한다. 침대 속에 들어가서 그는 육체적으로뿐만 아니라 지적으로, 정신적으로 완전히 여인을 정복하고자 한다. 그는 자기의 자부심을 상대가 거역하고, 자신에게 굴복하기를 거절하는 것을 그대로 견디지 못하는 사나이다. 그러나 그는 비록 육체적으로는 정복했다 해도 정신적으로는 정복되지 않는 이 여자와의 관계에서 견디기 어려운 모욕을 느끼고 몸부림친다. "그는 '완전한 소유'란 관념에 사로잡혀 있었다. 그의 자존심은 저항력 있는 자신의 자부심에 맞부딪쳐 저항하는 또 하나의 자부심을 찾고 있었다." 그러나 정부와의 관계에서 이와 같은 그의 꿈은 꺾이고 만다.

그는 생각해본다. 자신이 도로를 닦고, 한 국가를 변경했었다고, 그는 자신이 공장 근처에 있는 초가집을 부수고 철근으로 만든 집 속에 수천 명 중국의 농민을 살게끔 한 자로, 마치 영주와 같이, 안이한 제국의 공사公使와 같다고 생각한다. 그러나 그는 스스로 정부인 바렐리의 놀림거리가 된 것같이 느꼈다.

또 한편 바렐리로 말한다면, 비록 많은 남자와 정사를 가졌던, 육체적으로 약한 여자이긴 하지만 페랄 못지않게 인생의 근본적인 문제와 싸우고 있는 강한 자존심에 가득 찬 의지의 인간, 아니 영웅이다. 이와 같은 그녀의 모습은 페랄에게 보낸 다음과 같은 편지 속에서 역력히 나타난다.

나는 소유될 수 있는 여자, 당신이 마치 어린이에게나 불구자에게 거짓말을 하면서 환락을 찾을 수 있는 것과 같은 어리석은 육체가 아닙니다. 당신은 많은 것을 알고 있지만, 여자도 역시 하나의 인간이란 생각을 한 번도 해보지 못하고 죽게 될 겁니다. 나는 꽤 많은 남자를 만나봤기 때문에 일시로 지나가는 정사를 어떻게 봐야 하는가를 알고 있지요. 남자에겐 자존심처럼 중요한 것이 없습니다. 그런데 육체적 쾌락에서 가장 빨리, 가장 흔히 그와 같은 만족을 얻는 것입니다. 당신이 한낱 수표로 간주되기를 거절하는 것과 마찬가지로 나도 내가 한 개의 육체로 취급되기를 거절합니다. 당신은 날 창녀처럼 대해서 '얘기하고 돈을 지불한다'는 태도를 가지고 나를 대하고 있습니다. 나도 역시 당신이 완전히 소유하고자 하는 육체입니다. 난 그걸 알고 있습니다. 남들이 나에 대해 생각하는 것으로부터 날 보호하기란 용이하지가 않습니다. 그러나 봄이 되면 내 육체가 기쁨으로 차는 것과는 반대로 당신이 나타나면 나는 구역질이 날 것 같습니다.

분명히 작품 『인간의 조건』에 나오는 사람들은 능동적이다. 그들은 적극적으로 주어진 현실과 운명에 저항하고 그것을 정복하기 위해 모든 대가를 치르기를 서슴지 않는 인간들이다. 그들은 비록 파멸과 죽음이란 대가를 치르더라도 그러한 저항과 의지 속에서 참다운 인간을 찾는다. 이러한 인생은 두말할 것 없이 비극적이다.

인생에 대한 태도에 따라 모든 사람들은 대체로 평화적 인간과 비극적 인간으로 나눌 수 있다. 내가 평화적 인간이라고 부르는 사람들은,

주어진 자연의 여건, 더 나아가선 운명과 타협하고, 그것에 적응하는 사람을 말한다. 그는 우주라는 전체적인 입장에서 인간의 기능과 존재의 이유를 보려고 하며, 인간은 우주의 한 부분에 불과하고, 인간의 가치도 우주적 입장에서만 정당히 평가된다고 본다. 따라서 그는 자연과 운명을 정복의 대상으로 삼기는커녕 자연에 귀의하려 하고 운명과 조화를 이루어 화평하려 한다.

한편 비극적 인간은 평화적 인간과 대립된다. 그는 인간을 우주에서 특수한 권한을 가진 존재로 보고, 운명이나 자연을 그대로 받아들이려 하지 않는다. 그는 운명과 자연을 정복하고, 그 위에 군림하고자 하는 의지의 인간이다. 이같은 형의 인간은 운명과 타협하고, 조화를 이루려 하기는커녕 그것과 대립하는 인간이다.

평화적 인간과 비극적 인간은 '수동적=여성적' 인간과 '능동적=남성적' 인간으로 구별될 수 있는데, 이것들은 또한 동양적 인간과 서양적 인간으로 구별될 수 있다. 동양적 인간과 서양적 인간의 대립되는 인생에 대한 태도는 가령 장자와 소크라테스의 태도에서도 찾아볼 수 있다. 장자는 『장자』「제물齊物」편에서 모든 가치나 진리가 상대적임을 주장하고 인간의 자존심과 특권을 야유한다. 또한 「변무駢拇」편에서는 지식의 헛됨을 이렇게 지적한다.

엄지와 둘째 발가락이 붙은 변무나 여섯 손가락은 선천적으로 생긴 것이다. 그러나 보통으로 사람이 하늘에서 받은 덕으로는 군더더기다. 혹이나 사마귀는 후천적으로 생기나 천성으로 보면 군더더기다. 이와 같이 모든 방면에 인의를 베풀어 오상의 절목을 세워 육체의 작용에 응하도록 늘어놓으나 진정한 도덕은 아니고 인위적으로 군더더기에 불과하다. 발가락이 붙어 있는 것은 쓸데없는 살로 연결된 것이요, 육손이는 쓸데없는 손가락이 더 붙어 있는 것이다. 사람의 인정, 인의, 행동이 지나치게 많은 것은 지혜의 군더더기이다.

장자가 지식과 인위적인 것을 비웃고 인간의 특수성을 부정하며 마음의 평화를 인생의 진정한 가치로 보았던 데 반해서 소크라테스는 앎을 가장 큰 가치로 생각했고, 인간의 특권을 믿어 '행복한 돼지보다 불행한 인간'을 찬양했고, "반성하지 않는 인생은 가치가 없다"고 주장했다. 평화적 인간과 비극적 인간의 대립은 부처와 파우스트와의 대조로도 나타날 수 있다. 부처는 이성으로 얻어지는 앎과 모든 욕망의 어리석고 해로움을 주장했고 영겁회귀의 진리에 동화되기를 권하고 있다. 한편 파우스트는 만족을 모르는 앎의 욕망을 지니고, 이성으로 우주를 정복하는 데 인생의 궁극적인 의미를 찾는 인물이다. 그는 평화와 안이를 거절한 행복할 수 없는 인간이다.

『인간의 조건』에 등장하는 인간들은 비극적이다. 한 사람의 인간관은 그 사람의 인생관을 보여준다. 분명히 말로는 비극적 인물을 그림으로써, 독자로 하여금 그런 인간상 속에서 무한한 흥분과 매력을 느끼도록 했다. 그것은 말로 자신의 인생관을 간접적으로 말해주는 것이다. 다시 말하면, 말로는 이 작품을 통해 참다운 보람 있는 인생과 인간의 위대성이 비극적인 데 있음을 암시하고 있다. 많은 독자들이 이 작품에 감탄하고 매력을 느끼는 까닭은 그들이 비록 이 작품 속에 나타나는 인물과 똑같이 철저하게 비극을 체험하지는 못했다 할지라도 다소나마 그러한 인물의 생활 태도에 공감을 느끼고 가치를 부여하기 때문이다.

그러나 우리는 물어볼 필요가 있다. 비극적 인간은 참다운 인간상일까? 비극적 인생은 참된 삶의 길인가? 노자, 장자, 그리고 부처님은 이러한 인간과 인생이 어리석고 가소로운 것이라 보지 않았던가? 우리는 비극적 인간, 비극적 인생과 대립되는 도교적 인간, 불교적 인생에서 또 다른 진리를 발견하고 있지 않은가?

어떠한 인간관이나 어떠한 인생관도 진리가 될 순 없다. 그것들은 어디까지나 '관觀', 즉 보는 입장 혹은 태도에 불과하기 때문이다. 그렇기 때문에 '관'이 옳고 그르다는 판단을 내릴 수 없다. 왜냐하면 오직 객관성을 담보할 때만 옳고 그름의 판단이 의미를 갖기 때문이다.

만약 모든 인간들이 비관적이고 비극적인 인생관에 공감한다면, 인간은 어쩔 수 없이 그러한 인생관에 가치를 부여하고 그러한 인생에 삶의 의미가 있다는 결론을 얻게 된다. 그렇다면 이러한 사실은 하나에 둘을 보태면 셋이 된다는 당위적 진리는 되지 못하더라도 아주 근거 없는 것이 아닌, 사실적 진리라고 받아들여야 할 것이다. 바꾸어 말하자면 사실적 진리는 인간이 왜 그런지 모르지만 잘 분석해보면 "누구나 비극적 인생에 삶의 보람을 느끼는 것이 사실이다"라는 것을 말해준다. 작품 『인간의 조건』 속에서 말로는 이와 같은 입장을 취하고 있음이 분명하다. 그러나 앞서 본 것처럼 비극적 인생관에 공감한다는 것은 보편적인 사실이 아니다. 장자나 부처님의 사상에 나타난 인생관이 그러한 것을 증명해줄 뿐 아니라, 좀더 생각하면 각 개인 속에는 사실, 비극적 인생관과 평화적 인생관이 동시에 깃들어 있다고 보는 것이 모순되기는 하지만 진리에 가까운 것으로 보인다. 우리는 모두가 정도의 차이만 있을 뿐, 온 제국을 손에 넣기 위해서 죽음과 맞서고 정복을 꿈꾸는 로마의 카이사르가 되기를 원하는 동시에, 모든 것을 무시하고 시냇가에서 조용히 낚싯대를 던지고 명상에 잠기는 선비가 되기를 원한다.

그럼에도 불구하고 우리들은 두 인생관이 구체적 현실에 부딪쳤을 때 양자택일을 해야만 한다. 왜냐하면 위에서 본 두 개의 인생관은 서로 모순되며, 모순되는 두 개의 태도를 동시에 가질 순 없기 때문이다. 다시 말하자면, 나는 Y라는 여인과 결혼을 하든지 않든지 둘 중의 하나를 택할 수밖에 없는 것이다. 이런 선택은 비록 당사자가 의식하지 못하는 경우에도 그 본인의 인간관, 혹은 인생관에 의해서 좌우되며 어떠한 인간관이나 인생관이 궁극적으로 옳은가를 결정할 수 없기 때문에 이러한 선택에 나타난 한 인간의 인생과 자연에 대한 태도를 진리라기보다는 이념, 즉 이데올로기라고 부른다. 그렇다면 이와 같은 이념의 선택은 무엇에 의해서 결정되느냐 하는 문제가 생긴다. 여기에 대한 해답은 여러 가지를 생각할 수 있는데, 가령 생리학적·사회학적 설명 그리고 사르트르와 같은 존재학적 설명을 들 수 있을 뿐 어떤 결정적인 답변은 불가능한 것이라 생각한다.

평화적 인생관으로 대표되는 동양은 따뜻한 온돌방의 행복을 체험했으나 가난 속에서 허우적거리다 마침내는 서양의 지배를 면할 수 없었다. 비극적 인생관에 지배되어온 서양은 과학을 발전시켰고 세계를 정복했다. 그러나 그 대가로 서양은 공해뿐만 아니라 인류를 멸종 언저리의 아슬아슬한 경계로 몰아넣었고 언제나 긴장 속에서 움직이고 있다. 따라서 우리는 이따금 이렇게 소크라테스에게 물어보고 싶을 때가 있는 것이다.

"어째서 행복한 돼지가 불행한 인간보다 나쁜가?"

이와 같은 의문은 아들인 기요의 옥사로 혁명이 실패로 돌아간 다음, 며느리 메이를 모스크바로 떠나게 한 지조르 교수가 아편과 동양적 명상 속에서 마음의 평화를 찾고 자신도 일본으로 떠나며 하는 다음과 같은 말 속에서도 엿볼 수 있다.

인간의 모든 것이 환상이고, 헛된 것이며, 오직 명상의 세계만이 있을 뿐
이다.

《문학사상》, 1973년 10월 창간호~1974년 12월호

10
궁극적 실체에 대한 사념
―보르헤스 『원형의 폐허』

다음은 호르헤 루이스 보르헤스 Jorge Luis Borges, 1899~1986의 작품 『원형의 폐허』 전문이다.[1]

아무도 그가 깜깜한 밤중에 상륙하는 걸 본 이는 없었다. 아무도 대나무로 만든 조각배가 흙탕물 성지의 강에 침몰하는 걸 본 이는 없었다. 그런데 불과 며칠 사이에, 소리 없이 조용한 그가 남쪽에서 왔고 그의 집이 이 강의 상류에 무한히 늘어선 여러 마을 중의 한 마을에 있다는 것을 모르는 사람은 아무도 없게 되었다. 그 강의 상류에는 험악한 산이 솟아 있는데 그곳

---

1   전재된 단편 『원형의 폐허』는 필자가 번역한 것으로 이 책의 초판이 출간되었던 1975년 당시에는 보르헤스의 작품이 한국에 거의 소개되어 있지 않았다. 1965년쯤 필자가 파리에 있을 때 불역으로 된 시 한 편을 《사상계》에 번역한 일이 있었다. 현재는 보르헤스의 전집이 출간되어 이 작품도 정식으로 번역되었지만 이 책에는 필자의 번역본을 수정 없이 재인용했다.

젠드어는 희랍어 영향을 받지 않았고, 그곳에는 문둥병이 흔하지도 않았다. 사실, 미지의 사나이는 흙탕물에 키스를 하고 강둑 위로 올라오면서도, 그의 살을 찢고 끌어당기고 구역질이 나게 하는 피가 묻은 가시덤불을(아마도 그 자신이 느끼지 않아서이겠지만) 젖혀버리려 하지도 않았다. 그는 이렇게 해서 옛날엔 불빛 같았지만 지금은 잿빛이 된 원형의 울타리로 왔다. 그 울타리에는 돌로 만든 호랑이, 혹은 말의 초상들이 세워져 있었다. 이 원형의 울타리는 아주 옛날의 사원이었는데 화재가 나서 폐허가 되었고 이제는 말라리아모기로 북적대는 정글이 되어 이곳에 기도를 하러 오는 사람은 아예 없어지게 되었다. 이 낯선 사나이는 그곳 주춧돌 밑에 발을 펴고 누웠다. 그는 정오의 햇빛에 정신이 들었다. 그는 가시덤불에서 얻은 상처가 아물었음을 확인했지만 아무런 놀라움도 나타내지 않았다. 그는 멍청해진 눈을 감고 잠들었다. 그가 잠들게 된 것은 피로해서가 아니라 그렇게 자려고 마음먹었기 때문이었다.

그는 이 사원이 거의 꺾을 수 없는 목적을 달성하는 데 필요한 장소임을 알았다. 그는 강의 하류에 숨이 막히도록 나무가 가득 들어차 있음에도 불구하고 좋은 상태로 남아 있는 또 하나의 사원을 알았다. 그 사원의 신상神像들도 역시 불에 타서 없어지고 말았다. 그는 무엇보다 먼저 해야 할 일이 잠을 자는 것임을 알았다. 자정쯤 되어 그는 우울한 새의 울음소리에 잠을 깼다. 사람의 발자국, 옷가지, 그리고 하나의 주전자가 있는 것을 보아 그 고장 사람들이 존경하는 마음으로 그가 잠자는 것을 몰래 지켜보면서 그의 도움을 은근히 바랐거나, 혹은 그의 마술적 힘을 두려워했었다는 것을 알 수 있었다.

그는 오싹 겁이 나서 다 망가진 성벽 속에 파진, 초상이 놓였던 자리를 찾아 그 속에 들어가 이름 모를 나뭇잎으로 자기의 몸을 덮었다. 그가 이곳에 오게 된 목적은 초자연적이기는 하지만 불가능한 것은 아니었다. 그는 한 인간의 꿈을 꾸고자 했던 것이다. 다시 말하자면 그는 자신의 꿈을 아주 완전한 그대로 꾸고자 했고, 그럼으로써 자기 자신을 실체 속에 끼워넣고자 원했던 것이다. 이와 같은 마술적인 계획에 그의 영혼은 완전히 탕진되어 누가 그의 이름을 묻거나 그에게 과거 인생에 대한 단 한 가지 얘기라도 하라고 하면 그는 대답하지 못했을 것이다. 그의 계획을 실천하기 위해서는 사람이 살지 않고 폐허가 된 이 사원이 알맞았다. 왜냐하면 이 폐허는 가장 눈에 띄지 않는 세계이기 때문이다. 농민들이 가까이 있는 것도 또한 그의 목적을 위해선 안성맞춤이었다. 왜냐하면 농민들은 그가 최소한으로 필요로 하는 양식을 제공할 수 있을 것이기 때문이었다. 그의 유일한 일이란 잠을 자고 꿈을 꾸는 것이니만큼 농민들이 제공할 쌀이나 과실로 그는 충분히 목숨을 이어나갈 것이기 때문이었다.

처음에 그의 꿈들은 혼돈스러웠다. 조금 후에야 그가 꾼 꿈들은 겨우 어떤 연결을 맺을 수 있게 됐다.

이 낯선 사나이는 어쩐지 화재를 당한 것 같은 사원의 원형극장 한복판에 있는 꿈을 꿨다. 원형극장의 계단에는 조용한 학생들로 가득 차 있었다. 제일 끝에 앉아 있는 학생들의 얼굴은 몇 백 년 멀리 떨어져 있는 것 같고, 그들은 한 없이 키가 커 보였다. 그럼에도 불구하고 그 얼굴들은 아주 깨끗하고 명확해 보였다.

꿈속에서 그는 그 학생들에게 해부학·천지학·마술을 강의하고 있었다. 그들은 진지한 태도로 강의를 들으면서 이해하려고 애썼다. 이런 태도로 보아 그들은 그의 현상적 존재양식으로부터 실재의 세계에 끼워 넣을 그 누군가를 결정할 시험의 중요성을 알고 있는 것 같았다. 그는 꿈이나 생시를 막론하고 유령들이 하는 대답을 고찰해보니 그 대답은 사기꾼들의 엉터리 대답이 아님을 알았다. 그는 조금 당황한 가운데 학생들의 대답이 자꾸 더 똑똑해지는 것을 알았다. 그는 우주에 참여할 가치가 있는 영혼을 구하고 있었다.

아흐레, 혹은 열흘 밤이 지난 다음 그는 쓴 입맛을 다시며 깨달았다. 그의 이론을 수동적으로 받아들이는 학생들에게선 아무것도 기대할 것이 없지만 경우에 따라 감히 반대 의견을 내세우는 학생들에게선 무엇인가 기대할 만한 것이 있었다.

수동적인 학생들은 사랑과 정을 받을 만하지만 완전히 개인이란 신분까지 성장하지 못할 것이다. 이에 반해서 감히 반대 의견을 내세우는 학생들은 개인으로서 이미 오래전부터 존재했던 것 같았다.

어느 날 오후(오후에도 그는 잠을 자고, 새벽에는 두 시간씩 잠을 깼다) 그는 꿈속의 거창한 대학 강의를 집어치우고 단 한 명의 학생과 만났다. 그 소년은 조용하고 얼굴색이 누르스름하고 때때로 고집이 센데, 꿈을 꾸고 있는 자신의 모습을 복사한 것 같은 날카로운 얼굴을 하고 있었다. 소년은 자기 동료들이 없는 것에 오랫동안 당황하진 않았다. 몇 번의 특별 교습을 받고 난 다음 그의 학습 진보는 선생을 깜짝 놀라게 했다. 그럼에도 불구하고 대단히 난처한 일이 그 뒤에 일어났다. 꿈을 꾸던 이 낯선 사나이는 마치 끈적끈적한 사막에서인 것처럼 잠에서 깨어나 오후의 힘없는 햇빛을 쳐다보고 처음엔 새벽빛인 줄로 혼돈했다. 그리고 그는 자기가 정말 꿈을 꾸지 않았다는 것을 이해했다.

그날 밤이 새도록, 그리고 그다음 날 종일 정신이 너무 맨송맨송하고 잠이 오지 않아 그는 퍽 괴로웠다. 그래서 그는 정글을 살피고 돌아다님으로써 피로해지려고 했다. 독이 든 헴록hemlock을 헤치고 그 자리에 누워 겨우 잠깐 잠이 들었다. 그러면서 그는 아무 소용도 없는 어떤 평범한 비전을 희미하게 보고 있었다.

　그는 다시 자기가 하던 폐허에서의 강의를 환기시키려 했지만 그가 몇 마디 훈계를 하자마자 그 강의 모습은 희미해지고 마침내 상상 속에서 꺼지고 말았다. 계속해서 거의 잠을 자지 못해서 그의 늙은 두 눈은 분노의 눈물로 탔다.

　앞뒤가 맞지 않고 현기증이 나는 사물로 된 꿈을 꾸려는 노력은 단순하고 또한 복잡한 갖가지 수수께끼를 풀어낼 수 있는 사람이라도 아주 어려운 일임을 깨달았다. 그런 일은 모래로 끄나풀을 꼰다든가 혹은 걷잡을 수 없는 바람으로 동전을 만드는 일보다 더 어려웠다. 그는 처음에 실패한다는 것은 어쩔 수 없음을 알았다. 그는 처음에 자기를 잘못 이끌고 갔던 엄청난 환각을 망각하겠다고 맹세했다. 그리고 그는 다른 방법을 강구했다. 그 방법을 실천에 옮기기에 앞서 그는 의식 혼돈 상태로 인해 소비되었던 에너지를 다시 채우기 위해서 한 달 동안을 보냈다.

　그는 계획적으로 꿈꾸려 하지 않고, 꽤 많은 날 잠들 수 있었다. 이렇게 잠든 동안 몇 번에 걸쳐 그는 꿈을 꿨다. 그러나 그는 꿈의 내용을 기억할 수 없었다. 어느 날 오후 그는 강물에 몸을 정결히 씻고 위성衛星의 신들에게 예배를 드리고 가장 강력한 신의 이름을 또박또박 부른 다음 잠들었다. 거의 잠이 들자마자 그는 어느 두근거리는 심장을 꿈꾸었다.

　그의 꿈에 나타난 이 심장은 활발히 고동치고, 따뜻하고, 잘 알 수 없으며 얼굴도 성도 없는 어느 인간 신체의 어둑한 가운데 있었는데 그 크기가 주먹만 하고 빛이 석류 같았다. 그는 2주일 동안이나 밤마다 이런 꿈을 꾸면서 퍽 즐거웠다. 매일 밤마다 그 꿈속의 심장은 더 분명해졌다. 그는 꿈속의 심장을 손으로 건드리지 않고 그것을 목격 또는 관찰하며, 혹은 자기 눈으로 그것을 올바른 각도에서 보는 것에 그치고 말았다. 그는 상당한 거리를 두고 여러 각도에서 그것을 눈으로 보고 생생히 관찰했다. 그는 14일째 되는 밤에 손가락으로 심장의 대동맥과 그다음에는 심장 전체를 안팎으로 모조리 만져보았다. 이렇게 시험해보는 것은 만족스러웠다. 다음 날 밤 그는 일부러 꿈을 꾸지 않았다. 그러다가 그는 다시 그 심장을 손에 잡고 한 위성의 이름을 주문처럼 외워 부르고는 중요 기관들의 꿈을 꾸려들었다. 1년 내에 그는 골격과 눈꺼풀 꿈을 꿨다. 수많은 머리카락 꿈을 꾸기가 아마 제일 어려운 일 같았다.

그는 젊은이의 완전한 꿈을 꿨다. 그러나 이 젊은이는 일어서지도 못하고 말도 못하고 눈을 뜨지도 못했다. 그는 밤마다 연이어서 그 젊은이가 잠자는 꿈을 꿨다. 우주의 신비를 알 수 있다고 주장하는 그노시스주의Gnosticism 우주 창조론에 의하면 조물주께서 혼자 일어서지 못하는 빨간빛 아담을 반죽해서 만들어냈다는 것이다. 조물주가 만든 이 아담이 서툴고 전혀 세련되지 못한 것처럼 우리들의 술사가 밤마다 노력해서 꾸며낸 꿈속의 아담도 역시 서툴고 전혀 세련되지 못했다.

어느 날 오후, 그는 자기가 만든 물건을 거의 파괴하고는 그것을 후회했다(만약 그가 그것을 완전히 파괴했더라면 좋았을 것이다). 일단 지구와 그의 정령들에게 기원을 끝마치자, 그는 호랑이이거나 말의 초상 밑에 엎드려서 알지 못하는 이 구원자에게 애원했다.

그날 해가 질 무렵 그는 초상을 꿈꿨다. 그 초상은 살아 있어서 떨리는 것이었다. 그것은 호랑이와 말로 된 끔찍한 종자의 초상이 아니라 용감한 동물들인 이 호랑이와 말이 다 같이 동시에 완전히 표현된 것이었고, 또한 소이기도 하며 장미꽃이기도 하며 폭풍이기도 했다. 이 다양한 신의 지상에서의 이름은 '불火'이라는 것을 그는 깨달았다. 그리고 또 한편 원형의 사원에서(그리고 그와 비슷한 다른 사원에서) 사람들이 이 신에게 제물을 바치고 숭배했고, 이 신이 마술적으로 잠자는 유령에게 생명을 불어넣기 때문에 '불'의 여신과 꿈을 꾸는 이를 빼놓고는 모두 그 유령이 피와 살이 생생한 사람이라고 믿게 됐다. 꿈꾸던 사나이는 자기가 만든 꿈의 인물에게 예법을 가르쳐서 하류에 남아 있는 또 하나의 파괴된 사원으로 보내라는 신의 명령을 받았다. 그럼으로써 이 텅 빈 건물 속에서 어느 살아 있는 사람이 소리를 내며 신에게 영광을 드리도록 하자는 것이었다. 꿈을 꾸는 사람의 꿈속에서 꿈속에 나타난 사람이 잠을 깼다.

이 우리들의 마술사는 신의 명령을 실천에 옮겼다. 그는 (결국 2년이 걸리게 됐지만) 일정한 기간 동안 우주와 불을 숭배하는 신비를 자기의 꿈속에 나타난 어린애에게 보이려고 온갖 애를 썼다. 마음속으로는 자기의 육체에서 분리되는 것이 괴로웠다. 교육상 필요하다는 구실로 그는 매일 자기 꿈에 바치는 시간을 더 연장하곤 했다. 그는 결함이 있었던 오른쪽 어깨를 또한 다시 고쳤다. 가끔 가다가 이 모든 것이 전에 이미 있었던 일이라는 인상을 받게 되어 당황하기도 했다. 대체로 말해서 이렇게 보낸 세월은 즐거웠다. 그는 눈을 감고 다음과 같이 생각했다. '이젠 내 아들과 함께 있게 될 거다' 혹 가끔 가다가는 '내가 낳은 아이가 날 기다리고 있으며, 내가 그 애를 찾아가지 않으면 그 애는 살아남지 못할 것이다'라고.

그는 조금씩 자기 몸을 실체에 적응시키게 됐다. 한번은 들에게 먼 산꼭대기에 깃대를 하나 세우라고 명령했다. 다음 날 그 깃대는 산꼭대기에서 아물아물 보였다. 그는 이와 비슷한 실험을 했는데 번번이 더 대담한 실험이었다. 그는 자기 아들이 세상에 나갈 준비를 갖추고 있음을—아니 픽 조급하게 나가기를 기다리고 있음을—알고 다소 입맛이 썼다.

그날 밤 그는 처음으로 아들에게 키스를 한 다음, 헤치고 가기 어려운 정글과 늪을 여러 번 지나서 다른 사원으로 보냈다. 사원의 망가진 부스러기가 하류에서 흰빛으로 흘러내리고 있었다. 그러나 우선 자기가 유령임을 알지 못하도록, 자기가 남들과 똑같은 사람인 줄로 생각하도록, 꿈속의 아들에게 견습받던 몇 년 동안의 일을 완전히 망각하도록 했다.

그의 승리와 평화로운 마음은 걱정으로 희미하게 됐다. 해가 뜰 때나 해가 질 때나 그는 석상 앞에 엎드려서, 자기의 꿈속의 아들이 하류에 있는 원형의 폐허에서 자기가 하는 것과 똑같은 제식을 실천하고 있는지 모른다고 상상해보는 것이었다. 밤이 되면 그는 꿈을 꾸지 않거나 혹은 오직 다른 사람들이 하는 것같이 꿈을 꾸게 될 것이다. 그는 우주의 소리와 형태를 보았는데 그것은 창백해 보였다. 즉 그는 부재의 아들을 키우느라고 영혼의 힘이 이처럼 감소한 것이었다.

그의 인생의 목적은 완전했다. 그의 삶은 일종의 황홀경 속에 지속되고 있었다. 그는, 얘기하는 어떤 사람들에 의하면 몇 년, 아니 몇십 년 후에 어느 두 뱃사람에 의해서 어느 날 자정에 잠을 깼다. 그에게는 그들의 얼굴이 보이지 않았다. 그러나 그들은 그에게 알려주기를, 북쪽에 있는 어느 사원에 마술사가 있는데 불 속을 걸어 다녀도 타지 않는다는 것이었다. 그는 갑자기 신의 말을 기억했다. 신이 말하기를, 세상의 모든 것들 중에서 오직 불의 신만이 그의 아들이 유령이라는 것을 알고 있다고 했던 것이다. 이와 같은 기억은 처음에는 그의 마음을 부드럽게 했으나 결국 그를 퍽 고통스럽게 하는 것이었다. 그는 자신의 아들이 자기의 비정상적인 특권에 눈독을 들여 자기 자신의 존재의 조건은 오직 환상에 불과하다는 것을 어떻게 해서든 알게 될까봐 겁이 났다. 진짜 사람이 아니고 다른 사람의 꿈속의 상상물에 지나지 않는다는 것은 얼마나 모욕적인 것이랴! 얼마나 현기증이 나는 것이랴! 모든 아버지들은 그저 혼돈과 쾌락 속에서 그들이 만들어낸 (아니 그들이 존재하도록 허락해준) 자신의 자녀들에게 관심을 갖게 마련이다. 따라서 우리들의 마술사가 일천 하룻밤에 걸쳐서 손발 하나하나, 얼굴 모양 하나하나를 상상 속에서 창조한 자기들의 장래에 대해서 걱정하는 것은 당연한 일이다.

하기야 다음의 징조로 이미 알 수 있었지만, 얼핏 보기에는 그의 위와 같은 명상은 갑작스럽게 끝났다. 그 징조로 말하자면 첫째 오랜 가뭄 끝에 마치 새처럼 가볍고 재빠르게 멀리 있던 구름이 한 언덕 위에 떠 있고, 그런가 하면 남쪽 하늘은 마치 표범의 입처럼 장미색이었고, 금속성의 밤을 좀 먹는 연기가 나타났고, 마지막으로 동물들이 기겁하며 도망쳤다. 왜냐하면 그때 일어나고 있던 이와 같은 사건들이 수 백 년 전에 이미 일어났던 사건들이기 때문이다.

화신火神의 신전은 화재로 파괴되어 폐허가 되었다. 새도 아직 잠을 깨지 않은 새벽에 우리들의 마술사는 그 폐허를 둘러싼 벽 가까이에서 아주 강한 불길이 오르는 것을 보았다. 잠시 동안 그는 강물에 뛰어들어 불을 피하려 생각했다. 그러자 그는 죽음으로 늙은 생에 영광스럽게 종지부를 찍고 그럼으로써 그가 애써 하던 일에서 해방될 수 있다는 것을 알았다. 그래서 그는 불길이 튀어 오르는 속으로 걸어 들어갔다. 그러나 그 불길은 그의 살을 건드리지 않았다. 그 불길은 그를 포옹하고 열기도 없이 화상도 내지 않고 그를 삼켜버렸다. 그는 자기 역시 다른 사람의 꿈속에 나타난 실체가 아닌 단순한 현상임을 알고 마음이 풀리긴 했지만, 모욕과 심한 공포를 느꼈다.

이 괴팍하고 짤막한 상상의 이야기는 우리를 황당무계한 사념의 세계로 이끌어간다. 보르헤스의 모든 작품 세계가 그러하듯이 이 단편이 우리들의 상상력을 자극하여 사념하게 하는 세계는 극히 형이상학적이며 우주적인 세계이다. 그는 우리로 하여금 진정한 실체가 무엇인가 묻고 있다. 보통 우리들은 우리가 보고 듣고 아는 세계, 우리가 살고 있는 이 세계를 현실 혹은 실체라 전제하고, 잠이 들어 꾸게 되는 꿈의 세계 혹은 깨어 있는 상태에서 할 수 있는 엄청나고 황당무계한 생각의 세계를 꿈 혹은 상상세계라 구별한다. 그러나 이런 상식적이고 건전한 우리들의 인식이 흔들리는 순간이 더러 있게 마련이다.

상식적인 현실감이 흔들리는 것은 흔히 큰 변동이 일어났을 때다 6·25전쟁 당시 보따리를 짊어지고 가족과 풍비박산이 되어 사선을 헤매야 했던 순간을 경험한 사람들은 이러한 사실이 현실인지 악몽인지를 의심했다. 시골 처녀가 시집간 첫날에도 아마 이와 비슷한 것을 느끼게 될 것이고, 먼 베트남의 상공에서 추락하는 파일럿도 이와 비슷한 것을 체험할 것이며, 처음으로 아기 아빠가 된 젊은 남편도 이와 비슷한 느낌을 갖게 되리라고 믿는다.

이러한 경험은 반드시 큰 사건을 통해서만 생기지는 않는다. 인생을 되돌아보는 조용한 시간에도 많은 사람이 비슷한 느낌을 갖게 될 것이다. 어느덧 서른 혹은 마흔이 넘고 백발이 듬성듬성 나는 모습을 거울을 통해 들여다보면서 어떤 이들은 이것이 꿈인가 생시인가 생각해볼지도 모른다.

우리들이 일상적으로 믿고 있는 사실 혹은 진리에 대한 의문은 인생이란 엄청난 문제를 떠나서도 얼마든지 생기게 된다. 우리가 믿고 있는 많은 진리는 사실이 아니었다는 일이 흔히 있기 때문이다. 현대철학의 초석을 마련한 프랑스의 철학자 데카르트는 위에서 든 바와 같은 사실에서 그의 혁명적인 철학, 더 구체적으로 말해서 인식의 이론을 세우고 의심할 수 없이 확실한 앎의 체계를 마련하고자 했다. 그는 말하기를 모든 진리, 즉 선생에게 얻어들은 진리, 내가 보고 체험해서 얻은 진리, 내가 사고를 통해서 획득한 진리는 한결같이 확실한 근거가 없기 때문에 의문을 갖게 된다고 주장했다. 이러한 의문·의심·비판에서 출발한 그는 오직 하나만의 사실이 불변하는 확실한 진리로서 의심의 여지가 없다고 생각하고, 그 진리에 기반을 두고 지식의 체계를 세우려 했다. 그가 주장한 유일한 진리인 "내가 사고하는 실체로서 존재한다"는 사고하는 존재로서의 자신만이 의심의 여지가 없다는 뜻이다. 현대문학 내지 현대의 과학 문명은 대체로 위와 같은 데카르트의 진리를 전제로 하고 있다. 이와 같은 기초적 믿음은 우리들의 존재를 가장 만족시켜주는 듯하다. 그러나 데카르트도 약 2천 년 전 장자의 상상력에까지는 이르지 못했다. 『장자』의 「제물」편 마지막에 보면 장자는 다음과 같은 꿈을 꾼다.

나는 꿈에 나비가 되어 이리저리 날아다니며 어디로 보나 나비였다. 나는 나비인 줄만 알고 기뻐했고, 내가 장주莊周인 것은 생각 못했다. 곧 나는 깨어났고 틀림없이 다시 내가 되었다. 지금 나는 사람으로서 나비였음을 꿈꾸었는지 내가 나비인데 사람이라고 꿈을 꾸고 있는지 알지 못하겠다.

이와 같은 사고를 통해서 장자는 우리들 인간 인식의 한계를 재미있고 투철하게 보여주며 인간 사고가 어디까지 뻗칠 수 있는지를 보여준다. "눈에 눈이 들어가니 눈물이냐 눈물이냐"라는 우리말도 어떻게 보면 장자의 사고 형태와 같다고 할 것이다. 물론 이와 같은 사색은 현실 생활에 직접적으로 아무런 보탬이 되지 못할 뿐 아니라 무의미하다. 왜냐하면 지금 내가 이 글을 쓰고 있는 것이 사실은 꿈꾸는 것에 불과하다

하더라도 나는 지금 내가 하고자 하는 것을 해내기 위해서는 꿈이 아니라 현실이라는 전제에서 모든 것을 할 수밖에 없고, 내가 꿈을 꾸고 있다는 가설은 아무런 실질적인 영향을 주지 못하기 때문이다. 그럼에도 불구하고 인간은 놀라운, 정말 신비스러운 사고의 힘을 갖고 있음으로써 보다 넓고 높은 지점에서 사건은 물론 자기 자신도 관찰해볼 수 있는 능력이 있고 불행인지 다행인지 이러한 사고력만이 인간을 만물과 구별하게 하는 것이다.

보르헤스의 사색은 장자의 사색과 극히 유사하다. 그는 특히 『원형의 폐허』에서 우리가 꿈을 꾸는 것인지, 혹은 우리의 존재 자체가 타인의 꿈의 일부인 것인지 하는 문제를 던지며 우리로 하여금 엄청나게 놀랍고 신비스러운 환상의 세계를 경험하게 한다.

주인공인 낯선 사나이가 의식적으로 꿈을 꾸려고 하는 까닭은 그가 꿈꾸기 이전에는 진정한 의미에서 현실감을 갖지 못하기 때문이다. 그는 자신의 현실을 꿈속에서 진정한 실체와 합쳐보고 싶어 한다. 다시 말하자면, 꿈의 세계가 실체의 세계이고 현실의 세계가 꿈의 세계인지도 모른다는 느낌을 갖기 때문이다. "그는 완전한 사람을 꿈에서 보고 그 사람을 실체 속에 삽입하고자 했다." 그는 마침내 꿈속에서 한 젊은이를 창조하는데 알고 보니 자기가 꿈을 꾸는 게 아니라 남의 꿈속에 나타나는 또 하나의 꿈에 불과함이 드러난다. 그는 자신 또한 꿈속에서 창조한 아들처럼 실체가 아닌 남의 꿈속에 나타난 단순한 현상임을 알게 된다. 이러한 사실은 작품의 처음부터 암시되었다. 왜냐하면 그는 가시덤불을 헤치고 피가 나도록 상처를 입었어도 아무렇지도 않았기 때문이다. 마지막에는 그가 불꽃 속을 걸어 들어가도 아무렇지도 않은 것으로 그의 존재가 실체가 아님이 드러난다.

이쯤 이르면 실체가 무엇인가에 대한 대답은 더욱 희미해지고 우리가 현실이라고 부르는 구체적인 세계가 마치 밤하늘 가득한 구름 속을 떠돌아 아물아물 사라지는, 잡힐 것 같으면서도 잡히지 않는 선녀의 치맛자락과 같다고 느끼게 된다. 결국 우리는 뿌리를 잃고 만 셈이다. 더 가까운 예를 들자면, 이국에 살면서 흔히 느끼게 되는 뿌리 없는 생활, 현실 이탈감이 그것이다. 그러나 우리는 이러한 심리적 상태를 견디기 어렵다. 우리는 확고부동한 실체 속에 뿌리를 박고자 한다.

상식적이고 과학적 관점에서 본 뿌리, 즉 실체는 말할 나위도 없이 내가 손으로 만져보고 두들겨볼 수 있는 물질의 세계다. 그러나 장자나 보르헤스의 보다 형이상학적인 관점에서 볼 때 우리가 실체라고 믿고 있는 것이 과연 꿈이 아닌가 하는 생각이 가능하다. 따라서 실체가 무엇인가라는 문제는 과학적인 해답을 넘어서 형이상학적인 해답을 요구한다.

서양철학사상에서 볼 때 플라톤, 라이프니츠, 스피노자, 헤겔, 그리고 최근에는 베르그송이나 화이트헤드Whitehead 같은 사람들은 각기 자기 나름대로 실체에 대한 학설을 세웠다. 그뿐 아니라 모든 종교도 반드시 나름대로 실체에 대한 어떤 주장을 전제로 하고 있다.

실체에 대한 이론은 대체로 두 가지로 구분된다. 그 하나는 실체와 가상, 또 현실과 꿈을 완전히 구별하는 입장이요, 또 하나는 이런 구별을 부정하고 모든 것, 즉 현실과 꿈, 물질과 정신이 다 같이 똑같은 한 실체의 두 개의 측면이라고 보는 입장이다.

전자의 대표적 예는 플라톤과 기독교에서 찾아볼 수 있다. 플라톤은 우리가 알고 있는 구체적인 현상의 세계를 '이데아' 혹은 '원형'으로만 이루어진 관념적 세계의 그림자로 봄으로써 현상의 세계를 하나의 가상적인 존재로 인정했다. 또 한편 기독교의 교리도 내세에서만 경험할 수 있는 정신적 세계를 참된 세계로 보았고, 우리가 살고 있는 지금 이 땅 위에서의 세계를 하나의 과정으로 보았다. 모든 현상을 두 가지, 즉 실체와 가상, 정신적인 것과 물질적인 것으로 분리해서 보는 주장을 철학에서는 이원론이라고 부르는데, 이러한 주장을 하게 된 구체적인 이유는 여러 가지로 볼 수 있겠으나, 근본적으로 우리들이 경험하는 세계를 질서 정연하게 설명하고자 하는 동기가 가장 중요한 이유의 하나라고 봐야 한다. 따라서 플라톤의 '이데아'나 기독교의 '천국'은 기껏해야 가설에 불과하고 실질적으로 그것들의 진부를 결정할 수가 없다. 다시 말하면 위와 같은 이론은 완전한 지식일 수 없다.

이와 반대로 스피노자나 불교에서는 현실과 가상, 정신세계와 물질세계의 구별을 부정했다. 스피노자는 모든 현상은 단 하나의 실체의 양면에 불과하다고 주장했고 불교에서는 모든 것이 분리될 수 없는 단 하나의 실체의 존재양식인 윤회 속에 있다고 보았다. 우주를 구성하는 요소를 단 하나로 보는 철학적 이론을 일원론이라고 부르는데, 이러한 주장을 하게 된 까닭은 우리들이 경험하는 모든 것에 완전한 통일을 부여함으로써 질서를 주고자 하는 데 있다. 일원론도 이원론과 마찬가지로 그 진부를 결정할 수 없는 성질의 것이다.

1920년대부터 1950년대까지 철학계에 크나큰 혁명을 일으킨 이른바 '논리실증주의' 학파에 의해서 전술한 바와 같은 형이상학은 치명적인 타격을 받았고, 형이상학적 사색 자체가 허무맹랑한 사상이라 하여 부정되었다. 이 학파에 의하면 우리들이 가질 수 있는 지식, 그리고 그 결론으로 볼 수 있는 진리는 두 가지 종류에 국한된다. 논리적 진리와 실증적 진리가 그것이다. 논리적 진리는 하나에 둘을 보태면 셋이 된다는 지식을 말하고, 실증적 진리는 소금을 물에 타면 녹는다는 지식을 말한다. 전자에 있어서 내 지식의 옳고 그름은 수학 법칙을 전제로 하여 그 법칙에 의해서 결정되고, 후자의 경우에 있어서는 구체적인 실험에 의해서 결정된다. 형이상학적 지식, 예를 들어 하느님이 존재한다든가 혹은 우주의 실체는 분리할 수 없는 동일한 하나의 존재라든가 하는 지식은 이미 존재하는 어떤 법칙이나 실험을 통해서 옳고 그름이 결정될 수 없다. 따라서 형이상학적 지식이란 진정한 의미에서 지식이라 할 수 없으며, 그러므로 형이상학이 제시하는 실체는 그 종류가 어떤 것임을 막론하고 근거 있는 사실로 받아들일 수 없음은 당연하다.

논리실증주의철학은 이처럼 형이상학을 부정하고 우리들을 구체적으로 경험할 수 있는 물질적 세계에 가두어놓음으로써 유일한 실체는 우리가 경험할 수 있는 물질적 세계임을 전제로 한다. 그러나 물질적 세계가 유일한 실체라는 전제 자체는 논리적 실증주의의 방법에 의해서 그 진부가 결정될 수 없는 성질의 지식이요 믿음이다. 따라서 이 학설 자체가 벌써 또 하나의 실체에 대한 형이상학을 밑받침으로 하고 있음이 명확하다. 결국 넓은 관점에서 볼 때 논리적 실증주의는 자기모순을 드러낸 셈이다.

위에서의 몇 가지 철학이론에 대한 간략한 고찰로도 우리들이 갖고 있다고 생각하는 모든 지식의 근거와 분야에는 반드시 그 한계가 있음을 알 수 있다. 장자와 보르헤스의 작품은 무엇보다도 모든 지식에는 그 한계가 있음을 독단적인 사색가들에게 보여주고 그들의 오만을 빈축하는 의미를 내포하고 있다. 보르헤스의 이성에 대한 비판 자체는 또 하나의 주장이 아니냐는 의문이 자연히 생기게 된다. 모든 지식은 상대적이라는 주장 자체는 그 주장 자체만은 상대적인 한계를 넘어서 보편적이라는 것을 전제로 한다. 그러므로 상대주의는 일종의 자기모순을 내포하고 있다. 결국 이것은 모든 지식에는 한계가 있음을 뜻한다. 그러나 장자나 보르헤스는 "모든 지식이 상대적이다"라고 주장하는 것이 아니라 "모든 지식은 상대적일 수밖에 없지 않은가"라고 의문을 던질 뿐이다. 그리하여 16세기 프랑스의 사색가 몽테뉴도 모든 종류의 독단주의를 경고하면서 "나는 아무것도 모른다"고 말하지 않고 "내가 무엇을 알랴Que sais-je"라고 표현했다.

문학적 가치를 떠나서 오직 철학적인 관점에서 볼 때 보르헤스의 『원형의 폐허』는 위에서 본 바와 같이 독단주의와 인간의 오만을 경계하는 의미를 갖고 있을 뿐 아니라, 인간 자체와 우리들의 일상생활의 의미를 우주적이고 형이상학적인 관점에서 고찰하고 반성하게 함으로써 인간이 우주 내에서 어떠한 위치에 있는가, 우리들이 일상적으로 추구하는 생의 목적이 정말 뜻있는가를 새삼 더 인식하게 한다. 나와 가족, 나라와 지구의 관점을 떠나 우주적 형이상학 내지는 종교적인 입장에서 나의 진정한 모습은 더 분명해지고, 돈과 권력과 명예와 쾌락을 추구하기에 급급하여 눈이 어두워진 우리들을 잠시나마 해방시켜 그러한 목적을 추구하는 진정한 의미가 무엇인가를 생각하게 하고, 보다 높은 차원에서 생의 가치를 찾도록 암시한다. 따라서 내가 앞에서 장자나 보르헤스식의 사색이 무용한 것처럼 말했음에도 불구하고 참다운 인간으로서의 생활은 이러한 사색을 통해서 더욱 풍부해지고 깊어진다.

내가 이 글을 쓰고 있는 것은 실체가 아니라 하느님이나 강아지나 혹은 어느 구더기의 꿈속에 일어나는 사건에 불과할는지 모른다. 그러나 나는 이러한 가능성을 생각함으로써 내가 하느님과는 다른 인간, 강아지나 구더기를 초월하는 인간이라는 것을 역시 안다. 그것이 비록 또 하나의 꿈속에서 일어나는 꿈일지는 몰라도 데카르트 말대로 아마 인간에게 있어서의 궁극적인 실체는 의식일지도 모른다.

《문학사상》, 1973년 10월 창간호~1974년 12월호

11
자폭과 반항—카뮈『칼리굴라』

모든 사람들은 무의식적이나마 자기대로의 인생관과 세계관을 갖고 있지만, 작가들은 보통 사람들보다는 더 체계적인 인생관과 세계관을 갖고 있다고 믿어진다. 많은 현대 작가 가운데서도 알베르 카뮈Albert Camus, 1913~1960는 가장 체계적인 철학을 갖고 있는 작가 중의 한 사람으로 그의 철학은 예술작품 이외의 저서를 통해서도 많이 발표되었다. 그의 소설이나 희곡보다도 더 많이 읽히는『시시포스 신화』와『반항적 인간』에도 그의 철학은 전개되어 있다. 철학적 문제는 허다하지만, 카뮈의 철학적 관심은 오직 인생의 문제에 국한된다. 그에게 있어서 가장 중요하고 긴급한 철학적 문제는 우리가 사는 인생에 의미가 있는가 없는가 하는 문제였다. 이와 같은 문제에 천착한 그는 인생의 '부조리'를 발견한다. 카뮈에 있어서 '부조리'란 개념은 특수한 의미를 갖고 있다. 그것은 '이성과 실존'의 알력으로부터 비어져 나가는 경험인데, 구체적으로 말하자면 인생의 궁극적 존재 이유의 부재, 일상생활의 허무성, 그리고 인생고의 무의미함을 지칭한다. 인생이 부조리하다는 결론이 나왔을 때 어떠한 삶의 태도를 취하는 것이 가장 앞뒤가 맞는 옳은 태도일까? 카뮈는 두 가지 상반되는 태도를 생각할 수 있다고 주장한다. 그 하나는 자살이요, 또 하나는 반항이다. 카뮈는 이미 『시시포스 신화』 속에서, 그리고 『반항적 인간』 속에서 자살의 길을 규탄하고 반항적 인간을 구가謳歌한다.

카뮈의 대표작 중 하나인 4막으로 된 희곡 『칼리굴라』는 부조리의 경험과 그로부터의 결론으로 자폭의 길을 택한 인간의 덧없는 비극을 그린 작품이다. 많은 기독교인들을 잔인하게 학살하고, 위대한 예술을 위해 로마 시를 불태운 네로와 함께 폭군이란 이름이 붙게 된 젊은 황제 칼리굴라는 원래는 착하고 공정한 정치를 하려고 애썼던 인물이었다. 그러나 그는 사랑하는 누이동생 드루실라의 뜻하지 않은 죽음을 겪게 된 후 인생 만사의 무상함과 부조리를 발견하게 된다. 그는 처음으로 인생의 허무, 천하를 다스리는 로마 황제의 힘의 한계를 알게 된다. 인생의 허무를 발견하고, 그러한 진리와 적극적으로 화합함으로써 그 허무를 초월하여 열반의 기쁨을 찾았던 부처님과는 정반대로 칼리굴라는 그 진리에 도전함으로써 이성을 완전히 벗어난 행위를 하게 된다. 그래서 남들이 보기에 그는 어느 모로 보나 완전히 미친 사자처럼 변하게 된다.

황제 칼리굴라는 미친 사람처럼 밤중에 궁 밖에서 달을 바라보며 그 달을 소유하고 싶다고 한다. 그의 미친 행위는 이와 같은 낭만적인 것에 그치지 않는다. 아무 이유도 없이 충신들을 괴롭히고 학살한다. 달을 갖고 싶다고 하는 것이나 멀쩡한 충신들을 장난 삼아 죽인다는 것은 인간으로선 할 수 없는 일이다. 그렇기 때문에 그는 정신이 나간 사람, 비인간적 잔인한 사람으로 보일 수밖에 없게 된다. 그러나 실상 그는 정신이

나가지도 않았고 보통 의미에서 잔인한 인간도 아니다.

그가 달을 소유하고자 잔인무도한 짓을 한 것은 그러한 소원이 이루어질 수 없다는 데 바로 그 이유가 있고, 그러한 행동을 인간으로서는 할 수 없다는 데에 바로 그 이유가 있다. 그는 불가능을 가능한 것으로 만들고자 하는 것이다.

나는 갑자기 불가능에 대한 욕망을 느꼈다. 그것이 내가 원하는 전부이다. 내 생각엔 세상만사가 아주 불만스럽다. …… 정말로 우리가 사는 이 세계, 이른바 현실은 정말 참을 수 없이 불만스럽다. 바로 그러한 까닭에 나는 달을, 행복을, 영생을, 즉 미친 소리 같을지 모르나 이 세상에 없는 무엇인가를 나는 바란다.

칼리굴라는 또 덧붙여 말한다.

극지極至의 힘을, 끝없는 의지를, 자신의 운명의 어두운 충동에 완전한 항복을 하지 않으면 결코 완전한 힘을 얻을 수 없다는 비밀, 그 비밀을 아는 사람은 이 세상에서 나 혼자밖에 없다. 그렇다, 결코 중단할 순 없다. 나는 나의 모든 생명이 말소될 때까지 계속 가야만 한다. 이와 같은 미치광이의 행복을, 이 자유를 정말 이룩한 사람은 역사를 통해서 겨우 두세 명밖에 없다.

불가능을 가능으로 만들겠다는 미치광이가 행복을 추구하는 것은 그 무엇보다도 인생이 궁극적으로 만족스럽지 못하다는 것, 즉 인생의 궁극적인 의미를 찾을 수 없다는 것을 의미한다. 궁극적 의미의 결여는 곧 부조리를 의미한다. 만약 부조리가 인생의 궁극적인 진리라면, 인간이 살아가면서 필연적으로 부여하게 되는 여러 물건과 행동 등의 가치는 궁극적으로 그 의미를 잃게 된다는 결론이 나온다. 어떤 물건, 어떤 행동의 가치는 그보다 차원이 높은 가치에 의해서만 결정이 될 수 있고, 또한 가치의 기준이 되는 그 가치는 더 차원이 높은 가치에 따라서만 결정될 수 있다. 그러나 만약 궁극적인 가치가 설 수 없다면, 즉 궁극적인 인생의 의미가 없다면, 모든 가치판단은 근본적인 의미에서 그 근거를 잃게 된다는 논리가 성립된다. 결국 부조리는 칼리굴라의 다음과 같은 말로 요약된다.

만사는 평등하다……. 이 세상은 아무 의미가 없다.

그러나 보통 사람들에게는 인생이 궁극적으로 무의미하다는 사실, 즉 부조리의 진리를 받아들인다는 것은 심리적으로 어려운 일이다. 그렇기 때문에 대부분의 사람들은 마치 인생에 의미가 있는 것처럼 자신을 기만한다. 칼리굴라의 미치광이 같은 폭주에 견딜 수 없게 된 신하들과 공모해서 마침내는 황제 암살의 주모자가 되는 케레아의 다음과 같은 생각은 우리들 대부분의 태도를 상징한다.

나는 의미를 다시 찾게 된 세상에서 조그마한 마음의 평화를 갖고자 할 뿐이다. 내 속을 뒤집어놓은 것은 야심이 아니라 내 인생도 한낱 먼지와 마찬가지로 의미가 없다는 비인간적 인생관에 대한 공포, 당연한 공포이다.

따라서 케레아는 부조리를 설사 그것이 진리라고 해도 받아들이기를 거절하고자 하는 것이다. 그는 심리적인 위안을 얻기 위해서 괴로운 진리보다는 즐거운 기만, 자기기만 속에 숨고자 하는 것이다. 이와 정반대로 칼리굴라는 작가 카뮈와 더불어 이러한 자기기만이 최대의 악이라고 생각한다. 그는 참다운 인간의 자유, 인간의 생활은 아무리 잔인하다 하더라도 진리를 받아들여야 가능해진다고 주장한다. 따라서 칼리굴라는 다음과 같이 반박한다.

나는 신하들이 하는 거짓말과 자기기만 속에 둘러싸여 있다. 그러나 나는 그런 것에 지긋지긋해졌다. 나는 모든 사람들이 진리의 빛을 따라 살기를 원한다. 나는 이런 목적을 실천에 옮기는 힘을 갖고 있다.

인간의 참다운 자유는 거짓과 자기기만을 벗어나는 데에서 비로소 시작된다. 부조리의 진리를 숨기려는 신하들을 경멸하면서 칼리굴라는 성을 낸다.

결국 칼리굴라는 미친 폭군이라고 할 수 없다. 그는 무엇보다도 그가 발견했다고 생각하는 진리, 즉 부조리를 자기기만 속에 사는 인간들에게 보여주려고 했고, 모든 인간들이 그 진리 속에 살기를 바란 것이다.

그는 이 불만스러운 진리 안에서 철저히 사는 방법으로 황제로서의 권력을 행사하면서 아무런 위안도 없이 "자신의 생명을 소진할 때까지" 이 부조리한 세계를 만들어낸 "제신諸神들의 인간에 대한 증오심과 우매함을 보상"하려고 했다. 그러나 모든 노력이 헛되어, 산꼭대기의 바위가 결국 다시 굴러떨어질 것을 알면서도 어깨 위에 바위를 지고 산으로 올라가는 신 시시포스와 같이 칼리굴라는 거의 모든 노력이 오직 불가능을 찾는 노력임을 알고 있다. 이런 의미에서 칼리굴라는 부조리

속에서 자살하는 부정적 인간이 아니라, 그 부조리를 뛰어넘어서려는 반항의 인간처럼 보인다. 그러나 그는 진정으로 카뮈가 말하는 반항적 인간이었던가? 칼리굴라는 인생에 궁극적 의미가 없다는 사실로부터 모든 것이 무의미하고, 따라서 모든 것이 허용됐다고 생각했다. 그리하여 그는 그러한 관점이 옳다는 것을 보이기 위해서 인간의 생활을 부정하는 길을 택했다. 그는 죄 없는 충신들을 아무 이유도 없이 자신의 기분대로 학살하는 등의 만행을 저지른다.

여기에 이르러 카뮈는 칼리굴라의 논리가 그릇됨을 지적하고, 따라서 칼리굴라가 자신의 논리에 따라 취한 포악한 행동을 규탄한다. 카뮈에 의하면 칼리굴라는 반항적 인간과는 반대로 자살적 인간과 통한다. 부조리를 인생의 진리라고 확신하면서도 카뮈는 자살적 인간을 규탄하고 반항적 인간을 극찬한다. 그는 부조리가 진리라면, 그것으로부터의 논리 정연한 결론은 자살이나 자폭이 아니라 반항적인 인생이라고 주장한다. 부조리가 진리라면, 즉 궁극적으로 인생이 허무하다면 어째서 자살해서는 안 되는가를 카뮈는 이렇게 설명한다.

자의적으로 죽는다는 것은 비록 순간적으로나마 인생의 허무성을 시인함을 의미한다.

부조리는 인생의 의미를 논리적으로 찾는 인간과 그 요구에 무관심한 우주와의 대결에서 나타나는 것인데 '자살은 이와 같은 대결의 포기를 의미'한다. 따라서 부조리의 인간은 자신의 근본적인 존재 조건을 스스로 부수지 않고서는 자살에 찬동할 수 없음을 깨닫게 된다. 부조리의 인간은 삶이 유일한 '선(가치)'임을 시인한다. 왜냐하면 살아 있기 때문에 인간은 무관심한 우주와의 대결을 계속할 수 있고, 살아남지 않고서는 인간은 무의미에 대한 도전을 계속할 수 없기 때문이다. 인생이 부조리하다는 것을 말하려면, 우리가 살아 있음을 전제로 한다. 인생이 없어선 안 될 것이라고 인정하는 순간, 모든 인생은 다 함께 '선'이 된다.

따라서 자살과 학살은 단 하나의 사상체계, 즉 행동에는 어떤 한계가 있음을 시인하지 않고 지상과 천국을 동시에 파멸시키는 검은 승리를 선택하는 불행한 지성의 사상체계이다.

그러므로 카뮈에 의하면 광적 학살을 통해서까지 부조리에 반항하려고 했던 칼리굴라는 옳은 의미의 부조리한 인간도 아니고, 옳은 의미에서 반항한 것도 아니다. 그의 행동은 일종의 자살, 즉 자폭의 모순된 행동이었다.

카뮈는 그의 사상의 성숙기를 대표한다고 볼 수 있는 『반항적 인간』이란 작품 속에서 '한계' 혹은 '중용'의 개념을 강조하면서 반항이 옳은 일이긴 하되, 인간의 생명까지 부정하는 반항은 참다운 반항이 아니라고 역설한다. 다시 말하면 반항은 칼리굴라처럼 자신만을 위한 반항이 아니라, 나 아닌 다른 인간의 생명을 위한 반항이라야 한다는 것이다. 결국 인간의 생명이 반항의 한계를 이룬다.

이와 같은 카뮈의 중용적 사상, 한계 의식은 마침내 사르트르와의 절교의 원인이 되었고 그것은 또한 그의 정치철학의 밑받침이 된다. 카뮈는 가난한 집안의 무식한 어머니에게서 태어났다. 고학에 가까운 학창 시절을 보냈을 뿐 아니라 사회주의 사상에 젖기도 했다. 그럼에도 불구하고 그는 목적이 아무리 고귀하다 하더라도 수단을 가리지 않는 극단적인 정치사상을 반대했다. 그는 소련의 무자비했던 공산주의를 비롯한 모든 형식의 독재주의, 수단을 가리지 않는 과격한 혁명을 반대했다.

따라서 그는 사르트르와 같이 극단적인 사상가나 공산주의자들로부터 부르주아의 공모자라는 손가락질을 받기도 했다.

이와 같은 이유로 카뮈는 필자 자신에게도 한때 미지근하게 느껴졌던 것 같다. 그러나 바로 이러한 미지근한 사상, 한계를 인정하는 그의 사상은 많은 젊은 독자들에게 공감을 얻는 이유인 것이며, 또한 그가 젊은 나이에 노벨문학상을 받게 된 원인이다. 바로 이 미지근한 점으로 해서 그의 사상은 위대하다.

카뮈의 사상을 평가하기에 앞서, 보다 정확한 이해를 위해 작품 『칼리굴라』를 중심으로 그의 사상을 다시 정리해보자. 그의 사상은 다음과 같이 요약될 수 있다.

첫째, 인생은 부조리하다. 인생의 궁극적 의미는 찾을 수 없다. 물론 부조리는 인간이 이성으로 발견할 수 있는 진리에 불과하다. 그러나 인간을 떠난 진리란 인간에게 아무런 의미도 갖지 않는다. 따라서 부조리란 인생의 유일한 궁극적인 진리이다.

둘째, 그것이 어떠한 성질의 것이든 간에 진리를 진리로 받아들이는 것이, 이유를 막론하고 진리를 등지고 자기기만 혹은 환상 속에 사는 것보다 훌륭하다. 이러한 결론은 진리라는 개념 속에 내포되어 있다.

셋째, 부조리의 진리는 모든 의미를 알고자 하는 인간 이성의 요구와 그 요구에 무관심한 우주의 침묵 간의 대결에서 발견되는 경험이다. 따라서 부조리의 존재는 인간의, 보다 더 정확히 말해서 인간 의식의 존재를 전세로 한다.

넷째, 부조리를 진리로 인정한 사람, 즉 진리 앞에 사는 사람을 부조리의 인간이라고 부를 수 있다면, 그 인간에게는 얼핏 보아서 인생에 대해 두 가지 선택의 길이 있는 것같이 보인다. 하나는 자살이나 자폭, 학살의 길이요, 다른 하나는 반항의 길이다.

다섯째, 그러나 자살이나 학살은 부조리의 인간에게는 받아들여질 수 없다. 왜냐하면 그러한 행위는 부조리한 진리의 근거가 되는 인간 존재를 부정하는 행위이기 때문이다. 따라서 반항의 길만이 남아 있다.

여섯째, 부조리의 인간에게 있어서 반항은, 인간의 궁극적 의미의 요구에 무관심한 우주의 침묵에 대한 꾸준한 대결로만 가능하다. 그것은 구체적으로 창조적인 생활에서 가장 잘 표현된다.

일곱째, 무관심한 우주와의 대결에는 오직 하나의 '한계'가 있다. 그것은 인간의 생명, 즉 인생이 유일한 '선(혹은 유일한 가치)'이라는 것을 인정하는 데 있다. 이러한 유일한 가치에 상반되는 반항은 정말 반항이 아니라 자폭에 불과하다.

카뮈는 허무주의에 가까운 인생관에서 출발하여 인생을 적극적으로 긍정하고 그것을 구가한다. 카뮈는 궁극적으로 모든 노력이 결국은 허사로 돌아갈 것임을 알면서도 계속 노력을 중단하지 않는, 영원히 벌 받는 시시포스가 행복할 것이라고 믿는다.

카뮈는 그의 인생에 대한 이와 같은 긍정적인 관점이 하나의 관점이라고 주장하는 것이 아니라 인생이 부조리하다는 전제하에서 논리적으로 증명될 수 있는 진리로 나타내 보인다. 그러나 불행히도 그의 논리에는 큰 억지가 있다.

첫째, 부조리가 진리라고 한다면, 그러한 진리를 믿고 그러한 진리를 계속 응시하기 위해서 부조리한 인생에 반항하며 살아가야 한다는 결론이 나오지 않는다.

둘째, 인생은 절대적 '선', 즉 '가치'라는 결론이 나올 수 없다. '선', 즉 '가치'는 어떠한 기준이 있음으로써만 그 뜻을 가질 수 있는데 인생이 부조리하다면 궁극적인 가치의 기준이 있을 수 없다. 카뮈의 상기한 논리는 의미 혹은 가치에 대한 그의 혼돈에서 기인한다.

　카뮈가 인생은 '선'이라고 할 때, 그리고 반항적 인생이 참된 인생이라 할 때, 그는 벌써 그러한 인생에는 '의미'가 있다는 가치판단을 내리고 있는 것이다. 인생의 '의미'라 할 때 '의미'라는 개념은 두 가지 다른 뜻을 갖고 있다. 첫째의 경우 '의미'는 '목적'을 뜻한다. 필자가 톨스토이의『이반 일리치의 죽음』을 이야기할 때 밝혔던 것처럼, 이런 뜻에서의 '인생의 의미'는 있을 수도 없고 생각할 수도 없다. 왜냐하면 어떤 목적도 인간을, 더 정확히 말해서 인간 의식의 표현인 인간의 욕망을 떠나서는 생각할 수 없는데, '인간 존재의 목적'을 묻는 순간 그러한 물음을 제기하는 인간 아닌 인간을 생각할 수 없기 때문이다. 이런 의미에서 인생은 카뮈의 말을 빌리자면 부조리하다. 따라서 '인생은 좋다'라든가, '참다운 인생은 반항적 존재'라든가 하는 논리적 결론이 나올 수 없다. 이런 뜻에서의 인생의 '의미'는 논리적 의미라고 할 수 있는데, 논리적인 뜻으로서의 인생의 의미라는 것은 불가능하기 때문이다.

　둘째의 경우 '의미'는 '인생의 의미'라는 말처럼 심리적인 뜻으로 쓰이는 경우를 말한다. 이때의 '의미'는 '의미 있는 의미'를 말한다. 혹은 '의미 있는 인생이었다'라고 할 때 반드시 무슨 목적을 달성했다기보다는 '만족스러웠다'라는 표현으로 바꿔볼 수 있다. 개인의 성격이나 환경은 모두 다르기 때문에 살아가는 대부분의 시간은 많은 사람들에게 언제나 완전한 만족감을 채워주지 못한다. 그러나 살다 보면 때로는 그러한 경험을 하게 될 때가 없지 않다. 이와 마찬가지로 한 개인의 인생을 통틀어 보았을 때 어떤 사람이 자신의 인생이 만족스러웠다고 느낄 수 있는 것이다. 이러한 뜻으로의 인생의 의미는 모든 사람에게 전체적으로 적용될 수는 없다 할지라도 어떤 사람들에게는 가능하다.

따라서 카뮈가 인생이 부조리하더라도 인생은 가치가 있다, 즉 의미가 있다고 한 것은 심리적인 뜻으로의 의미가 될 수밖에 없다. 인생에서 만족감을 체험할 수 있다는 말이다. 카뮈는 논리적인 뜻으로서의 인생의 의미와 심리적인 뜻으로서의 인생의 의미 사이에 어떤 논리적인 관계가 있는 것처럼 생각하고 있으나 그것은 그의 착각이고, 둘 사이에는 아무런 관계가 없다. 비록 논리적으로 의미가 없다 해도 인생은 심리적인 의미를 가질 수 있다. 모든 논리를 떠나서 아무리 고통스럽다 해도, 역시 눈을 뜨고 숨을 쉬는 이상 삶 그 자체, 단순히 살아 있다는 그 자체가 무엇보다도 신비롭고 즐거운 것이 아니랴? 인생의 의미에 대한 다음과 같은 아인슈타인의 말은 이 문제에 결정적인 답변을 해주는 것이다.

인생의 의미, 아니 모든 피조물의 생명의 의미는 무엇인가? 이러한 질문에 대한 해답을 안다는 것은 종교적인 것임을 의미한다. 당신은 내게 물을 것이다. 그렇다면 이러한 질문을 제기한다는 것이 말이 되는가라고. 나의 대답은 이렇다. 자기 스스로의 인생, 다른 인간들의 인생이 무의미하다고 생각하는 자는 불행한 사람일 뿐만 아니라 거의 인생에 적합하지 못한 자이다.

카뮈의 인생론에 논리적인 무리가 있다고 해서 그의 인생관이 그르다고는 말할 수 없다. 그는 무의식적이나마 억지 논리를 써가면서 인생이 역시 가장 귀중하다는 결론을 내릴 만큼 투명한 의식과 더불어 인생에 매혹되고 그것을 찬미했던 것이다. 그는 지중해의 푸른 바다와 뜨거운 태양을 구가하고 피와 살로서의 사랑에 지칠 줄 모르는 환희를 느낀 육체의 인간이기도 했다.

부조리와 절도節度의 반항에서 생의 찬가로 이어지는 곡선으로 된 카뮈의 인생관에는 어쩔 수 없는 부조화와 그에 따른 긴장이 내재해 있다. 그것은 한편으로 철저한 투명성을 필요로 하는 지적 요구, 그것에 동반하는 부정적 진리와, 또 한편으로는 생에 격렬한 환희를 느끼는 육체의 긍정적 본능과의 알력이요 긴장이다.

카뮈는 부조리의 논리적인 결론을 끝까지 끌고 나가겠다면서, 미치광이처럼 달을 갖고 싶다고 무고한 충신들을 기분대로 학살한 부조리의 황제 칼리굴라를 지적으로 이해하고 공감을 갖긴 하지만, 그와 동시에 황제의 절도 없는 반항을 엄격히 처벌하면서 마침내는 긍정적 인간이 승리하는 것을 그린다.

작품『칼리굴라』속에서 황제에게 충신이었던 자기 아버지가 학살당했고, 자신마저 견디기 힘든 모욕을 받았음에도 불구하고 황제를 증오할 수 없다는 시인 스키피오와 황제 암살의 주모자인 케레아의 다음과 같은 대화는 작가 카뮈의 정신적 상황을 보여줄 뿐 아니라 작가이자 사상가로서 카뮈의 사상을 가장 요령 있게 요약해준다.

케레아: 그렇다면 당신은 그(칼리굴라)의 편이란 말이오?

스키피오: 그렇지 않소. 그렇지만 난 그에게 반대할 수 없소. 내가 그를 죽였다 해도 내 가슴은 역시 그와 함께 있을 거요.

케레아: 하지만 그자는 낭신의 부친을 학살하지 않았소?

스키피오: 그렇소. 바로 거기서부터 모든 것이 시작되었고, 거기에서 모든 것이 끝나오.

케레아: 그자는 당신이 믿고 있는 것을 다 부정하고 당신이 신성하다고

생각하는 모든 것을 짓밟지 않았소?

스키피오: 케레아, 나도 그걸 알고 있소. 하지만 내 마음속의 무엇인가는
그와 가까움을 느끼고 있소. 똑같은 불길이 그와 내 가슴속에서
다 함께 타고 있소.

허무한 인생에 대해 반발하면서 '달을 갖고 싶다', '불가능을 가능하
게 하고 싶다'는 미친 사람 같은 황제 칼리굴라의 무한한 공백감, 그것
에 대한 반발심에 함께 미칠 것 같아지고, 함께 울고 싶고, 공감을 느끼
면서도 또 한편으로 바로 그러한 칼리굴라의 비인간적 횡포를 규탄하
지 않을 수 없는 카뮈의 착잡한 심정은 비단 스키피오의 심정에서뿐만
아니라 인간의 가장 깊은 마음속에 깃든 심정일 것이다.

《문학사상》, 1973년 10월 창간호~1974년 12월호

12
현대 문명과 '성(性)문학'
—로렌스 『사랑하는 여인들』

작가 데이비드 허버트 로렌스David Herbert Lawrence, 1885~1930의 이름은 적나라한 성행위의 묘사로 20세기 문학계에 크나큰 스캔들을 일으켰던 작품 『채털리 부인의 사랑』을 통해 가장 잘 알려져 있다. 이 작품은 물론이고 로렌스 작품의 공통적인 주제는 적어도 표면상으로는 성性에 있다. 『채털리 부인의 사랑』이 성의 깊은 아름다움과 숭고함을 감각적으로 보여주었다면, 이 작가의 또 다른 대표작으로 평가받는 『사랑하는 여인들』은 로렌스의 성의 철학을 진술한 소설이다. 여기서 성은 남녀 간의 생물학적 성행위를 말한다. 성에 대한 일반적 견해는 전통적, 특히 기독교 정신에 입각한 서구의 전통적인 입장에서 볼 때 대개 두 가지 관점으로 정리될 수 있다.

첫째, 육체적 행위로서의 성은 생식을 위한 불가피한 자연현상으로, 이와 같은 자연적 기능을 넘어서는 아무런 가치가 없다는 관점이다. 따라서 정신적으로 도덕적 동물인 인간에게 '성이란 자연적인 동물로서의 불가피한 필요악'이 된다.

둘째, 성은 모든 사람에게 아마도 가장 강렬한 향락의 수단이라는 생각이다. 따라서 모든 정상적인 인간은 싫든 좋든 생식을 위한 도구 혹은 방법으로서뿐 아니라, 그러한 목적과 상관없이 '오직 향락 자체를 위하여 성을 갈구하게 되는' 본능에서 벗어나지 못한다.

이와 같이 성은 생명의 근원이요 생명을 가장 기쁘게 하는 원천임에도 불구하고 동서를 막론하고 대체로 부끄러운 것, 숨겨야 할 것, 더러운 것, 비윤리적이고 비인간적인 것으로 부정적인 평가를 받아왔다. 언뜻 보기에는 퍽 모순된 성에 대한 태도가 어찌해서 거의 예외 없이 모든 인간사회의 공통된 현상으로 나타나게 됐는가 하는 문제에 대해서 정신분석학 혹은 사회학은 많은 설명을 제시한다. 정신분석학 혹은 사회학은 지금까지 다양한 연구를 통해 성 자체, 즉 생식을 떠난 성, 향락을 위한 성이 악惡이 아님을 간접적으로 보여준다. 이러한 현대의 정신분석학은 오늘날 서구에서 볼 수 있는 성의 자유, 혹은 개방이란 결과를 낳는 데 일조했다.

언뜻 보기에는 현대를 사는 젊은 세대의 성에 대한 관점은 전통적인 그것과 전혀 다르고, 오히려 우리가 이제 고찰하려는 거의 한 세기 이전의 영국의 작가 로렌스의 성에 대한 태도와 공통되는 것 같다. 그럼에도 불구하고 로렌스의 성에 대한 이론은 전통적인 성관性觀은 물론, 이른바 성자유주의자의 성관과도 근본적으로 다르다. 전통적 성관이나 성자유주의자의 성관은 근본적으로 자연주의적 관점에 서 있다. 다시 말하자면 성은 생리현상, 즉 물질현상이란 관점을 전제하고 있다. 따라서 성의 현상도 합리적인 설명이 가능하다는 결론이 선다. 성자유주의자의 성관이 전통적 성관과 다른 점은 후자가 윤리적이며 반反향락주의적인 데 비해서, 전자는 비윤리적이며 향락주의적인 데 있을 뿐이다.

로렌스의 성관이 독창적인 점은 그것이 자연주의적이지도 않고 윤리적이지도 않고 향락주의적이지도 않은, 신비주의적이라는 데 있다. 로렌스에 의하면 성은 생식을 위한 물질로서의 자연현상만도 아니고 향락의 수단만도 아니다. 그것은 어떠한 개념이나 범주로 정의되고 규정되며 논리적으로 설명될 수 없는, 무엇으로도 분석해낼 수 없는, 살아 있는 생물 자체의 표현으로, 도달할 수 없는 궁극적 존재를 인식하는 유일한 길이요 한 인간이 모든 것을 초월하여 우주의 어떤 궁극적 목적과 조화를 이루는 유일한 통로이다.

작품 『사랑하는 여인들』은 로렌스의 이런 관점에서 그 근본적인 작품의 의미가 파악될 수 있다.

보랭켄가※의 자매인 스물여섯 살이 된 어슐러와 스물다섯 살이 된 구드런은 '경험', 즉 성에 대한 자연스러운 호기심을 억제할 수 없어 결혼을 생각하게 되는데, 각각 같은 마을에 사는 서른이 넘은 버킨가의 루퍼트와 크리크가의 제럴드와 가까워지게 되고 사랑의 쌍곡선이 이루어지게 된다. 어슐러와 루퍼트는 마침내 결혼을 하게 되지만, 구드런과 제럴드의 관계는 제럴드의 자살에 가까운 죽음을 통해서 비극으로 끝나게 된다.

이런 줄거리를 통해서 작가 로렌스는 사랑의 참된 가능성과 그릇된 남녀 간의 태도가 어떤 것인가를 암시한다. 초등학교에서 아이들을 가르치고 있는 어슐러와 그 지방의 장학관인 루퍼트가 감정적인 인간인 데 비하여 파리에서 미술 공부를 한 구드런은 지적이며 독립심이 강하고, 그 지방의 광산업을 하는 부호의 아들 제럴드 역시 개성이 강한 의지의 인간이었다. 이와 같은 성격의 대조를 통해서 로렌스는 지성과 의지를 규탄하고 감성을 찬양한다. 사랑은 '하나로의 결합과 차이를 초월한 조합'을 의미하는 것인데, 강한 개성과 의지, 그리고 지성의 기능은 근본적으로 고립, 대립, 분리를 의미하기 때문이다. 이와 같은 반주지주의는 로렌스의 철학을 대변하는 것이다. 이것은 작중인물 루퍼트가 헤르미온이란 부호의 딸을 싫어하는 것으로 입증된다. 헤르미온은 교양, 즉 지식이 풍부한 이지적인 여성이다. 한편 구드런이 얼마만큼 지적인 여인인가는 그녀가 마지막에 스키장에서 만난 동성애자인 예술가 로르키에 끌린 것으로 증명된다. 로르키는 모든 환상을 탈피해 현실을 뱀처럼 냉철한 눈으로 보고 있는 이지理智를 가진 사람이었던 것이다.

사건이나 줄거리로 보아서는 소설『사랑하는 여인들』은 별로 새롭거나 신기할 바가 없다. 문체로 보아도 마찬가지다. 그럼에도 불구하고 이 작품이 로렌스의, 그리고 20세기 영문학의 대표작 중 하나로 인정받고 있는 까닭은 작가 로렌스의 성에 대한 독창적 해석이 이 작품을 통해서 잘 나타나고 있기 때문이다.

로렌스의 성에 대한 관점은 생리적이거나 윤리적인 것이 아니고 형이상학적이다. 작가는 그의 성의 철학을 통해서 서양문화와 현대 문명의 근원적인 철학적 대전제를 부정하고 동양적인 것에 가까운 형이상학을 주장하고 나온다.

그가 부정하는 현대 문명의 대전제는 '기계주의'라고 부를 수 있는 자연관과 '성공주의'라고 부를 수 있는 인생관이다. 플라톤의 '이데아의 세계'에서부터 시작하여 데카르트의 '우주관'을 거쳐 뉴턴 이후의 '과학적 우주관'에 이르기까지 서양철학의 밑바닥을 흐르고 있는 실체에 대한 근본적인 관점은 기계적, 즉 메커닉한 자연관이다. 그들은 자연이 수학 공식으로 번역될 수 있는 엄격한 기계적인 질서를 갖고 있다고 믿어왔던 것이다. 따라서 자연은 지성을 통해서 완전히 지식의 대상이 된다. 지식은 언어를 통한 개념화를 거쳐야만 묘사나 설명이 가능한 것인데, 그러한 개념화는 근본적으로 그 대상이 어떤 기계를 분석하듯이 분석될 수 있다는 전제하에 가능하다. 이런 과정을 통해 하나의 우주는 자연과 인간, 육체와 정신, 객체와 주체, 남자와 여자, 지성과 감성, 유기적인 것과 기계적인 것 등으로 한없이 분해된다.

로렌스는 이와 같은 자연관의 한 표현인 주지주의, 그 결과로서의 현대 과학과 사회주의를 공격하며 위와 같은 사상을 대표하는 헤르미온, 구드런, 로르키를 부정적 인간으로 취급한다. 어느 날 루퍼트가 짓궂게 그를 따라다니는, 교양과 지식을 뽐내는 헤르미온과 헤어져서 헤르미온의 지적 세계와 대조되는 자연 속에서 느끼는 감정을 로렌스는 다음과 같이 그린다.

무엇 때문에 자기가 인간들과 어떤 관계를 갖고 있다고 생각할 필요가 있을까? 여기에 그의 세계가 있었다. 그는 오직 사랑스럽고 섬세하고 감수성 있는 식물들과 자기 자신, 살아 있는 자아를 빼놓고는 그 아무도, 그 아무것도 원하지 않았다.

루퍼트는 "동물과 같은 자연스러움"을 갖고 있고, "오직 어린애들과 동물만을 사랑하는⋯⋯. 그녀 자신처럼 외롭고 비사교적인 동물을 가장 사랑하는 어슐러"를 찬미한다. 또한 로렌스는 루퍼트의 입을 통하여 "지식은 마치 지난 여름의 자유를 구스베리 열매가 든 병 속에 집어넣는 것과 마찬가지"라고 말하면서 지성의 기능을 맹렬히 부정한다. 로렌스에 의하면 지성은 실체를 왜곡시키는 것이고, 직감적인 것, 즉 자연적인 것이야말로 참된 것이다.

감성은 우리들을 충족시켜준다. 그것은 머릿속에 가질 수 없는 위대하고 어두운 앎이다.

로렌스가 공격하는 서양의 형이상학은 기독교에서 인간과 자연과의 대립으로 나타날 뿐 아니라, 인간이 자연의 주인이라는 인간관과 자연 관으로 나타난다. 제럴드가 말馬을 다루는 태도는 이런 전통적 관점의 좋은 예가 된다. 어느 날 제럴드는 자기가 타고 있던 말을 공연히 학대 하며 그 잔인한 행동을 다음과 같이 설명한다.

나는 말馬은 이용되기 위해서 존재한다고 생각한다. 그것은 내가 그 말을 샀기 때문이 아니라, 그것이 자연의 이치이기 때문이다. 사람이 말을 스스 로 이용하는 것이, 말이 사람 앞에 가서 사람 맘대로 이용해달라고 애걸하 는 것보다 더 자연스럽다.

이와 같은 형이상학, 이와 같은 자연관과 인간관은 서양 특유의 성공 주의적 인생관을 낳았다. 인생의 목적은 지성을 기르고 그것으로 지식 을 축적하고 그 지식의 힘으로 자연을 정복하고 인간이 뜻하는 대로 많 은 것을 생산함으로써 무엇인가를 성취하는 데 있다. 그것은 이미 니체 가 말한 '권력에 대한 의지'라는 철학을 나타낸다. 이는 결국 대립과 투 쟁, 그리고 힘의 인생관이다. 이러한 인생관은 작품 속의 제럴드에게서 역력히 나타난다.

그는 물질(자연)과 땅, 그 땅속에 들어 있는 석탄과 싸워야 했다. 지하의 생명 없는 물질에 그의 마음은 온통 쏠려 있었고, 그 물질을 그의 의지대로 굴복시키고자 집중하고 있었다. 그런데 물질과의 이러한 싸움을 하기 위해선 완전한 조직과 더불어 완전한 도구를 갖춰야만 한다.

이러한 조직은 극히 세밀하고 조화롭게 활용될 수 있는 체제를 가졌는데, 인간의 마음이 대표적인 것이다. 그리고 그 체제는 주어진 동작의 끊임없는 반복을 통해 비인간적 목적을 달성하게 될 것이다. 제럴드에게 거의 종교적인 열광적 영감을 불어넣어준 것은 그가 건설하려고 했던 체제가 갖고 있는 비인간적 원칙이었다.

제럴드의 인생의 목적은 자연의 정복, 의지의 실천에 있었다. 이와 같은 제럴드의 근본적인 인생의 목적은 광업을 기계화해서 성공하려는 욕망 속에서, 그리고 그의 여자에 대한 정복의 욕망 속에서 나타난다. 그의 인생의 보람은 '일하고 무엇인가를 생산하는 데' 있다.

이와 같은 제럴드의 인생관은 현대인, 특히 현대 서구인들의 핵심을 이루고 있다고 볼 수 있다. 이는 1960년대 이전의 미국의 근본적인 가치관이다. 인생의 보람, 혹은 의미는 자아실현에 있다고 보는 것인데, 그것은 구체적으로 생산적이고 창조적인 결과를 강조하는 성취의 정신으로 나타난다. 이런 인생관은 적극적인 자아의 긍정, 자아의 주장을 나타내게 마련이다. 또한 자연과 주어진 모든 여건에 저항하고 그러한 여건을 자아의 뜻대로 길들이고 굴복시키려는 의지의 힘에 가치를 부여하는 것으로 나타난다. 강렬한 자아의 긍정은 인간과 자연 간의 균열을, 나와 사회 혹은 타자와의 균열을 필연적으로 나타내게 되고, 이러한 균열에서 인간은 언제나 소외감을 면할 수 없게 된다.

결국 이와 같은 현대의 서구적 인생관은 한 개의 전체로 본 우주와의 조화, 인간 사이의 조화를 깨뜨리는 결과를 가져오게 되고, 인생의 영원한 불만을 자아낼 수밖에 없게 된다. 루퍼트의 입을 통한 로렌스의 인간에 대한 다음과 같은 혐오감은 이 작가의 기계주의적인 존재학과 성공주의적인 인생관, 특히 현대 과학 문명의 기반이 되는 서구적 인생관의 부정을 의미한다.

난 인간이 없는 세계에서 어느 아침 하늘을 나는 종달새가 됐으면 참 좋겠다. 인간은 하나의 과오이다. 인간은 반드시 이 세상에서 없어져야 한다. 추잡한 인간에 의해서 방해를 받지 않는다면 풀·산토끼·살모사, 그리고 보이지 않는 임자, 즉 실제로 존재하는 천사들은 자유롭게 돌아다닐 수 있을 것이다. 만일 인간이 지상에서 싹 씻겨서 없어진다면 창조는 무한히 찬란하게 새로 시작될 것이다. 난 나 자신을 정말 경멸한다. 난 내가 인간임을 경멸한다. 인류는 거대한 허위이다. 아무리 거대하더라도 허위는 작은 진리보다 못하다.

로렌스는 계속 말한다.

만약 오늘의 인류가 멸종한다면 무한히 창조적인 신비로운 실체는, 보다 섬세하고 훌륭하고 사랑스러운 새로운 인종을 만들어내서 창조를 아름다운 것으로 성취시킬 수 있을 것이다. 창조의 과정은 아직 끝이 나지 않았다. 창조의 신비는 잴 수 없을 만큼 깊어서 결코 중단되지 않으며 무한정 영원히 지속될 것이다.

지성과 의지로 자연에서 스스로 이탈하여 우주적 조화를 깨뜨리고 오늘날의 기계화된 문명을 만들어낸 서양의 형이상학과 인생관은 우리로 하여금 마침내 로렌스가 미처 상상도 못했던 공해와 싸워가며 살아야 하는 세상을 만들어놓았다. 이와 같은 서양적 형이상학·인생관에 대한 강렬한 반발은 그의 죽음에 대한 다음과 같은 관점 또한 설명해준다.

죽는다는 것은 보이지 않는 세계를 향해 가는 것을 의미한다. 또한 죽는다는 것은 알려진 것보다 더 큰 것, 즉 순수한 불가사의의 세계를 받아들이는 기쁨이기도 하다. 의지의 동기와는 아무 관계없이 기계적으로 살아간다는 것, 불가사의한 세계에서 해방된 존재처럼 산다는 것, 그러한 것은 부끄럽고 창피한 일이다.

로렌스는 기계적 형이상학을 대신해서 유기적 형이상학을, 이지적 인식론을 대신해서 직감적 인식론을, 성공주의적 인생관을 대신해서 환희의 인생관을 제시한다. 참된 실체는 분석할 수는 없지만 살아 있는 유기체로서, 그것은 개념을 통해서 논리적으로 이해될 수 없고 오직 직감을 통해서 전체를 파악할 수 있는 존재이다. 우주 전체를 하나의 살아 있는 유기체로 볼 때 인간이 자연과 대립하고, 인간의 목적이 그 자연을 지배하는 데 있다는 인생관은 설 수 없게 된다. 인간은, 아니 모든 삶의 목적은 힘을 발휘하는 데 있지 않고 살아 있는 하나의 유기적 우주와 조화를 유지함으로써 삶의, 창조의 환희를 경험하는 데 있다.

이와 같은 로렌스의 관점은 철학적으로 볼 때 과히 독창적인 사상이 되지 못한다. 이 사상은 기원 훨씬 이전부터 동양에서는 힌두교·불교·

노장사상의 핵심을 이루고 있었으며, 근대 서양에서 니체를 비롯해서 키르케고르·베르그송, 그리고 현대에 와서는 하이데거·야스퍼스·마르셀과 같은 철학자들에 의해서 강조되어왔다. 위의 여러 사상은 한결같이 존재에 대한 과학적 유물주의 해석의 그릇됨을 강조하고 오직 직감으로 접촉할 수 있는 개념화 이전의 실체의 신비를 강조한다. 이 실체는 힌두교의 '브라만 아트만', 노장사상의 '도', 하이데거의 '존재Sein', 야스퍼스의 '초월', 마르셀의 '신비' 등과 같은 막연한 개념으로 기술된다. 이들의 철학은 모든 종류의 개념화의 인위성, 언어의 한계를 강조한다.

로렌스의 기계화된 문명·지식·이성에 대한 공격, 인류에 대한 혐오도 위와 같은 철학을 전제로 하고 있다. 그러나 이성에 반대하고, 직감의 우월성을 특징으로 하는 직감주의에는 큰 난점이 있다. 왜냐하면 모든 인식과 사고는 언어를 떠나서는 있을 수 없는데, 언어는 필연적으로 개념을 형성함으로써만 가능하다. 개념은 그 본질상 추상적일 수밖에 없으므로 모든 우리들의 현실 인식은 어떠한 것이건 간에 어느 정도 추상적일 수밖에 없다. 이와 같이 추상성을 떠날 수 없는 언어 밖에서는 어떠한 인식도 불가능한 것이 확실한 논리라면, 그러한 추상에서 완전히 해방된, 구체적인 현실을 안다는 것, 그러한 현실을 논의하는 자체에 모순이 있다. 그러므로 로렌스와 위의 철학가들의 이성에 대한 반대 이론을 액면 그대로 이해한다면 그들의 이론은 받아들일 수 없는 것이 된다.

로렌스의 참된 독창성은 그의 철학 체계에 있지 않고 그것의 특수한 부분인 '성의 철학'에 있다. 그는 참된 성의 행위는 개념으로 파악될 수 없고, 지성으로 분석될 수 없는 하나의 살아 있는 실체인 '우주의 법칙'

이요, 그러한 법칙을 인식하는 길이며, 동시에 그러한 인식을 통해서 얻을 수 있는 존재의 절대적 경험, 즉 삶의 환희라고 본다. 그에 의하면 관념적인 플라토닉한 사랑이 부정되는 동시에 생리적인 성도 부정되고, 성은 정신과 육체를 초월한 형이상학적 의미를 갖는 성^聖스러운 것으로 나타난다. 그러므로 로렌스는 이렇게 말하고 있는 것이다.

만약 여자가 존재하지 않는다면 아무것도 존재하지 않는 것과 마찬가지다. 오직 남아 있는 것은 여자와의 완전한 결합, 일종의 절대적 결혼일 뿐이다.

이리하여 성의 충동 속에는 생식이라는 기능을 훨씬 넘어서서 "뚜껑이 벗겨지지 않은 감각적이고 지적인 무서운 신비가 있다". 남자는 사랑하는 여자 속에서 생식의 크나큰 원천을 찾고, 여성은 사랑하는 남자 속에서 절대적인 실체와 접촉한다. 만물은 "오직 신비적 결합, 두 인간 사이의 절대적 결합을 통해서 유지되어 있다. 그런데 가장 직접적인 결합은 남자와 여자 간의 결합"이다. 남녀 간의 성행위는 '창조의 법칙'인 까닭에 누구도 이 법칙을 깨뜨릴 수 없다. 이러한 성을 통해서 우리들은 마치 한 별이 다른 별과 조화를 이루듯 신비스러운 조화와 완전성 속에 활기를 갖게 된다.

이와 같이 성은 정신과 육체, 자연과 인간, 남자와 여자, 주체와 객체를 초월한 근원적인 하나의 존재로 조화를 이루는 통로이며, 동시에 그러한 조화의 표현이다. 그리고 이렇게 우주의 절대적 진리와 조화를 이뤄야만 우리는 참된 인생의 의미, 즉 환희를 경험하게 된다. 작가 로렌스는 이런 경험을 다음과 같이 묘사한다.

그녀(어슐러)는 그 무엇인가 찬란하고 이상적인, 생명 자체보다도 찬란한 무엇인가를 발견했다. …… 그녀는 루퍼트 버킨 속에서 우주 창조 때부터 존재하는 신의 한 아들을 발견했고 루퍼트 버킨은 그녀 속에서 인간의 가장 훌륭한 딸을 발견했다.

이어서 로렌스는 이렇게 말한다.

그(제럴드)는 그녀(구드런) 속에서 무한한 휴식을 발견했다. 그것은 정말 놀랍게 좋았다. 그것은 하나의 기적이었다.

그러나 로런스는 성을 구가하면서도 남녀 간의 성의 한계를 지적할 뿐 아니라 그것을 혐오한다. 소설의 마지막에 루퍼트는 어슐러에게 말한다.

당신을 알게 된 이상, 난 평생을 통해서 어떠한 다른 사람, 어떠한 단순한 애정을 갖지 않고도 살 수 있소. 그러나 당신과의 사랑을 완전한 것으로 하기 위해, 정말로 행복하기 위해, 난 한 여자와의 성원한 결합, 남녀 간의 사랑과는 다른 사랑을 갖고 싶었소.

이와 같은 로렌스의 태도에는 큰 모순이 있어 보인다. 그러나 성에 대한 혐오, 남녀 간의 사랑 만에 대한 불만은 이 작가가 성의 참된 의미를 생리적인 것을 넘어선 형이상학적인, 아니 거의 종교적인 것으로 보고 있음을 강조해주는 것이다. 성을 통해서 절대경에 도달할 수 있긴 하지만 성은 필연적으로 절대적 차원이 되기 이전의, 아니 그 이하의 차원,

즉 생리적이고 육체적인 차원을 떠날 수 없기 때문이다. 그러기에 루퍼트는 어슐러에게 말한다.

당신 속엔, 내 속엔 사랑 이상의 것, 마치 어떤 별들이 인간의 시야 너머에 있는 것처럼 사랑 이상의 어떤 초월적인 무엇인가가 있소.

그렇다면 로렌스에게 이상적인 성의 관계는 무엇인가? 남녀 간에 지배와 복종의 관계가 되어서는 안 되며, 무엇보다도 자연스럽고 감성적이어야 한다. 그러나 사랑은 언제나 지배와 복종, 사디즘과 마조히즘의 모순되는 두 개의 욕망에 의해서 지배된다. 이 모순이 서로 조화를 이루려면 남녀가 서로 복종하면서, 즉 자기의 자아를 버리면서도 동시에 독립하여 설 수 있는 동등한 인간이어야 한다. 이와 같은 사랑의 심리적 구조가 사르트르의 존재학적 분석보다 훨씬 앞서 로렌스에 의해 밝혀졌다는 것은 로렌스의 작가적 명민함을 보여주는 것이라 하겠다.

로렌스의 성의 철학이 성의 찬미라는 점에서는 히피족의 성관과 통하는 바가 없지 않다. 그러나 이런 공통점은 표면적인 것에 그치고 만 것이다. 히피족은 근본적으로 향락주의자들이다. 그들은 성을 신비화하지도 않고 천한 것으로 동물화하지도 않고 인간에게 다소나마의 즐거움, 행복을 줄 수 있는 자연의 선물이라고 본다.

그렇다면 로렌스의 성의 철학은 프로이트의 성관과는 어떻게 다른가? 프로이트와 로렌스는 정반대이다. 프로이트는 모든 정신적인 행위까지도 비정신화·비신비화하여 생리적으로 본 성의 입장에서 해석했다. 이에 반하여 로렌스는 성의 성聖화, 즉 성에 형이상학적인 의미를 부여하면서 그것을 신비화했다. 어떤 이론이 더 진리에 가까운가? 프로이트의 학설은 어느 정도 구체적으로 입증할 수 있다는 점으로 보아 진리라 할 수 있겠지만, 한편 로렌스의 철학적 이론은 구체적으로, 즉 경험적으로 입증될 수 없긴 하지만, 그가 진리의 규준을 비구체적인 것, 비과학적인 것이라고 보는 이상 어떤 것이 진리인가 결정하기 어렵다.

그러나 아무리 해도 로렌스의 반지성적 진리의 기준은 너무나도 막연하고, 허황한 것 같다. 만약 그의 관점이 어떤 진리를 갖고 있다면 그것은 우리가 보통 말하는 진리와는 완전히 차원이 다르다고밖에 할 수 없다. 근본적으로 중국 고대의 음양사상과 그 구조가 같은 로렌스의 성의 철학은 입증될 수 있는 진리라기보다는 하나의 이데올로기, 하나의 현대 문명, 특히 기계 문명의 세계관에 대립되는 이데올로기의 표현이라고 봄이 적당할 것 같다.

그는 성을 통해서 하나의 존재론, 하나의 인식론, 그리고 하나의 새로운 인생관을 세운 것같이 보이지만, 사실상 그가 몹시 불편해했고 소외된 느낌을 받은 기계 문명, 그것을 밑받침하는 가치관에 대해 반발을 표현한 것으로 보는 것이 타당할 것이다. 그는 현대 문명 속에서 질식감을 느꼈던 것이며, 인위적이고 부자연스러운 세계에서 탈출하여 동물의 순수한 자유를 갈망했던 것이다.

가만히 생각해보면 오늘날 대부분의 사람들은 로렌스와 같은 해방에의, 자유에의 억제할 수 없는 욕망을 느낄 것이다. 그리고 그가 갈구했던 어떤 순수한 생의 환희를 평생 한 번이나마, 단 한 순간이라도 갖고 싶어 할 것이다. 아마도 이러한 경험은 로렌스가 주장하는 것처럼 순수한 남녀 간의 성을 통해서만 가능할지도 모른다.

《문학사상》, 1973년 10월 창간호~1974년 12월호

13
지식과 지혜 — 헤르만 헤세 『싯다르타』

헤르만 헤세Hermann Hesse, 1877~1962가 노벨문학상을 받을 만한 자격이 있
는 작가였는지는 매우 의심스럽다. 그의 사상이나 예술성은 너무나 단
순하고 과히 깊이가 있어 보이지 않는다. 그럼에도 그의 작품은 많은 독
자들에게 애독되고 있다.

　미국에 한해서 말한다면, 그의 작품이 널리 알려지기 시작한 것은 전
후에 큰 문학적 조류를 형성했던 1950대의 이른바 '비트beat 세대'와 그
시기를 같이했다. 이후 헤세는 1960년대의 '비틀스Beatles 세대'와 1970
년대의 '히피hippie 세대'를 거치면서 오늘에 이르기까지도 젊은 세대에
게 계속 어필하고 있는 것 같다. 이런 사회적 현상과 헤세 작품에 대한
대중의 애정은 둘을 관통하는 어떤 정신적 요소가 있음을 암시한다.

　그 요소의 핵심은 지혜의 추구라고 할 수 있는데, 여기서 말하는 지혜
란 우리가 말하는 지식과는 구별되는 개념이다. 지식은 객관적 사실과
논리에 관한 정보 습득과 그 축적 능력을 말한다. 따라서 지식은 지성의
소산이요, 지성의 한계를 넘어서는 있을 수 없다. 이에 반해서 지혜는

주관적인 태도와 심리상태를 가리키는 개념이다. 그러므로 지혜는 지성을 넘어서거나 혹은 지성에 앞서서 존재하는 직감의 세계에 속한다. 바꾸어 말하면, 지식이 앎을 뜻하는 반면에 지혜는 의미를 말한다. 앎의 세계와 의미의 세계는 다르다. 전자가 논리적 범주에 속한다면 후자는 가치의 범주에 속한다.

아무리 많은 지식을 갖고 있는 학자라도 삶의 의미를 얻지 못하고 얼마든지 삶을 무의미하게 느낄 수 있는 데 반해서, 비록 지식이 없는 농부라도 삶의 뜻을 터득했을 수 있다. 갑부이거나 엄청난 권력을 행사하는 사람이 불행할 수 있는가 하면 하루 끼니를 벌기 위해서 허덕이는 가난한 지게꾼이 가족과 더불어 무척 행복할 수도 있다.

앞서 든 '비트', '비틀스', '히피'의 사조는 권력을 행사하면서도 불행을 느꼈던 기존 지성인들의 자기반성을 의미하며 삶의 뜻을 알고 마음의 평화를 얻으려는 지혜를 추구하는 노력을 뜻한다. 동양의 문화를 지혜의 문화라고 한다면 서양의 문화는 지식의 문화라 할 수 있을 것이다. 동양의 문화가 근본적으로 실천적이라는 것을 특징으로 한다면 서양의 문화는 인식적인 점을 특색으로 하고 있다.

서양의 지성은 모든 현상을 인식의 대상으로 삼는다. 이와 같은 서양의 근본적인 의식의 구조는 부득이 모든 것을 분리하고 분해해버리는 능력으로 나타난다. 이러한 분리 작업은 서양의 종교에서도 나타난다. 기독교는 근본적으로 창조자와 피조물, 신과 그밖의 존재를 분리하는 것을 바탕으로 한다.

이에 반해서 동양의 종교인 불교나 도교는 분리를 부정하는 데 근본적인 특색이 있다. 동양은 마음의 조화를 중요하게 여긴다. 많은 과학적 지식을 축적하고 그것을 이용하여 물질적으로 부유해진 서양인들은 차즘 더 근본적인 정신적 갈구를 느끼게 됐다. 그들은 행복하지 않았던 것이다. 여기에서 동양문화에 대한 관심이 시작되었다.

그들은 차츰 인생의, 우주의 근본적인 뜻을 느끼지 못하는 허무주의의 길로 빠지게 된다. 이와 같은 허무주의는, 근본적으로 체계를 달리하는 동양의 사상 속에서 하나의 빛을 찾으려 했다. 지금까지도 서양에서 유행하고 있는 '선불교', 인도 정신 수련의 한 방법인 '요가', 남방불교의 수행 방편인 '위파사나 명상' 등의 인기는 서양인의 정신적 출구 모색의 표현이며, 그들이 어디선가 '마음의 안식처', 즉 지혜를 찾고 있음을 의미한다.

대체로 말해서 헤세의 모든 작품의 밑바닥에는 서양적 지식과 대치해서 생각할 수 있는 동양적 지혜가 흐르고 있으며, 특히 작품 『싯다르타』는 힌두교 내지 불교철학을 거의 그대로 소설화한 것이라고 볼 수 있다. 서양적 지식 문명의 한계에 나타나는 현대 서양인들의 불만과 헤세의 소설이 지식 문명을 넘어서서 동양적 지혜의 세계로 향하는 표현이라는 사실은 전후, 특히 미국의 젊은이들에게 헤세가 애독되었던 이유가 될 것이다.

짤막한 소설 『싯다르타』는 주인공 싯다르타가 집을 떠나 수도의 길에 나서서 몇 가지 곡절을 겪고 참다운 지혜를 얻어 성자의 경지에 이르기까지의 고행을 그린 이야기이다. 석가모니가 생존했던 기원전 5세기경에 인도의 승려 계급을 이루는 브라만의 아들로 태어난 싯다르타는 마치 부처가 그러했듯이 자아가 무엇인지를 알기 위해 아버지의 허락을 얻어 친구 고빈다와 집을 떠난다. 그들은 금욕 수도승인 '사마나'가 되어 도를 닦게 된다. 그러나 싯다르타는 완전한 만족을 얻지 못한다.

그러던 중에 싯다르타는 아름다운 여인 카말라를 만나 육체의 쾌락에 빠지게 된다. 싯다르타는 카말라의 소개로 무역가인 카마스바미를 알게 되어 장사를 통해 돈을 많이 번다. 그러나 그는 차츰 물질적인 환락에 대한 불만을 참지 못하게 되어 마침내 정부와 재산을 모두 버리고 다시 수도의 길로 나선다. 때마침 부처가 제자들을 가르치고 있다는 소문을 듣고 그를 찾아 가르침을 받았으나 깨달음을 얻지는 못한다. 그러던 가운데 어느 강가에서 아주 평범한 뱃사람을 만나 그 뱃사람과 흐르는 강의 경치를 보다가 싯다르타는 처음으로 영감을 얻는다. 그는 이 과정에서 참다운 삶의 진리를 깨달아 지혜의 세계에 도달하게 된다. 그가 도달한 지혜의 세계는 '열반(니르바나)'의 세계인데, 그것은 한마디로 말하자면 온갖 심적 동요로부터 해방된 완전한 마음의 평화 상태를 가리키는 것이다.

주인공 싯다르타를 통해서 나타난 헤세의 불교적 사상은 대체로 부정적 인생관에서 출발하여 직감을 통한 형이상학적인 진리를 깨달음으로써 마침내 긍정적인 인생관으로 지향해가는 것으로 나타난다. 석가모니의 구도가 부정적 인생을 경험한 데서 시작됐던 것처럼 주인공 싯다르타의 수행에 대한 결심도 인생의 무상함, 인생의 고뇌를 깨달음으로 시작된다.

그는 장사꾼들이 물건을 거래하고, 왕자들이 수렵을 가고, 상을 당한 사람들이 슬피 울고, 창녀들이 몸을 바치고, 의사들이 환자를 보살피고, 승려들이 파종일을 결정하고, 연인들이 사랑을 하고, 어머니들이 아이들을 달래는 광경을 보았다. 그러나 이 모든 것들은 하나도 눈여겨볼 것이 없다. 그것들은 모두 거짓으로 싸여 있다. 그것들은 모두 감각과 행복, 그리고 아름다움의 환상이었다. 모든 것들은 멸망할 운명이다. 세계는 입맛이 쓰고 인생은 고통이다.

사실 우리들은 흔히 인생을 '눈물의 고해苦海'라고 한다. 그러나 정말 인생은 고통으로만 차 있을까? 물론 어떤 인생이든 고통이 없는 인생은 없다. 그럼에도 불구하고 인생에는 순간적이고 하찮을것지라도 분명히 즐거움이 있다. 싯다르타도 아름다운 카말라를 만나 생의 기쁨을 경험한다.

그는 실체를 찾지 않았다. 그의 목적은 이 세상 아닌 다른 세상에 있지 않았다. 이곳에서의 삶은 단순하다고 싯다르타는 생각했다. 아무런 문제도 없는 것이다. 그런데 그가 금욕 수도승인 사마나가 됐을 때는 모든 것이 어려웠고 거북스러웠고 마침내는 절망적이었다. 그런데 지금은 모든 것이 쉽다. 애인 카말라가 키스로 알려주는 뜻만큼 쉽다. …… 그는 총명하고, 아름다운 정부와 정말 즐거운 시간을 보냈고, 그녀의 제자, 그녀의 애인, 그녀의 친구가 됐다. 여기 정부와 더불어 그의 눈앞에 인생의 가치와 의미가 놓여 있다. 이와 같은 행복한 경험을 할 수 있음에도 불구하고, 인간은 인생을 전체적으로 볼 때 허무한 것, 무의미한 것, 고통스러운 것으로 보며 불만을 느낀다. 행복했던 싯다르타는 갑자기 자기의 행복에 회의를 느끼고 부정적인 것으로 보기 시작했다. 그는 정부와 행복했던 과거의 몇 년 동안의 생활에 일종의 구역질을 느끼면서 마을에서 멀리 떨어진 숲 속을 방황했다. 그에게는 아무런 목적도 없었다. 이 모든 혼돈스러운 꿈을 털어버리고, 탁해진 포도주도 뱉어버리고 입맛 쓰고 고통스러운 인생에 종지부를 찍고자 하는 깊고 고통스러운 욕망만이 오직 그에게 남아 있을 뿐이었다.

여기에서 우리들은 즐거움을 느끼면서도 결국에는 즐겁지 않다고 생각하는 싯다르타의 모순된 심리상태의 이유를 물어볼 필요가 있다.

즐거우면서도 즐겁지 않다는 이유는 무엇일까? 힌두교·불교·도교에서는 그 이유를 무엇보다도 사람들이 자아에 집착하기 때문이라고 보고 있다. 자아에 대한 강한 의식과 집착은 자아와 타인과의 대립 또는 독립을 의미한다. 독립된 자아는 한 개체로서 언젠가는 종말이 오게 마련임을 깨닫게 된다. 모든 개체로서의 생명체는 죽음을 맞이하고 모든 존재는 끊임없이 변한다. 따라서 죽음으로 종말을 짓게 마련인 자아는 본능적으로 죽음에 대한 공포뿐 아니라 죽음에 의해 선명하게 나타나는 인생의 모든 희로애락의 허무함과 무의미함을 느끼게 된다. 이와 같은 의식이 인생을 '눈물의 고해'로 보게 하는 것이다. 인생고를 해결하기 위한 논리적인 결론은 명확하다. 그것은 다름 아니라 자아로부터의 해방에 있다. 흔히 말하는 불교적 명상에 대한 관심은 무엇보다도 자아로부터의 해방을 이루고자 하는 사람들의 욕망을 의미하는 것이다. 그렇다면 자아로부터의 해방은 구체적으로 무엇을 의미하는가? 의식을 잃고 잠을 잘 때 우리들은 자신의 자아를 의식하지 않음으로써 그것으로부터 해방된다. 최면을 통해서도 자아는 상실된다. 술에 취하고 최면에 걸려서라도 자아를 망각하고자 하는, 우리들의 심정도 이런 관점에서 이해할 수 있다. 그러나 이와 같은 자아 망각 혹은 상실의 방법은 부정적인 방법이기 때문에 불교의 사상과는 배치背馳된다.

참된 자아의 해방은 참된 앎, 우주적 진리에 기반을 두어야 한다. 자아를 망각하는 것이 아니라 자아가 일종의 꿈, 환상임을 깨달음으로써 참된 자아의 해방이 있을 수 있다. 다시 말하면, 자아가 한낱 독립된 개체가 아니라 분리될 수 없는 하나의 유기적인 전체의 한 면, 한 관점에 불과함을 깨닫는 것이 우리가 자아로부터 해방되고, 따라서 고통에서 벗어날 수 있는 진정한 길이다.

여기에서 바로 모든 것을 전체적으로 보려는 동양 사상의 근원적 태도가 나타난다. 힌두교에서의 '브라만'이란 개념, 도교에서의 '도'의 개념은 다름 아닌 분리될 수 없는 모든 존재 전체를 가리키는 개념이다. 모든 개체, 모든 자아는 세상·물체·우주와 구별되는 별개의 존재가 아니라 우주 전체와 동일한 것이다. 그것을 '하나(유일)'의 사상이라고 불러도 좋다. 신과 인간, 창조자와 피조물, 정신과 물질, 너와 나, 실체와 현상들은 서로 대립된 존재가 아니라 하나의 통일된 존재이다. 그렇기 때문에 도를 통해 환희의 경지에 도달한, 헤세 소설의 주인공은 "모든 존재의 통일 속에 내가 들어간다"고 말할 수 있었던 것이다. 이러한 관점에서 볼 때 '열반의 경지는 변화무쌍한 현상의 세계와 동일한 것'임을 알게 된다.

이와 같은 형이상학적 해석을 통해서 이른바 '무아경無我境'의 불교적 의미가 명확해진다. 모든 존재를 단 하나로 볼 때 독립된 개체로 인식했던 자아가 한낱 환상임을 깨달을 수 있다. 전체와 개체, 우주와 나는 동일한 것이다. 따라서 나는 바로 우주 전체요, 우주 전체를 바로 나라고 할 수 있는 것이다. 오직 나의 형태가 달라질 뿐이다. 우리들의 고통이 자아에 대한 집착, 자아의 죽음에 대한 공포에 기인한 것이라면 일단 자아가 우주 전체임을 깨달아야 한다. 자아는 사멸하지 않고 시간이 없는 영원 속에 존재하는 것임을 알게 되면 나는 죽음의 공포에서 벗어나게 될 것이다.

이와 같은 사상이 동양철학의 근본을 이루고 있는 것이며 이 동양사상이 헤세의 『싯다르타』 속에 나타난 작가 자신의 형이상학이다. 그러나 우주와 나 자신의 자아가 한 개의 존재라는 것, 자아가 하나의 환상이라는 것을 어떻게 아는가? 어떻게 증명하는가? 헤세는 이에 대해 이성의 한계를 지적하며 그러한 우주의 진리는 직감으로만 파악될 수 있다고 믿는 한편 그러한 경지가 지혜라고 주장한다.

그런 까닭에 싯다르타는 어느 스승에게서도 석가모니의 설교에서도 이러한 진리를 배울 수 없었던 것이다. 그리하여 헤세는 다음과 같이 말한다.

지식은 전달될 수 있지만 지혜는 그럴 수 없다. 우리는 그것을 스스로 발견하고 그것을 실천해나가고 그것을 통해서 마음이 든든해지고, 그 힘으로 기적을 이룰 수 있지만 그것을 남에게 전달하고 가르쳐줄 순 없다.

언어 표현을 초월한 개념화 이전의 진리는 구체적인 체험을 통해서만 도달할 수 있는 것이기 때문에 싯다르타는 사상가가 아닌 일개 늙은 뱃사람과의 접촉을 통해서, 그리고 강의 모습을 관찰함으로써 그러한 진리에 도달할 수 있었던 것이다. 이렇게 하여 불교적 지혜에 도달했을 때 처음엔 고통스럽기만 하고 무의미하게만 보였던 인생과 세계 전체는 비로소 찬란한 긍정의 빛을 띠게 된다.

이젠 그에게는 낯익은 나그네들, 장사꾼들, 병정들, 여인들―이 모든 사람들―이 그전처럼 낯설지 않았다. 그가 그들의 사상이나 견해를 이해한 것도 아니고 함께 나누어 가진 것도 아니었지만, 그들과 더불어 생명의 갈망과 가지가지 욕망을 나눌 수 있었다. 그는 이제 수신修身을 완성한 단계에 이르렀지만 그 평범한 사람들이 마치 자기의 형제인 것처럼 가까이 느껴졌다. 그 사람들의 허영과 욕망, 시시한 생활이 그에게는 이미 무의미한 것같이 보이지 않았다. 그는 그들의 욕망과 필요 속에서 생명, 생기, 불멸한 것, 그리고 브라만을 보았다.

긍정적인 눈으로 세계와 인생을 바라볼 수 있는 열반의 상태를 헤세는 소설 주인공인 싯다르타를 통해서 다음과 같이 묘사한다.

그때부터 싯다르타는 자기의 운명과 싸우기를 멈췄다. 그의 얼굴에는 이미 모순된 욕망과 정면으로 부딪치기를 포기한 사람, 구원을 받은 사람, 사건의 흐름·인생의 흐름과 조화를 이루고 동정과 공감을 담뿍 느끼면서 그러한 흐름에 자신을 맡기고 모든 만물과 단 하나로 합쳐진 사람, 그러한 사람에게서만 나타날 수 있는 슬기로운 지혜가 빛나고 있었다.

이미 언급한 것처럼 지식과 지혜, 인식과 윤리, 사실과 행복은 각기 서로 다른 범주에 속하는 개념들이다. 그럼에도 불구하고 실질적으로는 서로 관련을 갖고 있다.

하나의 세계관은 필연적으로 어떤 인생관을 낳게 마련이며, 하나의 인생관은 필연적으로 어떤 세계관을 갖게 마련이다. 동양사상은 근본적으로 실천적인 문제, 즉 인생관에 근본적인 관심을 갖고 있지만 그러한 인생관은 반드시 세계관, 우주에 대한 하나의 인식을 필요로 한다. 반면 서양사상은 주로 인식의 문제에 집중하지만 그것은 결국 구체적인 인생관을 낳을 수밖에 없다. 그리하여 불교나 도교가 궁극적으로는 평화로울 수 있는 인생에 대한 사상이지만 그러한 인생이 옳다는 것을 증명하기 위해서는 헤세의 소설 『싯다르타』에 나타나 있는 형이상학이 필요했던 것이며, 플라톤이나 기독교에 내포된 서양의 형이상학은 니체 혹은 키르케고르로 대표되는 파우스트적인 인생관을 낳았던 것이다.

지식으로 대표되는 서양사상과 지혜로 대표되는 동양사상의 위와 같은 대조는 사상이란 개념과 흔히 동의어로 쓰이는 철학이란 개념을 비교함으로써 보다 잘 이해될 것이다.

이러한 재검토를 통해서 동서철학의 비교도 가능할 수 있다. 흔히 철학은 모든 문제의 근원적인 원칙, 혹은 우주와 인생, 궁극적인 진리에 대한 학문, 혹은 그러한 진리 자체를 뜻한다. 따라서 우리들은 정치철학·과학철학·교육철학·인생철학, 혹은 형이상학적인 뜻으로 '나의 철학'이란 말을 쓰기도 한다. 이런 뜻으로의 철학이란 개념은 동서양을 막론하고 쓰이고 있다.

그러나 1930년대부터 일부 서양에서 철학이란 개념이 더 확실하고 제한된 의미를 갖기 시작했다. 철학의 근본적 기능은 언어 밖에 있는 객관적 진리 혹은 사실의 표현에 있지 않고, 그러한 진리 혹은 사실을 표현하는 개념으로서의 언어를 분석해서 명확한 의미를 밝히는 데 있다고 주장하는 것이다. 다시 말하면, 철학은 '개념의 분석'이라는 것이다. 이 학설에 의하면 플라톤이나 아리스토텔레스, 데카르트나 칸트 같은 사상가들도 그들이 무의식적이나마 개념을 분석했기 때문에 위대한 철학가인 것이다. 개념을 분석한다는 것은 결국 한 개념의 뜻을 명확하게 밝히고, 여러 개념 간의 관계를 정확히 하는 것이다. 따라서 간단히 말해서 철학은 넓은 의미에서의 논리인 것이다.

사실에 대한 우리들의 앎(지식)은 직감적으로만 파악된 것은 거의 없다. 대부분의 지식은 복잡한 논리로 연결된 결론이다. 논리 자체는 진리와 아무 관계가 없기 때문에 사실에 대한 진부眞否를 전혀 가르쳐주지 않는다. 그러나 논리는 사실에 대한 진부를 밝히는 데 그 근본적인 기능이 있다. 논리적 결론이 진리가 되려면 그런 결론으로 이끌어가는 논리가 확실해야 할 뿐만 아니라, 논리의 기초인 전제가 우선 진리여야 한다. 조금 생각해보면 대부분 논리의 전제는 따지고 보면 이미 논리적 결론임을 알게 된다. 그러나 전제의 전제, 더 정확히 말해서 궁극적인 전제는 논리적으로 봐서 논리적 결론이 될 수 없다.

여기에 인식 수단으로서의 이성과 직감의 문제가 제기된다. 논리는 이성의 활동이지만 논리적 결론이 될 수 없는 궁극적인 전제는 직감으로만 파악된다. 헤세가 보여준 우주나 불교에 내포된 형이상학은 직감으로만 파악될 수 있는 것이다. 동양사상이 전체적으로 이성을 부정하고 직감에 호소하는 한 좁은 의미에서의 철학은 될 수 없다.

그것은 일종의 믿음에 가깝다. 문제는 그 믿음이 정말 옳은가 그렇지 않은가, 어떤 근거가 있는가 없는가에 있다. 또한 싯다르타와 같은 수도자들이 직감으로 깨달았다고 믿는 '브라만'이나 '도'를 모든 사람들이 똑같이 직감할 수 있느냐고 하는 것이다. 그렇다면 '브라만'이나 '도'가 몇몇 사람들의 환상에 불과하지 않은가 하는 의문에 생기게 된다.

동양의 지혜에는 논리가 없다. 반면 서양의 논리에는 마음의 평화가 없다. 칸트의 말을 빌리자면, 논리가 없는 지혜가 맹목적이랄 수 있다면 마음의 평화를 주지 않는 논리는 공허하다 할 수 있다. 흔히 생각하는 것처럼 육체와 성신은 대립하지 않고 서로를 보완한다. 이와 마찬가지로 과거 동양이 서양의 과학을 배워야 했다면, 이제 서양이 동양의 지혜를 배워야 함은 당연한 논리다.

헤세와 같은 작가가 서양에서 나타나고, 히피족이 현대 서양인들에게 공감을 불러일으킨 것은 서양철학의 한계를 구체적으로 보여준 좋은 예인 듯싶다.

《문학사상》, 1973년 10월 창간호~1974년 12월호

14
구원으로서의 미
─제임스 조이스 『젊은 예술가의 초상』

『젊은 예술가의 초상』은 작가 자신의 자서전이 되기도 하겠지만, 서구의 한 시대의 종교적·사회적 풍토를 보여주는 사회학적으로 흥미로운 작품이며, 한 소년의 정신적 성장을 그린 심리소설이기도 하다. 그러나 이 작품은 무엇보다 작가 자신의 가치관, 특히 예술관을 나타내는 소설이다. 어찌해서 스티븐 디덜러스는 종교와 정치에 흥미를 잃고 예술에 몸을 바치기로 했는가? 제임스 조이스James Joyce, 1882~1941는 예술을 어떻게 보았는가?

이 작품의 주인공 스티븐 디덜러스가 걸어간 길의 과정은 키르케고르가 옳다고 주장하는 생의 길과는 정반대의 것이었다. 키르케고르는 인생의 가치를 세 난계, 즉 '심미적 단계', '윤리적 단계', '종교적 단계'로 나누고 종교적인 생이 가장 가치 있는 것이라고 생각했다.

심미적 인생이란 감각적 만족을 추구하는 인생을 가리킨다. 호의호식이나 성性의 만족 혹은 예술작품을 통한 감각의 만족을 추구하는 인생이 심미적 인생인데, 이러한 인생의 욕망은 가장 초보적이랄까 원시적인 인생의 가치를 의미한다. 그뿐만 아니라 감각적 만족은 일시적이기 때문에 항상 불만을 남기게 마련이다. 따라서 또 다른 새로운 만족을 끊임없이 추구하게 되고 그러한 과정은 만족보다는 불만에 찬 인생이 되어버린다.

심미적 인생이 감각적이고 순간적 충동의 연속인 데 비해서 윤리적인 생은 순간적인 충동에서 벗어나서 어떤 원칙을 갖고 사는 인생이다. 여기서의 원칙은 순간순간의 감각적 만족에 의해서 그때마다 결정되는 것이 아니라, 기준이 되는 원칙에 따라 가치가 결정되기 때문에 그 가치는 지속성을 갖게 된다. 종교를 갖지 않은 대부분의 사람도 종교인 못지 않게 선악을 구분하며 절도 있는 생을 산다. 그러나 신이 없는 윤리만의 세계에서는 어떠한 가치도 절대성을 갖지 못한다. 윤리적 선악은 상대적이기 때문이다. 키르케고르에 의하면 이러한 상대적 세계에서는 참다운 만족, 영구적인 인생의 의미를 찾아낼 수 없다.

따라서 당연히 가장 높은 최종의 단계인 종교적 인생이 요구된다. 신의 존재가 신학적으로 증명되지는 못하더라도 신의 존재를 믿음으로써 절대적 가치가 성립될 수 있고, 따라서 영원한 만족, 참다운 생의 의미를 발견할 수 있다. 키르케고르에 의하면 종교적 인생의 차원이 가장 높고, 심미적 인생의 차원이 가장 낮다. 키르케고르는 우리에게 종교적 인생을 살도록 설득하려고 했다.

제임스 조이스, 다시 말하면 『젊은 예술가의 초상』의 주인공인 스티븐 디덜러스가 생각하는 참다운 인생은 키르케고르의 인생관과는 정반대의 것이다. 디덜러스는 종교적 인생에서 시작하여 윤리적 인생과 종교적 인생을 모두 부정하고 '심미적 인생'을 살기로 결심한다. 이러한 그의 결심은 단순한 편의주의나 인생의 쾌락을 찾기 위해서가 아니라 가장 참다운 인생을 살기 위한 그의 진지한 정신적 탐구의 결론이다.

키르케고르와는 달리 디덜러스에게 있어서 예술은 감각의 만족만을 의미하는 것이 아니다. 예술적 탐구는 진리의 탐구와도 통하는 것이다. 그렇다면 디덜러스는 어떤 경로를 밟아 키르케고르와는 정반대의 길을 택하며, 그에게 있어서 예술은 무엇을 의미하는가?

지금도 세계 곳곳에서 일어나고 있는 종교전쟁이 증명해주듯이 종교의 문제는 개인에 있어서나 국가에 있어서 중요한 문제다, 디덜러스의 고국 아일랜드는 오랫동안 광신에 가까운 믿음에 의해 지배된 종교적 풍토에 싸여 있고, 그가 나고 자란 더블린시는 철저한 가톨릭교의 교리가 지배했다. 그의 가정도 물론 이같은 분위기 속에 놓여 있다. 또한 영국의 오랜 지배를 받고 독립운동으로 엄청난 피지배 민족의 비극을 겪어온 아일랜드는 정치의식이 강렬하고, 국민들의 애국심이 강했다.

디덜러스는 '가톨릭 교리'와 '애국'이란 두 개의 절대적 가치, 두 개의 권위에 의해서 지배되는 세계 속에 산다. "단 한 가지 필요한 것은 영혼의 구원이며 그 밖의 모든 것은 가치가 없다"라고 전제하는 가톨릭의 도그마(교리)는 인간으로 하여금 무조건 그 도그마를 믿고 그것에 복종할 것을 강요한다. 도그마에 의하면 신에 의한 이브와 아담의 창조, 인간의 원죄, 사후의 지옥과 천당이 진리다.

그것은 또한 인간을 포함한 모든 현상이 신의 뜻으로 지배되고 결정됨을 뜻한다. 가톨릭, 아니 기독교에 의하면 성서에 기록된 모든 이야기를 절대적 진리로 믿어야 하며, 성서에 기록된 모든 행위의 가르침에 절대적으로 복종해야 한다. 이러한 가톨릭 신앙 속에 사는 가톨릭 학교의 교장, 신부들, 학생들은 테니슨Tennyson이 기독교 시인이기 때문에 바이런Byron보다 더 위대한 시인이요, 위고Hugo가 가톨릭의 가르침에 어긋나는 시를 썼다는 이유로 보잘것없는 작가라고 우기게 된다. 이들의 논리를 그대로 받아들일 때, 기독교의 교리는 너무나도 독선적이고 무비판적이며, 비인간적이고 부자연스럽다.

이런 정신적 풍토에 거의 포로가 되어 있으면서도 예술적 감성이 발달한 디덜러스는 날카로운 시인 바이런, 위고를 좋아한다. 그는 일찍이 극히 철학적인 사고에 빠지기도 했던 이성적 소년이었고, '우주 다음엔 무엇이 있을까? 아무것도 없다. 그렇지만 '무無'가 시작되기 전 우주의 한계를 보여주는 무엇인가가 있었을까?'라고 생각한 적이 있을 만큼 논리적이며 형이상학적 인물이다. 그러면서도 그는 외부로부터 강요된 세계관이자 가치 체계인 기독교의 진리를 완전히 버리지 못한다. 16세 때 그는 창녀와의 관계에서 처음으로 성을 알게 되는데, 이런 경험 후 크나큰 죄의식에 고통을 받다가 마침내 어느 신부 앞에서 참회를 하게 된다. 그후 머리가 뛰어난 그는 신부로부터 성직에 투신할 것을 권유받게 된다.

그러나 디덜러스에게는 교육이나 신앙보다도 강한 어떤 본능이 그가 종교에 완전히 빠질 수 없도록 막고 있다. 그것은 미묘한 적개심에 찬 본능이어서 그러한 생활에 순종하지 못하게 그를 무장시키는 것이다. 종교생활의 차가움과 질서에 대해 그는 반발한다. 그러면서 그는 여태껏 영혼이 머물 곳이라고 생각해오던 곳에서 자신의 영혼이 얼마나 떨어져 있는가에 새삼 놀란다. 현세와 내세에 영원히 이 몸의 자유가 없어지도록 위협을 당할 때, 오랜 세월 동안 그를 지배해온 질서나 복종의 힘이 의외로 약한 데 그는 놀랐던 것이다. 자신이 남과 떨어져 자신만의 지혜를 배우든가 그렇지 않으면 속세의 온갖 함정 사이를 헤매며 스스로 남의 지혜를 배워야 하는 운명에 처해 있는 것이다. 그는 "속세의 함정은 죄의 길이지만 나도 빠져보자"고 생각한다. 아직은 빠져본 적이 없지만 삽시간에 빠져버릴 것이라고 느낀다. 디덜러스가 성직을 거절하고 난 후의 이런 감정을 작가 조이스는 다음과 같이 그린다.

고함을 지르고 싶은 충동에 그는 목이 쑤셨다. 하늘 높이 나는 매나 독수리의 외침을, 자신의 해방을, 바람을 향해 사무치게 외치고 싶었다. 이것은 자신의 영혼에 호소하는 생명의 외침으로, 의무와 절망의 세계가 가진 지루하고 무딘 음성은 아니다. 황홀에 찬 순간에 그는 해방되었다. 그리고 그의 입에서 억눌리고 있던 승리의 외침 소리가 그의 뇌수를 찢었다.

디덜러스가 여기서 버린 것은 비인간적인 질서이며, 그로 인해 그가 처음으로 찾은 것은 인간적인 생명이다. 그는 생명의 순수한 아름다움과 그 속의 환희를 알게 된 것이다. 그것은 교리적인 세계로부터 예술적인 세계로 통하는 길이다. 종교적 신앙을 잃는다는 것은 구원을 상실하는 것이 아니다. 오히려 참다운 구원은 생생한 생명의 아름다움 속에서 찾을 수 있는 것이다. 그러기에 디덜러스는 말한다.

나는 신앙심을 잃어버렸다. 그러나 자존심까지 버렸다는 말은 아니다. 논리적이고 전후 일관한 부조리를 버리고 비논리적이고 전후가 일관치 않은 부조리를 받아들인다면 어찌 해방이 될 수 있겠는가?

바닷가에서 본 한 소녀는 디덜러스에게 있어서 생명과 아름다움을 상징하고, 그는 그 아름다운 경험을 예술화하려는 욕망을 느낀다.

소녀의 그림자는 영원히 그의 영혼 안에 들어와 어떠한 말도 그의 황홀감에 젖은 거룩한 정적을 깨뜨리지는 못했다. 소녀의 눈은 그를 불렀고 그의 영혼은 그 부름에 뛰어들었던 것이다. 이 세상에 나와 실수하고 타락하고, 이겨내고 삶에서 다시금 삶을 창조한다. 분방한 천신이 그 앞에 나타났다. 속세의 청춘과 미의 천사, 현세의 아름다운 정원에서 온 사신이 이 한순간의 황홀 속에 허물과 영광의 모든 길로 통하는 문을 그의 눈앞에 열어젖혀 준 것이다.

예술적 아름다움과 진실성을 발견한 디덜러스는 종교를 등짐으로써 키르케고르의 이른바 종교적 인생을 저버렸을 뿐만 아니라 윤리적 인생도 저버리게 된다. 디덜러스의 이와 같은 정신적 자세는 애국심과 효도와 같은 윤리적 가치를 부정하는 데서도 나타난다. 디덜러스는 애국심에 호소하면서 조국을 위하여 함께 일하기를 권하는 친구에게 이렇게 대답한다.

아일랜드란 나라가 무엇인지 아는가? 이 나라는 제 새끼를 먹어치우는 늙은 암퇘지야. …… 한 사람의 영혼이 이 나라에 탄생할 땐 날아가지 못하게 잡아두기 위한 그물이 씌워져 있어. 자네는 국민성 · 언어 · 종교를 내게 운운하지만 난 이 그물 속에서 빠져나가려 하네.

종교 문제로 어머니와 싸워 어머니가 상심하는 것을 보고 친구는 디덜러스를 나무라며 그를 꾸지람한다. 그러나 그는 자기가 옳다고 생각하는 것을 위해 어머니와도 싸울 마음의 준비를 하고 있다. 그는 대답한다.

내 기억이 틀림없다면 파스칼은 여성과의 접촉을 두려워한 나머지 자기 어머니에게 키스조차 못하게 했다고 하네. 예수 역시 군중들 앞에서는 자기 어머니를 좀 예의에 벗어나게 대접했던 모양인데, 예수회의 신학자요 스페인 신사인 수아레스는 예수를 위해 변명을 하고 있어.

디덜러스는 종교적 교리의 사슬로부터 해방됐을 뿐만이 아니라 윤리적인 구애로부터도 해방된 것이다. 이 해방은 가치로부터의 해방을 의미하지는 않는다. 그것은 오직 외부로부터의, 비판 이전에 주어진 진리와 가치관으로부터의 해방을 의미할 뿐이다. 이런 해방을 거쳐서 그는 참다운 자기를 발견하고 내부로부터 솟아난 가치관에 의해서 행동할 수 있게 된 것이다. 그는 모든 외부로부터 강요된 속박에서 해방되어 "인생과 예술의 양식을 발견해서 자기 자신의 정신을 구애 없는 자유 속에서 표현하고자 한다". 그리고 이러한 인생의 양식을 예술에서 발견한다. 그는 자기의 인생이 극히 외로울 수 있고 가난한 것일 수 있음을 잘 알고 있으면서 모든 것을 무릅쓰고 예술의 길을 걷기로 결심한다.

나는 내가 믿지 않는 것은 그게 가정이건, 조국이건, 교회건, 무엇이건 섬기지 않겠다. 그리고 나는 가능한 한 자유롭게, 가능한 한 전적으로 어떤 생활, 혹은 예술의 양식으로 나 자신을 표현하려고 노력할 것이다. 나 자신을 지키기 위해서 나 스스로 하기를 허용한 유일한 무기, 즉 추방과 꾀를 쓸 작정이다.

이처럼 디덜러스는 신神의 사제나 선善의 사제가 되기를 거절하고 미美의 사제가 되려고 한다. 그렇다면 그에게 있어서 미를 창조하는 것으로 생각되는 예술의 본질은 무엇인가? 미는 무엇인가?

디딜러스, 즉 제임스 조이스의 예술관은 다음과 같은 두 가지로 요약된다.

첫째, 예술이 표현하고자 하는 아름다움, 즉 심미적 미는 반反육체적이며, 정적이고 정신적인 것이다. 욕망과 감정을 흥분시키는 예술은 호색적인 것이건 교육적인 것이건 잡스러운 예술이다. 그러므로 심미적 감동은 정적이다. 이런 비육체적이고 정물적인 감동을 우리가 경험할 수 있는 것은 우리들이 정신적 세계에 존재할 수 있기 때문이다. 예술가가 표현하는 미는 우리들 가운데 동적인 정서나 또는 순전히 육체적인 감각을 일으킬 수 없는 것이다. 그것은 미적 정지 상태, 즉 이상적 공포와 이상적 연민, 다시 말하자면 자신의 이른바 미의 리듬으로써 야기되고 지속되고 이윽고는 해소되는 하나의 정지 상태를 일으키고 또는 일으켜주어야 되는 것, 유발하고 또 유발해야 하는 것이다. 그런데 리듬이란 미적인 전체 가운데 부분과 부분, 그 미적 전체와 부분, 또는 모든 부분, 혹은 어느 부분의 총합인 미적 전체, 이런 것 사이의 일차적이며 형식적인 미적 관계를 말한다.

둘째, 미의 본질을 리듬으로 보고, 리듬의 본질을 모든 동물의 전체와 부분의 형식적 관계로 보는 미학은 확실히 지적인 미학이다. 이런 미학은 미를 진리로, 예술을 인식으로 연관 짓게 한다. 이것은 플라톤 이후 서양의 한 미학적 전통을 이루는 관점이다. 그리하여 디딜러스는 다음과 같이 진술한다.

플라톤이 한 말이라고 믿지만, 미는 진리의 광휘라고 했다. 이 말은 진실한 것과 아름다운 것이 가깝다는 사실을 의미하는 것이라 생각한다. 진실이란 지적인 것의 가장 만족스러운 관계로 말미암아 충족되는 지성으로 관조되는 것이며, 아름다움이란 감각적인 것의 가장 만족스러운 관계로 말미암아 충족되는 상상력으로 관조되는 것이다.

만약 아름다움이 한 개인의 사물에 대한 반응이거나 감정 혹은 욕망의 표현이 아니고 객관적인 인식의 대상이라면, 아름답다고 느끼는 감성적 의식상태는 옳다고 생각하는 지성의 인식 상태와 어떻게 다른가? 바꾸어 말해서 미적 의식의 내용은 무엇인가? 디덜러스는 이에 대한 생물학적 설명을 부정한다. 생물학적 설명을 따른다면, 가령 한 여자가 아름답게 보이는 것은 그 여자가 우수한 자녀를 낳을 것이라는 것을 느끼게 하기 때문이다. 이 학설은 미의식이 주관적인 것임을 의미한다. 다시 말하자면, 설사 많은 사람들이 한 대상을 아름답게 느꼈다 해도 그 느낌은 아름다움이 객관적으로 그 대상 속에 존재해서가 아니라, 많은 사람들의 그 대상에 대한 심리적 반응이 일치했다는 것을 뜻할 뿐이다. 그러나 디덜러스는 미의 객관성을 주장하며 다음과 같은 가설을 세운다.

똑같은 대상이 모든 사람들에게 아름다워 보이지 않더라도 하나의 아름다운 대상을 찬미하는 모든 사람들은 그 대상 속에서 모든 심리적 인식의 각 단계를 만족시키고, 또 그것에 부합되는 일정한 관계를 찾아내고 있다. 그러니까 한 사람에겐 한 형식을 통해서, 또 다른 사람에겐 그와는 다른 형식을 통해서 볼 수 있고 느낄 수 있는 관계들은 미의 필연적인 특질임에 틀림없다.

그에게 있어서 심미적 경험은 한 사물의 절대적 특질의 체험인 것이다. 디덜러스의 이와 같은 예술관은 인식과 평가, 미의 차원과 진리의 차원의 차이를 근본적으로 부정하는 입장이다. 디덜러스, 즉 제임스 조이스의 미학을 받아들일 수 있는가?

플라톤에서 시작하여 후설에 이르기까지 미를 발견과 인식의 객관적인 대상으로 보려는 줄기찬 전통이 있음에도 불구하고 나는 플라톤적 미학이 받아들일 수 없는 것이라고 생각한다. 어떤 사실이나 사물은 객관적인 존재로 인식이 될 수도 있고 인식되지 않은 채 남아 있을 수도 있지만, 그 존재의 형태에는 아무런 변동이 없다. 그 존재는 의식, 즉 인식의 행위 밖에 있는 것이다. 그러나 그 존재 자체는 옳지도 않고 그르지도 않으며, 아름답지도 않고 밉지도 않다. 그것은 그냥 그대로 있을 뿐이다. 그 존재에 관한 옳고 그름, 아름답고 미움의 문제는 그 존재에 대한 진술이 있고서야 비롯된다.

그러나 인식적 진술과 심미적 진술은 완연히 구별된다. 전자는 의식 밖에 있는 객관적 사실을 서술하기 때문에 그 진술의 옳고 그름은 객관적 사실에 맞느냐 그렇지 않느냐에 의해서 쉽사리 결정될 수 있다. 그러나 후자의 경우는 객관적 사실을 서술하는 진술이 아니라 그 사실에 대한 인식의 태도 혹은 반응을 표현하는 진술이다. 다시 말하자면, 아름답다 혹은 밉다는 표현은 객관적인 것을 묘사하는 것이 아니라 그것을 대하는 의식상태 자체를 나타내는 말이다. 일그러진 복순이의 얼굴이 어떤 이에게는 절세의 미로 보이지만 다른 사람에게는 생각만 해도 불쾌함을 느끼게 할 수도 있는 것이다. 이런 사실은 아름다움이 객관적 존재가 아니라 보는 이의 심리상태를 나타내는 것임을 증명해주는 좋은 예가 된다. 그러나 복순이의 예는 과장이 없지 않다.

실제로 어떤 얼굴, 어떤 모양, 어떤 색들은 대부분의 사람에게 다 같이 대개 아름답게 보이거나 밉게 보인다. 이와 같은 구체적이며 경험적인 사실은 아름다움이 한 개인의 기분에 달려 있지 않고 개인적인 심리상태를 초월해서 객관적으로 존재하는 것임을 입증하는 것처럼 보인다. 예술사의 존재도 위와 같은 미의 객관성을 입증하는 것처럼 보인다. 왜냐하면 예술사에서 거론되는 작품들은 그 많은 예술품 중에서 아름다운 것으로 어느 정도 보편적인 평가를 얻어서 선별된 작품이기 때문이다.

그러나 좀더 생각해보면, 어떤 대상이 보편적으로 아름답거나 혹은 흉하다고 평가되는 사실과 그 대상이 객관적인 아름다움이나 추함을 '소유'하고 있다는 것과는 전혀 별개의 문제다. 다시 말해서 한 대상에 대한 보편적인 미의 평가는 절대로 그 미의 객관적 존재성을 보증하지는 못한다.

심미적 가치 평가의 보편성은 인간성의 보편성에 의해서 설명될 수 있다. 물론 인간은 각자 다소의 육체적, 지적, 감정적 차이가 없지 않다. 각 개인의 차이는 선천적인 차이뿐 아니라 환경이나 교육 등에 의해 지배되는 후천적 요소로 인해 커질 수도 작아질 수도 있다. 그럼에도 불구하고 동물로서의 인간은 대체적으로 똑같은 기능과 욕망을 갖고 있다. 양이 물을 싫어하고 파리가 더러운 것을 좋아하듯, 인간이란 종으로서의 사람이 다 같이 어떤 것을 좋아하고 어떤 것을 싫어하게 된다는 사실은 충분히 이해될 수 있는 문제이다. 각 개인의 다소간의 심미적 취미의 차이는 각 개인이 갖고 있는 생리적 차이나 환경, 교육의 차이에서 오는 것이라고 봐야 한다.

이와 같이 볼 때 제임스 조이스가 주장한 미의 본질, 즉 '사물 간의 형식적인 관계의 조화'도 이해가 된다. 그러나 이 관계의 조화 자체가 미는 아니고, 인간에게 보편적으로 유쾌한 느낌을 일으키게 하는 조건이라고 보면 된다. 물론 어째서 '관계의 조화'가 즐거운 심리상태를 일으키느냐 하는 문제는 별개의 문제다.

아름다움을 하나의 객관적 존재로 보지 않고, 일종의 만족스럽거나 즐거운 심리상태로 본다면 남은 문제는 심미적 즐거움이 어떤 종류의 즐거움인가를 밝히는 것이다. 왜냐하면 인간은 미에서 얻는 즐거움뿐만 아니라 지식에서 얻는 즐거움도 있고, 식욕·성욕·소유욕을 채우는 데서 얻는 즐거움이 있기 때문이다.

인간의 궁극적인 욕망이 '권력에 대한 의지'라고 본 니체는 심미적 쾌감도 일종의 권력에서 느끼는 쾌감의 일부에 지나지 않는다고 보았다. 그러나 니체의 설명은 모순된 문제를 내포하게 된다. 우선은 권력이란 개념이 막연한 데서 생기는 문제이지 않을까 싶다. 만약 미에 대한 추구가 권력에 대한 추구에 지나지 않는다면, 어찌해서 많은 예술가들이 정치가나 장군이 되려 하지 않고 궁상스럽고 외롭게 방구석에 앉아서 모든 것을 희생하면서까지 작품을 만들어내는 데 전력을 기울이는가? 만약 우리가 모차르트의 음악이나 라파엘로의 그림을 보고 아름다움을 느끼는 것이 사실이라면, 정말 우리들은 그런 예술품 앞에서 '권력'이나 '힘'을 체험한단 말인가? 그러나 이에 대해서는 이미 아리스토텔레스가 지적했듯이 아름다움을 경험할 때 우리들이 정신적인 카타르시스를 체험한다는 것이 더 진리에 가까운 것 같다. 우리들의 심리는 권력이나 힘에서 멀어져 일종의 정적인 평화와 따스함을 체험하는 것이다.

한편 프로이트의 미학은 니체의 미학에 못지않게 독창적이고, 니체 이상으로 큰 영향을 주고 있다. 프로이트는 니체의 '권력' 대신 '에로스'

를 도입해서 심미적 경험을 설명하려 한다. 프로이트의 주장은 어느 면에서는 다윈주의적이고 생물학적인 부분이 있지만 기본적으로는 정신분석학에 입각해 있다. 프로이트에 의하면 인간은 궁극적으로 에로스의 만족을 찾는다. 그러나 현실에서는 그러한 욕망을 자유자재로 만족시킬 수 없다. 사회질서는 물론 한 개인의 계속적인 생존을 위해서는 사회적 행동의 규범이 필요하게 되고, 그러한 규범으로 도덕이 강요되기 때문이다. 예술활동은 이처럼 좌절된 에로스에 대한 욕망을 승화의 형식을 빌려 해결하는 방법이다. 따라서 프로이트는 미에서 느끼는 즐거움도 근본적으로는 성적인 즐거움과 다를 바가 없다고 주장한다. 프로이트의 이론은 얼핏 보아서 퍽 단순하여 수긍할 수 있을 듯하지만 좀더 생각해보면 문제점이 없지 않다. 만약 프로이트의 이론이 옳고 그러한 이론을 적용한다면 그 아무도 예술이란 험난한 길을 구태여 택해 성적 욕망을 만족시킬 필요를 느끼지 않을 것이다.

우리는 많은 예술가들이 환락을 희생하면서까지 예술작품을 만들어내기 위해서 인생을 바친 예를 얼마든지 볼 수 있다. 만약 프로이트의 이론이 옳다면 피카소는 그의 많은 작품을 생산하는 시간을 아껴서 더욱 많은 젊은 여성들과의 관계를 가졌어야 하지 않겠는가? 프로이트의 이론은 니체의 이론 못지않게 예술의 어떤 본질, 심미적 경험의 어떤 본질을 망각한 것 같이만 보인다. 미적 경험에는 권력이나 성에서 얻을 수 있는 즐거움으로는 결코 대치할 수 없는 특수한 즐거움이 있다.

여기에 이르러 우리는 사르트르의 미학을 생각하게 된다. 사르드르에 의하면 인간의 궁극적 목적은 '권력에 대한 의지'도 아니고 '에로스의 만족'도 아니다. 인간의 궁극적인 욕망은 인간의 심리상태에서 찾아볼 수 있는 것이 아니라, 그 이전에 인간의 존재학적 구조에 의해서 이해되어야 한다.

사르트르는 모든 존재를 '대자'와 '즉자'로 구분한다. 모든 것은 인간과 인간 아닌 것으로 바꿔 생각할 수 있으며, 그것은 다시 의식 있는 존재와 의식 없는 존재로 구별할 수 있다. 의식의 존재양식은 '실재하지 않는다는 것으로서의 존재'이며, 의식 없는 모든 존재는 '그냥 실재하는 것으로서의 존재'이다. 이와 같이 하여 대자는 언제나 '실재로 존재하는 존재'가 되고자 하지만 그와 동시에 자기 자신이 그와 같은 양식으로 존재한다는 것을 확인하려 한다. 즉 의식하고자 한다. 그러나 그와 같이 의식하는 이상, 그는 완전한 실재, 즉자로서 존재하지 못하고 역시 '실재 하지 않는 것으로서의 실재'로 머물러 있게 마련이다. 따라서 이와 같은 존재학적 구조를 가진 인간은 '즉자인 동시에 대자적인 존재', '의식을 갖지 않은 존재이면서 그것을 의식하는 존재'라는 완전히 모순된 존재학적 욕망에 사로잡혀 있게 마련이다. 이와 같이 모순된 욕망은 현실적으로 절대 불가능하다.

예술은 현실적으로 불가능한 인간의 존재학적 욕망을 만족시켜줄 것 같은 환각을 갖게 하는 수단이다. 사르트르에 의하면 현실적인 것은 절대로 아름답지 않다. 아름다운 것, 미는 언제나 상상적인 존재에서만 얻어지는 경험이다. 어떤 대상이 현실적인 것이 아닌 현실로 파악되었을 그 대상은 미적 각도에서 평가되는 것이다. 모든 예술이 언제나 상상의 산물이라는 사실, 아름다운 것이 언제나 꿈 같은 것으로 느껴지는 이유가 여기에 있다.

사르트르의 미학은 내가 알고 있는 가운데서 가장 깊이가 있고 가장 설득력이 강하다. 우리는 그의 극히 독창적인 해석에 감탄하지 않을 수 없다. 그러나 그의 이론에는 설명되지 않는 부분이 있다. 과학자가 새로운 학설을 생각해낼 때나 하나의 기술자가 새로운 기계를 고안해낼 때 그들이 하는 일은 실재하지 않는 실재, 즉 상상적 존재를 생각해내는 것이다. 그러나 과학자나 기술자의 이와 같은 경우는 예술가들이 작품을 만들 때 느끼는 경험과는 다르다. 과학자나 기술자의 경험은 심미적인 경험이 아니다. 또 한편 우리들은 아름다운 꽃이나 여성을 상상하면서 미를 경험하지만 추한 뱀이나 괴물을 상상하면서 미를 경험하지는 못한다. 이러한 예들은 미의 경험이 사르트르가 말하는 인간의 존재학적 구조로는 충분히 설명되지 않는다는 것을 증명하는 것이다. 사르트르의 이론으로는 심미적인 만족감과 그밖의 만족감을 구별하기 어렵다.

그뿐 아니라 심미적 경험대상의 보편성 또한 설명해주지 못한다. 우리들은 경험을 통해서 디덜러스, 즉 제임스 조이스가 주장하는 것처럼 어떤 형태의 물질이나 어떤 종류의 색채나 어떤 종류의 조합의 관계는 보편적으로 즐겁게, 아름답게 느껴지는 반면, 어떤 것들은 그렇지 못하고 정반대의 기분을 느끼게 한다는 것을 알고 있다. 이와 같은 사실은 어떤 사물이나 형태가 결코 객관적으로 존재하는 아름다움이 될 순 없지만, 인간으로 하여금 아름다움을 느끼게 하는 객관적 조건을 갖고 있다는 것을 증명하는 것이다. 디덜러스가 말한 대로 얼핏 보기에는 유럽인, 중국인, 아프리카인들이 각기 다른 모습의 여인들을 아름답다고 말할 것 같지만, 그들이 아름답다고 느끼는 여인들을 분석해보면 어떤 보편적인 모습을 찾아낼 수 있을 것이다.

아름다움의 경험이란 이와 같은 객관적 대상을 보았을 때 느껴지는 즐거운 심리상태며, 예술이란 그러한 대상들을 인위적으로 만들려는 활동이요, 예술적 즐거움이란 이와 같은 것을 창조하는 데서 오는 기쁨일 것이다. 이러한 예술적 창조의 기쁨은 우리들이 경험할 수 있는 기쁨

가운데서 가장 근본적이고 전인적인 기쁨이다. 창조의 기쁨은 자유를 경험하는 기쁨이기도 하다. 자유를 전제하지 않은 창조는 있을 수 없기 때문이다.

비록 디덜러스, 즉 작가 제임스 조이스의 미학이 완전히 옳은 것은 아니지만 그가 부조리한 종교에서 해방되고, 애국적 활동이나 윤리적인 문제에 흥미를 잃고 예술에 몸을 바치기로 한 이유는 가장 깊은 인생의 환희는 미의 세계, 예술적 창조생활에서 얻을 수 있다고 믿었기 때문이다. 참다운 영혼의 구원은 신이라는 외적 존재로부터 주어지는 것이 아니라, 미에서 찾을 수 있는 참다운 전인적인 내적 환희 속에 있었던 것이다.

제임스 조이스는 『젊은 예술가의 초상』을 통해서, 예술이 그저 감각적인 만족을 만들어내기 위한 수단이 아니라는 것, 아름다움의 경험은 단순한 감각적 만족이 아니라는 것을 보여주고, 예술활동이나 아름다움의 경험을 통해서 종교가 할 수 없는 영혼의 참다운 구원이 가능하리라는 것을 말해주고 있다. 그것은 달리 말해서 신이 없는 우주 속에서도 인간은 환희를 경험하고 의미를 갖고, 그의 영혼이 구원될 수 있다는 것을 우리에게 시사한다.

《문학사상》, 1973년 10월 창간호~1974년 12월호

15
철학적 허무주의
—사무엘 베케트 『고도를 기다리며』

한 문학작품에 표현되는 작가의 사상은 직접적이거나 혹은 간접적인 방식으로 나타난다. 전자는 도스토옙스키의 『지하생활자의 수기』 등에서 볼 수 있는 바와 같이 작가가 어떤 이념을 자기가 만든 가공의 인물들을 통해서 직접 표현하는 것이다. 후자의 예로는 사무엘 베케트Samuel Beckett, 1906~1989의 『고도를 기다리며』에서와 같이 작가의 사상이 작품 전체를 통해 하나의 간접적 또는 상징적인 언어로 표현되어 있는 것이다. 이런 작품에서는 주인공이 자신의 이념을 직접 표현하지 않기 때문에 독자들은 그 속에 숨어 있는 의미를 통해 이념을 도출해내야 한다. 전자와 같은 작품의 주인공들이 사상가로서 자기들의 언어를 통하여 그들의 사상을 표현하는 데 반해서, 후자와 같은 작품의 주인공들은 사상가가 아니며, 언어로 자신의 사상을 표현하지 않고 그들 인물 자체가 바로 어떤 이념을 뜻하는 언어로서 존재한다.

　2막으로 된 희곡 『고도를 기다리며』는 극적 사건이 없는 극이며, 이야기라고 말할 수 있는 이야기가 없는 작품이다.

잎사귀 하나 붙어 있지 않은 버드나무 하나만이 오도카니 서 있는 적적한 시골길의 어느 날 저녁. 어딘지 어수룩해 보이는 에스트라공과 블라디미르가 등장해 그들이 만나기로 약속한 고도라는 인물을 기다리면서, 시간을 보내기 위해 무의미한 대화를 나눈다. 그러는 동안 그 땅의 임자인 포조가 럭키라는 자를 노예를 부리듯 학대하며 나타난다. 블라디미르는 포조가 고도란 인물인 것으로 생각했지만 결국 착각이었다는 것이 드러나고, 그들은 얼마 동안 바보 같은 대화를 지껄이다가 포조와 럭키는 사라지고 에스트라공과 블라디미르는 다시 고도를 기다린다. 그러나 한참 후에 어떤 소년이 나타나 고도가 그날 저녁은 못 오고 다음 날 저녁에 올 것이라고 전한다. 다음날 저녁, 에스트라공과 블라디미르는 똑같은 장소 똑같은 시간에 역시 똑같은 실없는 대화를 나누며 따분한 시간을 보내면서 고도를 기다린다. 그러나 끝내 고도는 나타나지 않고 다시 소년만 나타나서 고도는 다음날에야 올 수 있다고 전한다. 이 소식을 들은 에스트라공과 블라디미르는 다음날 다시 올 것을 기약하고 그 곳을 떠나기로 한다.

이 시시한 이야기 같지 않은 이야기 속에는 아무런 철학적인 대화도 없고, 그곳에 나오는 다섯 명의 인물은 사상가라고 하기에는 너무나도 무식하거나 바보 같고 어리석다. 따라서 이 작품이 철학적인 의견을 나타내고 있다면, 그것은 주제, 인물의 성격, 극이 전개되는 장소 등을 종합적으로 분석함으로써 전체적으로 나타나는 상징적인 의미 속에서만 찾아낼 수 있다.

작품의 주제는 말할 나위도 없이 기다림, 더 정확히 말해서 이루어지지 않는 기다림이다. 에스트라공과 블라디미르는 처음부터 끝까지 그저 기다리고만 있는 것이다. 당분간 좌절된 것이 아니라 근본적으로 영원히 '좌절된 기다림'의 상징적 의미는 무엇인가? 그것은 기다림의 무용성, 무의미를 말한다. 기다림은 기다리는 것이 이루어짐으로써, 아니면 적어도 그런 가능성이 있을 때만 뜻을 갖게 되는데, 기다림이 근본적으로 좌절된다면 아무 뜻을 가질 수 없게 됨은 당연한 논리다. 기다리는 노력의 좌절을 허무, 즉 '니힐'이라고 불러도 좋다. 만약 인간의 매일매일의 생활이 죽는 날까지 다음날, 또 다음날의 무엇인가를 기다리는 연속이라고 가정하고 그와 동시에 죽는 날까지 아무리 애를 쓰고 다음날까지 무엇을 기다려도 그 기다림은 결국 성취되지 않고 이 땅에서 사라져 한낱 흙이 된다든가, 혹은 어떤 벌레의 밥이 될 것이 확실하다면 우리들의 인생은 예외 없이 허무하다는 결론이 나올 수밖에 없다. 인생을 비롯해서 모든 것이 그저 무의미하게 존재했다가 다른 형태의 물질로 변해 없어진다는 관점을 '철학적 허무주의'라 부른다. 이러한 철학적 사상은 두말할 것 없이 인생을 철저히 부정적으로 바라보는 사상이다.

『고도를 기다리며』가 철학적 허무주의를 나타낸다는 것을 전제로 하고 베케트가 말하는 인간의 기다림의 내용, 그것이 좌절된 의미, 그리고 좌절될 것을 알고서도 계속 기다려야 하는 의미를, 마지막으로 그런 상황 속에서 베케트가 본 대로의 인간 생존의 모습을 작품 속에서 분석해보자.

기다림의 대상이 되는 고도Godot를 '그He'라고 표현하거나, 또 '그'가 벌을 줄지도 모른다는 표현으로 보아 적어도 표면적인 고도는 기독교에서 말하는 인격신God을 의미한다고 보는 것이 옳은 해석일 것이다. 그러나 작가 베케트가 '고도'라는 단어를 통해 진지하게 신을 의미했을까? 소년이 설명하는 고도는 인간의 고통이나 인간 사회의 불의에 대해서 무관심하다. 이러한 신은 비록 전능하다 하더라도 무한한 사랑의 상징인 기독교의 인격신과는 배치된다. 뿐만 아니라 고도는 영원히 나타나지 않는다는 사실은 인격신인 조물주로서의 신과는 맞지 않는다.

차근차근 설명하자면 상당히 이단적인 해석이 될지도 모르지만, 필자는 고도를 인간의 어쩔 수 없는 필연적인 존재 조건의 상징으로 봄으로써 작품 전체를 보다 정연하게 해석할 수 있을 것 같다. 인간이 살아가기 위해서는 어쩔 수 없는 필연적인 조건이 있고 그것은 인간의 힘을 초월한다는 점에서, 초월할 수 없는 전지전능한 신의 개념과 일치한다. 고도를 기다리는 노력이 좌절될 수밖에 없다는 것은 인간의 존재 조건은 그가 살아 있는 이상, 아무리 벗어나려고 해도 벗어날 수가 없다는 뜻이 되겠다.

그렇다면 보다 구체적으로 말해서 고도로 상징되는 어쩔 수 없는 인간의 존재 조건이란 무엇일까? 그것은 '만족을 모르는 생존에 대한 본능'이다. 생명체로서의 인간은 다른 모든 생물체와 마찬가지로 어떠한 상황에서든지 만족을 모르고, 언제나 자신의 생명을 더 연장시키려는 본능에서 벗어날 수 없다. 왜냐하면 생존이야말로 모든 조건 가운데서도 가장 근본적인 생존 조건이기 때문이다. 다음과 같은 에스트라공과 블라디미르의 대화는 이런 해석을 뒷받침해준다.

에스트라공: 정확히 뭘 고도에게 부탁할 거야?
블라디미르: 글쎄, 뭘 부탁해야 할지 몰라.
에스트라공: 우린 꼭 매여 있는 것 아니야?
블라디미르: 매여 있다니? 누구한테 매여 있단 말이야?
에스트라공: 고도한테 말이야.

인간 생존의 근본 조건인 생존 본능에서 우린 떠날 수 없다. 죽을 때까지 만족을 얻지 못하는 것이 사실이라도 이러한 상황을 떠날 수는 없다. 우리들은 그저 본능에 따라 살면 되기 때문이다. 그러나 언뜻 보아서 인간은 동물과 같은 본능에 지배되는 동시에 그러한 본능을 객관적으로 바라보고 때로는 초월하고자 하는 능력과 또 다른 본능이 있다. 동물과 달리, 살아가는 기쁨과 괴로움을 의식하는 인간은 경우에 따라서 자기 자신의 생명을 스스로 버리고자 하는 욕망을 갖게 된다. 즉 생명에 대한 본능을 초월하거나 말살하려는 부정적 또는 소극적인 욕망을 갖게 된다. 프로이트는 이와 같은 인간 특유의 욕망을 '죽음에 대한 욕망'이라 불렀다. 그러나 '죽음에 대한 욕망'은 사실 따지고 보면 죽음을 원하는 것이 아니라 삶에 대한 욕망의 뒤집힌 표현으로 봐야 한다. 따라서 자살을 실제로 시행하는 사람이 있다고는 하지만 아무리 비참한 경우에 놓이거나 아무리 가까운 날에 내가 죽게 되리라는 것을 확신하고, 또한 인생에 대한 어떠한 이론적인 가치도 전혀 가질 수 없다 해도 절대다수의 인간은 생명에 대해 동물로서의 악착 같은 애착을 초월할 수 없다. 이와 같은 우리들의 모습은 다음과 같은 대화에서도 찾을 수 있다. 고도를 기다리다 못해 지치고 단지 살아 있을 뿐인 따분한 삶에서 의미를 찾을 수 없는 에스트라공은 블라디미르에게 이렇게 말한다.

에스트라공: 우리 목매달아 죽어버리면 어때?
블라디미르: 뭘로?
에스트라공: 자네 끄나풀 한 가닥 갖고 있지 않았어?
블라디미르: 아니…….
에스트라공: 그럼 우린 목매달아 죽지도 못하겠네.

비록 우리가 살아가는 데 의의나 신명을 얻지 못할 뿐만 아니라 오히려 비참하고 따분하다는 것을 의식하게 되더라도 생존에 대한 본능, 즉 고도에게 묶여 있는 것이다. 몇 번이고 똑같이 되풀이되는 다음의 대화는 위에서 본 바와 같은 인간의 상황을 웅변적으로 요약해준다.

에스트라공: 돌아가세.
블라디미르: 안 돼.
에스트라공: 뭣 때문에 안 돼?
블라디미르: 고도를 기다려야 해!

고도의 상징적 의미를 인간의 생존에 대한 본능으로 해석한 우리는 '고도를 기다리'는 기다림의 뜻을 좀더 살펴볼 필요가 있다. 왜냐하면 고도를 본능으로 해석할 때 '본능을 기다리며'라는 말로 바꿔 쓸 수 있게 되는데, 이러한 표현은 문자 그대로는 말이 될 수가 없기 때문이다.

'기다림'은 어떤 결핍된 대상을 향한 욕망을 의미한다. 그렇다면 채워지지 않는 생존에 대한 본능에 묶여 나오지 못한다는 것은 이루어지지 않는 기다림을 갖고 있다는 것과 마찬가지 뜻이 될 것이다. 이러한 의미에서 인생은 덧없는 기다림 그 자체가 된다. 따라서 우리가 기다리는, 즉 그것으로부터 해방될 수 없는 궁극적 집착의 대상은 반드시 신과 같은 초월적인 존재가 아니어도 좋다. 이는 종교를 갖지 않은 사람, 신을 믿지 않는 사람, 초월적 세계를 믿지 않을 뿐 아니라 그런 데에 관심을 가질 정신적·육체적 여유마저도 없는 많은 사람들이 항상 내일을 위해, 다음 해를 위해 살아가고 있다는 것을 보아도 역력히 증명된다.

위에서 나는 베케트의 작품 『고도를 기다리며』가 궁극적 목적이 없이 어쩔 수 없는 본능에 매달려 살고 있는 인생의 근본적 존재 조건 혹은 양상을 표현하는 것임을 밝히고자 했다. 이제 우리는 이와 같은 근본적 존재 조건 속에서의 인생을 베케트는 어떻게 묘사했는가를 살펴볼 필요가 있다. 한마디로 베케트가 보는 인생은 유쾌한 것, 아름다운 것이 못 된다. 우선, 무대배경이 되는 잎사귀 하나도 없이 말라빠진 나무 한 그루만 서 있는 시골길과 저녁 광경이 유쾌하거나 생동적이지 않다. 2막에서는 잎사귀가 몇 개 붙여진 것으로 보아 완전한 죽음의 세계는 아니지만 인생은 근본적으로 쓸쓸한 과정으로 해석되었음을 알 수 있다. 뿐만 아니라 등장인물들을 보아도 에스트라공처럼 어리석고 인생이 무엇인지 알지 못하고 살아가는 괴물이거나 블라디미르처럼 외롭거나 포조처럼 잔학하거나 럭키처럼 불쌍하다. 문자 그대로 죽지 못해 사는 이러한 인생은 극히 따분한 것이기도 하다. 이런 인생의 권태로움이 다음과 같은 대화에서 나타난다.

　블라디미르: 아무 얘기나 좀 해!
　에스트라공: 생각하는 중이야.
　블라디미르: 아무 노래나 해봐!

　따지고 보면 따분한 이 '인생이란 아무 사건도 일어나지 않고 아무도 찾아오지 않고, 아무 데로 떠나가지도 않는' 권태로운 장소다. 그런 권태를 잊기 위해서 블라디미르처럼 이야기를 꾸며보아야 하고 에스트라공, 포조 또는 럭키처럼 이상한 곡예를 부려야 한다.
　그렇다면 무엇 때문에 이처럼 따분하고 가련하고 쓸쓸한 생활을 계속해야 하는가? 인생의 의미는 무엇인가? 이와 같은 질문에는 해답이 없다. 이 작품 속의 한 인물이 말하듯이 모든 것은 혼돈뿐이라고 할 수 있다.

"이 엄청난 혼돈 속에서 단 한 가지만이 확실하다. 그것은 다름이 아니라 우리들이 고도를 기다리고 있다는 바로 그 사실뿐이다."

인생이 혼돈이라 함은 인생이 이성으로는 풀 수 없는 수수께끼라는 것을 의미한다. 이와 같은 혼돈의 인생은 에스트라공이 기억을 자꾸 상실하고 같은 사람, 같은 물건, 같은 장소를 하루만 지나도 기억하지 못하는 것으로 암시되며 또한 고도를 만나더라도 무엇을 묻거나 부탁해야 할지 전혀 모르는 것으로 표현된다. 고도를 기다린다는 사실만이 확실한 것인데 고도는 다름 아닌 생존에 대한 궁극적 본능의 상징이다. 그런데 그러한 본능은 결코 완전히 만족될 수 없기 때문에 계속 만족되기를 기다리기 마련이다. 결국 이럴 수도 저럴 수도 없으면서 무의미한 갈등 속에 끊임없이 얽혀 있는 것이 인생이다. 우리는 무엇 때문에 살고 무엇 때문에 본능에 집착하는지 모른다. 그렇다고 본능에서 해방될 수 없다. 이와 같이 모순되고 난처한 완전히 비극적인 상황은 몇 번이고 반복되는 다음의 대화에 요약된다.

에스트라공: 어떻게 하면 좋을까?
블라디미르: 무얼 해도 아무 소용 없어.

잘라 말해서 우리가 무슨 노력, 무슨 짓을 해도 인생은 죽어 흙으로 썩어갈 때까지 '한낱 어리석은 잡담을 하면서 시간을 보내는 것이란 결론'이다.

실존주의자 하이데거는 인생을 뜻있는 인생과 뜻 없는 인생으로 구별하고 뜻 없는 인생을 가리켜 '어리석은 잡담의 인생'이라 했다. 그의 인생관에는 어두운 일면이 없지 않지만 일부 비평가들의 생각과는 달리 하이데거의 사상은 허무주의가 아니다. 왜냐하면 어리석은 잡담의 인생 밖에서 뜻있는 인생이 가능하기 때문이다.

그러나 하이데거와는 달리 적어도 베케트의 작품 『고도를 기다리며』에 나타난 작가의 인간 존재에 대한 견해는 철저한 허무주의로밖엔 볼 수 없다. 인생의, 아니 만물의 존재가 궁극적으로 무의미하다는 사상, 그 허무주의의 의미는 무엇일까? 그것은 한마디로 말해서 죽음에 대한 의식이다. 만약 내가 영원히 존재할 수 있다면 내가 하는 모든 것의 의미가 밝혀질 가능성은 언제나 남아 있다. 그러나 만약 나의 죽음이 나에게 있어서 완전한 마지막이 된다면 그러한 가능성은 없어진다.

신도 죽고, 역사에 아무 목적도 없다면, 우주라는 존재에는 처음부터 아무 목적도 없었다면, 이 땅 위에 인간으로 태어나 역사 속에서 홀로 사라지고 마는 나의 존재에는 아무런 의미가 없다. 그러나 자신의 행위에 의미를 부여하지 않으면 만족할 수 없고, 죽음을 초월해서 언제까지나 생존하려고 하는 본능에서 해방될 수 없는 우리에게는 이러한 인생관은 심리적으로 받아들이기 어렵다.

전통적으로 허무주의는 종교나 형이상학, 혹은 여러 종류의 신화를 통해서 부정되며, 우리는 인생에 의미를 부여하려고 한다. 종교에 있어서는 기독교가 그 좋은 예가 되는데, 기독교에 의하면 육체적 죽음이 마지막이 아닐 뿐 아니라, 지상에서 인생의 목적은 천국에 있고 믿음으로써 지상에서의 노력이 의미를 갖게 된다. 형이상학의 좋은 예는 헤겔의 『정신현상학』인데, 이 학설에 의하면 모든 현상은 가이스트Geist(정신)의 변증법적 전개의 엄격한 과정으로 이곳에서의 인생은 형이상학적이고 우주적인 목적과 연결됨으로써 뜻을 갖게 된다. 한편 우리들은 국가·문화·인류·가족·사랑 등의 신화를 통하여 현재의 나의 행위나 노력, 나의 희생이나 죽음에 어떠한 의미를 부여한다.

불행인지 혹은 다행인지 모르겠으나 우리가 살고 있는 현재는 예전처럼 맹목적으로 신을 믿을 수 없게 되었다. 오로지 인간만이 다른 어떤 동물도 할 수 없는 자기희생 같은 행위를 의식적으로 하기 때문에 인간의 위대성이나 숭고성이 특별하기는 하지만, 웬만한 지성인이면 위에서 말한 가치가 하나의 신화에 불과하다는 의식을 하게 되었다. 따라서 종교나 형이상학적 신념을 통해서 혹은 신화로밖엔 볼 수 없는 초월적 가치를 위한 희생을 통해서, 심리적으로 우리들의 인생이 무의미하지 않다는 느낌을 가질 수 있음은 확실하다 하더라도, 그러한 의미는 어디까지나 주관적인 개인의 느낌에 불과하지 사실은 아니다. 그것은 아름다운 환상에 지나지 않으며 엄격한 의미에서 볼 때 논리적으로 객관적 의미는 있을 수 없다. 결국 우리가 얻을 수 있는 결론은 앞서 말한 대로의 허무주의, '신의 죽음'을 선고한 니체가 말하는 허무주의, 베케트의 작품 『고도를 기다리며』에서 볼 수 있는 허무주의를 부정하기는 어렵다는 사실이다.

철학적 허무주의, 즉 인생을 떠나서는 그 아무것에도 목적이 없고 언젠가는 죽게 마련인 인간의 일평생 자체에는 아무런 의미나 목적이 없다고 해서 우리는 베케트나 그밖의 많은 사람들이 생각하는 것처럼 절망해야 하는 것인가? 죽으면 그만인 인생은 반드시 초라하고 가엾고 고통스럽고 우울하고 따분한 것이어야 하나?

베케트가 암시한 것과는 달리, 톨스토이가 생각했던 것과는 달리 애당초 논리적으로 볼 때 인생을 떠난 인생 밖에서의 의미나 목적, 즐거움이나 절망은 있을 수 없다.

모든 가치, 모든 의미는 오직 내가 살아 있는 한, 내가 살아서 무엇인가를 욕망하는 한 뜻을 가질 수 있는 개념이기 때문이다.

나는 내가 언젠가는 죽어서 이 살(육체), 이 심장이 썩어 흙이 되리라는 것을 확신한다. 내가 죽은 다음 나는 맛있는 음식, 즐거운 음악, 정다운 친구, 독서의 즐거움도 갖지 못하게 될 뿐 아니라 지금까지 노력해서 닦아온 여러 가지 앎이 완전히 한낱 백일몽이 되리라는 것도 안다. 그리고 또 한편, 어찌해서 이 무한한 시간과 공간 가운데서 하필이면 내가 지금 살고 있는 시공 속에 태어나서 죽어야 하는지를 알 길이 없다. 무엇 때문에 인류는 태어났고 왜 우주가 존재하는지를 알 수 없다. 나에게 위와 같은 현상은 오직 거창한 수수께끼요, 헤아릴 수 없이 깊고 어두운 신비일 뿐이다.

그렇다면 나는 절망하고 있으며, 내 꼴은 비참한가? 나는 꼭 절망해야 하고 비참해야만 하는가? 물론 머지않아 내가 진토塵土가 되어 외롭고 쓸쓸한 들에 묻혀야 한다는 것을 생각하면 본능적으로 서운하고 허전해짐은 물론이다. 그러나 베케트가 강조한 것처럼 이와 같은 사실은 '어쩔 수 없는' 것이다. 그러나 반대로 내가 정말 영원히 살아야만 한다고 가정하자. 그 얼마나 따분하고 무서운 일이랴. 내가 언젠가는 죽어야 하기 때문에 문자 그대로 일장춘몽 같은 나의 인생은 신명이 나고 아름답고 즐거울 수 있으며, 눈을 감고 죽으러 떠나는 날까지 나는 헤아릴 수 없는 의미로 가득 채워질 수 있다. 행복한 환상보다는 불행한 현실이 더 아름답고 가치가 있다.

베케트가 그린 인간은 가련하면서도 우스꽝스럽다. 그는 인생을 희비극의 난센스로 보았다. 그러나 이러한 인간상은 오직 인생 밖에서 인생을 바라볼 때 가능하다. 행인지 불행인지는 우리는 살아가는 동안 인생을 떠나 인생 밖에서만 인생을 바라볼 수 없다. 우리는 비극적이고도 희극적인 인생을 힘껏 살아감으로써 그것을 극복하고 초월할 수 있다.

순전히 사상사적 입장에서 볼 때 『고도를 기다리며』는 두 가지 중요한 의의를 갖는 것 같다. 첫째, 그것은 소박한 과학문명에 대한 결정적인 비평으로, 진보를 낙관적으로 보는 태도에 종지부를 찍는다는 것이다. 인간의 문제, 인간의 행복이 과학의 발전으로만 해결될 수 없다는 것을 이 작품은 웅변적으로 상징한다. 둘째, 우리는 이 작품을 하나의 정직한 인생의 거울로 삼아 우리가 의식하지 못했거나 혹은 오로지 추상적으로만 알았던, 우리의 또 다른 면을 구체적으로 역력히 체험함으로써 보다 더 자신의 참된 모습을 의식하게 된다.

정말 보람 있는 우리의 인생은 적나라한 우리의 거짓 없는 모습을 지각함으로써 비로소 시작될 수 있다.

《문학사상》, 1973년 10월 창간호〜1974년 12월호

16
목적과 수단
─이그나치오 실로네 『빵과 포도주』

현대 정치사가 자유주의와 공산주의의 치열한 싸움으로 점철되어 있음
은 누구나 다 알고 있다. 해방 후, 특히 우리 한국인들은 이 싸움에서 비
롯된 쓰라린 체험을 계속하고 있다. 자유주의와 공산주의의 정치사상
은 실질적으로 극도로 대립하고 있지만, 다 같이 인간 평등주의에 바탕
을 두고 있다. 진정한 의미에서의 민주주의가 이 두 개의 대립되는 정치
적 이념의 철학적 밑받침이 되고 있는 것이다. 제2차 세계대전 때 자유
주의 서구 세계와 공산주의 소련이 손을 잡고 나치 독일과 제국주의 일
본에 대항해서 싸울 수 있었던 것은 여러 가지 이해관계로 설명할 수 있
지만, 자유주의와 공산주의가 다 함께 인간 평등주의의 철학적 사상을
밑받침으로 하고 있기 때문이라고 봐야 한다.

오늘날 인간 평등사상은 대체로 자명한 진리처럼 생각되고 있지만,
실제로 이 사상은 극히 근대적인 것으로 이것이 자명한 진리로 받아들
여지기까지 수백 년, 아니 수천 년이 걸렸다. 이 사상이 긴 투쟁을 통해

서 정립될 수 있었던 사조임을 망각해서는 안 된다.

　오랜 역사를 두고 세계를 지배한 군주주의와 귀족주의는 인간이 선천적으로 차별적이고 또 그렇게 되어야만 한다는 계급주의에 바탕을 둔 것이고, 독일의 나치즘이나 일본의 제국주의는 이와 같은 인간의 차별을 전제할 때만 가능한 것이었다. 한 계급에 의한 다른 계급의 착취와 지배, 한 민족에 의한 다른 민족의 탄압과 지배는 '인간 불평등'이란 철학에 의해서 정당화되었다.

　기독교가 세계적으로 보편화된 이유의 하나는 이 종교의 민족이나 계급을 떠난 만민 평등사상에 있지만, 기독교는 오랜 역사를 통해서 지배자의 편에 서왔다는 것이 더 사실에 가깝다. 기독교는 지상에서 실현되지 않는 만민 평등의 이념을 다른 초월적 세계에서 실현할 것이라는 구실하에 이념과 실천의 모순을 합리화하려고 했다.

　하나의 정치 이념으로의 평등사상은 17세기의 불우했던 철학자 루소로부터 비롯된다. 루소의 평등사상을 보편적인 정치 이념으로 온 세계가 받아들이게 되기까지는 2백 년이란 길고 피 묻은 세월이 흘러야만 했다. '인간 평등사상'은 인종·출생·지위·연령을 떠나서 모든 인간은 인간으로서 각자가 동등하게 취급되어야 한다는 사상이다. 그것은 인간 각자의 존엄성을 주장한다. 이 사상은 루소의 영향을 받은 독일의 철학자 칸트에 의해서 가장 요령 있게 설명되었다. 그에 의하면 모든 인간은 각자가 목적으로 취급되어야 하며, 수단으로 취급될 수 없다고 했다. 칸트는 인간 각자는 그 자신이 군주로 간주되어야 하지, 결코 종복으로 취급되어서는 안 된다고 말했다.

　요약해서 말하자면 인간 평등사상이란 모든 인간이 예외 없이 완전히 자유로운 존재임을 인정하려는 사상이다. 왜냐하면 자유야말로 가장 높은 인간성을 나타내는 구체적 증거이기 때문이다.

루소나 칸트와 마찬가지로 나는 이와 같은 사상이야말로 모든 가치, 특히 윤리적 가치의 가장 근본적인 밑바탕이 된다고 확신한다. 다시 말하면, 모든 행위의 가치는 인간 평등사상에 비추어 평가되어야 한다고 믿는다. 인간 평등사상은 '가치의 가치'가 된다. 그러나 모든 절대적 전제가 그러하듯이 모든 가치 평가의 전제가 되는 평등주의 자체는 결코 그것의 정당성이 증명될 수 없는 절대적 가치이다. 꼭 정당화해야 한다면, 나는 그것이 '양심'의 거울에 비춰서 그저 자명하게 보이기 때문이라고 대답해야만 할 것 같다.

자유주의나 공산주의는 다 각기 하나의 정치 이념으로, 그 이념은 결코 그 자체가 목적이 될 수 없고 오직 평등사상을 실천하기 위한 수단에 불과하다. 평등주의가 하나의 가치를 의미한다면 어떤 정치적 이념을 막론하고 그 자체로는 궁극적인 가치를 가질 수 없고 그것은 오직 어떤 가치를 실천하기 위한 도구에 불과하다.

자유주의와 공산주의의 차이는 같은 가치를 실천하는 데 어떤 수단을 써야 하느냐에 대한 견해의 차이로 귀결된다. 자유주의가 개개인의 정신적 '자유'를 강조하는 데 비해서 공산주의는 경제적 '평등'에 초점을 둔다. 결과적으로 자유주의는 흔히 경제적 불평등을 낳고 공산주의는 정신적 부자유를 초래한다. 문제는 경제적, 즉 실질적인 평등이 없이 진정한 정신적 자유가 있는가 하는 것과 정신적 자유가 없는 물질적 평등이 만족스러운가 하는 것이다. 경제적 평등이 없는 자유는 참다운 자유가 아니며, 동시에 정신적 자유가 없는 경제적 평등은 참다운 인간사회일 수 없다. 자유주의는 흔히 인간에 의한 인간의 착취와 부패로 타락하고, 공산주의는 예외 없이 폭력과 공포의 사회로 타락하게 된다. 그것은 이상적인 인간사회가 자유와 평등이 동시에 공존하는 사회라는 것을 망각하고, 더 근본적으로는 정치 이념이란 인간 가치의 실천을 위한 수단에 불과하다는 것을 망각하는 데서 기인한다. 근래에 실질적으로는 자유주의 사회가 사회주의적 경제체제를 어느 정도 수용하고, 그와 반대로 공산주의 사회가 자유주의적 경제체제를 일부 받아들이고 있는 경향은 정치 이념이 인간의 행복을 실현하기 위한 수단이라는 사실을 차츰 의식하게 되었음을 증명하는 것이다.

이탈리아의 대표적인 작가 이그나치오 실로네Ignazio Silone, 1900~1978의 작품 『빵과 포도주』는 모든 정치가 수단에 불과하다는 것, 정치의 참다운 목적이 인간의 행복에 있다는 것을 새삼 의식하게 하는 소설이다. 이 소설을 통해서 작가는 독선적이 되기 쉬운 정치 이념을 비판하고 정치가들이 빠지기 쉬운 광신을 경고하며 정치의 참다운 의의가 어디에 있는가를 우리에게 자각하게 한다.

시골에서 75세의 생일을 맞는 돈 베네데토는 평생을 수도자로서 학교에서 아이들을 가르쳤으나, 한창 세력을 뻗치고 있는 무솔리니의 파시스트 정권에 협력하지 않은 관계로 일찍 은퇴해서 극히 가난하고 외로운 생활을 하고 있다.

그의 여러 제자들 가운데는 탕아가 된 사람, 파시스트 정권에 적극 협력하는 사람, 변호사가 된 사람, 의사가 된 사람 등등이 있다. 이 제자들이 성자와 같이 존경하는 은사의 75세 생일을 축하하려고 모이게 된다. 그러나 이 가운데는 스승이 가장 아끼는 제자가 끼여 있지 않다.

이 제자의 본명은 피에트로 스파나로 그 지방의 부유한 집안에 태어났으나 지진으로 집안이 망하고, 그 충격으로 성직에 봉사하려고 마음먹는다. 그러나 결국 기독교에 실망하여 신앙을 잃고 공산당에 가입하여 반파시즘과 혁명운동에 가담한다. 그는 10여 년 동안 스위스, 프랑스, 벨기에 등 이탈리아 밖의 타국에서 지하활동을 했다. 그러나 본국을 떠나 외국에서 지하활동을 하는 것이 너무나 비현실적이고 추상적임을 절감하고 '돈 파오로'라고 이름을 바꾸고 신부로 가장해서 자기의 고향인 이탈리아의 벽촌에 숨어든다. 그는 직접 그곳의 농민들과 접촉하며 반파시즘 혁명운동을 하려는 것이다. 그러나 그가 이탈리아에 돌아왔을 때는 이미 오래전부터 앓고 있던 폐질환이 악화되어 있었다. 그는 의사가 된 옛 동창의 도움을 받아 완전히 비밀리에 어느 깊은 산골에서 휴양하게 된다. 그곳에서 그는 극히 무식하지만 단순하고 솔직한 시골 농민들과 접촉하면서 참다운 인간의 구체적인 진실이 어디에 있는지를 발견하게 되고, 그가 속해 있는 공산당 이념의 독단적이고 비인간적인 성격, 불성실성에 대해서 회의를 느끼기 시작한다. 그는 파시즘이 완전히 세력을 잡고 제국주의적인 정책을 쓰면서 에티오피아 침략 전쟁을 일으키게 되자 이런 만용에 열광하는 모든 사람들과는 반대로 그것에 저항한다. 그는 이미 단순한 공산당의 투사이기보다는 한 명의 구체적인 살아 있는 인간으로서 비인간적인 것에 저항하게 된 것이다.

여기에 나오는 주인공 스피나는 작가 자신의 그림자와 같은 존재다. 따라서 이 소설은 작가 자신의 정치에 대한 견해의 변화, 작가의 참된 삶에 대한 추구를 그린 일종의 자서전이다. 실제로 1900년에 태어난 작가 실로네는 교회에서 경영하는 학교에 다니며 기독교사상에 심취되었으나, 그가 태어난 지방의 가난과 부정에 맞서 싸우기 위해서 교회를 떠나 정치운동에 적극 참가했고, 당국의 눈을 피하기 위해 이름을 바꾸기도 했다. 그는 파시스토 무솔리니가 정권을 잡은 뒤 스위스로 망명했으나 1931년 자신이 가담했던 공산당과의 관계를 끊기도 했다.

작가 실로네는 『빵과 포도주』 속에서 구체적으로 어떻게 독재정치에 대한 그의 정치적 견해를 전개하는가? 참된 정치, 특히 참된 혁명가들의 근본적인 동기는 앞서 말한 것처럼 인간 평등이란 가치를 믿음으로써 생기는 것이다. 우리가 검토하고자 하는 소설의 주인공만 해도 자신의 생명을 무릅쓰면서까지 공산당에 가입하여 반파시즘운동에 참여한 근본적 동기는 예외일 수 없다. 그는 이미 재학 시에 다음과 같이 자기의 생의 길을 결정한다.

나는 내 생전에 성자가 되고자 한다. 나는 환경이나 장소나 물질적 편의만을 따라서 살고 싶지 않다. 그러나 나는 결과가 어떤 것이든 간에 내 눈에 정당하고 참된 것을 위해서 싸우고 싶다.

정의와 평등사상은 기독교의 핵심이다. 그러나 스피나는 이미 기독교를 믿지 않게 되고 유물론에 철학적 토대를 둔 공산주의 프롤레타리아 혁명에 가담한다. 그가 교회를 떠난 이유는 무엇보다도 교회가 자신들이 싸워야 할 부패하고 타락한 불의의 사회와 타협하고 있기 때문이다.

불의와 위선, 폭력과 허위는 모든 주의와 이념을 넘어서 인간 양심의 적이다. 그렇기 때문에 참다운 기독교인과 참다운 혁명가는 근본적으로 모든 철학적 이론을 넘어서 통하는 데가 있다. 그들을 연결하는 것은 '말만의 진리'를 넘어선 휴머니즘이다. 어떤 비평가가 카뮈의 이상을 '신 없는 성자'라고 말했거니와 어떤 면에서는 『빵과 포도주』의 주인공 스피나는 카뮈의 『페스트』에 나오는 주인공 의사인 리외와 흡사하다.

혁명가들을 포함한 모든 정치가들은 모두가 다 같이 동의할 수 있는 가장 귀중한 인간 가치, 즉 자유와 정의를 위해서 싸워야 한다. 정치가들은 정치적 이념이나 정치가 인간 가치의 실현을 위한 수단이나 도구에 불과함을 알고 있지만, 불행히도 자칫하면 그들의 이념은 광신적 성격을 띠게 되고 어느덧 수단이 목적이 되고 목적이 수단으로 전도된다. 마침 내 정치가들은 본래의 목적했던 가치를 망각하고 정치적 권력 자체를 목적으로 삼게 된다. 여기서 정치의 타락이 시작되는 것이다.

18세기 프랑스혁명 때의 공포정치에서 볼 수 있듯이 모든 형태의 정치 이념은 무자비하고 비인간적인 독재와 공포정치로 변신하기 쉽다. 분단된 한반도에 사는 우리는 오늘날 어떤 다른 나라보다도 정치 이념의 타락을 아주 가까이서 체험하고 있다. 그것의 가장 심한 예가 북한의 경우이다.

북한의 이른바 공산주의 정권은 철저한 일인 독재에 의해서 공포와 완전한 허위의 사회로 변하고 있다. 그곳에서 인간은 하나의 기계로 타락하고 그 기계는 한 독재자에 의해서 철두철미하게 조종된다. 공산주의를 구실로 삼아 모든 인간을 살아 있는 꼭두각시로 만들어버리는 것이다. 북한은 극단적인 예에 불과하다. 우리들은 소련에서, 중국에서, 그리고 자유주의를 표방하는 여러 형태의 독재 정권에서 얼마든지 정치 이념의 타락을 목격했다. 정의와 자유를 다 같이 구호 삼고 있는 정치 이념이 부패와 폭력에 의해 변신하는 오늘날의 정치를 우리는 멀리서, 또는 가까이서 뼈저리게 경험하고 있는 것이다.

『빵과 포도주』의 주인공 스피나는 비록 파시즘을 타도하고 정의와 자유의 사회를 만든다는 의도에서 공산당에 속하게 되지만 그는 처음부터 위와 같은 위험을 예감한다. 그는 스스로 이렇게 묻는다.

정치에 가담해서 한 당을 위해 봉사하면서 동시에 진실할 수 있을까? 내게 있어서의 진리가 당의 진리요 정의가 당의 정의로 되어버리지 않았던가? 당이 내 내부에 있는 윤리적 가치를 소시민적 편견이라고 경멸하면서 그것을 말살해버리지 않았던가? 당 자체가 절대적 가치로 되어버리지 않았던가? 그렇다면 나는 퇴폐한 교회의 기회주의를 피했음에도 불구하고 한 당파의 마키아벨리즘 속으로 떨어져버린 것이 아닌가? 만약 이같은 의문이 위험한 생각이라 해서 내 혁명 의식으로부터 이 생각을 제거해야 한다면 어떻게 내가 신념을 갖고 지하투쟁의 위험에 대면할 수 있는가?

작가 실로네의 정치혁명에 대한 비판적 태도는, 과거에 공산당이었다가 현재는 탈당하고 비관주의자가 된 우리바라는 인물의 입을 빌려서 더욱 확실해진다.

어찌해서 모든 혁명은 폭군으로 그치고 말았는가? 어찌하여 단 하나의 혁명도 폭군의 길을 면할 수 없었던가?

아직도 혁명을 믿고 있는 주인공 스피나는 반문한다.

설사 그것이 사실이라 하더라도 다른 결론을 내려야 해. 나는 모든 혁명이 타락했다는 것을 인정한다. 그러나 우린 지금 우리의 이상에 충실한 하나의 혁명을 일으키고자 하는 거야.

이런 낙관적 태도에 대해서 우리바는 반발한다.

환상이야! 망상이야! 자네는 아직도 혁명에 성공하지 못하고 있어. 자네는 아직도 지하운동에 가담하고 있네. 그러나 자네는 벌써 썩었어. 우리가 학생 단체에 다 같이 소속해 있을 때 우리를 들끓게 했던 개혁의 정열은 그 자체가 하나의 이념의 거미줄로 변해버렸어. 그렇기 때문에 자네도 변명할 순 없어. 물론 이런 결과는 자네의 과실이 아니라 자네를 혼돈하게 하는 조직체의 과실일지도 몰라. 공산당에 있어선 모든 생각이 공식화되어 선전으로 사용되고 있어. 공식화된 생각을 보존하기 위해서 한 개의 조직체가 조직되고 그 조직체가 그 생각을 해석하기로 되어 있네.

그 조직체는 때로 월급을 지불하면서까지 선택되고 있지만, 모든 경우에 상부의 감시를 받고 있어. 상부에서 하는 일이란 의심 분자와 이탈자들을 골라내는 것이지. 일단 한 생각이 국가의 공식적 교리가 될 때, 거기엔 아무도 빠져나갈 구멍이 없어.

그렇다면 부정과 폭력의, 옳지 못하다고 믿어지는 사회를 어떻게 살아나가야 하는가? 작가 실로네는 세 가지 경우를 예로 들고 그중 두 가지 예를 부정한다.

첫 번째는 이상적 사회를 잠시 단념하고 마음에 없지만 기존 사회에 적응하는 길이다. 이것은 자신의 위험을 무릅쓰고 옛 동창인 스피나를 숨겨준 의사의 태도로 표현된다. 그는 파시즘에 반대한다. 그러나 자신과 가족들의 생활을 위해서 그것에 반항하지 않고 그대로 단념하고 적응하려는 수동적인 태도를 취한다. 이러한 태도는 대부분의 사람들이 취하는 것이다. 그는 말한다.

우린 모두 집행유예된 삶을 살아가고 있다. 다만 당분간 모든 일이 그릇되어 가고 있다. 당분간 이에 적응하고 모욕을 받고 살아야 하지만 그런 것을 일시적인 것이라고 생각한다. 진정한 생활은 언젠가 시작될 것이라고 생각한다. 우리들은 정말 단 한 번도 참되게 살아보지 못했다는 불평을 갖고 죽을 각오를 한다. 나는 가끔 이와 같은 생각에 집착하고 있다. 우린 단 한 번밖엔 살지 못한다. 그런데 언젠가는 참된 인생이 시작되리라는 헛된 희망을 갖고서 한 번밖에 없는 이 인생을 임시변통의 인생으로 살아간다. 이렇게 사는 것이 인생이다.

이와 같이 인생에 대한 비관적 태도를 가질 때 우리는 모든 미래에 대한 희망, 그것을 위한 투쟁도 헛된 것이라는 결론을 내리게 된다. 작가는 이런 첫 번째의 생의 태도를 비판한다. 그 비판은 자유에 대한 이런 해석에 근거를 두고 있다.

자유는 선물처럼 얻는 것이 아니다. 힘의 정치와 투쟁하는 한도 내에서 우리는 그 힘의 정권 밑에서 살 수 있으며 자유로울 수 있다. 제 정신으로 생각하고 그 정신을 타락시키지 않는 한 우리는 자유로울 수 있다. 자기가 옳다고 생각하는 것을 위해서 싸우는 사람은 자유로운 사람이다. 인간은 자기 자신의 한계와 맞부딪쳐 싸우지 않는 한 진정한 의미에서 존재하지 않는다.

두 번째 태도는 현실도피적 태도이다. 이 태도는 수녀가 되려고 하는 크리스티나에게서 나타난다. 그녀는 폭군 같은 조모 슬하에서 학대를 받고 사는 착한 여자이다. 그녀는 이 현세에서 경험하는 모든 악을 신의 섭리라고 믿으면서 지상에서의 구원을 단념하고 참된 구원을 내세에서 찾으려 한다. 그녀는 "수녀가 되는 천직天職은 진짜이다"라고 말하면서 스피나가 개혁하려는 사회적 불평등은 "신이 만든 것이기 때문에 그것을 존중한다"고 덧붙인다. 이 태도는 알 수 없는 미래를 위해서 현세에서의 참된 인생을 희생하려는 것이다. 작가 실로네는 두 번째의 태도 역시 거부하는데, 이는 이 태도가 너무나 비현실적이고 도피적이기 때문이다. 작가는 스피나의 입을 빌려 이렇게 비판한다.

크리스티나여, 그대 갖고 있는 것을 그대가 버렸다는 것은 사실이다. 그러나 무엇을 위해서, 아니 누구를 위해서 그대를 희생하는 것인가? 우리들의 사랑, 우리들 자신을 희생하고 버리려는 태도는 우리들과 같이 생긴 사람들 사이에서 사용됐을 때만 가치가 있는 것이다. 윤리는 오직 실천적 생활 속에서만 살고 발전한다. 우리들은 우리들뿐만 아니라 다른 사람들에 대해서도 책임이 있다. 만일 우리들 주위를 지배하고 있는 악을 느낀다면 우리들은 가만히 앉아서 내생을 기다리며 오늘 우리들의 슬픔을 위안할 순 없다.

결국 작가 실로네가 우리에게 요구하는 생활의 태도는 제3의 길, 즉 실천적이며 구체적인 선의의 투쟁이다. 그것은 반反비관적이며 반도피적이다. 그러나 근본적인 그의 요점은 모든 정치적 투쟁이 궁극적으로 인간을 위한 봉사가 되어야 한다는 것이다. 그것은 기독교에서 살(육체)과 피, 즉 생명을 의미하는 '빵과 포도주'로 상징된다. 작가 실로네는 기독교를 믿지 않지만 기독교의 본질인 동포애와 사랑을 사회적 정의와 동지애의 정신으로 받아들이고 있는 것이다.

그는 이와 같이 정치의 궁극적인 목적이 무엇에 있는가를 환기시키면서 모든 형태의 독재정치를 비난한다. 이와 더불어 어떤 정당한 정치적 이상을 위해서 싸우는 혁명이라도 쉽사리 또 하나의 비인간적인 독재를 저지를 수 있으며 부정한 조직체로 변모할 수 있다는 사실을 경고한다. 바꿔 말하자면 수단이었던 정치가 흔히 목적으로 변할 수 있다는 부조리한 사실을 새삼 상기시키는 것이다.

이런 관점에서 볼 때 작품 『빵과 포도주』는 헉슬리의 『멋진 신세계』, 오웰의 『1984』, 게오르규의 『25시』와 더불어 공산주의라는 미명과 그 밖의 여러 형태로의 정치 이념이 비인간적인 폭력과 허위로 싸인 독재로 변하고 있음을 경고하는 작품이다. 정치는 한 개인의 권력과 영화를 위한 수단이 되거나 특정한 계급 또는 어떤 민족이 다른 계급이나 다른 민족을 지배하는 수단으로 흔히 타락함으로써 인간사회에 커다란 악으로 나타난다. 그리하여 정치는 본래의 목적과 기능을 잃고 그 자체가 많은 사람들의 욕망의 대상으로 변한다. 군주정치, 공산독재정치, 무제한 자유주의정치, 제국주의정치 등은 예외 없이 반드시 이런 정치악을 동반하고 있음은 부인할 수 없는 사실이다.

그럼에도 불구하고 인간사회는 정치를 떠나선 살 수 없다. 어느 철학자가 말했듯이 인간은 정치적 동물이다. 이성을 가진 인간은 다른 동물과는 달리 어떻게 하면 가장 적은 노력을 들여서 가장 큰 효과를 얻을 것인가를 계산하게 된다. 생활의 합리화에 대한 인간의 자연스러운 요구는 생활의 공동화를 낳게 마련이다. 욕망을 채우기 위해, 필요한 것을 생산하기 위해서 한 사회 내의 여러 인간들은 노동을 분화해야 하고, 이러한 필요성 때문에 사회는 하나의 합리적인 유기체로 조직된다. 정치는 다른 것이 아니라 바로 이와 같은 조직체인 것이다. 조직체로서의 정치는 그 자체가 악일 수도 없고 악을 만들어내지도 않는다.

그러나 불행히도 인간은 모두가 천사나 현인이 아닐 뿐만 아니라 항상 각 개인의 이해관계는 상반되기 쉽고, 따라서 알력을 낳게 마련이다. 이와 같이 상반되는 이해관계를 조절하는 기관이 필요한 것은 당연하다. 생산의 합리화를 위한 조직체로서 정치는 이런 개인 간의 이해관계를 조절하는 권력의 기능을 겸하게 된다. 권력은 반드시 어떤 통제를 갖게 되고 흔히 어떤 개인이나 단체의 이익을 위해 그밖의 사람들을 탄압하는 폭력이나 부정을 낳기 쉽다. 여기서 정치는 본래의 목적과 기능을 망각하고 그 자체가 목적인 것처럼 처신하게 된다. 이와 같은 목적과 수단의 전도는 기나긴 정치사를 통해서 군주정치·귀족정치·공산독재정치 등에서처럼 한 개인의 절대적 우상화나 나치즘, 파시즘, 그리고 일본 제국주의에서처럼 한 민족이나 특정 문화의 절대적 우상화로 변질될 수 있다.

다시 말하면 정치는 위와 같은 우상을 위해서 한 사회 내의 모든 사람들, 다른 민족이나 문화의 희생을 강요하게 했다. 수단으로의 정치 이념이 목적이 되고, 목적이 되어야 할 한 사회 내의 모든 개인들이 그런 이념을 위한 수단이 되고 만 것이다.

이런 역사의 흐름이 인간사회에서 불가피한 요소였다 해도, 우리는 정치의 가장 중요한 첫 번째 명제가 어디까지나 한 사회 속에 살고 있는 구체적인 각 개인의 인간적인 행복 실현이라는 것을 명심해야 하며, 어떠한 형태의 광신주의에도 빠져서는 안 된다. 다시 말하지만, 정치의 목적은 어떤 특수한 개인이나 단체의 이익을 위해서가 아니라 모든 개인의 행복을 똑같이 실현하는 데 있다. 이런 관점에서 볼 때 모든 형태의 귀족주의·군주주의·민족주의에 입각한 정치적 이념은 배격되어야 할 것이다. 이런 정치 이념은 인간 사이의 차별을 전제로 하고 있기 때문에 넓은 의미의 정의를 부정하고 있는 것이다. 또 한편 우리들은 모든 형태의 힘의 정치를 배격하여야 할 것이다. 힘의 정치는 그 말이 암시하는 것처럼 각 인간의 평등한 자유를 부정함으로써만 가능하기 때문이다. 그런데 자유 없는 인간생활이 진정한 인간생활일 수 없음은 자명한 진리이다. 독재정치란 인권을 무시함으로써만 가능해지는 것이다.

정치철학의 문제는 여기에서 그치지 않는다. 두 가지 상반되는 정치 이념이 자유와 평등을 공히 전제로 하고 있을 때 우리는 어떤 정치 이념을, 즉 어떤 수단을 선택해야 할 것인가를 합리적으로 결정해야 한다. 구체적으로 예를 들자면, 현대를 지배하고 있는 상극인 두 개의 정치 이념, 즉 자유주의와 공산주의는 다 같이 모든 인간의 자유와 평등이 가능한 사회를 목적으로 하고 있다. 그럼에도 구하고 자유주의와 공산주의는 치열한 투쟁을 계속하고 있다. 우리는 동일한 목적을 가졌음에도 불구하고 서로 상극인 수단을 주장하는 위의 두 가지 정치 이념 중에 어떤 근거에서 한 가지를 선택할 수 있을까?

공산주의자들은 완전히 물질적으로 자유롭고 평등한 지상천국이라는 존재하지 않는 미래를 위해서 현재를 희생할 것을 강요하면서 잔인한 독재를 정당화하려 한다. 그러나 그들의 정치는 모든 사람들을 공포와 부자유 속으로 몰아넣고 마치 기계처럼 취급하기에 이르렀다. 그리고 진리가 땅에 짓밟힌 채 선전과 독단으로 지배되는 완전한 허위의 사회를 조성하고 있다. 우리들은 이러한 예를 북한의 독재 정권에서 확실히 볼 수 있다. 사실상 북한 전체는 한 독재자의 영원한 집권에 대한 야망의 수단으로 바뀌고 말았다 할 것이다. 그들은 목적을 위해서는 수단을 가릴 필요가 없다고 주장한다.

그러나 그들의 이와 같은 주장은 근본적인 오류를 범하고 있다. 만약

한 사람의 생명을 구하기 위해서 나의 명예와 부와 향락을 희생한다면 그것은 논리적으로 모순이 없다. 왜냐하면 한 사람의 생명은 명예나 부나 향락과는 완전히 다르고 높은 차원에 있는 가치이기 때문이다. 높은 가치를 위해서 낮은 가치가 희생될 수 있음은 앞뒤가 정연하다. 그러나 한 인간의 자유와 권위를 위해서 다른 인간의 자유와 권위가 희생되어야 한다는 이론은 완전한 자가당착이다. 이러한 사실은 아무리 옳은 목적을 위해서라도 그것을 실천하는 수단과 방법에는 엄격한 한계가 있어야 함을 보여준다. 따라서 만약 공산주의가 목적을 위해서는 수단을 가리지 않겠다는 정치 이념이라면 우리는 그것을 받아들일 수 없다. 공산주의자들은 평등, 더 정확히 말해서 물질적 평등을 강조하고 그러한 사회를 이상적인 사회로 생각한다. 진정한 자유는 물질적 평등에서만 가능하다고 믿는다. 그러나 정신적 자유가 없는 기계와 같은 평등, 노예나 가축들과 같은 물질적 평등이 무슨 의미가 있겠는가?

한편 이른바 자유주의 정치 이념은 어떠한가? 이 정치 이념은 물질적 평등보다도 개인의 정신적 자유에 더 높은 인간적 가치를 두고 있다. 그러나 흔히 자유주의는 부의 불평등을 초래하게 된다. 그렇다면 물질적 불평등이 있는 곳에 진정한 의미의 정신적 자유가 얼마만큼 가능한지 의심스럽다. 왜냐하면 물질적으로 빈약한 자는 물질적으로 강한 자의 지배를 받게 되는 경우가 대부분이기 때문이다.

이와 같이 이른바 정치적 이념은 그것을 극단적으로 끌고 갈 때 이론상으로 제아무리 아름답다고 하더라도 공산주의건 자유주의건 실질적으로 내적 모순을 지니고 있다. 뿐만 아니라 앞서 말한 바와 같이 정치적 이념은 흔히 그 본래의 기능을 망각하고 광신의 대상으로 우상화되고, 몇몇 사람들의 권력 유지를 위한 도구로 타락하기 쉽다. 정치적 광신, 정치적 폭력, 정치적 위선은 어떠한 정치 이념도 목적을 달성하기 위한 수단과 방법의 이론에 불과한 것임을 잊지 않아야만 극복될 수 있을 것이다. 우리들은 정치적 이념의 노예가 되어서는 안 된다.

그러나 불행히도 이것은 어디까지나 이상이다. 정치가들은 성자나 천사가 아니다. 정치가들은 많은 경우 아무리 훌륭한 동기를 갖고 정치에 참여한다 할지라도 일단 정권을 잡으면 자기의 개인적인 권력욕을 만족시키기 위해서, 정권을 한 공동체의 공평한 이익을 위해서보다는 그 공동체를 압박하는 수단으로 타락시키는 경우가 허다하다. 이와 같이 하여 아름다운 이상을 내건 정치 이념은 마침내 공포와 폭력의 수단으로 변해버린다.

이러한 정치적 현실에서 우리는 단순히 이상론만을 운운할 수는 없다. 현실은 정직하고 용감한 사람에게 폭력에 순순히 복종하거나, 그것으로부터 도피를 거부하고 구체적인 저항을 위한 행동을 취할 것을 요구한다. 이러한 저항과 투쟁은 어떤 종류의 희생을 동반하지 않을 수 없는 또 하나의 정치적 행동이 되게 마련이다. 여기에 모든 정치 행위의 윤리적 고민이 나타나게 된다. 만약 희생을 강요하는 정치적 권력에 대한 저항으로의 정치적 행위가 역시 희생을 요구한다면 어떤 근거에서 행위의 기준을 찾을 것인가? 이 상황에서 우리는 희생과 그 효과를 비교함으로써 행동을 선택해야만 한다. 만약 한 사람, 혹은 몇 사람의 희생이 더 많은 사람을 구하게 된다면 우리는 부득이 그러한 희생을 치를 수밖에 없다. 그러나 여기서 가장 중요한 것은 정치적 투쟁의, 정치적 희생의 목적이 자유와 평등이라는 것을 명심해야 한다는 것이다.

작품『빵과 포도주』는 그 자체가 목적이 되어 타락해버리는 모든 정치, 특히 과격한 혁명적 정치 이념에 대한 일종의 경고다. 그러면서 작가 실로네는 우리에게 정치적 참여, 정치적 투쟁을 종용한다. 왜냐하면 우리들의 이상은 그저 손만 벌리면 얻을 수 있는 선물이 아니라 투쟁으로 쟁취되어야 하기 때문이다. 그러나 가장 중요한 점은 모든 정치적 이념이 인간의 최고 가치, 즉 모든 인간의 자유와 평등을 실현하는 수단에 불과하다는 것을 명심해야 한다는 데 있다.

이 작품은 작가의 파시스트 무솔리니의 독재에 대한 저항에서 얻은 경험을 토대로 한 것으로, 직접적으로는 파시스트 독재를 고발하는 자유의 소리이다. 그러나 그와 동시에 이 작품은 모든 양식의 독재와 부정을 고발하는 증언으로, 이 작품이 쓰인 시대를 초월해서 보편적 가치를 지니고 있다. 나치즘, 파시즘이 타도된 지 수십 년이 지난 지금도 우리는 여러 형태의 독재와 부정, 폭력과 허위로 가득 찬 정치를 뼈저리게 경험하고 있지 않은가? 우리는 정치가가 가장 천하고 무력한 사람으로 취급되는 때가 오기를 바라 마지않는다.

《문학사상》, 1973년 10월 창간호∼1974년 12월호

『문학 속의 철학』 초판 서문

이 작은 책『문학 속의 철학』은 같은 제목 아래 연재했던 15편의 에세이와 별도로 발표했던 짧은 에세이「서술과 분석」을 모아 엮은 것이다. 후자의 에세이는 문학과 철학의 관계를 밝힌 것으로 이 책의 전체적인 방향을 잡아줄 수 있는 간결한 서론으로 읽혔으면 좋겠다.

문학과 철학이 결코 같을 순 없지만 그들 사이에는 깊은 관계가 있어서 문학과 철학을 완전히 떼어놓고는 생각할 수 없다. 왜냐하면 문학은 인생의 서술인데 넓은 의미로서의 철학이 내재하지 않는 인생은 생각할 수 없기 때문이다. 문학작품은 결코 그 안에서 찾아낼 수 있는 철학적 가치에 의해서 그 가치가 결정되지 않는다. 문학작품의 가치는 철학적 가치만으로는 측정될 수 없는 문학성, 즉 예술성을 지니고 있기 때문이다. 그러나 문학이 철학과 떨어질 수 없는 관계를 갖고 있는 만큼 문학작품에 깃들어 있는 철학적 문제와 주장을 이해할 때 문학작품의 문학적, 즉 예술적 의미는 독자들에게 보다 잘 이해되고 평가될 수 있다.

나는 이 책에서 현대 서구문학의 걸작이라고 공인된 열다섯 편의 작품을 하나씩 골라 각기 그 작품의 밑바닥에 깔려 있다고 생각되는 철학적 문제와 주장을 캐내어 그것을 극히 도식적으로 요약하여 비평적으로 다루어보았다. 물론 단 하나의 작품 속에서도 얼마든지 많은 철학적 문제를 끌어낼 수 있다. 그러나 내가 여기서 다룬 각 작품 가운데서 도출해낸 철학 문제들은 두 가지 원칙에 의해서 결정되었다.

첫째, 각기 한 작품 속에서 가장 근본적인 철학적 문제라고 생각되는 문제를 골라내자는 원칙이다. 그러한 철학은 작품 속의 어떤 특정 인물의 철학이 아니라 작품 전체를 통해서 나타난 작가의 철학이라고 전제했다. 따라서 '문학 속의 철학'이라 할 때 그것은 한 문학작품 속에 나타난 작가의 철학을 의미한다. 그러나 이때 말하는 '작가의 철학'은 작가가 철학적 문제를 명확히 의식하고 그 문제를 철학적 체계 속에 나타내고 있다는 말은 물론 아니다. 작가의 문학적 표현을 통해서 그 밑바닥에 깔려 있는 무의식적으로 채택된 체계적이지 않은 어떤 철학적 견해를 찾겠다는 뜻이다.

둘째, 가능한 한 각 작품 속에서 다른 작품과는 다른 철학적 문제를 다루려 했다. 그러나 이러한 노력에는 좀 무리가 따랐다. 왜냐하면 대부분의 문학작품에 나타난 철학적 문제는 윤리적인 성격을 갖고 있기 때문이다.

이 책은 문학평론집이 아니다. 나는 여기서 여러 작품 속에 나타난 철학을 따져본 것이지, 그 작품들의 문학적 해석이나 가치를 따지고자 한 것이 아니므로 그런 부분에 대해선 될수록 언급을 피했다. 또 한편으로 이 책은 문학철학에 관한 이론이 아니다. 문학철학은 문학의 본질에 관한 이론일 텐데 여기서 나는 그러한 문제에 전혀 관여하지 않았다.

그러나 이 책은 다음과 같은 두 가지 점에서 다소의 보람이 될 수 있을 거라고 생각한다. 첫째, 문학에서 철학을 완전히 떼어버릴 수 없는 이상, 한 작품 속에 잠재해 있는 철학의 문제가 무엇이며 그것의 진위가 어떻게 생각될 수 있는가를 안다면 그 작품의 문학적 의미와 가치를 평가하는 데 큰 도움이 될 것이다. 둘째, 여기서 문학 작품을 예로 들어 생각해본 여러 가지 철학적 문제들은—물론 전체적으로 일관된 철학적 체계를 명시하고 있진 않지만—문학과의 관계를 완전히 떠나서 순수한 철학적 문제로서도 단편적으로나마 철학적 흥미를 일으킬 수 있을 것이다.

여기에 모은 15편의 에세이는 1973년 10월 월간《문학사상》창간호에 연재를 시작하여 1974년 12월호까지 15회에 걸쳐 실렸던 것이고, 「서술과 분석」은《연세춘추》1975년 6월 16일자에 실렸던 것으로, 서론 삼아 넣기로 했다.

책으로 엮으면서 원래 실렸던 글에서 철자 오식을 고친 이외에 다소의 수정을 가했을 뿐 거의 원래의 상태대로 두었다. 책의 교정을 보면서 여기 수록된 에세이에 한결같이 심한 불만을 느꼈고, 처음부터 완전히 새로 쓰고 싶은 충동을 금치 못했지만, 그나마 문학을 애호하는 사람들이나 혹은 철학에 관심을 갖고 있는 이들에게 다소나마의 도움이 될지도 모른다는 생각에서 세상에 다시 내놓기로 했다.

15편의 에세이에 인용된 각 작품들의 구절은 그 출처를 처음부터 밝히지 않았다. 그것은 이 에세이들이 처음부터 학술논문으로 쓰인 것이 아니기 때문이며, 출처가 밝혀지지 않았다고 해도 이 에세이가 뜻하는 바에 지장이 없을 것이라고 믿었기 때문이다.

이 에세이들을 쓰게 동기를 마련해준 《문학사상》과 《연세춘추》에 이 자리를 빌려 깊은 감사의 뜻을 표하고자 한다. 특히 이 에세이들을 하나의 책으로 만들어주신 일조각 사장 한만년 형의 따뜻한 이해심과 우정을 진심으로 고맙게 생각한다. 마지막으로 이 책을 위해 따분한 잔일을 많이 맡아주신 일조각 여러분의 숨은 도움에 대해서 퍽 고맙다는 생각을 억제할 수 없다.

1975년 8월 원서동 비원 담 밑에서

『문학 속의 철학』 개정판 서문

나는 일찍부터 시인, 작가, 사상가, 문필가로 살고 싶었고, 또 그러한 삶을 추구해왔다. 대학교 재학 시절, 시와 평론으로 등단한 이후 적지 않은 수의 시와 평론을 신문, 잡지 등에 발표했다. 지금 생각하면 스스로를 알아가기 위한 모색의 하나였을 것이다. 이후 대학교를 졸업하고 이화여자대학 불문과에서 학생들을 가르치다가 1961년 늦가을, 4년 동안 일했던 학교를 떠나 생애 두 번째 파리행에 나섰다. 나에게는 보다 근본적인 것들에 대한 갈망과 열정으로 오른 유학길이었기에 돌아올 날은 기약할 수 없었다.

소르본대학에서 박사학위를 마치고 9년 만에 잠시 들른 서울은 모든 것이 달라져 있었고 역동적으로 변하고 있었다. 인문학계와 출판계도 마찬가지였다. 많은 기성 작가들은 물론 나와 함께 어울려 다녔던 문학도들이 활기차게 저서와 문학지를 출간하고 있었다. 나 또한 그 친구들의 부탁이나 권유에 의해 몇몇 문학지에 글들을 발표하면서 국내의 변화를 실감할 수 있었다. 이 『문학 속의 철학』이란 책은 이런 한국사회와 나 자신의 변화 속에서 생겨났다.

책에 실린 열다섯 편의 문학작품은 책의 초판이 출간되었던 1975년 당시, 국내에는 아직 번역되지 않은 책이 대부분이었다. 따라서 책에 실린 각 작품의 인용문들은 모두 직접 번역했다. 지금 보니 다소 거친 문장들도 눈에 띄지만, 한편으로는 당시의 역동적임과 솔직함을 담고 있어 수정 없이 그냥 싣기로 한다.

초판이 출간된 지 35년이란 긴 시간이 지나 개정판을 내게 되니 감개무량하다. 일조각과 나의 인연은 이 책의 역사만큼이나 오래되었다. 일조각에서의 첫 번째 책인 『시와 과학』이 1975년 출간되었고, 이어 같은 해에 『문학 속의 철학』이 출간되었다. 이 두 책과 더불어 이후 네 권의 책이 일조각에서 출간되었는데, 당시 일조각의 사장으로 있었던 고 한만년 선생과는 서로 형, 아우로 칭할 정도로 마음을 나누던 사이였다. 돌아가신 분께 늦었지만 깊은 감사를 표하고 싶다. 또한 현재, 그분의 정신을 이어받아 일조각을 꾸려가고 있는 김시연 사장에게도 개정판 출간을 맞아 감사를 전한다.

이 개정판은 책의 표지만이 아니라 달라진 것이 몇 가지 있다. 첫째, 초판에 있던 오식이 교정되고 어색한 표현들이 보다 적절한 낱말로 대치되었다. 둘째, 한글이 더 익숙한 독자들을 위해서 원래의 책에 사용되었던 한자를 한글로 대치했다. 그밖에도 여러 가지로 일조각 편집자들이 독자들의 책의 접근성을 높이는 방향으로 많은 신경을 쓴 것으로 안다. 그분들의 정성 어린 노고에 감사한다.

2011년 7월 일산 문촌마을에서

3부

—

나와 실존주의 철학

사르트르 철학의 핵심

철학으로서의 실존주의

과학주의를 고발하고 인간의 복귀를 호소하는 실존주의가 20세기 전반의 사조를 대표한다면 실존주의는 사르트르에 의해서 대표된다. 실존주의는 사르트르를 비롯한 빛나는 이름의 철학자들, 키르케고르·니체·하이데거·야스퍼스·마르셀 등과 떼어서 생각할 수 없지만, 그와 동시에 도스토옙스키·카프카·말로·카뮈·베케트 등과 같은 작가들도 떼어 생각할 수 없다. 이처럼 실존주의는 순수한 철학적 체계 위에 그치지 않고 이념까지 포괄하는 사상이다.

철학과 이념은 흔히 구별되지 않아 그냥 사상이라고 부르지만 그것들은 분명히 구별되어야 하는 개념이다. 철학은 하나의 앎의 체계이지만 이념은 가치의 주장이다. 다이아몬드가 무엇인가를 아는 것과 그것을 가치 있다고 주장하는 것 사이에는 뛰어넘을 수 없는 거리가 있다. 나는 다이아몬드가 무엇인지를 알았다 해도 그것을 갖고 싶어 할 필요는 없는 것이다.

　이념가로서의 실존주의자 사르트르는 인간이 어떻게 살아야 하는가를 주장하면서 가장 뜻 있는 인생은 책임을 지고 자유로운 선택에 의해서 살아가는 것이라고 말한다. 그러나 모든 이념이 그러한 것과 마찬가지로 사르트르의 이념이 어떤 개인에게나 전 인류에게 아무리 어필한다 하더라도 그것으로 그 이념의 진위가 결정될 수 없다. 따라서 이념은 그 자체만으로는 지적 연구의 대상이 될 수 없다. 여기서 나는 오직 철학으로서의 실존주의만을 검토해보고자 한다. 실존주의 철학이 확실히 밝혀졌을 때 실존주의 이념은 보다 잘 이해되고 평가될 것이다.

사르트르 철학의 두 단계

사르트르의 철학은 크게 두 개의 단계로 나누어지는데 그 첫 단계는 『존재와 무』에서, 그리고 둘째 단계는 『변증법적 이성비판』에서 전개된다. 그러나 양자 간에는 새로운 발전이라기보다 새로운 전개가 있다고 봐야 한다. 많은 사람들이 해석한 바와는 달리 『변증법적 이성비판』은 새로운 철학을 제시한 것이 아니고, 『존재와 무』에서 세운 그의 철학을 사회현상에 적용한 것에 불과하기 때문이다. 초기 저서에서 그는 개인으로서의 인간의 존재양식을 밝혔으며, 후기 저서에서 그러한 존재양식이 사회인으로서의 인간에게 어떻게 나타나는가를 밝히고 있다. 따라서 『존재와 무』는 『변증법적 이성비판』을 이해하는 바탕이 된다. 뿐만 아니라 사르트르의 문학작품과 『상황』 속에 나타나는 그의 사회적 정치적·예술적 입장도 근본적으로는 『존재와 무』 속에 나타나는 철학을 앎으로써만 이해될 수 있다. 그래서 사르트르의 전부가 『존재와 무』를 통해 설명될 수 있다. 『존재와 무』의 부제가 암시하듯이 사르트르의 철학의 근본적인 관심은 인간이다. 그러나 그가 알고자 한 인간은 생물학적·형이상학적으로 설명되는 육체로서만의 인간이나, 이념적인 인간이 아니고 구체적인 인간이다. 그의 인간은 먹고 자고 느끼고 생각하고 일하고 놀고 기쁘고 불안에 찬, 살아 있는 살과 피로 되어 있는 인간이다.

이같은 인간을 파악하는 방법으로서 그는 현상학적 방법을 채택한다. 인간에 대한 과학적 발견을 토대로 해서 객관적으로 인간을 파악하거나, 혹은 어떤 형이상학이나 종교의 입장에서 인간의 존재를 설명하는 것이 아니고, 구체적으로 인간이 하고 있는 여러 가지 경험 자체를 분석함으로써 인간의 정체를 파악하려고 한다. 그래서 그는 데카르트의 전통을 이어 철학적 사고는 주관성에서 출발되어야 한다고 믿는다. 이같이 해서 그의 사고는 처음부터 모든 경험의 전제가 됨은 물론 주관성의 전제가 되는 의식에 쏠린다.

그는 브렌타노나 후설의 뒤를 이어 의식의 근본적인 존재구조가 지향성에 있다는 현상학적 주장을 믿는다. 의식은 그냥 단독으로 존재하지 못하고 항상 무엇인가에 대한 의식이라고 한다. 바꿔 말해서 의식은 어떤 대상에 지향되고 있다는 것이다. 상상·느낌·생각함 등의 모든 심리적 현상을 의식이라고 한다면 우리는 반드시 무엇인가를 느끼고 무엇인가를 생각한다. 다시 말해서 의식은 언제나 그 무엇인가의 대상을 갖고 있다. 의식과 그 대상은 종이 한 장의 표리와 같은 관계를 갖고 있어서 의식 없는 대상을 생각할 수 없는 것과 마찬가지로 대상 없는 의식은 상상조차 할 수 없다. 모든 사물은 물론 의식 자체도 대상이 될 수 있지만, 그러나 대상으로 생각되는 바로 그 순간 사물이나 의식은 그것들을 대상으로 삼는 또 하나의 의식을 이미 전제로 하고 있다. 따라서 모든 것이 완전히 대상이라고도 말할 수 없는 동시에 모든 것이 의식이라고도 말할 수 없는 것이다.

『구토』는 흥미 소설이 아니다

이와 같이 해서 사르트르는 모든 존재는 두 가지 존재양식으로 나누어져야 한다고 주장한다. 그는 대상으로서의 존재를 '즉자'라고 부르고, 의식으로서의 존재를 '대자'라고 이름 짓는다. 즉자와 대자는 고정된 존재 자체가 아니고 존재양식을 의미한다. 왜냐하면 가령 인간과 같은 존재는 경우에 따라 대자로서도 존재하고 즉자로서도 존재하기 때문이다. 따라서 즉자는 대상으로서의 존재양식을 가리키고, 대자는 의식으로서의 존재양식을 의미한다. 사르트르의 철학의 근본적인 문제는 존재학인데, 적어도 사르트르에 있어서의 존재학은 한 존재의 화학적 구성 분자나 물리적 법칙을 밝히거나, 혹은 사회적 관계나 심리적 내용을 밝히거나 하는 데 있지 않고, 그 존재의 가장 일반적인 양식을 밝혀내는 데 있다. 따라서 사르트르에 있어서의 존재학은 즉자와 대자의 가장 일반적인 존재양식을 포착하는 데 있다.

즉자의 존재양식은 간단히 서술된다. 즉자는 충만한 것으로서 그냥 그대로 존재한다. 가령 산이나 물은 그냥 그대로 있다. 잉크병이나 책상도 그냥 그대로 있다. 그것들은 다른 무엇이 되고자 하거나 무엇인가를 원하지 않는다. 그렇다면 강아지와 같은 동물들은 어떠한가? 강아지는 무엇인가를 먹고 무엇인가를 쫓아다니지 않는가? 그러나 강아지의 행태는 완전히 본능적인 것으로 설명된다. 강아지는 그냥 먹으려 하고 그냥 쫓아다니지, 그가 무엇을 필요로 하고 무엇인가를 원하고 있다는 것을 의식하지 못한다. 그래서 극히 복잡하긴 하지만 강아지의 행태는 가랑잎이 나뭇가지에서 떨어지는 현상과 같다. 만약 가랑잎의 존재양식이 즉자에 속한다면 강아지의 존재양식도 즉자에 속한다. 이와 같이 해서 즉자라는 문제가 생겨날 수 없는 존재이다. 사르트르는 인간 아닌 모든 존재는 즉자에 속한다고 주장한다.

그냥 존재하는 것, 아무 이유도 목적도 형태도 없이 존재하는 즉자는 대자의 관점에서 볼 때 구역질이 난다. 왜냐하면 즉자는 그냥 그대로 멍청하고 흐리멍텅하게 아무 의미 없이 존재하기 때문이라고 사르트르는 주장한다. 그의 유명한 일인칭 소설 『구토』는 로캉탱이란 인물의 괴상한 생활을 묘사한 작품이 아니며 구토라는 말은 생리학적인 개념이 아님은 물론 심리학적인 개념도 아니다. 우리는 그것이 존재학적 개념임을 잊어서는 안 된다. 한 공원에 있는 마로니에 앞에서의 로캉탱의 경험은 심리학적 경험이 아니라 존재학적인 경험인 것이다. 그는 즉자의 근본적인 존재양식이 무엇인가를 깨달았던 것이다. 이와 같이 해서 소설 『구토』는 그저 또 하나의 흥미 있는 문학작품이 아니라 사르트르의 철학과 존재학을 소설화한 것이라고 봐야 한다. 물론 이 소설에서 그의 존재학의 전모가 나타난 것은 아니다. 그러나 그것은 『존재와 무』에서 그의 존재학이 보다 체계화되고 개발되기 이전에 그가 논리에 앞서 피부로 깨달은 존재, 특히 즉자적 존재에 대한 철학적 발견의 체험담이다.

실존주의는 대자의 철학

이와 반대로 대자는 오직 인간만의 존재양식을 가리킨다. 더 정확히 말해서 그것은 의식으로서의 인간의 존재양식이다. 인간 철학으로서 실존주의는 결국 대자에 대한 철학에 지나지 않는다. 그의 대자에 대한 이론이 이해될 때 그의 철학은 이해된다. 그리고 그의 대자에 관한 이론을 알 때 그의 종교관·사회관·정치관·심리학·예술에 관한 견해가 비로소 확실히 이해된다.

모든 존재가 반드시 즉자와 대자 중의 어느 쪽엔가 소속되어야 하고 즉자의 근본적인 특징은 그것이 충만한 것으로 존재함에 있다고 한다면, 대자의 근본적인 특색은 그것이 충만하지 못한 것으로 존재해야 할 것임은 명백하고 간단한 논리이다. 그래서 사르트르는 대자의 본질이 '결핍성manque'에 있다고 말한다. 대자는 부족한 것, 그냥 존재하여 채워질 필요가 없는 존재가 아니라 그냥은 존재하지 못해서 채워지고자 하는 존재이다. 그래서 사르트르는 그의 저서에서 존재라고 부른 즉자와 대조해서 대자를 '무無'라고 부른 것이다. 역설적이기는 하나 대자는 존재하지 않는 존재이다. 대자가 무라는 사실은 또한 인간의 구체적인 체험을 통해서도 알 수 있다. 대자, 즉 의식의 구체적인 유일한 존재로서의 인간은 무엇인가를 부정하는 힘을 갖고 있다. 인간은 무엇은 아니다, 없다라는 생각을 할 수 있다. 따라서 인간은 부정적인 존재, 즉 '무'로서 존재한다. 만약에 인간이 충만한 존재라면 인간에겐 그러한 부정적인 힘이 없었을 것이다.

결핍으로서의 대자는 근본적으로 불만에 차 있을 수밖에 없다. 따라서 대자는 그 결핍을 채워서 '무'로서의 자신을 그냥 존재하는 것으로 바꿔보려 하게 됨은 거의 물질적 원리에 가깝다. 예를 들어 인간의 무제한한 소유욕은 이와 같은 원리로서 해석된다. 많은 것을 소유함으로써, 즉 많은 물건들, 즉 즉자로 채워짐으로써 대자는 자기 스스로가 즉자로 되고자 하는 것이다. 사물의 소유는 대자가 즉자로 되기 위해 사용하는 하나의 수단에 불과하다. 부족으로서의 대자는 항상 불만스럽고 언제나 그 불만을 채우려고 애쓰며, 따라서 불안할 수밖에 없다. 그러나 만약 대자가 자유롭지 않고 완전히 외부의 힘에 의해서 결정된다면 대자는 불안을 느끼지 않을 것이다. 불안을 느낀다는 것은 자신의 행위에 책임이 있음을 의미하는 것인데, 자유가 전제되지 않는 곳에서라면 책임이 있을 수 없다. 대자로서, 즉 의식으로서의 인간의 자유가 단지 환상에 지나지 않는 것이 아니라는 사실은 구체적인 우리들의 경험을 검토해보면 알 수 있는 일이다.

인간은 의식적 존재, 즉 대자로서 존재하지만 구체적인 인간은 의식만이 아닌 육체를 떠날 수는 없다. 한 인간의 육체적 조건, 그밖에 그가 태어난 시대와 장소와 가정 혹은 사회적 조건을 떠나서 인간의 존재는 상상조차 할 수 없다. 사르트르는 이것을 여건이라고 부르기도 하고 상황이라고 말하기도 한다. 이와 같은 여건은 인간의 자유를 부정하는 기능을 한다. 여자로 태어났다면 나는 장가를 갈 자유가 없다. 한국인으로 태어난 나는 프랑스의 대통령이 될 수 없다. 눈이 먼 나는 화가가 될 자유가 없다. 노예로서의 나는 주인을 부려 먹을 수가 없다. 그러나 그 어떠한 경우에도 나는 완전히 즉자로서 존재하지는 않고 대자로서 의식을 갖고 그 주어진 제한된 조건하에 그 어떤 행동을 선택할 자유가 있는 것이다. 아무리 쇠사슬에 묶인 노예일지라도 나는 주인에게 맹목적으로 비굴하게 복종할 수도 있고 반항할 수 있는 것이다. 나 자신이 선택하는 대로 내 행동을 결정할 수 있는 가능성, 즉 자유가 있을 뿐만 아니라 그러한 자유를 버릴 수도 없다. 그래서 사르트르는 말하기를 "인간은 자유롭도록 처형됐다"고 한다. 다시 말해서 인간에게는 자유롭지 않을 수 없는 부자유밖엔 없다. 혼자 남은 어머니를 위해서 파리에 남아 있느냐, 그렇지 않으면 조국의 명예를 위해서 총을 메고 일선으로 가느냐는 누구에 의해서, 아무것에 의해서도 결정될 수 없고 그 당사자의 자유로운 결단에만 달려 있다. 그 문제에 부닥친 당사자는 그 문제를 스스로 결정 지을 자유를 포기할 수 없는 것이다. 만약 그 문제를 포기하고 스스로 결단을 내리지 않는다면 그 자체도 바로 그의 자유로운 결단에 의해서만 결정될 수 있기 때문이다.

인간은 쓸데없는 수난

이와 같이 해서 어떠한 여건에도 완전히 결정될 수 없는 대자가 갖고 있는 자유의 힘을 가리켜 사르트르는 '초월transcendance'이라고 부른다. 그 말은 주어진 여건을 넘어선다는 말이다. 달리 말해서 인간은 외적 조건에 의해서 완전히 결정되지 않았다는 말이다. 사르트르는 이와 같은 자유의 경험을, 예를 들어 그의 희곡 『악마와 신』과 『파리떼』 속에서 문학적으로 표현하고 있다. 이 작품들의 주인공들은 마침내 자기 자신들이 선악을 결단 짓는 데 주인이었음을 환희와 고통이 뒤섞인 착잡한 심정 속에서 자각하게 된다. 이와 같이 해서 사르트르에 의하면 자유는 대자, 즉 인간의 근본적인 속성으로 확립된다. 그래서 적어도 자유로서의 인간에게 있어서는 존재가 본질에 앞선다. 왜냐하면 한 인간의 운명은 자기 자신의 자유로운 선택에 의해서만 결정될 수 있기 때문이다.

　대자의 주체성을 확인해주는 자유는 인간에게 있어서 환희의 원천인 동시에 불안의 근원이 된다. 왜냐하면 자유는 책임을 부과하고 각 개인이 결정하는 행위의 결과에 따라 박수와 아울러 처벌을 가져오게 마련이기 때문이다. 따라서 대자는 스스로의 자유로부터 해방되어 즉자로서 존재하려는 유혹을 떼어버리기 어렵게 된다. 이러한 인간의 태도를 사르트르는 '자기기만'이라고 부른다. 자기기만은 일종의 속임이다. 속임은 반드시 두 개의 의식을 전제로 하는데 속임이 성립되려면 속이는 쪽의 의식이 속임의 내용을 알고 있어야 하고, 속임을 당하는 쪽이 그 내용을 모르고 있어야 한다. 그래서 나는 내가 금송아지를 갖고 있지 않음을 알고 있기 때문에 내가 그렇다는 사실을 전혀 모르고 있는 친구에게 거짓말을 할 수 있다. 그러나 자기기만은 자기가 자신을 속이게 되는 경우인데, 자기가 속이는 대상이 자기 자신인 만큼 참다운 의미의 속임이 성립될 수 없다. 그렇기 때문에 자기기만은 결코 그 본래의 뜻을 실현할 수 없으며, 오로지 자기의 불가능한 책임으로부터의 도피적 태도를 폭로할 뿐이다.

　자기기만의 한 예로서 사르트르는 자칭 불감증에 걸렸다고 불평을 토로한 어느 여인을 예로 들고 있다. 어느 의사를 찾아온 여인이 불감증에 걸렸다고 의논하였다. 그러나 나중에 그녀의 남편을 통해서 알고 보니 그의 아내는 잠자리에서 무척 성생활의 쾌락을 즐김을 나타냈다는 것이다. 다시 말해서 그의 아내는 자기의 성의 쾌락을 경험, 즉 의식했던 것이다. 그렇다면 그녀의 불평은 거짓말이 될 것이다. 그러나 그녀는 심각하게 자신이 불감증에 걸렸다고 스스로 우기는 것이다. 분명히 그녀의 행동에는 모순이 있다. 어째서 그녀는 그와 같은 모순된 행동을 하는가? 그녀는 도덕적으로 성으로부터의 쾌락을 악으로 믿어왔다. 따라서 그녀는 그러한 쾌락을 가져서는 안 될 입장에 서 있다. 그러나 또 한 편 그녀의 본능은 그러한 쾌락을 강렬히 요구한다. 그녀는 두 가지 완전히 모순되는 욕망에 사로잡혀 있는 것이다. 그러한 모순을 해결하기 위한 수단으로 나타난 것이 자기기만이다. 그녀는 자기가 성을 즐겼음에도 불구하고 그런 즐거움을 맛보지 못했다고 스스로 설득하려 했던 것이다. 사르트르가 가장 경멸하는 자기기만은 결코 그 본래의 의도하는 바를 성취할 수 없다. 왜냐하면 그러한 의도는 근본적으로 모순되기 때문이다. 자기기만 속에서 나타난 인간의 욕망은 곧 대자로서의 인간의 가장 근본적인 욕망이기도 하다. 대자는 자기의 속성인 자유와 책임과 불안으로부터 해방되기 위해서 즉자가 되고자 한다. 그러나 즉자가 되는 그 순간 대자는 이미 대자가 아니어서 자신의 주체성과 더불어 즉자가 됨으로써 가질 수 있는 충족감을 경험할 수 있는 조건을 잃게 된다. 만약 그러한 경험을 하려면 대자는 어디까지나 대자로서 남아 있어야 한다. 따라서 인간은 동시에 즉자와 대자로서 존재하고자 한다. 다시 말해서 인간의 궁극적인 욕망은 완전한 존재, 즉 신이 되는 일이다. 그러나 그러한 존재는 모순되기 때문에 신은 존재할 수 없고, 따라서 인간의 모든 노력은 끝내는 허사가 된다. 사르트르는 이와 같은 인간의 존재 조건을 "인간은 쓸데없는 수난이다"라고 표현한다.

대자와 대자의 만남

지금까지 대자의 본질을 즉자와 대조해서 고찰해봤지만 위와 같은 성질의 대자의 본질은 대자와의 관계에서 생기는 구체적인 경험을 통해서도 다시금 드러나게 된다. 거꾸로 말해서 한 인간과 또 하나의 인간과의 관계도 앞서 묘사한 대로의 인간의 존재학적 입장에서 설명된다. 대자와 대자와의 관계는 대자와 타자와의 관계로 볼 수 있다. 한 주체로서의 대자의 눈에는 또 하나의 대자가 '남', 즉 타자로 나타난다. 그러나 이때 타자의 입장에서 보면 나의 대자가 타자가 된다. 즉 한 대자와 또 하나의 대자가 어떤 관계를 맺을 때 두 개의 대자는 대자와 타자와의 관계로 전환된다. 그런데 이때에 생기는 관계에는 반드시 갈등이 있다. 한 대자가 상대방 대자를 쳐다볼 때, 즉 의식할 때 양자 간에는 주체로서의 의식과 객체로서의 대상과의 관계를 맺게 된다. 따라서 전자는 후자가 대자로서 남아 있지 않고 즉자로서 존재하기를 바란다. 그러나 만약 그의 소원대로 된다면 그의 소원은 허사가 된다. 왜냐하면 이렇게 될 때 이미 대자와 대자, 즉 대자와 타자 간의 관계가 없어지고 대자와 즉자의 관계만이 남게 되기 때문이다. 이러한 관계는 두 대자 사이에 있어서 어느 쪽에서 보나 마찬가지다. 사르트르는 이 관계를 '시선regard'이란 개념을 통해서 설명한다. 여기서 시선은 주체로서의 대자의 의식을 상징한다. 내가 남을 바라본다는 것은 대자로서의 내 의식과 대립해서 하나의 대상, 즉 즉자로 삼는 역할을 함을 의미한다. 따라서 하나의 대자의 입장에서 볼 때 또 하나의 대자, 즉 타자의 눈은 그 자신의 주체성을 부정하는 적이 된다. 사르트르는 이런 관계를 그의 『출구 없는 방』에서 "타자는 지옥이다"라고 표현한다. 사람들이 완전히 자기 자신의 정체를 보이기를 두려워하는 이유도 여기에 있다. 사르트르는 타자로서의 시선을 설명하면서 흑인 작가 R. 화이트의 소설에 나오는 한 일화를 인용한다. 중년의 백인 여자가 완전한 나체로 자기 아파트에 있었는데 일하는 흑인 소년이 방에 들어왔다. 그러나 백인 여자는 전혀 당황하지도 않고, 부끄러워하지도 않았다. 왜냐하면 그 여자는 흑인을 하나의 인간, 즉 하나의 대자로서 취급하지 않았기 때문에 흑인의 시선을 진정한 시선, 즉 의식으로서 생각하지 않았던 것이다.

한 대자의 입장에서 볼 때 대자는 단순히 제거해버리면 해결되는, 적인 동시에 그것의 존재가 계속 필요한 적, 즉 제거해서는 안 될 적이다. 그래서 두 개 대자 간의 관계는 신학자 마르틴 부버Martin Buber가 주장하는 것처럼 '나와 너I-Thou'의 융화될 수 있는 관계는커녕 오히려 서로의 갈등을 면할 수 없는 주인과 노예 간의 관계이다. 이른바 애정의 관계도 위와 같은 대자 간의 관계의 원칙으로 설명된다. 복돌이가 복순이를 사랑한다고 하자. 이때 복순이는 복돌이의 입장에서 볼 때 하나의 대상이 될 수밖에 없다. 따라서 사랑하는 순간 복돌이는 복순이를 즉자로 바꿔놓아야 한다. 포옹이나 키스는 복순이의 의식을 제거하는 수단, 즉 대자로서의 복순이의 존재를 부정하는 수단이 된다. 포옹과 키스는 상대방을 멍하게 만드는 방법이다. 왜냐하면 복순이를 자기의 사랑의 대상으로 삼아야 하기 때문이다. 그러나 그렇게 되는 순간 복돌이의 원래의 목적은 실패로 돌아간다. 왜냐하면 복돌이의 원래의 목적은 복순이를 대자로서 간직한 채 사랑하려고, 즉 대상으로 삼으려 했던 것이다. 이러한 사랑이 추구하는 목적은 그 자체로 모순된다. 모순된 목적이 달성될 수 없음은 두말할 필요도 없다. 한 사람이 또 한 사람을 사랑할 때 그저 완선히 사랑하는 것으로 만족하지 못하고, 사랑하는 상대방이 대자로서 머물러 있기를 원하는 이유는 하나의 대자는 자기가 또 하나의 대자를 대상으로서 소유하여 자신의 주체성을 확인하면서 그러한 실력이 있는 자기 자신이 남에 의해서 인정되기를 바라기 때문이다. 그 말은 대자는 또 하나의 대자를 소유하고자 하지만 그와 동시에 자기 자신이 상대방의 대자에 의해서 소유되고 스스로 즉자로서 존재하고자 함을 의미한다. 이와 같은 두 개의 대자 간의 관계는 사디즘과 마조히즘과의 관계, 능동적인 태도와 수동적인 태도로도 나타난다. 사디즘은 대자가 또 하나의 대자를 소유하겠다는 측면을 나타내고 마조히즘은 상대방의 대자에 의해서 자기 자신의 대자로서의 존재를 인정받고자 하는 태도를 나타낸다. 이와 같이 볼 때 사디즘과 마조히즘은 다른 사람들의 개별적인 성격을 나타내는 것이 아니라 모든 사람, 모든 대자가 타자와의 관계에 있어서 취하지 않을 수 없는 모순된 두 가지 욕망을 나타낼 뿐이다. 그렇기 때문에 인간과의 관계에 있어서 인간은 하이데거가 주장하는 바와 반대로 '협동적 존재Mit-Sein'가 아닌 '갈등conflict'으로서 존재한다.

대자와 타자와의 관계에서 본 여러 현상을 통해서 결론지을 수 있는 것은 대자가 본질적으로 모순된 두 가지 욕망을 갖고 있다는 사실을 재확인하는 일이다. 즉 대자는 동시에 대자로 남아 있으면서 즉자가 되고자 한다. 하지만 이런 기도는 실패로 돌아가지 않을 수 없다. 앞서 인간이 즉자적 존재로서 있고 싶어 하는 이유가 자유를 도피하고자 함에 있다고 말했다. 그러나 지금 보아온 것처럼 그러한 의도는 숙명적으로 실패로 돌아가게 마련이다.

인간의 근본적 욕망이 즉자와 대자로 동시에 존재하고자 하는 데 있음은 예술적 경험에서도 증명된다. 거꾸로 말해서 예술적 경험도 인간의 근본적인 욕망이 무엇인가에 의해서 설명된다. 예술의 본질은 허구성에 있다. 그러나 예술에 있어서 허구는 그냥 허구로서 받아들여지지 않고 허구이면서도 실재하는 것으로 받아들여지는 데 있다. 그래서 사르트르는 예술적 사실을 '비실재적인 실재'라고 불렀다. 예술적 경험의 본질은 실재하지 않는 것을 실재하는 것처럼 바라보는 데서 생기는 경험이다. 이러한 경험이 미적 경험, 즉 어떤 기쁨을 주는 것은 바로 그러한 상태가 인간이 본질적으로 원하는 상태를 나타내기 때문이다. 즉 미적 경험은 즉자와 대자가 거의 공존된 상태에서 얻는 경험을 의미한다. 그러나 즉자가 되어서 자유로부터 해방되려는 인간의 모든 노력은 헛된 것이 되고 만다. 그래서 인간은 자신의 자유로부터 결코 도피할 수 없음을 새삼 인정하지 않을 수 없게 된다.

사르트르는 이와 같은 존재 조건 속에 들어 있는 인간에겐 두 가지 태도가 가능하다고 한다. 하나는 먼저 말한 대로 계속 자신의 자유를 피하고, 마치 자기가 자유롭지 않은 시늉을 하는 자기기만의 태도이고, 또 하나는 자기의 자유를 인정하고 그에 따라 취한 행동에 대해서 책임지는 태도이다. 후자의 태도를 그는 '진실성'이라고 부르고 그러한 인간적 생활이 가장 보람 있는 인생이라고 주장한다.

사르트르는 그의 유명한 작가론 『장 주네』 속에서 인간에게 가능한 두 가지 태도를 밝히면서 주네가 진실성 있는 인생의 예라고 주장한다. 사회는 고아이며 절도범이었던 작가 주네를 '도둑놈'이라는 것, 즉 변할 수도 없고 자유도 없는 '도둑놈'이란 즉자적 존재로 취급하고자 한다. 주네는 자기가 도둑질을 하지 않을 자유가 있다는 것을 알면서 그는 자기 자신을 '도둑놈'인 양 행세한다. 그러나 주네의 이러한 태도는 자기기만이 아니다. 왜냐하면 그는 의식적으로 자기 자신이 그러한 태도를 취하기로 결심하고 그것을 의식하며 자기가 책임을 진다. 그리고 그는 자기가 놓여 있는 여건을 철저히 살아감으로써 인생의 시궁창에서부터 위대한 작품을 쓰고 위대한 작가가 될 수 있었던 것이다. 다시 말해서 그는 그의 자유대로 살아간 인간이다. 요약하자면 주네의 일생은 인간이 자유롭다는 것을 증명해주고, 그 자유를 도피하지 않고 철저히 살아갈 때 인생은 위대한 것이 될 수 있음을 증명해준다.

『존재와 무』가 증명하려고 한 초점은 결국 인간의 자유이다. 그래서 가장 인간다운 인생은 자유로운 인생이라는 결론이 된다. 그러나 사르트르가 보여준 것은 우리가 싫든 좋든 존재학상으로 인간은 자유롭다는 것에 지나지 않는 만큼, 새삼스럽게 자유롭게 살라는 호소에는 별 의미가 없다. 이와 같이 볼 때『존재와 무』에서의 사르트르의 철학적 업적은 우리로 하여금 새삼 그와 같은 우리의 자유를 자각시킨 데 있다 할 것이다. 그러나 과연 노예의 자유와 주인의 자유가 똑같다고 할 수 있을까? 존재론상으로 볼 때 그들은 다 같이 자유롭다. 그러나 같은 자유이면서도 배가 고프고 사슬에 묶여 있는 노예의 자유는 배가 부르고, 사슬에 묶이지 않은 주인의 자유와 비교할 때 한낱 심리적인 또는 관념적인 자유에 불과하다. 그에게는 구체적인 혹은 실천적인 자유가 없다. 『존재와 무』가 인간의 심리적인 자유를 밝혀줬다면『변증법적 이성비판』은 인간의 실천적인 자유가 고립된 인간 속에서가 아니라 사회 속에서의 인간의 존재 방식을 통해서 어떻게 나타나는가를 밝혀준다.

이미 설명했던 것처럼 인간은 원래 철두철미 고독한 존재여서 사회적인 동물이 결코 아니다. 왜냐하면 인간은 남들과 협동하게끔 태어난 것이 아니라 남들과 갈등을 갖게끔 태어났기 때문이다. 그러나 인간이 생존하려면 여러 가지 물질을 필요로 한다. 만약 인간이 필요로 하는 물질이 공기와 같이 충분하게 존재한다면 각 인간은 사회생활을 할 필요를 느끼지 않는다. 사회생활은 모든 사람들이 다 같이 필요로 하는 물질의 희소성 때문에 생긴다. 물질이 희소한 상황 속에서 인간 각자는 상호 간에 위협으로 나타나게 된다. 왜냐하면 남들은 내가 필요로 하는 물질을 약탈해가려는 존재로 나타나기 때문이다. 이와 같은 상황 속에서 생기는 개인 간 이해관계의 알력을 합리적으로 해결하는 방법이 필요하게 된다. 사회의 탄생은 이러한 필요성에 기인한다.

사르트르는 네 가지 종류의 사회질서를 제시한다. 첫째의 예는 '연결질서'로서 가령 버스를 기다리면서 서 있는 인간 간의 관계이다. 이러한 질서는 버스를 타자마자 해소되고 각자는 사회적 질서 밖에서 각자 고립된 존재로 돌아간다. 둘째는 '융화 단체'인데, 어떤 공동의 목적을 달성하기 위해서 자연스럽게 뭉쳐진 인간관계이다. 예를 들어 프랑스 혁명 때 바스티유 감옥을 쳐부수러 몰려든 파리의 군중들 간의 관계이다. 셋째로 '서약으로 맺어진 단체'인데, 예를 들어 동지회원들이나 교들인 사이의 인간관계이다. 이러한 인간관계는 훨씬 지속성이 있다. 넷째는 '고정된 조직체'이다. 이것은 국가 체제·학교 등과 같이 이미 영구화된 인간관계의 질서로서 각 인간이 그 질서에 복속되기를 요구한다. 이와 같이 해서 이 질서에서 목적 수단이 전도되기 쉽다.

위와 같은 몇 가지로 분류되는 사회질서는 그 자체에 가치가 있는 것이 아니라 오히려 완전히 자유로운 독자적 인간의 존재구조에 어긋나는 것이 되기 쉽지만, 관념적 자유뿐만 아니라 실천적 자유가 필요한 인간은 우선 후자의 자유를 쟁취하기 위해 사회에 참여해야 한다. 왜냐하면 실천적 자유, 즉 물질적 자유가 없는 곳에서는 참다운 개인의 존재학적 자유는 한낱 공허한 환상에 지나지 않기 때문이다. 이와 같이 해서 사르트르는 마르크스주의가 현대 인간에 대한 가장 합리적인 설명이 되며, 또 현대인이 택해야 할 방향이기도 하다고 주장한다. 그리고 흔히 생각하는 바와는 달리 실존주의와 마르크스주의, 『존재와 무』와 『변증법적 이성비판』 사이에는 아무런 모순이 없이 대자로서의 인간의 존재양식에 의해서 일관성 있는 이론에 의해 밑받침되고 있다.

　모든 이론이 그러하듯이 지금까지 살펴본 사르트르의 철학에는 여러 가지 문제가 남아 있다. 가령 구체적인 인간에 있어서의 대자와 즉자와의 관계가 전혀 설명되지 않고 있으며, 극히 윤리적 성격을 띠고 있으면서도 어떻게 사느냐의 문제에 대해서는 막연하게 진실성이 주장되고 있을 뿐이다. 그뿐만 아니라 이론의 전개에 있어서 애매하고 논리적 비약이 허다하다. 그러면서도 사르트르의 인간에 대한 존재학은 프로이트의 정신분석학보다도, 어떠한 사회학적 설명보다도 그리고 어떠한 신학 또는 철학적 이론보다도 구체적인 인간이 무엇인가를 더 근본적이면서도 설득력 있게 설명해주고 있음을 인정하지 않을 수 없다.

《월간중앙》, 1975. 9.

02
실존주의 문학과 인간소외

막연하게는 현대인을, 좀더 정확히 말해서는 실존주의 문학에 비춰진 인간을 '소외된 인간'으로 규정하는 것은 이미 하나의 상식이 되어 있다. 그리고 '소외'라는 개념은 순수하게 어떤 대상을 객관적으로 서술하는 가치중립적 개념이 아니며, 그 개념에는 부정적 가치를 내포하고 있다. 그러나 이와 같이 흔히 쓰이는 소외라는 개념은 그것이 무엇을 의미하는지 확실치 않다고 짐작된다. 따라서 만약 현대인이 소외된 인간으로 서술될 수 있다면 '소외'라는 말이 무슨 뜻인가, 어째서 각별히 현대인이 소외되었다고 말할 수 있는가를 아는 데는 우선 '소외'의 개념을 밝혀보는 일이 중요할 것이다. 뿐만 아니라 부정적 가치로서의 소외 상태를 극복하려면 우리는 우선 소외가 무엇인가를 올바로 진단해야 할 것이다. 소외라는 개념은 서로 직접 관계없는 인간의 두 가지 측면을 서술하는 말이다. 그 첫째는 인간의 존재구조를 서술하는 존재학적 개념이며, 그 둘째는 인간의 심리상태를 표현하는 심리학적 개념이다. 달리 말해서 첫째의 경우 소외라는 말은 인간의 근본적인 존재 형태를 객관적으로 서술하는 말이고, 둘째의 경우는 인간의 주관적인 심리상태를 표현하는 가치에 관한 말이다.

현대적인 뜻으로 소외라는 말을 처음으로 쓴 사람은 관념철학의 거인 헤겔이었다. 그는 우주 만물현상이, 절대적 실체인 '정신'이 스스로 분화·이탈되어 주체와 객체라는 관계를 세워, 거기서 생기는 대립관계를 다시 극복해가는 무한과정이라고 보았고, 그러한 과정을 그는 역사라고 부른다. 분화 이전의 '정신'이라는 절대적 실체가 주체와 객체로 분리되면서 주체는 인식체로서 그것의 반대인 객체라고 하는 대상을 갖는데, 이와 같은 인식체와 그 대상의 관계를 그는 소외의 관계라고 본다. 왜냐하면 인식체가 그가 인식하는 대상을 가질 때 그 대상은 필연적으로 자기 아닌 타자로서만 존재할 수 있기 때문이다. 이와 같이 해서 소외는 자기이탈 혹은 자기분열 상태를 가리킨다. 우주 전체를 뜻하는 절대적 실체의 존재구조가 근본적으로 소외라는 것으로 서술된다면 그 일부인 인간의 존재구조도 역시 똑같은 원칙으로 설명된다.

이와 같은 소외의 개념은 사르트르에서도 다시 거의 비슷하게 나타난다. 다만 사르트르에 있어서는 소외라는 개념이 우주의 존재구조에 적용되는 형이상학적인 개념이 아니고, 오직 인간의 존재구조에만 해당되는 인간학적인 개념이다. 사르트르는 모든 존재는 완전히 두 가지로 나눌 수 있다고 주장한다. 그것들은 즉자와 대자로 불린다. 즉자는 의식을 갖지 않는 모든 사물들을 가리키는데 거기에는 모든 동물까지를 포함한다. 한편 대자는 의식으로서의 인간을 가리킨다. 그런데 의식은 반드시 어떤 대상을 가짐으로써 존재하기 때문에 대자는 즉자를 대상으로서 갖게 되고, 그에 따라 즉자와 대자 관계를 갖게 된다. 다시 말해서 대자는 즉자와 이탈됨으로써 존재할 수 있다. 이와 같은 인간 존재의 구조를 그는 소외적 존재라고 부른다.

끝으로 우리는 마르크스에 있어서의 소외의 개념을 검토해야 한다. 소외가 헤겔에게 있어서 우주의 존재구조를 가리키고, 사르트르에게 있어서 인간의 존재구조를 가리킨다면 마르크스에 있어서는 특정한 경제 체제 속에서의 인간과 그의 생산품과의 관계를 가리킨다. 바꿔 말해서 헤겔의 소외가 형이상학적인 개념이라면 사르트르의 소외는 인간학적인 개념이고, 마르크스의 소외는 사회학적인 개념이다. 마르크스에 의하면 인간은 생존하기 위해서 노동을 하고 물질을 생산해야 하지만, 자본주의 체제에서는 반대로 인간이 자본 축적의 수단이 되어 자신의 노동이 하나의 물질처럼 상품의 대상이 된다고 주장한다. 이와 같이 해서 목적과 수단, 인간과 상품의 관계가 전도되어 있는 사회 구조 내에서의 인간의 존재 형태를 가리킨다.

이와 같이 본 소외는 어떤 객관적인 사태를 서술하는 가치중립적인 개념이다. 그러나 이미 말했듯이 '소외'라는 말은 가치를 나타내는 개념이기도 하다. 소외되어 있는 것은 가능하면 피해야 할 것, 불행을 만드는 것으로 나타난다. 따라서 소외는 반가치 또는 부정적 가치를 의미한다. 그것이 가능하면 극복되어야 하는 것임은 헤겔에 있어서나 사르트르에 있어서나 마르크스에 있어서나 마찬가지이다. 그렇기 때문에 원래 이탈이라는 서술적 의미를 가진 소외라는 개념은 지금에 와서 오히려 이차적인 의미인 불행이라는 심리학적인 의미로 더욱 보편적으로 쓰이고 있다고 보인다. 어째서 이탈된 상태, 즉 소외된 상대는 불행을 자아내는가? 헤겔과 사르트르에 있어서는 이탈은 불완전한 것이기 때문이라는 것이다. 즉 무엇인가 부족한 것이기 때문이라는 것이다. 이러한 설명은 어째서 우주나 자연으로부터의 이탈이 아니라 그것으로의 완전한 귀의를 가장 위대한 지혜로 생각한 노장의 철학, 불교의 철학이 모든 사람들에게 크게 호소되는가 하는 사실로써 뒷받침되며, 어머니의 품에서 떨어지고 싶어 하지 않는 모든 인간의 심리로써 이해될 수 있다고 믿어진다. 이에 반해서 마르크스에 있어서 소외가 인간을 불행에 몰아넣는 이유는 그러한 상태가 인간의 특수한 존재를 부정하기 때문이라고 설명되는 것 같다.

위에서 우리는 대충 소외라는 개념을 존재학적인 면과 심리학적인 면에서 보았는데, 이런 관점에 비추어 현대인의 소외는 어떻게 해석되며, 그것을 표현한다고 믿어지는 실존주의 문학은 어떻게 이해되어야 하며, 나아가서는 어떻게 하면 이른바 현대인의 소외가 극복될 수 있겠는가?

헤겔에 있어서나 사르트르에 있어서의 소외는 각기 우주의 존재 조건과 인간의 존재 조건인 이상 그러한 조건을 변경시킬 수 없음은 두말할 것도 없다. 따라서 그와 같은 조건 때문에 생기는 불행한 상태로서의 소외도 결코 제거될 수 없음은 자명하다. 물론 헤겔과 사르트르는 각기 자기 나름대로의 해결책을 제시한다. 헤겔의 입장에서 볼 때 이른바 '불행한 의식'이 우주 현상의 필수조건임을 자각함으로써 그러한 불행을 스토익적인 태도로 받아들일 때 우리는 마음의 평화를 얻는다는 것이다. 한편 사르트르에 있어서는 '불안하지 않을 수 없는' 소외된 인간 조건을 각기 자신이 선택하는 가치를 창조함으로써 부정적인 인간 조건을 끊임없이 긍정적인 가치로 전향할 수 있다는 것이다. 그러나 헤겔이나 사르트르에 있어서의 소외 문제의 해결은 근본적인 해결일 수 없다. 왜냐하면 필연적으로 불행을 낳게 하는 소외된 상황은 우주와 인간의 가장 근본적인 존재 조건이기 때문이다. 따라서 완전한 불행의 해결은 오로지 우주를 초월하고 인간 조건을 초월함으로써 가능한 것인데, 우주를 초월하여 인간 아닌 것으로 문제를 해결한다는 것은 우주의 일부로서의 인간에게 절대로 모순된 해결책이기 때문이다. 그리고 만약 불행으로서의 인간의 소외가 헤겔이나 사르트르가 주장하는 바와 같은 조건 때문에 기인한다면, 인간의 소외는 시대와 장소를 초월해서 변함없는 보편적인 성질을 갖게 될 것이다. 그러므로 구태여 현대를 소외된 시대, 현대인만을 소외된 인간이라고 말한다는 것은 아무 의미가 없다. 바꿔 말해서 헤겔이나 사르트르의 입장에서 볼 땐 '소외'라는 개념이 현대인은 물론, 어떤 특수한 시대나 사회의 인간을 그려주는 개념이 될 수는 없다. 그러므로 현대를 다른 시대와 비교해서 소외된 시대, 현대인을 다른 시대의 인간과 구별해서 소외된 인간이라고 부를 수 있다면, 우리는 그 소외의 원인을 헤겔이나 사르트르가 설명하는 원인과는 다른 원인, 혹은 헤겔이나 사르트르가 지적한 원인 외의 다른 곳에서 찾아야 할 것이다.

여기서 우리는 마르크스의 소외에 대한 해석을 다시 생각하지 않을 수 없다. 왜냐하면 마르크스는 불행으로서의 소외의 원인을 헤겔처럼 형이상학적 차원에서 찾은 것도 아니고, 사르트르처럼 보편적인 인간 조건에서 찾지도 않았고, 특수한 사회의 특수한 경제 체제 속에서 찾았기 때문이다. 그러나 우리는 마르크스주의와 현대인의 소외를 관련시켜 생각해보기 전에 우선 현대인의 소외란 도대체 어떠한 상태를 말하는가를 알아볼 필요성을 느낀다. 그렇다면 다른 시대와 구별되는 현대인의 소외 상태를 어디에서 찾아볼 수 있겠는가?

한 시대의 예술, 특히 문학은 그 시대의 정신적 풍토, 그 시대의 이념을 반영해주는 거울이라는 주장에 일리가 있다면, 우리는 현대인의 소외된 상황을 현대문학 속에서 찾아야 함이 마땅하다. 여기서 우리는 불안의 문학, 부조리의 문학, 혹은 소외의 문학으로 불리는 이른바 실존주의 문학을 생각하지 않을 수 없다. 그런데 이런 관점에서 실존주의 문학의 가장 대표적인 작품으로 대강 말해서 도스토옙스키의 『지하생활자의 수기』, 카프카의 『변신』, 사르트르의 『구토』, 그리고 카뮈의 『이방인』 등을 들 수 있을 듯하다. 사실 위의 작품들은 이른바 실존주의 문학의 고전이 되었다고 보아도 과언이 아니다. 그리고 이와 같은 작품은 현대인의 정신 상황을 가장 적절히 표현해주는 것으로 공인되고 있으며 현대인에게 널리, 그리고 깊이 어필했다는 사실을 부정할 수 없다.

제각기 문체나 이야기 내용에 있어서 서로 완전히 다른 위의 작품들의 공통적인 요소는 무엇인가? 그것은 다름 아니라 '비정상성'이라고 말할 수 있다. 『지하생활자의 수기』에 있어서의 '나'나, 『구토』속의 '로캉탱'이나 『이방인』 속의 '뫼르소'는 어떤 상황에서 우리가 보통 상식으로는 생각할 수 없는 비정상적인 반응을 보이고 카프카의 『변신』 속에서 주인공 '잠자'는 상상도 못할 비정상적인 상황에 놓인다. 그렇다면 무엇에 대해서 비정상적인가? 그것은 다름이 아니라 한 사회에서 인정된 가치규범, 혹은 사회라고 부르는 비인간적 체제라고 말할 수 있으리라. 위의 작품은 이미 제도화된 기성 가치, 혹은 사회체제라는 규범 속에서 조화를 이루고 안주할 수 없는 인간, 그런 규범으로부터 이탈된 외로운 인간들을 보여준다. 그래서 『지하생활자의 수기』의 주인공은 동료들과 함께 젊음을 즐기지 못하고 쥐구멍 속에서 인생을 바라보는 인간이며, 행복을 찾지만 행복을 가질 수 있는데도 그것을 받아들이지 못하는 병적 인간이다. 『구토』의 로캉탱은 삶 자체, 아니 존재 자체에 대해서 그것의 궁극적인 의미를 발견하지 못하고 오히려 구토를 느낀다. 『이방인』의 뫼르소는 그가 살고 있는 사회규범에서 볼 때 문자 그대로 완전히 이방인이다. 그리고 『변신』 속의 '잠자'는 이유도 없이 사회로부터 제거되지 않으면 안 될 벌레로 스스로가 변신해 있음을 발견한다. 이와 같은 작품들의 인물들이나 인생의 상황 속에서 20세기의 현대인은 자신의 모습을 보았다고 생각했다. 이러한 사실은 위와 같은 작품들이 현대성을 나타내는 작품으로 생각되었을 뿐 아니라 현대, 적어도 2차 대전 전후의 서구의 대표 작품으로 정립됐다는 사실에서 실증된다.

그렇다면 위의 작가들은 이런 작품 속에서 새로운 무엇을 나타내려고 했던 것이며, 독자들은 이 작품 속에 무엇을 새로이 발견했던 것이다. 그것은 삶 자체에 어색함을 느끼고 고독하고 충분하지 않은 자신들의 모습, 뒤틀리고 생과 사회와 조화를 갖지 못하는 부자연스러운 자신들의 모습, 즉 한마디로 말해서 소외된 자신들의 모습이 아닌가 생각된다. 그러나 이와 같은 인간의 상황은 헤겔이나 사르트르가 보여준 보편적인 인간 조건과 일치한다. 즉 위의 작품들이 상징한다고 보는 소외된 인간상은 구태여 현대인이기 때문에 가져야만 하는 것이 아니라, 시간과 장소를 초월해서 떠날 수 없는 인간의 보편적인 존재 조건으로서도 충분히 설명된다. 그렇기 때문에 실존주의 문학에 나타난 인간의 소외는 실상 현대인의 특수한 소외 상황을 보여준다고는 말할 수 없다. 그러나 역시 위에 예로 든 작품들은 현대인의 특수한 상황을 나타내는 것으로 인정되고 있으며, 실상 과거의 문학작품 속에서는 볼 수 없는 정신적 분위기를 보이고 있다. 만약에 헤겔이나 사르트르의 인간에 대한 철학이 옳다면 과거의 인간도 현대의 인간과 같은 소외 속에 살아야만 했을 것이고, 과거의 문학도 그와 같은 경험을 작품으로 표현했어야 했을 것이다. 그렇다면 하필 현대에 와서야 실존주의 문학이 나타나고 그것이 독자들에게 어필한 사실은 무엇을 뜻하는가? 첫째로 그것은 현대에 와서 우주의 존재구조나 인간의 근본적인 존재구조가 달라졌다는 말은 물론 아니다. 왜냐하면 그들은 처음부터 변할 수 없는 것이기 때문이다. 그것은 다만 과거에는 의식되지 않았던 근본적인 소외 조건들이 현대인들에게 자각되기 시작함을 의미할 뿐이라고밖에는 달리 해석이 가지 않는다. 그렇다면 어째서 현대에 와서야, 특히 서구에 있어서 그와 같은 자각이 나타나게 되었는가 하는 의문이 남는다. 이 의문에 대해서 우선은 얼핏 의식이 발달했기 때문이라고 대답할 수 있을 것이다. 서구의 현대인은 과거의 어떤 곳의 사람보다도 우주나 인간에 대해서 보다 깊은 과학적 지식을 갖게 되고, 보다 합리적인 사고를 할 수 있는 더 성숙한 인간으로 성장했다고 할 수 있다. 현대인은 처음으로 냉정하게 자기 자신의 존재 조건을 객관적으로 바라보게 됐다는 말이다.

그러나 이것은 현대인의 소외에 대한 설명으로 충분하지 않다. 왜냐하면 위의 설명은 결국 현대인의 소외가 과거에 있어서의 인간의 소외와 근본적으로 다르지 않다는 것을 인정하고 있기 때문이다. 어떤 사실을 의식했다고 해서 그 사실이 달라진 것이 아님과 마찬가지로 현대인이 자신의 소외를 의식했다고 해서 현대인의 소외가 달라졌다는 결론이 나오지 않는다. 그리고 만일 현대인의 소외가 위와 같은 설명밖에는 가질 수 없다면 현대인의 소외는 절대로 극복될 수 없을 것이다. 왜냐하면 현대인의 소외는 우주와 인간의 근본적인 구조에 기인한 것이기 때문이고, 그러한 구조는 결코 변경될 수 없기 때문이다. 만약 현대인이 체험하고 있는 소외가 다소라도 극복될 수 있고 극복되어야 하는 것이라면, 우리는 현대인의 소외에 대한 특수한 성격을 새로이 가려내야 할 것이다.

여기서 우리는 마르크스의 소외에 관한 견해를 다시 한 번 상기하게 된다. 먼저 말했듯이 마르크스가 헤겔이나 사르트르와 다른 점은 그가 현대인의 소외, 나아가서는 인간 일반의 소외의 원인을 특수적이고 시대적인 인간 조건 속에서 찾은 데 있다. 그는 인간 일반, 특히 현대인이 소외되고 있는 이유가 원래 인간의 조건이 그렇게 될 수밖에 없어서가 아니라, 특정한 사회적 또는 경제적 체제에 의해서라고 보고 있다. 따라서 우리 '현대인의 소외'를 다른 현대인이 겪은 소외와 구별해서 말할 수 있고, 한 사회에 사는 사람의 소외의 특수성을 다른 사회에 사는 사람의 소외와 구별해서 얘기할 수 있는 것이다. 다시 말하자면 현대인에게 짙은 소외감을 갖게 하는 원인은 필연적인 것이 아니라 우연적인 것이다. 따라서 그러한 원인은 반드시 존재하지 않을 수 있었고, 또 제거될 수 있는 것이다. 위와 같이 현대인의 소외가 해석될 때에만 비로소 우리는 그러한 소외의 원인을 제거해서 소외로부터 해방을 기대할 수 있게 된다. 그뿐만 아니라 앞서 현대인의 소외는 현대인이 그와 같은 것을 자각했다는 점에서 특색을 찾을 수 있다고 했는데, 이와 같은 자각은 우연한 현상일 수 없고 반드시 어떤 외적 조건이 있을 것이다. 이러한 자각의 외적 조건 자체도 역시 마르크스가 설명하는 것처럼 특수한 사회 조건, 특수한 경제체제 속에서 찾아볼 수 있다고 믿는다. 따라서 현대인의 소외를 상징해준다고 믿어지는 앞에서 든 실존주의 문학작품이 나타나게 된 큰 원인도 20세기를 전후로 한 산업주의·자본주의 체제 속에서 생기게 되는 인간과 자연·인간과 인간과의 특수한 관계 속에서 찾아볼 수 있다고 믿는다. 이런 의미에서 실존주의 문학은 그 이전의 여러 양식의 문학과 구별해서 현대 문학이라는 이름을 갖게 된다고 믿는다. 실존주의 문학이 오로지 완전히 보편적이고 영원한 인간의 소외상태를 그린 것이라면 우리는 그 문학 속에서 새삼 현대인의 모습을 본다고 말할 수 없을 것이며, 어째서 오직 현대에 와서 그와 같은 문학이 생산되고 독자들에게 크게 호소력을 갖고 있는가가 설명되지 않는다.

나는 여기서 불행의 요인으로서의 이탈이라는 뜻을 갖는 소외라는 개념이 한편은 보편적이고 영원한 인간 존재 조건인 동시에, 장소와 시대에 따라 달라질 수 있는 시대적이며 특수한 사회 혹은 경제 조건임을 강조했다. 영원하고 보편적인 소외 조건이 바뀔 수 없음은 두말할 필요가 없다. 오직 시대적이며 특수한 사회조건을 바꿈으로써만 불행의 요인이 되는 소외의 조건을 다소나마 개선할 수 있을 것이다. 현대인의 각별한 소외감에서 불행을 느끼고 그 불행을 다소나마 덜어내려고 마음먹는다면, 우리는 구체적이며 개별적인 현대인의 특수한 소외의 원인을 진단해내서 그것들을 하나하나 제거해야 할 것이다.

첫째, 생산수단의 합리화와 더불어 생산자와 생산품, 생산자와 소비자 간에 생기는 거리와 그 때문에 생기는 그들 간의 비인간적 관계는 인간적인 것으로부터의 소외를 낳는다. 둘째, 합리적 생활수단의 발전과 거의 병행하게 되는 빈부의 격심한 차이로부터 생기는 빈자의 소외를 들 수 있다. 이런 경제 관계 속에서 그가 사는 사회로부터 거의 제거되어 있다는 느낌을 갖지 않을 수 없게 된다고 믿는다. 셋째, 비록 어떤 사회에서는 경제적 평등이 완전히 보장되었다고 가정하더라도, 합리적이고 과학적인 수단에 의해서 하나의 사회 전체가 어떤 특수한 계급이나 특수한 집권자에 의해서 마치 한 기계의 부속품처럼 취급되고 통제될 수 있다. 여기서 나는 전체주의 혹은 독재주의 사회를 말하려는 것이다. 이런 사회 속에서 각 개인은 극히 불행하면서 극히 미약한 어쩔 수 없는 기계의 부속품 같은 자신을 발견하게 된다. 우리는 이것을 인간성의 소외라고 부를 수 있을 것이다. 마지막으로 우리는 더 일반적인 의미에서 현대인의 자연으로부터의 소외라고 얘기할 수 있다. 그것은 이른바 서양문명의 논리적 결과라고 볼 수 있다. 서양은 자연과 조합을 갖거나 그곳에 귀의하려는 태도를 갖지 않는다. 오히려 정반대로 서양인은 자연과 대립해서 그것을 정복하는 태도를 갖는다. 이러한 서양인은 과학을 발전시키고 엄청난 오늘날의 기계 문명을 이룩했지만, 그것은 자연과 조합을 파괴함으로써 가능했던 것이다. 그러나 인간은 아무리 특수한 능력을 갖고 있는 동물이라 할지라도 자연의 일부임엔 틀림없다. 따라서 자연과의 조합의 파괴는 자기분열, 자가파멸을 의미하게 된다.

과연 오늘의 인간이 자신의 소외상태에서 벗어나 충만한 삶을 누리게 될 수 있을지 어떨지는 퍽 의문스럽다. 그러나 현대인의 소외를 해결하는 길은 구체적으로 말해서 새로운 경제구조, 새로운 사회구조를 수정함으로써만 찾을 수 있고, 더 일반적으로 말해서 인간이 자연과 새로운 관계를 맺을 때에만 찾아질 것이라고 믿는다. 헤겔이나 사르트르가 보여준 소외적 인간구조가 진리이며 실존문학이 표현한 인간의 소외감정이 진리라고 한다 해도, 그것이 인간의 존재 조건인 이상 우리는 그러한 소외를 해결할 길이 없음은 당연하다. 따라서 그러한 소외는 실상 우리들의 문제일 수 없다. 우리들의 문제는 현대인이 처해 있는 특수한 존재 조건을 구체적으로 하나하나 해결하는 데에만 있다. 문제는 관념적인 데 있는 것이 아니고 현실적인 데 있다.

『현대 문화와 소외』(1976)

03
자연과 의식의 변증법
—『바슐라르 연구』를 중심으로

1

언뜻 보아 이성의 산물인 과학과 상상의 창조물인 시는 대립한다. 그러므로 한 사람이 과학과 시에 대해서 동시에 흥미를 갖는다는 일은 흔치 않다. 이성의 투명성을 추구하는 철학가가 과학의 본질을 이해하는 동시에 시에 애정을 갖고 심취하기란 더욱 어려운 일일 뿐만 아니라 어쩌면 모순된 것같이 보인다. 그러나 하나의 뚜렷한 예외를 우리는 철학자 바슐라르Bachelard에서 발견한다. 그는 비단 과학과 시에 관심을 가졌을 뿐만 아니라 이 두 분야에 대해서 독특한 철학적 통찰을 가져왔다. 그는 토마스 쿤Thomas Kuhn의 『과학혁명의 구조』에 앞서, 그리고 미셸 푸코 Michel Foucault의 『언어와 사물』에 앞서 이른바 과학적 지식이 사물을 있는 그대로 나타내는 것이 아니라 어떤 개념적 체계에 의해서 결정됨을 그의 『새로운 과학정신』에서 밝혀냈는가 하면, 그와 반대로 『공간의 시학』을 비롯한 여러 저서에서 시의 참다운 의미를 보여주고 거기서 환희를 맛보게 하는 데 성공했다.

이와 같이 해서 철학자 바슐라르는 새로운 인식론을 세웠고 새로운 시학을 마련했다. 그의 영향은 순수한 철학에서뿐만 아니라 특히 오늘날의 문학과 시 연구에 있어서 상상할 수 없을 만큼 크다. 그러나 언뜻 보아서 양립할 수 없는 양면을 동시에 가진 그의 철학은 복잡하고 그만큼 쉽사리 이해되지 않는다. 더 구체적으로 말해서 그의 철학을 이해하는 데 있어서 첫째로 과학과 시, 즉 이성과 상상력의 관계를 밝혀내는 일과, 둘째로 그의 시학 즉, 상상력 자체에 대한 학설을 밝혀내는 문제가 핵심적인 중요성을 차지하게 된다.

완전히 별도로 쓰인 두 개의 논문 「바슐라르와 상상력의 미학」(곽광수)과 「행복의 시학」(김현)을 담은 『바슐라르 연구』는 바로 위에서 지적한 바슐라르 철학을 이해하는 데 있어서 핵심적인 두 개의 문제를 각자 다루고 그러한 문제를 풀어준다. 한 서양철학가의 사상이 위의 저서에서 보는 것만큼 깊이 학설적으로, 그리고 투명하게 연구된 적은 우리나라에서는 드문 일이라고 믿는다. 이런 의미에서만도 곽광수와 김현의 공적은 충분하고도 남는다. 문학, 더 정확히 말해서 문학비평·문학연구의 관점에서 볼 때 더욱 그러하다. 이 저서는 문학 일반, 특히 시를 이해하는 데 있어서 빠뜨려서는 안 될 지침이 될 것이며, 나아가서는 심리학·미학, 그리고 예술철학에 있어서까지도 중요한 자료가 될 것이다.

2

김현의 논문 「행복의 시학」이 앞서 든 바슐라르 철학에 있어서 두 가지 문제 가운데의 첫 번째 문제, 즉 그의 철학에 있어서의 과학과 시와의 관계를 총괄적인 입장에서 설명하고 이해하려는 데 반해서, 곽광수의 논문 「상상력의 미학」은 위에서 든 두 개의 문제 가운데에서 둘째 문제, 즉 상상력 자체의 본질을 깊이 밝히는 데 초점을 두고 있다. 과학과 시와의 관계는 상상력 자체가 명확히 밝혀지지 않는 한 언제나 엉성하게 남을 수밖에 없을 것이며, 상상력의 본질은 과학과의 관계 속에서 총괄적으로 파악되지 않는 한 투명한 이해가 가지 않는다. 이런 의미에서 곽광수와 김현의 논문은 바슐라르의 시학을, 더 나아가서는 그의 철학을 올바르게 파악하는 데 서로 보완될 수 있는 성격을 띠고 있다.

김현은 그의 논문 「행복의 시학」의 목적이 "원형 개념을 밝히려는 것이다"(p.128)라고 그 첫머리에서 지적하고 있다. 그래서 언뜻 보아 그의 목적이 상상력 자체의 연구에 있는 것같이 오해되기 쉽다. 왜냐하면 바슐라르에 있어서의 상상력은 원형을 떠나서 이해될 수 없기 때문이다. 그러나 독자들은 그의 논문의 목적이 원형을 통한 상상력에 대한 바슐라르의 사상을 이해하는 데 그치지 않고, 바슐라르 철학을 총괄적으로 이해하기 위한 방법임을 "바슐라르의 사상 중에서도 그의 정신분석학을 이해하지 못하면 그의 사상적 체계를 오해하게 되리라는 점에 생각이 미쳤기 때문이다"(p.128)라는 구절에서 곧 깨닫게 된다. 바슐라르의 원형에 대한 이론, 즉 시학을 바슐라르 철학의 전체적인 체계 속에서 찾아보려는 김현의 관심은 바슐라르의 "사고의 전개 과정을 연대기적으로 뒤따라가 그의 원형 개념이 어떠한 과정을 거쳐 형성된 것인가를 밝히고 …… 각 국면을 고립적으로 제시하는 데서 야기될지도 모를 그의 사상의 경직된 분할을 막고"(p.129)라는 진술에서 더욱 확실해진다.

4장으로 나뉜 제1장에서 "과학철학자로서의 바슐라르가 왜 심리주의에 관심을 갖게 되는가"(p.129)를 검토하기 위해서 바슐라르의 인식론이 검토되고, 제2장에서는 제1장에서 야기된 문제, 즉 '인식론적 방해물을 규명하려는 그(바슐라르)의 욕구에서 비롯된 것이라는' 해답을 찾는다. 그리고 제1장에서는 "오류의 교정으로서의 정신분석이 어떻게 해서 상상력 연구로 바뀌는가"(p.129)가 검토되고, 제3장에서 "원형이론이 문학적 이미지 연구로 변모해가는 과정이 밝혀"(p.129)지는 것으로 되어 있다.

　바슐라르는 객관성을 갖는 과학과 주관적인 상상력과의 혼합을 경계하면서 그것들 간의 뛰어넘을 수 없는 단절을 강조한다. 그는 상상력에 객관적으로 통합할 수 없는 어떤 다른 현상들을 쉽사리 뒤범벅하려는 경향이 있다는 것을 지적하면서 과학과 시, 이성과 상상력의 안이한 타협을 경고한다. 상상력은 흔히 인식적 오류의 근원이 되기 때문이다. 이러한 관점에서 볼 때 철학자, 특히 과학철학자로서의 바슐라르가 정신분석학에, 그리고 시적 상상력에 관심을 갖게 될 뿐만 아니라 심취하게 되는 과정이 얼른 이해되지 않는다. 그러나 바슐라르는 과학적 인식에 방해가 되어 오류를 낳게 하는 상상력의 집요성에 주의를 갖게 된다. 즉 그는 과학인식론을 연구하던 끝에 상상력이라는 쉽사리 잡히지 않는 의식현상에 주의를 갖게끔 된 것이다. 이와 같은 사실을 김현은 제3장에서 다음과 같이 설명한다. "그의 개종이라고 알려진 상상력 연구에 대한 경도는 그의 의식의 변증법적 운동의 한 상태이지 그것의 목표는 아니다. 그것을 명확하게 이해하지 못하고 그의 과학철학이나 상상력 연구의 어느 한 면에만 집착하는 것은 그의 운동의 변증법을 굳은 형태의 닫힌 변증법으로 이해하는 결과를 초래한다. 과학적으로 다시 말해 객관적으로 인간 행위를 총체적으로 설명하기 힘들 때 그는 상상력 연구로 달려가는 것이며, 그것의 가치 부여 작용으로 인간의 행위가 완전히 드러나지 않을 때 그는 다시 과학철학으로 되돌아온다"(p.188).

'원형의 개념'이라는 제4장에서 특히 중요하게 생각되는 부분은 상상력과 문학 이미지에 관한 항목이다. 저자는 바슐라르의 상상력의 몽상적 성격·여가적 성격·다이내믹한 성격을 강조하고, 그것은 정신과 구별되어야 하는 영혼의 활동으로 풀이되고 있음을 강조한다. 이러한 상상력의 성격은 그러한 상상력의 가장 대표적인 표현으로서의 문학의 예술성을 설명한다. 어찌하여 문학작품은 우리의 영혼을 울리고, 어찌하여 예술작품은 우리에게 다른 곳에서 찾을 수 없는 이른바 예술적 기쁨을 가져오는가가 바슐라르가 보는 상상력의 성격에 의해서 다소 이해된다. 문학이 독자에게 행복을 느끼게 할 수 있는 까닭은, 즉 문학작품이 예술성을 띨 수 있는 이유는 문학이 상상력의 표현이고, 그 상상력의 가장 근본적인 특징은 창조적이며, 따라서 자유로운 것이며 열린 것이기 때문이다. 그것은 한마디로 말해서 상상력의 역동성, 즉 다이내믹한 성격에서 오는 것으로 해석된다. 저자는 위와 같이 해석된 바슐라르의 상상력과 문학 이미지에 대한 이론이 문학을 연구하는 데 있어서 어떠한 공헌을 할 수 있는가를 그의 별도의 소논문 「행복의 상상력」에서 설명한다. 바슐라르의 공적은 "그가 정신분석학을 통해 새로운 (문학) 해석 방법을 창안해냈다는 점에 있다"(p.281)고 결론 짓는다. 이와 같이 해서 김현의 「행복의 시학」은 바슐라르의 상상력에 초점을 두면서도 바슐라르의 상상력에 대한 사고를 과학에 대한 철학·인식론 일반·심리학·정신분석학·문학창작, 그리고 문학비평과의 일관된 체계 속에서 파악하고자 한다. 이 논문은 흔히 정확성과 체제성이 결여된 바슐라르의 다양하고 복잡하며 모순되어 보이는 철학적 사상을 총괄적으로 파악하도록 하는 데 큰 도움이 된다. 한마디로 말해서 김현의 논문은 바슐라르의 다양한 사상에 걸친 어떤 논리적 연관성을 밝혀낸다.

3

이에 반해서 곽광수의 논문 「바슐라르와 상상력의 미학」은 바슐라르가 밝혀보이는 상상력에서 오는 미학적 경험, 즉 매력에 우리들의 관심을 집중시킨다. 그는 바슐라르에 있어서의 상상력에 대한 이론은 미학, 즉 예술적 경험을 밝혀내는 학문인 것으로 보고, 저자 자신의 그것에 대한 깊은 공감과 저항할 수 없는 감명을 직간접적으로 나타내는 감동적인 성격을 띤 논문이 된다. 독자들은 이 저자가 「상상력의 미학」이란 논문을 쓴 동기는 그가 설정한 테마를 논리적으로 정리하고, 거기서 생길지도 모르는 문제를 풀어본다는 데 있다기보다는 저자 자신이 바슐라르를 읽음으로 해서 느낀 환희와 미적 감동을 독자와 함께 나누어보고자 하는 데서 온 것으로 보인다. 그래서 그의 논문은 한편으로는 그만큼 감동적이며, 또 한편으로 그만큼 주관적 혹은 개성적 성격을 띠고 있다. 그것은 마치 바슐라르의 문학에 대한 관심이 그가 여러 가지 시나 문학 작품에서 얻은 자신의 감동을 우리에게 전달하려 했던 데서 기인했던 사실과 유사하다.

저자 곽광수는 그의 연구의 목적이 "바슐라르의 미학의 본질적 문제"(p.16)임을 밝힌 다음, 그의 미학이 어찌하여 상상의 미학이 되며, 그것이 어떻게 문학, 특히 시와 관계되어 있는가를 다음과 같이 설명하면서 그의 미학에 대한 연구가 '상상력의 미학'이 되는 이유와 그의 상상력의 미학이 시론이 되는 이유를 설명한다. "그런데 바슐라르가 그의 상상력 이론에 도달한 것은 아름다운 문학 이미지들을 고찰함으로써였다는 사실이다. 그리하여 결과적으로 드러나는 것은 미라는 것과 상상력은 밀접한 관계를 가지고 있다는 것 …… 미는 상상력의 가장 탁월한 활동 그 자체라는 생각이다. 여기서 바슐라르의 상상력 이론은 미학이 된다. 그리고 시가 모든 문학 장르들 가운데 가장 이미지의 아름다움에 의존하는 것이라면 바슐라르의 상상력 이론은 또한 시론이다"(p.18).

곽광수의 논문 「바슐라르와 상상력의 미학」은 7부로 나뉘어져 있다. 제1부와 제2부에서 그는 자기의 문제를 설정하고, 제3부에서는 어떻게 해서 과학철학자로서의 바슐라르가 미학, 즉 상상력, 더 구체적으로 시에 관심을 갖게 되는가를 간단히 언급한다. 곽광수는 과학적 지식과 시적 창조, 즉 상상력의 활동이 똑같은 하나의 의식의 서로 모순되는 취향을 나타낸다는 것을 바슐라르가 깨달았기 때문이라고 주장한다. "과학인식론자로서의 바슐라르가 대상의 객관적 파악을 위해 '객관적 지식의 정신분석'을 함으로써 상상력의 장애를 파괴했다면, 상상력 연구가로서의 바슐라르는 주관적으로 파악되는 대상, 즉 상상력의 베일을 통해 객관적인 모습을 잃고 변형되어 나타나는 대상을 그대로 묘사하는 것을 목적으로 해야 한다. 양자의 경우에 있어서 바슐라르의 작업은 똑같이 상상력에 의해 대상이 주관적으로 변형되는 모습, 즉 '대상의 비객관화'를 아는 것이지만 전자에 있어서는 그 변형의 과정에 중점이 주어져 정신분석이 되고 후자에 있어서는 그 변형 자체가 강조되어 현상학이 된다"(p.22).

이처럼 바슐라르에 있어서 미학이 문제됐던 이유를 전제한 다음 저자 곽광수의 논문은 제4부에서 본격적으로 전개된다. '혼의 울림과 문학적 상상력'을 다루고 있는 제4부에서 그는 시적 경험, 즉 상상력이 만들어내는 미적 경험의 본질이 "혼의 울림"(p.24)임을 강조한다. 그것은 심리적인 쾌감도 아니며 육체적인 쾌감도 아니고 인간의 가장 깊은 본질적인 내심에 울려오는 경험이라고 해석한다. 그래서 그것은 "심리학적 흑은 정신분석적 의미가 아닌 하나의 '시적 의미'―심리학적 흑은 정신분석적 승화가 아닌 하나의 '순수한 승화'에서 태어나는 의미를 가지고 있다"(p.28)는 것이다. 그뿐 아니라 이러한 시적 경험은 "미적 감동을 체험한 후, 우리는 자신이 그 이전과는 다른 사람이 된 것처럼"(p.23) 느낄 만큼, 우리에게 존재의 전환을 가져올 만큼 강력한 것이라고 설명한다.

그렇다면 어찌하여 시적 이미지는 단순히 우리의 혼에 울림을 가져올 뿐만 아니라 미적 감각을 느끼게 하는가? 예술적 가치는 어떻게 생기는가? 곽광수는 "우리가 울림에서 아름다움을 느끼는 것은, 상상력의 활동이 무분별하게 이루어지는 게 아니라, 그것이 인정하는 보편적인 가치판단의 기준에 의해서 이루어지기 때문이다. 즉 울림이란 이미지가 우리의 상상력을 촉발시킴으로써 상상력이 그의 온 힘으로 그 이미지를 원형의 이미지로 밀고 갈 때, 즉 그 이미지가 상상력의 전적인 움직임 속에서 원형의 이미지로 동적인 변화를 수행할 때 우리가 느끼는 정신적인 효과인 것이다"(pp.38~39)라고 풀이한다. 그리하여 곽광수는 원형으로 움직여가는 여러 가지 상상력의 형태, 즉 역동적 상상력·물질적 상상력·언어적 상상력 등을 차례로 검토한다.

그러나 위와 같은 설명은 만족스럽지 못하다. 왜냐하면 우리는 다시 어찌하여 '동적인 변화를 수행할 때'의 동작이 아름다운 것인가, 어찌하여 어떤 현상이 가치가 되는가를 알아내야 하기 때문이다. 이러한 문제는 그가 제5부에서 '여가작용'이란 문제를 다루게 되는 필연성을 지니고 있다. 여기서 저자는 "시적 이미지는 표상성만을 가지는 게 아니며 가장 중요한 것은 그 표상하는 대상의 변화의 폭, 즉 이미지의 가치라는 것이다"(p.73)라고 설명한다. 그렇다면 여기서 가치의 문제, 즉 이미지가 아름답게 느껴지는 이유가 완전히 설명됐을까? 곽광수는 어째서 어떤 이미지가 가치를 갖는가를, 어떤 이미지에 가치가 부여되는가를 설명해야 할 것이다. 그것은 이미지로 나타나는 상상력의 본질적인 독자성이나 창조성, 즉 상상력의 절대적 자유로서 설명되는 것으로 생각된다.

저자는 마지막 부 '이미지의 현상학'에서 바슐라르가 우리에게 혼의 울림을 주는 "문학 이미지들의 '본질적인 새로움'을 잡아낼 수 있도록 한 그 방법"(p.74)을 검토한다. 여기서 그는 바슐라르가 이미지의 현상적 환원을 거쳐서 상상력의 본질을 밝혀내는 과정을 밝힌다. 바슐라르는 상상력이 "인간 최소의 정신 기능, 인간 영혼의 통일적인 힘"(p.99)인 동시에 "사상과 스토리뿐만 아니라 일체의 감정적인 동요에서마저도 앞서 위치하는 인간 정신의 최초의 현실"(p.99)임을 발견한다. 이러한 사실에서 우리는 비로소 상상력의 미학성, 즉 상상력이 갖는 미적 감동과 문학의 예술성을 이해하게 된다.

4

바슐라르 철학의 문제는 한마디로 말해서 자연과 의식과의 관계를 밝히는 일이었다. 그러한 관계는 의식이 자연과 갖고 있는 두 가지 관계를 나타내는 과학과 상상력의 표현인 시로 나타난다. 과학철학자로서, 그리고 상상력의 연구가로서의 바슐라르가 발견한 것은 과학과 상상력, 자연과 의식 사이의 변증법적 관계이다. 과학이 보여주는 자연은 있는 그대로의 자연이 아니라 우리의 경험을 토대로 지적 의식이 만들어낸 것이다. 그러나 이렇게 이루어진 자연에 대한 지식은 새로운 경험 앞에서 의식이 스스로의 관점을 수정할 때 비로소 새로운 지식, 보다 진리에 가까운 지식이 된다. 지식의 발전은 기성적인 것을 부정할 수 있는 정신이 있을 때에만 가능하다. 바로 이와 같이 부정할 수 있는 힘, 그 힘을 통해서 자연과 의식의 관계가 부단히 수정되어 나갈 수 있는 관계가 바슐라르에 있어서의 변증법을 의미한다. 그의 한 저서 『부정의 철학』은 자연과 의식의 변증법적 관계를 밝혀준다. 자연과 의식 사이에 기성적 관계가 부정되고 새로운 관계가 성립될 수 있는 힘은 어디서 생기는가? 바슐라르는 그것을 상상력의 자유성과 창조성 등에서 발견한다.

상상력은 물리학적으로도, 심리학적으로도, 정신분석학적으로도 설명될 수 없는, 어떠한 인과관계로도 설명할 수 없는 독자적인 고유한 존재이다. 이러한 상상력에 의해서 자연과 의식은 유기적인 관계를 거듭 변증법적으로 발전시킨다. 그러한 상상력에 의해서 자연과 의식 간의 대립된 관계가 지양되고, 하나의 유기적인 통일을 갖게 되어 그것들 사이에 부단한 화해가 창조된다. 그와 같이 해서 한편으로는 단절되어 있는 과학과 시의 관계가 잠시나마 융화되고 그것들 간의 모순이 지양된다. 지양과 융화를 가져오는 부단히 창조적인 상상력은 문학, 특히 시에서 가장 잘 나타나는데, 시적인 것이 우리들에게 행복감과 기쁨을 가져오는 것은 그것이 창조적이면서도 모순을 지양하여 융화를 마련하는 상상력의 활동을 체험케 하기 때문이다. 여기서 바슐라르의 과학철학과 상상력에 대한 연구가 동시에 시학이 되며 미학이 되는 이유를 알게 된다.

『바슐라르 연구』를 통해서 우리들은 비로소 위와 같은 바슐라르 철학을 체계적이면서도 감각적으로, 극히 세밀하고 구체적으로 발견하고 이해하게 된다. 이런 의미에서 위의 저서는 문학, 특히 시를 이해하고자 하는 사람에게는 물론, 심리학·정신분석학·과학, 그리고 인식론에 관심을 갖고 있는 사람에게 빼놓을 수 없는 자료가 될 것이다.

5

끝으로 몇 가지 불평이 있다면 그것은 김현에 있어서 지나치게 많다고 느껴지는 원어의 사용과 곽광수에 있어서 몇 가지 개념의 모호성이다. 한편으로 원어의 사용은 바슐라르가 사용하는 개념이 우리말로 옮겨졌을 때 오해되지 않도록 하기 위해서 중요한 것이겠지만, 필요 이상으로 인용되지 않았나 하는 느낌을 준다. 또 한편으로 곽광수는 예를 들어 '존재론'이란 말을 반복해서 쓰고 있는데, 그 낱말이 정확히 무엇을 의미하는지 확실치 않다. 그는 울림, 즉 상상력이 우리에게 주는 감동이 존재론적인 의미를 갖고 있다고 말하는데, 그 이유는 그러한 감동을 받았을 때 독자들의 인생에 '존재의 전환'이 생기기 때문인 것같이 보인다. 그러나 일반적으로 그런 경우에 '존재론'이란 개념은 쓰이지 않는다. 내가 알기로는 바슐라르가 가령 그의 『공간의 시학』의 서문에서 시적 이미지가 하나의 존재학을 형성할 수 있고, 따라서 그가 연구하고자 하는 것이 그러한 존재학이라고 말한 이유는 그러한 시적인 이미지가 우리에게 울림을 통해서 존재의 전환을 가져오기 때문이 아니라 시적 이미지, 따라서 그러한 것을 창조하는 상상력이 어떠한 종류의 존재, 즉 물리적 혹은 심리적인 존재로 환원될 수 없는 독자적인 존재라는 데 있을 뿐이 아닌가 생각한다.

바슐라르의 사고는 복잡할 뿐만 아니라 애매한 점이 적지 않다. 그의 사상의 전체를, 그리고 더 구체적으로는 상상력 시에 대한 그의 사상은 대충 어느 테두리를 가질 수 있어서 대강 이해될 수 있다. 그러나 이 정도의 이해도 쉬운 일이 아니다. 곽광수와 김현의 공저 『바슐라르 연구』는 적어도 그만큼의 일을 하는 데 크게 이바지한다. 그러나 바슐라르의 사상에는 아직도 많은 문제가 남아 있다. 그것은 무엇보다도 엄격한 체계성이 결여됐다는 점과 그가 새로 도입하고 있는 많은 새로운 개념들이 언제나 투명하지 않은 데서 생긴다. 이러한 점에서 바슐라르의 철학은 좀더 연구되고 검토될 여지가 있다. 『바슐라르 연구』는 적어도 위와 같은 일을 하는 데 빼놓을 수 없는 중요한 초석이 될 것이다.

《신동아》, 1977. 4.

04
삶의 구조―사르트르의 철학

철학적 인간학

지식인으로서, 사상가로서, 소설가로서, 평론가로서의 사르트르가
1940년대와 1950년대에 프랑스뿐만 아니라 세계적으로 지성사에 미친
영향은 역사상 그 예를 쉽사리 찾을 수 없을 만큼 컸다. 2차 대전 후 실
존주의가 전문적 철학계의 테두리를 넘어서 넓게 보아 20세기 초반의
가장 중요한 철학적 사상이라고 한다면, 바로 그 실존주의는 사르트르
를 빼놓고서는 의미를 잃는다. 실존주의는 곧 사르트르의 사상과 거의
동의어이다.

사르트르의 영향이 이만큼 깊고 광범위하고 지속적이었다면 그것은
다양한 분야에 걸친 그의 방대한 저서와 떼어 생각할 수 없다. 그는 많
은 소설을 썼고, 그 가운데도 제일 처음으로 출판된『구토』는 오래도록
문제가 될 작품으로 남아 있을 것이다. 그가 쓴 많은 희곡이 파리에서는
두말할 것도 없이 세계 각처에서 상연되어왔다. 그의『닫힌 방』은 희곡

사에 남을 것임에 틀림없다. 그는 수많은 작가론을 썼고, 수많은 작품평을 썼다. 그는 그림과 정치적 문제에 대해서 수많은 글을 썼고 논쟁에 뛰어들었으며, 만년에는 모택동주의자로서 거리에 나와 전단을 돌리기도 하며 정치적 투쟁에 참여했다. 그는 심리학에 관한 학술적 책을 썼는가 하면 극히 전문적이고 방대한 철학 저서인 『존재와 무』, 그리고 그 뒤 역시 방대한 『변증법적 이성비판』을 냈다.

그의 자서전 『말』, 그후 시몬 드 보부아르와의 『대화』에서 밝혔듯이 그는 일찍부터 글쟁이가 되기를 원했으며, 그의 소원대로 방대한 분량의 글을 써놓고 세상을 떠났다. 그가 써놓은 글들은 그 양이 방대하다는 데만 그 의미가 있는 것이 아니라 그것의 깊이와 독창성에서 보다 참다운 의미를 발견할 수 있다. 그는 이러한 글을 쓰기 위해서 처음부터 독신으로 머물러 있기를 선택했고, 그런 선택에 따라 그는 평생을 거의 이곳저곳의 호텔 방에서 살며 사색과 저술에 모든 것을 바친 일생을 살았다. 사르트르가 다양한 분야에 걸쳐서 여러 가지 문제에 관해 사색하고 글을 썼다면, 그에게서 가장 중요한 글쓰기는 무엇이었던가? 그는 학자가 되고자 했는가? 작가가 되고자 했는가? 철학자가 되기를 원했는가? 구태여 그를 분류하자면 어떤 사람으로 분류할 수 있을 것인가? 도대체 사르트르는 누구인가? 그는 그의 글쓰기를 통해서 무엇을 하고자 했던가? 어떤 차원에서 그의 글쓰기는 가장 근본적인 것으로 평가될 수 있는가?

그의 실질적 아내이며 평생의 지적·정서적 동반자였던 보부아르와의 만년의 대화에서 사르트르는 작가로서, 그리고 철학가로서 동시에 그의 이름이 남게 되기를 바라지만, 가능하다면 첫째로는 작가로서 남고, 그 다음에 철학가로서 남게 되고 싶다고 밝힌다. 문학으로 불멸하기를 바라고 있으며, 철학은 그러한 목적을 이룩하는 수단이라고 생각한다는 것이다.[2] 그가 고백한 대로 유년기부터 그의 꿈은 오로지 발자크나 스탕달과 같은 위대한 작가가 되는 것이었다. 그가 철학에 흥미를 갖게된 것은 고등사범학교 입학 준비를 위해 다니던 고등학교 보습반이었으니 스무 살에 가까와서였다. 그의 소설『구토』와 그의 희곡『닫힌 방』이 프랑스 문학사에서 더러 회자될 것임에 틀림없지만, 문학작품들이 영구한 걸작으로 남게 될지는 의심스럽다. 그러나 그의 소원과는 다르지만 그는 역사에 영원히 이름을 남기게 될 것이며, 그의 이름은 작가로서가 아니라 철학가로서 보다 잘 알려질 것이다. 사르트르의 지적·정신적 업적은 무엇보다도 그의 철학에서 찾아야 한다.

사르트르의 철학은 어떤 것인가? 도대체 그는 무슨 분야에서 철학적 공헌을 했는가? 그의 철학을 실존주의라고 부른다면 실존주의는 도대체 무슨 철학인가? 바꿔 말해서 사르트르의 두 가지 핵심적 철학 저서인『존재와 무』와『변증법적 이성비판』은 무엇에 관한 철학인가? 이 책들은 언어·의식·자아·저술·사회·역사·진리·인식·가치·과학 등 수많은 문제에 대해 언급하고 있다. 그러니만큼 사르트르의 철학은 동시에 언어철학·심리철학·예술철학·사회철학·역사철학·인식론·가치철학 등이라고 할 수 있을 것이다. 그처럼 다양한 가운데에도 사르트르의 철학적 관심의 초점은 그가 본 대로의 '세계의 비전La vision du monde',[3] 새롭다고 확신된 세계관을 서술하는 데 있다. 다른 여러 가지 문제들은 오로지 그러한 철학적 비전을 뒷받침하는 수단에 지나지 않는다. 사르

---

2   Simon de Beauvoir, *La cérémonie des adieux*, suivi de entretiens avec J. P. Sartre(Paris: Gallimard 1981), pp.200~201.

3   위의 책, p.202.

트르는 문제를 분석적으로 보지 않고 종합적으로, 단편적이 아니라 총괄적으로 접근한다. 이러한 그의 기질은 문학에 심취했고 무엇보다도 작가가 되고자 했던 것과 뗄 수 없는 관계를 갖는다. 문학은 그것이 어떤 주의에 속하든 간에 언제나 삶의 문제, 삶의 의미의 문제와 뗄 수 없다. 문학은 '인간이란 무엇인가', '산다는 것이 무엇인가'라는 문제와 뗄 수 없을 뿐만 아니라, 그러한 문제를 필연적으로 근본적인 것으로 깔고 있는 것이다. 사르트르가 철학을 통해서, 철학적 관찰과 사색과 분석과 서술을 통해서 알고자 했던 것, 우리들에게 밝혀보이고자 했던 것도 바로 위와 같은 문제들에 지나지 않는다. 그는 인간이 무엇인가를 새로운 각도에서 밝히고자 했다. 이와 같이 볼 때 그의 철학, 더 일반적으로 말해서 실존주의를 인간학이라고 부를 수 있다.

'인간은 무엇인가?' 이것이 인간학의 물음이라면 인간학의 물음, 즉 문제는 애매하게 여겨지기도 한다. 위와 같은 물음은 인간을 한 물리적 원소의 집합으로 볼 때 그것이 어떤 성분으로 구성되어 있는가의 물음이 될 것이며, 혹은 인간을 한 생물학적 종으로 볼 때 그것이 어떠한 기능을 하는가의 물음이 될 것이다. 이러한 물음은 자연과학적 물음이며, 따라서 그러한 물음에 대한 대답도 자연과학적 대답이 될 것이다. 그러나 인간학에서 알고자 하는 인간에 대한 대답은 인간을 구성하는 원소의 성분이라든가, 생물학적 기능에 관한 것이 아니다. 그러므로 '인간은 무엇인가'라는 물음은 '인간으로 산다는 것은 무엇을 의미하는가'라는 물음이며, 그것은 과학적인 물음이 아니라 철학적인 물음이다. 사르트르의 실존철학을 인간학으로 볼 수 있다면 그것은 곧 철학적 인간학을 의미한다. 그렇다면 철학적 인간학의 방법은 과학적 인간학의 방법과 달라야 할 것이다. 과학적 방법은 연구대상을 밖에서 객관적으로 관찰하고 측정될 수 있는 사물현상으로 전제하고 그 사물을 구성하는 성분 간의 인과적 관계, 혹은 그 사물과 그밖의 사물 간의 인과적 관계를 밝힘으로써 그 대상을 설명하고, 그 설명을 대상에 대한 앎으로 간주한다. 한 인간의 구조·행동 등에 대해 물리학적으로 혹은 생물학적으로 인과적 설명이 됐을 때 우리는 과연 인간을 알았다고 할 수 있을까? 우리가 알려고 하는 인간은 물리학적 혹은 생물학적, 더 나아가서 사회학적·객관적 존재가 아니다. 우리가 알려고 하는 것은 그러한 인간이 산다는 것은 무엇을 의미하는가를 알아보려는 것이다. 그러므로 '인간이란 무엇인가'라는 문제는 '인간으로 산다는 것은 무엇을 의미하는가'라는 물음으로 바뀐다. 이러한 물음은 외적, 다시 말해서 객관적인 인과적 설명으로 그 해답을 얻을 수 없다. 그것은 구체적으로 모든 개개인이 하고 있는 실재적인 경험을 서술하고 분석해서 그 의미를 밝힘으로써만 가능하다. 왜냐하면 우리는 여기서 죽은 송장으로서의 인간이 아니라 살아 있는, 따라서 구체적 경험으로서의 인생을 알려 하기 때문이다. 그렇기 때문에 사르트르의 실존철학, 즉 철학적 인간학이 왜 현상학적 방법을 취하게 되는지를 알 수 있다. 현상학은 모든 앎의 근거를 우리들의 구체적 경험에서 찾는다. 달리 말해서 앎의 대상에 대한 진리는 그 대상이 우리들의 의식에 의한 경험에 근거해야만 한다고 생각한다. 하물며 앎의 대상이 인간으로서의 '삶'일 때 그러한 삶은 물리적·화학적 인과관계로서가 아니라 구체적인 내적 경험을 밝힘으로써만 파악될 수 있음은 자명하다. 그러므로 사르트르의 철학적 인간학은 현상학적 방법을 택한다. '주체성이 출발점이어야 한다'는 사르트르의 말은 바로 위와 같은 방법의 정당성을 뜻한다. 인간이 무엇인가, 아니 인간으로서 산다는 것이 무엇인가를 밝힘에 있어서 사르트르는 자기 자신의 구체적인 개인적 경험을 서술·분석함으로써 그 속에서 인간이 공통적으로 갖고 있는, 말하자면 '삶의 구조'를 밝혀내려 한다. 다시 말해서 사르트르의 철학적 인간학은 모든 사람에게 다 같이 해당될 수 있다고 추측되는 '산다는 것이 무엇을 의미하는 것인가', '산다는 것이 무엇을 경험하는 것인가'를 설명하고자 한다.

사르트르가 택한 철학적 인간학의 현상학적 방법은 주관적이라는, 따라서 보편적 가치를 갖지 못한다는 규탄을 받는다. 왜냐하면 현상학적 방법에 의해 보여진 삶에 대한 사실은 물리적으로 관찰될 수도 없고, 따라서 객관적으로 긍정될 수도 없기 때문이다. 그뿐만 아니라 사르트르는 인간의 근본적인 자유를 주장하는데, 이러한 인간관은 인간에 대한 인과적 설명과 배치되고, 그러한 자유는 객관적으로 증명될 수 없다는 점에서 주관적이라는 것이다. 그렇기 때문에 사르트르의 철학적 인간학, 즉 실존주의는 자연과학의 입장에서뿐만 아니라 인문사회과학자들에 의해서도 1960년대 이후 규탄을 받거나, 아니면 한 시대의 주관적 감정의 표현에 불과하다고 무시되어가고 있는 상황에 있다. 구조주의가 1960~1970년대에 유행되고 1970~1980년대에 들어와서는 이른바 후기 구조주의 또는 '구성적 해체'의 지적 유행에 따라 1940~1950년대의 실존주의는 거의 자취를 감춘 듯하다. 레비 스트로스는 '개인의 자유'에 근거한 사르트르의 역사주의를 부정하고, 푸코는 '인간의 자유'는커녕 '인간의 종말'을 선언하고, 데리다는 무시하듯 사르트르에 대한 일언반구의 언급도 없다.

과학적 인간학이 객관적이고 철학적 인간학이 주관적이라고 해도 그 두 가지 인간학이 반드시 서로 배치되는 것은 아니다. 비록 과학적 인간의 해석과 철학적 인간의 해석이 서로 다르다 하더라도, 그것들 사이에 반드시 갈등이 있는 것은 아니다. 관점에 따라 인간은 어떤 원소의 집합이요, 어떤 구조의 한 기능에 불과하며, 인간의 모든 행동은 완전히 인과법칙에 의해서 설명될 수 있을지 모른다. 그러나 또 다른, 즉 각 개인, 살아 있는 개인의 내적 경험이라는 관점에서 볼 때 인간은 물리학적 원소의 집합 이상인 어떤 내적 경험이며, 외적으로 볼 때 아무리 우리들의 행동이 인과적 틀에 들어 있다고 여겨지더라도, 각 개인은 그가 살아 있는 한 내적 자유를 경험하지 않을 수 없다. 우리가 알고자 하는 인간이 살아 있는 인간, 즉 '삶'이라면, 그리고 과학적 인간학은 처음부터 그러한 삶을 밝혀줄 수 없게 마련이라는 것을 인정한다면, 마지막으로 형이상학적 인간에 대한 설명이 허황하다는 것을 인정한다면, 현상학적 방법에 의한 사르트르의 철학적 인간학은 내가 알기로는 가장 적절히 가장 구체적으로 '인간은 무엇인가', '인간으로 산다는 것은 무엇을 의미하는가'의 물음에 대답을 해준다.

'인간은 무엇인가'라는 물음에 대한 대답으로서의 사르트르의 철학적 인간학은 첫째, 인간의 특수한 존재구조, 둘째, 그러한 구조를 가진 인간과 전혀 다른 존재구조를 가진 사물현상과의 관계, 셋째, 인간과 인간과의 특수한 관계, 넷째, 가치와 사실 간의 관계에서 풀이된다.

의식의 구조 혹은 대자

'인간이란 무엇인가'라는 물음은 문자 그대로 받아들일 때 너무 추상적이다. 우리가 알고자 하는 인간은 추상적인 인간이 아니라 구체적으로 살고 있는 인간, 먹고 자고 웃고 우는 인간, 아파하다가도 즐거움을 경험하는 인간, 증오하고 사랑하는 인간, 내일을 계획하고 어제를 반성하는 살아 있는 구체적인 인간이다. 이러한 인간은 도대체 어떤 존재이며 그것은 다른 존재와 구별될 수 있는 것인가? 만약 구별된다면 그것은 어떤 식으로 가능한가? 사르트르의 철학적 인간학의 물음이 위와 같은 것이라고 볼 때, 그것은 곧 이른바 하나의 존재론을 의미한다.

존재론은 문자 그대로 존재하는 것이 어떤 것들인가를 알고자 한 무수한 것들이 존재한다는 대답이 일단 나올 수 있다. 돌·흙·벌레·동물·나무·사람·하늘·땅, 이 돌·저 돌, 이 사람·저 사람 등등 우리는 헤아릴 수 없이 무한히 많은 것들이 존재함을 안다. 그러나 철학에서 존재론이 전통적으로 알아내려는 것은 서로 환원될 수 없는 존재들의 수, 그리고 그 존재들의 본질이다. 이 돌과 저 돌은 서로 다르지만 다 같이 '돌'이라는 점에서 동일하고, 벌레와 강아지는 물론 다르지만 서로 '생물'이라는 점에서 한 가지 종류의 존재로 환원된다. 이와 같이 하여 전통적으로 모든 존재를 물체로 환원시킬 수 있다고 보는 유물론이 있는가 하면 거꾸로 모든 것을 관념으로 보는 관념론이 있고, 위의 두 가지 일원론을 부정하고, 그 대신 모든 존재를 서로 환원될 수 없는 물질과 관념 혹은 정신이라는 두 가지 존재로 보는 이른바 이원론이 있다.

사르트르도 일종의 이원론을 취한다. 그러나 사르트르는 그 두 가지 존재를 물질과 정신이라는 개념으로 파악하지 않고 '즉자'와 '대자'라고 부른다. 정통적 이원론이 사르트르에 와서 위와 같이 다른 형태를 띠게 되는 데는 충분한 근거가 있다. 전통적 이원론자들에게 그들의 주장이 옳다는 근거를 제시하라고 요구했을 때 그들은 난처해진다. 굳이 근거를 댄다면 그것은 사념적이 아니면 직관적이라고 할 수밖에 없다. 그러나 무엇이 존재함을 주장한다면 그것은 반드시 누군가에 의해서 경험되었다는 사실을 전제한다. 그렇다면 어떤 것들이 존재함을 발견하기에 앞서 더 확실한 것, 논리적으로 먼저 전제되어 있는 것은 구체적인 경험이다. 내가 눈앞에 있는 강아지를 알기 전에 그러한 앎을 가능케 하기 위해서는 내가 무엇을 본다는 사실, 의식한다는 사실이 전제된다. 가장 자명하고 확실한 사실이 우리가 무엇을 경험하고 있다, 무엇을 의식하고 있다는 것이라면, 그러한 경험은 또한 무엇을 전제하는가를 반성적으로 생각할 수 있다. 경험은 현상학자들의 전문적 주장의 도움을 받지 않고도 경험 주체자로서의 인간과 그것의 대상이라는 논리적으로 서로 환원될 수 없는 두 가지 존재를 전제한다. 사르트르가 말하는 대자와 즉자는 바로 위와 같은 모든 경험에 전제되어 있는 두 가지 존재인 인간과 그밖의 모든 것, 인식의 대상을 각기 두고 말하는 새로운 존재론적 개념이다. 물론 인식자로서의 인간은 의식을 뜻한다. 따라서 인간 존재를 지칭하는 개념으로서의 대자는 인간의 의식을 가리킨다. 다시 말해서 인간이 다른 모든 사물은 물론 생물·동물들과도 구별되는 것은 인간이 의식하는 존재이기 때문이다. 간단히 말해서 인간의 특성은 의식이다.

모든 존재가 의식으로서의 대자와 그 대상으로서의 즉자로 구분된다면 의식은 도대체 어떤 존재인가? 그것은 즉자로서의 대상과 어떻게 다른가? 인간의 근본적인 특성이 의식에 있다면 인간의 본질은 의식의 본질과 다를 바 없으며, 의식을 안다는 것은 인간을 안다는 것과 같은 격이 된다. 즉자, 즉 의식의 대상으로서의 존재는 물론 존재하지만, 있는 그대로 존재하는 존재, 즉 그것 자체로서 충족된 존재이다. 다시 말해서 그냥 존재로서 존재하는 존재라고 서술될 수 있다. 나는 산·돌·나무·하늘·책상·강아지·전쟁 등과 같은 사물 혹은 현상, 또는 상황이나 사건 등을 의식한다. 그러한 한도에서 그것들은 나의 의식의 대상이 된다. 그런데 그것들의 존재양식은 있는 그대로 있다. 이에 반해서 경험의 주체로서의 의식, 인간을 다른 사물들과 구별시켜주는 의식은 즉자로서의 존재, 즉 산·들·나무·강아지·전쟁 등과 같은 양식으로 존재하지 않는다. 그것은 경험의 주체자이며, 논리적으로 경험의 대상이 될 수 없기 때문에 대상으로서의 존재처럼 존재하지 않고, 어느 면에서는 존재하지 않는다. 즉 어떤 대상으로서 파악될 수 없다. 왜냐하면 대상으로서 파악되는 순간, 그것은 이미 경험의 주체자임을, 즉 의식임을, 다시 말해서 대자임을 그치게 마련이다. 그러나 또 한편 그러한 의식이 존재함은 가장 자명한 사실이고 논리적으로 부정될 수 없다. 의식을 부정하는 것이 일종의 인식, 주장인 이상 그러한 주장은 이미 의식을 전제하고 있게 마련이다. 다시 말해서 의식적 존재를 부정함은 자기모순이다. 이러한 사실에 근거해서 사르트르는 대자, 즉 의식이라는 존재를 역설적이지만 '무無'라고 부르고 즉자, 즉 대상으로서의 존재를 그냥 '존재'라고 부른다. 그의 가장 체계적이고 결정적인 철학서의 제목을 『존재와 무』라고 붙였는데 그것은 존재와 그 부정을 의미하지 않고, 각기 즉자로서의 존재와 대자로서의 존재, 다시 말해서 의식대상으로서의 존재와 의식 자체를 지칭한다. 대자를 '무'라고 부른 것은 대자의 존재를 부정하기 위해서가 아니라 그 존재양상의 특수성을 밝히기 위해서임을 잊어서는 안 된다. 사르트르는 '무'로서의 대자의 존재양상을 설명하기 위해서 여러 가지 서술을 시도하고, 여러 가지 표현을 쓴다. 예로서 그는 대자, 즉 의식의 존재양식을 '동시에 있으면서 없고 없으면서 있는 존재'[4]라고 말한다. 바꿔 말해서 의식은 대상으로 존재할 수 없고, 따라서 대상으로 존재하지 않으면서도 역시 존재한다는 말이다. 비트겐슈타인은 자아는 세계 밖에 있고, 세계의 의미는 세계 속에 있지 않다는 말을 했다. 세계를 존재의 총괄적인 지칭으로 볼 때, 세계 밖에 있는 자아 혹은 의미는 존재한다고 말할 수 있다. 그러나 또 한편 세계는 언제나 어떤 자아, 즉 의식에 의해 의식된 존재여야 한다. 의식되지 않은 세계가 있다는 주장은 자기모순이다. 여기에서 자아 혹은 의미의 존재의 역설적 성격이 드러난다. 사르트르가 대자로서의 의식을 '무', 있지 않은 존재, 즉 있지 않으면서 있는 존재라고 말한 것도 같은 논리에서 나온다. 사물 전체, 즉 존재하는 것의 총괄적 명사로서의 세계를 생각할 때 그러한 세계를 의식하고 경험하는 의식은 논리적으로 보아 세계 밖에 있는 존재, 즉 존재에 속하지 않은 존재라는 역설적 존재이다.

'무'로서의 존재인 대자는 '결함'이라는 말로 표현된다. 대자는 무엇인가 언제나 부족한 충족되지 않은 욕망을 가진 존재, 즉 어딘가 비어 있는 존재라는 것이다. 대자의 이러한 사실은 대자로서의 의식, 의식으로서의 인간이 언제나 무엇인가를 바란다는 사실, 어떠한 것, 어떠한 상황에서도 인간은 완전히 만족할 수 없다는 사실, 죽는 날까지 어떠한 사람도 완전히 평화로운 마음을 찾을 수 없다는 사실에서 자명하게 입증된다. 대자는 '무', 즉 공허한 존재로서의 자신의 공허를 필연적으로 채우려 해야 한다는 것으로 볼 때 대자는 스스로를 '결함'으로 파악하지 않을 수 없다. 대자는 '무'가 아닌 존재로서, 즉 충만된 존재, 즉자로서 존재하고자 한다. 다시 말해서 대자의 욕망, 즉 인간의 궁극적 욕망은 즉자, 즉 사물현상과 같이 되는 것이다. 이러한 사르트르의 주장은

4   J. P. Sartre, *Being and Nothingness*, tr. by H. Barnes(N. Y.: Philosophical Library, 1956), p.70.

누구나 때로는 사람으로 존재하기보다는 차라리 세상을 모르고 걱정이 없는 것 같은 강아지나 소나무 혹은 바위가 되었으면 하는 생각을 잠시나마 한다는 사실로 뒷받침된다. 그러나 인간의 궁극적 욕망이 즉자라는 말은 완전히 맞지는 않다. 인간의 궁극적 욕망은 즉자가 되는 것도 아니며, 대자로 남아 있는 것도 아니다. 그것은 동시에 대자와 즉자가 되는 것이다. 이 세상의 모든 존재가 서로 대립되고, 서로 요청되는 대자와 즉자라는 두 가지 존재로 구별할 때 그 어느 한쪽의 존재도 완전한 존재가 될 수 없다. 한쪽만의 존재는 역시 반쪽만의 완전치 못한 존재라는 말이다. 완전한 존재는 대자와 즉자가 하나로 합친 존재, 즉 대자-즉자로서의 존재이다. 사르트르에 의하면 신의 개념은 이렇게 완전한 존재를 말한다. 그러나 대자와 즉자가 하나가 된 존재는 논리적으로 불가능하다. 왜냐하면 내가 돌이 되어 즉자의 존재양상을 갖추게 되면 나는 바로 그와 동시에 의식으로서의 대자가 되기를 끝내고, 거꾸로 내가 대자로 머물러 있는 한 나는 결코 즉자가 될 수 없다. 그렇기 때문에 사르트르는 모든 사람의 궁극적 욕망은 완전한 존재로서의 신이 되는 것이지만 그러한 신은 논리적으로 불가능하며, 따라서 모든 인간은 그 존재구조상 부득이 언제나 신이 되기를 원하지 않을 수 없고 애를 쓰게 마련이지만, 그러한 노력은 결코 이루어지지 않는다. 그러해서 사르트르는 "인간은 부질없는 수난이다"[5]라고 잘라 말한다. 인간의 존재양상에 바탕을 둔 인간의 수난은 십자가에 박힌 예수의 수난에 비유되지만, 예수의 수난이 인간을 구하기 위한 것이었던 데 반해서, 인간 존재의 수난은 전혀 쓸모가 없다는 것이다. 그럼에도 불구하고 인간이 신이 되고자 하

5   위의 책, p.615.

는 이유, 즉 대자인 동시에 즉자가 되고 싶어 하는 욕망은 어떻게 설명될 수 있는가? 그러한 욕망은 인간, 즉 대자의 또 하나의 어떤 근본적인 사실을 드러내보이는가? 여기서 우리는 '자유'로서의 대자를 검토해야 하며, 인간에 있어서 자유가 무엇을 의미하는가를 알아내야 한다. 인간, 즉 대자의 자유는 대자와 즉자와의 관계, 즉 인간과 인간이 살고 있는 자연적 또는 사회적 현실과의 관계에서 드러난다. 이러한 현실을 사르트르는 '상황'이라고 부른다.

현상의 구조 혹은 즉자

사람은 자연적 여건 혹은 사회적 여건 밖에서 살 수는 없다. 대자, 즉 의식으로서의 인간은 반드시 즉자, 즉 사물현상 혹은 조건으로서의 자연적·사회적 여건을 의식의 대상으로 하지 않을 수 없다. 그렇다면 그러한 자연 혹은 사회현상과 인간, 즉 즉자와 대자 간에는 서로 관계가 없다고 보는 것이 상식적이다. 세계를 구성하는 사물현상들은 그것을 관찰하는 의식과 상관없이 존재한다고 믿는다. 내가 보든 안 보든 하늘·산·개·나무·쌀·책상은 객관적으로 독립해 있다는 것이다. 우리들의 의식이 그것들을 본다는 것은 그것들을 있는 그대로 발견하는 작업에 불과하다. 의식으로서의 대자와 그 대상으로서의 즉자는 서로 인과적 관계없이 각기 독립해서 존재한다는 것이다. 내가 보든 안 보든 산은 산이고, 산이 높다는 것은 너무나 자명한 사실 같다.

그러나 사르트르는 이러한 우리들의 상식적 자명성을 부정한다. 사르트르에 의하면 우리가 알고 보고 있는 어떠한 사물현상이든지 그것들은 우리들의 의식에 이미 비친 사물현상이지 그 이전의 순수한 사물현상이 아니며, 내가 보는 세계는 영원히 누구에게나 다 같이 고정된 세계가 아니라 내가 본 세계일 수밖에 없다는 것이다. 다시 말해서 순수한 즉자는 존재하지 않는다. 모든 즉자는 대자에 의해서 이미 해석된, 정리된, 조직된 것이라는 말이다. 자연현상 혹은 사회현상과 인간의 관계에 대한 사르트르의 위와 같은 생각은 버클리의 관념주의, 칸트의 인식론을 상기시키며, 콰인, 쿤, 또는 굿맨 등의 철학적 입장과 유사하다. 그들의 요점은 우리가 지각하거나 인식하고 있는 사물현상, 더 일반적으로 말해서 세계는 이미 우리들의 의식구조 혹은 우리들의 필요성, 우리들이 갖고 있는 표상도구로서의 언어의 구조 등에 의해서 이미 번역된, 즉 변형된 것일 수밖에 없다는 것이다. 한마디로 우리의 인식대상인 즉자는 인식 주체자인 의식, 즉 대자에 의해서 재조직될 수밖에 없다는 것이다. '산', '하늘', '개'란 것이 처음부터 존재한 것이 아니라, 의식의 대상인 어떤 사물현상들을 우리들은 '산', '하늘', '개'라는 개념으로 묶어 조직한다는 것이다. 이러한 주장은 우리가 마음대로 사물현상을 만든다는 말이 아니며, 객관적 의식대상의 존재를 부정하는 것이 아니다. 위와 같은 주장의 요점은 객관적 존재가 우리들에게 의식되는 순간 그것은 이미 우리들의 의식에 의해서 개념적으로 구성되어버리게 마련이라는 것이다. 의식과 그 대상, 세계와 인간, 즉 대자와 즉자와의 관계에 대한 위와 같은 반상식적인 해석은 미다스 왕의 신화를 빌려 설명될 수 있다. 욕심이 많은 미다스 왕은 신으로부터 기적 같은 능력을 얻었다. 그의 손이 닿는 모든 물건들은 금으로 변하게 된다. 그만큼 그는 부자가 될 수 있다는 것이다. 사르트르와 그밖의 위의 철학자들에 의하면 의식, 즉 대자는 마치 미다스 왕의 손과 같아서 그것이 파악하려는 모든 사물현상은 있는 그대로 나타나지 않고 이미 변형되어 의식에 나타난다는 것이다. 그리하여 사르트르는 말한다. "사실성을 벌거벗은 원초적 상태대로 파악할 수는 없다. 왜냐하면 우리들이 그 사실성에서 찾아낼 수 있는 모든 것들은 이미 자유롭게 구성됐기 때문이다."[6] 내가 보는 사물현상의 모습이 나의 의식에 의존된다면, 그리고 내가 보는 세계가 나의 의식에 의해 구성된 것이라면 나는 내가 보는 사물현상의 존재, 내가 생각하고 있는 세계에 책임을 지게 된다. 그래서 사르트르는 주장한다. "나는 모든 것들에 대해 책임이 있다. 다만 나는 내 자신의 책임만은 책임질 수 없다. 왜냐하면 나는 내 존재의 근원이 되지 않기 때문이다."[7] 내가 보는 세계, 사물현상에 대해 내가 책임이 있다는 주장이 어째서 나올 수 있는가? 그 까닭은 그 세계, 사물현상들이 나에 의해 만들어졌기 때문이다. 즉 그것들의 존재가 나에게 달려 있기 때문이라고 사르트르는 주장한다. 내가 지구를 만들고 산과 바다, 강아지와 산새를 만들고, 마을을 만들었다는 말은 물론 아니다. 여기서 사르트르는 사물현상 그 자체와 '상황'을 구별한다. 사물현상은 내가 만든 것은 아니지만 그것이 나의 의식에 부딪칠 때 반드시 나에게 어떤 의미, 나의 욕망 혹은 의도와 관계를 갖는 상황으로서만 나타난다. 예컨대 높은 산, 즉 물체가 있다고 가정하자. 그것은 나의 필요에 따라 '바다'나 그밖의 개념들과 구별되는 '산'이라는 개념으로 내가 묶을 수 있었던 것이다. 그러한 산은 나의 의도가 무엇이냐에 따라 다른 것들로 나타날 수 있다. 내가 산 넘어 다른 곳으로 가려고 할 때 산은 나에게는 '장애물'로 나타나지만, 만일 나의 의도

6   위의 책, p.102.
7   위의 책, p.555.

가 그 산의 아름다움을 그림에 담으려 할 때 그것은 나에게 '감상의 대상'으로 나타난다. 이렇게 각기 우리들의 의도에 따라, 그 의도에 의해 채색된 사물현상을 사르트르는 '상황'이라고 부른다. 그래서 그의 관점에서 볼 때 모든 사물현상은 결코 있는 그 자체, 순수한 상태로 나타나지 않고 반드시 상황으로서만 파악된다. 다시 말해서 "이 세상의 모든 것들은 나에게는 하나의 기회로서만 드러난다."[8]

세계가, 그것을 구성하는 사물현상이 인간에게, 즉 대자에게 필연적으로 그냥 그대로가 아니라 상황으로서 나타난다는 말은 대자, 즉 의식으로서의 인간은 사물현상을 반드시 어떤 의미 있는 것으로만 보게 된다는 것이다. 즉 그 자신의 의도와의 관련 속에서 그 사물현상들이 어떠한 기능을 할 수 있는가라는 관점에서만 파악된다는 것이다. 세계, 즉 사물현상들이 나의 의도에 의해 결정된다는 말은, 그것들이 어떻게 나에게 나타나느냐는 것이 나의 기도企圖에 달려 있다는 말이고, 그것이 나의 기도에 달려 있다는 말은 그것이 나의 결정에 달려 있다는 말이다. '산'이라는 물체 앞에 내가 무엇을 원하기를 결정하느냐에 따라 그 물체는 전혀 다른 상황으로 나타난다. 말하자면 그러한 결정을 하는 나, 즉 대자로서의 나는 세계에 대해서, 사물현상에 대해서 그것들을 좌우하는 주권자로서의 힘을 가지고 있지만, 그 사물현상은 그런 능력이 없다. 주권자로서의 나, 즉 대자는 이처럼 자신의 결단에 의해 세계와 사물현상, 즉 즉자를 결정하지만, 대자의 결정을 결정하는 존재는 아무것도 없다. 요컨대 대자, 즉 의식으로서의 인간은 완전히 자유롭다. 사르트르의 유명한 "실존은 본질을 선행한다"는 말은 바로 이러한 사실을

8   위의 책, p.681.

가리키는 것이다. 나는 내가 하고 싶은 대로 세계와 사물현상을 만들 수 있을 뿐만 아니라 그렇게 하지 않으면 안 된다. 또한 내가 완전히 자유롭다는 말은, 내가 어떤 인간이 되느냐도 외부에 의해서 결정되는 것이 아니라 나 자신의 선택에만 달려 있다는 것이다. 인간으로 사는 우리, 즉 즉자로서의 우리는 자유롭지 않을 수 없다. 우리의 자유에 한계가 있다면 그것은 자유롭지 않을 수 없는 자유가 없다는 데 있다. 그래서 사르트르는 말한다. "나는 강제로 자유로울 수밖에 없다. 이러한 사실이 뜻하는 것은 자유롭기를 그치는 자유가 없다는 것 말고는, 즉 자유 자체를 제외하고는 나의 자유에는 아무런 한계도 있지 않다는 사실이다."[9] 한마디로 인간의 본질, 즉 의식의 본질, 다시 말해서 대자의 본질은 자유이다.

정말 우리는 언제나 자유로운가? 싫어도, 괴로워도 자유롭지 않을 수 없는가? 완전히, 절대적으로 언제나 인간이 자유롭다는 사르트르의 주장은 언뜻 보아 사실과 너무나 배치되는 것 같다. 남자는 시집갈 수 없다. 가난한 사람은 화려한 생활을 할 자유가 없다. 다리를 다친 사람은 달리기 선수가 될 자유를 갖지 않는다. 철벽 같은 감옥에 갇힌 포로는 아무런 자유도 갖지 않는다. 그러나 사르트르는 위의 모든 경우에서도 인간은 역시 자유롭다는 것이다. 남자, 가난한 사람, 다리가 없는 사람, 감옥에 갇힌 포로는 물론 물리적 혹은 사회적으로 조건 지어져 있다. 그러나 남자는 남자라는 생리적 특수 조건을 갖고 여자가 할 수 없는 일을 할 수 있다. 다리가 없는 사람은 운동선수가 될 수는 없지만, 그러한 상황에 분발하여 위대한 학자가 되기를 선택할 자유가 있다. 적의 고문을

9   위의 책, p.537.

받는 포로는 그가 갇혀 있는 좁은 감옥에서 빠져나갈 수는 없지만, 목숨을 건지거나 고통을 조금 덜어내기 위해서 자기가 알고 있는 군사적 비밀을 폭로하든가, 자신의 동지를 고발할 수 있는 자유가 있는가 하면, 죽음을 무릅쓰고라도 자신의 군대, 나아가서 국가, 또는 자신의 동지를 고발하기를 거절할 수 있는 자유를 갖고 있다. 따라서 나는 내가 보고 있는 사물현상, 내가 생각하는 세계에 대하여 책임이 있을 뿐만 아니라 나의 행동, 더 나아가서는 나의 사람 됨됨이에도 전적으로 책임을 지게 된다. 왜냐하면 내가 알고 있는 세계, 나의 행동, 나의 사람 됨됨이는 전적으로 나의 자유로운 선택에 의해서 결정되어 있기 때문이다. 나는 세계를, 나 자신의 인생을 이와 같이 자유롭게 선택해야 함에도 불구하고, 나는 그것을 어떻게 선택해야 할지를 알지 못하고 있다. 나의 선택은 완전히 나 자신에 달려 있음을 의미하며, 그것은 또한 내가 나의 행동에 대해서 혼자서 책임을 져야 함을 의미한다. 여기에 나의 인간으로서의 딜레마, 즉 대자로서의 고민이 생기게 된다. 인간이 완전히 자유롭다면, 그리고 인간으로서 자유로운 나는 그만큼 나의 행동, 나의 사람 됨됨이, 그리고 나아가서는 세계와 모든 사물현상의 됨됨이에 대해서 책임을 져야 한다면 그만큼 나는 선택을 해야 하는 매 순간, 그리고 그러한 순간의 연속인 평생 동안을 불안과 고민에서 빠져나올 수 없을 것이다. 한마디로 인간으로서의 삶이란 끊임없는 불안이요 고통이게 마련이다. 죽는 날까지, 즉 나의 의식, 요컨대 대자가 없어지는 날까지 나는 불안에서 빠져나올 수 없다. 나의 불안은 내가 자유로운 존재임을 입증하고, 나의 자유는 책임이라는 결과를 가져오기 때문이다.

나의 자유에서 기인되는 책임, 그 책임이 낳게 되는 불안에서 내가 도피하려고 하고자 함은 자연스러운 논리다. 우리는 누구나 불안에서 해방되고 싶다. 그것은 곧 인간으로서 우리는 다 같이, 그리고 항상 자유로부터 도피하고자 한다는 것을 의미한다. 이러한 인간의 조건은 우리로 하여금 '자기기만'의 유혹에 빠지게 몰아넣는다. 자기기만은 일종의 기만, 즉 속임수이다. 여기에는 두 가지의 속임수가 가능하다. 보통 타자, 즉 남을 속일 수 있거나 자기 자신을 속이려 할 수도 있다. 속임수는 다음과 같은 두 가지 조건을 전제로 한다. 속임수는 속이는 자와 속임을 당하는 자를 전제로 하는데 그 경우 속임을 당한 사람은 속임의 내용을 모르고 있어야 한다. 나와 남이 다른 이상, 내가 알고 있는 것을 남이 모를 수 있고, 남이 알고 있는 것을 내가 모를 수도 있다. 그렇기 때문에 나는 남을, 남은 나를 속일 수 있다. 그러므로 내가 나 자신을 속이려 할 때 속이는 자와 속임을 당하는 자가 동일한 이상 내가 나 자신을 속일 수 있는 조건은 생기지 않는다. 자기기만은 모든 사람이 빠지는 유혹이기는 하지만 그것은 논리적으로 불가능하다. 그럼에도 불구하고 우리는 그러한 유혹에서 빠져나올 수 없다. 어느 정숙한 처녀는 이유가 어떻든 결혼 전의 성적 쾌락이 악이라고 믿고 있다. 그러나 그녀가 젊은 만큼 그녀는 성적 쾌락을 본능적으로 찾는다. 그녀는 좋아하는 남자를 갖게 되고 그와 외출한다. 그 남자는 그녀의 손을 잡는다. 이때 그녀는 가만히 손을 남자에게 잡힌다. 그녀는 분명히 즐거웠을 것이다. 그렇게 즐거움을 느꼈다면 그것은 그녀가 자기의 손이 남자의 손에 잡혀 있다는 것을 의식했음을 전제로 한다. 그러나 그녀는 그후 남들에게뿐만 아니라 자기 자신에게도 그녀가 손을 잡혀 있었음을 의식하지 못했다고 스스로 주장하려 한다. 즉 그녀는 자기 자신을 속이려는 것이다. 그녀가 이와 같이 자기 자신을 기만하려는 이유는 그렇게 스스로 믿음으로써 자기 자신의 책임을 회피하려는 것이다. 자기 자신의 책임을 회피하려는 것은 자기 자신의 자유를 부정하기 위해서이며, 자기 자신의 자유를 부정하려는 것은 자유가 동반하는 불안에서 해방되기 위해서다. 그녀는 자기 자신을 속임으로써 자기가 믿고 있는 윤리도덕을 깨뜨리지 않았다고 확신하고자 하며, 동시에 성적 쾌락을 맛보기 위해서이다. 그러나 이미 보았듯이 자기기만, 즉 스스로를 속이는 일은 엄격히 말해서 불가능하다. 그렇기 때문에 "인간의 특수한 성격은 자신의 잘못을 변명할 수 없다는 사실에 있다."[10] 달리 설명하자면, 자기기만은 대자, 즉 의식이 자기 자신이 대자임을 부정하고 자기 자신의 의식을 부정하여 스스로를 즉자, 즉 의식 없는 그냥 사물로 바꾸어보려는 의도이다. 이 의도가 불가능한 것은 그 의도가 모순된 것이기 때문이다. 왜냐하면 대자는 스스로가 즉자로 된 자유 아닌 존재로서의 자신, 따라서 자신의 행동에 대해서 책임이 없는 마음 편한 스스로를 갖고자 하기 때문이다. 그러나 만약 자기기만을 시도하는 대자의 의도대로 스스로가 즉자로 변했다면, 즉 의식 없는 상태로 바뀌어졌다면 그는 이미 자기가 원한 대로 책임이 없고, 따라서 불안에서 해방된 상황을 경험할 수 있는 여건을 상실하기 마련이기 때문이다.

자기기만이라는 인간의 보편적 심리현상은 인간이 자유로부터 도피하여 즉자, 즉 그냥 사물, 의식 없는 사물로 되고자 하는 욕망을 나타내며 그러한 욕망은 인간이 책임을 동반하는 자유로서의 존재라는 사실로서 설명된다. 그러나 대자로서의 인간이 즉자로서의 그냥 사물현상으로 되려는 보편적 인간의 욕망은, 자유로서의 대자가 그밖의 모든 사물현상들에 의미를 부여하고 질서를 갖추어주는 바탕이 되지만 그 자

10   위의 책, p.679.

체, 즉 자유로서의 대자 자체의 존재의 의미는 찾아질 수 없다는 사실에서 그 이유를 발견할 수 있다. 그리하여 인간은 그 자신 밖의 모든 사물현상에 비추어 고찰할 때 모든 것의 "바탕 없는 바탕 혹은 근원 없는 근원fondement sans fondemente"이라는 것이다. 다시 말하면 인간 자체, 즉 이 세상에 불쑥 나타난 대자로서의 의식은 그 존재 이유, 다시 말해서 존재의 의미, 즉 정당화될 수 없는 존재라는 것이다. 인간은 불행하게도 자신의 정당성, 존재 이유를 찾지 못한다. 그는 자신이 근본적으로 우연적인 존재임을 의식한다. 인간은 필연적인 존재가 아니라 '덧붙여진 것'이다. 그 존재에는 이유가 없다. 실존주의, 특히 카뮈와 관련되어 널리 사용되는 부조리는 다름 아니라 위와 같은 뜻에서의 인간 존재의 우연성을 의미하는 형이상학적 의미를 가지고 있다. 그것은 최근 우리나라에서 '사회적 부패'의 뜻으로 사용되는 부조리라는 개념과는 전혀 다르다.

인간은 부조리를 그냥 달게 받기 어렵다. 그는 자신의 존재에 어떤 이유를, 어떤 의미를 부여하지 않고는 만족할 수 없다. 사물현상 자체는 그것들 자체에 의해서 그 존재 의미가 부여되지 않고 그것들을 대상으로서, 즉 즉자로서 대하는 대자의 자유로운 선택적 행위에서만 그 의미가 부여된다. 그와 마찬가지로 대자 자체의 의미, 즉 정당성은 그 자체에 의해서는 찾아질 수 없다. 그것은 오로지 그것 아닌 다른 존재, 즉 다른 대자, 예컨대 신이나 그밖의 인간들에 의해서만 가능하다. 그러나 앞서 보았듯이 신은 논리적으로 불가능하다. 인간이 자신의 존재의 이유를 찾지 않을 수 없는 존재라는 사실은 의식하는 인간으로서의 다른 대자에 의해서만 가능하다. 인간과 인간 간의 관계, 즉 대자와 대자의 관계에서 인간이 자신의 우연성, 즉 그 존재의 부조리를 극복하고 스스로의 존재, 스스로의 자유, 스스로 겪어야만 하는 불안의 이유, 그것들의 정당성, 즉 의미를 발견하고자 하는 노력이 나타난다.

사회의 구조 혹은 타자

나는 사물현상 속에서 그것과의 관계를 맺고 살아야 하지만, 그와 동시에 나는 나 아닌 다른 '나,' 즉 다른 사람들 속에서 그런 사람들과 관계를 맺고 살아야만 한다. 달리 말해서 의식으로서의 나, 즉 대자는 다른 의식체로서의 수많은 대자 속에서 살아야 한다. 인간은 고립해서 살수 없고 다른 인간들과 더불어 살아야 한다. 아무도 소설의 주인공 로빈슨 크루소가 될 수 없다. 인간은 근본적으로 사회적 존재이다. 내가 인간 아닌 사물현상들을 대할 때 나와 그 사물현상들과의 관계는 대자와 즉자의 구조를 갖는다. 나는 사물현상에 대해서 유일한 주체자이고, 사물현상은 언제나 의식의 대상으로 머물러 있지, 그 자체가 의식체의 기능을 할 수는 없다. 주객의 관계는 오로지 일방적인 것으로 고정되어 있다. 이와는 달리 나와 다른 사람들, 즉 대자와 또 다른 대자와의 관계는 훨씬 복잡하다. 나의 입장, 즉 나의 의식의 관점에서 볼 때 남은 그 의식 대상으로 변하고 만다. 다시 말해서 나라는 대자의 입장에서 볼 때 타인이라는 대자는 어느덧 즉자로 변한다. 그러나 그러한 상황은 나에게 불만스럽다. 왜냐하면 내가 남을 하나의 사물현상이 아니라 의식, 즉 인간으로 파악하려 할 때 나는 사람을 사물현상으로서의 즉자가 아니라 나와 똑같이 의식을 가진 인간, 즉 대자로서 파악하려 하는 것이다. 그렇기 때문에 내가 원하는 것은 즉자인 동시에 대자로서의 타인이라는 존재이다. 그러나 즉자와 대자는 양립할 수 없다. 그러므로 타인을 소유하려는 나의 욕망은 모순된다. 이러한 모순된 두 개의 대자와의 관계는 나의 입장에서뿐만 아니라 남의 입장에서도 똑같이 분석된다. 남의 입장, 즉 남의 의식이라는 관점에 서 볼 때 나는 그의 의식대상으로 변한다. 다시 말해서 그의 의식에 비치는 한 대자로서의 나의 의식, 즉 주체성은 즉자로서의 나, 즉 비주체, 다시 말해서 그냥 사물현상으로 변한다. 그가 나라는 대자를 소유하려는 의도는 나를 사물현상, 즉 그냥 즉자로서가 아니라 대자로서 소유하려는 것이다. 그러나 그가 나를 소유하는 순간 나는 그의 의식에서는 오로지 즉자로 변해버리고 만다. 그러므로 남이 나를 의식하는 의도는 모순된다. 한마디로 요약해서 나의 입장에서 나 혹은 남의 입장에서 나를 막론하고 나와 남, 즉 하나의 대자와 또 하나의 대자와의 관계가 요청하는 본래의 궁극적인 목적은 필연적으로 모순이고, 따라서 실패하지 않을 수 없다. 그러므로 사르트르는 하이데거의 생각과는 달리 "의식과의 관계의 본질은 공존Mitsein이 아니라 갈등이다"[11]라고 주장한다.

사람과 사람과의 관계, 즉 대자와 대자와의 관계는 단순히 갈등으로만 그치지 않는다. 그것들은 서로 적대적 관계를 맺고 있다. 대자로서의 내가 또 하나의 대자로서의 남을 대할 때, 나의 입장에서는 그는 즉자, 즉 단순한 의식대상으로서의 사물현상에 지나지 않는다. 즉 나는 남의 대자성, 즉 남의 의식, 따라서 남의 주체성을 부정하고 박탈한다. 그런 의미에서 남의 관점에서 볼 때 그를 대하는 주체로서의 나는 그의 부정적·파괴적 존재, 즉 적의 형태를 띠게 된다. 내가 남의 관점에서 볼 때 그의 주체성, 즉 대자성을 파괴하고 약탈하는 적인 것과 똑같은 이유에

11   위의 책, p.525.

서 나의 입장에서 볼 때 남은 나의 적이 된다. 남이 나를 그의 의식대상으로 대하는 이상, 나는 그의 입장에서 볼 때 하나의 의식이 없는, 오로지 대상으로서의 사물현상에 지나지 않게 된다. 사람의 눈, 더 정확히 말해서 '시선regard'은 그 사람의 의식, 즉 그 사람의 주체자로서의 자유로운 존재로서의 대자를 상징한다. 그러므로 남은 나의 시선을, 그리고 거꾸로 나는 남의 시선을 두려워하고 그러한 시선으로부터 숨으려 하게 된다. 왜냐하면 피차간 남의 시선은 나의 적, 나의 시선은 그의 적으로 파악되기 때문이다. 사방이 다 가려진 방 안에서는 옷을 벗고 있어도 부끄럽거나 거북할 게 없다. 그러나 그렇게 옷을 벗고 있다가 만약 누군가가 문틈으로 방 안을 들여다본다고 믿었다 하자. 그때 우리들의 거의 본능적 반응은 잠옷을 얼른 걸치든가 해서 우리들의 알몸을 가리려고 할 것이다. 사르트르에 의하면 사람들의 위와 같은 보편적 반응은 생리학적이거나 사회학적인 현상으로 설명될 수 있는 것이 아니고 더 근본적으로 형이상학적 의미를 갖고 있다는 것이다. 그것은 대자와 대자의 형이상학적 관계 구조에 의해서만 본질적으로 이해된다는 것이다. 그것은 남의 의식을 상징하는 시선이 대자로서의 나에게는 적으로 나타나기 때문이며, 따라서 나를 파괴하려는 나의 대자로서의 존재를 부정하려 하는 남의 대자로부터 도피하고, 그것으로부터 나의 대자성을 보호하려 하는 피할 수 없는 형이상학적 요청 때문이라는 것이다.

개별적인 각 개인으로서의 인간 간의 관계가 갈등의 관계, 적대적 관계라면 인간은 근본적으로 비사회적 동물이며, 가능하면 남들과 함께 존재하기를 회피해야 할 것이다. 모든 인간은 가능하다면 고립하여 각자 다른 사람들과 관계없이 혼자, 따로 살려고 해야 할 것이다. 갈등의 관계를 갖고 있다고 하지만, 사실인즉 모든 사람들은 남들을 피하려고 하면서, 즉 혼자 있고자 하면서도 그와 동시에 심리적으로는 정말 혼자 서는 살 수 없는 것 같으며, 남들과 함께 살려고 한다. 고독이 얼마나 참기 어려운 고통인가는 잠시 동안이라도 혼자 객지에서 살아본 사람이면 다소 이해할 것이다. 인류가 존재하기 시작한 이후로 사람들은 크기의 다소를 막론하고 함께 몰려 살아왔다. 그 까닭은 인간은 누구나 혼자 살아야 하며 한 측면에서 볼 때 인간은 고립될 수밖에 없는 비사회적 동물이지만, 그는 동시에 자신이 아닌 다른 인간을 필요로 하는 사회적 동물이기도 하기 때문이다. 그 까닭은 인간이 개인적인 욕구를 채우기 위해서 싫어도 공동으로 한 사회를 이루어 남들과 함께 행동함으로써 자신의 목적을 달성할 수 있기 때문만은 아니다. 즉 각각의 인간이 나 아닌 다른 사람들을 필요로 하는 이유는 경제적인 이유에서만이 아니라 더 근본적으로 인간의 존재구조, 즉 형이상학에 근거한다. 위에서 본 바와 같은 다른 대자로서의 남은 나의 대자로서의 존재를 근본적으로 위협하지만, 그와 동시에 나는 남을, 대자 즉 의식으로서의 나는 또 다른 대자, 즉 의식으로서의 남을 반드시 필요로 한다. 그 까닭은 대자로서의 나는 즉자로서의 나의 모든 의식대상에 그 존재의 의미를 부여하지만, 그 대자 자체는 의미가 없는 우연적 존재, 즉 부조리한 존재임을 깨닫게 되기 때문이다. 앞서 말했듯이 나는 모든 것의 바탕, 즉 근거가 되지만 나 자신은 근거가 없는 존재이다. 나의 존재가 근거를 찾고, 그 의미를 가지려면 그것은 나 아닌 다른 대자, 즉 의식, 나의 존재를 정당화시켜 줄 수 있는 다른 사람을 필요로 한다. 내가 존재의 의미를 갖기 위해서 나는 남을, 대자로서의 나는 또 다른 독립된 대자로서의 남들을 꼭 필요로 하지만, 나 자신은 물론 남들도 나의 존재의 우연성을 배제하지 못한다. 나는 역시 나의 궁극적 목적을 이루지 못하고 내 자신의 무의미성을 극복할 수 없어 결국은 언제나 욕구불만에 빠지게 된다. 인간은 죽는 날까지 만족한다는 뜻으로서의 행복을 경험할 수 없다. 이러한 인간의 불행의 이유는 대자로서의 인간의 구조, 그러한 구조를 가진 인간의 궁극적 욕망에 있다.

존재학적 근거상 결코 만족스럽게 성공할 수 없는 대자와 대자와의 관계, 즉 인간의 사회적 관계는 구체적인 한 예로서 '사랑'의 경험에서 입증된다. '사랑한다'는 것은 무엇을 의미하는가? 나는 사랑을 통해서 무슨 목적을 달성하려고 하는가? 사랑은 성적 욕망을 채우기 위한 것이 아니다. 만약 성적 욕망이 있다면 그것은 성적 욕망 아닌 다른 욕망, 존재학적 욕망의 만족을 채우기 위한 수단에 지나지 않는다고 사르트르는 주장한다. 내가 남을 사랑한다는 것은 남을 나의 사랑의 대상으로 삼으려는 것이다. 남이 나의 사랑의 대상이 되는 한 나는 그를 주체자로서의 대자가 아니라 그냥 사물현상으로서의 즉자로 바꾼다. 그러나 나는 남을 즉자, 즉 그냥 사물현상으로서 소유하려는 것이 아니다. 나는 남을 즉자로서가 아니라 대자로서 소유하려 한다. '사랑'에서 내가 뜻하는 것이 위와 같은 욕망을 채우려는 사실임은 다음과 같은 사실에서 드러난다. 내가 여자를 소유, 아니 여자의 마음을 사로잡으려고 한다. 그러나 같은 값이면, 가능한 한 나는 나의 손에 들어오기 어려운 여자에게 더욱 마음이 끌린다. 이러한 사실이 보편적인 인간의 심리라면 그 사실은 어떻게 설명될 수 있을까? 만일 사랑이 성욕을 충족하기 위한 절차나 수단이라면 나는 손에 잡기 어려운 여자보다는 오히려 손에 잡기 쉬운 여자에게 마음이 끌릴 것이다. 그러므로 사랑을 성적 욕망으로 설명할 수는 없다. 손에 잡기 어려운 여자에게 유달리 마음이 끌리는 이유에서 사랑이 육체적·생리학적으로만 설명될 수 없음을 알 수 있다. 손에 잡기 어렵다는 말은 그만큼 주체성이 강하다는 것을 의미한다. 다시 말해서 나는 여자를 나의 사랑의 대상, 즉 즉자로 소유하되 그와 동시에 그가 가능하면 더욱 뚜렷한 주체자, 즉 대자로서 있어주기를 바라는 것이다. 그러한 다른 사람, 즉 대자성이 강한 사람을 소유하고자 하는 것은 그러한 주체, 즉 대자에 의해서 내가 그를 사랑하고 있다는 것을 인정받기를, 즉 의식되기를 바라고 있음을 말한다. 다시 말해서 내가 사랑을 통해서 구하고자 하는 것은 내가 다른 사람을 사랑하고 그를 아끼고자 할 뿐만 아니라, 그러한 사실을 가능하면 가능할수록 분명하게, 강력하게 인정받고자 하는 것이다. 나는 혼자 남을 사랑함으로써 만족되지 않는다. 나는 내가 사랑하는 사람이 내가 그를 사랑하고 있음을 알아주고 더 나아가서 그만큼, 아니 그 이상 그가 나를 사랑해주기를 바라는 것이다. 상대방이 나의 사랑을 의식·인정하고 그만큼 상대적으로 사랑해주기를 바라는 근본적 이유는, 대자로서의 나는 남의 존재에 의미를 부여하고 그 존재의 타당성을 갖출 수 있지만 자기 스스로의 타당성은 자신에 의해서가 아니라 나에 의해서만 부여되기 때문이다. 그것은 대자로서의 나의 존재가 다른 대자에 의해서만 타당성을 갖출 수 있기 때문이다. 달리 말해서 그것은 존재의 근원적 보편성, 즉 부조리성에 기인한다. 내가 사랑을 통해서, 사랑하는 사람으로부터 내 존재의 타당성을 인정받음으로써 내가 발견한 내 존재의 원래적 우연성을 극복하기 위해서이다. 사람을 사랑하고 남으로부터 사랑을 받고자 하는 보편적 사실로 미루어 인간은 어느 면에서 근본적으로 사회적인 동물과 같이 보인다. 사르트르 자신도 『존재와 무』에서 인간을 너무 개인적인 고독한 존재로만 보고 사회적 인간임을 소홀히 할 만큼 단순한 이상주의자였다고 시몬 드 보부아르와의 만년의 대화에서 고백한다.[12] 그리고 때때로 "자유를 버리고 단체라는 입장을 택한 때가 때때로 있었다"[13]라고 사르트르는 말했다. 이러한 사실은 사르트르가 근본적인 각자 개인의 자유의 행사에서 인간의 본질을 발견한 그의 실존주의의 입장을 포기하고, 인간의 사회성을 개인성보다 강조하는 마르크스주의로 사상적 개종을 했다는 결론을 내리게 할 수 있다. 두 번째의 철학적 대작『변증법적 이성비판』은 사르트르의 사상적 변모에 대한 위와 같은 결론을 뒷받침하는 것 같다. 사실인즉 많은 사르트르의 해석자들이 그렇게 생각하고 있다. 다시 말해서 사르트르는『존재와 무』에서 주장한 그의 인간관, 즉 철학적 인간학으로서의 실존주의를 버리고, 인간을 무엇보다도 사회적 존재로 보는 마르크스주의를『변증법적 이성비판』에서 주장했다고 해석하는 학자들이 적지 않다.『존재와 무』의 사르트르는『변증법적 이성비판』의 사르트르와 동일하지 않다는 말이다. 과연『변증법적 이성비판』은 사회현상의 기원·종류, 그리고 그러한 현상의 연구 방법에 관한 철학적 이론이다. 사르트르에 의하면 필요에 따라 하나의 단체를 몇 가지 형태로 형성하지만, 그러한 단체는 한 개인에 의한 연속적인 선택에 의해서만 지속되는 것이며 그 개인은 그가 한 번 속한 단체에 결정적으로 묶여 있지는 않다. 그 개인은 언제나 그 단체에서 이탈할 수 있다는 것이다. 다시 말해서 사회가 개인을 결정하는 것이 아니라 개인이 사회를 결정하며 개인이 사회를 선행한다. 아니 사회는 개인을 제거할 수 없지만 개인은 사회를 제거할 수 있다.[14] 이러한 사실은 많은 사

12   Simone de Beauvoir, 위의 책, p.215.

13   위의 책, p.215.

14   J. P. Sartre, *Critique de la raison dialectique*(Paris: Gallimard, 1960) 참조.

람들의 의견과는 달리 사르트르의 철학적 사상에는 근본적으로 변화가 없음을 입증한다. 『변증법적 이성비판』은 『존재와 무』와 사상적으로 단절되지 않는다. 전자는 후자의 사회에서의 적용으로 봐야 한다. 어떠한 단체를 만들고, 어떠한 단체에 속하더라도 그것은 각 인간의 고독한 자유, 그 자유를 행사하는 형태로서의 선택에 달려 있다는 것이다. 그렇기 때문에 어떤 사회의 형태 속에 들어 있더라도 각 인간은 다른 인간과 근본적으로 갈등의 관계를 갖고, 그러면서도 그러한 다른 인간들을 요청하게 마련이다. 어떤 상황에 놓여 있더라도 구체적으로 살아 있는 인간은 그의 존재론적 구조인 대자로서의 구조를 벗어날 수 없고, 따라서 어떤 경우에도 그러한 구조에 기인하는 즉자로서의 사물현상, 그리고 나 아닌 다른 대자로서의 다른 사람들과의 근본적이며 보편적인 관계를 벗어날 수 없다.

사르트르의 인간관을 요약해보자. 인간의 근본적 본질은 의식에 있다. 오로지 의식하는 동물로서 인간은 다른 동물이나 사물현상과 구별된다. 사르트르는 이러한 의식적 존재를 대자라 불러 즉자인 그밖의 사물현상과 구별한다. 대자의 특성은 공간 속에서 포함될 수 없다는 점에서 '무'라고 서술되기도 하고, '결함'이라고도 불린다. 공간을 초월한 존재라는 점에서 그는 사물현상과는 달리 인과법칙에서 벗어나 있으며, 따라서 좋건 싫건 '자유'롭다. 자유롭지 않은 대자, 즉 살아 있는 구체적 인간을 생각할 수 없다. 나의 자유는 내가 선택할 힘, 현재의 상황을 '초월'할 힘을 의미하며, 나의 선택의 자유는 나의 행동의 결과에 대해서 내가 반드시 책임을 져야 함을 의미한다. 우리는 거기서 또한 불안을 경험해야 하고, 그런 불안에서 도피하고자 하는 유혹을 벗어날 수 없다. 그렇다면 우리는 무엇을 추구해야 하는가? 위와 같은 대자로서의 우리는 각기 어떻게 살아야 하는 것인가? 여기서 우리는 사르트르의 가치철학, 더 좁게는 윤리학을 접하게 된다.

가치의 구조 혹은 참여

사르트르는 그 존재론적 구조상 자유일 수밖에 없는 인간이 그 자유로부터 도피하고자 하는 어쩔 수 없는 유혹을 벗어나지 못함을 지적하고, 그러한 도피 행동을 규탄한다. 자기기만이 사르트르에게 가장 반발을 일으키는 태도인 까닭은 그것이 자유로부터의 도피의 가장 뚜렷한 예가 되기 때문이다. 이러한 사르트르의 입장은 그의 가치관·윤리관을 잘 시사해준다. 그러나 또 한편 인간은 역시 존재론적 구조상 아무리 자신의 자유에서 도피하려고 해도 할 수 없다. 다시 말해서 인간은 어떻게 행동하든지, 어떤 태도를 취하든지, 싫건 좋건 자유롭지 않을 수 없다. 따라서 그가 하는 행동, 그가 취하는 행동은 남들이 무어라고 보든 혹은 자기 자신이 어떻게 스스로 생각하든 자기의 자유로운 선택의 결과에 지나지 않는다. 그러므로 사르트르는 예를 들어 자기기만을 하는 사람들이 자유를 도피한다고 하여 규탄하지만 그의 규탄 근거는 뜻이 없다. 왜냐하면 자기기만도 일종의 자유의 행사이고 자유에서 도피하려 하는 그것도 역시 하나의 자유로운 선택을 나타냄에 불과하다. 이와 같이 볼 때 인간의 문제, 삶의 문제는 우리에게 형이상학적인 뜻, 즉 사르트르가 말하는 뜻에서 자유가 있느냐 없느냐, 선택을 하느냐 하지 않느냐가 아니라 그 자유를 어떻게 사용하느냐, 즉 어떠한 행동, 어떠한 태도, 더 일반적으로 말해서 어떠한 인간됨을 택하느냐를 알아보는 데 있을 뿐이다. 요컨대 각자 인간으로 살면서 무엇을 중요하게 생각해야 하느냐, 어떤 가치를 추구하느냐를 알아보는 게 문제일 뿐이다.

사르트르에 의하면 가치는 어떠한 양상의 존재도 아니다. 즉 그것은 대자도 아니며 즉자도 아니다. 그러나 가치는 대자, 즉 인간과 뗄 수 없는 관계를 갖고 있다. 사르트르에 의하면 "인간 현실에 의해서 세상에 가치가 등장한다."[15] 인간이 세상에 존재하게 되고, 그 인간이 그의 존재론적 구조상 언제나 현재의 대자로서의 자신에 만족하지 못해서 그 불만을 충족시키려는 욕망이 있다는 사실에서 '가치'라는 개념이 비로소 의미를 갖는다는 말이다. 아무리 좋은 다이아몬드도, 아무리 잘생긴 여인도, 아무리 아름다운 음악도, 아무리 깊은 철학적 사색도 적어도 누군가가 그것들을 바라지 않는다면 그것들은 아무런 가치도 없다는 뜻이다. 가치는 인간의 욕망과 상대적이다. 더 정확히 말해서 가치는 인간의 욕망과 그 욕망의 대상 간의 관계를 가리키는 논리적 개념에 불과하다. 이와 같이 볼 때 무슨 가치를 추구해야 하는가의 문제는 우리들의 어떤 욕망을 가장 잘 충족시켜야 하는가, 다시 말해서 우리는 구체적으로 무엇을 추구하고 살아야 하는가의 문제로 돌아간다. 이러한 물음은 우리에게 여러 가지 욕망이 있음과, 그 욕망 가운데서 우리는 자유롭게 선택할 수 있음을 전제로 한다.

그러나 이러한 결론은 사르트르의 인간의 욕망에 대한 이론과 언뜻 보아 모순이 있어 보인다. 사르트르에 의하면 인간의 근본적인 욕망은 완전한 존재로서의 '신'이 되는 것, 즉 대자이면서 동시에 즉자로 되는 것이었다. 인간으로서의 나의 근본적 욕망은 내가 의식으로서 남아 있

---

15   J. P. Sartre, *Being and Nothingness*, p.93.

으면서 동시에 의식 아닌 것으로서 남아 있고 싶다는 것이다. 이러한 욕망은 논리적으로 충족될 수 없다. 그러면서도 우리는 그러한 모순된 욕망을 추구한다. 인간의 궁극적 욕망이 대자와 동시에 즉자가 되려는 것임은, 신에 의해 상징되는 완전한 존재가 되고자 함은 여러 가지 우리들의 경험·경향·행동으로 입증된다. 사르트르는 스키 타기의 예를 든다. 잘만 탈 수 있다면 스키처럼 쾌감을 주는 스포츠는 없다는 것이다. 만일 스키 타기가 만인에게 한결같이 쾌감을 준다면, 그 사실로 미루어 그것이 인간의 어떤 근원적이며 보편적인 욕망을 충족시키는 가치임을 알 수 있다. 도대체 어떤 욕망을 스키 타기는 만족시켜주는 것일까? 스키를 신고 높은 산에서 바라보는 나의 앞은 그저 무한히 깨끗한 눈으로 덮여 있다. 이 무한히 펼쳐진 산비탈은 내가 정복할 대상임을 상징한다. 아니 그것은 나의 정복을 유혹한다. 그것은 나의 대자성, 즉 나의 자유를 확인해준다. 나는 스키를 타고 아슬아슬하게 산비탈을 달려 내려온다. 산 전체, 아니 세계가 내 앞에서 흔들리고, 그 세계는 마치 나의 자유로운 행동에 달려 있는 것같이 보인다. 이런 관점에서 스키 타기는 나의 대자성을 다시 한 번 확인케 한다. 그러나 그와 동시에 내가 스키를 타고 산 언덕을 내려올 때 나는 극히 위태로운 상황, 아니 아슬아슬하게 나의 목숨을 걸고 있는 것이다. 자칫하면 나는 사고를 일으켜 다치거나 혹은 죽을지도 모른다. 즉 나는 스키를 타고 산언덕을 달려 내려오면서 내가 대자라는 사실과 더불어 그에 못지않게 즉자, 즉 하나의 사물현상임을 의식한다. 나는 자칫하면 돌덩어리같이, 나무 조각같이, 즉 하나의 물질로서 그 산언덕에서 굴러떨어질지도 모른다는 것이다. 그러므로 스키 타기에서 나는 내가 대자임과 즉자임을 거의 동시에 경험한다는 것이다. 우리가 한결같이 스키를 타며 느끼는 쾌감은 위와 같은 사실로 설명된다는 것이다. 신이 되고자 하는 욕망, 즉 동시에 대자와 즉자가 되고자 하는 욕망은 비단 스키 타기의 경험에서 나타날 뿐만 아니라, 인간이 갖고 있는 보편적 욕망으로서의 소유욕·지식욕 등에서도 확인된다. 그것은 이러한 특수한 행동·태도·욕망에서만 발견되는 것이 아니라 사실인즉 모든 행동, 모든 태도, 모든 욕망에서 간접적이나마 찾아볼 수 있다. 이와 같은 사실은 당연하다. 왜냐하면 신이 되고자 하는 욕망, 즉 대자와 즉자가 동시에 되고자 하는 욕망이 인간의 존재론적 구조에 바탕을 둔다면, 즉 그러한 욕망이 인간의 궁극적 욕망, 인간을 인간으로서 정의해주는 욕망이라면 그 모든 욕망, 모든 행동, 모든 태도의 밑바닥에 그러한 욕망들이 깔려 있어야 함은 논리적으로 너무나 명백하다. 보편적이고 필연적인 욕망인 이상 그러한 욕망은 각 개인이, 각기 경우에 따라 선택할 수 있는 종류가 되지 않는다. 왜냐하면 그러한 욕망은 사실상 싫건 좋건 누구나가 한결같이 항상 선택하고 있기 때문이다. 그런 의미에서 그런 선택은 사실상 선택의 여지가 없는 선택이다. 따라서 그런 욕망은 '어떻게 살아야 하는가', '어떤 가치를 추구해야 하는가'라는 우리의 문제와 전혀 상관이 없다. 우리의 문제는 우리가 선택할 수 있는 욕망에 있다. 그러한 욕망은 직접적으로 신이 되고자 하는 욕망, 즉 대자와 즉자가 되고자 하는 욕망이 아니라, 어떤 방법에 의해서 그와 같은 궁극적 욕망을 성취하느냐를 결정하는 수단에 관한 욕망, 즉 수단에 관한 선택으로 바뀔 것이다. 스키를 타는 것도, 섹스에 빠지는 것도, 지식을 추구하는 것도, 예술에 심취하는 것도, 재산을 축적하는 것도 궁극적으로는 다 같이 완전한 존재로서의 신, 즉 대자인 동시에 즉자인 존재가 되기 위한 인간의 근원적 욕망의 표시지만, 사람에 따라, 그 사람의 선택에 따라 스키 선수가 될 수도 있고, 방탕아가 될 수도 있고, 학자가 될 수도 있고, 예술가가 될 수도 있으며, 사업가가 될 수도 있다. 사람에 따라, 그 사람의 선택에 따라 비겁한 자가 될 수도 있고, 지조를 지킬 수도 있으며, 아무리 곤란한 경우에도 용감하게 자신의 책임을 질 수도 있으며 그런 책임에서 도피할 수도 있다. 신이 되고자 한다는 점에서, 즉 대자인 동시에 즉자가 되기를 원한다는 점에서 사람들은 완전히 똑같은 가치를 추구하지만, 그가 구체적으로 어떤 사람이 되기를 원하느냐에 따라서, 그의 사람됨이 어떤 것인가에 따라서, 각 사람들이 갖는 욕망, 즉 각 사람들이 추구하는 가치는 서로 다르다. 그렇다면 우리들은 어떤 사람이 되기를 원해야 하는가? 구체적으로 어떤 가치를 추구해야 하는가? 이런 물음이 바라는 대답은 가치의 보편적 기준이다. 그러나 불행히도 인간의 궁극적 욕망이 이루어질 수 없는 것처럼 구체적인 가치, 즉 사람마다 다를 수 있는 가치를 추구함에 있어서 도움이 될 수 있는 가치선택의 기준은 없다. 어떤 사람이 되든지, 무슨 짓을 하든지 근본적으로 어떤 것이 보다 높고 혹은 보다 낮은 가치라는 것을 결정해줄 수 있는 기준이 없다. 그것들은 누군가에 의해서 선택되는 한에서는 다 똑같은 가치를 갖고 있다. 두 가지 같은 욕망이 있을 때, 두 가지의 서로 양립되는 가치가 있을 때 그것들 간을 구별해줄 가치의 척도는 없다는 말이다. 가치는 완전히 상대적일 수밖에 없다. 사르트르의 실존철학의 입장에서는 가치의 규범이 있을 수 없다는 것이며, 따라서 도덕적 규범을 제시하려는 윤리학은 불가능하다. 사르트르는 그의 존재론인 『존재와 무』의 끝에서 그의 존재론에 바탕을 둔 윤리학을 쓰기로 독자에게 약속했다. 그럼에도 불구하고 그가 끝끝내 그 약속을 지키지 못했던 사실은 그가 태만해서가 아니라 그것이 논리적으로 불가능했기 때문이다. 그럼에도 불구하고 사르트르는 시몬 드 보부아르와의 대화에서, 마치 어떤 가치는 절대적인 객관성이 있는 것처럼 이야기한다. 살인은 악이며, 그것은 절대적으로, 그리고 객관적으로 악이라는 것이다.[16] 그는 정치적으로 사회주의를 지지하고 만년에는 과격한 모택동주의를 지지한다. 그는 스스로의 자유를 부정하고 책임을 회피하려는 모든 행동, 모든 사람을 규탄한다. 사르트르 자신은 관용했으며, 사회의 정의를 위해 투쟁하고 가난한 사람을 위해 도움을 주고, 물질적 소유에 대해서는 전혀 초탈하게 살았다. 그는 자유의 가치를 외치며, 모든 사람의 '참여'를 부르짖었다. 그는 그의 가치를 선택했던 것이다. 자신의 가치를, 자신이 가치가 있다고 생각하는 인간을, 인생을 마치 보편적인 가치가 있고, 객관적인 근거가 있는 것처럼 주장했다. 그가 선택한 가치를 존중하며, 그가 살았던 삶은 존경과 찬양을 받기에 충분하고 사실 수많은 사람들에 의해서 갈채를 받았다. 그렇지만 그의 철학에 비추어볼 때 그가 선택한 가치, 그의 이상적 인생관이 남들의 것보다, 즉 그가 규탄하는 것들보다 월등하다는 근거는 없다. 그뿐 아니라 그가 부르짖는 '참여'도 문자 그대로 해석할 때 별로 의미가 없어진다. '참여'는 어떤 가치를 선택함을 의미한다. 스키 선수가 될 것인가 아니면 학자가 될 것인가를 결정하는 행위, 친구를 배반하고서라도 목숨을 살릴 것인가 아니면 목숨을 잃더라도 친구는 배반하지 않겠다든가의 결정이나, 사회주의자로서 투사가 될 것인가 아니면 민주주의자로서 타협할 것인가의 결단을 의미한다. 이런 것이 '참여'라면 사르트르의 존재론적 인간관에서 볼 때 잘 의식하든 않든, 싫건 좋건 우리는 누구나 언제나 참여하고 있다. 그렇다면 사르트르가 우리에게 '참여'를 요구하더라도 그것은 별

---

16 Simone de Beauvoir, 위의 책, p.552.

의미가 없다. 그럼에도 불구하고 사르트르가 참여를 부르짖는다면, 참여하는 삶만이 인간다운 삶이라고 전제한다면 '참여'란 말은 좀더 달리 해석해야 할 것이다. 사르트르가 '참여'를 요구할 때 그가 원하는 것은 적극적으로, 그리고 의식적으로 우리가 추구할 가치를 선택하고 그 선택에 책임을 지라는 것이다. 결국 누구나 그렇지 않을 수 없는 것이면, '참여'의 의미는 각자 자기 자신, 더 근본적으로는 인간으로서의 우리 자신, 즉 우리의 자유 자체에 충실하라는 의미밖에는 가질 수 없다. 사르트르는 근본적 가치규범을 제시하지 못한다. 만약 사르트르의 참여가 그의 가치선택을 의미하고 그에게 있어서 그 가치는 중요한 것이라 한다 해도 그 가치는 가치 없는 가치, 즉 '근거 없는 가치'밖에 될 수 없다. 사르트르에게서 인간의 궁극적 목적이 자신의 존재의 의미를 찾는 데 있다면, 그러한 목적은 필연적으로 실패로 돌아간다.

평가 혹은 사르트르 옹호

지금까지 사르트르의 인간의 존재론적 구조, 인간과 자연간의 관계, 인간과 인간 간의 관계, 그리고 인간과 가치와의 관계를 더듬어보았다. 위와 같은 고찰을 통해서 사르트르의 철학적 인간학, 즉 사르트르가 본 철학적 인간에 대해서 어떻게 평가를 할 수 있는가? 그가 보여주는 인간은 과연 사실과 같은가?

사르트르의 인간은 근본적으로 결핍되어 있는 존재이다. 인간은 만족하지 못하여 그의 결핍을 충족시키려고 노력하지 않을 수 없다. 이런 점에서 사르트르의 인간은 부정적이다. 그러나 사르트르의 인간은 근본적으로 자유롭다. 그러므로 그 인간은 자신의 삶을 선택하고 창조하지 않을 수 없다. 여기에 그의 책임이 있고, 그의 불안과 고민이 있다. 인간은 언제나 불안과 고민에서 해방될 수 없다는 것이다. 이러한 사실도 역시 또 한 번 사르트르의 부정적 인간관의 측면을 보여준다. 그럼에도 불구하고 그러한 자유, 그렇게 선택을 할 수 있고 책임을 질 수 있는 사실은 인간에게 오직 인간에서만 발견할 수 있는 긍지의 근원이 되기도 한다. 그러나 한편 인간은 사물현상, 아니 자기 아닌 모든 것들에 의미를 부여하는 일종의 창조자로서의 긍지를 갖게 되지만 그와 같은 자기 자신의 존재의 근원적 의미를 부여하는 데는 필연적으로 실패할 수밖에 없다. 이와 같이 볼 때 사르트르의 인간은 고대 그리스 신화에 나오는 이카로스의 운명과 같다. 그는 자신의 궁극적 의미를 찾고 그러한 욕망을 채우려고 태양을 향하여 하늘로 솟아 날개를 펴고 날지만, 밀랍으로 된 그의 날개는 태양에 가까울수록 녹아버려 결국 땅에 떨어지게 마련이다. 또한 그리스 신화에 나오는 시시포스의 운명이 곧 사르트르가 보는 인간의 운명에 비교될 수 있다. 시시포스는 무거운 돌을 어깨에 메고 산꼭대기로 올라간다. 그러나 그가 땀을 흘리며 애써 산꼭대기에 그 돌을 올리자마자 그 돌은 다시 산 밑으로 굴러떨어진다. 시시포스는 그 떨어진 돌을 다시 한없이 반복하며 올려야 한다. 시시포스의 피땀 나는 노력에도 불구하고 궁극적으로 그의 목적이 필연적으로 실패로 돌아갈 수밖에 없는 것같이 인간도 살아 있는 한, 즉 인간의 삶이란 이루어지지 않는 목적과 충족되지 않는 욕망을 위해서 헛된 노력을 하고 고통을 겪어야 한다. 그럼에도 불구하고 이카로스라는 인간은 태양을 향하여 푸른 하늘로 솟아오를 때 자유와 희열을 느끼고, 시시포스는 다시 땀을 흘리며 무거운 바위를 다시 한 번, 만 번, 백만 번째 산꼭대기로 올리는 데에 승리감을 느낀다. 마찬가지로 궁극적으로 의미가 없을지 모를 삶을 살면서 인간은 수많은 의미들을 수많은 사물현상들에게 부여하고, 궁극적으로는 근거가 없으면서도 적극적인 참여를 통해서 선택한 수많은 목적을 이룩하는 데 자유의 희열을 느끼며, 그러한 자신에 자부심과 의미를 발견할 수 있다. 사르트르의 이와 같은 인간관에 대해서 우리들은 어떠한 태도를 취할 수 있는가?

그의 인간관은 근본적으로 부정적이며 비극적이다. 그러나 그가 보인 인간은 어둡기만 한 것은 아니다. 그의 인간은, 아니 어쩌면 오로지 그의 인간에서 우리는 인간됨의 참다운 긍지와, 인간으로서의 창조적 기쁨을 함께 경험할 수 있다. 사르트르의 인간은 패배적 인간이 아니라 승리자일 수 있다. 과학적으로 볼 때, 밖에서 관찰할 때, 그리고 인간을 순전히 생물학적 혹은 사회학적 관점에서 볼 때 사르트르의 인간상은 아무 객관적 근거가 없는 인간의 주관적 경험, 아니 더 정확히는 사르트르 개인의 주관적 경험에 바탕을 둔 일종의 주관적 느낌의 표현에 지나지 않는다는 비평을 받을 수도 있다. 사르트르가 인간의 근본적 특징으로 전제하는 자유는 일종의 환상이라고 비평될 수도 있다. 이런 비평들의 근거가 옳다고 가정하자. 사르트르가 특별한 존재구조를 가졌다고 주장하는 의식은 실제가 따로 존재하는 것이 아니다. 인간이 물리적 현상으로 환원될 수 있다고 치자. 그러므로 의식이 있는 한 인간이 자유롭다는 사르트르의 주장과는 달리 모든 인간의 의식과 행동도 다른 사물현상과 같이 엄격한 인과법칙에 따라 움직인다고 치자. 다시 말해서 자유, 자유로운 선택 등은 다 같이 주관적 환상에 지나지 않는다고 하자. 비록 위와 같은 모든 가정을 사실이라고 인정한다 해도 사르트르가 보여준 인간, 살아 있는 인간, 즉 삶은 역시 옳은 것일 수 있다. 아니 가장 옳은 것이라고 믿는다. 사르트르가 보여준 대로 인간이 형이상학적으로 어떤 존재이든 간에, 그리고 인간의 자유가 환상이든 아니든 인간의 공포와 고민이 인간의 착각에서 근거하건 아니건 간에 실제로 삶을 살아가는 모든 사람은 한결같이 모두가 각자 항상 무엇을 찾아야 하며, 언제나 자신이 무엇을 결정해야 함을 괴롭게, 그리고 동시에 자부심을 갖고 느끼지 않을 수 없을 것이며, 아무리 어떤 일이나 어떤 것에 보람을 느껴도 어딘가 언제나 완전히 자신의 삶에 만족할 수는 없을 것이며, 자신의 삶, 아니 모든 존재의 근본적 의미에 대한 만족스러운 대답을 얻지 못할 것이다. 철학적 인간학이 "인간으로 산다는 것이 무엇을 의미하는가"의 대답이라면 사르트르가 보여준 대답보다 더 설득력 있는 대답은 찾지 못하며, 장래도 쉽사리 찾지 못할 것이다. 사르트르의 철학, 특히 『존재와 무』를 읽으면서 우리는 처음으로 생생하고 정직한 인간의 모습, 삶의 상을 볼 수 있다.

『삶에의 태도』(1988)

05
사르트르의 『존재와 무』

우리가 읽는 많고 적은 책들은 반드시 우리의 의식 세계와 행동에 크고 작은 영향을 미친다. 어떤 책을 읽느냐는 독자의 관심과 필요에 따라 다르며 똑같은 책도 독자의 소화력과 자세에 따라 그 영향의 강도가 사뭇 다르다. 어떤 이는 단 하나의 책으로부터 결정적 영향을 받을 수 있겠지만, 다른 이는 그와 같이 결정적 영향을 미친 책을 꼭 집어낼 수 없다.

일제 때 한적한 시골 벽촌인 유가儒家의 한서漢書를 늘 보시던 조부 댁에서 유년시절을 보냈지만 나는 책보다는 가축·새·초목, 그리고 흙과 더불어 시간을 보냈다. 중학교에 들어갈 무렵부터 많은 꿈을 갖게 되면서 나는 남들보다 뒤늦게야 책의 신비롭고 황홀한 세계를 발견했다. 중학시절 무엇보다도 시인을 꿈꾸었고, 고등학교 시절에는 소설도 쓰고 희곡도 엮어보고 싶었던 나는 대학시절에는 평론도 겸하여 동시에 다양한 문필생활을 하는 사상가로 살고 싶었다.

30대 초반 소르본대학에서 불문학 학위를 마치면서 본격적으로 철학공부를 시작한 뒤 미국으로 건너가 공부를 계속하고 그때까지만 해도 전혀 계획하지도 않았던 철학 교수라는 직업을 갖고 오늘날에 이르렀다. 그러다 보니 자연히 나는 대체로 딱딱한 책과 더불어 살게 되고, 적지 않은 교수들이나 지식인에 비해 그 양이 빈약하고 그나마 읽은 책들마저도 대부분 내용은 말할 것도 없고 제목조차 기억에서 사라졌지만, 그 책들의 양은 적지 않다.

그러나 지금도 내 마음을 허전케 하는 사실이지만, 나에게는 기독교인에게 있어서 성서가 차지할 만큼의 중요성을 갖는 책을 아직도 읽지 못했다. 내가 읽은 모든 책들이 한결같이 정도의 차이는 있으나 어떤 식으로든 나에게 영향을 미쳤다 말할 수 있을 따름이다. 그 모든 책들이 나의 지적·감성적·도덕적 차원에서 양식이 됐다. 그것들은 나의 세계를 넓혀주었고, 그들의 지적 폭과 인간적 위대성을 깨닫게 되면서 나는 그 저자들로부터 남달리 지적으로 압도감을 느끼곤 했으며, 인간적으로 깊은 감명을 받곤 했다. 내 삶의 길을 크게 비추어주었고 내 삶의 행각을 강력히 이끌어준 책들의 수는 적지 않다. 이처럼 내게 결정적으로 중요한 의미를 가진 책들이 적지 않았던 것은 확실하지만 그 수를 꼭 어떤 단 하나의 결정적인 것으로 압축할 수는 없다.

그럼에도 불구하고 편의상 억지로 꼭 한 권만을 골라내야 한다면 나는 아무래도 사르트르의 『존재와 무』를 지적할 수밖에 없을 것 같다. 나는 이미 대학시절 시인으로서의 사상가, 사상가로서의 작가가 되고자 굳게 결심하고 있었다. 당시 실존주의 사상과 더불어 사르트르는 전 세계에 사상적 선풍을 일으키고 있었다. 이 혜성같이 나타난 독신주의자 파리잔은 철학자며, 소설가며, 극작가며, 평론가며, 사회사상가다. 6·25의 혼란 속 부산에서 밀선에 실려온 일본어 번역본과 해설책을 통해서 극소수의 지식인들이나 작가들의 입에는 실존주의와 사르트르,

그리고 그밖의 실존주의 작가 또는 철학자들의 이름이 더러 오르내리곤 했었다. 육군병원의 병동에 누워 있다가 제대 후 불문학을 한답시고 불어책 복사판 몇 페이지를 끼고 다니면서 시까지 쓰겠다고 다방을 돌아다니면서 인생의 궁극적 의미를 찾으려 방황하고 있던 참이라, 프랑스 철학자이자 작가인 사르트르와 그의 사상인 실존주의에 남다른 관심을 갖게 됐고, 물론 잘 알지도 못하지만 인간의 궁극적 상황을 이야기하는 실존주의에 남달리 끌려갔었고 그만큼 더 남다른 감동과 충격을 느끼기도 했다.

휴전 후 서울에서 학교를 계속 다니면서 지적 욕망에 불 타고 정신적 갈증에 목말라 있었던 나는 미국 원조물자의 일환으로 미 대사관을 통해 수입된 불어책만 나타나면 어떻게 해서라도 그것을 구해보고자 했다. 보지도 못했던 새 불어책을 사 들고 집으로 돌아왔을 때는 정말 내가 불문학자가 된 듯한 착각도 했다. 이 당시 형편없이 미흡한 불어 실력을 총동원해서 전후 불문학 경향에 대한 소개서를 읽고 그것을 조금이라도 잘 이해해보려 했다. 물론 그런 책에는 빠짐없이 실존주의와 사르트르가 절대적으로 큰 페이지를 차지하곤 했었다.

사르트르를 이해한다는 것은 실존주의를 이해하는 것을 의미하며 실존주의를 이해한다는 것은 전후 불문학과 현대의 가장 영향력 있는 철학을 이해하는 것과 동일한 셈이다. 그렇기에 시인·사상가·문필가가 되고자 했던 불문학 전공 학생인 내가 사르트르라는 인간에게 매력을 느꼈던 것은 자연스럽다. 내가 그처럼 이 실존주의자에 끌렸던 또 하나의 이유는, 극히 피상적이라서 지금 생각해도 창피스러운 고백이기는 하나, 그의 인생이 정말 멋있어서 내 선망의 대상이었던 데 있다. 그럼에도 불구하고 그가 마치 지남철이 쇳가루를 몰아당기듯 내 마음을 끌었던 근본적인 근거는 역시 그의 실존 철학의 내용에 있었다.

사르트르의 실존 철학은 철학·소설·극작품·평론, 그리고 자서전 등에서 다양하고도 방대한 양의 저서로서 직간접적으로 표현됐지만, 그것은 아무래도 그의 방대한 철학적 초기 저서인 『존재와 무』 속에 가장 체계적이고 섬세하며 명석하게 전개되어 있다. 그의 그밖의 모든 저서들은 이 책의 주석들에 불과하다 해도 과히 과장은 아니다. 이 책을 이해했다면 사르트르의 실존주의는 물론 그의 삶을 알았다고 할 수 있다.

사르트르에 이처럼 끌려 있었으면서도 서울에서 대학원을 수료하고 소르본대학을 1년간 다녀와 몇 년 동안 대학에서 교편을 잡고 놓았을 때까지도 나는 원서로는커녕 어떤 번역본으로도 이 책을 만져볼 기회가 없었다. 그의 철학과 사상을 파악하기 위해서 내가 할 수 있었던 것은 단편적·체계적인 소개서나 해설서, 혹은 단편적인 원서나 일어·영어 번역서를 읽는 것이었다.

나는 서울에서, 파리에서, 그리고 그후 보스턴에서 이런 식으로 상당한 양의 책을 뒤적거렸다. 사르트르의 사상을 정확히 파악하기 위해서였다. 이처럼 『존재와 무』를 원서 그대로 읽지 못한 이유는 그 책을 손에 넣을 수 없었고 나의 불어 실력이 빈약한 데도 있었지만, 더 근본적인 이유는 이 철학적 책을 읽고 이해하려면 먼저 전문적 수준의 철학적 교양을 갖추고 있어야 했기 때문이었다. 물론 내게는 그런 교양이 전혀 없었다. 그만큼 이 책은 지금 읽어도 난해하다. 내가 『존재와 무』의 원서를 처음 구해서 이 두껍고 어려운 책을 조금이라도 잘 따라가보려고 빨간 줄을 그어가면서 적어도 처음부터 끝까지 읽었던 것은 내 나이 서른이 넘어 두 번째로 파리에 유학을 가서였다.

사르트르의 철학은 수많은 철학적 문제에 관련되고 그 문제들에 대해 독자적 해결책을 단편적으로나마 제시한다. 그러나 그것은 무엇보다도 하나의 철학적 인간학이다. 사르트르의 핵심적이며 유일한 관심은 인간이었고, 그의 유일한 문제는 인간이 철학적으로 어떤 존재이고, 참다운 인간적 삶의 의미는 어떻게 찾을 수 있느냐를 밝혀내는 데 있었다.

사르트르에 의하면 인간은 존재학적으로 그 외의 모든 존재와 근본적으로 구분된다. 그 근거는 인간이 '의식존재', 즉 의식으로서만 규정될 수 있는 존재라는 사실에 있다. 그런데 그러한 의식은 언제나 객체와 대립함으로써만 뜻을 지니게 되는 주체다. 주체로서의 의식은 필연적으로 대상으로서의 객체 밖에만 존재한다. 따라서 주체로서의 의식은 의식대상으로 객관화될 수 있는 그밖의 모든 것과 절대적으로 다른 존재다.

의식의 본질은 자유다. 모든 자연현상이 인과법칙에 의해 지배되더라도 다른 모든 것들과 그 존재양식을 달리하는 인간의 의식은 인과법칙의 지배를 받지 않는다. 이런 사실은 인간이 인과법칙의 구속 밖에 있음과, 따라서 자유 그 자체임을 증명한다. 사르트르의 실존주의는 자유의 철학이다. 사르트르는 인간적 존재와 그밖의 모든 존재를 각기 '대자'와 '즉자'라 부른다.

자유는 선택을 의미하고 선택은 책임을 함의하고 책임은 불안을 동반한다. 이와 같은 인간 조건 때문에 인간, 즉 '대자'는 언제나 자유로부터 도피하여 인간 외의 존재, 즉 '즉자'가 되고자 한다. 그러나 인간이 궁극적으로 원하는 것은 '즉자'인 동시에 '대자'로 남아 있는 것이다. 왜냐하면 그가 정말 원하는 것은 단순히 '대자'로부터의 도피가 아니라 '즉자'로서 가질 수 있는 불안 없는 상태의 충족감이다. 그러나 이러한 그의 궁극적 의도는 실현 불가능하다. 왜냐하면 그 의도는 논리적으로 모순되기 때문이다. 그러므로 인간의 운명은 불안을 동반하는 자유를 벗어날 수 없게 꾸며져 있으며 인간의 삶은 불가능한 꿈을 실현하려는 헛된 고통에 불과하다. 그러나 한편 자신의 저주스럽기도 한 본질인 자유에 도전함으로써 인간 자신의 세계, 자신의 삶을 창조하는 긍지를 가질 수 있다. 한 사람의 운명의 주인은 오로지 그 자신이며 그의 운명은 오로지 그 자신에만 달려 있다. 한 인간의 운명은 이미 밖으로부터 결정된 것이 아니라 언제나 그 스스로에 의해서 만들어질 수밖에 없다는 말이다.

『존재와 무』가 출판된 지 반세기 가까이 흘러간 오늘날 사르트르의 철학적 업적에 대한 평가는 크게 낮아졌으며 그의 인간관에 대한 호응도 크게 줄어들고 있다. 내가 철학을 직업적으로 하게 된 지 약 30년, 그리고 사르트르에 열광적으로 끌린 지 40여 년이 지난 지금, 그의 철학에 대한 나의 평가도 낮아졌고 인간으로서의 그에 대한 나의 찬양과 존경의 밀도도 적지 않게 시들해졌다.

그러나 사르트르와는 다른 다양한 철학적 인간학을 이해할 수 있고, 각기 그것들은 사르트르가 보지 못한 인간의 진리를 보여주고 있음에는 틀림없고, 또한 사르트르의 철학적 인간학이 완전하지 않다는 것은 확실하지만, 나는 인간으로서 존재함이 어떤 것이냐에 대한 물음에 대해서 사르트르보다 더 설득력 있게 대답을 해준 예를 아직도 찾는 중이다. 나는 아직도 사르트르의 실존주의 철학만큼 삶의 구체적인 다양한 경험을 조명해주고 설명해주는 이론을 발견하지 못했다.

어쨌든 간에 잘됐든 못됐든 내가 살아온 지난 40여 년의 삶의 행적과 삶에 대한 나의 태도가 사르트르의 철학을 접하고 그것을 나름대로 이

해함으로써 결정됐음은 나에게는 너무나 확실한 사실이다. 만일 사르트르와의 만남이 없었더라면 나의 지난 40여 년의 삶은 퍽 다른 것이었을 것이고, 현재 존재하는 인간으로서의 나는 없었을 것이다.

그렇다면 내가 지난 얼마 동안 그 책을 읽지 않았고, 앞으로도 다시는 그 책 껍데기조차 긴드리는 일이 없게 된다 해도, 그리고 또한 지금 내가 순전히 철학적 관점에서 볼 때 그 책보다 더 귀중한 책들이 있음을 인정하게 됐더라도 『존재와 무』는 내가 그동안 읽고 이해할 수 있었던 수많은 책들 중에서 역시 나에게, 아니 나의 삶에 있어서 가장 중요한 책으로 남는다.

《책과 인생》, 1992. 11.

06
스무 살의 독서 『구토』

1953년 겨울 추운 어느 날 나는 이불을 둘러쓰고 사르트르의 소설 『구토』의 몇 페이지를 원서로 사전을 뒤적거리며 읽느라 새벽까지 씨름하고 있었다.

바로 그날 카뮈의 소설 『이방인』과 함께 이 책이 학교에서 돌아온 나를 집에서 기다리고 있었다.

이 책의 출판사 갈리마르사가 내게 직접 보내준 것이다. 포장을 뜯고 아직도 새 종이 냄새가 풍기는 이 책을 손에 들었을 때, 그리고 페이지를 한 장씩 책칼로 찢으면서 느꼈던 흥분이 아직도 생생하다.

그 당시 사르트르라는 작가, 사르트르라는 철학가, 사르트르라는 인간은 지적인 시인을 겸한 사상가가 되고자 꿈꾸고 있었던 불문학도인 나의 정신적 우상이었다.

내가 그의 이름을 안 것은 6·25 전쟁 중 문학한다는 친구들과 어울려 부산의 다방을 드나들면서부터였다. 그 당시 군에서 제대한 나는 학교에 적을 둔 채 동래고등학교에서 불어 강사의 직업을 갖고 있었다. 그 당시 일본어 번역 불문학 신간을 많이 갖고 있던 불문학 애호가 양 씨가 부근에 살고 있었다. 내가 실존주의와 사르트르의 이름에 좀더 익숙할 수 있게 된 것은 그의 책을 통해서였다. 『구토』라는 소설이 그의 대표적 문학작품인 것을 안 것도 바로 이때였다. 불문학을 전공했던 내가 그 책을 원서로 읽어보고 싶어 했다면 그것은 당연하다. 수복 후 서울에 돌아온 나는 시험 삼아 그 원서를 낸 출판사에 원서를 읽고 싶다는 얘기를 써서 보냈다. 내가 『구토』라는 책의 불어 원본을 가질 수 있었던 것은 바로 이렇게 해서였다.

『구토』는 사르트르의 많은 문학작품 가운데서만 아니라 전후 불문학의 대표적 작품으로 정평이 나 있다. 사르트르의 다른 문학작품들이 그러하듯 이 소설은 그의 실존주의 철학을 문학적으로 표현한 것이다. 문학이 어떤 관념의 표현 수단으로 이용될 때 그런 작품은 문학성, 즉 예술성을 그만큼 상실하기 쉽다. 사르트르의 문학작품 대부분이 관념적이며 그만큼 예술성이 부족한 것은 우연이 아니다. 그러나 『구토』만은 예외다.

이 소설의 주제는 실존의 발견이다. 실존은 인간으로서의 존재를 의미한다. 인간은 자신의 존재에 어떤 의미를 부여하고자 한다. 그러나 인간의 존재는 '우연'의 결과에 불과하며 그 자체로서는 '무의미'하다는 것이다. 이런 주장은 어디까지나 철학적 주장이다.

그만큼 관념적이며 추상적일 수밖에 없다. 그러나 고독한 독신 학자 로캉탱이라는 인물의 독백적 경험 기록을 통해서 사르트르는 독자로 하여금 자기 자신의 실존을 피부로 느끼고 깨우치게 한다.

인간의 실존적 상황을 사르트르는 이 소설의 주인공의 입을 빌려 설명한다. "내가 꼭 들어맞는 장소, 정말 나 자신의 보금자리라고 느낄 수 있는 장소로 가고 싶었다. 그러나 내가 갈 곳은 아무 데도 없다. 나는 불필요한 존재이다. 나는 '드 트로de trop'이다." '드 트로'란 잉여물, 즉 무의미하다는 뜻이다. 삶에 대한 이런 결론만큼 더 충격적인 것이 있겠는가. 『구토』는 이러한 충격의 절실한 표현이다.

나는 그 당시 이 소설의 주인공의 생각에 뜨겁게 공감했다. 삶의 적나라한 진리를 발견했다는 느낌이었다. 진리는 가혹하며 아플 수 있다. 그러나 진리는 참이라는 사실만으로 고귀하고 아름답다. 진리를 위해 철저히 산 인생은 더욱 그렇다. 나는 로캉탱이 발견한 진리대로 살고자 부단히 애써왔다. 그때부터 나의 삶은 실존적 구토와의 부단한 싸움에 지나지 않았다.

《동아일보》, 1993. 5. 5.

07
철학과 문학

'불확정성'이라는 안개가 최근 사고의 모든 구석에 번져 스며들고 있다. 객관적 존재로서의 산과 들, 진리로서의 사람과 강아지, 가치로서의 아름다움과 추함, 의미로서의 언어의 내용, 이성으로서의 의식의 눈이 한결같이 흐려져서 뒤죽박죽 분간할 수 없이 뒤범벅되어 이것인지 저것인지 알 수 없는 상황에 놓여 있다. 모든 것의 한계와 그것들 간의 관계가 흐리멍덩한 채 애매하고 확실한 것은 아무것도 없게 되었다. 이것도 아니고 저것도 아니며, 이렇게 볼 수도 있고 저렇게 볼 수도 있다는 것이다. 1970년 전후를 기하여 특히 데리다의 이른바 해체주의 déconstructivism, 로티의 실용주의적 상대주의 등의 이른바 포스트모더니즘의 입장에서 주장되는 철학과 문학의 무차별도 위와 같은 '불확정성'의 사조적 맥락에서 관찰된다.

상식적으로는 물론 이론상으로도 철학과 문학의 구별은 자명한 것으로서 의심받지 않았다. 그러나 위와 같은 철학적 입장에서 의심받지 않았던 철학과 문학의 개념적 구별이 단호히 부정되고 있는 것이다. 그렇다면 정말 철학과 문학은 근본적으로 구별되지 않는가? 그것들의 구별이 있다면 그 구별의 근거는 무엇인가? 만일 그 구별이 없다면 그 이유는 어디에 있는가? 이 논문이 뜻하는 것은 첫째, 종래 흔히 전제되어온 철학과 문학의 구별의 근거를 검토하고, 둘째, 철학과 문학의 구별이 있을 수 없다는 주장을 따져본 후, 셋째, 종래 생각하고 있던 근거와는 다른 근거에서 철학과 문학은 역시 엄연히 구별됨을 주장해보려는 데 있다.

위의 문제를 검토하기에 앞서 어찌하여 철학과 과학 혹은 문학과 과학의 관계가 문제되지 않고 철학과 문학의 관계만이 문제되는가를 예비적으로 고찰해볼 필요가 있다.

'철학'·'문학'·'과학'이라고 말할 때 여기서 우리는 무엇을 뜻하는가? 그것은 각기 철학하는, 문학하는, 과학하는 의도를 의미할 수 있다. 그러나 이러한 의도를 규정하고 각기 그것들 간의 차이나 혹은 동일성을 따지려면 먼저 '철학'·'문학'·'과학'이라는 개념을 밝혀야만, 한 행위의 의도가 철학적인지, 문학적인지 혹은 과학적인지를 말할 수 있다. 그러므로 위의 문제를 접근하는 유일한 방법은 철학이라는 이름하에 씌어진 텍스트, 문학이라는 이름하에 씌어진 텍스트, 과학이라는 이름하에 씌어진 텍스트를 구체적으로 놓고 그 텍스트 간의 차이점 혹은 동일성, 그리고 그것들 간의 관계를 검토하는 데 있다. 문제는 이 모든 텍스트들이 똑같은 언어로 씌어져 있다는 데 있다.

플라톤의 『대화편』과 소포클레스의 『안티고네』, 피타고라스의 『기하학』은 똑같은 고대 그리스어로 씌어져 있고, 칸트의 『순수이성비판』, 괴테의 『파우스트』, 아인슈타인의 『상대성이론』은 똑같은 독일어로 기술되어 있다. 똑같은 언어로 씌어진 텍스트가 어찌하여 철학·문학·과학으로 구별되는 것인가?

피타고라스나 아인슈타인의 과학적 텍스트에서 주장된 진위는 논리적으로, 또는 실천적으로 쉽사리 결정되거나 원칙적으로 그러한 결정이 가능하다. 이와는 반대로 플라톤이나 칸트의 텍스트에 담겨 있는 주장이나 소포클레스나 괴테의 텍스트 속에 있는 듯한 주장은 논리적으로도, 실험적으로도 그 진위가 쉽사리 결정되지 못할 뿐만 아니라, 그이전에 각기 그 텍스트 속에서 정확히 무엇이 주장되어 있는지조차 결정하기가 막막하다. 그리고 철학적 텍스트나 문학적 텍스트는 한편으로 과학적 텍스트가 보여주지 않는 어떤 종류인가의 진리를 담고 있는 듯하며, 또 다른 한편으로는 과학적 텍스트와는 달리 예술적·미학적가치를 담고 있는 듯한 데서 철학적 텍스트와 문학적 텍스트의 관계가더욱 모호하다. 이런 점들에 기인하여 철학과 과학 혹은 문학과 과학의관계보다는 철학과 문학의 관계가 특히 문제된다.

철학과 문학의 전통적 구별

철학과 문학의 전통적인 구별은 텍스트의 각기 다른 기능에 의거한다.

기능상의 구별에 있어서도 두 가지 차원에서 볼 수 있다. 첫 번째의관점에서 볼 때 철학과 문학은 다 같이 넓은 의미에서 인식적 기능을 갖고 있는 것으로 전제된다. 철학과 문학은 어떤 종류인가의 진리를 밝혀낸다고 전제되어 있다. 이런 관점에서 볼 때 철학과 문학은 자연과학과사회과학을 포함한 모든 과학과 근본적으로 다른 점이 없다. 만약 한편으로 과학과 또 다른 한편으로 철학이나 문학이 다른 점은, 전자가 찾고자 하는 진리는 실험적 사물현상에 걸리는 데 반하여 후자, 즉 철학이나 문학이 밝히고자 하는 진리는 실험적으로 결정할 수 없는 실체나 사실에 걸린다는 입장이다. 궁극적 존재 혹은 실체나 도덕적 가치, 삶의 의미 혹은 희로애락과 같은 인간의 삶의 체험은 과학이 도달할 수 없는 영역에 속하여, 그것들은 오로지 철학이나 문학으로서만 서술되고, 설명되고, 이해되고, 밝혀진다는 것이다.

이와 같이 하여 한편으로 철학과 문학, 또 다른 한편으로 과학이 진리의 대상, 인식의 분야에 의해서 구별된다면 철학과 문학의 구별은 어떻게 설명될 수 있는가? 이 물음에 대한 한 가지 대답에 의하면 철학적 진리가 개념적·논리적 방법에 의해 밝혀지는 데 반하여, 문학적 진리는 개념적으로나 논리적으로 표상될 수 없는 실체 혹은 체험의 진리를 드러내는 데 있다는 것이다. 철학과 문학의 위와 같은 구별은 인식의 대상으로서의 실체나 체험은 그것들을 표상하려는 언어와 완전히 독립되어 있다는 것, 그리고 철학적 언어나 문학적 언어는 한결같이 단순한 표상 도구에 지나지 않는다는 생각, 마지막으로 실체나 체험은 완전히 개념화될 수 없다는 생각이 전제되어 있다. 이런 관점에서 비개념적 언어로서의 문학적 언어는 개념적 언어로서의 철학적 언어보다 구체적인 실체나 체험을 보다 참되게 표상할 수 있다는 극히 낭만적 주장이 생기게 된다. 이런 관점에서 플라톤의 『국가』보다는 단테의 『신곡』이 보다 더 형이상학적 진리를 나타내보이고, 칸트의 『실천이성비판』보다는 도스토옙스키의 『죄와 벌』이 도덕적 진리를 보다 진실하게 밝혀준다는 것이다.

과연 문학이 특별한 진리, 보다 깊은 진리는 고사하고라도, 과연 진리를 보여주는 것인가? 중세기에는 물론 현재에도 『신곡』을 읽고 "이

것이 정말 진리다"라고 인식적 희열을 느낀 사람들이 있을 것이며,『죄와 벌』을 읽고 아무 곳에서도 배울 수 없는 인간에 대한 진리를 배웠다고 확신하는 사람들이 적지 않을 것이다. 그러나 진리라는 개념, 인식이라는 개념은 어떤 객관적 대상의 존재를 전제로 해서만 그 뜻을 갖는다. 그러나『신곡』이나『죄와 벌』은 처음부터 픽션이라는 사실이 전제되어 있다. 이 두 개의 문학작품들의 이야기, 그곳에 나타나는 인물·사건 등은 실제로 존재했던 것들이 아니라 단테라는 한 작가, 도스토옙스키라는 작가가 상상력을 동원해서 만들어낸, 꾸며낸 것들임이 전제되어 있다. 그러므로 이와 같은 문학작품들을 통해서 독자들이 설사 많은, 아니 깊은 진리를 배운다 해도, 논리적으로 말해서 그 작품들의 이야기가 진리라든가 거짓이라든가라고 얘기할 수는 없다. 비록 문학작품의 독자들이 그 작품을 통해서 진리를 새롭게 배웠다 해도 그것은 우연적이거나 부차적인 것이지, 원래의 문학작품의 기능은 진리, 즉 어떤 객관적 사실을 옳게 보여주고, 그러한 사실을 주장하는 데 있다고는 볼 수 없다. 한마디로 문학작품의 기능은 정상적인 의미에서 진리나 인식에 있지 않다고 봐야 한다. 그렇다면 문학은 철학이 표상할 수 없는 진리를 표상한다는 주장, 그런 주장에 근거하여 문학과 철학을 구별하는 것은 타당성을 잃는다.

문학의 근본적인 기능이 진리나 인식에 있지 않다는 자각, 인식적 기능이라는 지평地平에서 문학과 철학을 구별할 수 없다는 자각은 전혀 다른 관점에서 철학과 문학을 구별하려는 주장으로 이끌어간다. 이 새로운 관점에 의하면 철학이 역시 진리와 관여하여 끝까지 인식적 기능을 하는 데 반하여 문학은 표현적 기능을 한다는 것이다. 바꿔 말해서 철학은 실체나 체험의 객관적 사실을 표상하고 밝히려 하는 데 그 근본적 기능이 있지만, 문학은 어떤 감정·느낌을 표출하는 기능을 한다는 것이다.

맑고 밝은 추석날 밤하늘을 상상해보자. "추석날 밤하늘은 맑고 밝다"라고 객관적으로 객관적 사실을 서술하고 표상하려 한다면 그 말들은 분명히 인식적 기능을 한다. 그 말에 대해서 우리는 객관적으로 그 말이 '참이다' 혹은 '틀렸다'라는 판단을 내릴 수 있다.

철학이 뜻하는 것은 '참'으로 판단될 수 있는 추석날 밤하늘에 대한 서술, 표상을 한다는 것이다. 이와는 달리 같은 추석날 밤하늘을 보고, "아! 추석날 밤하늘은 아름답다"라고 말할 수 있다. 이러한 발언에 대하여 그것이 '참이다' 아니면 '틀렸다'라는 얘기는 논리적으로 부당하다. 왜냐하면 같은 추석 하늘은 보는 사람의 느낌, 태도에 따라서 아름답기는커녕 더러워 보일 수도 있기 때문이다. 그러므로 "아! 추석날 밤하늘은 아름답다"라는 발언은 인식적인 기능과는 달리 표현적인 기능을 하는 데 불과하다는 얘기가 된다. 즉 그러한 발언은 한 개인의 주관적인 느낌의 표출에 지나지 않기 때문이다. 이렇게 볼 때 모든 철학적 텍스트는 "추석날 밤하늘은 맑고 밝다"라는 발언과 비유되어 표상적, 따라서 인식적 기능을 한다고 전제되며, 모든 문학적 텍스트는 "아! 추석날 밤하늘은 아름답다"라는 발언에 비유되어 오로지 표현적, 따라서 비인식적 기능을 한다고 전제한다.

철학과 문학의 관계에 대한 위와 같은 관점을 보다 구체적으로 예를 들어 말해보자. 이 관점에 의하면 플라톤의 『국가』나 칸트의 『실천이성비판』은 "추석날 밤하늘은 맑고 밝다"라는 발언에 해당되며, 단테의 『신곡』이나 도스토옙스키의 『죄와 벌』은 "아! 추석날 밤하늘은 아름답다"라는 발언에 해당된다는 것이다. 달리 말해서 철학적 텍스트가 객관적 사실을 서술하려 하는 데 반해서 문학적 텍스트는 그것이 아무리 길다 해도 극단적으로 말해서 일종의 감탄사에 불과하다는 결론이 나온다.

그러나 철학과 문학의 위와 같은 구별은 적어도 크게 두 가지 문제를 담고 있다. 첫째, 단테나 도스토옙스키가 『신곡』이나 『죄와 벌』이라는 방대하고 복잡한 구성을 가진 텍스트를 썼을 때 객관적으로 사물에 대한 고찰을 하지도 않고, 논리적·의식적으로 이야기 구성을 구상하지도 않고 오로지 감정에 빠져서 그 감정을 표출한 것이라고 볼 수는 없기 때문이다. 그리고 그들이 쓴 작품들을 독자들은 오로지 어떤 개인의 감동이나 감정을 공감하기 위해서 그 많은 시간 동안 집중하여 독서에 빠지지, 그 독서를 통해서 무엇을 배우거나 알려고 애를 써서 독서에 열중함은 아니라고 볼 수 없기 때문이다.

둘째, 어떤 구체적 근거에서 플라톤의 구체적인 텍스트 『국가』와 단테의 구체적인 텍스트인 『신곡』이 각기 서술적·인식적 기능을 하고 있는가 아니면 반대로 주관적·표현적 기능을 하고 있는가를 가려낼 수 없다. 바꿔 말해서 어떤 구체적인 근거에서 『국가』는 "추석날 밤하늘은 맑고 밝다"라는 발언과 유사하며, 어떤 근거에서 『신곡』은 "아! 추석날 밤하늘은 아름답다"라는 발언과 유사한가가 확실치 않다. 이러한 문제가 밝혀지지 않는 한 철학적 텍스트가 인식적이요, 문학적 텍스트가 표현적이라는 주장은 수용될 수 없다.

여기에 이르러 우리는 전통적으로 자명하다고 보았던 철학과 문학의 구별이 흔들릴 뿐 아니라 아예 그러한 구별이 있을 수 없다는 대담한 최근의 혁명적 주장에 부딪히게 된다.

철학과 문학의 무분별

데리다에 의하면 서구적 사고의 아주 밑바닥에는 이른바 로고상트리즘logocentrisme 혹은 '논리중심주의'가 깔려 있다. 로고상트리즘은 인식에 관한 하나의 관점이다. 로고상트리즘은 인식이 즉 진리가 존재의 '현존present'에 있다고 본다. 무엇을 안다는 것, 무엇을 인식한다는 것은 언어 이전에, 의식 이전에 있는 어떤 대상을 알몸으로, 있는 그대로 접하는 데 있다는 것이다. 따라서 로고상트리즘은 사물 혹은 어떤 대상과 그것을 표상하는 언어의 관계에 있어서 언어가 사물 혹은 대상 혹은 존재에 종속되어 있다는 것이다. 따라서 한 언어의 참다운 의미는 그 대상과 동일하다. 그러므로 그 대상을 있는 그대로 표상치 못하는 한에서 그 언어는 참다운 의미, 문학적 의미를 갖지 못하고 오로지 다소간의 비유적 의미만을 가질 뿐이다. 데리다에 따르면 이러한 의식이나 의미에 관한 전제, 그리고 그와 관련되어 존재와 그것을 표상하는 언어의 관계에 대한 전제가 서구의 모든 사고를 각기 다른 차원에서 지배하고 있다는 것이다. 철학과 문학의 전통적 구별도 로고상트리즘의 한 표현에 지나지 않는다는 것이다.

전통적으로 철학적 언어가 문자적 의미를 갖고 있는 데 반하여 문학적 언어는 비유적 의미만을 갖고 있다고 전제되어 있다. 다시 말해서 철학적 텍스트에서의 언어는 어떤 대상을 직접 표상함으로써 그 의미가 결정되고 확실해지지만 문학적 텍스트에서의 언어는 어떤 대상을 직접 표상하지 못하기 때문에 그 의미가 정확하지 못하고 오로지 비유적일 수밖에 없다는 것이다. 그러나 데리다는 철학과 문학의 엄격한 구별의 형이상학적 근거가 되는 로고상트리즘은 잘못된, 근거 없는 전제라는 것이다. 그렇다면 철학과 문학의 전통적 구별은 그 이론적 근거를 상실하게 될 것이다. 데리다의 주장에 의하면 모든 언어는 물론, 언어 이전의 의식조차도 사물현상, 어떤 의식 대상을 결코 있는 그대로 표상하지 못함은 물론, 그 대상과 직접적으로 접할 수도 없다는 것이다.

문학 특히 소설 문학의 텍스트가 그 밖의 철학을 포함한 모든 텍스트와 구별되는 근본적인 이유는 전자의 텍스트가 픽션 즉 '허구적'인 데 반하여 그 밖의 모든 텍스트는 어떤 사실이나 현상을 기술함에 있다고 생각되어왔다. 한 텍스트가 허구적이라는 말은 그 텍스트의 언어는 이미 기존하는 어떤 사실이나 현상을 표상하지 못하고 그 언어가 하는 얘기나 사물, 사건들이 애당초 상상적으로 만들어내었음을, 즉 실재하지 않음을 뜻한다. 바꾸어 말하면 허구적 텍스트로서의 문학 텍스트는 처음부터 그것의 지칭대상을 갖지 않는다는 말이다. 보통 상식적으로 생각되기로는 한 언어의 의미, 즉 '개'라는 낱말, "개는 다리가 넷이다"라는 문장의 의미는 각기 그 언어들의 지칭대상, 즉 실재하는 개, 개의 다리가 넷이라는 사실과 일치한다고 전제되어 있다. 즉 '개'라는 낱말의 뜻, "개는 다리가 넷이다"라는 진술의 뜻을 안다는 것은 그러한 낱말, 그러한 진술과 그것들이 지칭하는 실재의 존재 혹은 상황과 언어적 약속에 따라서 연결할 수 있음을 의미한다.

'개'라는 말, "개는 다리가 넷이다"라는 언어를 놓고 그것들이 지칭하는 대상이나 상황을 머릿속에 그리지 못한다면 우리는 그러한 '개'라는 낱말, "개는 다리가 넷이다"라는 진술의 의미를 이해하고 있다고는 말할 수 없다. 위와 같이 한 언어의 의미를 그 언어의 지칭대상과 동일한 것으로 본다면 처음부터 허구적 언어로서의 문학 텍스트, 즉 처음부터 지칭대상을 전제하지 않는 문학적 텍스트는 아무런 의미를 가질 수 없다는 결론이 나온다. 그러나 이러한 결론은 결코 수용될 수 없다. 왜냐하면 비록 지칭대상을 처음부터 인정하지 않는 문학적 텍스트도 엄연히 의미를 갖고 있음은 두말할 필요도 없기 때문이다. 문학작품은 읽히고 해석되고 감상되고 있다. 그렇다면 한 언어, 한 텍스트는 그것이 무엇인가를 지칭하건 안 하건 간에 어떤 지칭대상의 존재와는 상관없이 엄연히 의미를 가짐에 틀림없다. 따라서 언어의 의미가 어떻게 가능한가, 언어의 의미는 무엇인가에 대한 이론은 언어의 지칭적 기능에 근거되지 않는다. 만족스러운 언어의 의미론은 허구적 언어, 즉 문학적 텍스트의 의미를 포함한 언어의 의미의 가능성을 설명할 수 있는 것이라야 한다.

이와 같은 새로운 언어의 의미론이 어떻게 꾸며질 수 있는가는 언어철학의 핵심적 문제가 된다. 그리고 이에 관한 여러 가지 상반되는 이론이 현재에도 서로 주장되고 반박되고 있는 상황이다. 그러나 여기서 이 문제는 우리들의 문제와 직접적으로 관계되지 않는다. 우리의 문제는 다만 언어의 의미가 지칭대상으로서 설명될 수 없다는 사실과, 그러한 의미론에 입각하여 문학과 철학의 근본적인 구별을 설명할 수 없다는 사실에만 있을 뿐이다.

데리다에 의하면 엄밀히 말해서 이른바 허구적 텍스트만이 오로지 지칭대상을 갖고 있지 않는 것이 아니라, 철학을 포함한 이른바 비허구적 텍스트도 역시 지칭대상을 갖고 있지 않고, 뿐만 아니라 현상학적으로나 논리적으로 어떠한 언어도 어떤 종류의 대상을 있는 그대로 지칭할 수 없다는 것이다.

날리 말해서 어떠한 표상, 어떤 인식도 표상 대상, 인식 대상을 있는 그대로의 상태로서 접할 수 없다. 데리다에 의하면, 앞서 말했듯이, 서구적 모든 사상은 로고상트리즘으로서, 언어 이전의 사물현상과 직접 접할 수 있고, 참다운 인식, 참다운 표상은 그러한 대상을 현존present시키는 데 있다고 전제하지만, 그러한 가능성은 있을 수 없다는 것이다. 어떤 대상의 표상은 물론 인식·지각 자체도 이미 언어에 의해서만, 언어를 통해서만 가능하다는 것이다.

언어라는 매개에 의해서 사물현상이 의식되고 지각되며 표상될 수밖에 없기 때문에 우리는 언제나 이미 언어에 의해서 번역되고 구성된, 즉 사물현상 자체, 다시 말해서 현존présence으로서의 사물현상과 직접 접할 수 없다는 것이다. 그러므로 데리다에 의하면 우리가 지각하고 인식하고 표상하고자 하는 사물현상, 즉 인식, 표상 대상 그 자체와 우리가 실제로 지각·인식하고 표상하고 있는 사물현상, 즉 인식-표상대상 사이에는 필연적으로 공간적 차위差位, differ가 있으며, 사물현상 자체를 현존으로서 지각·인식하려는 우리들의 욕망은 시간적으로 영원히 지연遲延, déférer되어 있을 수밖에 없다는 것이다. 데리다의 유명한 '신어新語', '디페랑스différance'는 한편으로는 의식과 언어와 또 한편으로는 그 의식과 언어적 대상의 위와 같은 공간적 및 시간적 관계를 합쳐서 지칭하는 개념이다. 이러한 상황에서 볼 때 문학이나 철학을 망라한 모든 언어는 그것이 지칭하는 대상을 확실히 갖지 못하며 따라서 다 같이 근본적으로 정확한 관점에서 볼 때 허구적, 즉 픽션이라는 결론이 나오고, 문학과 철학의 텍스트의 의미는 문자적, 즉 정확한 것일 수 없으며 한결같이 비유적일 수밖에 없게 된다. 위와 같은 논리를 밀고 갈 때 허구적 텍스트와 비허구적 텍스트의 구별은 근거를 잃는다. 왜냐하면, 모든 텍스트, 모든 언어는 궁극적으로는 허구적이기 때문이다. 이와 같은 이론에서 데리다 그리고 그 밖의 많은 언어철학자들은 철학과 문학의 구별을 근본적으로 부정하기에 이른 것이다.

그러나 과연 철학과 문학은 근본적으로 구별될 수 없는가? 사물현상과 그것의 지각·인식·표상의 관계에 대한 데리다적 논지를 인정한다고 해서, 즉 문학 텍스트나 철학 텍스트가 다 같이 궁극적으로 넓은 의미에서 허구적이라 해서 문학과 철학의 논리적 구별은 사라지는가? 신의 존재에 대한 믿음의 여러 가지 근거가 틀렸다는 것이 증명된다 해도 신이 존재하지 않는다는 결론이 나올 수 없는 것과 마찬가지로, 문학과 철학의 구별에 대한 종래의 근거가 부정됐다고 해서 반드시 문학과 철학의 구별이 없다는 논리적인 결론이 결코 나올 수 없다.

철학과 문학의 양상적 구별

모든 사람이나 그밖의 동물은 정도의 차이는 있지만 생존을 위해서 사물현상들을 항상 구별할 실용적 필요성을 느낀다. 먹을 수 있는 것과 먹으면 몸에 해로운 것을 구별해야 하며, 남성과 여성, 동족과 타족을 구별하지 않고는 결코 생존할 수 없다. 인간의 위와 같은 구별 이외에도 자신의 국적, 기혼자와 미혼자, 교수와 학생, 상관과 부하를 구별해야 한다.

사물현상의 구별은 가시적可視的 혹은 자연적自然的 구별과 비가시적非可視的 혹은 제도적 구별이라는 두 가지 범주로 크게 나눌 수 있다. 개와 사람, 식물食物과 독물毒物, 산과 바다 혹은 홍색과 백색, 남자와 여자의 구별은 가시적으로 그 대상들의 객관적·자연적 존재양식이나 구조에 의거한다. 그러나 미혼자와 기혼자, 학생과 교수, 상관과 부하의 구별은 눈으로 감각적으로 구별되지 않고 오로지 제도적制度的으로만 가능하다.

가시적 구별은 설명을 더 이상 필요로 하지 않을 만큼 쉽사리 이해된다. 그러나 제도적 구별은 좀더 구체적인 설명이 필요하다. 왜냐하면 이러한 구별은 쉽사리 가시적 구별과 혼돈되고, 아니면 얼른 납득되지 않을 뿐만 아니라, 현재 철학적으로 논란되고 있는 철학과 문학의 관계를 새롭게 밝히는 데에 결정적인 중요성을 갖고 있기 때문이다. 개와 사람, 홍색과 백색의 구별은 각기 생김생김 혹은 각기 다른 감상感想에 의해 구별된다. 즉 이러한 구별의 근거는 구별 대상의 객관적·가시적 존재 양식 자체에 근거한다. 그러나 기혼자와 미혼자, 교수와 학생은 그 구별 대상을 관찰함으로써 이루어질 수 없다. 두 사람을 아무리 그냥 관찰한다 해도, 비록 옷을 홀랑 벗기고 현미경으로 관찰하여 그 데이터를 컴퓨터로 정리한다 해도 한 사람이 기혼자인가 미혼자인가를 혹은 한 사람이 교수인가 학생인가를 구별할 근거는 결코 나타나지 않는다. 교수와 학생의 구별은 위와 같은 방법에 의해서 구별할 수 없다 해도 기혼자와 미혼자는, 특히 여자의 경우 생리학적으로 구별될 수 있다고 주장할 수 있을지 모른다. 한 여자가 처녀성을 잃었느냐 아니냐는 생리학적으로 결정될 수 있을지 모르며, 그것에 따라 미혼자냐 기혼자냐를 가려낼 가능성이 있을 것같이 보인다. 왜냐하면 일반적으로 결혼은 처녀성을 잃음을 의미하기 때문이다. 그러나 좀더 생각해보면 아무리 기혼자와 처녀성 상실이 생리학적으로, 인과적으로 예외 없이 관계되어 있다고 가정해도, 결혼이라는 개념과 처녀성 상실이라는 개념과는 논리적으로 아무런 관계가 없다. 한 여자가 처녀성을 한 남자에 의해 잃을 뿐만 아니라 수많은 자녀를 낳는다 해도 그 여자는 그 남자의 아내가 될 수 없고, 기혼자도 될 수 없는 경우가 있을 수 있다. 거꾸로 한 여자와 남자가 법적으로 결혼했을 경우라도 그들 간에 성적 관계가 전혀 없을 경우도 상상할 수 있고, 사실 그런 경우가 더러 있다. 이러한 사실은 기혼자 혹은 미혼자의 구별은 생리학적 즉 자연적·구체적·시각적 구별이 아님을 밝혀준다. 기혼자 혹은 미혼자라는 개념은 사물현상의 구체적·자연적·생물학적 개념이 아니라 법적 즉 제도적 개념에 지나지 않는다.

만약 한편으로 생물학적 혹은 가시적 개념과 다른 한편으로 비가시적 혹은 제도적 개념의 논리적 차위를 혼돈하여 모든 개념, 모든 구별을 가시적 혹은 자연적인 것으로 보았을 때 기혼자와 미혼자, 교수와 학생의 사이를 구별할 수 없게 된다. 더 나아가서 그러한 근거에서 기혼자와 미혼자, 교수와 학생은 다 같은 사람, 같은 것이라는 주장이 나올 수 있다. 그러나 이러한 결론은 다 같이 용납되지 않는다. 왜냐하면 미혼자와 기혼자의 구별은 엄연하게 존재하기 때문이다. 미혼자와 기혼자의 이 엄연한 구별은 가시적인 것이 아니라 법적·제도적인 것, 즉 비가시적으로만 설명된다.

한편으로 플라톤의 『대화편』, 칸트의 『순수이성비판』, 또 한편으로 단테의 『신곡』, 도스토옙스키의 『죄와 벌』은 그냥 텍스트로서 관찰할 때에 근본적인 구별이 불가능하다. 가시적으로 전자가 철학적 텍스트에 속하고 후자가 문학적 텍스트라는 구별은 그냥 텍스트를 가시적인 언어로서, 텍스트로서 보았을 때 성립되지 않는다는 말이다. 그렇지만, 미혼자와 기혼자가 가시적으로 구별될 수 없음에도 불구하고 비가시적으로, 즉 제도적으로, 법적으로 엄연히 구별될 수 있고 되어야 하는 것과 마찬가지로 철학적 텍스트와 문학적 텍스트도 같은 비가시적인 제도 혹은 약속에 의해서 구별될 수 있다.

20세기 후반에 들어와서 전통적 문학 이론, 문학 텍스트와 철학을 포함한 그밖의 모든 텍스트의 전통적 구별에 대한 이론적 결함을 극복하기 위해서 여러 가지 문학 이론이 고안되었다. 소련에서 30년대 고안된 이른바 형식주의formalism, 50년대 미국을 지배한 '뉴크리티시즘', 60년대 프랑스에서 결정적인 영향을 미친 구조주의structuralism가 몇 가지 대표적인 예가 된다.

이러한 이론들은 문학적 텍스트의 특수성을 언어의 '표현성表現性'이나 텍스트를 쓴 작가의 '의도성意圖性'에서 찾으려는 상식적이고 동시에 전통적인 관점을 부정하려는 데 일치한다. 그들의 관점에 의하면 문학의 특수성에 대한 전통적 설명은 너무 주관적이라는 데 결함이 있고, 그와는 반대로 그들은 특수성을 객관적으로 주어진 텍스트 자체에서 찾으려 한다. 그들은 한결같이 문학적 특수성을 텍스트의 형식·조직 또는 구조에서 찾을 수 있다고 생각한다. 다시 말해서 문학적 텍스트는 그밖의 텍스트에서 볼 수 있는 것과는 전혀 다른 형식·조직·구조를 객관적으로 갖고 있다고 주장한다. 문학적 텍스트는 마치 모든 사물, 무생물체와는 달리 세포라는 물리학적·실제적 구조를 갖고 있는 것과 같이 특수한 형식·조직 또는 구조라 불리는 이른바 문학성littéralité을 객관적으로 갖고 있다는 것이다. 이러한 관점을 따른다면 한 텍스트가 문학이냐 철학이냐 하는 것은 그 텍스트가 '문학성'이라는 일종의 세포를 갖고 있는가 아닌가를 조사하고 검열함으로써 결정될 수 있다는 결론이 나온다. 그러나 이와 같은 이른바 혁명적 문학 이론도 전통적인 문학 이론, 즉 철학과 문학의 차이에 대한 전통적인 이론과 아주 똑같이 철학과 문학의 차별을 오로지 가시적인 차원에서 보고 있다는 점에서, 철학과 문학의 차이에 대한 전통적인 이론과 근본적으로 전혀 다를 바 없다.

데리다로 대표되는 이른바 후기 현대주의postmodernism 혹은 후기 구조주의poststructuralism가 최근에 와서 지적해주고 있는 바와 같이 한 텍스트의 '문학성'을 결정하는 특수한 형식·조직 또는 구조는 따로 있을 수 없음이 나타났다. 위와 같은 이름으로 불려지는 이른바 문학성이란 다름 아니라, 한 독자가 주어진 작품 속에서 임의로 만들어낸 것이며, 그러한 문학성은 문학 텍스트 아닌 다른 텍스트 안에서도 다 같이 임의로 만들어질 수 있다는 것이 드러났다.

전통적 문학 이론, 철학과 문학의 구별에 대한 데리다의 비판은 형식주의·뉴크리티시즘·구조주의를 포함한 비판이라는 점에서 더욱 포괄적이다. 그리고 데리다의 비판은 가장 근본적인 언어와 언어가 의미한 것의 대상에 대한 로고상트리즘의 비판에 근거하고 있기 때문에 더욱 혁명적이다. 앞서 언급했듯이 로고상트리즘의 비판은 모든 언어에 의한 표상은 말할 것도 없이 모든 지각 인식은 결코 확실한 대상을 가질 수 없다는 주장이다. 따라서 모든 언어는 궁극적으로는 다 같이 허구적이라는 데 있다. 만일 로고상트리즘에 대한 데리다의 비판이 옳다면 그의 주장대로 문학적 텍스트와 철학적 텍스트는 전자가 허구적이고 후자가 사실적이라는 근거에서 구별될 수 없다. 이와 같이 하여 데리다는 철학과 문학의 구별을 부정하고 나온다.

그러나 좀 반성해보면 데리다의 비판도 철학의 본질, 문학의 본질, 철학적 텍스트와 문학적 텍스트의 차별을 오로지 사실적으로 보고 있다는 점에서는 전통적인 철학과 문학의 구별에 대한 이론은 물론 그가 더불어 비판하고 있는 형식주의·뉴크리티시즘·구조주의 문학 이론과 전혀 다를 바 없다. 데리다의 문학 이론은 그 이전의 모든 문학 이론과 마찬가지로 모든 언어, 모든 텍스트를 '개' 혹은 "개는 다리가 넷이다"

라는 언어나 텍스트와 똑같은 것으로 보고 있는 데 문제가 있다. 그의 '미혼자'와 '기혼자' 혹은 '교수'와 '학생'이라는 개념들의 의미와 차이는 개와 닭 혹은 홍색과 백색의 의미의 구별과 논리적으로 전혀 다른 성질의 것임을 보지 못하고 있다. 한 언어의 의미는 사실적으로 의미를 갖고 구별되기도 하지만 어떤 언어의 의미는 오로지 제도적으로 의미를 갖고 딴 언어와 구별될 수 있음을 데리다는 역시 잊고 있는 것이다.

철학과 문학이 사실적으로 결코 각각의 의미를 갖지 못하고 서로 구별되지 못하더라도 제도적으로는 엄연히 구별된다. 마치 미혼자와 기혼자의 구별이 사실적으로 불가능해도 제도적으로 엄연히 구별되고 있는 바와 똑같이 철학과 문학도 제도적으로 구별된다는 말이다. 그렇다면 철학과 문학을 구별하는 제도는 무엇인가?

모든 제도는 약속에 근거를 둔다. 약속은 필요에 따라 여러 가지 종류로 달라진다. 장기 놀음의 약속, 언어 놀음의 약속, 법적 약속 등이 그러한 예가 된다. 장기 놀음도 약속에 의거해서 '마馬'가 죽고 '상象'이 살며, 언어 놀음도 약속에 따라 '개'라는 기호가 강아지를 지칭하며, 법적 약속에 따라 한 사람은 '기혼자'일 수도 있고 '미혼자'일 수도 있다. 이와 마찬가지로 어떤 약속에 따라 한 텍스트는 철학적 텍스트가 될 수 있고 문학적 텍스트가 될 수 있다는 것이다.

기혼자와 미혼자의 구별이 법적 약속에 의존함은 쉽사리 알 수 있다. 그렇다면 철학과 문학의 구별은 무슨 약속에 의존하여 구별될 수 있는가? 이 구별이 법적으로 결정되지 않음은 누구나 잘 알고 있다. 그러나 약속은 반드시 법적인 것만이 아니다. 장기 놀음도 약속에 의존하고 있지만 그것은 법적이라기보다도 사람들 간에 잠정적으로 이루어진 놀이의 약속에 근거한다. 철학과 문학의 구별도 한 언어 놀이의 약속에 의한 것이다. 나는 철학과 문학을 구별하는 언어 놀이의 특수한 약속을 양상적modal 약속으로 보아야 한다고 믿는다.

프레게Frege가 발견했듯이 언어의 의미의 가장 기본적인 단위는 원자적 낱말이 아니라 문장sentence이다. 개별적인 원자적 낱말은 한 문장 속에서만 의미를 갖는다. 한 문장은 여러 가지 목적을 위해 사용된다. 언어 사용의 목적 가운데 가장 중요하고 기본적인 것은 사물현상을 표상하는 데 있다. 이러한 목적을 위해 사용된 문장의 기본적인 단위를 진술proposition로 부를 수 있다. 그런데 한 진술은 경우에 따라 어떤 사실을 단정적으로 서술하고 주장하기 위해 사용되는 경우도 있고 어떤 경우에는 가정적으로 상상하여 한 상태를 제안하기 위해 사용될 수 있다.

예를 들어 "장미꽃은 빨갛다"라는 진술을 생각해보자. 누가 이런 진술을 발언하거나 기술했을 때, 그는 "장미꽃은 빨갛다"라는 자신의 믿음을 표현·전달·주장하기 위해서 사용했을지도 모르고, 그와는 반대로 자기의 믿음, 자기의 주장을 보류하거나, 자기의 믿음, 자기의 주장과는 전혀 상관없이 '장미꽃이 빨갛다'는 상황을 상상해보았음을 나타내보이기 위해서 사용했을 수도 있다. 똑같은 하나의 진술이 위와 같이 전혀 서로 다른 기능을 하고 있음은, 예를 들어 "사람은 날개를 달고 난다"라는 진술에서 더 확실히 이해될 수 있다. 현재 우리가 알고 있기로는 사람은 날개가 없는 동물이기에 이 진술이 단정적으로, 즉 사실적으로 사용될 수 있다고 보기는 어렵다. 그러나 "사람이 날개를 달고 난다"는 것은 논리적으로 가능하며 따라서 그러한 가능성만은 모순 없이 충분히 상상될 수 있다. 그러므로 "사람은 날개를 달고 난다"는 진술을 대했을 때 우리는 이러한 진술을 가정적인 어떤 상태를 상상한 것으로 볼 수 있으며, 흔히 그렇게 대한다. 그러나 만약 인간이라는 동물의 생리학적 구조가 달라져서 날개를 갖게 되고 날 수 있다면, 우리는 "사람은 날개를 달고 난다"라는 진술을 앞에 놓고 그것이 사실을 전달하기 위해서 단정적으로 사용되었는지 아니면 하나의 가정으로 상상된 상태를 나타내기 위해 제안적으로 사용된 것인지를 그냥 그대로 결정할 수 없다. 요약해 말해서 한 진술은 그것이 어떤 종류의 경우이건 간에 그 자체만을 보고서는 단정적으로 사용되었는지 아니면 가정적 혹은 제안적으로 사용되었는지를 결정할 길이 없다. 그럼에도 불구하고 한 진술은 단정적으로 사용됐을 때와 제안적으로 사용됐을 경우와는 논리적으로 전혀 다르며, 따라서 관점에 따라 그 진술에 대한 청자聽者 혹은 독자의 태도는 전혀 달라진다.

한 진술의 서술적 혹은 단정적 용도와 가정적 혹은 제안적 용도는 그 진술의 양상modality을 나타내는 것이다. 여기서 양상은 한 진술에 놓여 있는 입장 즉 그 진술의 발화자發話者나 청취자의 관점 혹은 태도를 나타낸다. 이러한 양상은 한 진술 자체 속에서 반드시 발견될 수는 없으며, 오로지 어떤 콘텍스트에 의해서만 발견될 수 있고 결정될 수 있다.

한 개의 진술이 그러하듯, 여러 원자적 진술의 복합체로서의 한 텍스트도 하나의 큰 진술로 볼 수 있고, 그것은 단정적 양상과 제안적 양상으로 구별될 수 있다. 한 텍스트를 두고 철학 아니면 그 밖의 종류의 텍스트로 본다는 것은 그 텍스트를 단정적인 양상으로 취급하자는 약속이며, 또 같은 텍스트를 문학적 텍스트로 본다는 것은 그 텍스트를 제안적 양상으로 다루자는 약속을 의미하는 것으로 해석할 수 있다.

문학 텍스트라는 것은 언어적·사회적 약속에 따라 한 텍스트가 제안적 양상으로 취급되어서 단정적 양상에서 본 그밖의 텍스트와 구별되어짐을 의미한다. 마치 한 원자적 진술이 단정적 양상으로 취급될 때와 제안적 양상으로 취급될 때와는 논리적으로 전혀 서로 다른 기능을 갖고, 서로 다른 의미를 갖는 바와 똑같이 한 텍스트를 문학적 텍스트로, 제안적 양상을 갖고 있는 것으로 보느냐 아니면 단정적 양상으로 다루어지느냐에 따라 그 기능과 의미는 논리적으로 전혀 달라진다. 한마디로 문학적 텍스트와 그 밖의 텍스트, 즉 예를 들어 문학과 철학은 가시적인 차원에서 구별이 가지 않더라도 언어 사용의 한 약속으로서의 양상에 따라 논리적으로 엄연히 구별된다.

단정적 양상을 갖고 있는 철학을 비롯한 모든 텍스트의 기능은 어떤 객관적 사실을 단정적으로 표상하는 데 있으며, 제안적 양상을 갖고 있는 문학의 기능은 어떤 객관적 사실을 기록하고 표상하고 주장하는 데 있지 않고, 오로지 상상적으로 어떤 가능한 사물현상, 상황 혹은 관계를 생각해보고 제안하는 데 있다. 그러므로 철학이나 그 밖의 과학의 목적과는 달리 문학은 논리적으로 아무런 주장이 될 수 없다. 문학이 표상하는 모든 것, 모든 상황 그리고 모든 세계는 오로지 하나의 상상적·가정적인 것에 머문다. 따라서 철학이나 그 밖의 과학 텍스트를 앞에 놓고 우리는 반드시 그것의 진위를 따져야 하게 마련이지만, 문학 텍스트를 앞에 놓고 그것의 진위를 따진다면 엄격한 의미에서 우리는 논리적인 오류를 범하게 마련이다.

나의 주장의 요점은 최근 세계적으로 영향력 있는 철학자들이 주장하고 있는 바와는 달리 문학과 철학은 엄연히 구별되어야 한다는 것이며, 그 구별은 전통적인 여러 가지 문학 이론과 달리 사실적으로서가 아니라 오로지 양상이라는 언어 사용의 한 논리적인 차원에서만 이루어진다는 데 있다. 그러나 여기서 주의해야 할 것은 다시 거듭되거니와 문학과 철학의 양상적 구별이 텍스트 자체에서 가시적으로, 사실적으로 발견될 수 있다는 말이 아니다. 한 원자적 진술이나 한 텍스트가 단정적 양상을 갖고 있느냐 아니면 제안적 양상을 갖고 있느냐는 텍스트 자체는 물론 텍스트를 쓴 사람에 의해서도 결정될 수 없고 궁극적으로는 오로지 한 언어 공동체에 의해서 이루어진 사회적 약속으로만 결정된다. 그러므로 원래 종교적 진리를 기록했다고 전제되는 성서, 철학적 주장이 담겨져 있는 플라톤의 『대화편』, 구체적인 사실·사건을 기록한 것으로 전제되는 자서전, 그 밖의 전기·여행기·일기 그리고 그 많은 이른바 철학적 에세이도 문학 텍스트로서 읽힐 수 있다. 예컨대 프랑스의 문학사는 전통적으로 파스칼, 볼테르의 철학적 텍스트와 루소의 자서전을 포함하고 있다. 더 극단적으로 말해서, 설사 사실과는 다르다 해도, 뉴턴의 역학에 대한 이론 텍스트나 아인슈타인의 상대성 원리에 대한 논문도 논리적으로는 문학 텍스트로서, 문학사의 일부로서 포함될 수 있다.

이와 반면에 소포클레스의 희곡 『안티고네』나 셰익스피어의 『햄릿』도 철학적 텍스트로 취급될 수 있다. 한 텍스트가 문학이냐 철학이냐는 결정이 오로지 하나의 사회적인 결정에 달려 있다는 사실은 옛날의 식기나, 옛날 종교적 기능만을 했던 어떤 조각물 혹은 뒤샹Duchamp의 경우와 같이 하나의 변기가 예술작품으로서 귀중하게 미술관에 보존되어 있는 경우와 전혀 다를 바가 없다. 위와 같은 비예술작품들은 사회적인 결정에 의해서 예술작품으로 변한 것이기 때문이다. 이처럼 어떤 물건이나 어떤 작품들이 예술작품으로 변하게 된 것은 그 자체 속에 어떤 실질적인 변화가 생겨서가 아니라 그것들을 수용하는 한 사회가 어떤 역사적 지점에서 어떤 복잡한 이유에 근거하여 새로운 존재로, 즉 예술작품으로 취급하게 되었다는 말에 지나지 않는다. 문제는 작품의 실질적·

객관적 변화가 아니라 사회적 태도에 변화가 있었을 뿐이다. 제작품을 대하는 한 사회가 자신의 결정에 의해서 그것을 '예술'이라는 관점, 예술적인 양상에서 취급하기로 결정했다는 말이다.

이와 같이 따져볼 때 어떤 텍스트를 문학이라 부른다는 것은 다른 텍스트와 구별하여, 그 텍스트를 다른 텍스트로 볼 때의 단정적 양상으로서가 아니라 제안적 양상으로 보았음을 결정했다는 뜻이 된다. 어떤 근거, 어떤 이유에서 하나의 텍스트가 제안적 양상으로, 문학으로 취급되느냐 아니냐의 문제는 극히 복잡하다. 그러나 이 문제는 '문학'이라는 개념을 '철학'이라는 개념, 즉 문학 텍스트의 의미를 철학 텍스트의 의미와 어떻게 구별해서 이해할 수 있는가의 문제와는 다른 문제로서 별도의 고찰과 분석을 필요로 한다.

문학이 양상적 차원에서 철학과 구별된다고 전제할 때, 그리고 문학 텍스트가 언어를 갖고 있는 모든 인류 사회의 보편적 현상의 하나라고 인정할 때, 마지막으로 문학 텍스트가 모든 인간에게 이른바 어떤 '예술적' 욕망을 충족시켜줌을 긍정할 때, 이러한 사실은 어떻게 설명될 수 있을까? 문학이라는 현상이 이와 같이 인류의 보편적 현상이라 한다면, 문학이 인류의 어떤 보편적 욕망, 필요성의 하나를 충족시켜주는 기능을 하고 있기 때문임은 틀림없다. 그렇다면 문학은 어떤 보편적 필요성을 충족시키는가? 문학의 기능은 가능한 세계, 현재 알고 있는 것과는 다른 새로운 생각·사실·관계·세계, 상상의 세계를 제공하는 것이라고 했다. 이러한 세계는 현재까지의 생각·관점·사실·관계·세계·삶을 극복하고 보다 참된, 보다 진실된 인식·세계·삶으로 끊임없이 우리를 이끌어가고 따라서 현재로부터 해방되어 현재를 극복하게 하며 향상하고 있는 모든 인간의 보편적 상황·욕구·필요를 표현하고 동시에 끊임없이 채워주고 있다고 봐야 한다. 그리하여 문학은 좁은 의미에서의 즉 어떤 객관적 사실을 표상한다는 의미에서의 인식 또는 진리와는 직접적으로 관계없으면서도, 그것은 보다 새로운 인식, 보다 깊은 진리에 대한 인간의 필연적 욕망의 표현으로서 간접적으로, 퍽 넓은 의미에서 인식이나 진리와 뗄 수 없는 깊은 관계를 갖고 있다. 그러므로 흔히 생각되고 있는 바와는 전혀 달리, 예술 일반에도 해당되겠지만, 적어도 문학은 단순한 유희, 좁은 의미에서의 유희를 위한 오락적인 것, 삶에 있어서의 장식적인 것은 결코 아니다. 오히려 문학은 철학, 그밖의 모든 활동이 담당할 수 없는 삶에 있어서의 근본적으로 중요한 기능을 맡고 있으며, 이러한 기능은 딴 분야들이 맡고 있는 기능들과 결코 동일하지는 않지만 그것들과 결코 뗄 수 없는 유기적 관계를 맺고 있다.

인간은 무엇인가를 믿고 확인하고 그것을 지켜나가면서 현실과 밀착해서 살아야 하지만 그러나 동시에 인간은 믿고 확인된 현실을 재검토하고 비판하면서 부단히 새로운 가능성을 열어 항상 주어진 현실을 극복하고 새로운 세계를 창조해야만 한다. 그렇지 못할 때 삶은 침체되고 화석화된다. 문학 그리고 예술은 삶이 화석이 아님을 입증하려는 생명의 표현이다. 철학이 사실을 확인하려 하는 데 있다면 문학은 확인된 사실을 끊임없이 새로운 각도에서 반성하고 비판해보려 한다. 그래서 문학은 필연적으로 삶에 참여하게 마련이다.

《철학과 현실》, 1990, 여름호

08

철학적 허구와 문학적 진실—텍스트 양상론

노자나 플라톤을 철학자라 부르고 이태백이나 소포클레스를 시인으로 분류하며, 『도덕경』이나 『국가』와 같은 텍스트에 '철학'이란 딱지를 붙이고 『이태백 시선』이나 『안티고네』를 문학으로 나누는 것은 현재까지의 자연스러워 보이는 관행이다. 바로 이런 근거에서 '철학'과 '문학'을 다른 각 학문 분야와 나란히 구별하여 책들을 진열하는 도서관이나 서점의 관례나 '철학과'와 '문학과'가 엄격히 구별되는 대학의 행정적 관례가 설명된다. 이러한 관례는 비록 서양에 국한하지 않는다. 서양과 그 전통을 전혀 달리하고 있는 동양. 그리고 아마도 전 세계에서 적어도 현재 철학과 문학의 구별에는 어떤 객관적 근거가 있는 것으로 여겨져 왔다.

일찍이 아리스토텔레스는 한편으로 형이상학과 경험과학을, 다른 한편으로 시학과 역사학을 구분함으로써 철학과 문학을 본질적으로 구분해서 생각했다. 칸트가 정신 활동 영역을 과학·미학, 그리고 윤리학으로 선명하게 삼분했을 때 그는 아리스토텔레스의 지적 테두리를 크게 벗어나지 않았다. 철학과 문학의 구별에 대한 위와 같은 전통적 인식은, 논리실증주의적 언어의 메타 분석이 철학과 문학의 차이를 인지적 명제와 비인지적 명제의 구분에 비추어 설명했을 때 철학과 문학의 구별은 보다 세련되고 선명하고 논리적으로 굳건한 이론적 뒷받침을 받았다는 것이 의심되지 않았다.

철학과 문학을 구별하는 전통적 이론들은 해명이 필요한 형이상학적 '본질주의essentialism'와 아울러 인식론적 '기저주의foundationalism'를 밑바닥에 전제로서 깔고 있다. 형이상학적 본질주의는 한 낱말이 다른 낱말들과 별도로 존재하고 그것이 의미를 갖는다면 그 이유는 각기 그 낱말이 본질적으로 구별되는 어떤 지칭대상, 즉 다른 어느 것으로도 환원될수 없는 불변의 실체가 있기 때문이라는 신념이며, 인식론적 기저주의는 모든 판단의 옳고/그름은 반드시 어떤 영원불변한 규범에 비추어서만 그것의 궁극적 근거를 댈 수 있다는 것이다. 철학과 문학을 서로 혼돈할 수 없는 이유도 마찬가지다. 그 낱말들은 각기 서로 혼돈할 수 없는 형이상학적 본질로서의 지칭대상을 갖고 있다는 것이며 그런 차이에 대한 판단은 기저적 확신, 즉 절대적으로 확신할 수 있는 신념에 근거해야 한다는 것이다.

서양의 철학적 사상사를 통해서 본질주의적 형이상학과 기저주의적 인식론이 지배적이었음에도 불구하고 그러한 사조에 대한 회의의 역사는 본질주의나 기저주의의 역사만큼이나 오래 됐고 꾸준했다. 고대 그리스의 프로타고라스와 같은 소피스트나 고대 중국의 노장老莊을 그런 예로 들 수 있으며, 니체에서 가장 대담하고 뚜렷한 근대적 예를 볼 수 있다. 인간의 모든 신념과 행동을 '권력에 대한 의지'와 결부시킬 때 니체의 철학은 본질주의나 기저주의를 부정하고 있는 것이며, 그와 아울러 철학과 문학의 본질적 차이, 즉 확실한 경계선이 있다는 전통적 관념에 도전했던 것이다. 어떠한 신념이나 개념도 '이성'이라는 잣대에 비추어 기하학적으로 투명하게 그 테두리를 결정할 수 있는 성질의 것이 아니기 때문이다. 놀라운 사실은 그들의 철학적 기질로 보아 니체와 정면으로 대립하는 분석철학의 전통 복판에서도 콰인Quine이나 굿맨Goodman은 적어도 한 가지 점에서 니체와 똑같은 입장을 취하고 있다는 사실이다. 그들은 다 같이 논리실증주의적 테두리를 깨고 전자는 과학과 철학, 그리고 후자는 과학과 예술이 엄격히 구별될 수 없다고 주장했다는 것이다.

그럼에도 불구하고 고대 그리스의 철학적·칸트적·논리실증주의적 견해가 근본적으로 흔들리게 된 것은 최근의 일이며, 각 학문들 간, 특히 철학과 문학 간의 정확한 구별이 있지 않다는 의식이 널리 퍼지게 된 것은 지난 20년 전부터 세계를 휩쓸고 있는 데리다의 해체주의, 로티의 반기저주의, 그리고 더 일반적으로 말해서 포스트모더니즘에 의해서이다. 지금까지의 서양의 사고가 '로고상트리즘'이라고 이름 붙여진 형이상학적 본질주의의 오류에 뿌리박고 있다고 전제하는 데리다의 해체주의는 철학과 문학이 서로 구별될 수 있는 본질을 갖고 있음이 환상에 불과함을 주장한다. 니체 그리고 20세기 듀이Dewey나 하이데거Heidegger나 비트겐슈타인Wittgenstein 등을 제외한 거의 모든 지금까지의 철학자들이 전제하고 있는 모든 형태의 기저주의의 허구성을 지적하는 로티는 철학과 문학의 구별은 대학에서의 행정적 편의나 교수들 간의 정치적 갈등을 해소하기 위한 인위적 장치에 불과하다고 주장한다.

이와 같이 철학과 문학이 궁극적으로 동일하냐 아니면 궁극적으로 구별되느냐는 물음에 대한 대답은 서로 상반되는 두 가지가 있다. 그렇다면 어느 쪽이 옳은가? 나는 여기서 첫째 기존의 대답들은 어떤 쪽에 속하든 상관없이 한결같이 만족할 수 없는데, 그 이유는 그것들이 '존재론적' 혹은 '사실주의적'이라고 부를 수 있는 착각된 입장에서 문제를 접근하기 때문임과, 둘째 문제를 풀어줄 수 있는 참신한 열쇠는 '양상론적modal'이라고 호칭될 수 있는 접근 방법에서 찾을 수 있다는 주장을 펴보려 한다.

그것들을 어떻게 정의하든 철학과 문학은 다 같이 어떤 종류의 언술을 지칭한다. 그러므로 그것들이 도대체 어떤 것이냐의 물음은 일차적으로 그것들을 구성하는 언어들이 각기 어떠한 기능을 하는가, 혹은 어떻게 사용되었는가에 대한 물음이 된다. 그러나 여기서 우리는 철학과 문학의 관계에 대한 두 가지 다른 입장들, 즉 존재론적 접근 방법과 양상론적 접근 방법을 구체적으로 검토하기에 앞서 철학이나 문학은 무엇보다도 먼저 어떤 종류인가의 언술, 즉 텍스트라는 사실에는 전혀 다를 바가 없음을 새삼 지적할 필요가 있다. 그러므로 철학과 문학이 어떤 종류의 존재냐의 물음은 일차적으로 그것들을 구성하는 언어들이 각기 어떤 목적으로 쓰였는가, 혹은 어떻게 사용되었는가에 대한 물음이 된다.

언어의 일차적으로 중요한 역할의 하나는 어떤 대상을 서술함이다. 그러나 서술 외에도 언어는 다른 목적을 위해 사용된다. 따라서 모든 언어는 서술적 용도와 비서술적 용도로 크게 구별될 수 있다. 언어적 서술은 그 서술대상, 즉 지칭대상으로서의 사물·현상·사건·상태 등과 같은 객관적 존재를 전제한다. 따라서 모든 언술은 그곳에 사용된 언어가 '지칭적'으로 사용됐는가 아닌가에 따라 구분될 수 있다. 모든 언어는 필연적으로 어떤 의미를 갖는다. 언어 없이 의미는 존재할 수 없고 의미

없는 언어란 개념도 자기모순이다. 그러나 언어의 의미는 경우에 따라 그 투명도와 복잡도가 다르다. 그러므로 언어의 정확한 의미를 밝히고 결정할 필요가 있다. 언어에 대한 이러한 작업을 '해석학적'이라 부를 수 있다. 경우에 따라 언어의 의미는 '해석적' 혹은 '해석학적'으로 투명할 수도 있고, 아니면 그렇지 않을 수 있으며, 언어는 전자의 경우 축어적literal 혹은 문자적으로, 후자의 경우 은유적figurative 혹은 비문자적으로 각기 사용됐다고 말할 수 있고, 그 언어의 의미도 같은 식으로 서술할 수 있다.

철학과 문학의 관계에 대한 최근의 문제 제기와 논쟁도 그 내막을 살펴보면 이 두 가지 담론/언술discourse들이 다 같이 '지칭적' 시각에서 볼 때 그 대상을 갖고 있느냐 아니냐에 대한 논쟁이거나, 혹은 '해석학적' 시각에서 고찰할 때 각기 그 의미가 문자적이냐 아니냐에 대한 논쟁으로 바뀐다. 그러므로 철학과 문학이 전통적으로 생각해왔던 것처럼 구별되느냐 아니면 이른바 포스트모더니스트적 반론대로 서로 구별될 수 없다는 논지들은 다 같이 각기 '지칭적referential' 및 '해석학적hermeneutical/interpretative' 시각에서 분석·검토되고 평가될 수 있다.

우리의 목적은 철학과 문학의 관계에 대한 상반된 견해를 검토하고 적절한 대답을 찾는 데 있다. 그러기 위해서는 우선 '철학'과 '문학'의 각기 개념의 정의가 선행되어야 한다. 그러나 언뜻 생각하는 바와는 달리 이 두 개념 자체가 불분명하다. 철학과 문학이라는 말들이 다 같이 텍스트를 지칭한다고는 하지만, 철학과 문학은 도대체 각기 어떤 종류의 텍스트를 지칭하는지 분명치 않다. 많은 텍스트들은 그것을 철학이라 불러야 할지 아니면 문학이라 불러야 할지 결정하기 어려우며 많은 사람들은 철학가라고 불러야 할지 아니면 문학가로 호칭해야 할지 애매모호하다. 파스칼의 『팡세』, 니체의 『차라투스트라는 이렇게 말했다』가 철학 저서에 속하는지 아니면 문학작품에 속하는지가 애매하며, 루소Rousseau나 푸코Foucault가 철학자인지 사회학자인지를 결정하기 쉽지 않다. 수많은 문학비평 텍스트나 문학 교수들이 쓴 수많은 문학이론서들이 문학에 속하는지 그렇지 않은지 막막할 때가 많다. 이런 상황에서 철학적 텍스트와 문학적 텍스트의 관계를 논하려면 우선 각기 철학과 문학의 정의가 내려져야 한다. 그래서 그것들의 정의가 분명하다면 철학과 문학의 관계는 자동적으로 밝혀진다. 바로 이러한 관계가 우리의 문제가 되고 있다는 사실은 우리가 철학과 문학에 대한 명백한 정의를 찾지 못하고 있음을 말해준다. 이런 상황에서도 정의를 내려야 한다면 그런 작업에 필요한 것은 전략상 '잠정적 정의working definition'가 필요하다. 현재 한편으로는 철학으로 분류되고 다른 한편으로는 문학으로 분류되어 있는 텍스트들의 구체적 예들이 '잠정적 정의'를 대신할 수 있다. 왜냐하면 관례적으로 이렇게 분류되는 이유를 알 수 있다면 그러한 이유는 곧 철학과 문학을 구별하는 기준이 될 수 있기 때문이다.

플라톤의 『대화편』, 아리스토텔레스의 『형이상학』, 데카르트의 『성찰』, 칸트의 『순수이성비판』, 콰인의 『말과 대상』 등을 철학적 텍스트의 전형으로, 시·소설·희곡 등의 장르에 속하는 이태백의 『시론』, 플로베르의 『보바리 부인』, 베케트의 『고도를 기다리며』 등 이른바 창작적 저작을 문학적 텍스트의 범례로 삼을 수 있다. 철학과 문학을 얘기할 때 각기 이러한 작품들을 예로서 염두에 두자는 것이다. 그밖의 텍스트가 거론될 때는 위와 같은 범례적 텍스트를 각기 철학과 문학적 텍스트의 패러다임으로 삼아 그에 비추어 그것들의 속성을 결정할 수 있을 것이다.

철학적 진리와 문학적 허구

철학과 문학의 차이, 즉 이질성, 더 구체적으로 말해서 철학적 언어와 문학적 언어의 차이, 즉 철학적 논술과 문학적 서술 간의 차이는 언어의 지칭적 시각에서, 또는 언어의 해석학적 시각에서 긍정적이든 부정적이든 각기 달리 논의되고 주장되고 뒷받침되고 있다. 그리고 위의 두 가지 종류의 담론들, 즉 철학적 텍스트와 문학적 텍스트가 서로 혼동될 수 없다는 전통적 주장에 의하면 철학적 언어가 지칭적으로는 그 대상을 전제하고 해석학적으로는 그 의미가 투명한 데 반해, 문학적 언어는 지칭적으로는 그 대상을 전제하지 않고 해석학적으로는 그 의미가 은유적이어서 투명할 수 없다는 것이다.

지칭적 시각

플라톤의 여러 '대화편'이나 칸트의 『순수이성비판』이 철학 텍스트로 분류되는 반면 이태백의 『시론』이나 플로베르의 『보바리 부인』을 문학작품이라 부르는 근거를 서로 상관관계가 있는 다음 두 가지 근거에서 찾을 수 있을 것 같다. 첫째, 철학적 텍스트가 그것의 지칭대상을 갖고 있으며, 언제나 객관적 어떤 사물·사실·현상·사건에 대한 담론인 데 반해, 문학적 텍스트는 문자 그대로 상상적 창조물이어서 그곳에서 언급되고 있는 모든 사실·사물·사건 등은 한결같이 허구적이고, 따라서 지칭대상을 갖고 있지 않다. 그러므로 철학적 텍스트에서 언어는 서술적으로 사용되어 어떤 정보를 전하고 인지적 역할을 한다. 따라서 철학적 텍스트에 대해서 진위가 논의될 수 있지만 문학적 텍스트는 그것에 언급된 모든 이야기가 상상물에 지나지 않는 이상 그 언어가 서술적이고 정보를 제공한다고는 말할 수 없다. 따라서 그 언술에 대해 진위를 따진다는 것은 논리적으로 불가능하다. 즉 『대화편』이나 『순수이성비판』에 대해서 그것의 진위를 따지고 객관적 세계의 사실에 대해 어떤 정보를 얻을 수 있지만, 『시론』이나 『보바리 부인』에 대해서는 논리적으로 그럴 수가 없다는 것이다.

둘째, 똑같은 언어일 경우에도 철학적 맥락에서 그것은 문자적으로 쓰이기 때문에 그 의미가 단일적이고 투명하다. 이에 반해 문학적 맥락에서 그것은 은유적으로 사용됨으로써 그 의미가 다양하고 짙지만, 그 대신 주관적이며 부정확하다는 것이다. 철학과 문학의 차이에 대한 위와 같은 입장은 그것을 뒤집어볼 때 논리적으로 다음과 같은 주장이 도출된다. 즉 무엇인가의 지칭대상을 갖고 있는 한 모든 언술은 '철학적'일 수 있으나 결코 '문학적'일 수 없으며, 그 언어적 의미가 확실히 문자적으로 규정될 수 없는 모든 담론은 '문학적'일 수 있으나 절대로 '철학적'일 수 없다는 주장이 된다는 것이다.

'지칭적' 및 '해석학적' 시각에 의한 철학과 문학의 위와 같은 구별은 인식적 및 비인식적 언어 기능에 비추어본 철학과 문학의 구별과 통한다. 플라톤이 한 국가의 영수領袖는 철학자여야 하고, 시인들은 그곳에서 추방해야 한다는 주장을 편 근거도 철학과 문학이 각기 언술의 인식적 기능을 전혀 다른 것으로 본다는 데 있다. 플라톤은 철학을 최고의 인식 형식, 즉 가장 믿을 만한 진리를 보여준다는 생각을 전혀 의심치 않았다. 인식은 진리의 발견과 소유를 의미한다. 진리의 발견은 주관의 객관적 실체와의 접촉을 뜻한다. 플라톤의 형이상학적 맥락에서 볼 때 이데아라는 실체는 영원불멸의 존재이다. 이데아라는 실체는 물리적 속성을 초월해서 관념적 속성을 가질 뿐이다. 관념적 실체는 감각적 경험으로서가 아니라 오직 이성의 눈에 의해서만 직관될 수 있다. 진리의 발견, 즉 인식은 실용상에 있어서 가장 귀중하다. 세계에 대한 객관적, 즉 올바른 정보는 인간의 생물학적 존속과 보존을 위해서만이라도 절대적 필수조건이며, 사회적·도덕적 생존을 위해서도 절실히 필요하다.

불행히도 문학은 세계에 대한 객관적 정보를 제공하지 못한다. 시인· 소설가 등 작가의 관심은 객관적 사실을 서술함에 있지 않고, 그러한 객관적 사실에 정서적 반응을 표현하는 데 그치기 때문이라는 것이다. 작가는 이성의 눈으로 세계를 관찰하고 표상해주는 대신 감성으로 세계에 반응하기 때문에 세계 이해에 대한 작가의 이야기는 이성을 혼동시키고 세계를 흐리게 한다. 이와 반대로 철학가란 가장 냉철한 이성, 따라서 가장 뛰어난 지적 능력의 소유자들이며 철학은 그들이 발견한 진리를 담고 있다. 이런 관점에서 볼 때 플라톤이 철학자가 왕으로서 통치하게 될 자신의 '국가'에서 시인들을 추방해야 한다는 그의 논리를 쉽게 이해할 수 있다.

철학과 문학에 대한 플라톤적 관점은 칸트나 헤겔의 철학으로 이어져 하나의 전통으로 정착한다. 과학·미학, 그리고 윤리학의 영역에 뚜렷한 경계선을 그었을 때 칸트는 인식적 영역에 속하는 철학과 비인식적 영역에 속하는 문학을 명확히 구별했으며, 순수 이성에 의존하는 철학적 인식을 감성에 의존하는 예술적 표상의 위에 두었을 때 헤겔은 철학과 문학을 인식/비인식이라는 양분적 측면에서 구별했다. 그러나 철학과 문학의 차이에 대한 위와 같은 전통적 생각은 카르납Carnap에 의해 주도되었던 논리 실증주의에서 가장 예리하면서도 동시에 충격적인 엉뚱한 결론을 도출하는 이론으로 나타난다.

논리실증주의적 인식론과 언어철학의 관점에서 볼 때 모든 논술, 즉 논술적 언어의 의미는 인식적/비인식적으로 양분되어 분석된다. 이 두 가지 언어 간의 구별의 기준은 과연 그 언술의 진위가 논리적으로 가능한가 아닌가를 결정할 수 있는 '실증 방법method of verification'에 달려 있다. 진위를 실증할 수 있는 방법이 있는 언술은 '진술statement'일 수 있고, 따라서 인식적 의미를 갖는다. 그러나 문법적으로 진술과 똑같은 모양을 갖추고 있는 경우라도 원칙적으로 그 언술의 진위를 결정할 수 없다면 그 언술은 비인식적 의미만을 갖는다. "저 밤하늘의 별들은 반짝인다"라는 언술과 "저 밤하늘은 아름답다"라는 언술은 문법적으로 똑같은 구조를 갖고 있다. 그러나 전자의 언명에 대해 그 진위를 가릴 수 있지만, 후자의 경우는 그렇지 못하다. 한 언술의 진위는 그 언술의 술어가 객관적 사실을 서술, 즉 묘사하는 것으로 전제될 때만 가능하다. 위의 두 언술에서 전자는 바로 그러한 경우에 해당된다. 그러나 후자의 경우 언뜻 문법적으로 보기와는 달리 그렇지 못하다. 따지고 보면 이 언술에서 사용된 술어는 '저 밤하늘의 별'을 객관적으로 '서술descriptive'하고 있는 것이 아니라, 그 언술의 화자의 '저 밤하늘의 별'에 대한 태도·느낌을 '표출expressive'함에 지나지 않는다. 그러므로 위의 두 언술의 의미는 각기 '인식적', 즉 정보적informative인 것과 '비인식적', 즉 정서적affective인 것으로 명확히 구별된다. 어떤 텍스트가 철학이냐 아니면 문학이냐를 결정하는 기준은 그것이 정보적 아니면 정서적 의미를 갖는가에 달려 있으며, 따라서 그것의 진위를 결정할 수 있는가 아닌가에 달려 있다는 것이다.

철학과 철학적 언술은 원칙적으로 그 진위를 가릴 수 있고, 따라서 그것의 기능은 객관적 사실에 대한 정보, 즉 지식을 제공함에 있다는 것이며, 이와는 달리 문학적 언어는 객관적 사실에 대한 정보를 제공할 수 없으며 그것이 어떤 기능을 맡고 있다면 그 기능은 그 언술의 화자가 자신의 감정을 밖으로 표현함에 있으며, 그 결과로 독자에게 정서적으로 어떤 종류인가의 영향을 미치는 데 있다. 문학적 텍스트는 하나의 긴 감탄사와 같고, 그러한 텍스트를 읽음으로써 독자는 아무런 것에 대해 아무런 지식도 얻을 수 없다. 그럼에도 불구하고 그것을 즐겨 읽는 이유는 어떤 감동, 즉 정서적 만족을 얻기 위해서라는 결론이 나온다.

그러나 여기서 '인식'이라는 개념을 정확히 하기 위해서 철학과 과학을 구별할 필요가 있다. 논리실증주의자들이 말하는 인식은 구체적 현상에 대한 지식이며 그것은 반드시 경험에 바탕을 둔다. 자연과학은 그러한 지식의 대표적 패러다임이다. 똑같이 '지식'의 양식이면서도 철학과 과학이 구별되는 한, 그리고 논리실증주의자들이 보여준 인식적 언어의 예가 철학적 인식이 아니고 경험적 지식에 속하는 한, 논리실증주의적 언어철학은 과학과 문학의 구별을 밝혀주었다고 할 수 있어도 철학과 문학의 차이를 밝혀주지는 못한다. 그러나 과학과 철학은 그 인식대상과 그 인식의 진위를 결정하는 기준을 달리하지만 다 같이 지적 활동이며, 따라서 '진리'를 추구한다는 점에서 그것들은 똑같이 '인식'을 의도한다. 과학적 인식대상이 지각적 경험 대상으로 존재하는 객관적 사물현상이며 과학적 진위가 경험대상에 비추어 결정될 수 있는 데 반해서, 철학적 인식대상은 과학적 언술을 포함한 모든 언어적 언술이며 철학적 명제의 진위는 언술들의 논리적 관계에 비추어 결정된다는 것이다. 그래서 한편으로 과학적 명제를 '종합적'이라 부르며 철학적 명제를 '분석적'이라 이름 지으며, 또 다른 한편으로 과학적 인식을 '정보적'이라 부르고 철학적 인식을 '이해적'이라 한다. 따라서 철학과 과학은 동일하지 않다.

그럼에도 불구하고 철학과 과학은 다 같이 '인식 양식'이라는 점에서
는 전혀 다를 바 없다. 철학적 명제나 과학적 명제에 대해서는 함께 그
진위가 결정될 수 있다는 말이다. 이와 같이 볼 때 철학과 문학은 '인식
적' 혹은 '비인식적' 시각에서 구분될 수 있을 것 같다. 요컨대 전자의
경우 그 언어는 지칭대상을 전제하고 인식적 내용을 갖고 있으며, 반면
후자의 경우 그 언어는 그러한 지칭대상을 처음부터 전제하지 않고, 따
라서 그것의 인식적 내용은 논리적으로 거론조차 할 수 없다는 것이다.
요컨대 철학과 문학의 구별은 주로 언어의 '지칭적' 기능의 관점에서
뒷받침되고 있다.

해석학적 시각

철학적 진리성과 문학적 허구성은 '해석학적'으로도 뒷받침된다. 해석
학적 관점에서 볼 때 모든 텍스트의 언어적 의미는 문자적 혹은 일원적
으로 투명하게 해석되거나, 아니면 '은유적' 혹은 애매모호하게 다원적
으로 불투명하게 해석된다. 철학 텍스트의 언어적 의미가 축어적이어
서 획일하게 해석할 수 있지만, 문학 텍스트의 언어적 의미는 은유적이
어서 애매모호하게 해석될 수밖에 없다는 것이다.

이른바 '문학성'을 텍스트의 형식, 즉 언어적 혹은 이야기적 내용의
배열 형식 속에서 봤던 야콥슨Jacobson 등이 주도했던 러시아 형식주의,
한 텍스트의 문학성을 그 텍스트를 구성하고 있는 언어와 그 대상의 수
직적 관계에서보다는 같은 텍스트 내에서 언어들 간의 수평적인 내재
적 관계에서 찾으려 했던 엠프슨Empson 또는 리차드Richards적 미국의 뉴
크리티시즘, 그리고 바르트Barthes적 구조주의 등으로 나타나는 문학이
론은 한 텍스트의 '문학성'을 물리적으로 실증할 수 있는 언어, 더 정확

히 말해서 담론의 구조, 즉 형식이라는 객관적 사실에서 찾을 수 있다고 전제한다. 그러나 이러한 '문학 형식'은 그러한 문학 텍스트를 구성하는 언어적 의미를 형식성을 무시하는 철학 텍스트의 언어적 의미에 비추어 비문자적, 즉 비유적이게 만든다. 그렇다면 철학과 문학의 구별을 각기 그것들의 언어적, 즉 텍스트적 형식에서 찾을 수 있다는 말은 그 텍스트 속의 언어를 어떻게 해석하느냐에 따라 달라진다는 말이 된다. 결국 철학과 문학의 형식주의적 구별은 언뜻 생각하는 바와는 달리 '해석학적'이라고 부를 수 있는 구별과 다를 바 없다.

데카르트의『성찰』과 셰익스피어의『햄릿』을 철학과 문학 텍스트로 각기 구분할 수 있는 이유는, 전자의 의미가 일률적으로 투명하게 이해되는 데 반해서 후자의 텍스트는 그 의미가 서로 갈등하는 경우가 많은 만큼 다양하게 해석될 수밖에 없는 탓이다. 비록 데카르트의 텍스트가 수많이 논의되어왔지만 그러한 사실은 그 텍스트의 언어적 의미의 애매모호성을 반증하는 것이 아니고, 그 텍스트가 담고 있는 논증의 타당성과 주장의 진리성에 대한 시비가 가능함을 말해줄 뿐이다. 이와는 달리 그 작품에 대해 헤아릴 수 없이 많은 논문과 비평문이 씌어져왔고, 앞으로도 씌어질 것이라는 사실은 셰익스피어 텍스트의 언어적 의미가 그만큼 다양하게 해석될 수 있을 만큼 애매모호함을 증명하는 것으로 볼 수 있다. 헤겔의『정신현상학』, 후설의『이념』, 사르트르의『존재와 무』가 철학적 텍스트인 데 반해, 횔덜린Hölderlin의『빵과 포도주』, 조이스Joyce의『피네간의 경야』, 말로의『인간의 조건』이 문학적 텍스트인 이유는, 전자의 텍스트들의 의미가 투명하게 해석되는 데 반해서 후자의 텍스트들의 의미가 다양하고 애매모호하게 해석될 수 있기 때문이라는 것이다.

문제

철학과 문학의 차이가 과연 '지칭적'이거나 '해석학적'인 위와 같은 근거로 확실히 입증된 것인가? 철학적 텍스트의 언어적 의미는 과연 투명하며, 그 의미에 따라 그것의 진위를 정확히 결정할 수 있으며, 따라서 인식적 의미를 갖고 그와 반대로 문학적 텍스트의 언어적 의미는 과연 불투명하며, 그 의미에 따라 그 진위를 결정할 수 없으며, 따라서 인식적 의미를 갖지 않는다고 일괄적으로 말할 수 있는가? 설사 긍정적 대답이 나오더라도 구체적인 여러 텍스트를 앞에 놓았을 때 우리는 과연 위와 같은 기준과 시각으로 그 텍스트들을 철학과 문학으로 구별할 수 없다. 어떤 근거로 철학적 텍스트인『순수이성비판』이 지칭대상을 갖고 인식적 의미를 가지며 그것의 언어적 의미가 투명하다고 주장할 수 있는지, 반면에 어떤 근거로 문학적 텍스트인 볼테르Voltaire의『캉디드』가 그렇지 못하다고 주장할 수 있는지를 전혀 알 수 없다. 만일 철학과 문학에 대한 이론이 아무리 훌륭해도 그것이 철학적 텍스트와 문학적 텍스트를 가려내는 데 아무 도움도 되지 못한다면 그 이론은 아무 가치도 없다. 이런 점만 보더라도 우리가 본 관념과 이론이 잘못됐다는 의심이 나올 근거가 충분하다.

철학과 문학의 구별과 관계에 대한 철학적 문제는 지칭적 및 해석학적 관점에서 볼 때 명확히 존재한다는 고대 그리스 이래의 서구적 관념에 대한 니체적 도전에서 싹이 트고 최근 로티가 들고 나온 프래그머티즘적 반기저주의, 데리다의 해체주의, 더 일반적으로는 포스트모더니즘으로 표현되는 보편적 상대주의와 다원주의에 의한 전통적 관념에 대한 도전으로 폭발한다.

철학적 허구와 문학적 진실

철학과 문학의 구별을 주장하는 이론적 근거가 언어의 '지칭적' 기능과 언어의 의미 '해석적' 대상으로서의 존재양식에 기초한다면 그러한 이론을 부정하는 이론적 근거도 역시 언어의 '지칭적' 및 '해석학적' 입장에 기초해야 할 것이다.

지칭적 시각

언어는 다양한 목적을 위해 사용된다. 형식상으로는 똑같은 문법적 구조를 갖는 문장도 그 용도상의 기능이 다르다. 가령 "그녀의 머리는 까맣다"라고 할 때는 서술적으로, "아름다운 여인이여!"라고 할 때는 표현적으로, "문을 여세요!"라고 할 때는 처방적, "약속합니다"라고 할 때는 수행적으로 쓰인다. 언어는 서술적으로 사용됐을 때를 제외하고 어떤 경우도 그 지칭대상을 갖지 않는다. 서술적 언어는 논리적으로 그 지칭대상을 갖게 마련이다. 그리고 이러한 지칭대상이 전제됐을 때만 그 언어는 인식적 의미를 비로소 가질 수 있다.

지칭적 언어가 인식적 의미를 갖고 있다는 말은 그 지칭언어가 언어 아닌 사물현상과 직접 접하고, 그 사물현상을 '표상'한다는 뜻으로 일반적으로 생각해왔다. 즉 지칭언어는 사물현상과 직접적 관계를 가짐으로써 그 사물현상이 무엇인가에 대한 정보를 전달하고, 그럼으로써 비로소 '인지적' 의미를 갖는다는 것이다. 그렇다면 언어가 인지적일 수 있으려면 어느 차원에서인가 반드시 비언어적, 즉 언어 이전의 사물현상 자체와의 매개 없는 접촉이 전제되어야 한다는 말이다. 이러한 전제를 인정하는 인식론의 입장이 얼마 전부터 '기저주의'라는 이름으로 통용되고 있다. 인식 기저주의는 인식의 근거를 궁극적으로는 직관적 이성에 호소하는 플라톤적, 데카르트적, 그리고 후설의 현상학적·합리주의적 인식론에 다 같이 전제되어 있고, 원초적 감각에 인식의 근거를 두고 있는 로크나 흄의 경험주의적 인식론에 또한 전제되어왔고, 현대적 경험주의를 대표하는 논리실증주의적 인식론, 그리고 마지막으로 선험적 범주에 인식의 기초를 찾는 칸트의 선험주의적 인식론에도 한결같이 전제되어 있다. 어쨌든 이른바 기저주의적 인식론의 가장 일반적 특징은 어떤 형태로인가 인식 주체로서의 의식이 그 대상과 매개가 없는 원초적, 즉 '숫처녀적' 접촉을 가질 수 있음과, 언어가 그와 같이 의식에 비친 대상을 의미로서 표상할 수 있음을 전제한다.

그러나 사물과 의식, 언어와 의식의 위와 같은 관계, 즉 언어가 순수한 의미에서의 지칭대상, 즉 언어 이전, 언어 밖의 존재와 순수한 관계를 가질 수 있다는 인식론적 기저주의에 여러 갈래의 금이 가기 시작했다. 의식과 사물현상의 숫처녀적 접촉의 예로 확신해왔던 합리주의적 인식론에 전제된 '직관intuition'이나 경험주의적 인식론에서 말하는 '지각perception'도 핸슨Hanson의 유명한 말대로 이미 '이론 적재적theory-laden'이라는 것이다. 같은 맥락에서 콰인은 모든 인식이나 이해는 서로 분리될 수 있는 개별적인 것이 아니라 언제나 총체적 테두리에서 이루어진다고 주장한다. 그러므로 똑같은 하나의 인식이나 이해의 대상은 그 인식의 주체자가 세계 전체에 대한 어떤 비전을 갖느냐에 따라 달라진다는 것이다. 과학적 지식에 국한시킬 때도 사정은 마찬가지다. 과학적 지식도 과학자가 갖고 있는 패러다임, 즉 범례에 의해 달라진다는 쿤의 혁명적 주장도 콰인과 마찬가지로 사물현상에 대한 어떠한 서술도 완전히 사물현상 자체를 복사하듯 표상할 수 없음을 말해준다.

이러한 사실은 결국 이른바 서술적 언어는 어떠한 경우에도 언어 이전의 비언어적 사물현상 자체로서의 지칭대상을 갖지 않고 있음을 말해준다. 바꿔 말해서 이른바 서술은 언어 이전의 사물 자체의 사진적 복사일 수 없으며, 우리의 모든 인식도 사물 자체를 벌거벗은 채로 반영하지 못한다는 것이다. 그의 영향력 있는 작은 저서『세계제작의 방법들 Ways of Worldmaking』에서 굿맨은 별이든 무엇이든, 모든 존재, 즉 우리가 '세계'라고 부르는 존재는 그냥 그대로 우리들에게 주어진 것이 아니라 사실인즉 우리들이 상징·기호·언어를 자료로 하여 제작한 것에 불과하다는 대담한 주장을 편다. 이러한 주장은 어떠한 언어도 언어 이전의 지칭대상을 가질 수 없음을 말해준다. 로티가 "세계는 없어도 좋다the world well losf"라는 말을 썼을 때 그는 똑같은 견해를 말하고 있는 것이다. 언어 이전의 언어의 지칭대상의 부재가 존재할 수 없다는 주장은 언어 이전의 언어 지칭대상, 즉 사물 자체로서의 지칭대상을 의미하는 '초월적 지칭대상the transcendental signified,' 부재만이 아니라 '주인 텍스트the master text'조차도 존재하지 않는다는 데리다적, 그리고 더 일반적으로는 포스트모더니즘적 주장은 한 언어의 의미는 어떠한 경우에도 그것이 사물이든 혹은 다른 텍스트이든 상관없이 결코 어떤 영원불변한 고정된 것일 수 없음, 즉 최종적 지칭대상의 부재를 거듭 말하고 있다. 달리 말해서 서술적 언어에 전제되었다고 믿어왔던 확고부동한 플라톤적 존재로서의 영원한 지시대상은 사물로서도 존재하지 않을 뿐 아니라 텍스트적 의미, 즉 개념으로서도 존재하지 않는다는 것이다.

무엇인가로 의식되지 않은 것이 무엇으로 있다고는 말할 수 없고, 언어를 떠나서는 아무것도 무엇으로 의식될 수 없다. 따라서 존재하는 것과 인간의 의식, 그리고 언어는 결코 동일하지 않지만 그것들은 결코 떼서 파악될 수 없고, 존재하는 것은 곧 언어로 서술된 것이며, 내가 서술했고 또 할 수 있는 모든 것이 곧 나의 세계에 지나지 않는다는 관념주의적인 형이상학적 결론을 맺는다. 이런 형이상학적 테두리에서 볼 때 문학 텍스트만이 아니라 모든 텍스트가 다 같이 픽션, 즉 허구라는 주장이 논리적으로 유추된다. 한 발 더 나아가 아무것도 언어적 서술을 떠나 존재할 수 없는 이상 모든 것은 세계, 아니 우주 전체는 하나의 거대한 텍스트라는 결론도 생긴다. 그러하다면 이러한 결론은 모든 것은 무한히 역행적인 '해석의 해석' 대상에 불과하다는 니체의 말과 같은 맥락 속에 서 있으며, 세계와 인생을 다 함께 하나의 깨어날 수 없는 '마야 maya', 즉 허상 또는 '무無', '공空'으로 보는 불교적 세계관과 근본적으로 다를 바 없다.

요컨대 문학적 텍스트가 지칭대상을 갖고 있지 않고 그 세계가 허구이므로 인식적, 즉 정보적 기능을 갖지 못한다면, 이런 점에서 철학적 텍스트도 꼭 마찬가지라는 것이다. 거꾸로 어떤 의미에서인가 철학적 텍스트가 정보적, 즉 인식적 기능을 한다고 말할 수 있다면 똑같은 '인식'이라는 말의 의미와 근거에서 문학적 텍스트도 똑같이 정보적, 즉 인식적 기능을 한다고 해야 한다는 것이다. 철학과 문학의 두 가지 텍스트를 그것들이 지칭대상을 갖고 있는가 아닌가에 의해서 구별할 수 없는 것과 같은 이유에서 그 텍스트들은 그것들이 인식적 기능을 하고 있는가 아닌가에 의해서 분별될 수 없다는 것이다. 철학적 텍스트가 우리에게 객관적 세계에 관한 많은 것을 가르쳐주는 데 반해서, 문학은 전혀 그렇지 못하고 잘해야 우리의 감정을 흥분시키며, 철학자는 어떤 앎을 전달하기 위해 텍스트를 만들지만 작가는 자신의 감정을 발산하기 위해 텍스트를 조작한다는 주장에는 아무 근거가 없고 사실과 전혀 맞지 않는다. 플라톤의『대화편』에서 배울 것이 많지만 소포클레스의『안티고네』에서 아무것도 배울 것이 없다는 주장의 근거는 어디서도 발견되지 않는다.

아인슈타인은 소설 읽기가 시간 낭비라고 생각한 나머지 문학을 일종의 경멸의 눈으로 보았다는 것이다. 처음부터 사실 아닌 것, 즉 픽션에 지나지 않은 만큼 소설은 객관적 사실과 세계에 대한 아무런 정보도 줄 수 없다. 즉 소설이 문학을 대표한다면 문학은 아무런 정보적 가치가 없다는 것이다. 그러나 아무리 위대한 물리학자이긴 하지만 아인슈타인의 문학에 대한 생각은 사실과 전혀 맞지 않는 것 같다. 어쩌면 볼테르의 소설『캉디드』나 도스토옙스키의 소설『죄와 벌』이 라이프니츠의 철학 논문「모나드론」이나 칸트의 인식론인『실천이성비판』보다 악의 형이상학적 문제나 도덕적 선악의 문제에 대해 더 많은 것을 가르쳐주고 있지 않는가? 열 편의 철학 논문이나 백 권의 철학책에서보다도 단한 편의 시나 단 한 권의 소설에서 인생과 사회와 세계에 관해 더 많이 배우는 것이 아닌가? 고래로 적지 않은 시인이나 작가들은 어떠한 양식으로도 알 수 없고 표현할 수 없는 진리를 추구하고 표현한다고 믿어오지 않았던가? 바로 이러한 맥락에서 시와 예술이 철학보다도 '존재'의 진리를 드러낸다고 주장한 후기 하이데거의 주장이 이해되고 설득력이 있다. 또한 문학비평이라는 이름 아래 씌어지는 문학작품 해석의 중요한 부분은 그 작품에 들어 있다고 전제되는 철학적 혹은 그밖의 많은 여러 종류의 주장들을 밝혀내는 작업에 지나지 않는다. 문학 교수들이 쓰고 논쟁을 벌이는 '문학이론'들은 사실 우리가 보통 알고 있는 철학적 텍스트나 스타일과 명백히 구분할 수 없다. 로리Lawry는「철학으로의 문학」에서 퍼시Walker Percey의 소설『영화 구경꾼The Moviegoer』이 분명히 하이데거가『존재와 시간』에서 다룬 인간 실존에 관한 철학적 문제를 다루고 있을 뿐만 아니라 전문적 철학자 하이데거 자신보다도 더 분명하게 하이데거의 철학을 더 잘 설명하고 있다고 주장한다. 그러므로 철학이 문학 못지않게 허구적이라면 문학은 철학 못지않게 인식적 진실을 담고 있다고 말해야 한다. 이런 지적, 즉 인식적 측면에서 볼 때 철학과 문학을 일률적으로 엄밀히 서로 분간할 수 없다.

해석학적 시각

철학적 텍스트와 문학적 텍스트가 그 언어적 의미의 투명성에 따라 구별될 수 있다는 주장도 그 사실을 조금만 관찰하면 쉽게 반론될 수 있다. 정확성을 최고의 철학적 모토로 삼고 '과학적'이고자 하는 분석철학의 가장 중요한 철학자 중의 하나인 콰인의 언어철학은 지칭대상의 극복할 수 없는 '불결정성' 때문에 그 의미가 언제나 '불확정'하게 남아 있을 수밖에 없음을 논증했고, 현상학적 맥락에서 데리다의 해체주의적 언어철학은 모든 언어적 의미의 불결정성만이 아니라 내재적 모순성을 주장하고 있다. 이처럼 모든 언어의 의미가 근본적으로 불확실하다면 모든 텍스트의 전체적 의미도 그 이상으로 애매모호하며, 더 궁극적으로는 이해될 수 없는 모순을 내포하고 있다면, 텍스트의 언어적 의미의 '문자성'과 '은유성', 즉 투명성과 불투명성, 그리고 그에 따른 의미 이해의 용이성과 난해성은 한 텍스트를 다른 텍스트로 분류할 수 있는 정당한 기준으로 이용될 수 없다. 헤겔의『정신현상학』이나 칸트의『순수이성비판』, 그리고 하이데거의『존재와 시간』등의 텍스트의 의미가 단순·투명하여 이해하기 쉬워서 '철학'의 범주에 속하며, 볼테르의『캉디드』나 톨스토이의『이반 일리치의 죽음』, 그리고 소포클레스의 『안티고네』 등의 텍스트의 언어적 의미가 위에서 든 철학적 텍스트에서보다 더 난해해서 '문학'이라는 범주에 속하는가? 물론 말라르메의 시작품들이나 조이스의 『피네간의 경야』, 보르헤스의 많은 단편소설 같은, 이른바 포스트모더니스트들의 문학적 텍스트는 엄청나게 복잡하고 그만큼 난해하다. 그런가 하면 메리메Mérimée나 모파상Maupassant 등의 단편소설들은 대부분의 철학 논문보다도 이해하기가 훨씬 쉽다. 물론 많은 분석철학자들의 철학적 텍스트들의 의미는 각별히 투명하며 그 의미가 명료하다. 그러나 더 많은 철학적 텍스트는 어떤 문학적 텍스트보다도 더 난해하다. 철학이란 난해한 것이라든가 더 나아가서는 쉬운 것을 어렵게 말하는 것이 철학이라는 생각이 널리 퍼지고 있는 것은 우연이 아니다. 이러한 여러 사실들은 철학과 문학의 구별을 각기 텍스트들의 언어적 의미를 해석함에 나타나는 난해도를 기준으로 결정할 수 없음을 입증한다.

이와 같은 여러 근거에서 로티에 의하면 철학과 문학의 구별, 대학에서의 철학과와 문학과의 구별은 그 두 가지 학문적 분야에 존재하는 객관적 속성에 바탕을 둔 것이 아니라 철학 교수들과 문학 교수들 간의 권력 갈등을 해소하기 위해 행정적 편의를 고려해서 인위적으로 만든 것에 지나지 않는다는 것이다. 이처럼 철학과 문학이 확실히 구분될 수 없는 근본적 이유는 '철학'이건 '문학'이건 아무 본질도 존재하지 않는 데 있다. 그래서 로티는 새삼 '철학'이 무엇인가를 다음과 같이 생각해본다. "내 보기에 '철학'은 가령 파르메니데스, 플라톤, 아리스토텔레스, 칸트, 헤겔, 하이데거 등과 같은 문필가들의 명단을 선택하여 그들 모두가 공통적으로 갖고 있는 무엇인가를 끄집어냄으로써 정의된 낱말이거나 아니면 대학에 있어서의 학과적 이름에 지나지 않는다. 첫 번째 뜻으로의 '철학'은 데리다의 경우와 같이 위 명단에 들어 있는 문필가들에 의해 정의된 철학적 전통으로부터 빠져나오려는 문필가한테는 적용되기 힘들다. 그렇다고 두 번째 뜻으로의 '철학'의 정의도 별로 도움이 되지 않는다. 왜냐하면 후자의 뜻으로의 '철학'은 계보적으로 복잡하게 얽힌 것 이외에는 아무것도 아닌 것에 의해서 모아놓은 이질적 활동의 총칭일 따름이다. 이렇게 다양한 이질적 활동 간의 관련성은 그들 가운데서 '가족적 유사성'조차도 찾을 수 없을 만큼 희미하다……. 선을 그어야 할 중요한 장소는 철학과 비철학 사이보다는 우리가 어떻게 따질 줄을 알고 있는 주제들과 그렇지 못한 주제들 사이이다. 그것은 객관적이고, 따라서 우리가 믿어야 할 것들에 대해 동의를 얻고자 하는 노력과 그런 동의를 얻는 것을 포기하는 대신 '변신transfiguration'을 바라고자 하는 의도 간의 선을 의미한다.

철학의 본질이 존재하지 않는 것과 똑같이 문학의 본질도 존재하지 않는다. 아니 '문학'이라는 개념은 '철학'이라는 개념보다 다양한 것들을 함께 가리킨다. 보통 문학은 장르에 따라 한편으로는 창작적 언술로서의 소설·시·희곡·수필, 그리고 단상, 다른 한편으로는 이론적 언술로서의 문학비평과 문학이론으로 나눌 수 있다. 이 모든 '문학작품'들 간의 차이는 어떻게 그렇게도 다른 것들이 다 같이 '문학'이라는 개념 속에 한데 묶여질 수 있느냐의 철학적 문제가 제기되지 않을 수 없을 만큼 크다. 어떤 점에서 몽테뉴의 『수상록』, 프루스트의 『잃어버린 시간을 찾아서』, 사르트르의 『구토』, 보들레르의 '산문시', 엘리엇의 『황무지』, 김소월의 「산유화」 등이 다 같이 문학작품이며, 어떤 근거에서 비평문이나 이론서들을 쓰는 문학비평가나 문학이론가를 작가나 시인들과 마찬가지로 문학인들이라 부르고, 그들의 작업을 '문학적'이라 부르는지를 물리적, 즉 가시적 측면에서 구별하기란 불가능한 것 같다. 문제를 간단하게 하기 위해서 시·소설·희곡 등 소위 창작품만을 문학이라 부른다 해도 문제는 역시 마찬가지다. 어째서 어떤 종류의 텍스트를 시 혹은 소설 혹은 희곡이라 부르고 어째서 그것들을 통틀어 '문학'이라 부르는가를 정확히 결정할 수 없다는 것이다.

철학의 본질이나 문학의 본질을 결정할 수 없다면 그것들 간의 구별도 불가능하다. 철학과 문학이 구별될 수 없다는 생각은 예로 본 몇몇 철학가들에 제한되지 않았다. 이런 견해는 이제 철학자들 가운데 널리 수용되고 있다. 철학과 문학의 관계를 특집으로 다룬 철학 계간지《모니스트The Monist》의 한 호가 그런 사실을 입증한다. 이 학술지에서 헨츠 Henze, 랭Lang, 우드Wood 등은 각기 철학과 문학, 철학성과 문학성이 서로 명확히 구분될 수 없다고 주장한다. 철학적 관념을 표현함에 있어 그 표현형식, 즉 스타일은 문학에서와 똑같이 중요하고, 문학적 효과를 냄에 있어서 문학은 철학적 내용을 담지 않고는 공허하다고 주장한다. 그래서 철학과 문학은 이처럼 서로 분간할 수 없는 것 같다.

그럼에도 불구하고 철학과 문학이 오랫동안 본질적으로 다른 것으로 생각되어왔다면 그것은 플라톤적 전통만을 의미하고, 그것이 근대에서 최근에 이르기까지 하나의 객관적 사실로 믿어져왔다면 그것은 과학과 예술의 본질에 대한 칸트의 지나친 도식적 구별 때문이었다고 설명될 수 있다. 서양 안에서도 사실인즉 철학자들을 제외하고는 철학과 문학은 처음부터 전통적으로 구별되지 않았다. 동양문화의 전통 속에는 도대체 그러한 구별을 아무도 하지 않았다. 이 문제는 수입된 문제, 이제까지 존재하지 않았던 빌려온 문제에 지나지 않는다. 그렇다면 철학과 문학의 차이에 대한 고대 희랍 이래의 전통적 관념이 오늘에 와서 도전을 받고 부정되게 됐다는 사실은 과히 놀라운 일이 아니다. 지금까지 서구에서 그러한 것을 믿는 전통이 지속되어왔었다는 사실이 오히려 놀랍다. 왜냐하면 철학과 문학의 구별은 객관적 사실로서 우리의 인식대상으로 존재하는 것이 아니라 한 특정한 지역인 서양에서 조직된 문화적 허구, 즉 픽션인 것 같기 때문이다. 적어도 고대 전통적 중국 문화권에서는 철학이라는 것과 문학이라는 것이 따로 실제로 존재하지 않았을뿐더러 그러한 개념적 구별조차 조작되지 않았다.

『역경』·『시경』·『도덕경』·『논어』·『삼국지』·『수호전』 등 중국의 고전들이 철학·역사·문학 등으로 분류되어 읽히고 토론되었다고는 생각할 수 없다. 철학·역사·문학이 지적 활동 영역을 구별하는 데 사용되는 개념들이라면 고대 중국어는 그러한 개념조차 갖고 있지 않았다. 따라서 어떤 언술이나 저서를 철학이나 문학으로 구별하는 것은 전혀 의미가 없다. 이러한 사실은 중국만이 아니라 한국, 그리고 동양의 고전들에게 한결같이 해당된다. 우리가 어느덧 철학·역사·문학 간의 구별에 익숙해졌고 그것을 거의 객관적 사실로 생각하게 됐고 그런 지적 분야의 구별 없이는 거의 아무 학문적 이야기도 할 수 없는 지경에 오늘날 이르게 됐다 해도 그런 개념들과 개념적 구별은 어디까지나 서양적인 발상이지, 전통적 한국이나 동양적인 것은 결코 아니다. 그렇다면 우리는 과거 전통에 따라 철학과 문학의 구별을 검토조차 할 필요가 없는가? 철학과 문학이 서로 구별될 수 없다는 사실이 증명된 것같이 보일 뿐만 아니라 우리가 살고 있는 동양적 전통에서는 그러한 구별이 처음부터 존재하지 않았다는 것이 사실이라면 그래서 그러한 사실을 인정하면 그것으로 우리의 문제는 해결된 것이 아닌가? 어쩌면 우리는 처음부터 존재하지도 않은 것을 문제로 삼고 있는 것이 아닌가? 문제가 없다는 것을 선언함으로써 문제는 풀릴 것 같다. 진리를 자처하는 철학이 허구적인 것만큼 허구적이라는 문학은 진리를 표상한다는 것이 보여졌다면 문제는 해결됐다고 볼 수 있을 것 같다.

문제

그렇게는 되지 않는다. 철학과 문학이 구별된다는 논증에 문제가 있었던 것과 같이 그런 구별을 부정하는 논증도 그와 다른 문제를 남긴다. 그 이유를 여러 가지로 설명하고 그런 결과도 여러 방식으로 변명할 수 있을 것이다. 그러나 현재 그것과는 상관없이 철학·문학, 그리고 그밖의 수많은 수입된 개념들이나 수입된 사상이나 이론, 주장들을 전혀 무시하고는 책을 쓸 수도 없고 이야기를 할 수도 없고, 관찰이나 지각 혹은 사고조차 할 수 없는 문화적이고 이념적인 세계 속에 살고 있음을 인정하지 않을 수 없는 상황에 우리는 현재 놓여 있다. 생리학적으로나 지리적으로는 몰라도 정신적 측면에서 볼 때 우리는 이미 그만큼 서양화되어 있다. 우리의 선인들에게는 과학·철학·역사·문학·예술 등의 구별이 확실하지 않았고, 특히 철학과 문학의 구별이 없었다 해도 현재 우리는 모든 언술과 지적 활동을 바로 위와 같은 개념의 틀을 통해서만 생각하고 읽고 쓰게 된 것이다. 철학이라는 개념과 문학이라는 개념이 존재하는 한 그것이 다 구별될 수 없는 같은 뜻을 가졌다고 문제를 치워버릴 수 없다.

파스칼은 인간의 피할 수 없는 실존적 상황을 크게 파도치는 대양 한복판에 떠 있는 배 안에 타고 있는 사람들의 상황에 비유했다. 아무리 마음에 들지 않는다고 인생이라는 배를 내릴 수는 없다. 우리는 그런 배 안에서 물이 새는 배를 고치고 눈앞의 문제를 하나하나 해결해가며 배가 가라앉지 않고 떠 있다가 안전한 항구에 정박할 수 있도록 모든 노력을 들이는 작업 외에 아무것도 할 것이 없다. 우리의 당면한 철학적 문제도 마찬가지다. 싫건 좋건 우리는 철학과 문학 간의 관계를 해결하지 않으면 지적으로 만족할 수 없는 문화적 혹은 철학적 배에 타고 있다. 왜냐하면 철학·문학 등의 개념이 통용되고 있으며 그런 개념들에 비추어 텍스트와 그런 텍스트들의 저자들이 정리되고 토론되며 이해되고 평가되고 있기 때문이다. 자신이 알고 있는 자연어를 떠나서는 쓰지도 말하지도 생각도 할 수 없는 것과 마찬가지로, 우리는 문화적으로 철학·문학·과학·역사 등의 개별적 개념들을 사용하지 않고는 지적 대화에 참가할 수 없게 됐기 때문이다. 그러므로 성서, 『국가』, 『안티고네』 등의 텍스트는 물론 『역경』, 『시경』, 『도덕경』, 『논어』, 『삼국지』 등과 같은 중국의 고전들도 그 저자들의 생각과는 상관없이 각기 그것들이 철학 아니면 문학에 속하는가를 따지지 않고는 그 의미를 파악하기가 어렵고, 예수·플라톤·소포클레스가 철학자인가 아니면 시인인가를 따지는 것과 똑같이 그들의 의도와는 전혀 관계없이 노자·장자·사마천이 철학자인가 아니면 작가의 범주에 속하는가를 결정하지 않고는 선명한 지적 정리를 할 수 없다. 철학과 문학을 각기 어떻게 구별하느냐의 문제는 여전히 남아 있다. 설사 콰인·굿맨·데리다·로티 등 그리고 많은 이른바 포스트모더니스트들이 철학과 문학의 차이를 부정할 경우라도 철학이라는 낱말과 문학이라는 낱말의 개념적 의미만이라도 설명할 수 있어야 한다. '외뿔소unicorn'가 실제로 존재하지 않더라도 그 낱말이 쓰이는 이상 그 낱말의 의미가 이해되듯이, 두 낱말이 별도로 존재하고 구별되어 사용되는 이상 각기 그 낱말들의 의미는 이해되어야 한다. 두 말이 존재하고 별도로 사용된다는 사실은 그것들이 각기 나름대로의 유용한 역할을 하고 있음을 말해주고, 그것들이 결코 동일한 의미를 갖지 않음을 반증한다. 그러므로 '철학'과 '문학'이라는 낱말들이 각기 가지고 있는 고유한 의미가 반드시 밝혀져야 한다. 그렇다면 혁신적으로 참신한 방법으로 문제를 접근해보자.

존재론적 시각과 양상론적 시각

우리는 철학과 문학의 존재론적 관계에 대한 지금까지의 논쟁들을 '지칭적' 시각과 '해석학적' 두 시점에서 검토해봤다. 이 두 가지 시각을 통틀어 편의상 보다 넓은 '존재론적' 혹은 '사실주의적'이라는 범주 속에 묶을 수 있다. 이 문제에 대한 상반되는 대답들이 어느 쪽도 만족할 만한 대답을 주지 못하는 이유는 그 대답들이 다 같이 '존재론적' 관점에 머물러 있기 때문이다. 해체주의, 로티의 반기저주의, 그리고 더 일반적으로 말해서 포스트모더니즘적 사고가 여러 가지로 혁명적이긴 하지만, 철학과 문학의 관계를 보는 데 있어서는 그렇지 못한 채 전통적인 큰 맥락을 벗어나지 못하고 '존재론적' 관점에 갇혀 있다. 우리가 할 수 있는 일은 '존재론적' 패러다임을 '양상론적' 패러다임으로 혁명적인 게슈탈트-스위치, 즉 범례적 모델을 전환하는 것이다. 이런 전환을 통해서 흐리멍텅한 '오리'로만 볼 수 있을 것 같았던 그림 속에서 선명하게 나타나는 '토끼'의 모습을 비로소 볼 수 있게 될 것이다. '오리'라는 실체는 허상 때문에 생긴 혼란이었음을 깨닫게 될 것이다.

텍스트의 존재론적 시각

그것을 어떻게 규정할 수 있는가를 따지기 앞서 철학과 문학은 우선 다같이 텍스트, 즉 언술을 지칭한다는 것을 잊어서는 안 된다. 따라서 철학과 문학의 문제는 다 같이 언어의 문제, 더 정확히 말해서 '명제'의 문제이다. 명제는 문법적으로 주어와 술어로 구성되며 그것에 대한 진위가 어떤 조건에서 원칙적으로 판단될 수 있는 '문장'이다. 철학이든 문학이든 한 텍스트가 단순히 문장의 우연한 집합이 아니라 총체적으로 통일된 하나의 의미를 갖춘 것으로 봐야 한다면, 그러한 텍스트를 비유적으로 하나의 큰 문장으로 볼 수 있다. 어떤 조건하에 그 진위가 원칙적으로 판단될 수 있는 문장을 명제라 부른다. 한 철학적 텍스트나 문학적 텍스트 전체에 대해서 원칙적으로 그것의 진위를 말할 수 있는 한 그 텍스트를 하나의 큰 명제로 볼 수 있다.

여기서 중요한 것은 명제에 대한 진위 판단의 필수조건이다. 진위 판단은 문장에 대한 판단이라기보다는 그런 문장으로 나타난 '주장'에 대한 판단이다. 즉 가령 "하늘은 푸르다"라는 명제는 그 자체로서 진과 위중 어느 것도 아니며 중립적이다. 이 명제가 누군가에 의해서 진, 즉 참이라고 믿어지고 주장됐다고 전제됐을 때 비로소 우리는 명제에 대해 진위를 따질 수 있다. 즉 다 같이 명제이면서도 그 명제가 놓여 있는 논리적 상황에 따라 그것의 진위가 원칙적으로 판단될 수 있기도 하고, 그 반대로 원칙적으로 그 진위가 논의조차 될 수 없다. 철학과 문학의 차이가 철학적 텍스트와 문학적 텍스트의 차이의 문제이고, 후자의 문제가 하나의 큰 명제로서 철학적 텍스트와 역시 하나의 큰 명제로서 문학적 텍스트 간의 문제라면 그 문제를 풀 수 있는 열쇠는 그 두 명제 간의 차이를 밝히는 작업이다. 위에서 언급한 '지칭적'·'해석학적', 즉 한마디로 '존재론적'이라는 개념과 '양상론적'이란 개념은 둘 다 한 명제, 더 나아가 한 텍스트를 보는 두 가지 서로 다른 시각을 말한다.

"하늘은 푸르다"라는 명제, 즉 최소 단위의 텍스트는 대체로 구문론 syntactics적, 의미론semantics적, 그리고 활용론pragmatics적 시각에서 서술되고 연구·이해된다. 그것들은 각기 한 명제를 구성하는 낱말들 간의 구조적 관계, 그 명제와 그것이 '의미'한다고 전제되는 그 명제 밖의 것과의 지칭적 관계, 그리고 그 명제와 명제를 해석하는 사람들 간의 관계를 객관적으로 서술하고 설명하는 작업이다. 지금까지 우리가 검토해본 철학과 문학의 관계에 대한 논쟁이 '지칭적' 및 '해석학적'이었다는 것은 우연한 일이 아니다. 왜냐하면 이 두 가지 접근은 결국 언어의 구문론적·의미론적, 그리고 화용론적 접근을 반영함에 지나지 않기 때문이다. 철학과 문학의 구별이 있느냐 아니냐의 논쟁이 '지칭적' 시각에서 벌어졌을 때 그것은 철학과 문학의 각기 텍스트가 구문론적으로 각기 다른 본질을 갖고 있느냐 아니냐, 그리고 의미론적으로 지칭대상을 갖느냐 그렇지 않느냐를 결정하는 문제이며, 그런 논쟁이 '해석학적'으로 제기됐을 때 그것은 철학이나 문학 텍스트가 화용론적으로 각기 어떻게 독자에게 해석되느냐의 문제에 지나지 않는다는 것이다.

한 텍스트 또는 명제의 의미를 결정함에 있어서 '지칭적' 또는 '해석학적' 접근 방법, 즉 구문론적·의미론적 그리고 해석학적 시각은 다 함께 '존재론적'이다. 왜냐하면 언어에 대한, 더 정확히 말해서 언어 혹은 텍스트 혹은 명제에 대한 이와 같은 연구 방법은 그 언어 혹은 텍스트 혹은 명제가 객관적으로 발견될 수 있는 어떤 '속성property/attribute'을 갖고 있다는 신념을 전제하고 있기 때문이다. 그러나 한 언어 혹은 텍스트 혹은 명제의 의미는 지칭적·해석학적 측면만으로는 만족하게 결정되지 않는다. 다시 말해서 그런 것들은 언어학에서 전통적으로 이해하고 있는 뜻으로의 구문론적·의미론적 그리고 화용론적으로만 만족스럽게 결정할 수 없고 각기 그것들의 성격도 규정될 수 없다. 언어가 사용되고 그것의 의미가 해석·전달되는 구체적 경우, 언어는 언어학에서 말하는 위의 세 가지 측면 외에 반드시 또 하나의 다른 측면을 고려하지 않으면 그 의미는 결정될 수 없고 그 텍스트 혹은 명제가 어떤 범주, 즉 종류에 속하는가를 밝힐 수 없다.

플라톤의 『대화편』, 데카르트의 『성찰』, 칸트의 『순수이성비판』, 하이데거의 『숲길』, 콰인의 『말과 대상』 등과 같은 종류의 텍스트들을 철학으로 부르며, 그것들과 구별하여 호머의 『오디세이아』, 라블레의 『가르강튀아』, 셰익스피어의 『리어왕』, 라크로의 『위험한 관계』, 이청준의 『서편제』 등의 텍스트들을 문학작품으로 분류하는데, 이 두 종류의 텍스트들이 각기 어떤 객관적으로 발견될 수 있는 속성이나 본질들을 갖고 있는지를 알 수 없다. 문학에는 시·소설·극본·수필 등 이른바 '창작물' 외에도 평론, 문학이론 등의 텍스트들이 있는가 하면, 가령 니체의 『차라투스트라는 이렇게 말했다』와 같이 그 위의 두 가지 장르의 어느 쪽에도 속할 수 없는 성질의 텍스트들이 헤아릴 수 없이 많이 존재한다. 막상 철학이 무엇을 의미하며 문학이 무엇을 의미하는가라는 물음에 대한 대답은 가지각색으로 유동적이다. 철학이면 철학, 문학이면 문학이라고 불리는 것들, 가령 앞에서 예로 들은 작품들 가운데 각기 어떤 공통점이 있는지 분명치 않다. 누구라도 언제나 쉽게 동의할 수 있는 각기 속성, 즉 본질이 전혀 확실치 않다는 것이다.

앞서 보았듯이 철학과 문학은 그 텍스트가 지칭적/비지칭적, 인식적/비인식적, 문자적/비문자적, 투명한 일원적/불투명한 다원적 의미라는 속성에 비추어 그것들 간의 구별이 설 수 있을지 모른다. 또한 형식주의자들이 주장하고 있듯이 순전히 논술의 형식에 의해서 그것들 간의 본질적 차이가 구별될 수 있다고 주장할 수 있다.

그러나 우리는 이미 앞에서 이러한 구별이 다 같이 만족스럽지 못함은 비교적 자세히 보았다. 철학과 문학은 지칭적이거나 해석학적 차원에서, 즉 구문론적으로나, 의미론적으로나, 화용론적으로 구별이 가능한 경우라도, 각기 그것들 속에서 찾아낼 수 있는 저자의 태도에 의해서도 구별된다고 할 수 있다. 철학적 텍스트가 그 내용과 진리성보다는 표현형식에 치중하여 텍스트적 서술과 주장의 논리적 투명성, 논증적 확실성, 그리고 체계적 견고성으로 독자를 지적으로 설득함을 목적으로 하고 있는 데 반해서, 문학적 텍스트는 직관적 진리를 비유적이며 암시적으로 독자에게 정서적으로 '제안'하는 표현형식을 의도하고 있다고 볼 수 있다. 텍스트의 두 가지 성격을 각기 '철학성'과 '문학성'으로 호칭할 수 있다면 바로 그런 관점에서 사르트르의 두 개의 다른 텍스트들, 가령 『존재와 무』와 『구토』는 어느 정도의 교양 있는 독자에게는 각기 따로 철학과 문학의 두 범주로 쉽게 구분될 수 있을 것 같다. 그러나 위와 같은 텍스트의 속성들을 모든 텍스트에 일률적으로 적용하여 철학과 문학의 구별 기준으로 삼을 수는 없다. 전통적 관례에 따라 현재 철학과 문학의 두 범주로 분리된 수많은 텍스트들은 위와 같은 기준에 비추어 그렇게 분류했다고는 설명하기 어렵다. 앞에서 말한 '철학성'이나 '문학성'의 정도의 차는 무한히 다양하여 엄격한 선으로 그것들을 갈라 놓을 수 없다는 말이다. 하이데거의 『존재와 시간』은 분명히 철학적 텍스트임이 의심되지 않으며, 볼테르의 『캉디드』는 분명히 문학적 텍스트임이 의심되지 않는다. 그러나 전자의 텍스트가 논리적이며 그 의미가 투명하고, 후자의 텍스트가 그렇지 못하다고 할 이는 없다. 오히려 정반대다.

요컨대 언어의 의미 혹은 존재양식에 대한 '존재론적'이라고 이름 붙인 관점에 갇혀 있는 한 어떠한 방법으로도 철학과 문학의 구별에 대한 논쟁은 결코 풀릴 수 없다. 그러므로 문제를 풀 수 있으려면 우선 그러한 관점을 넘어 전혀 새로운 시각에서 텍스트는 서술되고 이해되며 분류되어야 한다. 텍스트를 보는 그 새로운 관점은 '양상론적' 관점이다.

텍스트의 양상론적 시각

"그는 철학자이다", "하늘은 푸르다", "포항공대는 경주에서 20분 걸리는 거리에 있다" 등과 같은 문장들은 '명제'의 예이다. 명제는 문법적으로 주어와 술어의 두 요소를 갖춘 최소 단위의 문장으로 그 언어적 '의미'를 독자적으로 갖는다. 한국어를 아는 사람이면 누구나 위의 문장들을 이해할 수 있다는 말이다. 여기서 '의미'를 '신념 내용,' 아니 더 중립적으로 말해서 '관념 내용'이라는 뜻으로 보면 좋다. 그래서 '명제'는 문장으로 표현된 관념의 최소 단위이다.

이런 '관념 내용', 즉 명제는 그 자체 그냥 그대로 그 진위가 결정될 수 없다. 그 명제가 누군가에 의해서 믿어지고 주장됐을 때 비로소 그 주장 내용을 구성하는 신념 내용에 대한 진위 판단이 가능하다. 그러나 이런 진위 판단 조건은 필요조건일 뿐이지 충분조건은 되지 못한다. 누군가에 의해서 주장되었다고 해서 모든 명제의 진위가 판단될 수 없다는 말이다. 위에서 예로 들은 세 가지 명제 중에서 한국어와 한국의 지리를 잘 아는 사람이면 세 번째 명제인 "포항공대는 경주에서 20분 걸리는 거리에 위치해 있다"가 '참'이라는 것을 쉽게 판단할 수 있다. 그러나 두 번째와 첫 번째 명제는 다르다. 두 번째 명제 "하늘은 푸르다"에 대한 진위의 판단은 그런 명제가 언제 어디서 주장됐느냐에 따라 전혀 달라지며, 첫 번째 명제 "그는 철학자이다"에 대한 진위 판단은 이 명제 속에서 '그'라는 인칭대명사가 지칭하는 구체적 인물을 먼저 알고 있지 않으면 불가능하다. 영어에서 '명제'라는 말과 '진술'이라는 말은 대체로 동의어로 사용된다. 그러나 명제의 진위 판단에서 나타나는 위와 같은 사실을 혼동하지 않기 위해서 철학적 논리학에서는 위의 두 개념을 구별한다. 그밖의 다른 조건 없이 진위 판단이 논리적으로 가능한 명제만이 '진술'이라는 명칭을 가질 수 있다. 그러므로 엄격히 말해서 오직 진술만이 진위 판단 대상으로 존재할 수 있다.

여기서 우리가 쓰고 있는 '양상'이라는 개념은 칸트의 인식론에서 빌린 것이다. 칸트에 의하면 모든 판단은 크게 '양quantity', '질quality', '관계relation', '양상modality'이라는 네 가지 '선험적 범주transcentental category'를 전제한다. 칸트의 인식론에서 사용된 '양상'은 진술에 대한 화자의 판단적 태도를 가리키는 개념이다. 명제에 대한 화자의 태도는 세 가지, 즉 '단언적assertoric'·'필연적apodictic'·'개연적problematic'으로 구별할 수 있다. 즉 양상은 세 가지가 있다. 가령 한 명제 P, 즉 "포항공대는 경주에서 20분 거리에 있다"라는 관념에 대해서 나는 그 명제의 사실성을 그냥 단언적으로 믿고 말할 수 있고, 그 사실성이 절대적이라는 입장을 취할 수 있고, 그냥 확인도 않고 절대성도 믿지 않고 오직 가능성, 즉 개연성만을 주장할 수 있다는 것이다. 판단을 했을 때의 이와 같은 상이한 태도, 즉 양상에 따라 똑같은 명제 "포항공대는 경주에서 2시간 거리에 있다"는 판단과 주장은 그 진위 판단이 달라진다. 위의 명제가 진리라면 그것은 결코 필연적인 것도 아니며 그렇다고 개연적인 것도 아니다.

그것은 단언적일 따름이다. 이 명제를 필연적이거나 개연적인 관점에서 봤을 때 그것은 '위', 즉 잘못이다. 위의 진술이 참인 것은 전혀 우연적인 것이기 때문이다. 포항공대와 경주 간의 거리가 다를 수도 있었고, 앞으로 달라질 수 있기 때문이다.

그러므로 똑같은 명제에 대한 판단도 어떤 양상으로 했는가에 따라 그 진위의 문제가 달라지거나 처음부터 그런 문제가 제기되지도 않는다. 가령 확인적이거나 필연적 양상에 따라 "복돌이는 서울에 있다라거나 혹은 필연적으로 있다"라는 판단에 대해서는 마땅히 그 진위가 논의되고 결정될 수 있다. 그러나 개연적 양상에 따라 "복돌이는 아마도 서울에 있다"라고 누군가가 말했을 때 설사 복돌이가 서울에 있지 않은 것이 확인되었을 때도 그러한 말이 잘못됐다는 판단은 논리적으로 불가능하다. 왜냐하면 "포항공대는 경주에서 2시간 거리에 있다"라는 명제나 "복돌이는 서울에 있다"라는 명제가 누군가에 의해서 발언됐을 때 그것들이 단언적·필연적·개연적 양상 가운데 어떤 양상을 갖는지를 표시하는 '단언적으로'·'필연적으로'·'개연적으로' 등의 언어적 표시를 꼭 하지 않기 때문이다. 즉 그런 명제만을 떼어보았을 때 그것들의 양상은 눈에 보이지 않는다는 말이다. 가령 위의 두 명제만을 봤을 때 그 자체만으로 그것이 사실이라면 세 가지 양상 가운데 어느 양상으로 보아 그러한지 지각적으로는 결코 결정할 수 없다는 것이다. 한 명제가 어떤 양상으로 존재하는지를 눈으로만은 알 수 없는 것은 마치 기혼자와 미혼자를 눈으로, 즉 물리적으로는 가려낼 수 없는 것과 똑같다. 비가시적 속성인 기혼자와 미혼자를 결정하는 속성은 '제도적' 속성이다. 제도에 의해서 만들어진 속성, 즉 규정이라는 것이다. 이와 마찬가지로 한 텍스트의 철학성과 문학성을 결정하는 것이 있다면 그것은 존재론적, 즉 실재적 속성이 아니고 비가시적인 양상적 속성일 뿐이다. 모든 담론은 논리적으로 보아 반드시 세 가지 중 어느 하나의 양상을 가질 수밖에 없다.

여기서 우리는 우리의 논지를 위한 전략적 이유에서 칸트가 구별한 세 가지 양상 가운데 '단언적' 양상과 '필연적' 양상을 하나로 묶어 '존재론적'으로 부르고, 남은 '개연적' 양상을 '제안적'이라 부르기로 한다. 이렇게 할 수 있는 이유는 단언적 및 필연적 양상에 의한 명제 판단이 모두가 다 그 대상의 실재하는 존재, 즉 존재 사실성을 전제하고 있는 반면, 양상적 판단은 그러한 것들의 실제 존재가 아니라 논리적 상상물, 즉 존재 가능성만을 제시하기 때문이다.

철학과 문학의 양상론적 구별

그냥 보아서는 기혼자와 미혼자를 구별할 수 없는 것과 마찬가지로 그냥 보아서는 철학적 텍스트와 문학적 텍스트를 구별할 수 없다.

이런 사실은 엄격히 따지면 놀랍게도 모든 텍스트에 예외 없이 해당된다. 물론 적지 않은 경우 기혼자와 미혼자의 구별은 가시적으로 구별된다. 이조 때 한국에서 상투나 댕기머리 등에 의해서, 그리고 현대에는 서양의 관례를 따라 '결혼반지'를 낌으로써 기혼자/미혼자가 가시적으로 구별된다. 철학적 텍스트와 문학적 텍스트의 구별도 마찬가지다. 한 텍스트가 문학의 범주에 속하고 있다는 사실이 텍스트 자체에 가시적으로 표시되는 것 같은 경우가 많다. 가령 줄을 짧게 끊어 행을 바꾸거나 운율을 맞추어 쓰거나 함으로써 그 텍스트가 '시'라는 문학 장르에 속하거나, "아주 옛날 옛적에……" 등의 말로 시작함으로써 그 텍스트가 '소설'이라는 문학 장르에 속함을 표시할 수 있다.

그러나 현재 기혼자와 미혼자를 구별하는 가시적 표시가 없어졌듯이 한 텍스트의 철학성/문학성을 구별하는 여러 가지 방식에 의한 가시적 표시도 없어질 수 있고, 또 많은 경우 없다. 따라서 현재 기혼자와 미혼자의 가시적 구별과 철학적 텍스트와 문학적 텍스트의 가시적 기준에 의한 구별은 거의 불가능하게 됐다. 그뿐만이 아니다. 설사 철학과 문학을 구별하는 이러한 가시적 표시들이 현재까지도 존재한다 가정하더라도 엄밀히 따지면 그러한 가시적으로 발견될 수 있는 표시도 철학과 문학을 구별하는 척도일 수는 없다. 왜냐하면 플라톤의『대화편』이나 플로베르의『보바리 부인』이나 마찬가지로 사실의 기록, 즉 실존했던 것에 대한 사실적 텍스트인지 아니면 허구적, 즉 상상적 조작물인지를 구별할 수 없기 때문이다. 즉 플라톤의 텍스트를 상상에 의해 조작된 픽션으로 읽을 수 있는가 하면, 플로베르의 텍스트는 사실의 실제적 기록으로도 읽을 수 있기 때문이다. 그러나 가시적으로, 즉 '실제적'으로 구별할 수 없다고 해서 기혼자와 미혼자의 구별이 없지 않을 수 없는 것과 마찬가지로 그냥 보거나 읽어서는 알 수 없다고 해서 철학적 텍스트와 문학적 텍스트가 구별되지 않는다는 결론을 낼 수는 없다. 기혼자와 미혼자의 구별이 비가시적이나 객관적 제도에 비추어서만 비로소 구별될 수 있듯이 철학과 문학적 두 종류의 텍스트 간의 구별은 칸트의 인식론에서 말하는 '양상'에 비추어서만 비로소 구별된다.

양상적 관점에서 볼 때 철학적 텍스트란 그것이 단언적이거나 필연적 양상으로 존재하는 텍스트를 지칭하며, 문학적 텍스트란 개연적 양상으로 존재하는 텍스트들을 가리킨다. 즉 어떤 텍스트를 철학적 텍스트로 본다는 것은 그 텍스트가 어떤 객관적 '사실'을 '서술'로 '단언'했음을 의미함이요, 그와 반대로 어떤 텍스트를 문학적 텍스트로 본다는 것은 그 텍스트가 어떤 가능성이 있음을 '제안'하고 있음을 뜻한다. 그러므로 전자의 경우 그 텍스트적 명제의 진위가 필연적으로 거론되지만 후자의 경우 그러한 문제는 논리적으로 제기될 수 없다. 철학은 무엇인가라는 객관적 사실에 대한 정보를 제공해주지만, 문학은 무엇인가에 대한 가능성만을 보여준다. 그러므로 철학적 텍스트는 그 밖의 어떤 객관적 세계에 대한 인식erkennen/knowing/perception 대상으로 존재하지만 문학적 테스트는 상상적 가능성에 대한 이해verstehen/understanding/conception 대상으로 존재한다. 공자의 『논어』, 데카르트의 『성찰』, 칸트의 『실천이성비판』, 니체의 『도덕의 계보』, 비트겐슈타인의 『철학적 탐구』 등이 철학적 텍스트라면 그것들은 명제 판단의 양상적 측면에서 볼 때 '단언적'이고, 따라서 그것들에 대한 진위가 논의될 수 있다. 이와는 달리 중국에서의 『수호전』, 아랍에서의 『아라비안 나이트』, 세르반테스의 『돈키호테』, 톨스토이의 『전쟁과 평화』, 조이스의 『율리시스』, 박경리의 『토지』 등이 문학적 텍스트라면, 그것들은 명제 판단의 양상적 측면에서 볼 때 '개연적'이어서 그것들에 대한 진위를 철학적 텍스트에서와 같은 의미에서 따진다면, 그것은 논리적 오류를 범하는 예가 된다. 한마디로 철학과 문학의 구별은 존재한다. 그러나 그 구별은 존재론적으로, 즉 실제적으로, 다시 말해서 사실적으로 설명될 수 없고 오로지 양상론적으로만 밝혀질 수 있다.

방금 예로 든 철학적 텍스트들과 문학적 텍스트들의 구별이 양상적 시각에서 별 문제 없이 설명됐다 해도 실제 문제에 있어서 힌두교의 베탄타 경전, 기독교의 성서, 불교의 여러 '경전', 노자의 『도덕경』, 플라톤의 많은 『대화편』, 파스칼의 『팡세』, 니체의 『차라투스트라는 이렇게 말했다』 등이 철학과 문학 가운데 어느 범주에 속하는가를 결정하기는 쉽지 않다. 왜냐하면 전자의 경우 그것들 가운데는 일반적으로 철학이나 문학의 구체적 특징을 표시하는 것들이 포함되어 있는 데 반해서, 후자의 경우 그러한 특징이 퍽 애매모호하기 때문이다. 이런 어려운 문제는 역사소설이라고 불리는 텍스트에서 가장 좋은 예를 찾을 수 있다. 만일 홍명희의 『임꺽정』이 역사적 인물의 전기라면 어떤 의미에서 그것은 역사책이 아니고 문학에 속하는가? 철학과 문학을 구별하기가 거의 불가능하다. 철학과 문학의 텍스트가 각기 그것들의 양상에 따라 구별될 수 있다고 전제하더라도, 한 텍스트가 과연 어떤 양상으로 존재하는가를 보여주는 객관적 표시를 그 텍스트 자체 속에서 찾아볼 수 없기 때문이다.

이러한 사실은 여기서 내가 제안하는 철학과 문학의 양상론적 구별이 이론적으로 옳다고 전제하더라도 이 이론은 어떤 텍스트를 그것이 철학에 속하는지 아니면 문학에 속하는지를 가려내는 작업에는 아무 도움도 될 수 없다는 것을 말해준다. 철학과 문학 텍스트가 양상론적으로만 구별될 수 있다는 이론이 막상 구체적 텍스트들 앞에서 그것들을 철학/문학의 두 범주로 구체적으로 갈라놓지 못할 때의 난처한 상황은, 기혼자와 미혼자가 제도적으로만 구분될 수 있다는 이론과 막상 구체적 성인들을 기혼자/미혼자의 두 범주로 갈라놓지 못할 때의 난처한 상황과 똑같다. 이 두 이론들은 각기 기혼자/미혼자를, 그리고 철학/문학 텍스트를 구별해낼 아무 능력도 없다.

그럼에도 불구하고 이러한 이론들이 전혀 무용한 공론에 지나지 않는 것은 아니다. 기/미혼을 분간케 하는 결혼제도는 사회가 여러 복잡한 절차를 거쳐 결정하는 것이지, 기혼자/미혼자가 제도적으로만 결정될 수 있다는 이론을 펴는 철학자에 의해서 결정되는 것이 아닌 것과 마찬가지로, 구체적으로 어떤 것을 철학 텍스트로 하며 또 다른 어떤 것을 문학작품으로 결정하는 일은 역시 여러 복잡한 절차에 의해서 철학계나 문학계로 불리는 사회집단에 의해서 결정되는 것이지, 양상론적으로만 설명되고 이해될 수 있다는 이론을 펴는 특수한 이론가들에 의해서 결정되는 것은 결코 아니다. 기혼/미혼의 구별 근거에 대한 '제도적' 이론이나, 철학/문학의 구별의 근거에 대한 '양상론적' 이론의 기능은 이미 사회 안에서 구체적으로 실천되고 있는 기혼/미혼 간의, 그리고 학계·출판계·서점·도서관 등에서 실제로 실행되고 있는 철학/문학 텍스트의 구별을 이론적으로 설명하고 이해하는 데 있지, 그러한 구별을 실제로 맡아 하는 데 있지 않다. 이론과 실천은 어느 차원에서 뗄 수 없이 얽혀 있지만 그것들을 혼동해서는 안 된다. 이론의 기능은 이해일 뿐 결코 실천적 행위가 아니다. 이론적 미네르바의 부엉이는 노을이 지고 어둠이 퍼질 때 비로소 날 수 있다.

그러나 이제 다음의 한 가지만은 확실해졌다. 만일 한 텍스트가 철학에 속한다면 그것은 과거에 이미 존재했고 현재 존재하는 세계와 인간에 대한 어떤 사실을 표상해주고, 그것에 대한 진/위가 거론될 수 있다. 그러나 만일 어떤 텍스트가 문학에 속한다면 그것은 과거에 있었거나 현재 있는 세계나 인간에 대한 사실이 아니라 미래에 가능한 세계와 인간의 모습을 상상적으로 보여주며, 그러한 세계나 인간의 사실에 대해 진위를 따지는 것은 논리적으로 불가능하다. 그러므로 철학이 세계를 확인시켜준다면 문학은 그러한 세계로부터 우리를 해방시켜 새로운 세계를 창조할 희망을 열어준다. 그렇다면 진리와는 직접 상관없어도 상상의 산물인 문학은 진리를 보여주는 철학이나 과학 못지않게 귀중하다. 철학적 진리가 세계를 밝혀준다면 문학은 그러한 세계를 초월한 또 다른 세계에 대한 희망을 안겨준다. 철학적 진리가 우리에게 주는 환희는 세계의 지적 정복감이며 문학적 상상력이 우리에게 주는 기쁨은 세계를 초월할 수 있는 자유의 경험이다.

그러나 철학과 문학을 실제로 완전히 분리할 수는 없다. 철학적 진리란 자신의 과거를 잊은 문학적 허구에 지나지 않으며, 문학적 진실이란 자신의 기원을 아직 잊지 않고 있는 철학적 허구이다. 그것들은 다 함께 자연과 세계의 역동적 관계 속에서 살아가는 인간공동체가 취하는 삶의 양식의 두 측면을 나타낼 뿐이다.

『철학 전후』(1993)

09

문학은 철학적이어야 하는가

문학 텍스트와 철학 텍스트의 구별

'꽃은 새가 아니야'라는 불평은 논리적으로 통하지 않는다. 꽃과 새는 분류적으로 전혀 다른 범주에 속하기 때문이다. 가령, 과학이 문학적 혹은 철학적이어야 한다는 주장이 통하지 않는 것은 그것들이 서로 다른 범주에 속하는 지적 활동이기 때문이다. 과학이 문학 혹은 철학 등과는 서로 다른 지적 활동의 범주에 속하는 것과 똑같이 문학과 철학도 서로 다른 범주에 속한다. 그렇다면 문학이 철학적이어야 한다는 주장은 과학이 철학적이어야 한다는 주장과 마찬가지로 통할 수 없다. 그런데도 베르그송의 철학 텍스트 『창조적 진화』처럼 문학적 가치가 평가되어 노벨문학상을 받은 예외도 있지만, 대체로 한 문학작품이 흔히 철학적 관점에서 해석되어왔을 뿐만 아니라 문학이 '철학적'이어야 한다는 요구가 문학적 담론에서 완전히 떠난 적은 없었다. 이러한 사실은 비록 문학과 철학이 서로 독립된 지적 활동의 범주에 속하더라도, 그것들의 관계가 서로 정확한 구별을 할 수 없을 만큼 밀접하면서도 애매함을 암시해준다.

자연, 사회, 인간에 대한 인식, 경험 그리고 생각은 문자가 생긴 이후 언제나, 그리고 어디서나 텍스트로 표현되어왔다. 오늘날 그러한 텍스트로서 문학·역사·철학·과학 등의 구별은 자명한 것으로 생각된다. 그러나 이러한 구별이 처음부터 모든 문화권에서 있었던 것은 아니다. 『삼국지』의 저자한테는 역사적 기록과 문학적 창작의 구별이 없었으며, 노자가 『도덕경』을 썼을 때 그에게는 문학과 철학의 개념이 존재하지 않았다. 우리는 꽤 오랫동안 마치 개와 닭의 구별이 객관적인 것처럼 문학과 철학의 구별이 자명한 것으로 생각해왔지만, 문학·역사·철학·과학 등의 학제적 구별을 근대 서양의 제도적 결정이며, 동양에서는 서양문화가 들어오기 전까지는 그러한 학제적 구별을 하는 개념조차 있지 않았다.

근대적 이념이 '해체'되어가는 포스트모더니즘적 사조에 따라 약 3세기에 걸쳐 자명하다고 생각되었던 학제적 구별에 의심이 제기되고 어느덧 깨어져가면서 문학·역사·철학·과학 등의 구별이 허상이거나, 그렇지 않다면 극히 애매모호함을 의식하게 되었다. 이런 맥락에서 가령 데리다나 로티 같은 철학자들은 문학과 철학의 구별을 부정하고 나서게 되었다. 그러나 이러한 사실은 철학자 비트겐슈타인의 '가족유사성'이라는 개념 속에 이미 지적되었고, 비트겐슈타인보다도 약 반세기 앞서 화가/조각가 뒤샹은 건축기구 상점에서나 변소에서 볼 수 있는 일반 변기와 물리적으로 전혀 구별이 가지 않는 하나의 변기를 미술 전람회장에 〈샘〉이라는 제목이 붙은 '조각'으로 출품하여 근대 이후 자명한 것으로 여겨왔던 '예술'과 '비예술' 사이 근대적 구별의 허구성을 이미 생생하게 지적했다.

학제적으로 구별되는 텍스트들 간의 모든 구별이 어렵지만 문학 텍스트와 철학 텍스트 간의 구별은 더욱 그렇다. '문학'이나 '철학'의 개념에 익숙한 오늘날에도 눈으로 보고 머리로 읽는 것만으로는 플라톤의 『대화편』이나 파스칼의 『팡세』나 볼테르의 『캉디드』나 루소의 『누벨엘로이즈』나 키르케고르의 『이것이냐 저것이냐』, 사르트르의 『구토』 등과 같은 텍스트를 문학의 범주에 넣어야 할지, 아니면 철학의 범주에 넣어야 할지 당황하게 된다. 각별히 문학의 관계가 항상 문제되고, 흔히 문학의 철학성이 강조되는 것은 우연이 아니다. 그렇다면 과연 문학과 철학은 구별할 수 없는가? 만일 대답이 부정적이라면 철학과 문학의 관계에 대한 어떠한 물음도 더 이상 의미를 가질 수 없다. '문학이 철학적이어야 하는가'라는 물음도 마찬가지다.

텍스트를 보는 것만으로 그것을 구별할 수 없다는 사실이 그것들 간의 구별 없음을 입증하지 않는다. 해체주의자들이 주장하는 바와는 달리 문학과 철학은 역시 구별된다. 어떤 개념들이 각기 지칭하는 대상들과 지각적으로 구별되지 않는다고 해서 그것들의 구별이 없는 것은 아니다. 많은 것들의 구별은 지각적으로가 아니라 제도적으로만 구별된다. 미혼자와 기혼자, 학생과 선생, 대통령과 장관 등은 분명히 구별된다. 그러나 이러한 구별은 지각적 속성이 아니라 제도적 약속에 근거한다.

'문학'과 '철학'이라는 개념이 각기 구별되고 통용되는 한 거기에는 반드시 어떤 근거가 있을 것이다. 문학 텍스트와 철학 텍스트를 혼동할 수는 없다. 비록 지각적으로 구별할 수 없더라도 두 개의 텍스트는 제도적 약정에 의해서 하나는 '문학'으로, 그리고 다른 하나는 '철학'으로 구별할 수 있다. 문학과 철학의 구별 양상적modal 약정에 근거한다. 한 명제는 칸트에 따르면 정언적assertoric, 절대적apodictic, 그리고 개연적problematic 양상이라는 서로 다른 입장으로 구분해서 해석될 수 있다. 한 명제가 정언적 혹은 단정적 양상으로 언명됐을 때 그것은 내용의 사실성에 대한 주장의 형태를 가지며, 따라서 우리는 그 명제의 진/위를 언급할 수 있는 데 반해서, 개연적 양상으로 언명되었을 때 그것은 하나의 사실에 대한 주장이 아니라 가능성에 대한 제안에 그치므로, 그것에 대한 진/위 판단은 논리적으로 불합당하다. 그것들은 각기 논리적으로 전혀 다른 기능을 갖기 때문이다. 문학과 철학, 더 정확히 말해서 문학 텍스트와 철학 텍스트는 양상론적 입장에서만 구별된다. 양상론적 관점에서 볼 때 그것들은 마치 개와 소, 식물과 동물이 다른 종류의 분류적 범주에 속하듯이, 각기 서로 독립된 텍스트적 범주에 속한다.[17]

그렇다면 개가 소 같아야 하고, 식물이 동물 같아야 한다는 것이 말이 되지 않는 것과 마찬가지로 문학이 철학적이어야 한다는 주장은 전혀 근거가 없다. 이런 상황에서 문학 텍스트의 철학적 의미해석이 항상 언급되고 연구되며, 때로는 문학이 철학적이기를 요청한다면, 이러한 사실은 문학과 철학이 비록 필연적이지는 않지만 실질적으로 뗄 수 없이 깊이 얽혀 있음을 암시한다.

---

17   특히 박이문, 「철학적 허구와 문학적 진실」, 『철학 전후』(문학과지성사, 1993)의 텍스트 양상론 및 박이문, 「문학의 철학적 성찰」, 『철학과 문학』(민음사, 1995) 참조.

문학의 철학성

철학의 인지적 기능과 문학의 정서적 기능

언어의 철학적 분석에서 한 문장의 기능은 흔히 '서술적', '정감적', '처방적'으로 분류된다. 서술적 문장이 어떤 대상에 대한 정보를 제공하여 지적 내용을 담고 있는 데 반해, 정감적 및 처방적 기능은 정보적 내용을 담지 않는다. 모든 문장은 더 간단히 지적/정보적 의미를 갖는 것과 그렇지 않은 것으로 구분할 수 있다. 철학 텍스트와 문학 텍스트의 구별은 지적/정서적이냐 혹은 정보적/비정보적이냐라는 입장에서 흔히 구별된다. 즉 철학의 기능은 철학자와 독립됐다고 전제되는 어떤 사실을 전달하는 데 반해서, 문학의 기능은 어떤 대상 혹은 사건에 대한 작가의 정서적 반응을 표현하는 데 있다. 이러한 생각은 칸트적 입장, 그리고 더 정확하게는 논리실증주의적 입장을 반영한 것으로 볼 수 있다.

우리는 철학 텍스트에서 어떤 정서적 감동보다는 세계와 인생에 대한 객관적 진리를 기대하는 데 반해, 문학 텍스트에서는 세계와 인생에 대한 객관적 진리를 기대하기보다는 어떤 종류인가의 재미나 감동을 받고자 한다. 철학적 텍스트가 그 내용의 진/위 혹은 논지의 논리성에 의해서 평가되는 데 반해 문학 텍스트는 흔히 그것의 언어적 묘미와 그 이야기가 동반하는 감동에 의해서 평가된다. 이러한 사실은 논리실증주의적 주장처럼 철학과 문학의 기능이 각기 지적/정보적 및 정서/표현적이라는 사실을 증명하는 듯싶다.

정언적 양상과 개연적 양상

문제는 그렇게 단순하지 않다. 조금 반성해보면 문학의 기능에 대한 위와 같은 생각과 모순되는 신념이 쉽사리 우리를 떠나지 않기 때문이다. 일반독자나 문학평론가들, 문학연구가들의 문학에 관한 담론 속에는 문학이 과학이나 철학이 미칠 수 없는 세계와 인간에 대한 진리를 밝힐 수 있다는 신념이 막연하게나마 깔려 있다. 문학작품을 단순히 작가의 감정의 표출로 볼 수 없고, 문학작품을 읽는 독자의 의도가 남들의 주관적 감정을 아는 데 있지 않다는 것은 작가나 독자에게 물어보면 자명하다. 문학 창작활동이 극히 복잡하고 긴장된 지성을 요구하며, 문학작품을 읽는 가장 중요한 즐거움의 하나는 세계와 인간에 대해 눈을 뜨게 되는 기쁨에 있다는 사실은 부정할 수 없다. 문학작품을 통해서 우리는 어디서고 찾을 수 없는 세계와 인간에 대한 사실을 경험한다. 문학작품이 주는 깊은 감동이란 이러한 경험을 떠나서는 설명할 수 없다. 문학의 기능은 단순한 감정의 표출에 있지 않고 진리의 탐구에 있다.

그러나 문학이 지적 내용을 갖는다는 주장은, 해체주의자들과 달리 문학과 철학은 양상론적으로만 구별되며, '개연적' 존재양상을 갖는 문학 텍스트는 객관적으로 이미 존재하는 어떤 사실이나 사건의 서술이 아니라 그것이 언어적으로 의미하는 사실, 사건, 상황의 개연성에 지나지 않는다는 우리가 앞에서 내린 결론과 상충된다. 개연적인 것, 즉 상상으로 진/위 판단이 가능한 진술이란 논리적으로 불가능하며, 진/위 판단이 논리적으로 불가능한 내용은 인식/지식의 대상이 될 수 없기 때문이다. 그런데도 어떤 의미에서인가 확실치 않지만 문학이 인지적/정보적 내용, 즉 어떤 종류인가의 진리를 담을 수 있다는 확신을 떨쳐버릴 수 없다면, 언뜻 보아 서로 갈등하는 문학의 기능에 대한 신념들은 인지/정보/진리의 개념을 철학과 동일한 맥락에서 사용할 때보다 확대해서 사용할 때 풀릴 수 있다.

정보/인지 개념의 확대

어떤 객관적 사물, 사건, 상황을 표상하는 텍스트는 그것이 그러한 사실을 우리에게 전달해준다는 점에서 분명히 정보/인지적이다. 철학적 텍스트는 이러한 점에서 정보/인지적이다. 그러나 이미 객관적으로 존재하는 개를 지칭해주거나, 그 개의 속성을 표상하는 대신 '개'라는 동물의 존재 가능성 혹은 그렇게 존재 '가능한' 개의 '가능한' 속성을 생각할 수 있다면, 그것은 세계와 세계의 속성을 보는 우리의 눈을 그만큼 열어줌을 뜻하고, 이러한 눈의 열림은 곧 넓은 의미에서 정보/인지적이라 하지 않을 수 없다. 요컨대 세계와 인간에 대한 개연성의 파악은 곧 세계와 인간에 대한 우리의 인식/정보의 폭의 확장을 뜻한다. 문학이 우리를 사로잡는 이유는 그 언어가 우리들의 감정을 자극하고 흥분케 해서가 아니라, 우리가 지금까지 생각할 수 없는 사물·사건·사실을 상상해보게 도와줌으로써 세계와 인간을 보는 우리들의 눈을 그만큼 넓혀주기 때문이다. 철학적 텍스트의 양상이 정언적인 데 반해 문학적 텍스트의 양상이 개연적이라는 점에서 문학과 철학은 엄격히 구별되지만, 개연적 사물·사건·사실만을 보여주는 문학 텍스트가 위와 같은 뜻에서 세계와 인간을 보는 우리의 시야를 확장해준다는 점에서는 철학과 문학이 다같이 정보/지적이며, 바로 이런 점에서 철학의 경우와 마찬가지로 문학적 '진리'를 언급할 수 있다.

철학이나 과학 텍스트의 경우와 달리 문학 텍스트가 언급하는 세계와 인간, 그리고 그러한 것들에 대한 신념과 느낌은 실재하는 것이 아니라 '허구적'인 것이며, 그러한 것들에 대한 문학적 표상이 정언적이 아니고 개연적이기는 하지만, 문학 텍스트가 필연적으로 세계와 인간에 관한 언급일 수밖에 없는 이상, 문학 텍스트는 개연적으로만이 아니라 필연적으로 넓은 뜻의 정보/인지적 내용을 가질 수밖에 없다. 그렇다면 문학은 곧 철학적이어야 한다는 말인가? 반드시 그렇지는 않다.

철학적 진리와 그밖의 진리

철학이 정보/인지의 양식임에는 틀림없지만 모든 정보/인지가 철학적인 것은 아니다. 철학 외에 과학이, 과학 이전에 일상적 지각경험이 세계와 인간에 대한 정보를 제공한다. 철학적 지식 외에 과학적, 그리고 지각적 진리가 있다. 비록 문학이 개연적 양상으로나마 세계와 인간을 언급하고, 그것들에 관해 넓은 뜻에서의 정보/진리를 제공한다고 인정하더라도, 그러한 정보/진리는 반드시 철학적인 것이 아니고 과학적이거나 지각적인 것일 수도 있다. 이러한 사실에도 불구하고 한 문학작품이 철학적이 아님을 불평하면서 과학적이 아님을 불평하지 않는다면, 그것은 문학적 정보/지식은 지각적 혹은 과학적 정보/지식과는 상관없고 오직 철학적 정보/지식하고만 밀접한 관계가 있음을 암시하는데, 이러한 까닭은 한편으로 지각적/과학적 지식과 다른 한편으로는 철학적 지식의 차이에 대한 전제에 연유한다.

철학은 서로 전혀 무관하지는 않지만 구별되어야 하는 현대적이며 전통적인 두 가지 의미를 갖는다. 철학의 현대적 의미는 20세기 초 논리실증주의가 주장했고, 분석철학에 깔려 있는 확고한 전제가 되었다. 분석철학적 주장에 의하면 이른바 철학적 문제라는 것은 세계나 인간에 대한 잘못된 관찰이 아니라 그러한 것들을 사용할 때 생기는 논리적 혼동에 기인하며, 따라서 철학적 기능은 언어의 개념적 분석을 통해서 그러한 혼동을 해명해주는 데 있다. 이런 뜻으로의 철학적 담론의 대상은 세계나 인간이 아니라 그러한 것들에 대한 정보/지식/신념을 표상하는 언어를 대상으로 하는 메타 정보/지식/신념의 표현이다. 이런 현대적 뜻의 철학은 세계와 인간의 여러 개연성/가능성을 탐구하는 문학과 직접적 상관이 없다.

이러한 철학관과 달리 전통적 철학관에 의하면 지적 탐구 양식으로서의 철학은 세계와 인간을 그 인식대상으로 하며, 그러한 것들의 가장 궁극적 진리를 추구한다. 그럼에도 불구하고 철학이 과학과 구별되는 이유는 과학적 탐구대상이 가시/지각될 수 있는 존재들인 데 반해서, 철학적 탐구 대상은 경험적으로 그 진/위를 결정할 수 없는, 가령 신, 영혼의 세계, 인생의 의미, 도덕적 선악, 역사의 의미 등 비가시/지각적 존재라는 데 있다. 문학이 탐구하는 것이 가시적으로 그 진/위를 가려낼 수 있는 물리적 자연현상이 아니라 인생의 의미, 도덕적 선/악의 갈등 문제, 미적 가치, 인류 역사의 의미, 우주 존재의 의미라는 것을 인정한다면, 문학은 철학이 탐구하는 것과 다를 바 없다. 이러한 점에서 문학이 과학적이기를 요구하지 않고 오직 철학적이기만을 요구하는 이유를 알 수 있다. 그렇다면 문학은 어떻게 철학적일 수 있으며, 과연 문학은 꼭 철학적이어야 하는가?

문학의 철학적 세 가지 가능성

문학작품은 세 가지 서로 다른 뜻에서 '철학적'일 수 있다.[18]

첫째는 문학 속의 철학의 경우가 있다. 문학작품은 작품 인물들의 입

---

18   박이문, 「분석과 서술」, 『문학 속의 철학』(일조각, 1975) 참조.

을 통해서 인생의 의미, 선/악의 문제, 진리의 본질, 영혼, 자아의 정체성, 신의 존재 등등 이른바 전통적인 철학적 문제에 대한 담론을 그 속에 담을 수 있다. 단테의 『신곡』, 밀턴의 『파라다이스 로스트』, 셰익스피어의 『햄릿』, 괴테의 『파우스트』, 도스토옙스키의 『카라마조프의 형제』, 아누이의 『안티고네』, 사르트르의 『구토』, 이문열의 『사람의 아들』등이 그러한 작품들의 가장 두드러진 예들이다. 『신곡』에는 죽음 후의 삶에 대한 사념적 사색이 펼쳐져 있고, 『파라다이스 로스트』에는 종교에 비추어본 인간의 타락의 문제가 언급되어 있으며, 『햄릿』의 주인공은 존재와 무에 대한 철학적 고민을 한다. 『카라마조프의 형제』 속에는 신의 존재 여부에 대한 토론이 전개되고, 『안티고네』 속에서 도덕적 가치에 대한 상반된 주장들의 갈등이 보이고, 『구토』에서는 모든 존재의 무의미에 대한 사색이 주인공의 입을 통해서 퍼지고, 『사람의 아들』속에는 참된 삶에 대한 작가의 사유가 주인공의 입을 통해서 기록되어 있다.

둘째, 철학의 문학적 표현, 즉 철학의 문학적 대치의 경우를 생각할 수 있다. 이런 문학작품의 예로는 볼테르의 『캉디드』, 괴테의 『파우스트』, 헤세의 『싯다르타』를 들 수 있다. 『캉디드』는 모든 것이 최선의 것이라 하여 결과적으로 현재의 모든 상황을 합리화하는 합리주의자 라이프니츠의 형이상학적 주장에 대한 신랄한 철학적 반박을 의도한 것이고, 『파우스트』는 지적 가치와 도덕적 가치가 양립할 수 없다는 철학적 입장을 한 과학자의 지적 욕망을 통해 보여주고, 『싯다르타』는 불타의 생애를 통해 불교적 진리를 전달한다. 위의 세 작품들은 논리적이고 이론적으로 짜인 철학적 담론을 대신하여 문학이라는 형식을 빌려 각기 형이상학적 주장, 가치 선택의 철학적 어려움, 그리고 하나의 종교적 진리를 설명하고자 한 것으로 볼 수 있다. 이러한 종류의 문학작품의 가까운 예로는 사르트르의 희곡『출구 없는 방』을 비롯한 여러 소설을 들 수 있다.

셋째는 문학작품 자체가 철학적인 경우이다. 내용이나 존재양식이 곧바로 '철학적'인 작품이 되는 경우는 미술사에서 찾을 수 있다. 그러한 예는 미술/조각계 외에 음악에서 존 케이지의 〈4분 33초〉 등의 작품, 그리고 백남준이 개척한 '비디오 아트'에서도 찾아볼 수 있다. 그러나 이러한 사실은 미술에서 두드러지게 나타났다. 이러한 작품의 예들 가운데 가장 잘 알려진 작품으로 화가/조각가 M. 뒤샹의 미술/조각으로서의 〈샘〉을 들 수 있다. 전통적으로 예술과 비예술, 조각과 비조각의 구별은 자명한 것으로 생각되어왔고, 바로 이러한 전제하에서 예술/조각에 대한 담론/활동이 의미를 가졌다. 그러나 뒤샹이 일반 화장실이나 건축자재 창고에서 볼 수 있는 변기와 전혀 다를 바 없는 변기를 미술전람회장에 진열하고, 그것을 '샘'이라는 이름이 붙은 조각으로 제시했을 때 그는 이러한 전제에 의문을 던지고 예술/조각 작품과 비예술/가공물의 정확한 구별의 가능성에 대한 철학적 문제를 제기했다.

뒤샹 이래 팝아트, 미니멀리즘, 설치미술, 개념예술 등으로 전개되는 현대 서양 미술사는 미술작품 활동 자체가 철학적 사유의 활동과 구별할 수 없다는 사실이 수많은 작품의 예로 서술된다. 한 예술작품의 존재양식에서 철학적 사유/명제로서 가장 좋은 예는, 대중적으로 잘 알려지지는 않은 판화가 에서의 〈폭포〉를 비롯한 여러 작품들에서 찾을 수 있다. 세계의 실체, 진리의 객관성 등은 영원한 철학적 문제들이다. 지금까지 지배해온 철학적 전통, 특히 서양적 전통은 세계의 객관적 존재, 그 속에서 객관적으로 구별되는 개별적 존재들, 그러한 존재의 객관적

인식의 가능성을 자명한 사실로 전제한다. 그러나 에셔의 환상적 판화들은 우리들의 지각의 상대성, 객관적 세계의 불확정성, 모든 존재의 형이상학적 순환성 등을 시각적 경험을 통해서 우리에게 역력히 보여준다.

예술작품 그 자체가 하나의 철학으로 변신하는 경우는 위와 같은 미술작품들에서만이 아니라 문학작품에서도 찾을 수 있다. 하나의 문학작품은 그 속에 철학적 담론을 담을 수 있거나 어떤 철학의 문학적 일러스트라숑의 표현일 수 있지만, 그 자체가 바로 철학적 사유일 수 있으며, 그러한 작품의 예는, 가령 조이스의 『피네간의 경야』, 베케트의 『고도를 기다리며』, 보르헤스의 「피에르 메나르, 돈키호테의 저자」를 비롯한 여러 단편들 등에서 찾을 수 있다. 수많은 고전 텍스트에 대한 암시와 수많은 새로운 낱말의 조합을 통한 언어적 실험으로 가득 찬 『피네간의 경야』는 언어의 기능, 그 의미의 원천에 대한 근원적 물음을 던진다. 세 주인공의 얼토당토 않은 대화와 행위의 표상을 통해서 『고도를 기다리며』는 그 자체가 신이 부재한 우주의 의미에 대한 물음으로 나타나고, 17세기 초의 스페인 작가 세르반테스의 유명한 소설 『돈키호테』를 완전히 복사해놓고, 자신의 창작품으로 제시한 20세기 중엽의 아르헨티나의 가상적 작가 메나르의 이야기를 담은 「피에르 메나르, 돈키호테의 저자」는, 뒤샹의 〈샘〉이 예술작품과 그렇지 않은 것의 구별의 근거를 물었듯이, 한 문학작품과 다른 작품을 구별할 수 있는 철학적 근거에 대한 물음을 제기한다. 이러한 뜻에서 철학적 작품의 작가들로는 바스, 핀천 등으로 대표되는 이른바 포스트모더니스트 실험적 작가들을 대표적 예로 들 수 있다.

'철학'의 분류적 뜻과 평가적 뜻

뒤샹의 〈샘〉을 빼놓고는 현대미술사를 얘기할 수 없게 되었고, 에셔의 〈폭포〉가 미술사가의 주목을 차츰 받게 된 것은, 그것들이 미학적으로 더 '아름답기' 때문이 아니라 위와 같은 점에서 '철학'이기 때문이다. 이와 마찬가지로, 조이스나 베케트, 보르헤스를 빼놓고 서양의 현대문학을 논할 수 없는 이유는 그들의 작품이 일반 대중을 감동시키는 힘을 갖고 있는 것과는 상관없이, 위와 같은 점에서 그 자체를 일종의 '철학'으로 볼 수 있기 때문이다. 이처럼 그 존재양상의 상이점에도 불구하고 문학과 철학이 넓은 뜻에서 정보/인지적이며, 이런 점에서 그들이 바로 위에서 본 바와 같이 세 가지로 관계를 가질 수 있고, 또한 많은 문학작품은 그것의 철학적 내용 때문에 각별하게 읽히고 평가된다면, 문학은 반드시 '철학적'이어야 하는가? 만약 그렇다면 어떤 뜻에서 그러한가?

문학 텍스트를 '철학적'이라 할 때, 이 언명의 의미는 '철학적'이라는 낱말의 두 가지 다른 의미를 구별해서 달리 해석해야 한다. '철학적'이라는 말은 분류적 혹은 평가적으로 서로 달리 사용된다. 한 문학작품을 놓고 '철학적이다'라고 할 때, '철학적'이라는 낱말은 분류적으로는 그 문학작품이 철학의 범주 속에 내포됨을 뜻하는 반면, 평가적으로는 그 문학작품의 가치가 높음을 의미한다. 후자의 경우 '철학적'이라는 개념은 곧 중요한, 즉 '가치 있는'이라는 평가적 코노테이션적, 즉 은유적 뜻을 갖는다. '철학'이라는 개념이 이같은 은유적 의미를 갖게 된 까닭은 철학적 주제가 가장 근원적인 대상이며, 철학적 사유가 가장 근원적인 성격을 갖고 있는 사실에서 찾을 수 있다.

이와 같이 볼 때, '철학적'이라는 말은 문학작품에 분류적으로 사용할 수 없다. 즉 분류적인 관점에서 한 문학작품을 '철학적'이라 하는 것은 논리적 혼동을 뜻한다. 왜냐하면 문학과 철학이 처음부터 구별된 이상, 문학 텍스트와 철학 텍스트는 서로 독립된 분류적 범주에 속하기 때문이다. '철학적'이라는 낱말은 오직 평가적으로만 문학작품에 적용될 수 있다. 그 이유는 철학적 탐구대상이 과학으로는 접할 수 없는 근원적이고 보편적인 존재이며, 철학적 사유의 성격이 가장 엄격하고 체계적이란 사실에서 찾을 수 있다. 이런 뜻에서 '문학작품은 철학적이어야 한다'라는 말은 문학 텍스트를 철학 텍스트처럼 써야 한다는 것이 아니라, 세계와 인간의 모든 문제를 깊이, 그리고 넓게 생각케 하는 문학작품, 즉 좋은 작품을 써야 한다는 것을 뜻한다.

모든 예술의 보편적 기능이 그러하듯이 문학의 핵심적 기능이 이미 우리가 보고, 느끼고, 생각하고, 알고 있는 것의 재현이 아니라 그것과는 다르게 새롭게 보고, 느끼고, 생각하고, 알 수 있는 가능성을 열어주는 데 있다면, 그러한 문학작품의 창작은 모든 차원에서 관습적 또는 상식적인 것을 반성하고 비판하는 작업이 될 것이며, 한 문학작품의 가치는 이러한 기능을, 내용, 즉 그 작품이 보이는 세계의 폭이나 크기에 있어서, 그리고 그것을 표현하는 정확성과 세밀성, 즉 문체에 있어서 얼마만큼 다했는가에 따라 측정되어야 할 것이다. 그러나 이러한 작업은 각별히 깊은 통찰력과 엄격한 논리적 사유, 즉 철학적 태도를 요청한다. 한 문학작품의 가치는 그것에 담겨 있는 사유의 철학적 깊이로만 평가될 수 없다. 문체, 언어적 기교 등 다양한 수사학적 가치도 필수적으로 고려되어야 한다. 그러나 철학적 깊이는 언제나 중요하다.

모든 꽃이 다같이 아름답고, 엉터리 학생이나 교수도 분류적으로는 역시 학생이나 교수인 것과 마찬가지로, 깊이/가치 없는, 즉 '철학적'이 아닌 엉터리 문학작품도 분류적으로는 역시 '문학작품'이라는 데는 변함이 없다. 분류적으로는 문학이 '철학적'이어야 할 필요는 없다. 그럼에도 불구하고 문학이 철학적이어야 한다면 그것은 천박한, 값싼, 즉 '비철학적' 문학작품이 득세하는 오늘의 문학적 현실에 비판적 의미를 갖는다. 그리고 이러한 비판은 문학적 견지에서만이 아니라 문화적 및 사회 전체의 시각에서 극히 중요하다.

《철학과 현실》, 1996, 여름호

10

문학의 비문학적 가치와 문학적 가치

문학의 가치는 무엇인가? 이 물음은 모호하다. 그것은 과학, 철학, 사회학, 경영학 등이 갖는 가치와는 다른 '문학'이라고 불리는 지적 활동으로서의 문학 일반이 인간에게 주는 가치를 밝혀보는 물음으로 해석할 수도 있고, 개별적으로 존재하는 하나의 문학작품들의 가치를 어떻게 결정하는가의 물음으로도 볼 수 있기 때문이다. 그러나 개별적 문학작품이 전제되지 않은 문학 일반이라는 것은 생각할 수 없는 이상, 문학의 가치에 대한 물음은 개별적 문학작품의 가치평가에 대한 물음으로부터 시작해야 한다.

모든 예술작품이 그러하듯이 문학작품은 언제나 가치평가의 대상이 된다. 도스토옙스키의 『죄와 벌』은 같은 작가의 『지하생활자의 수기』보다 우수하다고 하며, 셰익스피어는 플로베르보다 더 뛰어난 작가라고 말한다. 문학평론가들은 정지용의 『향수』가 김기림의 『바다와 나비』보다 좋다고 평하고, 응모작품 심사위원들은 A라는 작품이 그밖의 수많은 작품들보다 가치가 있다고 결정한다. 문학에 삶을 걸고 사는 작가나 문학에 삶을 걸고자 하는 작가 지망자들에게 그들의 작품의 가치가 어떻게 평가되느냐의 문제는 결정적으로 중요한 의미를 갖는다. 보다 더 바람직한 독서를 위해서 작품의 가치평가는 독자에게도 중요하다.

논리실증주의자들은 모든 가치는 주관적 반응에 불과하므로 그것을 정당화하려는 것은 무의미하다고 주장한다. 가치평가를 나타내는 언술, 가령 '장미꽃은 아름답다' 혹은 '곰탕은 스테이크보다 더 맛있다'라는 표현은 장미꽃 혹은 곰탕에서 객관적으로 발견할 수 있는 가치를 서술하지 않고, 그러한 것들에 대한 화자의 감성적 반응의 양상을 나타내는 것에 불과하다. 그런 반응의 옳고 그름에 대한 지적 논의는 전혀 무의미하다. '장미꽃은 아름답다' 혹은 '곰탕은 스테이크보다 더 맛있다'라는 언명을 하는 이유를 댈 필요가 없다는 것이다. 그렇다면 어떤 문학작품의 가치를 평가할 때 그것의 옳고 그름을 따지는 것은 무의미하며, 따라서 그러한 평가를 내리는 이유를 댈 필요도 없고 찾지도 말아야 할 것이다. 그러나 구체적 사실은 다르다. 가령, 내가 '이 칫솔은 다른 칫솔보다 좋다'라는 가치 판단을 내릴 때 나는 단순히 그 칫솔에 대한 나의 주관적 반응을 표현하는 것은 아니며, 그러한 판단의 근거를 댈 수 있다.

조금 사정은 다르지만 이러한 사실은 문학작품을 비롯한 모든 예술작품의 가치평가의 경우에도 해당된다. 한 문학작품의 가치평가를 그 작품에 대한 한 평론가의 주관적 기호의 표현만으로는 볼 수 없다. 이러한 사실을 뒷받침하는 적어도 두 가지 이유를 들 수 있다. 첫째, 문학평론가들은 여러 가지 이유를 근거로 자신의 가치판단을 정당화하려 한다. 둘째, 한 언어권, 더 나아가서 세계문학사란 지금까지 존재하는 문학작품에 대한 평가의 결과로 봐야 하고, 그러한 문학사는 반드시 어떤 종류인가의 근거를 주장하고 어떤 형식으로든 객관적 이유가 있음을 자처한다. 이러한 사실은 문학작품의 가치평가가 단순히 한 평론가나 한 평론가 집단의 주관적 느낌의 표현이 아니라 무엇인가의 객관적 근거를 갖고 있음을 뒷받침한다.

만일 문학작품의 가치평가에 객관적 근거가 확실히 존재한다면 노벨문학상을 비롯한 수많은 작품 선정의 과정과 결과에 대한 시비는 있을 수 없다. 그런데도 칫솔이나 냉장고나 영어교사를 평가하는 경우와는 달리 문학작품의 가치평가를 둘러싼 혼란은 가시지 않는다. 노벨문학상 후보에 올랐다가 실패한 세계적 작가들은 어째서 내 작품이 수상작품보다 못한가 하는 의문을 던질 수 있고, 신춘문예에 응모했다가 낙선한 수많은 작가 지망자들은 어째서 당선된 작품이 자신의 작품보다 가치가 있는가라는 물음을 던지지 않을 수 없다. 또 무슨 근거로 김소월, 정지용, 서정주, 김지하의 시가 한국문학사에 오르고 수많은 소년소녀들이 좋아하는 복돌이나 복순이의 시는 그렇지 못한지, 어째서 상대적으로 볼 때 별로 읽히지도 않는 프루스트나 도스토옙스키의 소설이 수백만 부가 팔린 『무궁화 꽃이 피었습니다』나 『쇼군』 같은 소설보다 더 가치가 있다고 취급되는지, 도대체 문학작품은 어떤 존재이며 그것은 어떤 기준에 의해서 평가되어야 하는지가 일반 독자들이나 철학자들에게는 분명치 않다.

문학의 가치평가에 대한 이같은 혼란은 문학의 '기능'이 명백하지 않은 데 있다. 한 사물의 가치는 그것에 부여된 기능에 비추어 평가된다. 한 칫솔, 한 냉장고, 한 영어교사의 가치평가에 큰 문제가 없는 것은 칫솔에는 '이를 위생적으로 닦는 기능'이, 냉장고에는 음식을 부식시키지 않고 보존하는 '기능'이, 그리고 영어교사에게는 '영어를 가르치는 기능’이 각각 명확하게 부여되어 있기 때문이다. 한 칫솔, 한 냉장고, 한 영어교사의 가치는 각각 주어진 기능을 얼마만큼 충족시켜주는가에 의해 객관적으로 결정될 수 있다. 그러나 ‘문학’에 부여된 기능은 분명치 않다. 사람마다, 문학평론가마다, 그리고 상황에 따라 알게 모르게 다른 기능이 부여되어 있고, 따라서 여러 평가자들이 객관성을 주장하더라도 각기 다른 척도에 의한 것인 만큼 그 평가도 달라질 수밖에 없다.

이러한 상황에서 모든 가치평가자가 다같이 공감할 수 있는 문학의 기능이 결정되지 않고서는 한 문학작품의 객관적 가치를 논한다는 것은 무의미하다. 문학의 가치 문제는 문학의 기능, 더 정확히 말해서 문학의 일반적 기능이 결정되지 않은 상태에서는 풀릴 수 없다. 그렇다면 문학에서 그러한 기능을 찾을 수 있는가? 그런 것이 있다면 그것은 어떤 것인가? 문학 텍스트가 존재하기 이전 문학이라는 개념을 생각할 수 없는 만큼 여기서 우리는 ‘문학’을 ‘문학 텍스트’의 뜻으로 보기로 한다.

문학이란 무엇인가

문제의 성격

‘문학의 기능은 무엇인가’라는 물음은 ‘문학이란 무엇인가’라는 물음으로 바꾸어 생각할 수 있다. ‘문학이란 무엇인가’의 물음은 ‘문학을 어떻게 정의하는가’라는 문제로 다시 해석할 수 있다. 무엇인가의 ‘정의’가, 무엇인가의 구체적 사례가 되는 여러 가지를 하나의 통일된 포괄적 상위 개념 속에 묶음을 뜻한다면, 문학은 문학이라고 불리는 여러 텍스트를 다른 텍스트들과 구별할 수 있는 포괄적 개념을 찾음으로써만 정의될 수 있다. 그러나 문학으로 불리는 텍스트들은 그 성질상 한없이 다양하고, 그러한 텍스트들은 가령 철학 텍스트, 과학 텍스트 등과 물리적·시각적으로 구별되지 않을 경우가 허다하다. 그렇다면 칫솔이나 냉장고나 영어교사의 경우와 같이 그 기능이 일정하지 않으며, 따라서 정의될 수 없을 것 같다.

그러나 문학 텍스트가 물리적·시각적으로 다른 종류의 텍스트와 구별할 수 없다는 사실이 곧 문학 텍스트가 정의될 수 없다는 결론을 유도하지는 않는다. '아버지', '학교' 등의 의미가 분명하다는 사실은 그것의 정의가 분명하다는 것을 뜻한다. 그러나 이러한 정의들은 물리적이 아니라 제도적인 것이다. 어쩌면 물리적으로 불가능한 문학의 정의는 제도적으로 가능할 수 있다.

문학의 정의는 가능할 뿐 아니라 반드시 정의해야 한다. 이러한 주장은 두 가지 사실에 근거한다. 첫째, 어떤 텍스트가 '철학'이나 '과학' 등의 범주에 속하는 텍스트와 구별되어 '문학'이라는 범주 속에 분류되어 왔다는 관례에 근거한다. 어떤 텍스트를 다른 것들과 구별하여 '문학'이라는 범주 안에 분류한다면, 거기에는 어떤 근거·기준이 반드시 있을 것이다. 이와 같이 볼 때 '문학이란 무엇인가'라는 물음에 대한 대답은 어떤 텍스트가 '문학'의 범주에 분류되는 근거·기준으로 대치된다. 칫솔이나 냉장고를 다른 물건들과 구별하는 기준이 각기 그들에게 부여된 기능에 지나지 않는다면, 문학 텍스트의 기준도 문학에 부여된 기능에서 찾아야 한다. 문학은 예술의 한 특수한 양식으로서 역사, 철학, 과학 등과 구별된다. 예술의 본질이 그것에 부여된 그것 고유의 기능으로써 결정된다면, 예술작품으로서의 문학 텍스트도 예외일 수 없다.

전통적 대답

예술의 기능에 대해서는 '표상론', '표현론', '형식론'으로 표현되는 세 가지 전통적 대답이 있다. 예술로서의 문학의 기능은, 표상론에 의하면 과학이나 철학이나 그밖의 학문이 미칠 수 없는 세계의 여러 객관적 사실의 표상representation에 있다는 데 반해, 표현론에 의하면 인간의 사물 현상이나 사건에 대한 감동의 표현expression에 있다는 것이며, 이와는 달리 형식론에 의하면 미학적 속성을 지칭하는 것으로 볼 수 있는 표현 기술 형식form의 창조에 있다는 것이다. 만약 문학의 기능이 이같은 것이라면, 한 문학작품의 가치는 그러한 기능을 얼마만큼 충족시켜주느냐에 따라 상대적으로 측정될 수 있다. 세 가지 이론이 다함께 맞는 것일 수 없다면 그중 어떤 것이 맞는가? 아니면 아예 아무것도 맞지 않는가?

어떤 하나의 문학작품, 그리고 일반적으로 하나의 예술작품이 경우에 따라서 무엇인가를 표상하고, 그 작품의 독자는 객관적으로 존재하는 어떤 사물이나 사실에 대한 새로운 정보를 얻을 수 있고, 같은 작품에서 작가는 자신의 감동을 표현하고 독자는 그것이 자신의 감정을 대신 표현해준다는 것을 확신할 수 있으며, 같은 작품에서 미학적으로 짙은 경험을 할 수 있다. 그러나 이러한 기능을 할 수 있는 텍스트는 문학 텍스트에 한정되지 않는다. 플라톤의 『대화편』, 노자의 『도덕경』, 루소의 『사회계약론』, 하나의 신문기사만이 아니라 어떤 과학논문에서도 세계의 여러 사실에 대한 정보를 얻고, 인간의 감동을 발견하고, 미학적 속성을 발견할 수 있다. 그럼에도 불구하고 이러한 텍스트들은 문학 텍스트의 범주와 구별되는 철학, 사회학, 신문기사, 과학논문의 범주 속에 분류된다. 문학 텍스트의 기능을 설명하는 위의 세 가지 이론은 다 같이 만족스럽지 못하다.

이러한 사실에서 로티나 데리다를 비롯한 최근 적지 않은 철학자들은 말할 것도 없고 굿맨이 주장하듯이 문학과 철학, 예술과 과학의 구별은 존재하지 않는다고 한다. 문학 텍스트의 특수성을 규정할 수 없다는 말인가? 그렇지 않다. 앞서 보았듯이 문학, 철학, 과학 등의 개념이 유통되고 그에 따라 여러 텍스트가 따로 분류되고 있는 이상, 그것들 사이에는 무엇인가의 구별이 전제되어 있을 것이다. 우리의 위와 같은 구체적 언어 사용의 실천을 무시한 '문학 텍스트'라는 말의 뜻을 논한다는 것은 무의미하며, 이 낱말의 의미, 이 낱말이 지칭하는 텍스트에 부여된 기능은 어떻게 하면 문학 텍스트가 다른 텍스트와 구별된다고 볼 수 있는가를 설명할 수 있을 때만 밝혀질 수 있다.

문학 텍스트는 자신이 여타의 범주와 다른 '문학'이라는 범주에 속한다는 것을 여러 가지 양식으로 표시한다. 도서관이나 책방에 '문학' 혹은 '소설', '시' 등의 딱지가 붙은 곳에 진열됨으로써, 혹은 책표지에 '소설', '시'라는 글자를 찍음으로써, 혹은 '옛날에 아주 옛날에……'의 말로 글을 시작함으로써, 혹은 글씨를 엉뚱하게 드문드문 떼어 행을 새로 옮겨 인쇄함으로써 그 텍스트가 문학에 속함을 표시해준다. 그러나 뒤샹의 예술작품 〈샘〉이 창조된 이후, 예술작품으로서의 변기와 창고에 쌓여 있는 무수한 변기가 물리적 속성으로는 구별될 수 없게 된 것처럼, 오늘날 많은 문학 텍스트와 그렇지 않은 텍스트의 구별도 마찬가지 사정에 놓여 있다. 그런데도 문학 텍스트와 다른 텍스트가 개념적으로 다르다면 그것들의 구별은 어떻게 가능한가?

양상론적 대답
칸트에 의하면 모든 판단은 양quantity, 질quality, 관계relation, 양상modality의

네 범주 가운데 하나에 속한다. 모든 경험과 생각이 양, 질, 관계, 양상의 네 가지 중 한 측면에서 서술된다는 것이다. 하나의 판단은 양적 측면에서 보편적 혹은 개별적 혹은 특정적 명제로 서술되기도 하고, 질적 측면에서 긍정적 혹은 부정적 혹은 무한적 명제로 서술되기도 하며, 관계의 측면에서 정언적 혹은 가정적 혹은 차별적 명제로 기술되고, 양상적 측면에서 단언적 혹은 필연적 혹은 개연적 명제로 진술된다.

양상적 관점에서 볼 때, 가령 '꽃은 빨갛다'라는 명제는 그 명제의 제시자의 태도에 따라 단언적으로 그 진리의 사실성을 그냥 언급한 것일 수 있고, 혹은 필연적으로 그 명제의 필연성이 주장된 것일 수 있고, 혹은 개연적으로 그 명제가 참일 수 있는 가능성이 언급된 것으로 볼 수 있다. '꽃은 빨갛다'라는 위의 언명을 어떤 양상에서 보느냐에 따라 그에 대한 위 명제의 진위에 대한 우리의 판단은 사뭇 달라진다. 정언적이나 필연적 양상의 측면에서 볼 때 위의 명제가 사실에 비추어 결정적으로 옳다거나 틀렸다고 판단할 수는 있지만, 개연적 양상의 입장에서 볼 때 그러한 판단은 불가능하다. 왜냐하면 어떤 가능성에 대해서는 논리적으로 모순되지 않는 한 절대로 틀렸다거나 절대로 맞는다는 판단이 논리적으로 불가능하기 때문이다.

문학 텍스트와 그밖의 텍스트는 그것들의 물리적 속성에 의거해서가 아니라 그것들이 놓여 있는 존재 양상의 관점에서만 구별할 수 있다. 가령 '꽃은 빨갛다'라는 텍스트는 그냥 읽어서는 그것이 문학 텍스트에 속하는지, 아니면 그밖의 종류의 텍스트에 속하는지를 알 수 없지만, 판단 양상의 관점에서 볼 때 '개연적'으로 존재한다는 것을 알 때 그것이 문학 텍스트의 범주에 속함을 알 수 있다. 문학 텍스트의 양상을 '개연적'으로 봐야만 하는 이유는, 우리들이 문학 텍스트의 내용을 '사실'

이 아니라 '상상적 사실fictional fact', 즉 가상현실virtual reality로만 취급한다는 사실로 입증된다. 어떤 작가가 객관적 사실을 묘사한 경우에도 그렇게 묘사한 텍스트를 '문학'이라고 제시할 때, 그는 그것을 사실로서가 아니라 하나의 '개연적 양상'에서 읽어주기를 바라는 것이며, 그와는 반대로 사실을 기록한 어떤 텍스트도 독자는 그것을 사실의 기록으로서가 아니라 하나의 '개연적 사실', 즉 문학 텍스트로 읽을 수 있다.

달리 말해서, 모든 예술이 그러하듯이 문학의 기능은 이미 존재하는 사실의 복사·서술·기록이 아니라, 상상을 통해서 생각해볼 수 있는 사실, 즉, 지금까지 사실로서 인정되지 않지만 가능성 있는 사실을 제시하는 데 있다. 문학이 이와 같이 제시하는 가능성에 비추어볼 때, 독자는 사물·사실, 그리고 세계를 기존의 틀에서 보던 것과는 다른 시각에서 새롭게 보고 이해할 수 있다. 문학작품을 비롯한 모든 예술작품을 '창작'이라고 부르는 것은 결코 우연이 아니다. 새롭지 않거나 아니면 적어도 새롭다고 전제하는 내용이 없는 표상·서술·텍스트는 예술에 속할 수 없다. 새로운 가능성을 보여주지 않는 어떠한 느낌·주장·서술·표상으로 된 예술이라는 개념은 자기모순이다.

새로움은 언제나 기존의 것에 대한 새로움이므로 그것은 기존의 것에 대한 도전과 부정을 함의한다. 기존의 것을 부정하고 새로운 입장에서 사물·사실·세계를 보고, 느끼고, 지각하고, 인식한다는 것, 기존의 관념에 도전하여 새로운 관점에서 생각한다는 것은 소극적으로는 해방을 뜻하고 적극적으로는 개혁과 혁명을 뜻한다. 이와 같이 볼 때 현실과 동떨어진 사치스러운 말·기호의 놀이로 보이는 문학, 그리고 예술이야말로 근본적인 차원에서 가장 현실과 관계되며 현실과 세계를 보다 더 옳게 보고 그것을 개혁하는 실천적 기능을 갖는다. 그렇다면 문학 텍스트는 개연적 양상으로 존재하는 텍스트이며, 인간과 모든 사물을 지적·감성적·관념적인 다양한 차원에서 새롭게 볼 수 있는 가능성을 열어주고, 그럼으로써 부단히 기존의 세계로부터 해방시켜주며 그것을 개혁할 수 있는 길을 터주는 실천적 기능을 준비한다.[19]

어떤 특정한 작품들만이 허다한 문학작품들 중에서 한 문학사에서 취급되고 언급된다는 사실은, 그것들이 문학사적으로 각별한 가치가 있음을 함의한다. 문학이 양상론적 관점에서 위와 같은 기능을 갖고 있다는 것을 전제하지 않고는 우리가 이해할 수 있는 문학사가 쓰여지는 근거를 이해할 수 없다. 다시 말해서 실재하는 문학사가 존재한다는 사실은 문학의 고유한 기능이 위와 같은 것임을 입증한다.

문학의 '비문학적' 가치

공장에서 생산된 칫솔의 가치가 소비자에 의해서 평가되듯이 작가에 의해 생산된 문학작품도 언제나 여러 가지 형태로 평가된다. 그렇다면 가치는 무엇이며 그것은 어떻게 평가되어야 하는가? 가치는 한 사물·사실·사건 등, 즉 무엇인가의 가치이며, 가치는 욕망을 전제하고 가치평가는 욕망의 충족도에 상대적이다. 한 사물이나 작업의 가치는 그것이 인간의 욕망을 질적으로나 양적으로 얼마만큼 만족스럽게 충족시켰는가에 따라 상대적으로 결정된다. 이러한 사실은 무엇인가의 가치를

19   박이문, 「문학이론과 철학」, 『문학과 철학』(민음사, 1995), pp.15~44; 「문학과 쾌락」, 『철학 전후』(문학과지성사, 1993), pp.65~84; 「철학적 허구와 문학적 진실—텍스트 양상론」, 『철학 전후』, pp.85~119.

측정하기 위해서는 그것이 채워줄 수 있다고 전제하는 우리 자신의 욕망의 성격이 분명해야 함을 뜻하고, 뒤집어 말해서 무엇인가에 대한 가치판단은 판단자의 욕망의 성격과 그러한 욕망을 충족시켜줄 수 있는 기능에 대한 판단이 이미 전제되어 있음을 말해준다. '이 칫솔의 가치가 크다'라는 가치판단을 쉽게 이해할 수 있고 그 판단의 옳고 그름을 쉽게 결정할 수 있는 것은, 우리가 이를 위생적으로 닦고 싶은 욕망이 있고, 그 칫솔이 그러한 욕망을 충족시켜주기 위해 제작된 사실이 전제되어 있음을 쉽게 알 수 있기 때문이다.

한 문학작품의 가치는 무엇인가? 한 문학작품은 인간의 어떤 욕망을 충족시켜 줄 수 있는가? 한 문학작품은 어떤 용도로 사용할 수 있는가? 한 개의 칫솔의 용도가 거의 무한히 다양할 수 있다는 점에서 그 가치가 그만큼 다양하게 달리 평가될 수 있듯이, 한 문학작품도 역시 사람에 따라, 그 사람이 어떤 상태와 관점에 서 있느냐에 따라 무한히 다양한 용도로 사용할 수 있는 만큼, 똑같은 작품의 가치도 다양하게 달리 결정될 수밖에 없다.

한 문학작품의 용도는, 우선 작가, 즉 텍스트 생산자의 관점과 독자나 책방 주인 등으로 대표될 수 있는 소비자의 입장에서 서로 달리 볼 수 있다. 한 작품을 생산하는 작가의 의도가, 가령 어떤 객관적 사실이나 사건, 즉 세계의 객관적 표상이라는 인지적 목적에 있더라도, 그것의 소비자는 재미있는 시간을 보내거나 자기 발견의 방편으로 책을 대할 수 있고, 이러한 차이에 따라 똑같은 작품의 가치는 전혀 달리 판단될 수밖에 없다. 소포클레스가 비극『안티고네』를 쓴 의도는 그의 운명론적 세계관의 표상이었는데, 독자나 관객들은 이 작품에서 쉽게 대답할 수 없는 윤리적 갈등을 읽을 수 있고 이는 윤리적 결정의 어려움을 새삼 체험하는 계기가 되며, 이 작품의 가치는 그러한 경험을 절실히 느끼게 하는 데 얼마만큼 성공하느냐에 따라 결정될 수밖에 없다.

똑같은 작가도 그가 쓰는 작품에 따라 한 작품에서는 자신의 철학적 사고를 전달하기 위한 수단으로 삼을 수 있고, 다른 작품을 쓸 때는 자신의 감정 표현을 의도할 수 있고, 또 다른 작품을 쓸 때는 자신의 억압된 심리적 갈등을 상상으로 풀어내는 카타르시스적 효과를 꾀할 때도 있고, 또 다른 작품에서는 사회적 개혁을 위해 정치적 효과를 의도하거나 돈을 버는 방편으로 삼을 수도 있다. 작가마다 여러 다른 작품을 쓰고 그것도 여러 다른 장르를 택하는 경우가 적지 않은데, 이처럼 한 작가가 여러 작품을 쓴다는 것은 각 작품의 의도가 어딘가 다르다는 전제하에서만 의미를 갖는다.

발자크는 무엇보다도 먼저 빚을 갚기 위해 필요한 돈을 벌려는 수단으로 그 많은 작품을 생산했고, 플로베르는 낭만적으로 생각할 수 없는 냉철한 인간사회를 표상하는 방법으로 『보바리 부인』을 썼다. 단편 「이반 일리치의 죽음」에서 톨스토이의 의도가 기독교가 궁극적 진리임을 설득하는 데 있었다면, 시집 『악의 꽃』에서 보들레르의 의도는 19세기 파리 생활에서 볼 수 있는 삶의 허무감과 그런 삶에서도 체험할 수 있는 미적 경험을 표현하는 데 있었다고 볼 수 있다. 『아Q정전』에서 공산주의 작가 노신이 자본주의 사회의 악을 폭로하고자 했다면, 시 「오감도」에서 이상은 시적 언어의 실험을 시도했다고 추측할 수 있다.

소비자·독자도 그가 대하는 작품과 그것을 대할 수 있는 상황이 무한히 다양하기로는 생산자·작가의 경우와 마찬가지다. 하나의 문학작품은 어떤 독자에게 학위를 취득하고 교양을 닦기 위한 도구일 수 있다. 그는 문학박사학위를 위해 그 작품을 읽어야 하고, 문학사에서 귀중하다고 알려졌으나 교양인으로서 적지 않은 이들이 『햄릿』, 『잃어버린 시간을 찾아서』, 『카라마조프의 형제』를 억지로 읽는다. 다른 독자에게는 한 시대나 역사나 한 사회의 문화·사상, 한 인간의 심리구조 등의 연구 자료로서 사용될 수 있다. 문학작품의 독서를 통해서 지적·도덕적·미학적 감수성을 개발하고 정화하며 고양시킬 수 있다. 정치가나 사업가에게는 정치적·경제적 목적 달성을 위한 자료나 수단으로 가치평가가 될 수 있다. 적지 않은 한국의 졸부들의 경우처럼 새로 단장한 거실을 장식하고 있지도 않은 자신의 교양을 가장하는 수단으로 문학전집들을 빽빽하게 꽂아놓는다. 이 모든 경우 어떤 문학작품은 각기 경우와 상황에 따라 누구에게인가 그 나름대로의 가치를 갖는다.

한 문학작품은 그 저자·생산자나 독자·소비자가 의도한 것과는 전혀 상관없는 기능을 충당할 수도 있다. 해리엇 비처 스토의 소설 『톰 아저씨의 오두막』이나 라이트의 『흑인 소년』이 각기 그들이 어떤 의도로 쓰여졌는가와는 아무 상관없이 흑인 인권문제를 불러일으키는 데 결정적 역할을 했다면, 그것은 사회적으로나 정치적으로 중요한 가치를 갖는다. 미학적 가치의 창조만을 목표로 썼던 어떤 작가의 한 작품이 사회학적 혹은 윤리적 이유에서 사회적으로 큰 센세이션을 불러일으키고 베스트셀러가 되어 작가에게 큰 돈을 벌게 해줄 수도 있다. 보들레르의 『악의 꽃』, 로렌스의 『채털리 부인의 사랑』을 어쩌면 그러한 종류에 속하는 작품의 예로 들 수 있을지 모른다. 작가가 의도했든 아니든 간에 한 작품에서 유추되는 어떤 사상이 어떤 특정한 이념의 도구로 사용될 수도 있고, 어떤 철학적·사회학적·언어학적 주장을 뒷받침하는 자료가 될 수도 있다. 횔덜린의 시 「귀향」이 어떤 철학적 주장을, 말라르메의 시 「주사위는 우연을 없애지 못하리라」는 어떤 언어학적 이론을, 홍명희의 『임꺽정』은 이조 양반제도의 문제에 대한 어떤 사회학적 혹은 정치적 비판과 주장을 입증하는 자료나 증거로써 제시될 수 있다.

오늘날까지 문학작품의 가치평가는 물론 문학평론은 대체로 위와 같은 식으로 다양하게 이루어져왔다. 어떤 비평가는 가령 하나의 문학작품 W를 특정한 이념적 입장이나 역사적 관점에서 보고 걸작이라고 칭송하는 데 반하여, 다른 비평가는 똑같은 작품을 놓고 미학적 입장과 철학적 관점에서 졸작이라 격하한다. 우리나라에서 한 작가가 민족주의 색채가 적다는 이유로 낮게 평가되는 것과, 상대적으로 어떤 작가의 작품이 민족주의나 민중을 대변한다는 이유로 그 작품의 가치가 그만큼 높이 평가되는 경우는 이러한 관점에서 본 문학작품 평가의 한 사례이다. 가치평가가 어떤 시각에 따라 전혀 다를 수 있다는 사실은, 이미 고전으로 취급되고 있을 만큼 가치 있다고 전제된 엘리엇이나 프로스트 같은 시인들의 작품이 가치가 없다고 반론을 제기하는 시인들이나 비평가들이 적지 않다는 사실로도 뒷받침된다.

한 작품의 가치는 작가의 그때그때의 의도나 기분에 따라, 또한 소비자의 각자 다른, 그리고 각기 다른 경우에 따라, 그리고 작가나 소비자의 의도나 목적과는 상관없이 수많은 측면에서 수많은 다른 경우마다 완전히 서로 다른, 그리고 서로 모순되는 가치평가가 나올 수 있다. 한 작품을 놓고 '걸작이다' 혹은 '졸작이다'라는 가치평가가 내려지더라도 그러한 평가가 누구에 의해 위에서 본 여러 가지 시각과 상황과 맥락 가운데 어떤 시각, 어떤 상황, 어떤 맥락에서 내려진 것인가가 밝혀지기 이전에는 그 평가가 구체적으로 무엇을 의미하는지는 결코 알 수 없다. 똑같은 작품이 보는 이의 그때그때의 관점과 그것을 판단하는 사회적·역사적·정치적·이념적 맥락에 따라 사뭇 달라질 수 있기 때문이다.

그렇다면 한 문학작품은 어떤 기준에 따라 어떻게 평가되어야 하는가? 이 물음은 이른바 문학작품, 그리고 더 일반적으로 예술작품의 가치평가의 법규·기준canon에 관한 물음으로 항상 문제되어왔다. 이러한 법규는 다양한 문학작품에 대한 가치평가 활동 자체에 이미 알게 모르게 전제되어 있다. 문학적 리얼리즘을 주장하는 평론가들은 한 문학작품이 다른 작품들과 비교해서 사회적 혹은 기타의 현실을 충실히 표상했다는 것을 근거로 그 작품의 가치를 높이 산다. 다른 평론가들은 그 속에 담겨 있는 어떤 철학적 사상의 깊이를 그 작품의 가치의 근거로 댄다. 때로는 한 문학작품이 끼친 정치적 혹은 사회적 영향이 그 작품의 가치평가의 근거로 주장된다. 그런가 하면 어떤 독자들은 그 작품에서 다루어진 주제의 참신성, 구성의 치밀성, 표현의 유연성 등을 들어 그 작품의 가치를 높이 사는가 하면, 또 다른 독자들은 그 작품에서 사상적으로 혹은 미학적으로 받은 감동의 농도를 들어 그 작품의 가치가 크다고 판단한다. 물론 많은 경우 한 작품의 가치를 판단할 때 위의 여러 근거 중 꼭 한 가지만이 아니라 여러 가지가 복합적으로 제시된다.

문학작품의 가치판단 근거에 대한 다양한 이유 혹은 근거는 상대적으로 다양한 문학의 기능에 대한 견해, 따라서 문학이 채워줄 수 있다고 전제된 욕망이 암암리에 전제되어 있다. 이와 같이 각기 다른 문학작품의 가치평가에 대한 근거는 문학작품이 채워주기를 기대하는 각기 다른 욕망을 전제한다. 위의 여러 가지 방식의 문학 평가들은 각기 사회적 현실의 인식 및 파악, 정치 및 사회적 개혁, 철학적 통찰, 작품 제작의 미술적 및 미학적 수월성, 뜨거운 감동의 경험 등의 욕망을 깔고 있으며, 문학작품의 기능이 각기 그러한 인간의 욕망을 만족시켜줄 수 있는 하나의 도구·방편에 있다고 전제하고 있다. 물론 문학작품들은 이러한 다양한 도구적 기능을 할 수 있고 해왔다.

　그러나 이렇게 전제된 문학작품의 가치평가의 법규·기준은 역시 만족스럽지 못하다. 하나의 칫솔로 이를 닦을 수 있고, 구두의 먼지를 털 수도 있고, 등을 긁을 수도 있듯이 하나의 문학작품으로 위에서 예로 든 여러 가지 욕망을 다소간은 모두 충족시킬 수 있다. 그러나 칫솔이 구둣솔이나 냉장고와 구별되는 한, 그것이 나의 가려운 등을 시원하게 긁어주었다고 해서 그만큼 칫솔의 가치가 높다고 할 수 있다는 주장이 언어도단인 것처럼, 문학이 철학·역사·정치·과학 등과 구별되는 이상, 한 문학 텍스트의 가치를 그것이 충족시켜주는 철학적·역사적·과학적·정치적 욕망을 잣대 삼아 측정하려는 것은 말이 되지 않는다. 그러한 판단은 범주 오류의 한 예에 불과하기 때문이다. 그렇다면 한 문학작품의 가치평가를 둘러싼 그치지 않는 논쟁과 혼란은 바로 위와 같은 가치 기준의 혼란에 기인한다. 그럼 문학작품은 어떤 기준에 따라 평가되어야 하는가?

문학의 '문학으로서'의 가치

한 칫솔의 '칫솔로서'의 가치와 그 칫솔이 할 수 있는 다양한 도구적 가치를 혼동할 수 없듯이, 한 문학작품의 가치도 그 작품의 '문학으로서'의 가치와 그 작품이 할 수 있는 다양한 도구적 가치를 혼동해서는 안 된다. 칫솔의 '칫솔로서'의 가치는 원래 칫솔을 제작할 때 그것에 부여된 기능에 비추어서만 결정된다. 칫솔에 부여된 기능은 이를 위생적으로 닦는 데 있다. 그렇다면 칫솔의 칫솔로서의 가치는 그것이 얼마만큼 만족스럽게 그러한 기능을 할 수 있는가로써 객관적인 실험을 통해서 보편적으로 측정될 수 있다. 이에 반해 칫솔의 다양한 기능은 애초에 그것에 부여된 것이 아니라, 상황에 따라 사용자와 그러한 사용자의 목적에 따라 상대적으로 무한히 가변적이다. 한 칫솔의 가치평가가 이처럼 두 가지로 엄격히 다름에도 불구하고, 이러한 구별을 혼동하여 하나의 칫솔의 가치를 놓고 다른 가치 기준에 따라 서로 다른 평가를 주장한다는 것은 극히 어리석은 일이다.

문학작품의 가치평가의 경우도 예외가 아니다. 한 문학작품의 가치는 어떤 텍스트를 양상적 관점에서 '문학'의 범주 속에 분류할, 논리적으로 그것에 부여된 기능에 비추어 평가되어야 한다. 그럼에도 불구하고 지금까지 문학작품의 가치평가에 대한 혼란이 있었던 이유는, 이러한 구별이 확실히 전제되지 않은 문학의 도구적 가치와 문학의 문학으로서의 가치가 혼동된 상태에 놓여 있었기 때문이다. 그 이유는 '문학'이라는 개념 속에 함의된 기능, 즉 '문학이란 무엇인가'라는 물음에 대한 대답이 모든 이들에게 분명치 않았다는 데 있다.

하지만 앞서 주장한 대로 '양상론'적 관점에서 문학 텍스트에 부여된 고유한 기능이, 철학이나 과학 텍스트에 부여된 '필연적' 혹은 '단언적' 사실과 구별하여, '개연적' 가능성으로 규정된다는 주장이 설득력을 갖는다면, 한 문학작품의 가치는 그것이 얼마만큼 그러한 기능을 충족시켜주느냐에 따라서만 결정될 수 있다. 위에서 주장한 대로 문학작품, 그리고 더 일반적으로 예술작품에 주어진 기능이 모든 것을 새롭게 보는 개연성을 제안함으로써 우리를 관습적 세계와 사유로부터 부단히 해방시켜주는 데 있다면, 한 문학작품의 가치는 바로 이러한 관점에서 그것이 얼마만큼 공헌하는가에 따라 객관적으로 결정되어야 한다.

우리는 반드시 어떤 틀 속에서 살고, 그 속에서 사물을 보고 느끼고 생각한다. 그런 점에서 우리는 언제나 이런 틀 속에 갇혀 있는 세계에서 산다. 그러나 삶은 역동적이다. 우리는 모든 차원에서 더 자유롭기를 원하고, 보다 더 새로운 것을 찾고, 보다 더 깊은 진리를 발견하고 보다 더 진실한 삶을 경험함으로써 더욱 부단히, 그리고 더욱 새로운 세계를 창조하고자 한다. 이러한 창조를 위해서, 그리고 모든 측면에서 세계를 새로 보고 참신하게 보기 위해서는 우리들의 감수성이 개발되고 세련될 필요가 있다. 문학이 제시하는 개연성은 바로 이러한 다양한 측면에 모두 걸려 있다. 문학의 여러 가지 비문학적 가치도 그것의 사실성이나 필연성이 아니라 개연성의 측면에서 그 의미와 가치가 재해석될 수 있다.

그러나 막상 한 작품이 충족시켜주는 이러한 기능을 구체적으로 정확히 측정하는 데는 한없는 어려움이 있다. 그중 네 가지를 들어 생각해 볼 수 있다. 첫째, 역사적 맥락을 떠나서는 새로움, 즉 독창성을 말할 수 없으며, 따라서 문학작품의 가치 척도가 되는 개연성의 독창성도 문학사를 떠나서는 의미가 없다는 데 있다. 가령, 한국문학의 경우 한 작품의 가치는 그것이 한국문학사에서 어떤 위치를 차지하느냐에 따라 결정되는데, 그러자면 그 작품의 가치는 한국문학사의 맥락에서 어떤 시점에서 그 앞의 어떤 작품에 비해 독창적이냐에 의해서 결정되며, 한국문학사에서 독창적인 문학작품도 세계문학사의 맥락에서 볼 때 어쩌면 그렇지 못할 수도 있기 때문이다. 이러한 사실은 하나의 한국 문학작품의 '문학으로서'의 가치를 평가함에 있어서 우선적으로 그 작품의 언어적 의미를 정확히 해석할 수 있어야 할 뿐만 아니라, 한국문학사만이 아니라 가능하면 세계문학사에도 능통해야 함을 의미한다. 이러한 평가의 조건을 완전히 만족시켜줄 이는 실질적으로 불가능하다. 둘째, 독창성은 철학적·이념적·수사학적 등등 무한한 영역, 무한한 측면에서 언급될 수 있다. 많은 측면에서 독창적이면 그만큼 더 가치를 갖는다고 판단해야 한다. 셋째, 똑같이 독창적이더라도 한 작품의 독창성의 깊이와 폭이 사뭇 다를 수 있다. 한 작품은 다른 작품에 비추어 인간의 문제나 세계의 문제에 대해 보다 더 폭넓고 보다 더 고차적인 지적 혹은 도덕적 통찰력을 보여줄 수 있다. 넷째, 독창성의 차원에서 종합적으로 볼 때 두 작품이 똑같다 하더라도 그것이 수사학적으로, 즉 미학적으로 얼마만큼 정확하고도 세밀하고 섬세하고 신선하게 표현되었느냐에 따라 전혀 달리 평가될 수 있다.

그러나 이 모든 점을 통합하여 전체적으로 한 작품의 가치를 만족스럽게 평가한다는 것이 실질적으로 불가능한 것은 말할 것도 없고, 위의 네 가지 중 어떤 한 가지 측면에서 한 작품의 가치를 객관적으로 측정한다는 것도 사실상 불가능하다. 이런 점에 한 문학작품의 문학으로서의 가치평가는, 바나나의 영양적 가치를 측정하는 것과는 물론 칫솔의 칫솔로서의 가치를 평가하는 것과 비교할 수 없을 만큼 어려움이 있다.

문학사가 부단히 서술됨에도 불구하고 한 문학작품의 가치에 대한 논의가 자주 상이하고 때로는 정반대일 수 있다는 역사적 사실은 우연한 결과가 아니라 피할 수 없는 상황이다. 노벨문학상을 비롯한 수많은 당선작품의 선정 근거에 대한 낙선자들의 의구심, 베스트셀러나 독자를 별로 갖지 못하는 난해한 '전문적' 문학가들의 문학작품의 가치에 대한 상반된 의견들은 끝없는 논쟁의 대상이 되었고, 현재까지 그렇다 해도 전혀 놀라운 일이 아니다. 이러한 사실을 인정하더라도 그것이 누구든 간에 문학작품의 가치를 평가할 때 그가 직접 혹은 간접적으로 분명히 해둘 것은 그가 언급하는 한 작품의 가치가 '문학으로서'의 가치를 뜻하는 것인지, 아니면 철학적·이념적·심리적·경제적 가치, 즉 문학 고유의 기능과는 다른 문학의 도구적 가치를 지칭하는 것인지의 문제이다.

《21세기 문학》창간호, 1997, 봄호

저자 연보

연도(나이)	생애
1930(1)	충남 아산 영인면 창용리 379 시골 농가에서 면장집 막내 아들로 태어남. 본관 함양, 본명은 박인희(朴仁熙), 아호는 중암(重菴).
1938(9)	집에서 15리 정도 떨어진 곳에 있는 영인심상소학교(靈仁尋常小學校) 입학.
1939(10)	학교에서 조선어 사용 금지.
1942(13)	5학년 봄 도에서 조직한 '성지참배단'에 뽑혀 일본을 여행하고, 새로운 문화와 환경을 접하고 많은 충격을 받음. 같은 해 겨울, 동경 유학 중 학병 모집을 피해 돌아온 형의 『문예사전』을 보고 철학적 질문을 던지기 시작함. 문학, 그림, 음악 등 예능적인 것들에 본격적인 흥미를 느낌.
1943(14)	소학교 졸업 후 중학교 입시 시험을 봤으나 낙방함.
1945(16)	다시 시험을 보고 서울의 경복 중학교에 입학하여 기숙사 생활을 함. 광복 후 고향으로 내려왔으나 이전에 면장집으로 누렸던 사회적·경제적 지위를 잃음.
1947(18)	고향의 살림을 완전히 정리하고 서울로 이사 옴. 복학함.
1948(19)	중학교 2학년, 시 「낙엽」을 학교 신문에 발표한 것을 계기로 위대한 시인이 되겠다는 꿈을 가지게 됨. 같은 해, 단편소설 「귀향」을 썼으나 곧 찢어버림.
1950(21)	6·25 전쟁 발발, 11월에 징병되어 육군 이등병이 되었으나 기초군사훈련 중 폐병 및 영양실조로 쓰러져 치료받은 후 의병제대함.
1951(22)	서울대학교 불문학과(부산에 열린 전시대학)에 입학함.
1952(23)	부산 동래고등학교에서 불어 강사를 함(1952~1953).
1953(24)	사르트르의 『존재와 무』에 담긴 그의 실존주의를 해설한 일본어 번역서를 읽고 실존주의를 접함.
1955(26)	《사상계》에 「회화를 잃은 세대」라는 작품을 발표하면서 등단. 서울대학교 불문학과를 졸업하고 같은 대학 대학원에서 불문학 석사과정을 밟음(1955~1957). 성신여고에서 시간 강사를 함(1955~1957). 《대학신문》(문리대학보)에 다수의 글을 발표. 「현대 작가와 윤리」로 제2회 대학신문상을 수상.

1957(28)	서울대학교 대학원에서 논문 「폴 발레리에 있어서 지성과 현실과의 변증법으로서의 시」로 석사학위를 받음. 이화여자대학교에서 불어불문학 전임강사, 조교수가 됨(1957~1961). 재직 중 프랑스 정부 장학생으로 프랑스 파리 소르본대학교 대학원 불문학 석사과정을 밟음(1957~1958).
1961(32)	프랑스로 다시 유학을 떠남. 프랑스 파리 소르본대학교에서 불문학 박사과정을 밟음(1961~1964).
1963(34)	데리다가 지도하는 '연습 세미나'를 통해 그의 철학을 배움 (1963~1964).
1964(35)	프랑스 파리 소르본대학교에서 「말라르메가 말하는 '이데아'의 개념: 논리정연성에 대한 꿈(L'"Idée" chez Mallarmé ou la cohérence rêvée)」으로 불문학 박사학위를 받음.
1966(37)	데리다의 추천으로 장학금을 받고 미국 서던 캘리포니아대학교에서 서양철학 박사과정을 밟음(1966~1970). 하스미 시게히코(훗날 도쿄대 총장)가 박이문의 말라르메 시 세계를 분석한 소르본대학교 박사학위 논문을 보고 '동양인도 이런 논문을 쓸 수 있구나'하고 감탄했으며, 박이문을 계속 동경하던 하스미는 1991년 결국 박이문과 만남.
1968(39)	미국 렌셀러폴리테크닉대학교 철학과 전임강사로 재직(1968~1970).
1970(41)	미국 서던캘리포니아대학교에서 「메를로 퐁티의 철학에서 나타난 '표현'이란 개념의 존재론적 해석(An Ontological Interpretation of the Concept of 'Expression' in Merleau-Ponty)」으로 철학박사학위를 받음. 미국 시몬스대학교 철학과 조교수, 부교수, 교수, 명예교수(1970~).
1980(51)	이화여자대학교, 서울대학교 철학 및 미학과 초청교수(1980~1982).
1982(53)	망막박리라는 병으로 오른쪽 눈이 '사실상 실명'함. 모친 별세. 몇 달 후 유영숙 여사와 결혼함.
1983(54)	미국 하버드대학교 교육대학원 철학연구소 선임연구원이 됨 (1983~1993).
1985(56)	독일 마인츠대학교 객원교수가 됨(1985~1986).
1989(60)	일본 국제기독교대학교 초빙교수(1989~1990).
1991(62)	포항공과대학교 철학과 교수(1991~1994).
1993(64)	미국 시몬스대학교 명예교수.

1994(65)	포항공과대학교 교양학부 교수(1994.3~2000.2).
2000(71)	포항공과대학교 정년퇴임.
2001(72)	고려대학교 대학원 초빙교수가 됨.
2002(73)	연세대학교 특별초빙교수가 됨.
2003(74)	세계생명문화포럼-경기 2003공동추진위원장이 됨.
2006(77)	제20회 인촌상 인문사회문학부문 수상함.
2007(78)	포항공과대학교 명예교수.
2010(81)	프랑스 정부 문화훈장(교육공로)을 수상.
2011(82)	경복동창회의 '자랑스러운 경복인상' 수상(2011.4).
2012(83)	인간과 자연의 조화로운 상생·공존을 추구하는 생태학적 세계관을 제시하는 등 현대 과학과 기술에 대한 철학적 인식을 개선한 공로로 대한화학회가 제정한 '탄소문화상' 제1회 대상을 수상.
2015(86)	『둥지의 철학』이 영국 사프론(Saffron)출판사에서 출간.
2016(87)	미다스북스에서 『박이문 인문학 전집』 출간.

출전

1부 나와 프랑스 문학

『파리의 작가들』(1976)

2부 문학 속의 철학

01   서술과 분석

《연세춘추》(1975. 6. 16), 『문학 속의 철학』(1975)

02~16

《문학사상》(1973년 10월 창간호부터 1974년 12월호까지 15회에 걸쳐 발표),

『문학 속의 철학』(1975)

3부 나와 실존주의 철학

01   사르트르 철학의 핵심

《월간중앙》(1975. 9), 『하나만의 선택』(1978)

02   실존주의 문학과 인간소외

『현대 문화와 소외』(1976), 『하나만의 선택』(1978)

03   자연과 의식의 변증법—『바슐라르 연구』를 중심으로

《신동아》(1977. 4), 『하나만의 선택』(1978)

04   삶의 구조—사르트르의 철학

『삶에의 태도』(1988)

05   사르트르의 『존재와 무』

《책과 인생》(1992. 11), 『철학 전후』(1993)

박이문 朴異汶

본명은 박인희로 1930년 충남 아산 시골 마을의 유학자 집안에서 막내아들로 태어났다. 어린 시절 시골의 아름다운 자연의 변화를 만끽하며 부모와 조부모의 따뜻한 보살핌을 받으며 자랐다. 유학 중 귀국한 형의 영향으로 위대한 시인이자 작가를 꿈꾸었고, 재수 끝에 경복중학교에 진학하였다. 청년기의 들목 전쟁의 참화 속에서 입대했으나 훈련 도중 병을 얻어 의병제대한다. 피난 시절 부산에서 서울대학교 문리과대학의 불문학과에 입학하여 본격적으로 문학에 매진한다. 대학원 석사논문을 프랑스어로 쓸 정도로 탁월한 실력을 보였으며, 석사학위를 받고 곧바로 이화여자대학교에서 전임교수로 발탁되었다. 그러나 안정된 직업인 교수의 생활을 버리고 다시 프랑스로 떠나 문학 박사학위를 받았으나, 이에 그치지 않고 미국으로 건너가 철학 박사학위를 받는 인문학을 향한 구도의 길을 걸었다. 그후 시몬스대학교, 포항공과대학교, 이화여자대학교, 서울대학교를 비롯해 세계 각지에서 학생들을 가르쳤으며, 많은 글들을 발표하고, 예술과 과학과 동양 사상 등으로 끊임없이 새로운 영역을 개척하는 선구자적인 인문학자로 살았다. 또 한편으로 시를 쓰는 창작도 일생 동안 지속하여 어린 시절의 꿈대로 시인이자 작가이며 철학자인 인문학자로서 아름답고 위대한 '사유의 둥지'를 완성하였다.

박이문 인문학 전집 02

나의 문학, 나의 철학——문학과 철학 넘나들기

초판 1쇄 2016년 2월 26일
지은이 박이문
펴낸이 류종렬

박이문 인문학 전집 간행위원회

전집간행위원 김병익, 정대현, 강학순, 이승종
기획편집본부 장인용, 김슬기, 김동훈, 남다희, 주성엽, 서승현, 이범수, 이영호, 윤석우,
　　　　　　변영은, 권기우, 강서윤, 김예신, 류수정, 박근희, 이소정, 임소연 외
표지디자인 및 아트디렉팅 씨디자인 조혁준, 함지은, 조정은, 김하얀

펴낸곳 미다스북스
등록 2001년 3월 21일 제313-201-40호
주소 서울시 마포구 서교동 486 서교푸르지오 101동 209호
전화 02)322-7802~3
팩스 02)333-7804
블로그 http://blog.naver.com/midasbooks
트위터 http://twitter.com/@midas_books
이메일 midasbooks@hanmail.net

ⓒ 박이문, 미다스북스 2016, *Printed in Korea*

ISBN 978-89-6637-431-1 (04100)
　　　　 978-89-6637-429-8 (04100) 세트

값 30,000원

이 도서의 국립중앙도서관 출판예정도서목록(CIP)은 서지정보유통지원시스템 홈페이지 (http://seoji.nl.go.kr)와 국가자료공동목록시스템(http://www.nl.go.kr/kolisnet)에서 이용하실 수 있습니다. (CIP제어번호: CIP2016003565)

미다스북스는 다음 세대에게 필요한 지혜와 교양을 생각합니다.